Einstieg in SAPUI5

SAP PRESS ist eine gemeinschaftliche Initiative von SAP SE und der Rheinwerk Verlag GmbH. Unser Ziel ist es, Ihnen als Anwendern qualifiziertes SAP-Wissen zur Verfügung zu stellen. SAP PRESS vereint das Know-how der SAP und die verlegerische Kompetenz von Rheinwerk. Die Bücher bieten Ihnen Expertenwissen zu technischen wie auch zu betriebswirtschaftlichen SAP-Themen.

Damit Sie nach weiteren Titeln Ihres Interessengebiets nicht lange suchen müssen, haben wir eine kleine Auswahl zusammengestellt.

Baumbusch, Jäger, Lensch
ABAP RESTful Application Programming Model: Das umfassende Handbuch
558 Seiten, 2022, geb.
ISBN 978-3-8362-8685-5
www.sap-press.de/5412

Glavanovits, Koch, Krancz, Olzinger
SAP Fiori Elements: Das Praxishandbuch
440 Seiten, 2022, geb.
ISBN 978-3-8362-8755-5
www.sap-press.de/5438

Michael Engelbrecht
SAP Fiori
Implementierung und Entwicklung
798 Seiten, 2020, geb.
ISBN 978-3-8362-7268-1
www.sap-press.de/4974

ABAP-Entwicklung für SAP S/4HANA
Das Programmiermodell für SAP Fiori
576 Seiten, 2021, geb.
ISBN 978-3-8362-7878-2
www.sap-press.de/5183

Miroslav Antolovic

Einstieg in SAPUI5

Liebe Leserin, lieber Leser,

als Lektorin bin ich von Haus aus ein großer Fan des Mediums „Buch“ – sei es nun in meiner täglichen Arbeit oder privat. Umso schöner ist es, dass Miroslav Antolovic mir in unserem ersten Telefonat zur dritten Auflage von „Einstieg in SAPUI5“ bestätigte, dass auch er weiterhin daran glaubt, dass Bücher einen Mehrwert haben, der sich nicht einfach durch YouTube, Blogs und Co. ersetzen lässt. Besonders für Einsteiger*innen ist es manchmal schwierig, die passenden Wissensquellen zu finden, die ihrem Wissenstand entsprechen und auch noch verständlich erklären. Genau diesen Anspruch verfolgt die mittlerweile dritte Auflage dieses Buches und wird dem mehr als gerecht.

Zwar in neuem Gewand, aber mit unverändertem Konzept führt Miroslav Antolovic Sie in die Webentwicklung mit SAPUI5 ein. An praktischen Beispielen lernen Sie schnell die Grundlagen und vertiefen Ihr Wissen. Im Handumdrehen machen Sie erste Gehversuche und schon bald gestalten Sie Ihre ersten eigenen Anwendungen. Öffnen Sie schon einmal den Browser Ihrer Wahl und es kann direkt losgehen.

Mit diesem Buch haben Sie für Ihren Einstieg in SAPUI5 die richtige Wahl getroffen. Und wenn Sie nicht schon vorher ein Fan des Buches waren, hoffe ich, dass Sie diese Neuauflage begeistern wird.

Wir freuen uns stets über Lob, aber auch über kritische Anmerkungen, die uns helfen, unsere Bücher zu verbessern. Scheuen Sie nicht, mich zu kontaktieren. Ihre Fragen und Anmerkungen sind jederzeit willkommen.

Ihre Nicole Hohmann
Lektorat SAP PRESS

nicole.hohmann@rheinwerk-verlag.de
www.rheinwerk-verlag.de
Rheinwerk Verlag · Rheinwerkallee 4 · 53227 Bonn

Auf einen Blick

Wir hoffen, dass Sie Freude an diesem Buch haben und sich Ihre Erwartungen erfüllen. Ihre Anregungen und Kommentare sind uns jederzeit willkommen. Bitte bewerten Sie doch das Buch auf unserer Website unter **www.rheinwerk-verlag.de/feedback**.

An diesem Buch haben viele mitgewirkt, insbesondere:

Lektorat Nicole Hohmann
Korrektorat Annette Lennartz, Bonn
Herstellung Stefanie Meyer
Typografie und Layout Vera Brauner
Einbandgestaltung Lisa Kirsch
Coverbild iStock: 186835618 © aprott; iStock: 1211994303 © alvarez; Shutterstock: 1021624996 © Black Kings
Satz III-Satz, Flensburg
Druck Beltz Grafische Betriebe GmbH, Bad Langensalza

Dieses Buch wurde gesetzt aus der TheAntiquaB (9,35/13,7 pt) in FrameMaker.

Gedruckt wurde es mit mineralölfreien Farben auf chlorfrei gebleichtem, FSC®-zertifiziertem Offsetpapier (90 g/m²).

Hergestellt in Deutschland.

Bibliografische Information der Deutschen Nationalbibliothek:
Die Deutsche Nationalbibliothek verzeichnet diese Publikation in der Deutschen Nationalbibliografie; detaillierte bibliografische Daten sind im Internet über *http://dnb.dnb.de* abrufbar.

ISBN 978-3-8362-8901-6

3., aktualisierte Auflage 2022

Informationen zu unserem Verlag und Kontaktmöglichkeiten finden Sie auf unserer Verlagswebsite **www.rheinwerk-verlag.de**. Dort können Sie sich auch umfassend über unser aktuelles Programm informieren und unsere Bücher und E-Books bestellen.

Inhalt

Einleitung

Ich freue mich, dass Sie neugierig sind und sich den neuen Herausforderungen in der SAP-Entwicklung stellen. In diesem Buch lade ich Sie zu einer Rundreise durch die Welt der SAPUI5-Entwicklung ein. Auf dieser Reise lernen Sie SAPUI5 auf verschiedenen Plattformen und Endgeräten kennen.

Bei SAP ist vieles im Umbruch: Mit SAP NetWeaver 7.4 können Sie ABAP in Eclipse entwickeln, und mit SAP HANA stehen Sie vor der Herausforderung, sich neue Programmiersprachen wie SQLScript, R und L anzueignen. Mit dem *SAP User Interface Development Toolkit for HTML5*, im Folgenden SAPUI5 genannt, sind Sie endgültig in der Welt der Webentwicklung angekommen. Die ersten internetfähigen SAP-Anwendungen konnten Sie noch im SAP GUI mit Web Dynpro ABAP oder Business Server Pages (BSP) implementieren; für SAPUI5 benötigen Sie hingegen Kenntnisse in HTML, CSS und JavaScript und arbeiten in der Entwicklungsumgebung Visual Studio Code bzw. im SAP Business Application Studio.

Mein persönlicher Arbeitstitel für dieses Buch war – frei nach *The Hitchhiker's Guide to the Galaxy* von Douglas Adams – *The Hitchhiker's Guide to SAPUI5*. Denn wie heißt es bei Adams so treffend:

> *»You're lonely. You're light years from home. You're having problems understanding the natives. DON'T PANIC, this is the book for you.«*

Getreu diesem Motto möchte ich Ihnen mit diesem Buch den Einstieg in die neue Galaxie SAPUI5 erleichtern. Ich kann und will Ihnen kein vollständiges fgeben. Mein Anspruch an dieses Buch ist es vielmehr, Ihnen die Grundlagen der einzelnen Elemente zu vermitteln, damit Sie sich in dieser neuen Welt zurechtfinden. Wenn Sie – genau wie ich – Ihre Leidenschaft für diese Welt entdeckt haben, können Sie das hier erworbene Wissen mit entsprechender Fachliteratur weiter vertiefen. Auch wenn Sie gar nicht zu sehr in die native SAPUI5-Entwicklung einsteigen können oder möchten, da Sie z. B. SAP Fiori Elements mit CDS-Annotationen nutzen werden, wird Ihnen dieses Buch helfen, das UI5-Framework zu verstehen. Dieses Wissen hilft Ihnen bei den Annotationen, aber auch bei den Extensions, wenn Sie eine SAP-Fiori-Elements-App ein wenig erweitern möchten.

Seit dem Erscheinen der ersten Auflage dieses Buches ist in der SAPUI5-Welt sehr viel passiert. Zum Zeitpunkt der ersten Auflage gab es z. B. lediglich 30 Controls für mobile Endgeräte, und JavaScript-Views waren am besten in der SAPUI5-Laufzeit integriert. Etwa zwei Jahre später waren die Controls für die alleinige Desktop-Nutzung obsolet, und XML-Views hatten sich als Standard durchgesetzt. Diesem Umschwung habe ich in der zweiten Auflage Rechnung getragen, indem alle Beispiele auf XML-Views umgestellt wurden. Zur dritten Auflage hat sich daran nichts geändert, XML-Views sind der Standard geblieben, dafür haben sich viele andere Dinge geändert. Grundlegende Konzepte wurden überarbeitet: Mit der Funktion `sap.ui.define` wurde z. B. die AMD-Syntax (Asynchronous Module Definition) konsequent umgesetzt. Auch der Initialisierungsprozess wurde vollständig überarbeitet, und nicht zuletzt hat sich die Entwicklungsumgebung von SAPUI5 geändert. Angefangen hatte alles in Eclipse, das von der SAP Web IDE abgelöst wurde. Aktuell wird das SAP Business Application Studio genutzt oder für diejenigen, die es *Back to the Roots* mögen, eine lokale Entwicklungsumgebung, diesmal allerdings nicht Eclipse, sondern Visual Studio Code. Hierfür stellt SAP ein intelligentes SAPUI5-Tooling bereit, das sich nahtlos in die eigene Deployment-Landschaft integrieren lässt.

Zum Aufbau des Buches

SAPUI5 ist die aktuelle User-Interface-Technologie von SAP, die auf den offenen Standards HTML5 und CSS3, der Skriptsprache JavaScript und der Bibliothek jQuery basiert.

In **Kapitel 1**, »HTML5 und CSS3«, lernen Sie die Grundlagen der Hypertext Markup Language (HTML) und der Cascading Style Sheets (CSS) kennen. Mit HTML strukturieren Sie eine Webseite, und mit CSS formatieren Sie den durch HTML strukturierten Inhalt. Das heißt, dass Sie mithilfe von CSS die erstellten Elemente gestalten und positionieren können. Stellen Sie sich z. B. ein Haus vor: Mit HTML definieren Sie, wo sich die Küche oder das Badezimmer befinden, und mit CSS verleihen Sie dann diesen Räumen ihr Aussehen, definieren also z. B. die Wandfarbe oder den Bodenbelag. Wie bei einem Haus brauchen Sie dann noch etwas Technik, damit beispielsweise das Licht angeht, wenn Sie den Lichtschalter betätigen. Diese Technik heißt JavaScript.

JavaScript stelle ich Ihnen in **Kapitel 2** vor. Hier lernen Sie die grundlegenden Sprachelemente kennen: Neben der Variablendefinition, den Operatoren und den Kontrollstrukturen erläutere ich Ihnen auch das Document Object Model (DOM). JavaScript kann nämlich mehr, als nur den Lichtschalter zum Funktionieren zu bringen. Sie können sich das wie in der Werbung eines großen schwedischen Möbelhauses vorstellen: Mithilfe von JavaScript und DOM können Sie die Küche mit nur wenigen Handgriffen zu einem zweiten Schlafzimmer umfunktionieren.

Kapitel 3 stellt Ihnen jQuery als JavaScript-Bibliothek vor. Damit Sie das Rad nicht jedes Mal neu erfinden müssen, ist es in JavaScript ebenso wie in allen anderen Programmiersprachen üblich, auf vorhandene Bibliotheken zurückzugreifen. Ich konzentriere mich im Rahmen dieser Einführung auf jQuery, da SAPUI5 auf jQuery basiert und Ihnen das Verständnis der jQuery-Syntax dabei hilft, sich in der SAPUI5-Bibliothek besser zurechtzufinden.

In **Kapitel 4**, »Entwicklungsumgebung einrichten«, richten Sie die Entwicklungsumgebung in Visual Studio Code ein bzw. registrieren sich für einen kostenlosen Trial-Account des SAP Business Application Studios, einer cloudbasierten Entwicklungsumgebung von SAP, die auf Visual Studio Code basiert.

In **Kapitel 5**, »Erste Schritte in SAPUI5«, lernen Sie die grundlegenden Entwicklungsszenarien und Konzepte kennen und entwickeln Ihre ersten Anwendungen. Neben dem Architekturmuster Model View Controller lernen Sie, wie Sie ein SAPUI5-Projekt anlegen und dieses ins ABAP-Backend hochladen. Des Weiteren erfahren Sie, wie Sie SAPUI5-Anwendungen debuggen können.

Kapitel 6, »SAPUI5-Laufzeitumgebung«, gibt Ihnen einen Überblick über die verschiedenen Model-Typen und darüber, wie Sie Daten aus einem Model an ein Control binden können.

Mit **Kapitel 7**, »Weitere Techniken in SAPUI5«, vertiefen Sie Ihre Kenntnisse in SAPUI5. Neben der Datentypisierung lernen Sie in diesem Kapitel, wie Sie Layoutanpassungen vornehmen können und welche Modularisierungstechniken Ihnen mit Components oder Fragments zur Verfügung stehen.

In **Kapitel 8**, »Systemanbindung mit OData«, zeige ich Ihnen, wie Sie einen OData-Service in SAP Gateway anlegen und ihn in Ihrer SAPUI5-Anwendung konsumieren. SAP Gateway ermöglicht Ihnen den einfachen und direkten Zugriff auf SAP-Backend-Services auf der Basis des standardisierten Webprotokolls OData (Open Data Protocol).

In **Kapitel 9**, »Beispielentwicklung einer Portalanwendung«, entwickeln wir gemeinsam ein Mitarbeiterportal in SAPUI5. In dieser Anwendung haben Mitarbeiter die Möglichkeit, eine eigene Aufgabenliste zu pflegen, Arbeitszeiten zu erfassen und Abwesenheitsanträge zu stellen. Die Integration von Google Maps als Routenplaner rundet das Leistungsspektrum des Portals ab. Ich verwende in dieser Anwendung viele verschiedene Controls, um Ihnen so das Zusammenspiel der einzelnen Komponenten zu vermitteln. Daneben bietet die Anwendung noch genug Spielraum für Ihre eigenen Weiterentwicklungen und Verbesserungen nach der Lektüre dieses Buches.

Kapitel 10, »Beispielentwicklung einer SAP-Fiori-App«, zeigt Ihnen, wie Sie eine SAP-Fiori-App entwickeln und im SAP Fiori Launchpad bereitstellen können. Dazu implementieren Sie mithilfe eines Visual-Studio-Code-Templates eine App zur Genehmigung von Urlaubsanträgen aus dem Mitarbeiterportal.

Ich möchte Ihnen mit diesem Buch das Wissen vermitteln, das Sie benötigen, um sinnvolle Designentscheidungen für Ihre Unternehmensanwendungen zu treffen und diese auch im Projekt umsetzen zu können. Ich hoffe, dass mir dies gelungen ist, und freue mich auf Ihr persönliches Feedback zum Buch unter der E-Mail-Adresse *m.antolovic@bsc-solutions.com*.

In hervorgehobenen Informationskästen befinden sich in diesem Buch Inhalte, die wissenswert und hilfreich sind, aber etwas außerhalb der eigentlichen Erläuterung stehen. Damit Sie die Informationen in den Kästen sofort einordnen können, habe ich die Kästen mit Symbolen gekennzeichnet:

[✓] **Checkliste**
Kästen mit diesem Icon zeigen Ihnen, welche notwendigen Voraussetzungen (z. B. Tools) Sie in den Kapiteln benötigen.

[+] **Tipp**
Kästen mit diesem Icon geben Ihnen Empfehlungen zu Einstellungen oder Tipps aus der Berufspraxis.

[!] **Achtung**
Kästen mit diesem Icon geben Ihnen besonders wichtige Hinweise zur besprochenen Thematik. Außerdem warne ich Sie hier vor möglichen Fehlerquellen.

Sie finden unter *http://www.sap-press.de/5501* zusätzliches Material zum Buch, das Ihnen die Umsetzung der Beispiele in der Praxis erleichtert:

- alle größeren Listings, die ich in den einzelnen Kapiteln zeige
- vollständige Listings, die in den einzelnen Kapiteln aus Platzgründen nur gekürzt dargestellt wurden
- Installationsanleitungen

Danksagung

Bei einem Buch ist es so ähnlich wie bei einem Film: Auf dem Filmplakat bzw. auf dem Einband stehen der Regisseur (bzw. der Verlag) und der Hauptdarsteller (in unserem Fall der Autor), und erst im Abspann erfährt man, wie viele Menschen tatsächlich an diesem Werk beteiligt waren. An dieser Stelle erfolgt nun mein ganz persönlicher »Abspann«:

Zuallererst möchte ich mich bei meiner Frau Sandra und bei meinem Sohn Dejan bedanken. Ein Buch zu schreiben, erfordert sehr viel Zeit, und in Anbetracht der Tatsache, dass dafür meistens nur abends, nachts und am Wochenende Zeit zur Verfügung stand, musste meine Familie sehr viel Verständnis für dieses Buchprojekt aufbringen und fast ein Jahr lang auf ein normales Familienleben verzichten. Mein Sohn hatte, obwohl erst zwei Jahre alt, mit der Zeit ein sehr feines Gespür für das Zeitmanagement entwickelt. Er wusste ziemlich genau, wann es Zeit für eine Pause war (»Papa, herkommen, bitte, spielen!«), aber auch, wann es wieder Zeit wurde, um weiterzumachen (»Papa, arbeiten!«).

Neben mir als Autor waren eine ganze Reihe anderer Menschen an diesem Buch beteiligt, und diesen Menschen möchte ich hier meinen Dank aussprechen. Besonderer Dank geht an meine Kollegen von bsc solutions, die mir einen Teil meiner täglichen Aufgaben abgenommen und mich beim Schreiben einiger Kapitel unterstützt haben. Stefan Huber danke ich für die Überprüfung der Quellcodes, die eingebrachten Ideen beim Mitarbeiterportal und die Unterstützung bei der Implementierung der Beispielanwendungen, Johannes Kettenhofen danke ich für die Unterstützung bei der Implementierung des Mitarbeiterportals und der Genehmigungs-App und Benjamin Schneider für das Korrekturlesen und Verbessern des Leseflusses. Jeder von euch hat mit seinen Ideen und Verbesserungsvorschlägen dazu beigetragen, das Buch in dieser Form überhaupt erst zu ermöglichen.

Doch was wäre ein Buch ohne einen Verlag? Ich danke dem Rheinwerk Verlag für das mir entgegengebrachte Vertrauen und die Möglichkeit, dieses Buch zu schreiben. Ein herzliches Dankeschön an die Lektorinnen Janina Schweitzer und Kerstin Billen. Sie haben den Weg von der Buchidee bis zur Publikation begleitet und standen mir jederzeit mit Rat und Tat zur Seite.

> *»Man kann einen Menschen nichts lehren, man kann ihm nur helfen, es in sich selbst zu entdecken.«*
> *Galileo Galilei*

Danksagung zur dritten Auflage

Wie die Zeit vergeht! Ich bin etwas erschrocken, dass die zweite Auflage schon sechs Jahre her ist. Meine beiden Kinder sind mittlerweile in der Schule, mein Sohn Dejan ist bereits in der fünften Klasse und meine Tochter Dana lernt in der ersten Klasse gerade Lesen und Schreiben. Wer weiß, vielleicht liest sie auch irgendwann dieses Buch.

Denn dank Ihnen, liebe Leserinnen und Leser, und Ihrem Interesse an SAPUI5 durfte ich die dritte Auflage schreiben. Aus diesem Grund möchte ich mich bei Ihnen bedanken. Ich möchte mich auch für die vielen Zuschriften bedanken, denn nur durch dieses Feedback weiß ich, dass sich die ganze Arbeit und Mühe gelohnt hat.

Meiner Meinung nach haben Sachbücher trotz unzähliger Blogs und YouTube-Videos nach wie vor ihre Daseinsberechtigung. Blogs und Videos zeigen immer nur kurze Ausschnitte zu einem speziellen Thema, das große Ganze erschließt sich einem nicht immer. Hier hat es ein Buch wesentlich einfacher. Ein Thema kann von vorne bis hinten behandelt werden, es gibt die Möglichkeit, auf andere Kapitel zu verweisen und Querverweise herzustellen. Als Leserinnen und Leser bekommen Sie einen Überblick, womit Sie beginnen sollten, welche Lerninhalte als Nächstes wichtig sind und wie die einzelnen Themen zusammenhängen. Ich freue mich, dass Sie das genauso sehen, sonst würden Sie dieses Buch wohl nicht in Ihren Händen halten.

Einer gewissen Tradition folgend, habe ich auch diesmal den Aufwand unterschätzt. Die Überarbeitung hat wieder deutlich mehr Zeit in Anspruch genommen. Zum Glück arbeiten beim Rheinwerk Verlag tolle und liebe Menschen. Die Lektorin der dritten Auflage, Nicole Hohmann, hat die notwendige Geduld mitgebracht und jederzeit flexibel auf verspätete Abgaben meinerseits reagiert.

Ein besonderer Dank geht wie immer an meine Frau Sandra. Wann immer ich Schwierigkeiten mit einer Formulierung hatte oder mir die Energie gefehlt hat, mich nach einem langen Arbeitstag noch mal an den Schreibtisch zu setzen und an diesem Buch weiterzuarbeiten, war sie für mich da und hat immer die passenden Worte für mich gefunden.

Ein herzliches Dankeschön geht außerdem an meinen Lauf-Buddy, Pacemaker und sehr guten Freund Maximilian Völker. Durch puren Zufall hat er den letzten Abschnitt des Buches gelesen und prompt einen Kommafehler gefunden. Jetzt weiß ich auch, was ein erweiterter Infinitiv ist. Vielleicht macht mich dieses Wissen zu einem besseren Programmierer. Ich habe beim Schreiben auf jeden Fall wieder etwas dazugelernt.

Ich hoffe, dass dieses Buch auch Sie zu besseren Programmiererinnen und Programmierern macht. Ich wünsche Ihnen viel Spaß beim Lesen.

Ihr **Miroslav Antolovic**

Kapitel 1
HTML5 und CSS3

In den ersten Kapiteln dieses Buches lernen Sie die Grundlagen der Webentwicklung kennen. Ich widme mich zunächst HTML, der grundlegenden Sprache der Webentwicklung.

Die Basissprache zum Erstellen von Webseiten ist die *Hypertext Markup Language* (HTML). In diesem Kapitel stelle ich Ihnen die grundlegende Syntax von HTML vor. HTML ist eine Formatierungssprache zur Strukturierung und semantischen Auszeichnung von Inhalten, z. B. von Texten, Bildern und Hyperlinks in Dokumenten. HTML in der fünften Generation (HTML5) bietet gegenüber HTML4 viele neue Funktionalitäten, wie z. B. die Integration von Video, Audio, lokalem Speicher und 3D-Grafiken.

In diesem Buch werden nur die wichtigsten Sprachelemente erläutert; eine vollständige Sprachreferenz finden Sie unter *http://www.w3schools.com*. Die Sprachspezifikation erfolgt durch das World Wide Web Consortium (W3C), auf dessen Website *www.w3.org* Sie sich über alle Aktivitäten des Consortiums informieren können. Die HTML-spezifischen Informationen finden Sie unter *www.w3.org/html*. Das W3C bietet darüber hinaus unter *http://validator.w3.org* einen Validator für Ihre HTML-Seiten an.

Checkliste

Was Sie für dieses Kapitel brauchen:

- einen Texteditor, wie z. B. Notepad oder Notepad++
- einen installierten Browser

Notepad++ können Sie unter *http://notepad-plus-plus.org* herunterladen. Wenn Sie diese Beispiele gleich in Visual Studio Code implementieren möchten, blättern Sie zu Kapitel 4, »Entwicklungsumgebung einrichten«, und folgen Sie den dortigen Installationsanweisungen.

Jeder Browser interpretiert eine HTML-Seite individuell, abhängig von der verwendeten Rendering Engine. Aus diesem Grund ist es hilfreich, Ihre erstellten Seiten in verschiedenen Browsern zu testen, wobei der Schwerpunkt immer auf dem in Ihrem Unternehmen eingesetzten Browser liegen sollte. Tabelle 1.1 zeigt die wichtigsten Browser.

Browser	Rendering Engine	Webseite
Firefox	Gecko	*http://www.mozilla.org*
Microsoft Edge	Chromium (Blink)	*http://www.microsoft.com*
Chrome	Chromium (Blink)	*https://www.google.com/chrome*
Safari	WebKit	*http://www.apple.com/safari*
Opera	Blink	*http://www.opera.com*

Tabelle 1.1 Browser und Rendering Engines

1.1 Einführung in HTML5

HTML ist keine Programmiersprache, sondern eine reine Auszeichnungssprache. Mithilfe von HTML strukturieren und formatieren Sie die anzuzeigende Webseite inhaltlich. Der Inhalt eines HTML-Dokuments besteht aus *HTML-Elementen*; diese werden durch sogenannte *Tags* markiert. Der Notation eines Anfangs-Tags dienen spitze Klammern (<>), und ein End-Tag wird mit einem zusätzlichen Schrägstrich (</>) notiert. Abgesehen von wenigen Ausnahmen besteht ein vollständiger Beschreibungssatz in HTML immer aus einem Anfangs- und einem End-Tag.

Innerhalb dieser beiden Tags befindet sich der Gültigkeitsbereich für den eigentlichen Inhalt des HTML-Elements, beispielsweise:

```
<p>Textabschnitt</p>
```

Das einleitende Tag `<p>` signalisiert dem Browser, dass ein Abschnitt (`p` steht für Paragraph) folgt und der Gültigkeitsbereich bis zum abschließenden Tag `</p>` reicht. Der Text innerhalb der Tags wird vom Browser als Text in der Formatierung *Abschnitt* angezeigt.

1.1.1 Grundgerüst eines HTML-Dokuments

Ein HTML-Dokument besteht grundsätzlich aus folgenden Teilen:

- Dokumenttypdeklaration
- Kopfbereich
- Dokumentkörper

Listing 1.1 zeigt diese Teile. Sie können das Beispiel wie alle anderen Listings in diesem Buch auch im Download-Bereich dieses Buches unter *www.sap-press.de/5501* herunterladen (im Bereich **Materialien**). Der Dateiname innerhalb des Download-Ordners ist daher in den Listingunterschriften jeweils in Klammern angegeben.

```
<!DOCTYPE html>
<html>
   <head>
      <meta charset="UTF-8">
      <title>Erste Seite</title>
   </head>
   <body>
      <!-- Seiteninhalt -->
   </body>
</html>
```

Listing 1.1 Aufbau eines HTML-Dokuments (Seitenrumpf.html)

Die erste Zeile in diesem Beispiel ist die Dokumenttypdeklaration nach dem HTML5-Standard. Jede HTML-Seite wird vom eigentlichen HTML-Tag umschlossen:

```
<html> </html>
```

Im Kopfbereich <head> </head> werden z. B. suchmaschinenrelevante Metainformationen, der Seitentitel sowie Verweise auf JavaScript oder CSS-Dateien (Cascading Style Sheets, siehe Abschnitt 1.2, »Einführung in CSS«) deklariert.

Zeichencodierung

In diesem Beispiel wird die Zeichencodierung UTF-8 (<meta charset="UTF-8">) verwendet. Wenn Sie diese Zeile weglassen, stellt der Browser deutsche Sonderzeichen (z. B. Umlaute) nicht korrekt dar. Wenn Sie die Zeichencodierung nicht setzen, müssen Sie die Sonderzeichen in HTML-Notation schreiben (z. B. Ü für »Ü«):

```
<h1>&Uumlberschrift erste Ebene</h1>
```

Zwischen den <body>-Tags folgt nun der eigentliche Inhalt der Seite. Um unser erstes Beispiel in einem Browser anzuzeigen, erfassen Sie in einem Texteditor den HTML-Code aus Listing 1.1, fügen innerhalb der <body>-Tags die Anweisung <p>Textabschnitt</p> hinzu und speichern diese unter **Erste_Seite.html** ab. Sie sollten nun eine Datei wie in Listing 1.2 erstellt haben.

```
<!DOCTYPE html>
<html>
      <head>
         <meta charset="UTF-8">
         <title>Erste Seite</title>
      </head>
   <body>
         <p>Textabschnitt</p>
```

```
    </body>
</html>
```

Listing 1.2 Erste HTML-Seite (Erste_Seite.html)

Öffnen Sie die Datei anschließend im Browser (siehe Abbildung 1.1).

Abbildung 1.1 Erste HTML-Seite

Aus Gründen der Übersichtlichkeit wird in den folgenden Listings nur der Bereich innerhalb der `<body>`-Tags abgebildet. Nutzen Sie am besten Listing 1.1 als Vorlage, fügen Sie den abgebildeten Quelltext innerhalb der `<body>`-Tags hinzu, und speichern Sie die Seite jeweils unter dem neuen Dateinamen des jeweiligen Listingbeispiels ab.

Sehen wir uns als kleine Vorschau auf die Folgekapitel in Listing 1.3 die Grundseite einer SAPUI5-Anwendung an. SAPUI5 steht als Akronym für *SAP User Interface Development Toolkit for HTML5*. Streng genommen ist mit einer SAPUI5-Seite eine mit SAPUI5 erstellte HTML-Seite gemeint.

```
<!DOCTYPE HTML>
<html>
<head>
<meta http-equiv="X-UA-Compatible" content="IE=edge">
<script src="resources/sap-ui-core.js"
        id="sap-ui-bootstrap"
        data-sap-ui-libs="sap.ui.commons"
        data-sap-ui-theme="sap_bluecrystal" >
</script>
</head>
<body class="sapUiBody" role="application">
      <div id="content"></div>
</body>
</html>
```

Listing 1.3 Rumpf einer SAPUI5-Seite (SAPUI5.html)

Auch hier finden Sie die Grundelemente wieder:

- Dokumenttypdeklaration
- Kopfbereich
- Dokumentkörper

HTML-Dokumenttypen

Der Dokumenttyp bestimmt, welche Auszeichnungssprache (hier HTML) Sie in welcher Version verwenden. An dieser Notation orientiert sich z. B. der Browser, um die Seite korrekt zu verarbeiten und darzustellen.

Den Dokumenttyp für HTML5 haben Sie bereits kennengelernt:

```
<!doctype html>
```

Der Dokumenttyp für HTML5 ist einfach. Wenn Sie sich schon früher mit HTML beschäftigt haben, kennen Sie auch die Notation für HTML4:

```
<!DOCTYPE html PUBLIC "-//W3C//DTD HTML 4.01 //EN"  "http://www.w3.org/TR/
html4/strict.dtd">
```

> **Dokumenttyp**
>
> Verwenden Sie immer den HTML5-Dokumenttyp, auch wenn Sie streng genommen gar keine HTML5-Funktionen einsetzen. Dadurch, dass HTML4 vollständig in HTML5 integriert ist, können Sie mit dem HTML5-Dokumenttyp auf alle HTML4-Funktionalitäten zugreifen.

Kopfdaten des Dokuments

Im Kopfbereich des HTML-Dokuments können Sie unter anderem die folgenden Daten notieren:

- Metaangaben, wie z. B. die verwendete Zeichencodierung
- logische Verbindungen und Verknüpfungen mit anderen Ressourcen
- dokumentweite Stylesheet-Definitionen
- Bereiche für JavaScript

Schauen Sie sich den Kopfbereich der Grundseite von SAPUI5 zwischen den Tags `<head>` und `</head>` in Listing 1.3 noch einmal an.

Das Metaattribut `X-UA-Compatible` kennzeichnet die Einstellung für den Dokumentkompatibilitätsmodus im Internet Explorer. Über die Dokumentkompatibilität wird definiert, wie der Internet Explorer die Webseiten darstellt (siehe auch den Beitrag zur Dokumentenkompatibilität von Microsoft unter *http://s-prs.de/v890108*). Dabei gibt der Modus `edge` an, dass der Inhalt im höchsten verfügbaren Modus angezeigt werden soll. Auch wenn Microsoft das Ende des Internet Explorers für den 15. Juni 2022 angekündigt hat, wird uns dieser Browser sicherlich noch etwas begleiten. Alle anderen Browser ignorieren dieses Metaattribut.

In der nächsten Zeile wird der Pfad zu einer JavaScript-Bibliothek angegeben:

```
<script src="resources/sap-ui-core.js...
```

Mit JavaScript wird eine Webseite dynamisch und interaktiv. Während Sie die Seite mit HTML formatieren, also z. B. die Seite in Abschnitte mit Blockschrift aufteilen, sorgt JavaScript für die Interaktion mit den Benutzern. In Kapitel 2, »JavaScript«, widmen wir uns JavaScript; ab Kapitel 4, »Entwicklungsumgebung einrichten«, beschäftigen wir uns dann ausführlich mit der SAPUI5-Bibliothek.

Dokumentkörper

Der Dokumentkörper wird innerhalb der <body>-Tags <body>... </body> definiert. In diesem Bereich wird der anzuzeigende Inhalt der Seite beschrieben. Seit HTML5 kann der <body>-Bereich weiter unterteilt und damit logisch strukturiert werden. Dies ist durch die Tags <section>, <header> und <footer> möglich. Optisch haben diese Elemente keine Wirkung; sie dienen lediglich der semantischen Trennung von inhaltlichen Abschnitten. Im Beispiel in Listing 1.4 wird dies deutlich.

```
<body>
  <header>
  Dies ist der Kopfbereich der Seite.
  </header>
  <section>
  Dies ist ein Abschnitt.
  </section>
  <footer>
  Dies ist der Fußbereich.
  </footer>
</body>
```

Listing 1.4 Semantische Trennung von Abschnitten (Semantische_Trennung.html)

Abbildung 1.2 zeigt die Darstellung im Browser.

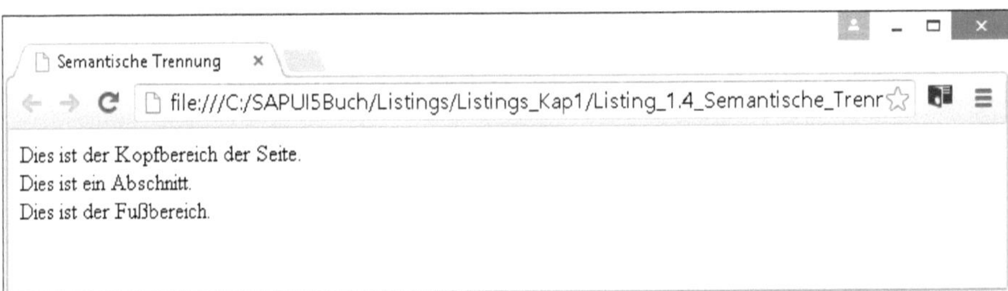

Abbildung 1.2 Semantische Trennung von Abschnitten

1.1.2 Wichtige Sprachelemente

Wie Sie später noch sehen werden, können Sie SAPUI5-Seiten gänzlich ohne HTML-Kenntnisse erstellen. Dennoch lohnt es sich, die gängigsten Sprachelemente zu kennen.

Überschriften

Das Tag `<h[1-6]>` leitet eine Überschrift ein, wobei die Nummer für die Ebene der Überschrift steht (siehe Listing 1.5).

```
<body>
  <h1>Überschrift erste Ebene</h1>
  <h2>Überschrift zweite Ebene</h2>
  <h3>Überschrift dritte Ebene</h3>
  <h4>Überschrift vierte Ebene</h4>
  <h5>Überschrift fünfte Ebene</h5>
  <h6>Überschrift sechste Ebene</h6>
</body>
```

Listing 1.5 Verwendung des Überschriften-Tags (Ueberschriften.html)

Abbildung 1.3 zeigt, wie die verschiedenen Überschriften im Browser angezeigt werden.

Abbildung 1.3 Anzeige der Überschriften im Browser

Absatztypen

Den Textabsatz `<p>` haben Sie bereits am Anfang dieses Kapitels kennengelernt. Weitere wichtige Sprachelemente zeigt Tabelle 1.2.

Sprachelement	HTML-Tag
Zeilenumbrüche	
geordnete Listen	<ol>
ungeordnete Listen	<ul>
Listeneinträge	<li>
Blockzitate	<blockquote>
horizontale Linien	<hr>
allgemeine Bereiche	<div>

Tabelle 1.2 Sprachelemente in HTML

Im Beispiel in Listing 1.6 werden die einzelnen Elemente in einer Seite verwendet.

```
<body>
  <p>Lorem ipsum dolor sit amet, consetetur sadipscing
     elitr,<br>
     sed diam nonumy eirmod tempor invidunt ut labore
     et dolore magna aliquyam erat,<br>
     sed diam voluptua.
</p>
<p> At vero eos et accusam et justo duo dolores
    et ea rebum. Stet clita kasd gubergren,
    no sea takimata sanctus est
    Lorem ipsum dolor sit amet.
</p>
  <ol>
    <li>Erster Eintrag Liste</li>
    <li>Zweiter Eintrag Liste</li>
  </ol>
  <ul>
    <li>Erster Eintrag Liste</li>
    <li>Zweiter Eintrag Liste</li>
  </ul>
  <hr>
  <blockquote>
    Lorem ipsum dolor sit amet,
    consetetur sadipscing elitr,
    sed diam nonumy eirmod tempor invidunt ut
    et dolore magna aliquyam erat.
```

```
  </blockquote>
</body>
```

Listing 1.6 Verwendung der HTML-Elemente (Absatztypen.html)

Lorem ipsum

Lorem ipsum ist ein Blindtext, der im Webdesign gerne als Platzhalter für das Layout verwendet wird. Im Internet finden Sie entsprechende Generatoren, wie z. B. *https://loremipsum.de/*. Hier können Sie sich eine beliebige Textlänge generieren lassen und in das Listing einfügen.

Abbildung 1.4 zeigt, wie die Absatztypen im Browser dargestellt werden.

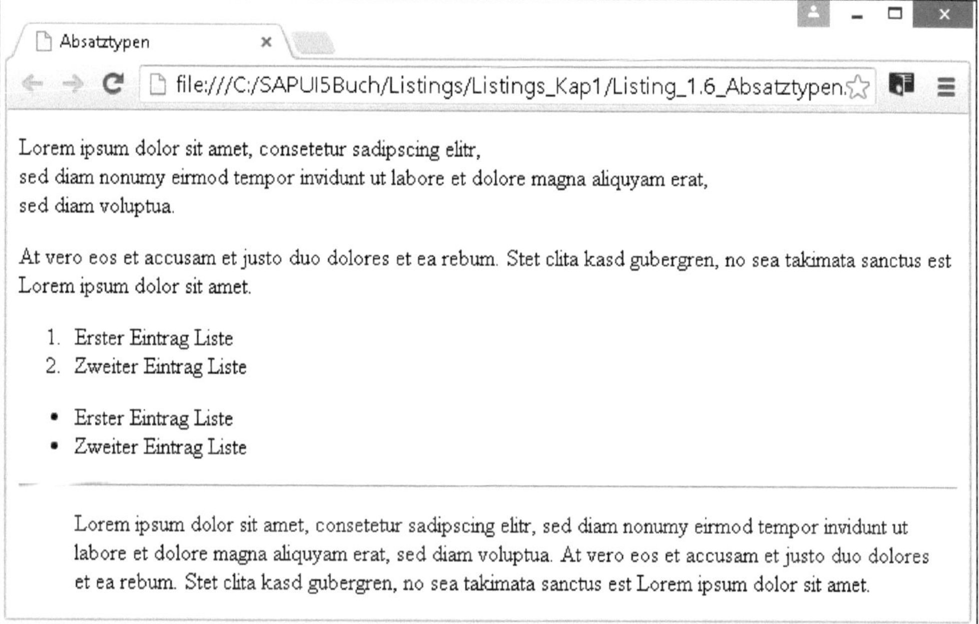

Abbildung 1.4 Absatztypen

Bereiche

Das Sprachelement `<div>` (`div` steht für *division* = Bereich) eignet sich besonders gut, um beliebige Inhalte in einen gemeinsamen Bereich einzuschließen. Schauen wir uns den Dokumentkörper der SAPUI5-Grundseite an:

```
<body class="sapUiBody" role="application">
    <div id="content"></div>
</body>
```

Die vollständige SAPUI5-Seite wird hier in einem `<div>`-Container mit `id="content"` dargestellt. Speziell mit der CSS-Technik haben Sie damit ein sehr einfaches und effektives Mittel, um Seitenbereiche pixelgenau anzuordnen und zu formatieren.

Das Beispiel in Abbildung 1.5 zeigt zwei überlappende Bereiche. Dieser Effekt wird mithilfe von CSS erreicht (siehe auch Abschnitt 1.2, »Einführung in CSS«), indem der erste Bereich jeweils 100 Pixel (`left:100px; top:100px;`) und der zweite Bereich jeweils 50 Pixel (`left:50px; top:50px;`) vom Rand entfernt angeordnet wird.

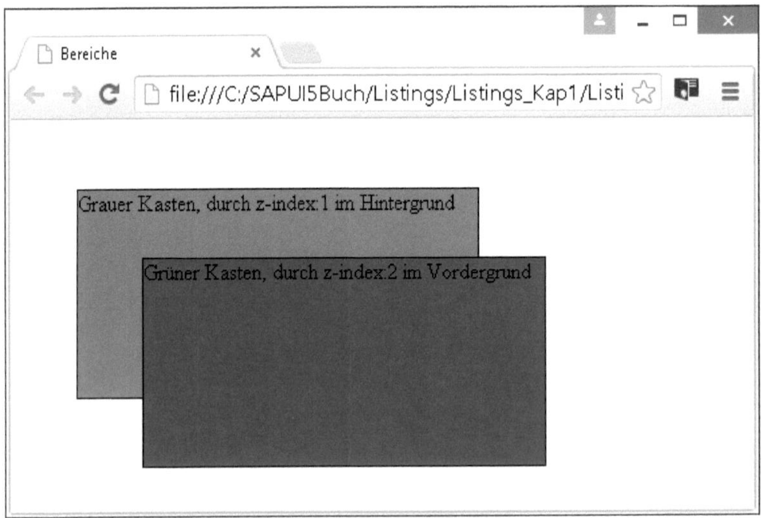

Abbildung 1.5 <div>-Containerelemente als Bereiche

Mit `z-index` ordnen Sie die Elemente in der Tiefe (Vorder- bzw. Hintergrund) an. Zum besseren Verständnis sind die beiden Bereiche mit unterschiedlichen Hintergrundfarben (`background-color:green` bzw. `background-color:grey`) versehen (siehe Listing 1.7).

```
<body>
  <div style="position:absolute; width:300px;
    height:150px; left:100px; top:100px;
    z-index:2; border:1px solid #000000;
    background-color:green">
  Grüner Kasten, durch z-index:2 im Vordergrund
  </div>
  <div style="position:absolute; width:300px;
      height:150px; left:50px; top:50px;
      z-index:1; border:1px solid #000000;
      background-color:grey">
  Grauer Kasten, durch z-index:1 im Hintergrund
```

```
  </div>
<body>
```

Listing 1.7 Bereiche überlappend anordnen (Bereiche.html)

Textauszeichnungen

Mit Textauszeichnungen weisen Sie einzelnen Wörtern oder Textpassagen eine besondere Formatierung zu. Die wichtigsten Sprachelemente dazu sind in Tabelle 1.3 aufgeführt.

Textauszeichnung	HTML-Tag
Hyperlink	<a>
fett	<b>
kursiv	<i>
hervorgehoben	<em>

Tabelle 1.3 HTML-Sprachelemente zur Textauszeichnung

Vielleicht fällt Ihnen auf, dass kein »Unterstrichen-Tag« aufgeführt ist; unterstrichener Text sollte wegen der Verwechslungsgefahr mit Hyperlinks nicht verwendet werden.

Hyperlinks

Speziell die Hyperlinks haben letztlich das World Wide Web zu dem gemacht, was es heute ist. Ein Hyperlink muss nicht zwingend auf eine andere HTML-Seite verweisen; mit Hyperlinks können Sie auf beliebige Ressourcen verweisen:

- Link zu einer anderen Seite:

  ```
  <a href="http://www.sap.com">SAP-Homepage</a>
  ```

- E-Mail-Link:

  ```
  <a href="mailto:name@company.com">Email</a>
  ```

- Link zu beliebigen Ressourcen:

  ```
  <a href="Arbeitsblatt.xls" type="application/msexcel">
  Excel</a>
  ```

Mit Hyperlinks können Sie auch innerhalb einer Seite navigieren. Die Sprungmarken dieser Links heißen *Anker* – das berühmteste Beispiel ist ein Zurück-nach-oben-Link am Ende einer langen Seite:

```
<a href="#top">nach oben</a>
```

Wenn Sie innerhalb einer Seite zu einem bestimmten Kapitel springen möchten, vergeben Sie eine ID für dieses Kapitel und referenzieren im Anker-Tag auf diese ID, wie es in Listing 1.8 gezeigt wird.

```
<body>
  <a href="#Abschnitt1">Abschnitt 1</a>
  <a href="#Abschnitt2">Abschnitt 2</a>
  <h1 id="Abschnitt1">Abschnitt 1</h1>
    <p>
    <i>Lorem ipsum dolor sit amet, consetetur </i>
    <b>sadipscing elitr, sed diam nonumy tempor</b>
    <em>invidunt ut</em>
    <i><b>labore et dolore magna aliquyam erat,</i></b>
    sed diam voluptua. At vero eos et accusam et justo duo
    dolores et ea rebum. Stet clita kasd gubergren,
    no sea takimata sanctus est Lorem ipsum dolor
    sit amet.
    </p>
  <h1 id="Abschnitt2">Abschnitt 2</h1>
    <p>
    Lorem ipsum dolor sit amet, consetetur sadipscing
    elitr, sed diam nonumy eirmod tempor invidunt ut
    labore et dolore magna aliquyam erat, sed diam
    voluptua.
    </p>
  <a href="#top">Seitenanfang</a>
</body>
```

Listing 1.8 Verwendung des Anker-Tags (Textauszeichnung.html)

Damit Sie den Effekt der Anker-Tags sehen können, achten Sie darauf, dass der Text innerhalb der Abschnitte 1 und 2 lang genug ist, damit der angesteuerte Abschnitt außerhalb des aktuell sichtbaren Bereichs liegt und der Browser an die entsprechende Stelle springen muss. In Abbildung 1.6 sehen Sie zur besseren Übersicht nur ein Beispiel mit kurzen Abschnitten. Wenn Sie diese Seite im Browser aufrufen, können Sie über die definierten Hyperlinks zum entsprechenden Abschnitt springen bzw. mit dem Seitenanfang-Hyperlink wieder an den Seitenanfang der angezeigten Seite springen.

Nun können Sie sich auch vorstellen, warum in der SAPUI5-Grundseite in Listing 1.3 das <div>- Element mit einer ID versehen wurde. Durch diese ID wird das Element adressierbar und kann z. B. per JavaScript direkt angesprochen werden. Wir werden dieses Thema in den Folgekapiteln noch ausführlich behandeln.

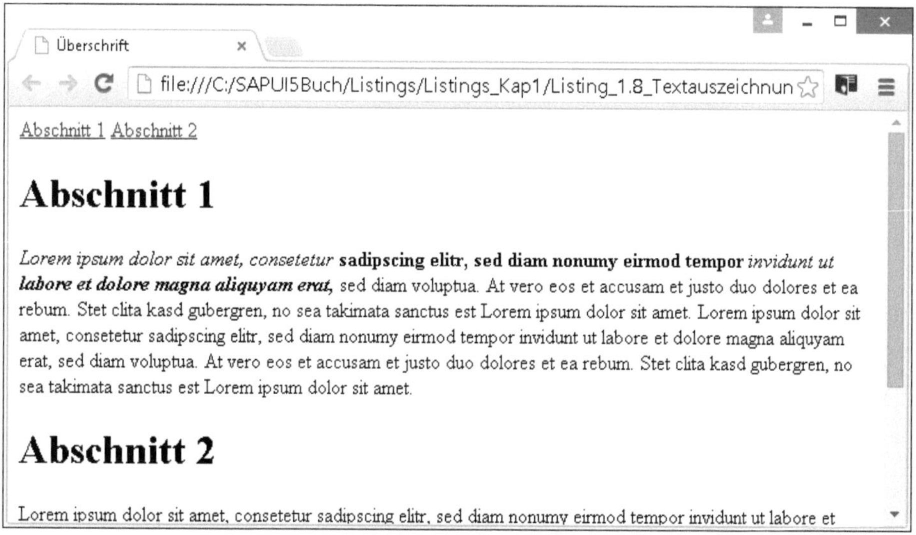

Abbildung 1.6 Darstellung von Ankern im Browser

Tabellen

Um eine SAP-Anwendung entwickeln zu können, benötigen Sie hauptsächlich zwei Komponenten: Formulare und Tabellen.

Ein Tabellenelement definieren Sie mit `<table>...</table>`, gefolgt von dem Tabellenkopf `<thead>...</thead>`, dem Tabellenkörper `<tbody>...</tbody>`, der eigentlichen Tabellenzeile `<tr>` und dem Inhalt `<th>` für die Kopfzeile sowie `<td>` für den Inhalt im Tabellenkörper (siehe Listing 1.9).

```
<body>
  <table border="1">
    <thead>
      <tr>
        <th>Kopf Spalte 1</th>
        <th>Kopf Spalte 2</th>
        <th>Kopf Spalte 3</th>
      </tr>
    </thead>
    <tbody>
      <tr>
        <td>Körper Zeile 1</td>
        <td>Körper Zeile 1</td>
        <td>Körper Zeile 1</td>
      </tr>
      <tr>
        <td>Körper Zeile 2</td>
```

```
        <td>Körper Zeile 2</td>
        <td>Körper Zeile 2</td>
      </tr>
    </tbody>
  </table>
</body>
```

Listing 1.9 Definition eines Tabellenelements (Tabellen.html)

Abbildung 1.7 zeigt, wie die Tabelle im Browser dargestellt wird. Der Tabellenkopf wird vom Browser automatisch fett gedruckt angezeigt, und jede Tabellenzelle ist von einem Rahmen umgeben.

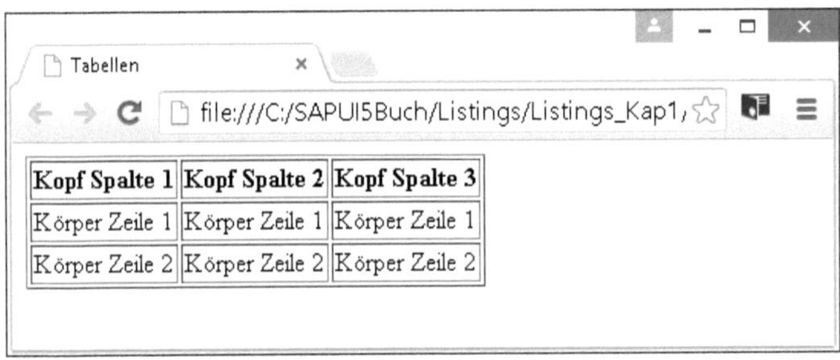

Abbildung 1.7 Darstellung einer HTML-Tabelle

Formulare

Mit einem Formular ermöglichen Sie die Interaktion der Anwender mit der Anwendung. Typische Formulare sind Eingabemasken, die Sie entweder direkt mit JavaScript verarbeiten oder, wie in unserem Fall, zur Weiterverarbeitung an das SAP-Backend schicken können. Typische Formulare im Web sind Anmeldedialoge für geschützte Bereiche oder Kontaktformulare.

Mit `<form>...</form>` definieren Sie ein Formular in HTML. Innerhalb des Formulars stehen Ihnen unter anderem die folgenden Elemente zur Verfügung:

- Beschriftungen: `<label>`
- Eingabefelder: `<input>`
- Textbereiche: `<textarea>`
- Auswahllisten: `<select>`
- Dropdown-Listen: `<datalist>`
- Radiobuttons: `<input type="radio">`

Damit das Formular die Eingaben entgegennehmen kann, müssen Sie noch die sogenannte `action` definieren. Damit geben Sie an, welche URL nach dem Abschicken aufgerufen werden soll.

Durch das Attribut method geben Sie zudem an, wie der Browser die Daten an die unter action angegebene URL senden soll. Die beiden möglichen Methoden sind POST und GET. Bei der GET-Methode hängt der Browser die Formulardaten an die angegebene URL in der folgenden Form an:

```
/?Formularfeld-ID=[Wert]&Formularfeld-ID=[Wert]&...
```

Bei der POST-Methode werden die Parameter über den Standardeingabekanal zur Verfügung gestellt. Im Beispiel in Listing 1.10 wird ein Formular zur Zeiterfassung bereitgestellt und per GET-Methode an einen Target-Server geschickt, wenn der Anwender auf den **Senden**-Button klickt.

```
<body>
<form method="get" action="http://targetserver">
<fieldset id="timesheet">
    <legend>Zeiterfassung</legend>
    <label for="name">Name</label>
    <input type="text" name="name">
  <br>
    <label for="task">Tätigkeit</label>
    <select name="task" size="1">
    <option value"consulting">Beratung</option>
    <option value"development">Entwicklung</option>
    </select>
  <br>
    <label for="Stunden">Stunden</label>
    <input type="number" name="Stunden"
                min="0" max="8"
                id="Stunden">
  <br>
    <label for="desc">Beschreibung</label>
    <textarea name="desc" rows="3"></textarea>
  <br>
    <label for="billing">Fakturierbar</label>
    <input type="checkbox" name="billing" id="BILL">
  <br>
    <input type="submit" value="Senden">
</fieldset>
</form>
</body>
```

Listing 1.10 Beispiel für ein Zeiterfassungsformular (Formular.html)

Abbildung 1.8 zeigt, wie das Formular im Browser dargestellt wird.

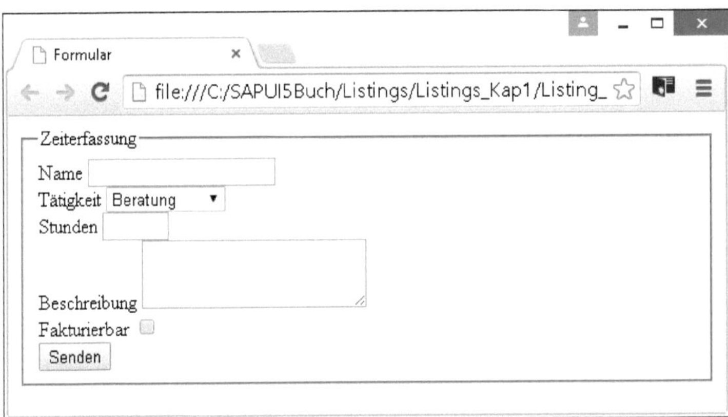

Abbildung 1.8 Darstellung eines HTML-Formulars

[!]

Datenübertragung mit der GET-Methode

Die GET-Methode eignet sich nur bedingt zur Übertragung von sensiblen Daten, da die übertragenen Daten in der Adresszeile des Browsers im Klartext dargestellt werden.

Tragen Sie nun beliebige Daten in das Formular ein, und klicken Sie auf **Senden**. Dabei können Sie zwei Effekte beobachten: Zum einen erhalten Sie aktuell noch eine Fehlermeldung, die darauf hinweist, dass der Server (Target-Server) nicht gefunden werden konnte, und zum anderen können Sie in der Adresszeile des Browsers die eingegebenen Daten ablesen, also z. B.:

http://targetserver/?name=Mein+Name&task=Beratung&Stunden=8&desc=Eingegebene+Beschreibung

Die serverseitige Verarbeitung wird in Abschnitt 7.6, »Kommunikation mit dem SAP-Backend«, näher betrachtet.

1.2 Einführung in CSS

In den bisherigen Beispielen standen die Sprachelemente und die Funktionalität im Fokus, aber optisch ansprechend waren sie nicht. Genau an dieser Stelle kommen die *Cascading Style Sheets* (CSS) ins Spiel.

Cascading Style Sheets

CSS enthält Informationen über Position, Schriftgröße und -art, Hintergrundfarben, Bilder und vieles mehr. Mit Cascading Style Sheets wird der durch HTML strukturierte Inhalt formatiert. Das heißt, dass Sie die erstellten Elemente mithilfe von CSS gestalten und positionieren.

1.2.1 Allgemeiner Aufbau

Die grundlegende Syntax von CSS ist sehr einfach. Sie definieren sogenannte Regeln, die aus einem *Selektor* und der *Deklaration* bestehen (siehe Abbildung 1.9).

```
Selektor ———→ body{
                font-size: 16px;  ←——— Deklaration
                color: blue;
                ...
              }
```

Abbildung 1.9 Grundlegende Syntax von CSS

Der Selektor bestimmt, auf welche HTML-Elemente sich die Regel bezieht. Die Deklaration erfolgt in geschweiften Klammern. Der erste Teil der Deklaration benennt die zu gestaltende Eigenschaft (z. B. die Schriftgröße), und der zweite Teil bestimmt den Wert, den die Eigenschaft annehmen soll. In Abbildung 1.9 definiert das CSS, dass im `<body>`-Bereich die Schriftgröße 16 Pixel und die Schriftfarbe Blau verwendet werden sollen.

[+]

CSS-Syntax

Die grundlegende Syntax von CSS zeigt Listing 1.11.

```
Selektor {
   Eigenschaft: Wert;
   Eigenschaft: Wert;
   ...
}
```

Listing 1.11 Grundlegender Aufbau von CSS

1.2.2 CSS in HTML einbinden

Es gibt drei Möglichkeiten, um CSS in eine HTML-Seite einzubinden, die alle in Abbildung 1.10 gezeigt werden:

- ausgelagert in eine separate Datei und per Hyperlink in den Kopfbereich eingebunden:

  ```
  <link href="style.css" rel="stylesheet" />
  ```

- per direkter Deklaration im Kopfbereich des HTML-Dokuments
- per Inline-Deklaration am HTML-Tag im HTML-Dokument

```
<!DOCTYPE html>
<html>
  <head>
    <meta charset="utf-8" />
    <title>Formular<title>

    <link href="style.css" rel="stylesheet" />   ←— separate Datei

    <style type="text/css">
      label {
        width: 100px;
Kopfbereich     float: left;
        background-color: silver;
        }
    </style>

  </head>
  <body>
    <label for="name" style="background-color: yellow";>Name</label>   ←— Inline
    <input type="text" name="name">
  <br>
```

Abbildung 1.10 CSS in HTML einbinden

Was passiert nun, wenn Sie alle drei Möglichkeiten in einer Seite einsetzen und in allen drei CSS-Definitionen ein Styling für das gleiche Element definieren? In diesem Fall greift die Regel der *CSS-Hierarchie*, die die Reihenfolge der Verarbeitung bestimmt. Wenn alle Selektoren gleich sind, greift die zuletzt definierte Regel, d. h., dass der Browser die Seite von oben nach unten rendert und die letzte Regel beim Rendern als gültig interpretiert.

Um das Prinzip »oben sticht unten« nachzuvollziehen, legen Sie eine separate CSS-Datei an und speichern diese als **style.css** im gleichen Verzeichnis wie die HTML-Seite ab (siehe Listing 1.12).

```
label {
  width: 150px;
  float: left;
  background-color: black;
}
```

Listing 1.12 Beispiel für eine CSS-Datei (style.css)

[!]

Pfadangaben in HTML

Bei den Pfadangaben sollten Sie stets mit relativen Pfaden arbeiten. Das bedeutet, dass die aktuelle URL die Bezugs-URL ist, auf die sich die restlichen Adressbestandteile beziehen. Wenn Sie z. B. die CSS-Datei in einem Unterverzeichnis **.css** ablegen, ändert sich die Pfadangabe in `href="css/style.css"`. Sollte sich die Datei oberhalb der aktuellen URL befinden, referenzieren Sie über `href="../style.css"` auf das übergeordnete Verzeichnis und von dort aus wieder auf den Dateipfad. Auf das aktuelle Verzeichnis referenzieren Sie mit ./ (einem Punkt, gefolgt von einem Schrägstrich). Mit ../ referenzieren Sie auf das dem aktuellen Verzeichnis übergeordnete Verzeichnis, egal, wie es heißt. Mit ../../ referenzieren Sie dementsprechend auf das Verzeichnis über dem Verzeichnis über dem aktuellen Verzeichnis usw.

Auch wenn Sie in HTML absolute Pfade angeben können, also z. B. *http://server/anwendung/seite.html*, sollten Sie davon Abstand nehmen. Sobald Sie z. B. Ihre Anwendung aus dem Entwicklungssystem in das Produktivsystem transportieren, ändert sich der Servername, und Ihre Verweise funktionieren nicht mehr korrekt.

Als Nächstes ändern Sie Listing 1.10 wie folgt ab:

- Referenzieren Sie im Kopfbereich auf die in Listing 1.12 erstellte separate Datei:

  ```
  <link href="style.css" rel="stylesheet" />
  ```

- Fügen Sie im Kopfbereich die gleiche Style-Definition hinzu, und ändern Sie lediglich die Anweisung `background-color: silver;`.
- Fügen Sie dem ersten `label`-Element die folgende Inline-Anweisung hinzu:

  ```
  style="background-color: yellow";
  ```

Daraus ergibt sich Listing 1.13.

```
<!DOCTYPE html>
<html>
  <head>
    <meta charset="UTF-8" />
    <title>Formular</title>
    <link href="style.css" rel="stylesheet" />
    <style type="text/css">

      label {
          width: 100px;
          float: left;
          background-color: silver;
        }

    </style>
  </head>
<body>
<form method="get" action="http://targetserver">
  <fieldset id="timesheet">
  <legend>Zeiterfassung</legend>
  <label for="name" style="background-color:
```

```
        yellow";>Name</label>
    <input type="text" name="name">
    <br>
    <label for="task">Tätigkeit</label>
    <select name="task" size="1">
    <option value"consulting">Beratung</option>
    <option value"development">Entwicklung</option>
    </select>
    <input type="submit" value="Submit">
    </fieldset>
  </form>
  </body>
  </html>
```

Listing 1.13 Formular mit CSS gestalten (Formular_mit_CSS.html)

Durch die beschriebene Rangfolge erwarten wir Folgendes:

- bei keinem `label`-Element einen schwarzen Hintergrund
- beim ersten `label`-Element einen gelben Hintergrund
- bei allen anderen `label`-Elementen einen grauen Hintergrund

Zur besseren Veranschaulichung schalten Sie im Browser zusätzlich die Webentwicklertools ein (z. B. in Firefox im Menü unter **Anwendungsmenü öffnen • Weitere Werkzeuge • Werkzeuge für Web-Ent...**, in den meisten Browsern über die Funktionstaste F12 erreichbar), und rufen Sie Ihre Seite darüber auf (siehe Abbildung 1.11).

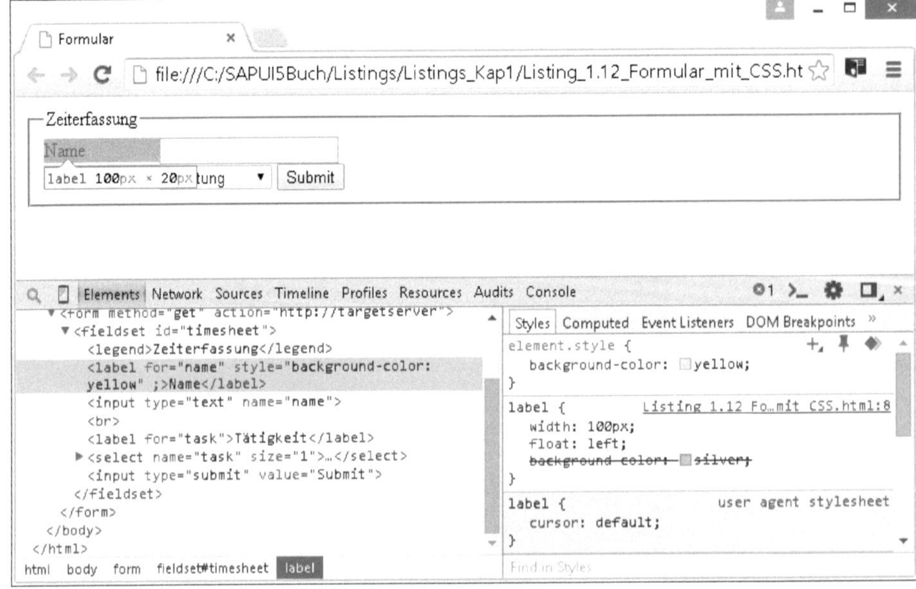

Abbildung 1.11 Anzeige der HTML-Seite und des geladenen CSS-Codes in den Webentwicklertools

Zum einen stellt der Browser das erwartete Ergebnis dar, und zum anderen können Sie in den Webentwicklertools sehen, wie die einzelnen CSS-Anweisungen in der beschriebenen Reihenfolge überschrieben werden. Wenn Sie nun allerdings die externe Datei nach der Kopfdefinition aufrufen, wird das letzte Element schwarz angezeigt (siehe Abbildung 1.12).

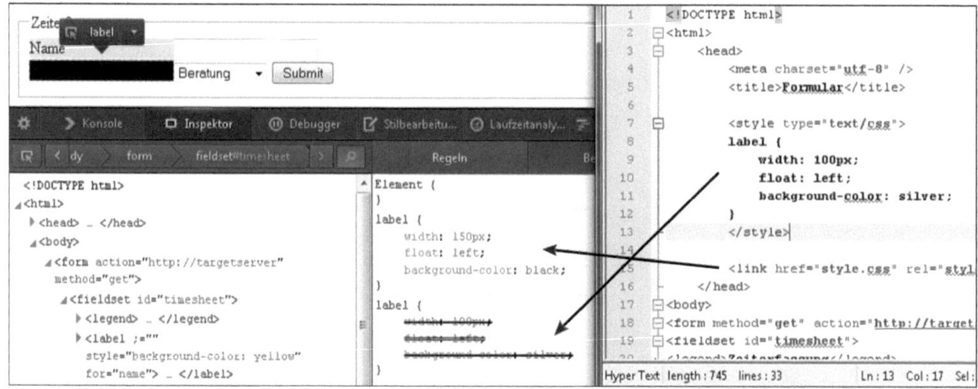

Abbildung 1.12 Änderung der Ergebnisanzeige aufgrund der CSS-Aufrufhierarchie

1.2.3 Selektoren

Eine weitere Regel innerhalb der CSS-Hierarchie ist die Regel der *Spezifität*. Sie hängt mit dem gewählten *Selektor* zusammen. Aus diesem Grund stelle ich Ihnen nun zunächst die verschiedenen Selektoren vor.

Durch den Selektor bestimmen Sie, für welche HTML-Elemente die Formatdefinition gelten soll. Auch hier bietet Ihnen CSS mehrere Möglichkeiten:

- **Universalselektor**
  Der universelle Selektor wird durch einen Asterisk (*) gekennzeichnet und ist damit für alle Elemente gültig:

  ```
  *{Eigenschaft: Wert;}
  ```

- **Typselektor**
  Mit dem Typselektor adressieren Sie das explizit genannte Element, wie in Listing 1.13 das `label`-Element:

  ```
  label {Eigenschaft: Wert;}
  ```

- **ID-Selektor**
  Mit dem ID-Selektor sprechen Sie zunächst kein Element an; diese Anweisung ist für alle Elemente mit der entsprechenden ID gültig:

  ```
  #main {Eigenschaft: Wert;}
  <p id="main">Paragraph</p>
  ```

- **Klassenselektor**
  Mit dem Klassenselektor sprechen Sie alle Elemente mit dem entsprechenden Klassenattribut an:

  ```
  .Navigation { Eigenschaft: Wert;}
  ```

  ```
  <p class="Navigation">Paragraph</p>
  ```

- **Nachfahrselektor**
  Bei dem Nachfahrselektor können Sie Verschachtelungen definieren und einem Element die Eigenschaft nur dann zuweisen, wenn es innerhalb eines anderen Elements vorkommt:

  ```
  p i {Eigenschaft: Wert;}
  ```

  In diesem Beispiel hat die CSS-Anweisung für das Element `<i>` nur dann Gültigkeit, wenn es innerhalb eines `<p>`-Elements steht.

An den Selektoren hängt die CSS-Hierarchieregel der Spezifität. Diese Regel besagt, dass spezifische Selektoren allgemeine Selektoren überschreiben. Je spezifischer eine Regelhierarchie in ihrem Selektor ein Element beschreibt, desto stärker wird sie gewichtet. Die Gewichtung erfolgt nach einem vorgegebenen Punktesystem. Bei diesem System wird jeder Regeldefinition eine Zahlenreihe von vier Ziffern zugeordnet. Diese Ziffern werden an vier Positionen angeordnet, die den Levels a bis d entsprechen:

- Level a = Style-Attribut – höchste Spezifität
- Level b = Anzahl der ID-Attribute
- Level c = Anzahl der anderen Attribute und Pseudoklassen
- Level d = Anzahl der Elementnamen und Pseudoelemente

Daraus ergibt sich eine Zahl nach dem Schema:

- Level a = 1.000er-Stelle
- Level b = 100er-Stelle
- Level c = 10er-Stelle
- Level d = 1er-Stelle

So ergibt der Selektor `p` die Spezifität `0001` (Style = 0, ID = 0, Klasse = 0, Element = 1). Der Klassenselektor `Navigation` ergibt den Wert `0010` (Style = 0, ID = 0, Klasse = 1, Element = 0). Bei dieser Spezifität wird das HTML-Element mit der Style-Definition angezeigt, die den höchsten Wert hat.

Legen Sie als Beispiel das HTML-Dokument **CSS_Hierarchie.html** mit dem Quellcode aus Listing 1.14 an.

```
<!DOCTYPE html>
<html>
  <head>
    <meta charset="UTF-8" />
    <title>CSS-Hierarchie</title>
    <style type="text/css">

    p {
      background-color: green;
    }
    p.yellow {
      background-color: yellow;
    }
    p#red {
      background-color: red;
    }

    </style>
  </head>
<body>
<p class="yellow" id="red">
Lorem ipsum dolor sit amet, consectetur adipisici elit,
sed eiusmod tempor incidunt ut labore et dolore magna
aliqua. Ut enim ad minim veniam, quis nostrud exercitation
ullamco laboris nisi ut aliquid ex ea commodi consequat.
</p>
</body>
</html>
```

Listing 1.14 Beispiel für die Spezifitätsregel (CSS-Hierarchie.html)

Welches Ergebnis erwarten Sie? Berechnen Sie nun die Spezifität anhand der beschriebenen Regel (siehe Tabelle 1.4).

Selektor	a b c d (Spezifität)	Ergebnis
p	0-0-0-1	0001
p.yellow	0-0-1-1	0011
P#red	0-1-0-1	0101

Tabelle 1.4 Berechnung der CSS-Spezifität

Aufgrund der Ergebnisse sollte der Abschnitt mit einem roten Hintergrund angezeigt werden (siehe Abbildung 1.13). Rufen Sie nun die Seite im Browser auf, und überprüfen Sie das Ergebnis.

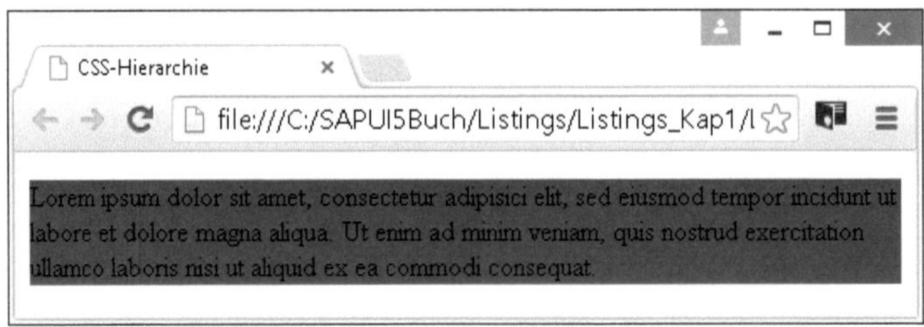

Abbildung 1.13 Darstellung im Browser aufgrund der Spezifität

Die Regeldefinition finden Sie auch auf der W3C-Website unter *http://www.w3.org/TR/CSS21/cascade.html#specificity*.

1.2.4 Beispiel

Eine komplette CSS-Sprachreferenz würde den Rahmen dieses Buches sprengen; eine vollständige Auflistung finden Sie unter *http://www.w3schools.com*. Das gekürzte Listing 1.15 (das vollständige Listing können Sie im Download-Bereich des Buches herunterladen) zeigt beispielhaft, wie Sie mit sehr einfachen Mitteln ansprechende Seiten gestalten können.

```
<!DOCTYPE html>
<html>
<head>
  <meta charset="UTF-8" />
  <title>CSS Demo</title>
  <style>
  body {
    font-family: Arial, Helvetica, sans-serif;
   }
  label {
    margin: 10px; display: inline-block; width: 150px;
   }
  input {
    margin-left: 10px; border-radius: 4px;
   }
  #Site {
    background-image:
    -moz-linear-gradient(top, lightblue, white);
    background-image:
    -webkit-linear-gradient(left, lightblue, white);
    box-shadow: 5px 5px 5px #333333;
    -webkit-box-shadow: 5px 5px 5px #333333;
```

```
    padding: 20px; height: 100px; width: 500px;
   }
</style>
</head>
<body>
  <div id="Site">
    <div id="Formular">
      <label>Eingabefeld</label>
      <input type="text">
      <button class="button" type="button">Senden
      </button>
    </div>
  </div>
</body>
</html>
```

Listing 1.15 Beispiel für die Gestaltung mithilfe von CSS (CSS_Demo.html, Ausschnitt)

Abbildung 1.14 zeigt das Ergebnis im Browser Firefox. In diesem Beispiel zeigen sich die Unterschiede zwischen den einzelnen Browsern ganz deutlich. Speziell bei den CSS3-Attributen müssen Sie zum Teil browserspezifische (genauer gesagt Rendering-Engine-spezifische) Anweisungen angeben. In unserem Beispiel werden für Mozilla und Chrome spezifische CSS-Anweisungen hinterlegt:

```
background-image:-moz-linear-gradient(...)
background-image:-webkit-linear-gradient(...)
```

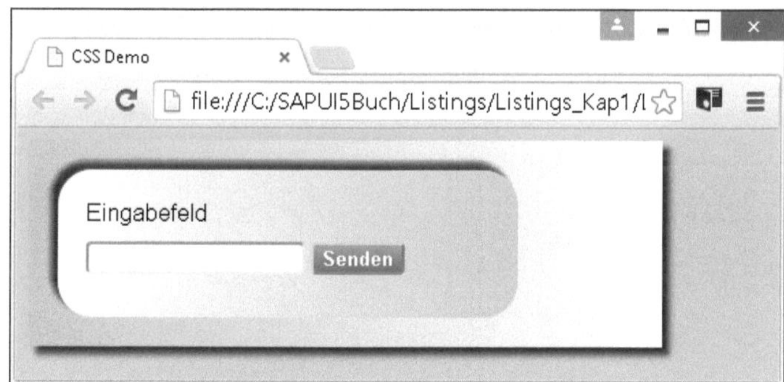

Abbildung 1.14 Anzeige des CSS-Beispiels in Firefox

Der Eintrag `moz` gilt für Mozilla und der Eintrag `webkit` für Chrome (siehe Tabelle 1.1). Im Zweifelsfall können Sie im entsprechenden Developer Network des Browserherstellers nachschauen. Das Mozilla Developer Network (MDN) finden Sie unter *https://developer.mozilla.org*. Hier finden Sie eine vollständige CSS-Referenz. Innerhalb dieser Referenz finden Sie unter **Mozilla CSS extensions** die browserspezifischen Befehle (siehe Abbildung 1.15).

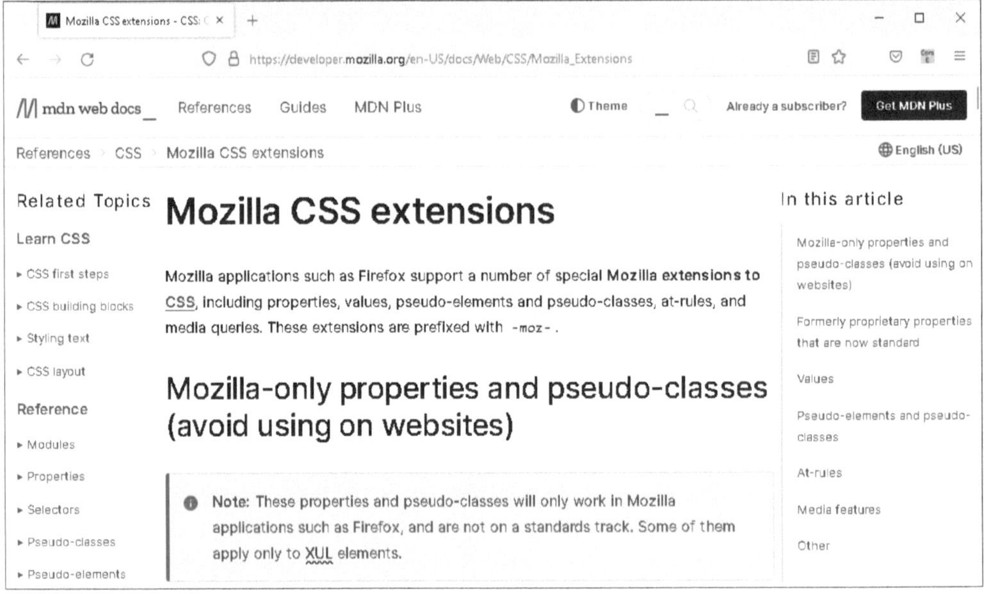

Abbildung 1.15 Referenz im Mozilla Developer Network (MDN)

Damit Sie die CSS-Anweisungen nicht für jeden Browser manuell erstellen müssen, können Sie verschiedene CSS-Generatoren verwenden. So finden Sie z. B. unter *http://www.css3generator.com* einen CSS-Generator für die häufigsten CSS3-Befehle. Wenn Sie dort z. B. den Bereich **Box Shadow** auswählen, wird Ihnen der entsprechende CSS-Code mit allen browserspezifischen Vorsätzen generiert, wie in Abbildung 1.16 gezeigt. Diesen Code können Sie per Copy & Paste in Ihre CSS-Datei übernehmen.

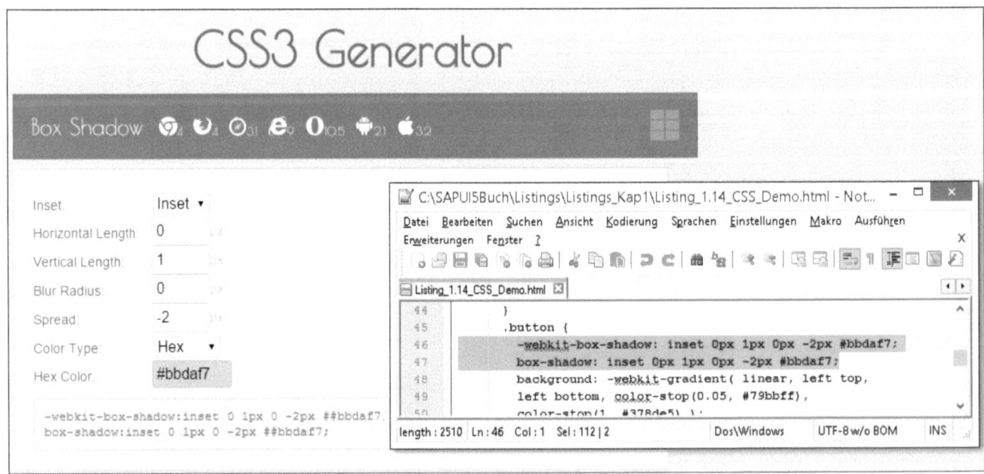

Abbildung 1.16 CSS3-Generator

Kapitel 2
JavaScript

In diesem Kapitel lernen Sie die grundlegenden Sprachelemente von JavaScript kennen. Mit JavaScript können Sie Benutzerinteraktionen implementieren, Seiteninhalte dynamisch verändern oder sie zur Laufzeit generieren. SAPUI5 basiert auf JavaScript.

JavaScript ist eine Skriptsprache, die ursprünglich für dynamisches HTML in Webbrowsern entwickelt wurde und auch als DHTML (dynamisches HTML) bekannt war. Mit JavaScript war es möglich, den bis dahin statischen Webseiten »Leben einzuhauchen« und damit z. B. Benutzeraktionen auszuwerten und Inhalte dynamisch zu verändern. SAPUI5 basiert auf JavaScript. In diesem Kapitel bringe ich Ihnen die Grundlagen dieser Skriptsprache näher.

Checkliste

Was Sie für dieses Kapitel brauchen:

- einen Texteditor, wie z. B. Notepad oder Notepad++
- einen installierten Browser

Wenn Sie diese Beispiele gleich in Visual Studio Code implementieren möchten, blättern Sie zu Kapitel 4, »Entwicklungsumgebung einrichten«, und folgen Sie dort den Installationsanweisungen.

2.1 Grundlagen

Die von Brendan Eich entwickelte Sprache JavaScript wurde erstmals 1995 von Netscape Communications im Netscape Navigator 2.0 vorgestellt. Aus lizenztechnischen Gründen veröffentlichte Microsoft daraufhin eine eigene Version namens *JScript*. Der damals entfachte »Browserkrieg« dauert bis heute an, und die Unterschiede zwischen den einzelnen Browsern bei der Interpretation von JavaScript sind eklatant.

1997 wurde die Sprache von der europäischen Organisation Ecma International standardisiert; offiziell heißt die Sprache seither *ECMAScript*. JavaScript und JScript sind streng genommen spezielle ECMAScript-Implementierungen, wobei im allgemeinen

Sprachgebrauch weiterhin der Begriff JavaScript verwendet wird. Jährlich erhält die ECMAScript-Spezifikation ein Update. Der umfassendste Sprung war 2015 von ECMAScript 5 zu ECMAScript 6. Auch wenn 2015 schon lange her ist, unterstützen immer noch nicht alle Browser ECMAScript 6. Aus diesem Grund sollten Sie bei Ihrer Implementierung die Version 5 verwenden oder Ihr Skript vor dem Deployment auf den ABAP Server über das `babel npm` auf die Syntax von Version 5 konvertieren. Wie das funktioniert, erkläre ich Ihnen in Kapitel 4, »Entwicklungsumgebung einrichten«.

Da wir mit JavaScript nun endgültig in die Webentwicklung einsteigen, benötigen Sie die Standardwerkzeuge eines Entwicklers:

- eine Konsole zur Ausgabe von Fehlern/Logs
- einen Debugger

Glücklicherweise sind in den neuen Browsern die Entwicklerwerkzeuge bereits integriert. In Tabelle 2.1 finden Sie die Tastenkombinationen zum Aufrufen der Werkzeuge in den verschiedenen Browsern.

Browser	Hotkey
Firefox	F12
Edge	F12
Chrome	F12
Safari	Strg + Alt + i
Opera	Strg + Alt + i

Tabelle 2.1 Aufruf der Entwicklerwerkzeuge

2.1.1 Protokollierung

Es hat sich als hilfreich erwiesen, Zwischenergebnisse oder Fehler mit dem Befehl `console.log()` in die Konsole zu schreiben und sie sich mit den Entwicklerwerkzeugen anzuschauen. Listing 2.1 zeigt die Verwendung des Befehls, und Abbildung 2.1 zeigt die Konsolenausgabe im Browser.

```
<!DOCTYPE html>
<html>
  <head>
    <meta charset="UTF-8">
    <title>Absatztypen</title>
  </head>
<body>
  <h1>Erstes JavaScript</h1>
    <script type="text/javascript">
```

```
      console.log("Ich wurde aufgerufen");
    </script>
</body>
</html>
```

Listing 2.1 Zwischenergebnisse in der Konsole ausgeben (Konsole.html)

Abbildung 2.1 Konsolenausgabe

Alternativ zu einer Ausgabe in der Konsole können Sie mit dem Befehl `alert` Meldungen in einem Pop-up-Fenster ausgeben. Das Skript aus Listing 2.1 würde dann wie folgt aussehen:

```
<script type="text/javascript">
  alert("Ich wurde aufgerufen");
</script>
```

Pop-up-Fenster haben den Vorteil, dass die Ausgabe auch bei geschlossenem Konsolenfenster angezeigt wird. Ich rate Ihnen jedoch von dieser Möglichkeit ab, da Sie vor der Produktivsetzung leicht eine Stelle übersehen und im Produktivbetrieb die Anwender mit zu vielen Pop-up-Fenstern schnell verärgern könnten. Dasselbe gilt auch für `console`-Ausgaben. Auch diese haben im produktiven Code nichts verloren und sollten vor dem Deployment entfernt werden.

2.1.2 Positionierung von JavaScript-Code

JavaScript allein ist keine ausführbare Datei, sondern muss in eine HTML-Seite eingebettet werden. Grundsätzlich können Sie den JavaScript-Code auf die gleiche Art und Weise wie CSS einbinden:

- als separate Datei, auf die im Kopfbereich referenziert wird:

  ```
  <script src="script.js" type="text/javascript"></script>
  ```

- innerhalb des Kopfbereichs:

  ```
  <script type="text/javascript"></script>
  ```

- innerhalb des <body>-Bereichs:

```
<script type="text/javascript"></script>
```

Innerhalb des <script>-Tags wird der eigentliche JavaScript-Code hinterlegt. Mehrere JavaScript-Befehle werden mit einem Semikolon getrennt. Funktionen werden von geschweiften Klammern ({}) umschlossen.

2.1.3 Kommentare

Einzeilige Kommentare werden mit zwei Schrägstrichen am Anfang eingeleitet und mehrzeilige Kommentare von /*...*/ umschlossen:

```
// Einzeiliger Kommentar
/* Kommentar mit mehreren Zeilen
   wie in diesem Beispiel*/
```

2.1.4 Funktionen

Funktionen werden mit dem Schlüsselwort `function` definiert, gefolgt von einem Funktionsnamen inklusive Klammern. Die eigentliche Funktion wird mit geschweiften Klammern eingerahmt.

```
function func() {
    // eigentliche Funktion
}
```

Diese Funktion können Sie über ihren Namen, in diesem Beispiel `func`, aufrufen:

```
<script type="text/javascript">
    func();
</script>
```

Im Beispiel in Listing 2.2 fügen wir einen Button auf einer Webseite ein. Klicken die Anwender auf diesen Button, wird das Ereignis `onclick()` ausgelöst. An diesem Ereignis können Sie eine Funktion (*Event Handler*) registrieren, die beim Auslösen des Ereignisses durchlaufen wird. Eine solche Funktion kann auch direkt beim Laden der Seite durch das Ereignis `onload()` ausgelöst werden (in Abschnitt 2.6, »Ereignisse«, gehe ich näher auf die Ereignisverarbeitung ein).

```
<!DOCTYPE html>
<html>
  <head>
    <meta charset="UTF-8">
    <script type="text/javascript">
```

```
        function button(){
              // Funktion aufrufen
              alert("Button gedrückt");
        }
        function loaded(){
              alert("Seite geladen");
              console.log("Seite geladen");
        }
              /* Hier werden zwei Einträge
              in der Konsole erzeugt */
              console.log("Erster Konsoleneintrag");
              console.log("Zweiter Konsoleneintrag");
    </script>
</head>
<body onload="loaded()">
  <button type="button" onclick="button()">
    Funktion aufrufen
  </button>
</body>
</html>
```

Listing 2.2 Grundlegende Syntax eines Funktionsaufrufes (Grundlegende_Syntax.html)

Nach dem Laden der Seite erscheint das erste Pop-up-Fenster mit dem Hinweis »Seite geladen«, und nach einem Klick auf den Button erscheint das zweite Pop-up-Fenster mit dem Hinweis »Button gedrückt«.

An dieser Stelle möchte ich Ihnen die Ablauflogik von JavaScript näher erläutern. Wenn Sie sich die Konsolenausgabe zu diesem Beispiel anschauen, fällt zunächst einmal auf, dass zuerst die beiden Einträge »Erster Konsoleneintrag« und »Zweiter Konsoleneintrag« erscheinen, und erst im Anschluss der Hinweis »Seite geladen« erfolgt (siehe Abbildung 2.2).

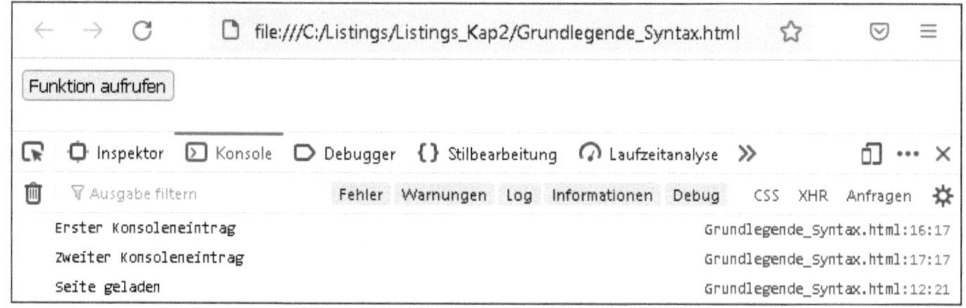

Abbildung 2.2 Ablaufreihenfolge in der Konsole nachvollziehen

Dieser Effekt liegt darin begründet, dass der Browser eine HTML-Seite von oben nach unten abarbeitet und das Ereignis `onload()` erst nach dem vollständigen Laden der Seite ausgelöst wird.

[!]

Funktions- und Variablennamen

Bestimmte Schlüsselwörter dürfen nicht als Funktions- oder Variablennamen verwendet werden. Hierzu gehören unter anderem:

- `switch`
- `case`
- `break`
- `if`
- `else`
- `for`
- `function`
- `try`
- `catch`

In den bisherigen Beispielen hatten die Funktionen noch keine definierten Schnittstellen. Wir haben die Funktion weder mit Eingabewerten, den sogenannten *Argumenten*, versorgt, noch haben wir einen Rückgabewert von der Funktion erhalten. Argumente werden der Funktion in den runden Klammern mitgegeben, und Rückgabewerte werden mit dem Schlüsselwort `return` gekennzeichnet. Den `return`-Wert nehmen Sie wiederum mithilfe einer Variablen entgegen, indem Sie der Variablen das Ergebnis der Funktion zuweisen. Die allgemeine Syntax eines Funktionsaufrufes lautet also:

```
var Ergebnis = function();
```

In Listing 2.3 wird eine Funktion zur Multiplikation von zwei Zahlen zur Verfügung gestellt.

```
<!DOCTYPE html>
<html>
<head>
<meta charset="UTF-8">
<script type="text/javascript">
function button(){
    // Funktion aufrufen
    var output = multiply(5,5);
    // Ausgeben
    alert(output);
  }

// Multiplikationsfunktion
function multiply(a,b){
    return a * b;
  }
```

```
</script>
</head>
<body >
  <button type="button" onclick="button()">
    Funktion aufrufen
  </button>
</body>
</html>
```

Listing 2.3 Aufruf einer Funktion zur Multiplikation zweier Zahlen (Funktionen.html)

2.1.5 Objekte

JavaScript ist eine objektorientierte Sprache, und jedes Element einer Webseite wird als Objekt behandelt. Das `window`-Objekt repräsentiert z. B. das eigentliche Browserfenster. Das Fenster hat wiederum gewisse Eigenschaften, wie z. B. seine Größe. Darüber hinaus beinhaltet jedes Objekt bestimmte Methoden. So implementiert das `window`-Objekt z. B. die `alert()`-Methode, die Sie bereits kennengelernt haben. Streng genommen müssten Sie den Aufruf der `alert`-Methode des `window`-Objekts wie folgt schreiben:

```
alert window.alert(output);
```

Durch die Sonderstellung des `window`-Objekts können Sie in diesem Fall aber das Objekt weglassen und die Methode direkt aufrufen.

Welche Funktionen oder Eigenschaften besitzt nun ein bestimmtes Objekt? Im Internet gibt es diverse Seiten mit Sprachreferenzen, z. B. empfehle ich Ihnen einen Blick auf *www.w3schools.com*. Aber auch die Entwicklertools im Browser unterstützen Sie dabei, da innerhalb der Konsole auch eine Codevervollständigung implementiert ist. Wenn Sie z. B. in der Konsole »window.« eintippen, zeigt Ihnen der Browser alle Eigenschaften und Funktionen dieses Objekts an (siehe Abbildung 2.3).

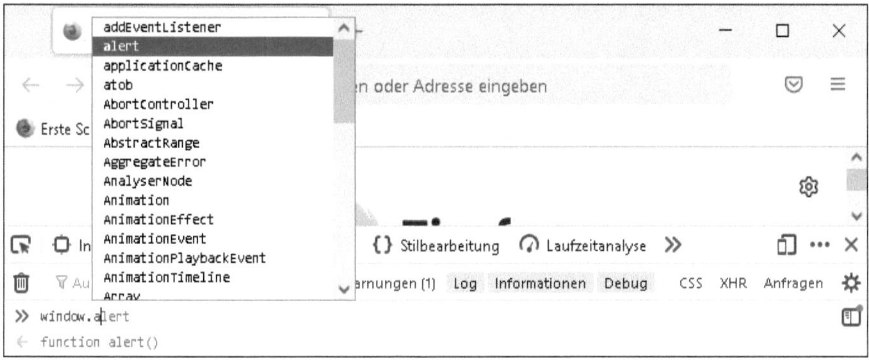

Abbildung 2.3 Codevervollständigung für ein Objekt in der Konsole

Ein Objekt erzeugen Sie über das Schlüsselwort `new`, gefolgt von dem *Objektkonstruktor* `Object()`:

```
var oObject = new Object();
```

Alternativ ist die Angabe von Literalen nach dem Konstruktor möglich:

```
var oObjekt {
   Eigenschaft1 : "Wert1",
   Eigenschaft2 : "Wert2"
   Methode: function() {
   ...
   },
   };
```

Der Konstruktor wird im Allgemeinen großgeschrieben. Dies ist zwar nicht zwingend notwendig, hat sich aber als Namenskonvention durchgesetzt.

Neben dem `window`-Objekt gibt es weitere vordefinierte Objekte, wie z. B. `Date`, `Math`, `String` oder `Array`. Durch den Aufruf des Konstruktors erzeugen Sie eine Objektinstanz und können somit auf die implementierten Methoden zugreifen. So können Sie z. B. über die Methode `getDate()` oder `getMonth()` des vordefinierten Objekts `Date` auf das Tagesdatum bzw. den Monat zugreifen:

```
var oDate = new Date();
var sDate = oDate.getDate();
var sMonth = oDate.getMonth();
```

[+]

Aktueller Monat

JavaScript beginnt die Zählung der Monate mit `0`. Wenn Sie den aktuellen Monat ermitteln möchten, müssen Sie immer den Wert `1` hinzuzählen:

```
var sMonth = (oDate.getMonth() + 1);
```

Die Konsole dient an dieser Stelle nicht nur als reines Anzeigetool, sondern Sie können mit ihr Objekte in Echtzeit lesen und verändern. Wenn Sie z. B. die folgenden Befehle in der Konsole ausführen, können Sie als aktuellen Monat »11« ausgeben (siehe auch Abbildung 2.4):

```
var oDate = new Date();
oDate.getMonth();
oDate.setMonth(11);
oDate.getMonth();
```

```
Inspektor  Konsole  Debugger  {} Stilbearbeitung  Laufzeitanalyse  »
Ausgabe filtern   Fehler  Warnungen (1)  Log  Informationen  Debug   CSS  XHR  Anfragen
» var oDate = new Date();
← undefined
» oDate.getMonth()
← 0
» oDate.setMonth(11);
← 1671956405455
» oDate.getMonth();
← 11
```

Abbildung 2.4 Übergabewerte in der Konsole anpassen

Auf die Eigenschaften oder Methoden eines Objekts greifen Sie über die *Punktnotation* zu. Über `oDate.getDate()` greifen Sie z. B. auf die Methode `getDate` des Objekts `Date` zu.

Diese Punktnotation ist Ihnen bereits bei der Protokollierung über den Aufruf `console.log()` begegnet, obwohl wir hier keine explizite Objektinstanz erzeugt haben. In JavaScript gibt es bestimmte Objekte mit einer gewissen Sonderstellung, wie z. B. das `window`-Objekt (siehe Abschnitt 2.5, »Document Object Model«) oder eben das `console`-Objekt. Auf diese Objekte können Sie direkt zugreifen, ohne eine Instanz erzeugen zu müssen. Mit `console.log()` haben Sie also die Funktion `log` des Objekts `console` aufgerufen. Das `console`-Objekt bietet daneben noch weitere Methoden, wie z. B. `error()` oder `info()`.

Call by Reference

Wenn Sie eine Variable an eine Funktion übergeben, wird diese als Kopie an die Funktion übergeben, und Änderungen der Variablen innerhalb der Funktion bleiben außerhalb der Funktion wirkungslos (*Call by Value*). Bei Objekten wird nicht die Kopie des Objekts übergeben, sondern die Referenz des Objekts. Wenn Sie Objekteigenschaften innerhalb einer Funktion ändern, wird das Objekt auch außerhalb der Funktion geändert (*Call by Reference*).

Wie greifen Sie in einer Objektmethode auf das Objekt zu? Nehmen wir an, Sie hätten folgendes Objekt definiert und möchten eine Funktion implementieren, die Ihnen `Eigenschaft2` in einem `alert`-Pop-up-Fenster ausgibt:

```
var oObjekt {
  Eigenschaft1 : "Wert1",
  Eigenschaft2 : "Wert2"
}
```

Auf das Kontextobjekt innerhalb einer Objektfunktion greifen Sie mit dem Schlüsselwort `this` zu. In unserem Beispiel wäre die Funktion wie in Listing 2.4 zu implementieren.

```
var oObjekt {
    Eigenschaft1 : "Wert1",
    Eigenschaft2 : "Wert2",
        outputEigenschaft2: function() {
           alert("Eigenschaft2 ist" + this.Eigenschaft2);
  }
}
```

Listing 2.4 Zugriff auf das Kontextobjekt einer Funktion (Objektzugriff.html)

[+]

JSON

Die Kurzschreibweise `{ Schlüssel : Wert, ... : ...}` aus Listing 2.4 wird JSON (sprich Jason, kurz für JavaScript Object Notation) genannt.

In ABAP sind Sie es gewohnt, dass eine Instanz eines Objekts die Methoden und Attribute der Klasse enthält. In JavaScript können Sie jedes Objekt beliebig erweitern und eigene Eigenschaften und Funktionen hinzufügen. Denn JavaScript versteht das Objekt als eine Art Container, in den Sie beliebige Dinge hineinpacken können. Wenn Sie in der Konsole z. B. das `window`-Objekt um das Attribut `AddedAtRuntime` erweitern, können Sie diesem Attribut Werte zuordnen und diese auch wieder abrufen, wie in Abbildung 2.5 gezeigt.

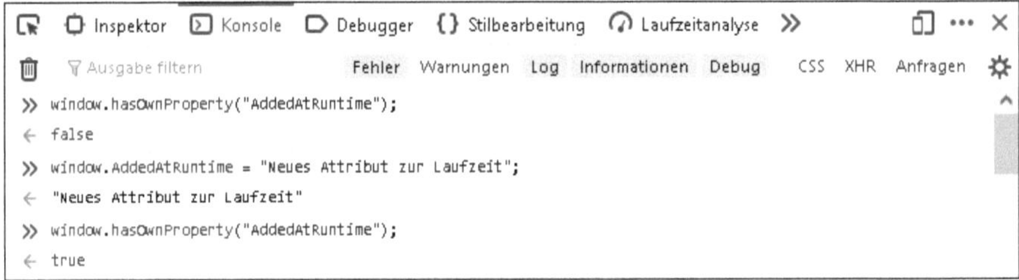

Abbildung 2.5 Objekte zur Laufzeit erweitern

Selbst eine Funktion ist in JavaScript ein Objekt. Die Funktion `multiply` aus Listing 2.3 hat Eigenschaften und Methoden. Die beiden Methoden `call()` und `apply()` sind vordefinierte Methoden des JavaScript-Funktionsobjekts. Beide Methoden können verwendet werden, um eine Funktion aufzurufen, und beide Methoden müssen das Owner-Objekt als ersten Parameter haben. Mit `call()` oder `apply()` können Sie den Wert des Owner-Objekts setzen und eine Funktion als neue Methode eines vorhandenen Objekts aufrufen. Dies wird Ihnen in Abschnitt 7.3, »Components«, wieder begegnen, wenn Sie die `init`-Funktion des Prototyp-Objekts einer UI-Component aufrufen:

```
sap.ui.core.UIComponent.prototype.init.apply(this,  arguments); .
```

In Kapitel 3, »jQuery«, werden Sie feststellen, dass die Variablendeklaration in JavaScript dem gleichen Prinzip folgt.

Vielleicht erscheint Ihnen das Thema Objekte im Moment noch etwas verwirrend. In SAPUI5 werden Sie praktisch nur noch mit Objekten arbeiten und sich sehr schnell an diese Notation gewöhnen. Als kleinen Verständnistest sehen Sie in Listing 2.5 ein Stück Quelltext zum Anzeigen einer Dropdown-Listbox auf einer SAPUI5-Seite.

```
// Listbox
var oListBox = new sap.ui.commons.ListBox("Tage",
  {items : [
    new sap.ui.core.ListItem("Mo",
                { text : "Montag" }),
    new sap.ui.core.ListItem("Di",
                { text : "Dienstag" }),
    // usw.
        ]});

// Dropdown-Listbox
var oDropBox = new sap.ui.commons.DropdownBox("DropBox",
    {
        "association:listBox"      : oListBox
    });
```

Listing 2.5 Beispiel für eine Dropdown-Listbox in SAPUI5

Wie Sie in Abbildung 2.6 erkennen können, werden infolge der JSON-Schreibweise die Wochentage als Eintrag in eine Listbox geschrieben und als Auswahlmöglichkeiten an die Dropdown-Listbox gebunden.

Abbildung 2.6 Darstellung einer Dropdown-Listbox mit SAPUI5

2.2 Variablen

Speziell die Variablendeklaration ist für ABAP-Entwickler zunächst ungewohnt, da Variablen in JavaScript dynamisch typisiert sind. Das heißt, dass der Variablentyp erst in der Laufzeit bestimmt wird. Leider ist es in JavaScript auch nicht so, dass diese Variable dann den Typ behält, sondern letztlich immer den Typ annimmt, der von der Laufzeit gerade gebraucht wird. Wir sind es in ABAP gewohnt, einer Variablen immer einen festen Typ zuzuweisen, also z. B.:

```
DATA: variable TYPE sy-datum.
```

Am ehesten wäre eine Variable in JavaScript mit einem Feldsymbol `TYPE any` in ABAP vergleichbar, wobei `any` in JavaScript einfach alles sein kann: eine beliebige Variable oder eine beliebige Objektinstanz. Die Anweisung für eine Variablendeklaration in JavaScript ist sehr einfach:

```
var variable = 123;
```

Durch diese Anweisung erzeugen Sie eine Variable vom Typ `integer`. Wenn Sie eine Variable vom Typ `string` erzeugen möchten, ändert sich die Anweisung wie folgt:

```
var variable = "123";
```

Durch dieses dynamisch typisierende Verhalten können Sie im Verlauf eines Skripts einer einzigen Variablen mehrere Typen zuordnen. Streng genommen können Sie auch das Schlüsselwort `var` weglassen; somit ist auch die nachfolgende Anweisung syntaktisch korrekt:

```
variable = "123";
```

Das Weglassen des `var`-Schlüsselwortes hat noch einen anderen Effekt: Wenn Sie es innerhalb einer Funktion weglassen, hat dies zur Folge, dass die Variable dadurch global sichtbar wird. Variablen, die außerhalb von Funktionen deklariert werden, sind bereits per Definition global.

Nomenklatur von Variablen

Aus Gründen der Übersichtlichkeit, Lesbarkeit und Wartbarkeit empfehle ich Ihnen, das Schlüsselwort `var` immer zu verwenden und eine Art ungarische Nomenklatur einzuführen, z. B.:

```
var sVar = "Text";            // string
var iVar = 123;               // integer
var fVar = 12.34;             // float
var oObject = new Object();   // Objekt
```

JavaScript unterscheidet zwischen Groß- und Kleinschreibung – die Anweisungen sVar und sVAR würden in JavaScript zwei verschiedene Variablen erzeugen!

Die dynamische Typisierung, auch *Loose Typing* genannt, kann zu schwer durchschaubaren Seiteneffekten führen. Nehmen wir an, Sie deklarieren zwei Variablen:

```
var iVar = 10;
var sVar = "10";
```

Dann führen Sie die folgende Operation durch:

```
var Ergebnis = iVar + sVar;
```

Der Interpreter wird nun nicht eindeutig entscheiden können, ob Sie eine Zeichenverkettung oder eine Berechnung durchführen möchten. Im Zweifel interpretiert JavaScript die Variable als String, in diesem Beispiel wäre das Ergebnis eine Zeichenverkettung, also 1010. Um diese Stolperfalle zu umgehen, können Sie mit der Funktion parseInt eine Konvertierung in ein Objekt vom Typ integer erzwingen. Der folgende Code hätte das Ergebnis 20 zur Folge:

```
var iVar = 10;
var sVar = "10";
var Ergebnis = iVar + parseInt(sVar);
```

In Listing 2.6 erweitern wir den Code aus Listing 2.2 um ein Formularfeld und stellen das Ergebnis mit dem onclick()-Ereignis des Buttons in einem alert-Pop-up-Fenster dar.

```
<!DOCTYPE html>
<html>
  <head>
    <script>

    function display(){
      var oName = document.getElementById("day");
      alert(oName.value);
    }

    </script>
  </head>
  <body>
    <form>
    <label for="day">Tag: </label>
    <input type="text" name="day" id="day">
```

```
    <button type="button" onclick="display()">Senden
    </button>
    </form>
  </body>
</html>
```

Listing 2.6 Funktionsaufruf um Variablen erweitern (Variablen.html)

Führen Sie das Beispiel im Browser aus. Wenn Sie z. B. »Montag« in das Formularfeld eintragen und auf **Senden** klicken, wird Ihnen der Wert **Montag** in einem Pop-up-Fenster angezeigt (siehe Abbildung 2.7).

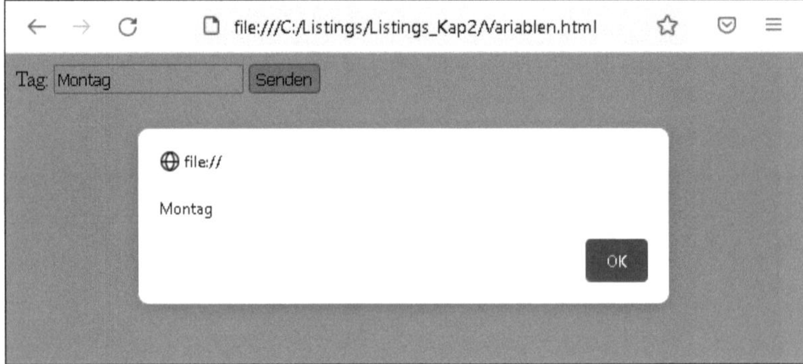

Abbildung 2.7 Ausgabe von Variablen

Auf den hier verwendeten Zugriff `document.getElementById` auf das DOM-Element (Document Object Model) gehe ich in Abschnitt 2.5 noch ausführlich ein.

[+]

Spezielle Werte für Variablen

Normalerweise weisen Sie einer Variablen in JavaScript direkt einen Wert zu. Wenn Sie lediglich die Variable definieren, verwendet JavaScript als initialen Variablenwert `undefined`.

Wenn Sie wissen wollen, ob eine Variable leer ist, müssen Sie in JavaScript auf den Wert `null` hin abfragen. Der Wert `null` gibt an, dass die Variable initial ist.

Boolesche Werte sind in JavaScript als `true` und `false` implementiert.

Der Wert `NaN` steht für *Not a Number* – dieser Wert wird einer Variablen immer dann zugewiesen, wenn eine Integer-Operation nicht durchgeführt werden konnte. Sie können diesen Zustand mit der eingebauten Funktion `isNaN()` abfragen. Der folgende Code hätte die Ausgabe des Wertes `true` zur Folge:

```
var iVar = parseInt("XX");
var sBool = isNaN(iVar);
alert(sBool);
```

ECMAScript 6 hat die Schlüsselwörter let und const für die Deklaration von Variablen eingeführt. Variablen, die mit let deklariert werden, gelten nur innerhalb ihres Blocks, während der Gültigkeitsbereich von Variablen mit var auf Funktionen ausgedehnt ist. Listing 2.7 zeigt den Unterschied in der Sichtbarkeit zwischen var und let.

```
function run() {
    var foo = "Foo";
    let bar = "Bar";

    console.log(foo, bar);

    {
      let blockScope = "Inside Block";
      console.log(blockScope);
    }
    console.log(blockScope); // ReferenceError
  }
  run();
```

Listing 2.7 Unterschied zwischen »var« und »let«

Variablen, die mit dem Schlüsselwort const deklariert werden, behalten konstante Werte bei. Die drei Variablendeklarationen unterscheiden sich auch noch bei der Aktualisierung, der erneuten Deklaration und dem *Hoisting*, das den Zugriff auf Variablen und Funktionen vor der Deklaration ermöglicht. Eine genaue Erklärung würde jedoch den Rahmen dieses Buches sprengen. Im Programm des Rheinwerk Verlags finden Sie ausführliche Bücher über Java Script, mit denen Sie Ihr Wissen vertiefen können. Mein Favorit ist »Professionell entwickeln mit JavaScript« von Philip Ackermann (2. Auflage, Rheinwerk Computing 2018).

2.3 Operatoren

In diesem Abschnitt erfahren Sie, welche Operatoren Sie in JavaScript verwenden können.

2.3.1 Rechenoperatoren

Die in Tabelle 2.2 aufgeführten Rechenoperatoren sind wie die in ABAP verwendeten Operatoren definiert.

Rechenart	Zeichen
Addition	+
Subtraktion	-
Multiplikation	*
Division	/

Tabelle 2.2 Rechenoperatoren

Der +-Operator wird in JavaScript zusätzlich zur Zeichenverkettung genutzt, was dem ABAP-Befehl CONCATENATE entspricht:

```
var Name = "Lieschen" + "Müller";
```

Alternativ dazu können Sie die concat()-Methode des JavaScript-Objekts String verwenden:

```
var Vorname = "Lieschen";
var Zuname = "Müller";
var Name = Vorname.concat(Zuname);
```

2.3.2 Inkrement- und Dekrementoperatoren

Um eine Variable um den Wert 1 zu erhöhen oder zu verringern, stehen Ihnen in JavaScript die Kurzschreibweisen Variable++ bzw. Variable-- zur Verfügung. Das folgende Beispiel gibt den Wert 2 aus:

```
var iZahl = 1;
iZahl++; // Gleichbedeutend mit iZahl = iZahl + 1;
alert(iZahl);
```

2.3.3 Zuweisungsoperatoren

Die Zuweisungsoperatoren sind wie in ABAP definiert. Wenn Sie z. B. eine Variable um den Wert 10 erhöhen wollen, können Sie Folgendes schreiben:

```
iZahl = iZahl + 10;
```

Allerdings gibt es in JavaScript, im Gegensatz zu ABAP, auch für diese Operatoren Kurzschreibweisen. So können Sie das obere Statement auch mit der folgenden Kurzschreibweise ausdrücken:

```
iZahl += 10;
```

2.3.4 Vergleichsoperatoren

Vergleichsoperatoren werden meistens bei Zahlenwerten verwendet. Auch bei Zeichenketten sind diese Vergleiche möglich; hier richtet sich die Rangfolge der einzelnen Zeichen (welches Zeichen ist »größer« als ein anderes) nach dem ASCII (American Standard Code for Information Interchange) des betreffenden Zeichens. Tabelle 2.3 zeigt eine Übersicht.

Operator	Beschreibung
==	gleich
===	strikt gleich
!=	ungleich
!==	strikt ungleich
>	größer als
<	kleiner als
>=	größer oder gleich
<=	kleiner oder gleich

Tabelle 2.3 Vergleichsoperatoren

Die Unterscheidung von *gleich* und *strikt gleich* überrascht zunächst einmal. Durch die dynamische Typisierung findet bei einer Vergleichsoperation eine Typkonvertierung statt, und Sie können sich nicht sicher sein, ob die beiden Variablen wirklich gleich sind oder durch die automatische Konvertierung gleich wurden. Wenn Sie diesen Effekt ausschließen möchten, verwenden Sie den Strikt-gleich-Operator:

```
alert("1" == 1);     // true
alert("1" === 1);    // false
```

2.3.5 Operator »typeof«

Mit typeof können Sie den Typ einer Variablen feststellen. Sie erhalten einen der folgenden Werte zurück:

- undefined
- boolean
- function
- number
- object
- string

Der typeof-Operator eignet sich durch den Rückgabewert undefined besonders gut, um zu überprüfen, ob eine Variable überhaupt definiert ist.

2.3.6 Logische Operatoren

Speziell bei den if-Anweisungen (siehe Abschnitt 2.4.1) verknüpfen Sie in den meisten Fällen mehrere Bedingungen zu einer logischen Abfrage. Wenn Sie z. B. abfragen möchten, ob eine bestimmte Person bereits volljährig, aber noch unter 60 Jahren alt ist, müssten Sie zwei verschachtelte if-Abfragen implementieren, wie es Listing 2.8 zeigt.

```
if (Alter >= 18) {
  if (Alter < 60) {
    // Beide Bedingungen treffen zu.
  }
}
```

Listing 2.8 Verschachtelte if-Abfrage

In JavaScript stehen Ihnen für diese Verknüpfungen der Und-Operator (&&) und der Oder-Operator (||) zur Verfügung. Wenn Sie eine Bedingung umkehren möchten, nutzen Sie den Negationsoperator (!) (siehe Tabelle 2.4).

Operator	JavaScript	ABAP
und	&&	and
oder	||	or
Negation	!	is not

Tabelle 2.4 Logische Operatoren

In unserem Beispiel ergibt das:

```
if ((Alter >= 18) && (Alter < 60)) {
  // Beide Bedingungen treffen zu.
}
```

2.4 Kontrollstrukturen – Bedingungen und Schleifen

In den folgenden Abschnitten finden Sie einige Beispiele, wie Sie Bedingungen und Schleifen in JavaScript definieren können.

2.4.1 if-Anweisung

Die grundlegende Syntax für eine `if...else`-Anweisung lautet:

```
if (condition) {
    // true;
} else {
    // false;
};
```

Die Bedingung in einer `if`-Anweisung muss eine *boolesche Variable* sein und kann entweder den Wert `true` oder den Wert `false` annehmen.

Konditionaloperator

Für die Syntax einer `if...else`-Abfrage gibt es eine Kurzschreibweise unter Verwendung des Konditionaloperators:

```
(condition) ? true : false;
```

Zur besseren Lesbarkeit des Quellcodes empfehle ich Ihnen jedoch, zumindest am Anfang auf diese Kurzschreibweise zu verzichten.

In Listing 2.9 erweitern wir Listing 2.6 um eine `if`- Kontrollstruktur.

```
<!DOCTYPE html>
<html>
  <head>
    <script>

        function display(){
            var oName = document.getElementById("day");
            if (oName.value == 'Montag') {
                alert("Garfield sagt: Ich hasse Montage!");
            } else {
                alert("Wenigstens nicht Montag");
            };
        };

    </script>
  </head>
  <body>
    <form>
      <label for="day">Tag: </label>
      <input type="text" name="day" id="day">
      <button type="button" onclick="display()">Senden
```

```
      </button>
    </form>
  </body>
</html>
```

Listing 2.9 Funktionsaufruf um eine if-Anweisung erweitern (if_Anweisung.html)

Diese Anweisung erzeugt die Meldung »Garfield sagt: Ich hasse Montage!« als Pop-up-Fenster, falls der Wert »Montag« in das Auswahlfeld **Tag** eingetragen wird (siehe Abbildung 2.8).

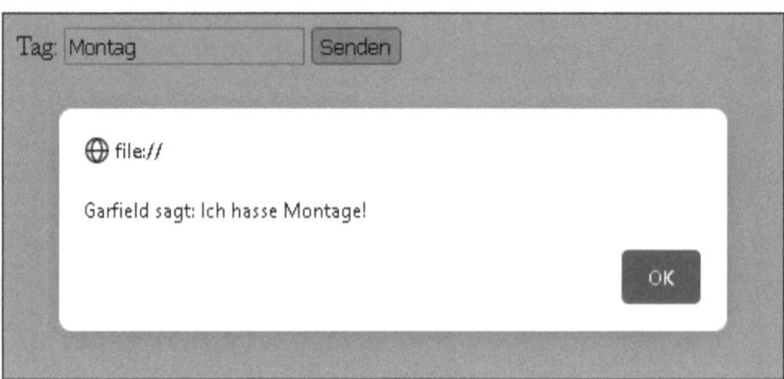

Abbildung 2.8 Ergebnisausgabe der if-Kontrollstruktur

2.4.2 switch-Anweisung

Wie Sie in Abschnitt 2.4.1 gesehen haben, kann eine `if`-Anweisung bei Variablen mit mehr als zwei möglichen Werten durch Verschachtelungen schnell unübersichtlich werden. Aus diesem Grund sollten Sie in Fällen, in denen eine Variable mehr als zwei Werte annehmen kann, eine `switch`-Anweisung verwenden.

Die grundlegende Syntax für eine `switch`-Anweisung zeigt Listing 2.10.

```
switch (condition) {
    case Wert1:[Code];
         break;
    case Wert2: [Code];
         break;
    default: [Code];
};
```

Listing 2.10 Syntax einer switch-Anweisung

In Listing 2.11 nehmen wir uns erneut Listing 2.6 als Vorlage und erzeugen für die unterschiedlichen Werte im Feld **Tag** jeweils unterschiedliche Ausgaben.

```
<!DOCTYPE html>
<html>
  <head>
    <script>
    function display(){
    var oName = document.getElementById("day");

    switch (oName.value) {
        case "MONTAG":
            alert("Garfield: Ich hasse Montage!");
            break;
        case "DIENSTAG":
            alert("Wenigstens nicht Montag");
            break;
        case "MITTWOCH":
            alert("Besser als Bergfest bekannt");
            break;
        case "DONNERSTAG":
            alert("Kurz vor Freitag");
            break;
        case "FREITAG":
            alert("Es ist Freitag");
            break;
        default:
            alert("Wochenende...!");
        };
      };
    </script>
  </head>
  <body>
    <form>
    <label for="day">Tag: </label>
    <input type="text" name="day" id="day">
    <button type="button" onclick="display()">Senden
    </button>

    </form>
  </body>
</html>
```

Listing 2.11 Unterschiedliche Ausgaben bei Bedingungen (switch_Anweisung.html)

Führen Sie nun das Beispiel im Browser aus (siehe Abbildung 2.9). Abhängig vom eingetragenen Tag wird Ihnen nach einem Klick auf den Button **Senden** der entsprechende Text ausgegeben.

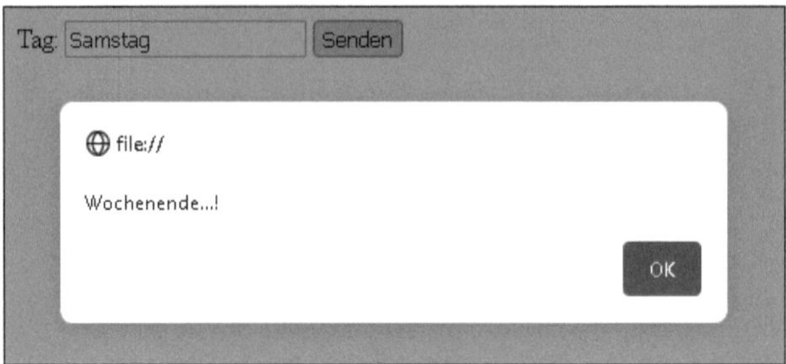

Abbildung 2.9 Ausgabe der Warnmeldung für die Eingabe des Wertes »Samstag«

Aus der Sicht eines ABAP-Entwicklers ist die `break`-Anweisung, die Sie ebenfalls in Listing 2.11 sehen, sicherlich ungewöhnlich. In JavaScript dient eine `switch`-Anweisung lediglich als Sprungmarke, und nach der ersten zutreffenden Bedingung wird der vollständige Quellcode ausgeführt. Wenn Sie z. B. in Listing 2.11 alle `break`-Anweisungen entfernen und in das Formularfeld **Tag** »Donnerstag« eingeben würden, wäre die Ausgabe eine Folge von Pop-up-Fenstern mit den Inhalten »Kurz vor Freitag«, »Es ist Freitag« und »Wochenende...!«. Mit der Anweisung `break` sorgen Sie dafür, dass die `switch`-Anweisung nach dem Prozessieren der zutreffenden Bedingung verlassen wird.

2.4.3 for-Schleife

Die `for`-Schleife kommt immer dann zum Einsatz, wenn die Anzahl der Schleifendurchläufe bereits vor ihrem Durchlaufen feststeht. Die Anzahl der Schleifendurchläufe wird mit einer Variablen gesteuert, die für gewöhnlich mithilfe des Inkrementoperators (siehe Abschnitt 2.3.2, »Inkrement- und Dekrementoperatoren«) mit jedem Schleifendurchlauf um den Wert `1` hochgezählt wird, bis die Prüfbedingung erreicht ist. Die grundlegende Syntax für eine `for`-Schleife lautet:

```
for ( [Variable] ; [Prüfbedingung] ; [Operator] ){
       // Schleifenrumpf
}
```

In den meisten Fällen wird bei den `for`-Schleifen eine Integer-Variable um den Wert `1` hochgezählt:

```
for (i = 0; i < 10; i++){
       // Schleifenrumpf
};
```

In diesem Beispiel wird die Schleife zehnmal durchlaufen. Mit dem ersten Teil der Anweisung (i = 0) wird eine Variable vom Typ integer definiert, die auch *Indexvariable* genannt wird. Der zweite Teil der Anweisung (i < 10) ist die sogenannte *Prüfbedingung*. Wenn diese Bedingung erfüllt ist, wird die Schleife verlassen. Der dritte Teil der Anweisung (i++) zählt durch den bereits bekannten Inkrementoperator die Indexvariable um den Wert 1 hoch.

Um den Effekt der Schleifen besser darstellen zu können, erzeugen wir die Ausgabe in den Folgebeispielen nicht mehr mit dem alert-Pop-up-Fenster, sondern direkt auf der HTML-Seite. Die Technik der DOM-Manipulation besprechen wir in Abschnitt 2.5, »Document Object Model«, noch ausführlich.

```
<!DOCTYPE html>
<html>
  <head>
    <script>

    function load(){
      var oContent = document.getElementById("content");
      var sOutput  = " ";
            for ( var i = 1; i < 12; i++){
            sOutput = sOutput + i + "<br>";
            };
      oContent.innerHTML = sOutput;
      oContent.innerHTML += "Spielern. Und der Trainer?";
     };

    </script>
  </head>
  <body onload="load()">
     <p> Eine Fußballmannschaft besteht aus ...</p>
     <div id="content">
       <!-- Ausgabe aus JavaScript -->
    </div>
  </body>
</html>
```

Listing 2.12 Beispiel für eine for-Schleife (for_Schleife.html)

Durch die for-Schleife in Listing 2.12 sorgen wir dafür, dass die Zahlen 1 bis 11 in den <div>-Bereich mit der ID content geschrieben werden. Führen Sie das Beispiel im Browser aus, und überprüfen Sie das Ergebnis (siehe Abbildung 2.10).

file:///C:/Listings/Listings_Kap2/for_Schleife.html

Eine Fußballmannschaft besteht aus...

1
2
3
4
5
6
7
8
9
10
11
Spielern. Und der Trainer?

Abbildung 2.10 Beispiel für die Ausgabe einer for-Schleife

2.4.4 while-Schleife

Im Gegensatz zur `for`-Schleife muss bei der `while`-Schleife die Anzahl der Schleifendurchgänge nicht vorher feststehen. Es wird lediglich die Prüfbedingung festgelegt, die innerhalb der Schleife gesetzt wird.

Die grundlegende Syntax lautet:

```
while ([Prüfbedingung]){
// Schleifenrumpf
};
```

Das Beispiel aus Listing 2.12 lässt sich mit einer `while`-Schleife folgendermaßen abbilden:

```
while (i < 10){
  i++;
}
```

In Listing 2.13 nutzen wir die `while`-Schleife, um, abhängig von einer ausgewählten Sportart, eine Mannschaftsstärke auszugeben.

```
<!DOCTYPE html>
<html>
  <head>
  <meta charset="UTF-8" />
   <script>
   function get(){
     var oSport = document.getElementById("sport");
     var sOutput  = " ";
```

```
    var oContent = document.getElementById("content");
    var sDone = false;
    var iCount = 1;

    while (!sDone){
     sOutput = sOutput + iCount + "<br>";
     switch (oSport.value) {
       case "football":
           if (iCount == 11) {
            sDone = true;
           }
       break;
       case "icehockey":
           if (iCount == 6) {
            sDone = true;
           }
       break;
       };
       iCount++;
     };
    oContent.innerHTML = sOutput;
    oContent.innerHTML += " Spielern. Und der Trainer?";
  };
 </script>
</head>
<body>
<form>
  <label for="sport">Manschaftsstärke</label>
  <select name="sport" id="sport" size="1">
    <option value="football">Fußball</option>
    <option value="icehockey">Eishockey</option>
  </select>
  <button type="button" onclick="get()">Senden</button>
  <br>
</form>
<div id="content">
  <!-- Ausgabe aus JavaScript -->
</div>
</body>
</html>
```

Listing 2.13 Beispiel für eine while-Schleife (while_Schleife.html)

Wenn Sie dieses Beispiel im Browser ausführen, wird Ihnen nach Auswahl einer Sportart und dem Klick auf den Button **Senden** die Mannschaftsstärke der ausgewählten Sportart angezeigt (siehe Abbildung 2.11).

Abbildung 2.11 Beispiel für die Ausgabe einer while-Schleife

2.4.5 do...while-Schleife

Bei der do...while-Schleife wird im Unterschied zur while-Schleife die Prüfbedingung zum Beenden der Schleife erst am Ende der Schleife ausgeführt. Die allgemeine Syntax lautet:

```
do{
// Schleifenrumpf
} while ([Prüfbedingung]);
```

Das Beispiel aus Listing 2.12 würde mit einer do...while-Schleife wie folgt aussehen:

```
do{
  i++;
} while (i < 10);
```

2.4.6 for...in-Schleife

Die for...in-Schleife bietet sich vor allem dann an, wenn Sie innerhalb der Schleife z. B. alle Eigenschaften eines Objekts durchgehen möchten. Im Beispiel in Listing 2.14 erzeugen wir pro Sportart ein *Array* und geben im Anschluss alle Einträge in diesem Array über eine for...in-Schleife aus.

```
<!DOCTYPE html>
<html>
<head>
    <meta charset="utf-8"/>
    <script type="text/javascript">
        function get() {
```

```
            var oSport = document.getElementById("sport");
            var team = [];
            switch (oSport.value) {
                case "football":
                    team = [
                        {player: "Torwart", count: "1"},
                        {player: "Abwehr", count: "4"},
                        {player: "Mittelfeld", count: "3"},
                        {player: "Sturm", count: "3"}
                    ];
                    break;
                case "icehockey":
                    team = [
                        {player: "Torwart", count: "1"},
                        {player: "Abwehr", count: "3"},
                        {player: "Angriff", count: "2"}
                    ];
                    break;
            }
            var sOutput = " ";
            var oContent =
              document.getElementById("content");

            for (var i in team) {
                sOutput += (
                           "<b>Funktion:</b>" +
                             team[i].player +
                           " <b>Anzahl:</b> " +
                             team[i].count + "<br>"
                         );
            }
            oContent.innerHTML = sOutput;
        }
    </script>
</head>
<body>
<form>
    <label for="sport">Objekt</label>
    <select name="sport" id="sport" size="1">
        <option value="football">Fußball</option>
        <option value="icehockey">Eishockey</option>
    </select>
    <button type="button" onclick="get()">
```

```
        Senden
    </button>
    <br>
</form>
<div id="content">
    <!-- Ausgabe aus JavaScript -->
</div>
</body>
</html>
```

Listing 2.14 Beispiel für eine for...in-Schleife (for_in_Schleife.html)

Betrachten Sie das Ergebnis im Browser (siehe Abbildung 2.12).

Abbildung 2.12 Beispiel für die Ausgabe einer for...in-Schleife

2.4.7 for...of-Schleife

Mit ECMA 6 wurde die `for...of`-Schleife eingeführt. Mit einer `for...of`-Schleife kann über alle Eigenschaften eines Objekts iteriert werden. Anders als bei der `for...in`-Schleife werden nicht der Index, sondern die im Array gespeicherten Werte ausgegeben (siehe Listing 2.15).

```
const numbers = [2, 3, 5, 7, 11, 13, 17, 19];
numbers.name = 'Primzahlen';

//for-in-Schleife
for (let i in numbers) {
  console.log(i);   // 0, 1, 2, 3, 4, 5, 6, 7, name
}

//for-of-Schleife
for (let i of numbers) {
  console.log(i);   // 2, 3, 5, 7, 11, 13, 17, 19
}
```

Listing 2.15 Unterschied zwischen for...in- und for...of-Schleife

[+]

Arrays

Ein Array ist ein in JavaScript implementiertes Objekt, das mit den internen Tabellen in ABAP vergleichbar ist. Ein Array wird durch die folgende Anweisung erzeugt:

```
var oArray = new Array(); //Konstruktor
```

Nun können Sie über den Index beliebige Werte in das Array-Objekt schreiben:

```
oArray[0] = "Erster Eintrag";
oArray[1] = "Zweiter Eintrag";
```

Über den gleichen Index können Sie die Werte auch wieder auslesen. Die folgende Anweisung hätte als Ausgabe »Zweiter Eintrag«:

```
alert(oArray[1]);
```

2.5 Document Object Model

Das *Document Object Model* (DOM) ist eine vom World Wide Web Consortium (W3C) definierte Spezifikation für den Zugriff auf HTML-Dokumente. Im DOM wird die Webseite durch eine Baumstruktur repräsentiert.

Die drei grundlegenden Objekte im DOM sind `screen`, `window` und `document`:

- **Screen**
  Das `screen`-Objekt repräsentiert den Bildschirm. Mithilfe dieses Objekts können Sie z. B. die Höhe und Breite des Bildschirms ermitteln.
- **Window**
  Das eigentliche Browserfenster wird durch das `window`-Objekt repräsentiert. Im vorangegangenen Abschnitt haben wir bereits eine Methode des `window`-Objekts benutzt, nämlich die `alert()`-Methode. Durch die Sonderstellung des `window`-Objekts konnten Sie die `window`-Anweisung weglassen; syntaktisch exakt würde die Anweisung `window.alert()` lauten.
- **Document**
  Die im Browserfenster angezeigte Webseite wird durch das `document`-Objekt repräsentiert. Über dieses Objekt haben Sie Zugriff auf alle Komponenten der angezeigten Webseite. Auch dieses Objekt haben Sie bereits kennengelernt und mit der Methode `document.getElementById()` die Objektreferenz eines bestimmten Elements ausgelesen. Das Document Object Model definiert, in welcher Verbindung miteinander diese einzelnen Elemente einer Webseite stehen, und bildet diese Elemente in einer Objekthierarchie, dem sogenannten *DOM-Baum*, ab.

2.5.1 DOM-Baum

Jedes HTML-Element einer Webseite wird im DOM-Baum zu einem *Knoten* (Node), wobei die HTML-Tags *Elemente* (Elements) und der eigentliche Inhalt zwischen einem Anfangs- und End-Tag *Textknoten* (Text Node) genannt werden. Durch die hierarchische Abbildung werden übergeordnete Elemente *Elternobjekte* (Parents), untergeordnete Elemente *Kinder* (Children) und gleichrangige Elemente *Geschwister* (Siblings) genannt.

2.5.2 Elemente ansprechen

In den Beispielen in Abschnitt 2.4, »Kontrollstrukturen – Bedingungen und Schleifen«, haben wir die Elemente mit `document.getElementById()` angesprochen. Mit der Methode `getElementsByTagName()` erhalten Sie ein Array mit allen gefundenen Objekten des angegebenen Typs zurück.

Durch die Repräsentation der Webseite als DOM-Baum können Sie mithilfe des `childNodes`-Arrays jedes Element ansprechen. Dazu stehen Ihnen die Möglichkeiten aus Tabelle 2.5 zur Verfügung.

Eigenschaft	Beschreibung
`firstChild`	erster Kindknoten
`childNodes[]`	Kindknoten [Array]
`lastChild`	letzter Kindknoten
`nextSibling`	nächster Knoten auf derselben Ebene
`previousSibling`	vorangehender Knoten auf der gleichen Ebene
`parentNode`	Elternknoten

Tabelle 2.5 DOM-Eigenschaften eines Elements

Abbildung 2.13 zeigt die Eigenschaften des DOM-Baumes.

[!]

Die Tücken der Browser

In der Theorie klingt es sehr einfach, bestimmte Elemente durch das `childNodes`-Array anzusprechen. In der Realität interpretieren aber manche Browser Leerzeichen oder Zeilenumbrüche als Elemente; dadurch verschiebt sich die Position dieser Elemente im Array an eine unvorhersehbare und vor allem browserabhängige Stelle. Aus diesem Grund sollten Sie immer mit IDs arbeiten und das gewünschte Element mit `document.getElementById()` ansprechen.

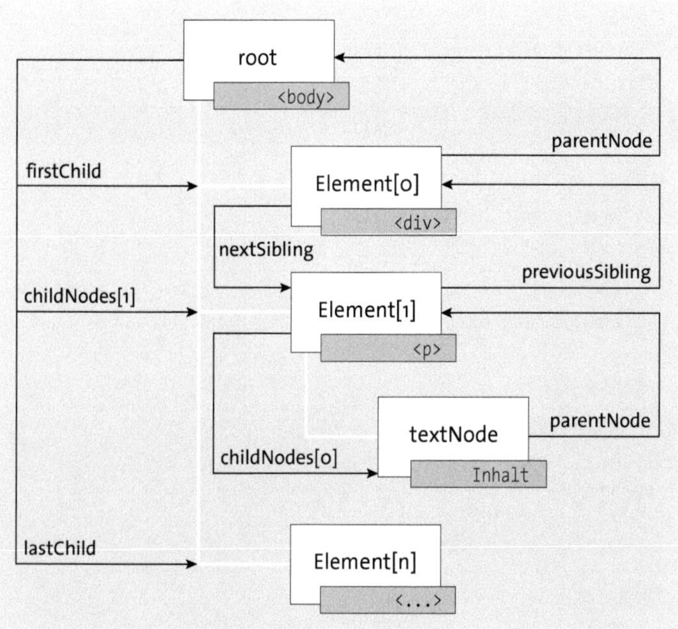

Abbildung 2.13 DOM-Baum-Eigenschaften

2.5.3 DOM-Manipulation

Sie können auf das DOM nicht nur lesend zugreifen, sondern auch Eigenschaften ändern, bestehende Objekte verschieben, neue Objekte hinzufügen und sogar Objekte löschen.

Wie Sie es bereits in den Beispielen in Abschnitt 2.4, »Kontrollstrukturen – Bedingungen und Schleifen«, gesehen haben, können Sie über die Eigenschaft `innerHTML` beliebigen HTML-Code an einer bestimmten Stelle hinzufügen. In Listing 2.16 ändern wir Listing 2.11 so ab, dass die Ausgabe nicht mehr im `alert`-Pop-up-Fenster erscheint, sondern direkt auf der Webseite angezeigt wird. Damit Sie beim Eingeben des Tages nicht auf die Groß- und Kleinschreibung achten müssen, können Sie in diesem Beispiel zusätzlich die Funktion `toUpperCase()` des String-Objekts verwenden, um den eingegebenen Wert in Großbuchstaben zu konvertieren.

```
<!DOCTYPE html>
<html>
<head>
    <meta charset="utf-8"/>
    <script type="text/javascript">
        function display() {
            var oName = document.getElementById("day");
            var oOutput = document.getElementById("output");
```

```
            var str;
            switch (oName.value.toUpperCase()) {
                case "MONTAG":
                  str = "Garfield: Ich hasse Montage!";
                  break;
                case "DIENSTAG":
                  str = "Wenigstens nicht Montag";
                  break;
                case "MITTWOCH":
                  str = "Besser als Bergfest bekannt";
                  break;
                case "DONNERSTAG":
                  str = "Kurz vor Freitag";
                  break;
                case "FREITAG":
                  str = "Es ist Freitag";
                  break;
                case "SAMSTAG":
                  str = "Wochenende...!";
                  break;
                case "SONNTAG":
                  str = "Wochenende...!";
                  break;
                default:
                  str = "Scheint kein guter Tag zu sein :-)";
            }
            oOutput.innerHTML = str.bold();
        }
    </script>
</head>
<body>
<form>
    <label for="day">Tag:</label>
    <input type="text" name="day" id="day">
    <button type="button" onclick="display()">Senden</button>
</form>
<p>Was gibt es über diesen Tag zu sagen?</p>
<div id="output"></div>
</body>
</html>
```

Listing 2.16 Beispiel für eine DOM-Manipulation (DOM_Element_aendern.html)

Durch das DOM können Sie die Eigenschaften jedes Elements ändern. Doch welche Eigenschaften stehen Ihnen zur Verfügung? Hier ist es am einfachsten, wenn Sie den *DOM Property Viewer* aktivieren, dieser ist standardmäßig nicht aktiviert. Um ihn zu aktivieren, öffnen Sie die Einstellungen des Entwicklertools (siehe Abbildung 2.14) und aktivieren das Kontrollkästchen **DOM** im Bereich **Standard-Entwicklerwerkzeuge**.

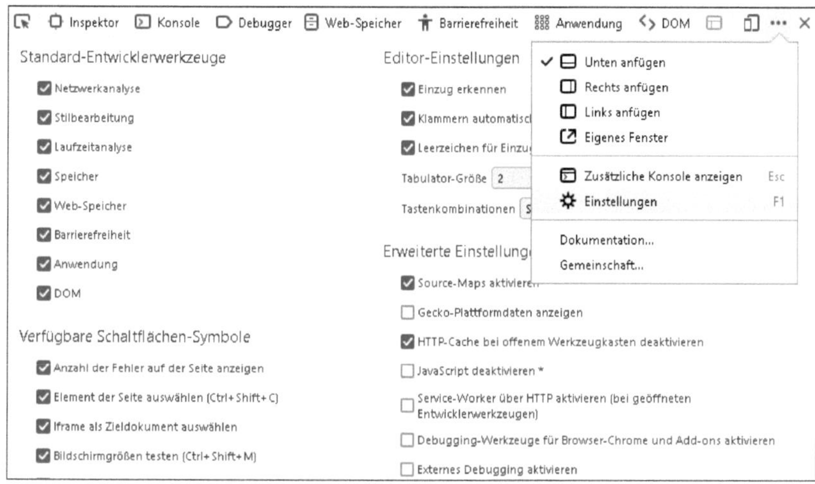

Abbildung 2.14 DOM-Ansicht in den Einstellungen aktivieren

Nun können Sie durch den Baum navigieren. Die DOM-Ansicht ist eine separate Registerkarte in den Entwicklertools. Die Eigenschaften zu einem Element können Sie über den Pfad **document • body • childNodes • [Element]** abfragen, wie in Abbildung 2.15 dargestellt.

Abbildung 2.15 DOM-Explorer und Eigenschaften eines Elements abfragen

Alle dort aufgeführten Eigenschaften können Sie per JavaScript ändern. Wenn Sie z. B. die Schriftfarbe ändern möchten, müssen Sie die Eigenschaft `style.color` ändern; bei der Hintergrundfarbe wäre es die Eigenschaft `style.backgroundColor`.

Je nachdem, welchen Browser Sie benutzen, verbirgt sich die Anzeige der DOM-Eigenschaften an einer anderen Stelle. Bei Google Chrome finden Sie die notwendigen Informationen z. B. auf der Registerkarte **Properties** bzw. **Eigenschaften**.

Die Suche im DOM-Baum ist natürlich etwas mühsam; mir ist es an dieser Stelle nur wichtig, dass Sie ein Verständnis für die Struktur des DOM-Baumes entwickeln. Auf den entsprechenden Seiten der Developer Networks finden Sie eine ausführliche Dokumentation des DOM inklusive einer Referenz, z. B. unter *https://developer.mozilla.org/de/docs/DOM*.

In Listing 2.17 erweitern wir Listing 2.16 dahingehend, dass bei der Ausgabe »Wochenende...!« die Schrift in Weiß und der Hintergrund in Hellgrün dargestellt werden.

```
case "SAMSTAG":
    oOutput.innerHTML = "Wochenende...!";
    oOutput.style.color = "white";
    oOutput.style.backgroundColor = "lightgreen";
    break;
case "SONNTAG":
    oOutput.innerHTML = "Wochenende...!";
    oOutput.style.color = "white";
    oOutput.style.backgroundColor = "lightgreen";
     break;
```

Listing 2.17 Farbige Gestaltung der Ausgabe (DOM_Style.html)

Wenn Sie nun dieses Beispiel im Browser ausführen und »Samstag« in das Feld **Tag** eingeben, wird der Text weiß mit hellgrünem Hintergrund angezeigt (siehe Abbildung 2.16).

Abbildung 2.16 Style-Änderung durch DOM-Manipulation

Durch die Möglichkeit, CSS-Attribute zur Laufzeit zu ändern, können Sie z. B. Animationen ohne großen Aufwand gestalten. Im Beispiel aus Listing 2.18 bewegt sich das HTML5-Logo (Bildquelle: *http://www.w3.org/html/logo/downloads/HTML5_sticker.png*) langsam von rechts in das Browserfenster hinein.

```
<!DOCTYPE html>
<html>
<head>
    <title>Fly!</title>
    <meta charset="utf-8"/>
    <script type="text/javascript">

    function init() {
        set(-300);
        animate();
    }

    function animate() {
        if (get() > 0)
            set(0);
        if (get() < 0) {
            set(get() + 3);
            setTimeout("animate()", 30);
        }
    }

    function get() {
        return parseInt(
                document.getElementById("logo").style.left);
    }

    function set(n) {
        document.getElementById("logo").style.left = n + "px"
    }
    </script>
</head>
<body onLoad="init()">
<div STYLE="position:relative" ID="logo">
    <IMG SRC="HTML5_sticker.png">
</div>
</body>
</html>
```

Listing 2.18 Beispiel für die Umsetzung einer Animation (Animiertes_Logo.html)

Nach dem gleichen Prinzip wie beim Ändern von Elementattributen können Sie Elemente hinzufügen (`appendChild();`), Elemente kopieren (`cloneNode();`) oder Elemente entfernen (`removeChild();`).

DOM in SAPUI5

Durch die in diesem Kapitel beschriebenen Methoden ist ein weiteres »Geheimnis« von SAPUI5 gelüftet. Erinnern Sie sich an den SAPUI5-Rumpf (siehe Listing 2.19).

```
<body class="sapUiBody sapUiSizeCompact" id="content">
    <div data-sap-ui-component
             data-name="sample"
             data-id="container"
             data-settings='{"id" : "sample"}'
             data-handle-validation="true">
    </div>
</body>
```

Listing 2.19 SAPUI5-Rumpf in der Datei »index.html«

Mithilfe der genannten Mittel wird in SAPUI5 die vollständige HTML-Seite per JavaScript erzeugt und im `<div>`-Container zur Anzeige gebracht.

2.6 Ereignisse

In Abschnitt 2.1.4, »Funktionen«, haben Sie bereits die *Ereignisse* `onclick()` und `onload()` kennengelernt, und wir haben einen Event Handler für diese Ereignisse definiert. Wie der Browser mit dem entsprechenden Ereignis umgeht, wird durch das sogenannte *Ereignismodell* festgelegt.

Leider konnten sich die Browserhersteller auch in diesem Punkt auf keinen Standard festlegen. Wie in den meisten Fällen nimmt der Internet Explorer auch hier eine Sonderstellung ein, wobei er ab Version 9.0 auch den W3C-Standard implementiert. Damit sind die Unterschiede zu Firefox, Chrome und Safari geringer geworden, aber durchaus immer noch vorhanden. Wenn Sie für ältere Versionen des Internet Explorers entwickeln, müssen Sie auf das Internet-Explorer-spezifische *Event-Objekt* zurückgreifen. Weitere Hinweise dazu finden Sie im Microsoft Developer Network unter *http://msdn.microsoft.com*. In diesem Buch beschränke ich mich auf die aktuelle Browsergeneration.

Die wahrscheinlich bekannteste Standardmethode ist der *Hyperlink*. Wenn die Anwender einen Hyperlink anklicken, reagiert der Browser auf das Ereignis `onclick` des Link-Objekts. Bei diesen sogenannten *Standardaktionen* müssen Sie als Entwickler nichts tun; sie sind bereits im Browser implementiert. Es ist dennoch wichtig zu verstehen, dass es sich auch dabei um ein Ereignis handelt, da Sie diese Standardaktionen explizit unterbinden können.

Hierzu müssen Sie im Event Handler durch das Schlüsselwort `return` einen Rückgabewert implementieren. Dieser sorgt dafür, dass die Standardaktion im Browser unterbunden wird und Sie z. B. an dieser Standardaktion Ihre eigene Logik implementieren können:

```
<a href="link.html" onclick="return false;">
```

Die folgende Liste gibt Ihnen eine Übersicht über die wichtigsten Ereignisse:

- `onabort`: bei Abbruch
- `onblur`: beim Verlassen
- `onchange`: bei erfolgter Änderung
- `onclick`: beim Anklicken
- `ondblclick`: beim Doppelklick
- `onerror`: im Fehlerfall
- `onfocus`: beim Aktivieren
- `onkeydown`: bei gedrückter Taste
- `onkeypress`: bei gedrückt gehaltener Taste
- `onkeyup`: bei losgelassener Taste
- `onload`: beim Laden einer Datei
- `onmousedown`: bei gedrückter Maustaste
- `onmousemove`: bei weiterbewegter Maus
- `onmouseout`: beim Verlassen des Elements mit der Maus
- `onmouseover`: beim Überfahren des Elements mit der Maus
- `onmouseup`: bei losgelassener Maustaste
- `onreset`: beim Zurücksetzen des Formulars
- `onselect`: beim Selektieren von Text
- `onsubmit`: beim Absenden des Formulars
- `onunload`: beim Verlassen der Datei

Im W3C-Standard definieren Sie mit der Methode `addEventListener()` einen *Event Listener* (Ereignisbehandler) und können damit auf jedes beliebige Objekt ein oder mehrere Events registrieren. Die Methode erwartet drei Argumente:

- Name des Ereignisses als String, z. B. `mouseover`
- aufzurufende Funktion ohne Klammern
- Steuerung des Ereignisflusses

Im folgenden Beispiel ändern wir Listing 2.16 dahingehend ab, dass die Style-Änderungen beim Ereignis `mouseover` durchgeführt werden. Listing 2.20 wurde für eine bessere Übersicht gekürzt; das vollständige Listing können Sie im Download-Bereich des Buches unter *www.sap-press.de/5501* herunterladen.

```
<script type="text/javascript">
function display(){
  var oName = document.getElementById("day");
  var oOutput = document.getElementById("output");

    oOutput.addEventListener(
           'mouseover',
            highlight,
            false
     );
    oOutput.addEventListener(
           'mouseout',
            init,
            false
     );


switch (oName.value.toUpperCase()) {
      case "MONTAG":
        oOutput.innerHTML = "Garfield: Ich hasse Montage!";
        break;

    // gekürzt, siehe auch Listing 2.14/>
```

Listing 2.20 Style-Änderung, wenn die Anwender mit der Maus über den Text fahren (Event_Listener.html, Ausschnitt)

Wenn Sie dieses Beispiel im Browser ausführen, wird der Text nur noch beim Überfahren mit dem Mauszeiger farblich hervorgehoben.

[!]

ECMA6

Ich habe im Rahmen dieser Einführung nur einige Neuerungen aus ECMA 6 aufgeführt, die komplette Liste würde den Rahmen dieses Buches sprengen. Alle Änderungen finden Sie z. B. im Wiki von SELFHTML unter *https://wiki.selfhtml.org/wiki/JavaScript/Tutorials/ES6*. Die Browserunterstützung der jeweiligen Befehle finden Sie in der Kompatibilitätstabelle unter *http://kangax.github.io/compat-table/es6/*.

Kapitel 3
jQuery

In diesem Kapitel beschäftigen wir uns mit der JavaScript-Bibliothek jQuery, denn SAPUI5 baut auf dieser Bibliothek auf.

Stellen Sie sich vor, Sie müssten ein ABAP-Programm entwickeln, ohne dabei auf vorhandene Klassen, Methoden und Funktionsbausteine zugreifen zu können. Ähnlich zeitaufwendig ist auch die native Entwicklung in JavaScript. Zum Glück gibt es JavaScript-Bibliotheken, die Ihnen als Entwicklern das Leben sehr vereinfachen.

Checkliste

Was Sie für dieses Kapitel brauchen:

- einen Texteditor, wie z. B. Notepad oder Notepad++
- einen installierten Browser
- die aktuelle jQuery-Bibliothek, die Sie unter *http://jquery.com/download* finden

Wenn Sie diese Beispiele gleich in Visual Studio Code implementieren möchten, blättern Sie zu Kapitel 4, »Entwicklungsumgebung einrichten«, und folgen Sie den Installationsanweisungen.

3.1 Grundlagen

Auch wenn es sehr viele JavaScript-Bibliotheken und Frameworks gibt, möchte ich mich in diesem Buch auf jQuery beschränken. Denn getreu dem jQuery-Motto »Write less, do more« erspart Ihnen diese Bibliothek jede Menge Tipparbeit. jQuery wurde 2008 von John Resing entwickelt und wird seitdem kontinuierlich weiterentwickelt.

Bevor Sie die jQuery-Bibliothek verwenden können, müssen Sie diese herunterladen und in Ihre Webseiten einbinden. Laden Sie daher die Bibliothek unter *http://jquery.com/download* herunter, wobei Sie zu Testzwecken am besten die nicht komprimierte Version verwenden. Denn bei der komprimierten Version wurden alle Leerzeichen entfernt, was zwar den Platzbedarf und die Ladezeiten minimiert, aber das Ganze auch unlesbar macht. Im Produktivbetrieb sollten Sie hingegen die komprimierte Version verwenden, da hierdurch die Ladezeiten der Webseiten verkürzt werden.

Speichern Sie die Datei im gleichen Verzeichnis wie Ihre Webseiten ab. Damit Sie neue Versionen später leichter in Ihre Webseiten einbinden können, benennen Sie die Datei am besten in **jquery.js** um. Binden Sie die Datei anschließend in den Kopfbereich Ihrer Seiten ein, wie es Listing 3.1 zeigt.

```
<!DOCTYPE html>
<html>
  <head>
    <meta charset="UTF-8">
      <script type="text/javascript"
              src="jquery.js">
      </script>
  </head>
```

Listing 3.1 jQuery-Bibliothek in Webseiten einbinden (jQuery.html)

Alternativ dazu können Sie jQuery auch direkt aus dem Content Delivery Network (CDN) laden. Um das jQuery-CDN zu verwenden, referenzieren Sie im `script`-Tag direkt auf die jQuery-CDN-Domain. Auf *https://code.jquery.com* finden Sie alle verfügbaren Versionen, wählen Sie hier die Version aus, die Sie verwenden möchten, und kopieren Sie diese URL in Ihre HTML-Datei ein.

Die Bibliothek jQuery beinhaltet:

- die Elementselektion
- Funktionen zum Document Object Model (DOM)
- Animationen und Effekte, mit *jQuery UI* (jQuery User Interface) auch Oberflächenelemente
- AJAX-Funktionalitäten (Asynchronous JavaScript and XML)

Im Laufe dieses Kapitels erhalten Sie einen Einblick in die genannten Bereiche; es ist aber keine vollständige jQuery-Sprachreferenz. Ich möchte Ihnen lediglich die grundlegende Syntax von jQuery vermitteln, da Sie hierdurch auch die Syntax der SAPUI5-Bibliothek besser verstehen. Die vollständige Referenz finden Sie unter *http://api.jquery.com*.

3.2 Selektoren und Ereignisse

Wie bereits in der Einleitung beschrieben, stellt die jQuery-Bibliothek eine Vielzahl an Funktionen zur Verfügung. In diesem Abschnitt möchte ich Ihnen die jQuery-spezifischen Selektoren vorstellen und Ihnen zeigen, wie Sie eine jQuery-Funktion an ein Ereignis koppeln können.

3.2.1 Selektoren

Nachdem Sie die Bibliothek in Ihre Seiten eingebunden haben, drängt sich die Frage auf, wie Sie auf die bereitgestellten Funktionen zugreifen können. Das Grundkonstrukt zum Zugreifen auf die Funktionen ist die *Factory-Funktion* `$()`. Mit dieser Factory-Funktion können Sie sehr bequem auf beliebige Objekte zugreifen, wobei das *jQuery-Objekt* nicht nur eine simple Instanz dieses Objekts ist, sondern als Wrapper fungiert und das Objekt mit neuen Funktionen ausstattet.

Wie bereits im vorangegangenen Kapitel erläutert, lädt der Browser die Seite zeilenweise, sodass es passieren kann, dass eine Funktion ausgeführt wird, bevor die Bibliothek vollständig geladen worden ist. Aus diesem Grund gibt es in jQuery die `ready`-Funktion, und Sie sollten beim Verwenden von jQuery darauf achten, Ihre Funktionen immer innerhalb dieser `ready`-Funktion zu implementieren. Diese Funktion setzt letztlich einen Event Handler auf das Ereignis `DOMContentLoaded` und stellt damit sicher, dass die Funktion erst nach dem vollständigen Laden der Seite ausgeführt wird.

Damit ergibt sich als Seitenrumpf der Inhalt von Listing 3.2.

```
<!DOCTYPE html>
<html>
  <head>
    <meta charset="UTF-8">
      <script type="text/javascript"
              src="jquery.js">
      </script>
      <script type="text/javascript">

        $(document).ready(function() {
              // Implementierung
        });
      </script>
  </head>
  <body>
    <!-- Inhalt -->
  </body>
</html>
```

Listing 3.2 Grundlegender Aufbau einer jQuery-Seite (jQuery_Rumpf.html)

Innerhalb der Funktion $(document).ready können Sie nun Ihre Implementierung einfügen. Wie bei den CSS-Selektoren können Sie die HTML-Elemente in jQuery per Selektor adressieren. In Tabelle 3.1 werden die CSS- und die jQuery-Selektoren einander gegenübergestellt.

CSS	jQuery
element { ... }	$("element");
#id	$("#id");
.class	$(".class");

Tabelle 3.1 Selektoren in CSS und jQuery

Neben diesen Selektoren, die Sie bereits aus Kapitel 1, »HTML5 und CSS3«, kennen, gibt es jQuery-spezifische Selektoren, wie z. B. den Selektor :header zum Selektieren aller Überschriften. In Listing 3.9 werden Sie den Selektor hasAttribute $("p[id]") verwenden. Dieser Filterselektor eignet sich vor allem dazu, alle Elemente mit einer bestimmten Eigenschaft zu selektieren. $("p[id]") bedeutet in diesem Zusammenhang: »Selektiere alle p-Elemente mit einer ID.« Eine vollständige Dokumentation der jQuery-Selektoren finden Sie unter *http://api.jquery.com/category/selectors/jquery-selector-extensions*.

Nachdem Sie ein Element mit einem geeigneten jQuery-Selektor adressiert haben, können Sie auf diesem Element mithilfe von jQuery-Funktionen Operationen durchführen. Im Beispiel in Listing 3.3 möchten wir einen Absatz animieren (nämlich das <p>-Element mit der ID para), dafür nutzen wir die jQuery-Funktion animate(). (Die vollständige API-Dokumentation finden Sie unter *http://api.jquery.com/animate.*)

```
<!doctype html>
<html>
  <head>
  <meta charset="UTF-8">
  <title>Animation</title>
  <style>
      p {
        background-color    : light-gray;
        width               : 100px;
        border              : 1px solid black;
      }
  </style>
  <script type="text/javascript"
          src="jquery.js">
  </script>
```

```
  <script type="text/javascript">
    $(document).ready(function() {
            $( "#para" ).animate({
                width       : "70%",
                opacity     : 0.4,
                marginLeft  : "0.6in",
                fontSize    : "3em",
                borderWidth : "10px"
      }, 1500 );
    });
  </script>
</head>
  <body>
     <p id="para">Absatz</p>
  </body>
</html>
```

Listing 3.3 Beispiel für die Verwendung eines Selektors in jQuery (jQuery_Animation.html)

Wenn Sie dieses Beispiel im Browser ausführen, wird der Absatz immer größer, bis er 70 % der Breite des Browserfensters einnimmt (siehe Abbildung 3.1).

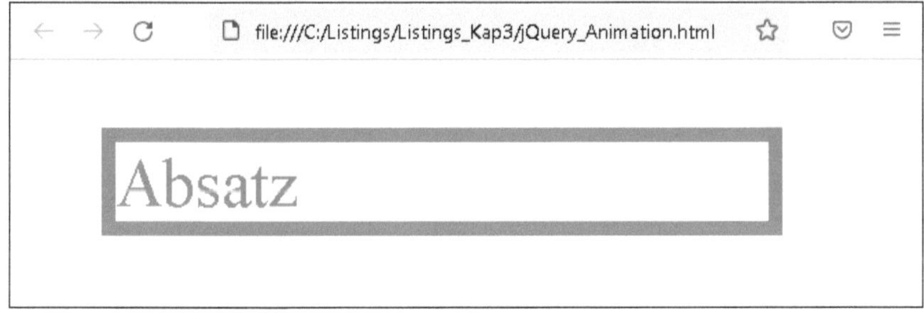

Abbildung 3.1 Ausführung einer Animation mit jQuery

Doch was passiert, wenn das übergebene Element nicht eindeutig ist? Nehmen wir an, Listing 3.3 hätte zwei Abschnitte, und Sie würden den Abschnitt nicht über die ID, sondern über das HTML-Tag adressieren. In diesem Fall erzeugt jQuery eine Liste der Objekte und arbeitet alle Objekte in einer Schleife ab (siehe Listing 3.4).

```
<!doctype html>
<html>
  <head>
  <meta charset="UTF-8">
  <title>Animation</title>
  <style>
```

```
        p {
            background-color  : light-gray;
            width             : 100px;
            border            : 1px solid black;
        }
  </style>
  <script type="text/javascript">
      $(document).ready(function() {
              $("p").animate({
                  width    : "70%",
                  opacity  : 0.4,
                  marginLeft  : "0.6in",
                  fontSize    : "3em",
                  borderWidth : "10px"
              }, 1500 );
    });
  </script>
</head>
  <body>
      <p>Absatz</p>
      <p>Zweiter Absatz</p>
  </body>
</html>
```

Listing 3.4 Animation von zwei Absätzen (jQuery_Animation2.html)

Als Ergebnis dieses Beispiels werden beide Absätze langsam größer, bis sie die Breite von 70 % des Browserfensters erreicht haben.

Die meisten Funktionen in jQuery sind so aufgebaut, dass jede Funktion wieder ein jQuery-Objekt zurückgibt. Dadurch können Sie diese jQuery-Objekte über die Punktnotation miteinander verketten:

```
$().methode1().methode2();
```

In Listing 3.5 kombinieren Sie drei Methoden miteinander: Nach dem Laden der Seite wird die Animation gestartet, anschließend werden die Elemente über die fadeOut-Funktion aus- und mit der fadeIn-Funktion wieder eingeblendet.

```
<!doctype html>
<html>
  <head>
  <meta charset="UTF-8">
  <title>Animation</title>
    <style>
```

```
      p {
        width: 100px;
        border: 1px solid black;
      }
    </style>
    <script type="text/javascript"
            src="jquery.js">
    </script>
    <script type="text/javascript">
    $(document).ready(function() {
            $( "p" ).animate({
                width        : "60%",
                opacity      : 0.4,
                marginLeft   : "0.6in",
                fontSize     : "3em",
                borderWidth  : "10px"
      }, 1500 ).fadeOut(1000).fadeIn(100);
    });
    </script>
</head>
  <body>
    <p>Absatz</p>
    <p>Zweiter Absatz</p>
    <div></div>
  </body>
</html>
```

Listing 3.5 jQuery-Methodenverkettung (jQuery_Methodenverkettung.html)

Im Beispiel in Listing 3.6 starten Sie die Animation des zweiten Abschnitts erst dann, wenn die Animation des ersten Abschnitts abgeschlossen ist.

```
  <title>Animation</title>
    <style>
      p {
        background-color: light-grey;
        width: 100px;
        border: 1px solid black;
      }
    </style>
    <script type="text/javascript"
        src="jquery.js">
    </script>
    <script type="text/javascript">
```

```
    $(document).ready(function() {
        $("#p1").animate({
        width    : "60%",
        opacity    : 0.4,
        marginLeft  : "0.6in",
        fontSize  : "3em",
        borderWidth  : "10px"
        }, 1500, function() {
          $("#p2").animate({
          width    : "70%",
          opacity    : 0.5,
          marginLeft  : "0.6in",
          fontSize  : "3em",
          borderWidth  : "10px"
          }, 3000 );
        });
    });
    </script>
</head>
  <body>
    <p id="p1">Absatz</p>
    <p id="p2">Zweiter Absatz</p>
  </body>
</html>
```

Listing 3.6 Animation von zwei Abschnitten hintereinander (jQuery_Animation3.html)

3.2.2 Ereignisse

Unsere bisherigen Beispiele wurden direkt nach dem Laden der Seite ausgeführt. In der Regel registrieren Sie die Funktion jedoch auf ein Ereignis. jQuery unterstützt alle gängigen Ereignisse, die Sie bereits in Abschnitt 2.6, »Ereignisse«, kennengelernt haben. Um eine Funktion an ein Ereignis zu binden, nutzen Sie wieder die Factory-Funktion mit dem entsprechenden Ereignis in der Punktnotation:

```
$().mouseover(handler);
```

In Listing 3.7 ändert sich die Hintergrundfarbe eines <div>-Elements, wenn Sie mit der Maus darüberfahren.

```
<!DOCTYPE html>
<html>
<head>
  <meta charset="UTF-8" />
```

```
  <title>Ereignis</title>
    <script type="text/javascript"
            src="jquery.js">
    </script>
  <style>
    .gray {
        background-color: gray
    }
    .l_gray {
          background-color: lightgray
    }
    .border {
          width: 90px;
          height: 90px;
          border: 5px solid black
    }
    .noborder {
          width: 100px;
          height: 100px;
          border: none
    }
  </style>
  <script type="text/javascript">
    $(document).ready(function() {
        $("#box1").mouseover(function() {
            $(this).removeClass("gray");
            $(this).addClass("l_gray");
          });

    $("#box1").mouseout(function() {
        $("#box1").removeClass("l_gray");
            $("#box1").addClass("gray");
          });
    });
  </script>
</head>
<body>
    <div id="box1" class="gray border"></div>
</body>
</html>
```

Listing 3.7 Beispiel für die Ereignisbehandlung in jQuery (jQuery_Ereignis.html)

Die folgende Liste führt die wichtigsten Ereignismethoden auf:

- `.bind`: Handler an Event binden
- `.on`: Handler an Event binden
- `.blur`: Ereignis, wenn ein Element den Fokus verliert
- `.click`: Klick mit der Maustaste
- `.dbclick`: Doppelklick mit der Maustaste
- `.hover`: Bewegen des Mauszeigers über ein Element
- `.mousemove`: Bewegen des Mauszeigers innerhalb eines Elements
- `.keypress`: Drücken einer Taste der Tastatur
- `.keyup`: Loslassen einer Taste der Tastatur
- `.change`: Änderung eines Formularfeldes

Seit der jQuery-Version 1.7 ist die `.on`-Methode die bevorzugte Methode für das Binding eines Ereignis-Handlers; in früheren Versionen wurde hierzu die `.bind`-Methode verwendet. Die vollständige Liste der Ereignisse finden Sie unter *http://api.jquery.com/category/events*.

3.3 DOM-Manipulation

Die DOM-Manipulation haben Sie bereits in Abschnitt 2.5, »Document Object Model«, kennengelernt. Auch hier unterstützt Sie jQuery bei der Implementierung der DOM-Funktionen und erweitert diese um nützliche weitere Funktionen.

Nehmen wir als Beispiel Listing 2.16 aus Abschnitt 2.5.3, bei dem wir per DOM-Manipulation den Style angepasst haben.

In Listing 3.8 erzeugen wir die gleiche Webseite, diesmal allerdings mit jQuery.

```
<!DOCTYPE html>
<html>
  <head>
    <meta charset="utf-8" />
    <title>Ereignis</title>
    <script type="text/javascript"
            src="jquery.js">
    </script>

<script type="text/javascript">
  $(document).ready(function() {
  $("#button").click(function () {
    switch ($("#day").val().toUpperCase()) {
```

```
    case "MONTAG":
      $("#output").text("Garfield: Ich hasse Montage!");
      break;
    case "DIENSTAG":
      $("#output").text("Wenigstens nicht Montag");
      break;
    case "MITTWOCH":
      $("#output").text("Besser als Bergfest bekannt");
      break;
    case "DONNERSTAG":
      $("#output").text("Kurz vor Freitag");
      break;
    case "FREITAG":
      $("#output").text("Es ist Freitag");
      break;
    case "SAMSTAG":
      $("#output").text("Wochenende...!").css(
        {
         color: "red",
         backgroundColor: "yellow"
        });
      break;
      case "SONNTAG":
        $("#output").text("Wochenende...!").css(
         {
         color: "white",
         backgroundColor: "lightgreen"
        });
        break;
      default:
   $("#output").        text("Scheint kein guter Tag zu sein").css(
        {
         color: "red",
         backgroundColor: "yellow"
        });
        break;
      }
    })
  });
</script>
</head>
<body>
  <form>
```

```
  <label for="day">Tag:</label>
  <input type="text" name="day" id="day">
  <button type="button" id="button">Senden</button>
  </form>
  <p>Was gibt es über diesen Tag zu sagen?</p>
  <div id="output"></div>
</body>
</html>
```

Listing 3.8 DOM-Manipulation mit jQuery (jQuery_DOM.html)

Wie Sie sehen, kommen Sie mit jQuery gänzlich ohne Variablen aus, und die Funktionen sind im Vergleich zu `document.getElementById` wesentlich lesbarer und (fast) intuitiv aufrufbar.

Viel deutlicher wird der Unterschied, wenn Sie nicht einen vorhandenen DOM-Knoten ändern, sondern einen neuen DOM-Knoten hinzufügen möchten. Hierzu stellt Ihnen jQuery einfache Methoden zur Verfügung:

- `.after()`: Fügt den Inhalt nach dem Element ein.
- `.append()`: Fügt den Inhalt am Ende des Elements ein.
- `.appendTo()`: Fügt den Inhalt am Ende des Elements ein.
- `.insertAfter()`: Hängt den Inhalt dem Element an.
- `.insertBefore()`: Hängt den Inhalt vor das Element.
- `.prepend()`: Hängt den Inhalt an den Anfang des Elements.
- `.prependTo()`: Hängt den Inhalt an den Anfang des Elements.
- `.remove()`: Entfernt das Element.
- `.wrap()`: Umgibt die Elemente mit der vorgegebenen HTML-Struktur.
- `.addClass()`: Fügt den Elementen die angegebene Klasse hinzu.
- `.removeClass()`: Entfernt die übergebene CSS-Klasse.
- `.css()`: Setzt die CSS-Eigenschaft.

Die vollständige Funktionsliste finden Sie unter *http://api.jquery.com/category/manipulation*.

Wenn Sie z. B. in Listing 3.8 das `<div>`-Element erst zur Laufzeit erzeugen möchten, müssen Sie lediglich die folgende Zeile hinzufügen:

```
$("p").after("<div id='output'></div>");
```

Dadurch wird nach jedem `p`-Element (in unserem Beispiel gibt es nur ein `p`-Element) ein `<div>`-Element mit der ID `output` erzeugt. In Listing 3.9 erzeugen Sie einen neuen Abschnitt und färben alle Elemente mit einer ID ein.

```
<!DOCTYPE html>
<html>
<head>
<meta charset="UTF-8" />
<title>jQuery - DOM Manipulation</title>
<style type="text/css">
  .bgr {
    background-color: gray;
  }
</style>
<script type="text/javascript"
  src="jquery.js">
</script>

<script type="text/javascript">
  $(document).ready(function() {
  $("#btn1").click(function() {
      $("#p2").after('<p id="p3">Neu</p>');
  });

  $("#btn2").click(function() {
      $("p[id]").wrapAll('<div class="bgr"></div>');
  });

  });
</script>
</head>
<body>
  <button type="button" id="btn1">
      Einfügen (.after)
  </button>
  <button type="button" id="btn2">
      Wrappen (.wrapAll)
  </button>

  <p id="p1">Erster Abschnitt</p>
  <p id="p2">Zweiter Abschnitt</p>

</body>
</html>
```

Listing 3.9 Abschnitt einfügen und Elemente mit ID ändern (jquery_DOM2.html)

Abbildung 3.2 zeigt die Darstellung dieser DOM-Manipulation im Browser.

Abbildung 3.2 Beispiel einer DOM-Manipulation mit jQuery

3.4 AJAX

Unsere bisherigen Beispiele wurden vollständig von der lokalen Festplatte geladen und im Browser angezeigt. Sobald Sie aber etwas Dynamik in Ihre Webseiten implementieren möchten, benötigen Sie eine Möglichkeit, um Teile einer Seite nachzuladen oder, abhängig von einer Benutzerinteraktion, eine Anfrage an den Webserver zu stellen, ohne ständig die ganze Seite neu laden zu müssen. Genau an dieser Stelle kommt AJAX (Asynchronous JavaScript and XML) ins Spiel.

AJAX ermöglicht Ihnen eine asynchrone Datenübertragung zwischen dem Browser und dem Server-Backend, in unserem Fall einem SAP NetWeaver Application Server ABAP (SAP NetWeaver AS ABAP). Dadurch können Sie HTTP-Anfragen durchführen, während die HTML-Seite angezeigt wird, wie aus Abbildung 3.3 hervorgeht.

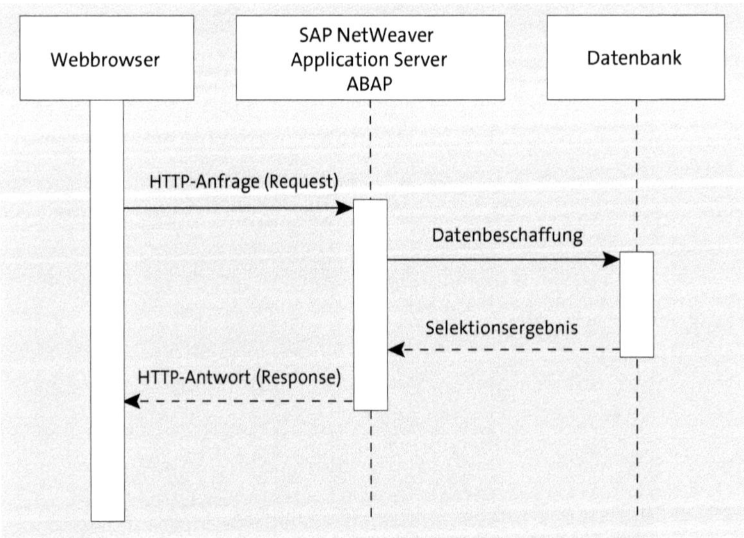

Abbildung 3.3 Sequenzdiagramm für die Funktionsweise von AJAX

AJAX beschränkt sich nicht auf das XML-Format, auch wenn der Name dies im ersten Moment vermuten lässt. Mit der AJAX-Technologie ist grob gesagt das Nachladen von Seitenfragmenten bzw. beliebigen Informationen vom Server zur Laufzeit gemeint. Auch muss die Anfrage nicht asynchron erfolgen, sondern Sie können den AJAX-Aufruf auch synchron gestalten. Somit können Sie per AJAX synchron oder asynchron XML, reine Textformate oder JSON-Formate vom Server an den Webbrowser übertragen. Die AJAX-Anfrage erfolgt in vier Schritten:

1. AJAX-Objekt erzeugen
2. Serververbindung definieren
3. Daten vom Server abfragen
4. Antwort des Servers entgegennehmen

Im ersten Schritt müssen Sie ein Objekt erzeugen, dass die HTTP-Anfrage vornimmt und die Antwort vom Server entgegennimmt. In JavaScript ist dies im Objekt `XMLHttpRequest` implementiert. (Die vollständige API-Dokumentation finden Sie unter *https://developer.mozilla.org/en-US/docs/Web/API/XMLHttpRequest*.)

```
var oRequest = new XMLHttpRequest();
```

Im nächsten Schritt stellen Sie die Verbindung zum Backend her; dazu verwenden Sie die `open()`-Methode des Objekts `XMLHttpRequest`, wie es Listing 3.10 zeigt.

```
oRequest.open(
    http-Methode    // GET, POST, PUT, DELETE
    URL             // URL vom Backend
    Request-Methode /* Asynchron true oder false,
                       optional */
    Benutzer        // Benutzername, optional
    Passwort        // Passwort, optional
  );
```

Listing 3.10 XML-HTTP-Request

Bei der Request-Methode sollten Sie den Wert `false` (synchrone Verarbeitung) nur dann wählen, wenn eine Antwort für die Weiterverarbeitung unerlässlich ist; dies ist z. B. bei Formularen sehr häufig der Fall. Wenn Sie aber verschiedene Anfragen zum Server senden, um die vollständige Seite aufzubauen, die Daten aber nicht voneinander abhängen, sollten Sie als Wert für die Request-Methode immer `true` (asynchrone Verarbeitung) wählen. Hierdurch wird die Antwort des Servers nicht abgewartet, sondern das Skript weiter ausgeführt.

Doch wie stellen Sie fest, dass die Anfrage abgeschlossen ist? Hierzu ist im AJAX-Objekt das Attribut `readyState` implementiert. Durch dieses Attribut können Sie feststellen, ob die Anfrage vom Server bearbeitet und an den Browser zurückgeliefert worden ist. Das Attribut kann die Werte aus Tabelle 3.2 annehmen.

readyState	Bedeutung
0	nicht initialisiert
1	initialisiert
2	kontaktiert
3	Datenstrom vom Backend wird geladen.
4	fertig

Tabelle 3.2 Mögliche Zustände von »readyState«

Nun müssen Sie also nichts weiter tun, als eine Callback-Funktion zu implementieren, die den Wert des Attributs abfragt. Hierzu können Sie den Event Handler `onreadystatechange` verwenden:

```
oRequest.onreadystatechange = function() {
  if (oRequest.readyState == 4) {
  }
};
```

Als Nächstes schicken Sie die Daten mithilfe der `send()`-Methode an den Server:

```
oRequest.send();
```

Die Argumente der `send()`-Methode hängen von der gewählten HTTP-Methode ab. Bei `POST` müssen Sie keine weiteren Argumente übergeben, und bei `GET` erwartet die Methode die Key-Value-Pärchen als Übergabeparameter in der URL (`Key1=Wert1&Key2=Wert2`, siehe Abschnitt 3.1, »Grundlagen«).

Die `GET`-Methode spielt in der SAP-Webentwicklung eine nur sehr untergeordnete Rolle, da diese Argumente im Klartext der Browser-URL angehängt werden und somit jederzeit im Browserverlauf sichtbar gemacht werden können. Darüber hinaus können Sie diese URL auch als Browserfavorit ablegen und somit z. B. das übertragene Passwort dauerhaft im Klartext speichern. Aus den genannten Gründen hat sich, speziell im SAP-Kontext, die `POST`-Methode als Mittel der Wahl etabliert.

Im letzten Schritt können Sie die empfangenen Daten verarbeiten, wobei hier zwei Attribute entscheidend sind, der *HTTP-Statuscode* und die eigentliche *Response*.

[+]

HTTP-Statuscodes

Der HTTP-Statuscode wird von jedem Server auf eine HTTP-Anfrage hin zurückgeliefert. Der wahrscheinlich bekannteste Statuscode ist 404 (Resource not found). Die Statuscodes werden durch eine dreistellige Nummer übertragen. Anhand der ersten Ziffer können Sie erkennen, um welche Kategorie es sich handelt:

- 1XX: Information
- 2XX: erfolgreiche Anfrage
- 3XX: Umleitung
- 4XX: clientseitiger Fehler
- 5XX: serverseitiger Fehler

Abhängig vom gewählten Datenformat befindet sich die Response in einem anderen Attribut; eine genaue Auflistung finden Sie in Tabelle 3.3.

Datentyp	Attribut
Textdaten	responseText
HTML	responseText
JavaScript	responseText
JSON	responseText
JSONP (JSON with Padding, eine Erweiterung des JSON-Formats)	responseText
XML	responseXML

Tabelle 3.3 Response-Attribut

In jQuery wurde das `AJAX()`-Objekt implementiert und bietet Ihnen einige Hilfsfunktionen, die eine AJAX-Anfrage an einen Server erleichtern. Neben dem `AJAX()`-Objekt sind besonders nützliche Funktionen direkt im jQuery-Objekt implementiert. So können Sie z. B. per `$.get()` direkt einen AJAX-Call absetzen (siehe Listing 3.11).

```
$.AJAX({
    url: "http://<server>:<port>/path/"
    success: function(Ergebnis){
    // Implementierung
  }
});

$.get("http://<server>:<port>/path/", function(Ergebnis) {
```

```
    //Implementierung
}
});
```

Listing 3.11 AJAX mit jQuery

Die vollständige API-Dokumentation finden Sie unter *http://api.jquery.com/jQuery.AJAX*.

In Listing 3.12 lesen wir die Wochentage aus einer lokalen Datei ein. Legen Sie hierzu eine Datei mit dem folgenden Inhalt an, und speichern Sie diese als **day.json** ab.

```
{
  "Mo": "Montag",
  "Di": "Dienstag",
  "Mi": "Mittwoch",
  "Do": "Donnerstag",
  "Fr": "Freitag",
  "Sa": "Samstag",
  "So": "Sonntag"
}
```

Listing 3.12 Daten aus einer lokalen Datei einlesen (day.json)

Legen Sie nun eine Datei **AJAX.html** mit dem Coding aus Listing 3.13 an, und speichern Sie diese im gleichen Verzeichnis wie **day.json** ab.

```
<!DOCTYPE html>
<html>
  <head>
    <meta charset="UTF-8" />
    <title>jQuery AJAX</title>
    <script src="jquery.js"></script>

    <script>
     $(document).ready(function() {
          $("#get").click(function() {
          $.getJSON("day.json", function(data) {
          $.each(data, function(i, val){
          $('<li>' + val + '</li>').appendTo('#output');
            });
          });
        });
      });
```

```
    </script>
</head>
  <body>
    <h3>jQuery AJAX</h3>
    <button type="button" id="get">JSON</button>
    <p>
        Wochentage
        <ul id="output"></ul>
    </p>
  </body>
</html>
```

Listing 3.13 Verschalung der AJAX-Methode zur Vereinfachung der Schnittstelle (AJAX.html)

Die Methode `getJSON()` ist eine spezielle Methode für AJAX-Requests im JSON-Format, die die AJAX-Methode verschalt und die Schnittstelle deutlich vereinfacht. Der Aufruf der Methode `getJSON()` aus Listing 3.13 ist damit gleichbedeutend mit dem folgenden Aufruf:

```
$.ajax({
    dataType: "json",
    url: url,
    data: data,
    success: success
});
```

Klickt nun ein Anwender auf den Button **JSON** wird die Datei **day.json** eingelesen und das Ergebnis als Liste angezeigt (siehe Abbildung 3.4).

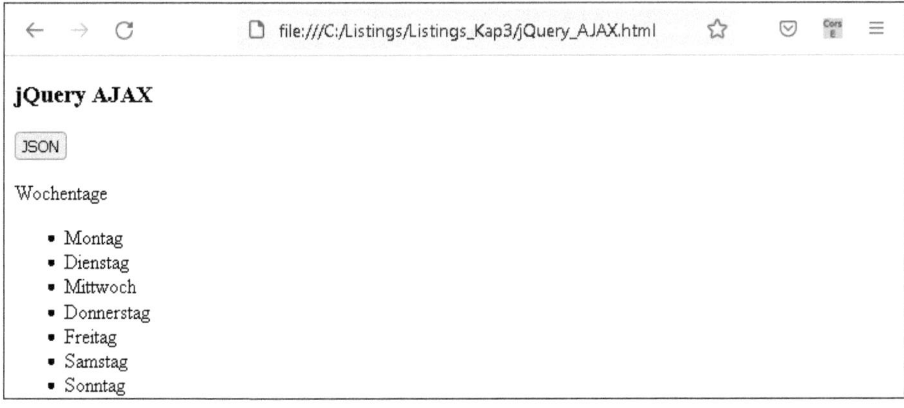

Abbildung 3.4 Ausgabe der eingelesenen Daten

Wenn Sie dieses Beispiel mit einem modernen Browser ausführen, wird der Zugriff auf die Festplatte zum Einlesen der JSON-Datei unterbunden. In der Konsole sehen Sie die Fehlermeldung aus Abbildung 3.5.

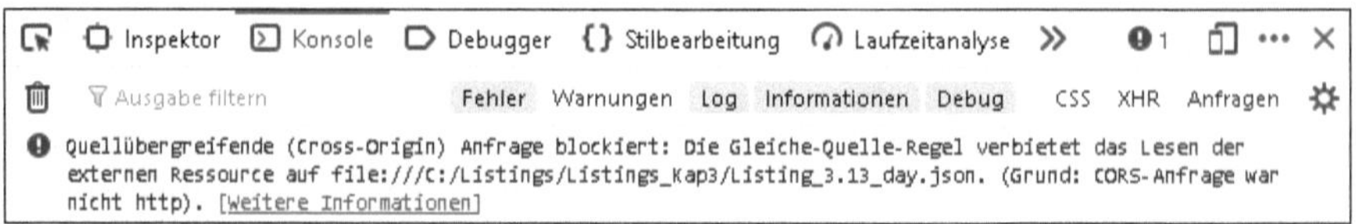

Abbildung 3.5 Cross-Origin-Request

Same-Origin-Policy und Cross-Origin Resource Sharing

In den Browsern ist ein Sicherheitskonzept implementiert, die sogenannte *Same-Origin-Policy* (SOP). Dieses Sicherheitskonzept untersagt clientseitigen Skriptsprachen wie JavaScript, aber auch Cascading Style Sheets, auf Objekte (z. B. Grafiken) zuzugreifen, die von einer anderen Webseite stammen oder deren Speicherort nicht dem Ursprungsort, d. h. der Origin, entspricht. Die SOP ist ein wesentliches Sicherheitselement in allen modernen Browsern und schützt Webanwendungen vor Angriffen. Das *Cross-Origin Resource Sharing* (CORS) ist ein Mechanismus, der den Zugriff auf Ressourcen ermöglicht, die nicht demselben Ursprungsort entstammen. CORS wurde als Erweiterung der Same-Origin-Richtlinie implementiert und ermöglicht es Servern, alle anderen Origins anzugeben, denen es erlaubt ist, Ressourcen mitzuteilen.

Wie Sie in Abbildung 3.5 erkennen, wird der Zugriff auf die Datei aufgrund der SOP unterbunden. Je nachdem, welchen Browser Sie nutzen, können Sie diese Sicherheitsfunktion ausschalten. Ihnen sollte jedoch bewusst sein, dass Sie mit dieser Einstellung die Sicherheitseinstellungen des Browsers umgehen und damit nicht im Internet surfen sollten.

In Chrome müssen Sie den Browser mit einem zusätzlichen Argument `allow-file-access-from-files` starten. Dies erreichen Sie am einfachsten, indem Sie auf dem Desktop eine Verknüpfung für Chrome anlegen. Navigieren Sie dazu im Windows-Explorer zur Datei **chrome.exe** (also z. B. über **C:\Program Files (x86)\Google\Chrome\Application**), und erstellen Sie über den Kontextmenüpfad **Senden an • Desktop** eine Verknüpfung auf dem Desktop. Öffnen Sie anschließend mit einem Klick auf das Desktop-Symbol der Verknüpfung das Kontextmenü, und wählen Sie den Eintrag **Eigenschaften**. Tragen Sie im Feld **Ziel** unterhalb der Registerkarte **Verknüpfung** hinter den Aufruf der EXE-Datei das Argument `--allow-file-access-from-files` ein (siehe Abbildung 3.6)

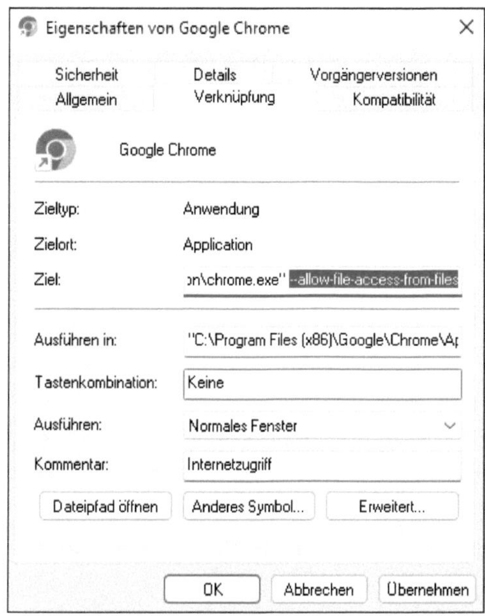

Abbildung 3.6 Chrome mit Argument starten

Achten Sie darauf, dass Chrome nicht geöffnet ist, bevor Sie den Browser über die eben angelegte Verknüpfung starten, da das Argument sonst nicht übernommen wird. Klicken Sie nun doppelt auf die angelegte Verknüpfung, und ziehen Sie die Datei **jQuery_AJAX.html** per Drag & Drop in das Browserfenster. Wenn Sie jetzt auf den Button **JSON** klicken, wird Ihnen als Response des AJAX-Aufrufes der Inhalt der Datei zurückgeliefert.

Öffnen Sie in Firefox die Konfiguration, indem Sie »about:config« in die Suchleiste eintippen, und setzen Sie den Parameter **security.fileuri.strict_origin_policy** auf **false**, wie in Abbildung 3.7 dargestellt.

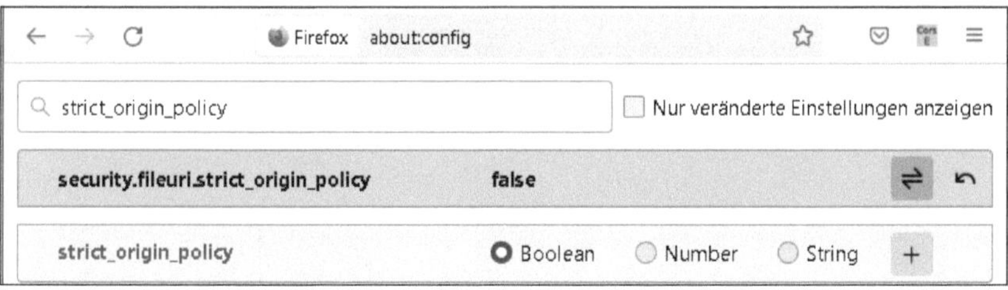

Abbildung 3.7 CORS in Firefox

Vielleicht fragen Sie sich an dieser Stelle, was eine lokale Datei mit einem AJAX-Request an einen Server zu tun hat. Für den Browser macht es keinen Unterschied, ob die Datei von *http://<localhost>* (also Ihrer eigenen Festplatte) oder von *http://<sap-server>/<sap-port>/* eingelesen wird. Wenn Sie dieses Beispiel ausführen und in den Entwicklertools auf der Registerkarte **Netzwerk** nachvollziehen, werden Sie feststellen, dass der Browser auch bei einer lokalen Datei eine URL aufruft (siehe Abbildung 3.8).

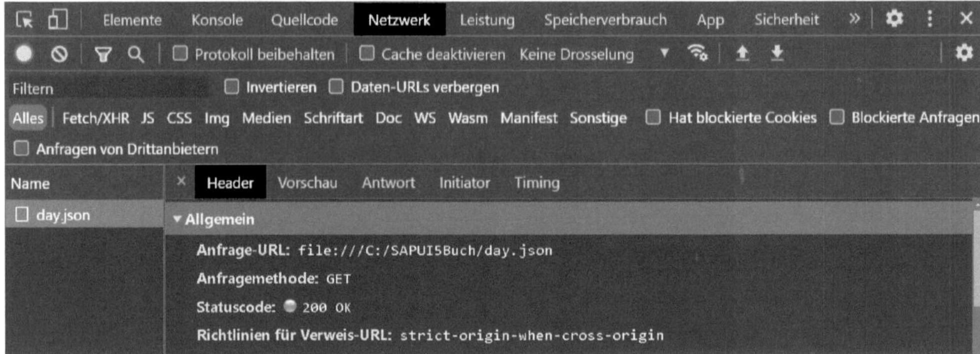

Abbildung 3.8 »XMLHttpRequest« auf lokale Datei

Kapitel 4
Entwicklungsumgebung einrichten

TIn diesem Kapitel richten Sie das SAP Business Application Studio ein bzw. konfigurieren Visual Studio Code.

SAPUI5-Anwendungen können Sie entweder in einer Visual-Studio-Code-basierten Umgebung oder im neuen SAP Business Application Studio, dem Nachfolger der SAP Web IDE, entwickeln. Das SAP Business Application Studio hat den Vorteil, dass es sich dabei um eine cloudbasierte Lösung handelt und Sie somit nichts auf Ihrem PC installieren müssen. In diesem Kapitel zeige ich Ihnen zunächst die Einrichtung des SAP Business Application Studios, die auf dem Visual Studio Code basiert und über die SAP Business Technology bereitgestellt wird, und im Anschluss die Einrichtung von Visual Studio Code. Im weiteren Verlauf dieses Buches werde ich in Beispielen die lokale Variante mit VS Code verwenden.

Checkliste

Was Sie für dieses Kapitel brauchen:

- SAP-Konto

4.1 SAP Business Application Studio

Für die Registrierung eines Testzugangs zum SAP Business Application Studio benötigen Sie zunächst ein SAP-Konto. Sollten Sie noch nicht über ein Konto verfügen, können Sie kostenlos ein neues anlegen. Wenn Sie bereits über ein Konto verfügen, können Sie diesen Schritt überspringen und direkt mit Abschnitt 4.1.2, »Trial-Account anlegen«, fortfahren.

4.1.1 SAP-Konto anlegen

Öffnen Sie im Browser *https://www.sap.com*, und klicken Sie rechts oben auf **Anmelden** (das Avatarsymbol, siehe Abbildung 4.1).

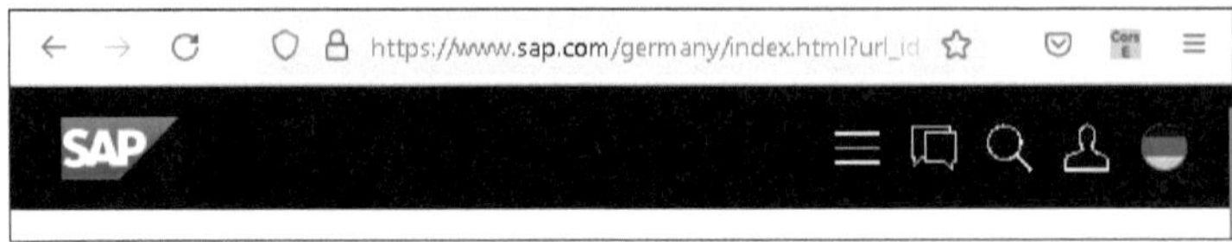

Abbildung 4.1 SAP-Konto anlegen

Folgen Sie den Anweisungen auf dem Bildschirm, und füllen Sie im Formular Ihre Daten (E-Mail, Vor- und Zuname etc.) aus (siehe Abbildung 4.2).

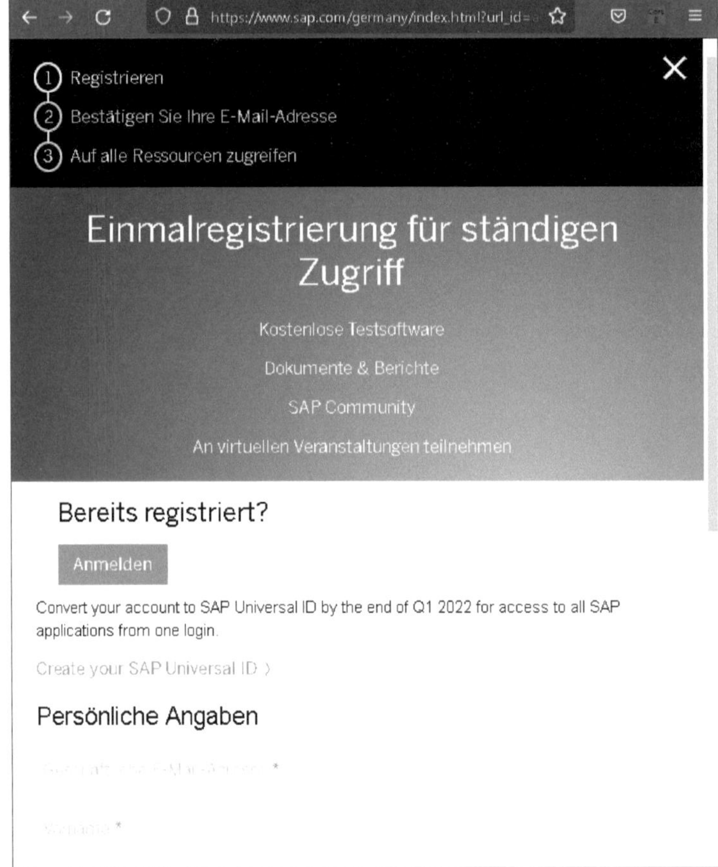

Abbildung 4.2 Registrierung

Nach dem Senden des Formulars bekommen Sie eine E-Mail zur Verifizierung zugesandt; erst nach der Verifizierung der angegebenen E-Mail-Adresse können Sie diese für das Anlegen eines Trial-Accounts des SAP Business Application Studios verwenden.

Vergeben Sie im nächsten Schritt ein Passwort, und klicken Sie auf den Button **Submit** (siehe Abbildung 4.3). Damit ist der Vorgang abgeschlossen und Ihr SAP-Konto aktiv.

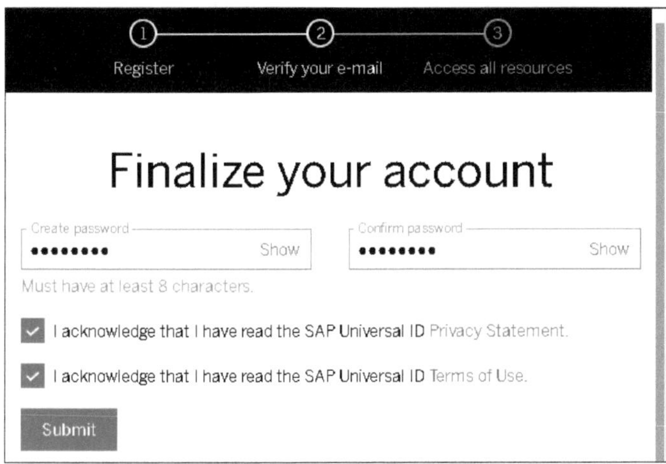

Abbildung 4.3 E-Mail verifizieren und Passwort vergeben

4.1.2 Trial-Account anlegen

Um einen Testzugang für das SAP Business Application Studio zu erstellen, öffnen Sie in Ihrem Browser die URL *https://account.hanatrial.ondemand.com*. Auf der Seite, die erscheint, melden Sie sich mit den Anmeldedaten Ihres SAP-Kontos aus dem vorangegangenen Abschnitt an (siehe Abbildung 4.4).

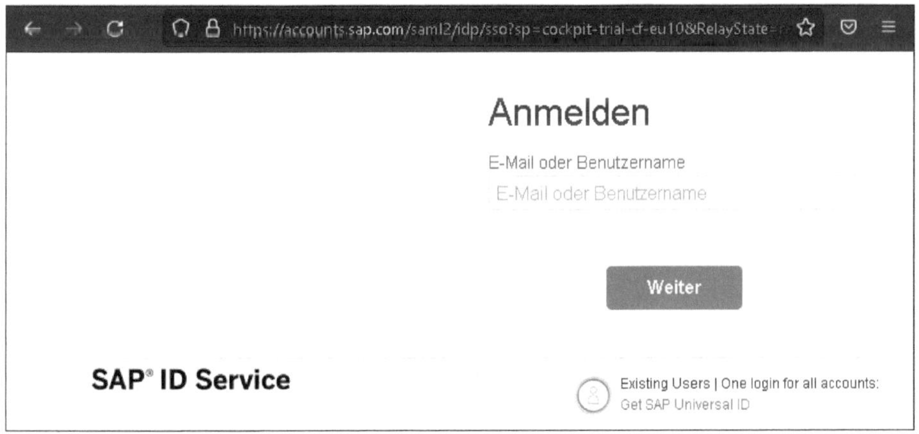

Abbildung 4.4 Mit SAP-Konto anmelden

Sollten Sie bei der Registrierung noch keine Telefonnummer angegeben haben, dann müssen Sie das spätestens jetzt nachholen. Nach der Verifizierung der Telefonnummer wird der Account für das SAP Business Application Studio angelegt (siehe Abbildung 4.5).

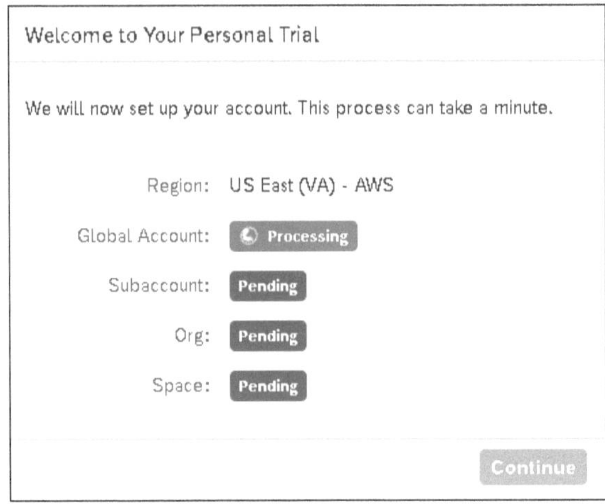

Abbildung 4.5 Account für SAP Business Application Studio anlegen

Sobald das Erstellen des Accounts abgeschlossen ist, können Sie sich über die URL *https://account.hanatrial.ondemand.com* anmelden. Nach der Anmeldung wird Ihnen das SAP BTP Cockpit angezeigt. Ihren Trial-Account erreichen Sie über den Button **Go To Your Trial Account** direkt aus dem SAP BTP Cockpit heraus (siehe Abbildung 4.6).

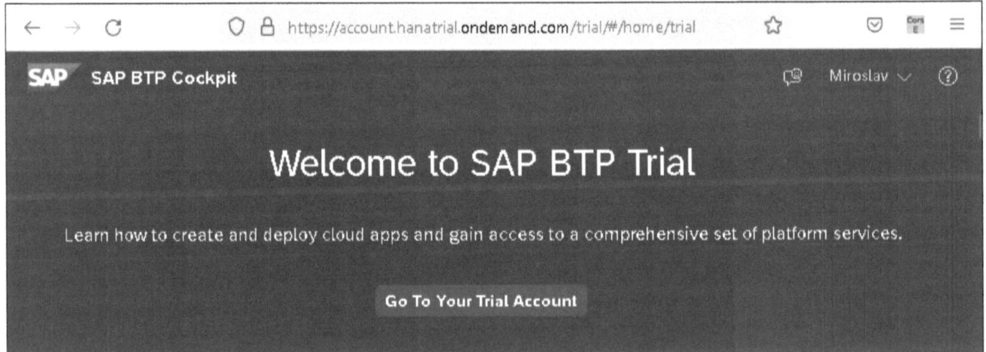

Abbildung 4.6 Trial-Account im SAP BTP Cockpit öffnen

Falls nicht ausgewählt, klicken Sie in der Navigationsleiste auf der linken Seite auf **Account Explorer**, und wählen Sie dort die Registerkarte **Subaccounts** aus. (siehe Abbildung 4.7). Klicken Sie dann auf **trial**, um den Subaccount zu öffnen.

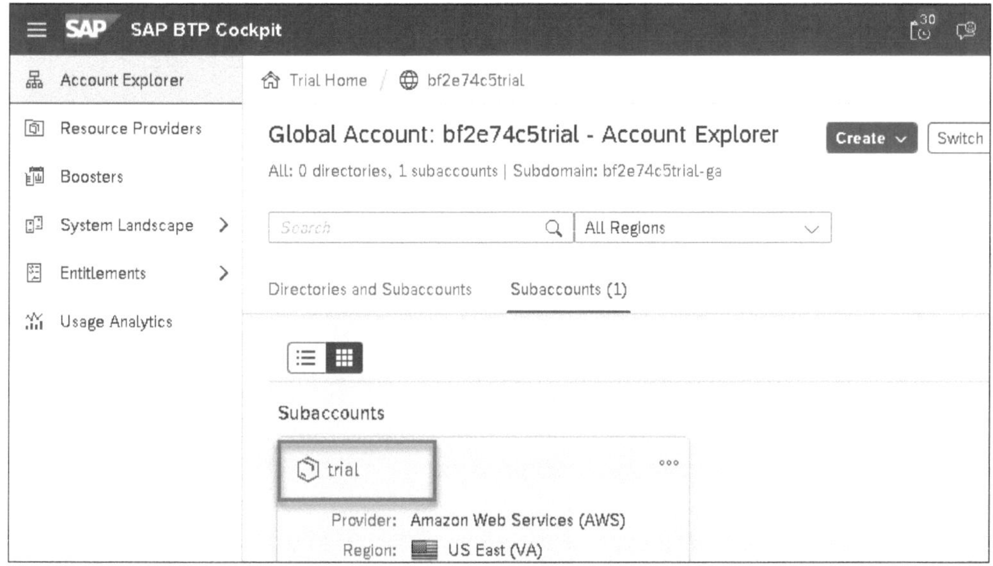

Abbildung 4.7 Subaccount öffnen

Im Subaccount finden Sie auf der Registerkarte **General** den Link **Instances and Subscriptions**, wie in Abbildung 4.8 dargestellt. Klicken Sie auf den Link, um das Fenster **Instances and Subscriptions** zu öffnen.

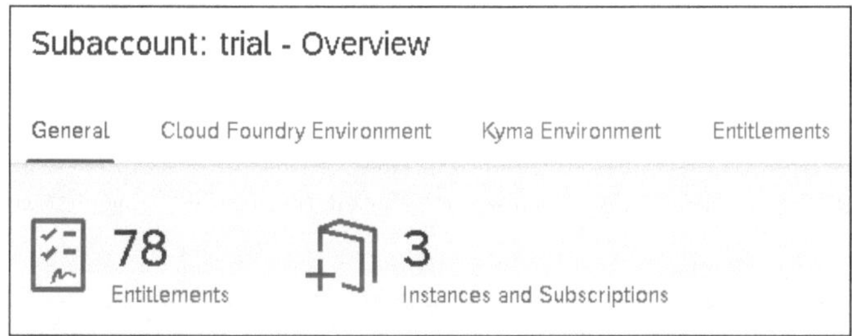

Abbildung 4.8 Instances and Subscriptions

Im Fenster sehen Sie all Ihre Instanzen und Abonnements aufgelistet. Wenn Sie einen Testzugang angelegt haben, erscheint auf der Registerkarte **Subscriptions** das SAP Business Application Studio. Klicken Sie auf das Icon **Go To Application** (), um die Anwendung zu öffnen.

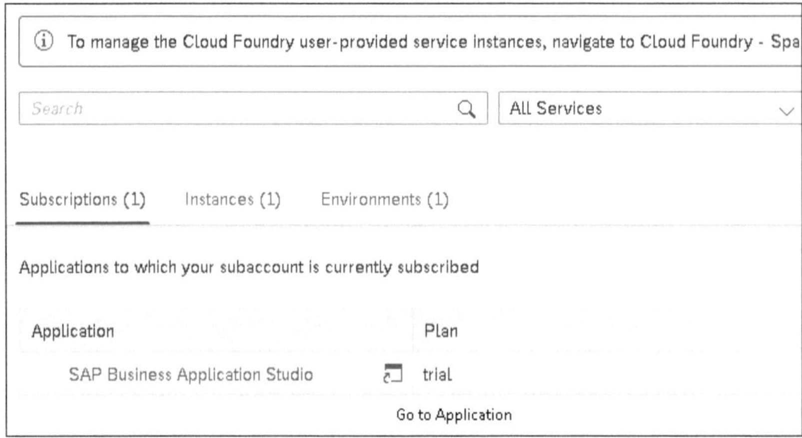

Abbildung 4.9 SAP Business Application Studio

Wenn sich das SAP Business Application Studio geöffnet hat, können Sie die URL als Favorit in Ihrem Browser abspeichern, damit sparen Sie sich beim nächsten Mal den Umweg über das Cockpit. Wenn die Instanz des SAP Business Application Studios läuft, können Sie es auch direkt aus dem SAP BTP Cockpit heraus aufrufen (siehe Abbildung 4.10).

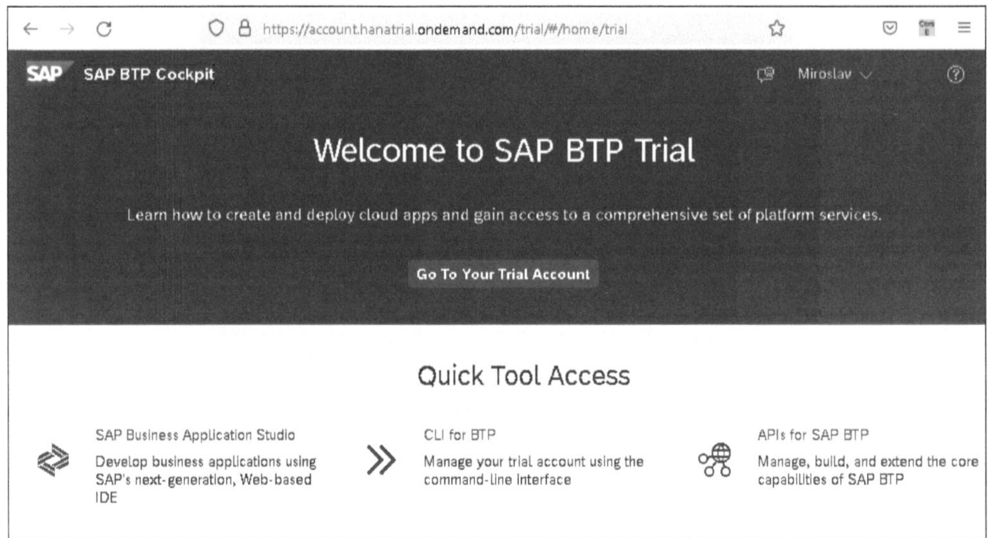

Abbildung 4.10 Quick Tool Access

Bevor Sie das Studio benutzen können, müssen Sie – wenn Sie dies noch nicht getan haben – zunächst einen sogenannten *Dev Space* anlegen. Ein Dev Space ist eine vorkonfigurierte Umgebung mit bereits vorinstallierten Laufzeitumgebungen und

Tools für das jeweilige Entwicklungsszenario. Die Idee dahinter ist, dass Sie verschiedene Projekte in verschiedenen Spaces organisieren. Klicken Sie dazu im Startbildschirm auf den Button **Create Dev Space** (siehe Abbildung 4.11).

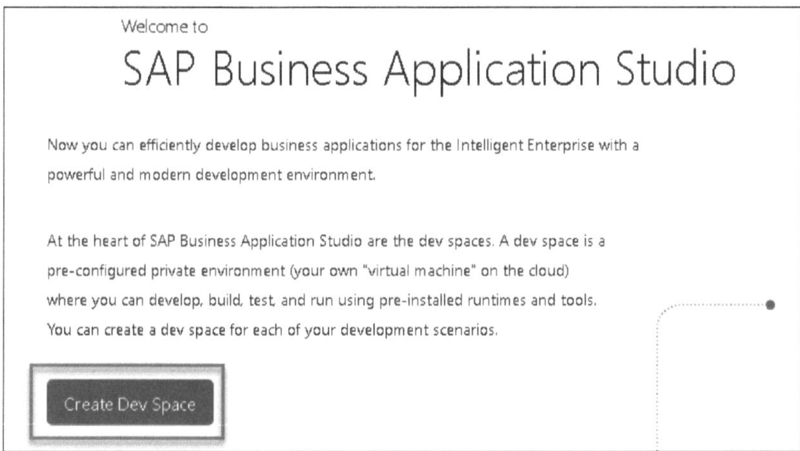

Abbildung 4.11 Dev Space anlegen

Hier können Sie nun einen Namen für Ihren Dev Space vergeben. Ich habe beispielsweise den Namen »SAPUI5_BUCH« gewählt. Wählen Sie als App **SAP Fiori**, damit die entsprechende Entwicklungsumgebung geladen wird. Wenn Sie einen Namen eingegeben haben, drücken Sie auf den Button **Create Dev Space** (siehe Abbildung 4.12).

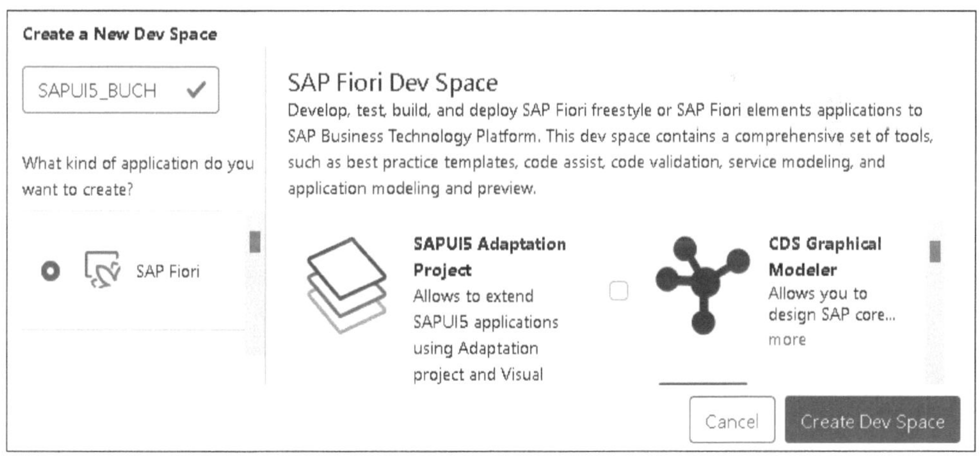

Abbildung 4.12 Namen für Dev Space vergeben

Nun wird im Hintergrund der entsprechende Dev Space angelegt und das UI5-Tooling installiert. Ist dies erfolgt, erhält der angelegte Dev Space den Status **RUNNING** (siehe Abbildung 4.13).

Abbildung 4.13 Angelegter Dev Space

Der Name des Dev Space funktioniert nun auch als Hyperlink. Wenn Sie daraufklicken, gelangen Sie in den entsprechenden Bereich. Damit ist die Entwicklungsumgebung in der Cloud eingerichtet. In Kapitel 5, »Erste Schritte in SAPUI5«, legen wir in diesem Dev Space unsere erste Anwendung an.

4.2 Visual Studio Code

Im vorangegangenen Abschnitt haben Sie die cloudbasierte Entwicklungsumgebung SAP Business Application Studio kennengelernt. Für die Entwicklung von SAPUI5-Anwendungen können Sie aber auch Visual Studio Code nutzen, was im Gegensatz dazu lokal installiert wird.

4.2.1 Visual Studio Code installieren

Um Visual Studio Code als Entwicklungsumgebung zu nutzen, müssen Sie sich den Quelltext-Editor im ersten Schritt von der Seite *https://code.visualstudio.com* herunterladen und es auf Ihrem Computer installieren.

Da das UI5-Tooling auf Node.js basiert, müssen Sie auch Node.js auf Ihrem Computer installieren. Sie können es auf der Website der OpenJS Foundation unter *https://nodejs.org/en/* herunterladen und installieren.

[!]

Was ist Node.js?

Node.js ist eine JavaScript-Laufzeitumgebung basierend auf Chromes V8 JavaScript Engine. Die Plattform wird für die Entwicklung eigenständiger JavaScript-Programme, die unabhängig von Hostanwendungen wie Webbrowsern laufen, verwendet. Mit ihr lassen sich unter anderem serverseitige Skripte, Netzwerktools und Web-Apps programmieren. Anders als serverseitige Sprachen, wie z. B. PHP, nutzt Node.js die Programmierschnittstelle *Non-blocking I/O*, d. h. Programme müssen nicht synchron auf die Rückkehr von Ein-/Ausgabe-Funktionen warten. Stattdessen benachrichtigen sie mithilfe von Callback-Funktionen die aufrufende Funktion über ihre Beendigung. Auf diese Weise wird eine asynchrone und parallele Ausführung möglich, sodass sich gleichzeitig auftretende Clientanfragen schneller und flüssiger abarbeiten lassen.

Nachdem Sie Node.js installiert haben, haben Sie die Voraussetzung geschaffen, um über den Paketmanager npm das UI5-Tooling zu installieren. Dieses Toolset unterstützt Sie dabei, SAPUI5-Anwendungen im lokalen Visual Studio Code zu entwickeln.

[!]

Was ist npm?

Bei npm (*https://www.npmjs.com/*) handelt es sich um einen Paketmanager, der in der JavaScript-Laufzeitumgebung Node.js eingesetzt wird. Im npm-Repository befinden sich mehrere tausend Pakete, die Sie mit dem Befehl npm install <PAKE_NAME> installieren können. Praktikabler ist es jedoch, in einer bestimmten Datei, der **package.json**, alle Pakete anzugeben, die Ihr Projekt benötigt. Mit dem Befehl npm install installieren Sie dann automatisch alle Pakete, die unter devDependencies in der **package.json**-Datei angegeben sind. Listing 4.1 würde die fünf Pakete ui5/cli, ui5/fs, ui5/logger, ui5/ux-ui5-tooling und rimraf installieren.

```
"devDependencies": {
    "@ui5/cli": "^2.11.1",
    "@ui5/fs": "^2.0.6",
    "@ui5/logger": "^2.0.1",
    "@sap/ux-ui5-tooling": "1",
    "rimraf": "3.0.2"
```

Listing 4.1 Notwendige Pakete in der Datei »package.json«

Als Nächstes müssen Sie die UI5-Tools installieren. Öffnen Sie dazu in Visual Studio Code auf der linken Leiste den Bereich **Extensions**, wie in Abbildung 4.14 dargestellt.

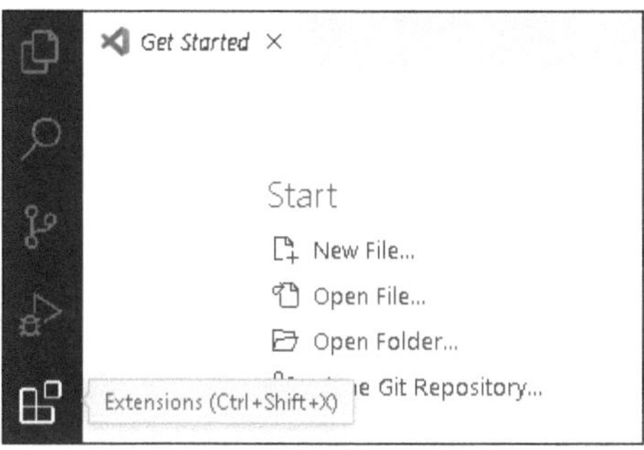

Abbildung 4.14 Extension in VS Code installieren

In der Suchleiste des Marketplace können Sie nach Extensions suchen. Um die UI5-Tools zu finden, geben Sie den Suchbegriff »SAP Fiori« ein. Installieren Sie die jeweiligen Tools, indem Sie auf den Button **Install** klicken (siehe Abbildung 4.15). Nach der Installation der Extension empfiehlt sich ein Neustart von VS Code.

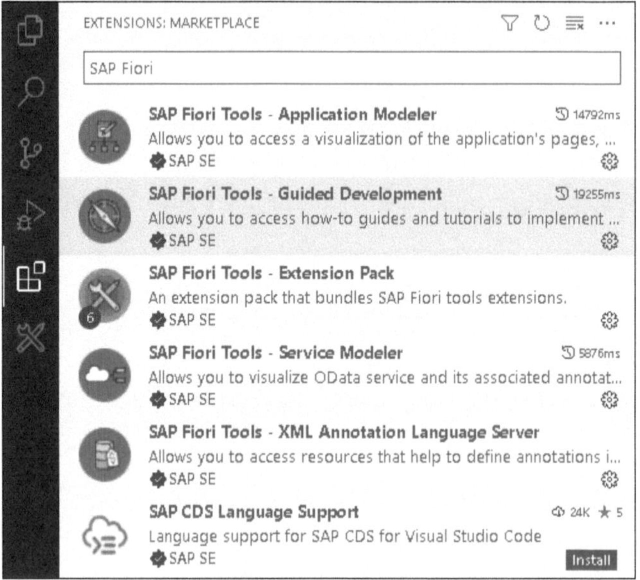

Abbildung 4.15 SAP Fiori Tools im Marketplace von VS Code

Neben den Standarderweiterungen von SAP gibt es mittlerweile sehr viele Plug-ins und kleine Helferlein aus der Open-Source-Community. Wenn Sie etwas mehr Erfahrung in der SAPUI5-Entwicklung gesammelt haben, probieren Sie diese gerne aus. Suchen Sie im Marketplace von VS Code einfach nach »SAPUI5« oder »Fiori«, und testen Sie verschiedene Plug-ins. Eine konkrete Empfehlung, welche dieser Plug-ins Sinn ergeben, ist an dieser Stelle schwierig, denn oft ist dies reine Geschmackssache. Nichtsdestotrotz gebe ich Ihnen im nächsten Abschnitt eine Empfehlung ohne Anspruch auf Vollständigkeit, oder gar auf Korrektheit. Der Markt entwickelt sich rasant weiter und wenn Sie dieses Buch in den Händen halten, gibt es sicherlich schon neue und bessere Plug-ins als die hier beschriebenen. Bleiben Sie neugierig, und probieren Sie es einfach aus.

4.2.2 Nützliche Plug-ins und Tools

Wie bereits erwähnt, ist es schwierig, eine klare Empfehlung für den Einsatz bestimmter Plug-ins oder Tools abzugeben, da nahezu täglich neue veröffentlicht werden. Die Plug-ins von SAP werden auch stetig weiterentwickelt, sodass manche zusätzlichen Pakete mit der Zeit obsolet werden. Trotzdem habe ich selbst viele dieser Tools ausprobiert und möchte diese Erfahrung mit Ihnen teilen. Dies geschieht in dem Wissen, dass die hier aufgeführten Plug-ins eventuell schon veraltet sind, wenn Sie dieses Buch in Ihren Händen halten.

SAPUI5 Extension

Das Plug-in *SAPUI5 Extension* unterstützt Sie bei der Entwicklung von SAPUI5-Apps in vielen unterschiedlichen Aspekten, wie beispielsweise der Autovervollständigung von UI5 Controls, dem Umgang mit IDs (z. B. der ID "`getView().byId()`"), dem Anlegen von Texten in der i18n-Datei (siehe Abschnitt 6.2.3, »Resource Model«) von anderen Files aus und vielem mehr. Die vollständige Beschreibung finden Sie im Marketplace. In Abbildung 4.16 sehen Sie das Plug-in im Visual Studio Marketplace.

Abbildung 4.16 SAPUI5 Extension

UI5 Language Assistant

Der UI5 Language Assistant unterstützt Sie beim Coden durch Autovervollständigung und Vorschläge. Viele Features sind bereits in der SAPUI5 Extension enthalten, hier gibt es lediglich einige Extras. In Abbildung 4.17 sehen Sie das Plug-in im Visual Studio Marketplace.

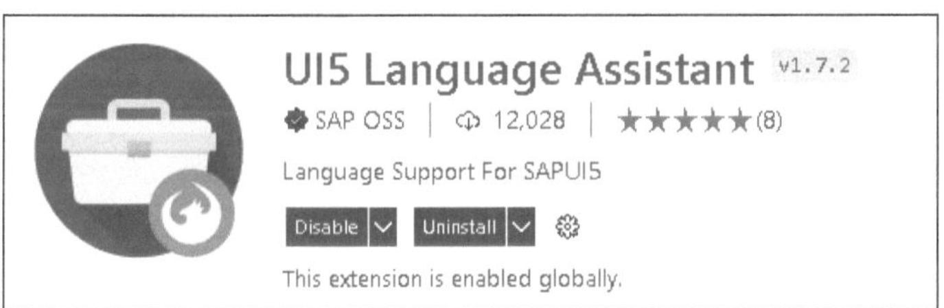

Abbildung 4.17 UI5 Language Assistant

i18n Ally

Die Erweiterung *i18n Ally* hilft Ihnen dabei, die i18n-Übersetzungsdateien zu pflegen und zu synchronisieren. Darüber hinaus können Sie Texte im View direkt in die i18n-Dateien übernehmen (siehe Abbildung 4.18).

Abbildung 4.18 i18n Ally

XML

Die Erweiterung *XML* von RedHat wird zum automatischen Schließen von XML-Tags genutzt, außerdem bietet sie noch weitere Funktionen an, wie z. B. die Validierung von Namensräumen, Codevervollständigung und Syntax-Highlighting. In Abbildung 4.19 sehen Sie das Plug-in im Visual Studio Marketplace.

Abbildung 4.19 XML-Plug-in

ESLint

Die Erweiterung ESLint von Microsoft prüft die hinterlegten Codingrichtlinien für JavaScript auf ihre Richtigkeit hin. In Abbildung 4.20 sehen Sie das Plug-in im Visual Studio Marketplace.

Abbildung 4.20 ESLint-Plug-in

4.3 ECMAScript6-Entwicklung

Wie bereits in Kapitel 2, »JavaScript«, erwähnt, unterstützen noch nicht alle Browser die neueste Version von ECMAScript (kurz ES). Damit Sie dennoch alle Funktionen von ES6 nutzen können, können Sie einen *Transpiler* aufsetzen. Der Transpiler konvertiert dann den ES6-Code in ES5-Code.

Um den Transpiler aufzusetzen, öffnen Sie die Datei **package.json** in Ihrem Projekt und ergänzen die Dev Dependencies um die Einträge `@babel/cli`, `@babel/core` und `@babel/preset-env` (siehe Abbildung 4.21).

```
package.json ×
package.json > ...
        "unit-tests": "fiori run --open test/unit/unitTests.qunit.html",
        "int-tests": "fiori run --open test/integration/opaTests.qunit.html"
    },
    "devDependencies": {
        "@ui5/cli": "^2.11.1",
        "@ui5/fs": "^2.0.6",
        "@ui5/logger": "^2.0.1",
        "@sap/ux-ui5-tooling": "1",
        "rimraf": "3.0.2",
        "eslint": "^4.0.8",
        "eslint-detailed-reporter": "^0.7.3",
        "eslint-plugin-import": "^2.8.0",
        "@babel/cli": "7.6.2",
        "@babel/core": "7.6.2",
        "@babel/preset-env": "7.6.2"
    },
    "ui5": {
        "dependencies": [
            "@sap/ux-ui5-tooling"
        ]
    }
}
```

Abbildung 4.21 Dev Dependencies ergänzen

Öffnen Sie ein Terminal, und installieren Sie die `babel`-Pakete über den Befehl `npm install @babel/cli @babel/core @babel/preset-env --save-dev`, oder führen Sie erneut `npm install` aus. Ergänzen Sie die Datei **package.json** zudem um den Block `babel`, und ergänzen Sie den `scripts`-Block, wie in Listing 4.2 dargestellt.

```
"main": "webapp/index.html",
"babel": {
    "presets": [
        "@babel/preset-env"
    ]
},
"scripts": {
        [...]
        "transpile": "babel webapp --out-dir webapp"
}
```

Listing 4.2 »package.json«

Nun können Sie den Transpiler über das Terminalfenster mit dem Befehl `npm run transpile` starten. Bestenfalls automatisieren Sie diesen Schritt, indem Sie ihn in den Prozess vor dem Hochladen in den ABAP Stack integrieren.

4.4 Vergleich von Visual Studio Code mit SAP Business Application Studio

Wie bereits zu Beginn dieses Kapitels erwähnt, basiert das SAP Business Application Studio auf Visual Studio Code, was dazu führt, dass sich beide Anwendungen gleich bedienen lassen. Der Vorteil des SAP Business Application Studios liegt auf der Hand: Da es sich um ein Cloud-System handelt, müssen Sie sich nicht um die Installation und Updates der einzelnen Komponenten kümmern. Nachteile der Anwendung sind die anfallenden Lizenzkosten, eine gewisse Abhängigkeit von der Cloud und der Internetverbindung und die allgemeine Geschwindigkeit, schließlich muss Visual Studio Code im Browser gerendert werden.

Ich nutze lieber die lokale Installation, da hier für mich die Vorteile überwiegen. Außerdem kann ich zusätzliche Plug-ins und Tools nutzen und auch ohne Internetverbindung flott und selbstständig entwickeln.

Kapitel 5
Erste Schritte in SAPUI5

In diesem Kapitel lernen Sie verschiedene SAPUI5-Entwicklungsszenarien sowie die zugrunde liegende Anwendungsarchitektur kennen. Anschließend entwickeln Sie Ihre erste SAPUI5-Anwendung und erhalten gleich auch einige Tipps zum Debugging.

SAPUI5-Anwendungen bieten im Vergleich zu klassischen SAP-GUI-Anwendungen viele Vor-, aber auch einige Nachteile. Dadurch, dass sich SAP bei der SAPUI5-Bibliothek auf die Standards HTML5, CSS3, AJAX und die weit verbreitete Bibliothek jQuery bezieht, können mit SAPUI5 flexible Anwendungen entwickelt werden, die sehr leicht auf andere Plattformen portiert werden können. So laufen SAPUI5-Anwendungen bereits auf den unterschiedlichsten Plattformen:

- SAP Business Technology Platform (SAP BTP)
- SAP Mobile Platform
- SAP HANA Extended Application Services
- SAP NetWeaver Application Server (AS) ABAP
- SAP NetWeaver AS Java
- Open-Source-Plattformen

In diesem Kapitel erläutere ich als wichtigstes Szenario die Entwicklung auf dem SAP NetWeaver AS ABAP. Außerdem erfahren Sie, wie die Model-View-Controller-Architektur in SAPUI5 umgesetzt ist. Damit haben Sie dann die erforderlichen Kenntnisse, um Ihre erste eigene SAPUI5-Anwendung zu entwickeln.

HTML wird fast von jedem modernen Endgerät »verstanden«, sodass Sie ohne große Aufwände Anwendungen für Desktop-PCs, Tablets oder Smartphones entwickeln können. Durch CSS3 können die Oberflächen sehr leicht den Anforderungen eines Unternehmens, z. B. hinsichtlich des Corporate Designs, angepasst werden. Genau diese Flexibilität wird bei den Anwendern allerdings oft als Nachteil empfunden. Eine SAP-GUI-Oberfläche sieht immer mehr oder weniger gleich aus, wohingegen CSS den Entwicklern die Möglichkeit gibt, ihrer Kreativität und ihren Designideen freien Lauf zu lassen. So bekommt einerseits jede Seite sehr schnell eine persönliche Note. Andererseits müssen sich die Anwender durch diesen »Wildwuchs« auf jeder Seite neu orientieren. Deshalb sollten Sie vor der Entwicklung von SAPUI5-Seiten ein einheitliches Corporate Design festlegen und einen unternehmensweit gültigen Style Guide etablieren.

SAP Fiori

SAP Fiori ist nicht nur eine Sammlung von SAPUI5-basierten Apps, die zentral auf dem Central Hub über das SAP Fiori Launchpad ausgeführt werden können. Es beschreibt auch die neue SAP-Philosophie, wie die User Experience (UX) mithilfe strikter Design Guidelines und einer rollen- und aufgabenbasierten Implementierung von Anwendungen verbessert werden kann.

Auch wenn Sie sich als Nicht-SAP-Mitarbeiter nicht an die Design Guidelines für SAP Fiori halten müssen, empfehle ich Ihnen, sich mit diesen zu beschäftigen. Die Richtlinien wurden von erfahrenen UX-Designern erstellt, von deren Wissen Sie profitieren können. Unter *https://experience.sap.com* können Sie sich über den Ansatz von SAP Fiori und die daraus resultierenden Design Guidelines informieren.

Ich kann Ihnen an dieser Stelle nur wärmstens empfehlen, sich mit dem Thema User Experience und dem Softwaredesign ausführlicher zu beschäftigen. Das schönste Design von SAPUI5 bringt Ihnen schließlich alles nichts, wenn Ihre Anwendung nicht bedienbar ist.

Checkliste

Was Sie für dieses Kapitel brauchen:

- Zugang zu einem SAP NetWeaver AS ASAP mit installierter SAPUI5-Bibliothek
- Visual Studio Code mit UI5-Tooling oder das SAP Business Application Studio

5.1 Webentwicklung auf dem SAP NetWeaver Application Server ABAP

Das wesentliche Entwicklungsszenario für SAPUI5 ist die Entwicklung von Anwendungen für den Einsatz auf mobilen Endgeräten mit einem SAP-NetWeaver-AS-ABAP-Backend. Bevor wir uns der Implementierung der ersten SAPUI5-Anwendung widmen, muss noch die Frage geklärt werden, wie der ABAP-Server Anfragen aus dem Internet entgegennimmt und verarbeitet.

Unsere bisherigen Beispiele aus den einführenden Kapiteln wurden von der lokalen Festplatte aus ausgeführt. Im SAP-Kontext kommen die Daten aus einem SAP-System und müssen im Frontend-Browser angezeigt werden. Wenn Sie eine Internetseite aufrufen, wird die angefragte Seite von einem Server abgeholt, in Ihrem

Browser gerendert und dargestellt. Im SAP-Kontext ist dieser Webserver der SAP NetWeaver Application Server (AS) ABAP als Teil des SAP-NetWeaver-Stacks.

Wie wird diese Browseranfrage auf dem SAP NetWeaver AS ABAP verarbeitet? Der SAP NetWeaver AS ABAP stellt die Infrastruktur zur Entwicklung und für den Einsatz von Webanwendungen zur Verfügung. Er nimmt die HTTP-Anfragen (*Requests*) entgegen, verarbeitet diese und gibt das Ergebnis im HTTP-Strom als *Response* zurück. In Abbildung 5.1 ist dieser sogenannte *Roundtrip* dargestellt.

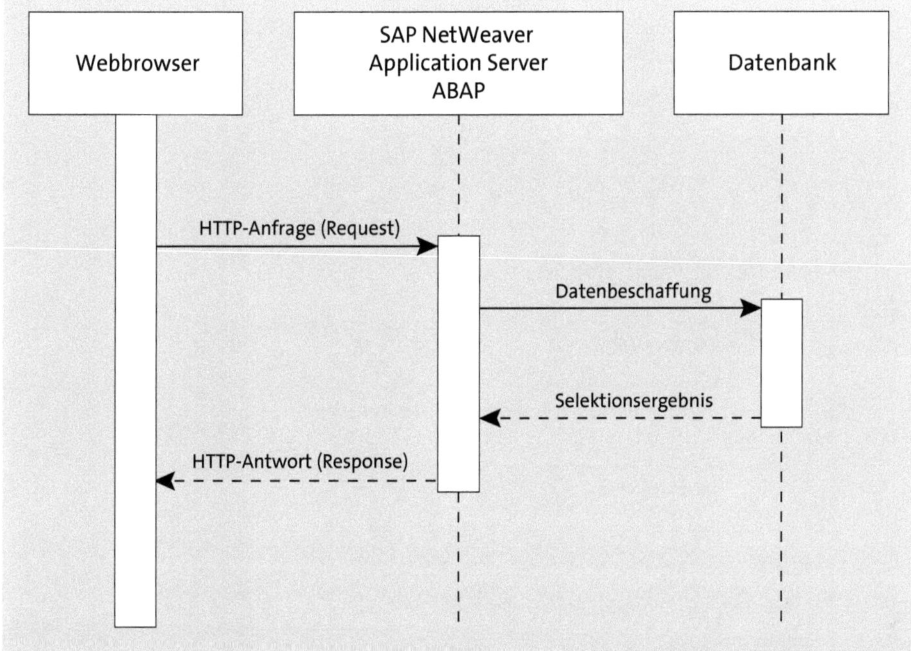

Abbildung 5.1 HTTP-Roundtrip auf dem SAP NetWeaver Application Server ABAP

Der *Internet Communication Manager* (ICM) gewährleistet die Kommunikation zwischen SAP NetWeaver AS ABAP und Webbrowser (siehe Abbildung 5.2). Streng genommen handelt es sich nicht um eine reine HTTP-Kommunikationskomponente, sondern der ICM beinhaltet auch die TCP/IP-Grundfunktionen (Transmission Control Protocol/Internet Protocol), sodass neben der reinen HTTP-/HTTPS-Kommunikation auch eine SMTP-Kommunikation (Simple Mail Transfer Protocol) mit dem SAP NetWeaver AS ABAP möglich ist. Der ICM ist ein eigener Dienst innerhalb des SAP NetWeaver AS ABAP und wird vom Dispatcher gestartet und überwacht.

Der HTTP-Request wird vom ICM entgegengenommen. Der Task Handler startet den ICF-Controller (Internet Communication Framework); dieser ist als Funktionsbaustein `HTTP_DISPATCH_REQUEST` realisiert. Der ICF-Controller erzeugt ein Objekt der

Klasse CL_HTTP_SERVER (Serverkontrollblock). Dieses Objekt beinhaltet alle notwendigen Informationen aus dem Client-Server-Roundtrip. Anhand der URL wird der eigentliche HTTP-Request-Handler ermittelt und die Anfrage an den Handler weitergeleitet. Über diesen Handler findet die Authentifizierung gegenüber dem SAP-System statt. Nach der erfolgreichen Authentifizierung wird durch den Aufruf der Methode HANDLE_REQUEST die Anfrage an die Anwendung weitergegeben. In der Anwendung wird die Anfrage verarbeitet und das Ergebnis im HTTP-Strom wieder an die Anwendung zurückgegeben.

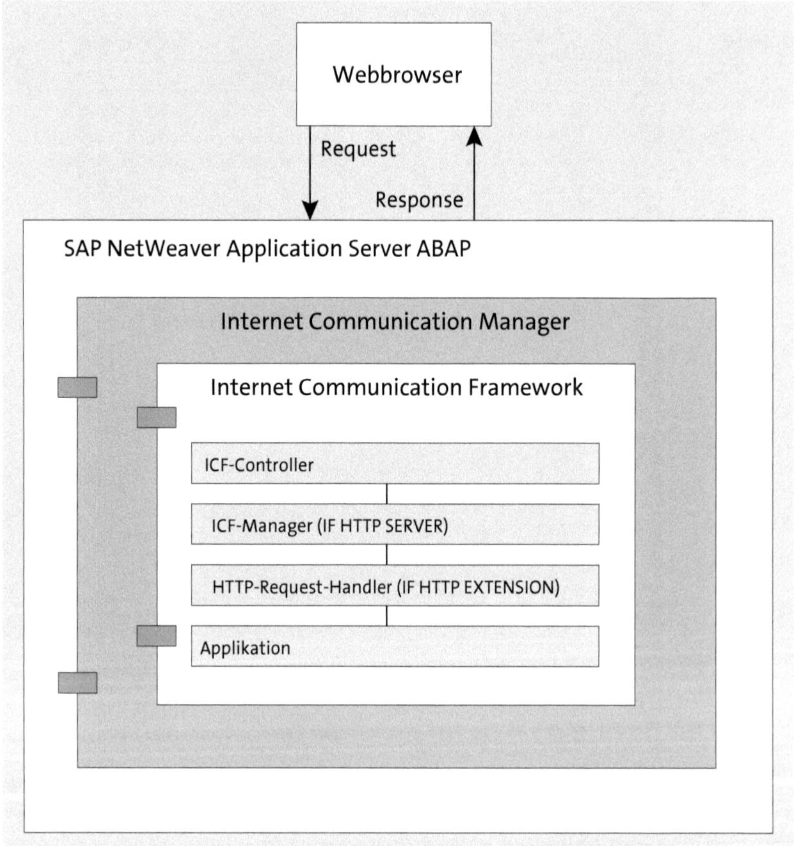

Abbildung 5.2 Funktionsweise des Internet Communication Managers

Wenn Sie sich bisher mit der Webentwicklung innerhalb des SAP-Systems im Rahmen von Web Dynpro oder Business Server Pages (BSP) beschäftigt haben, wurde Ihnen diese Funktionalität von der entsprechenden Laufzeitumgebung bereitgestellt, und Sie mussten sich als Entwickler keine Gedanken über die Funktionsweise des ICF machen. Bei der Generierung der Web-Dynpro-Anwendung wurde die entsprechende URL in die administrativen Daten geschrieben, und die Web-Dynpro-Anwendung war über diese URL erreichbar. Wenn Sie nun eigene Anwendungen schreiben, stellt sich die Frage, wie der SAP NetWeaver AS ABAP von außen, also aus dem Internet, erreicht werden kann. Die Antwort auf diese Frage finden Sie in der Transaktion SICF.

Rufen Sie diese auf, und führen Sie sie mit den Voreinstellungen aus. Über den Menüpfad **Springen • Port-Informationen** finden Sie die notwendigen Informationen (siehe Abbildung 5.3).

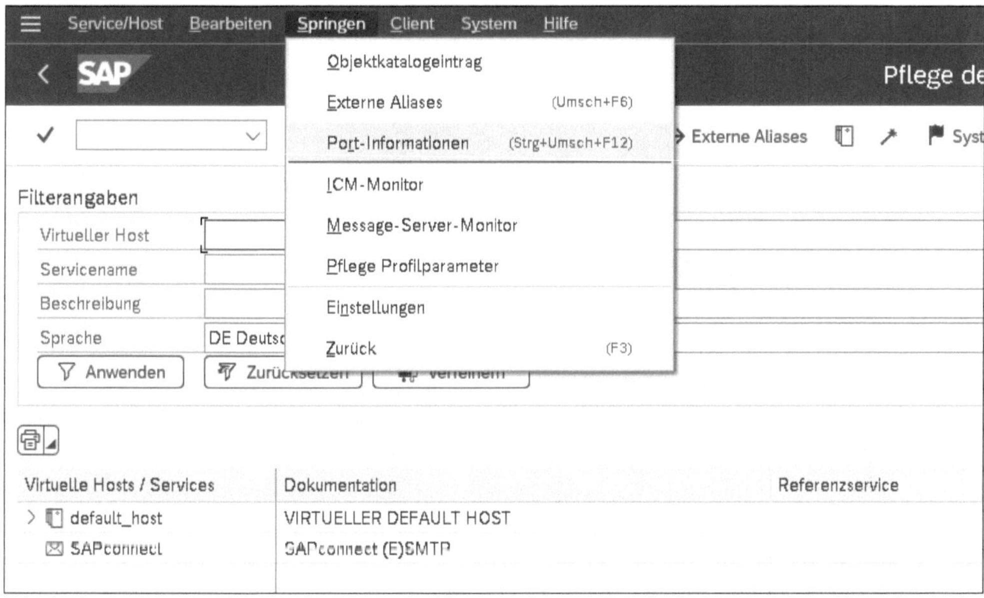

Abbildung 5.3 Transaktion SICF

Im Pop-up-Fenster finden Sie zum einen den Hostnamen und zum anderen den Service (Port) des entsprechenden Systems. Die URL setzt sich aus *http(s)://<HOSTNAME>:<SERVICE>/* und dem entsprechenden ICF-Pfad zusammen (siehe Abbildung 5.4).

Der in Abbildung 5.4 markierte Pfad ist also unter der URL *http://<HOSTNAME>:<SERVICE>/sap/public/bc/ui5_ui5/* erreichbar, wobei Sie <HOSTNAME> und <SERVICE> durch die entsprechenden Werte Ihres SAP-Systems ersetzen müssen. Hinter diesem Pfad verbirgt sich das SAP User Interface Development Toolkit for HTML5 (SAPUI5).

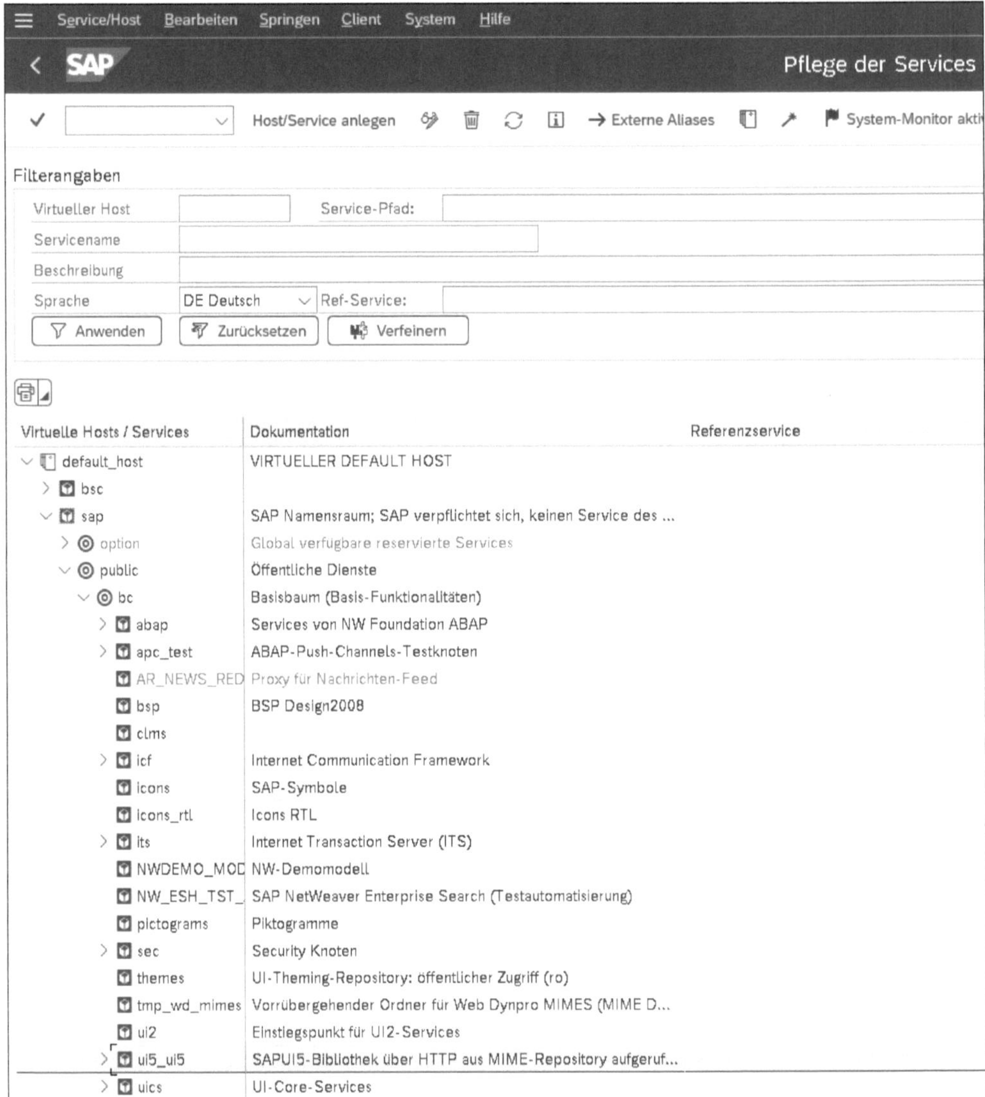

Abbildung 5.4 ICF-Pfad

Legen Sie nun einen eigenen ICF-Service an:

1. Legen Sie dazu in der Transaktion SE24 die Klasse `ZUI5_HTTP_HANDLER` an, und implementieren Sie das Interface `IF_HTTP_EXTENSION` (siehe Abbildung 5.5).

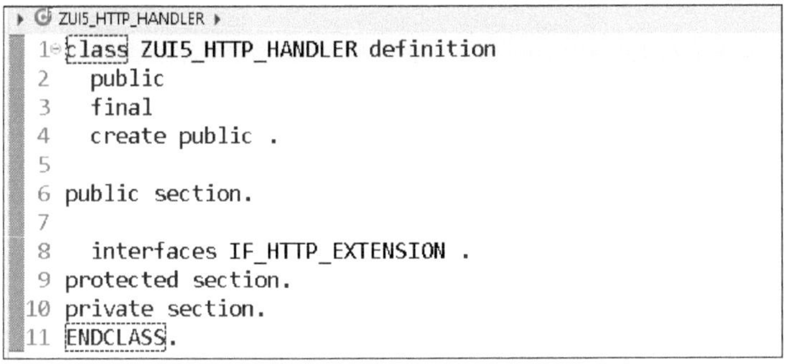

```
ZUI5_HTTP_HANDLER
class ZUI5_HTTP_HANDLER definition
  public
  final
  create public .

public section.

  interfaces IF_HTTP_EXTENSION .
protected section.
private section.
ENDCLASS.
```

Abbildung 5.5 HTTP-Handler-Klasse anlegen

2. Das Interface implementiert die Methode HANDLE_REQUEST; diese wird bei einer Anfrage an den entsprechenden Knoten für den ICF-Service ausgeführt. Momentan möchten wir nur den HTTP-Status setzen. Fügen Sie in der Methode HANDLE_REQUEST der Klasse ZUI5_HTTP_HANDLER die folgende Codezeile hinzu (siehe Abbildung 5.6):

```
server->response->
set_status( code = 200 reason = 'OK' ).
```

```

CLASS ZUI5_HTTP_HANDLER IMPLEMENTATION.

  method if_http_extension~handle_request.

    server->response->set_status( code = 200 reason = 'OK' ).

  endmethod.

ENDCLASS.
```

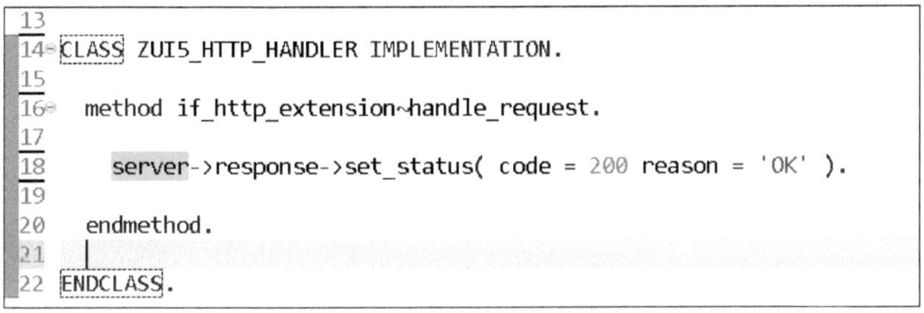

Abbildung 5.6 Methode »HANDLE_REQUEST« ergänzen

3. Speichern und aktivieren Sie die Klasse. Damit Sie den Service besser testen können, setzen Sie für die eingetragene Zeile einen externen Breakpoint. (Achtung, ein Session Breakpoint ist an dieser Stelle wirkungslos!)
4. Im nächsten Schritt legen Sie einen ICF-Knoten in der Transaktion SICF an. In diesem Beispiel legen Sie den Knoten direkt unter dem Knoten default_host an. Markieren Sie den Knoten, und wählen Sie über das Kontextmenü den Eintrag **Neues Subelement** (siehe Abbildung 5.7).

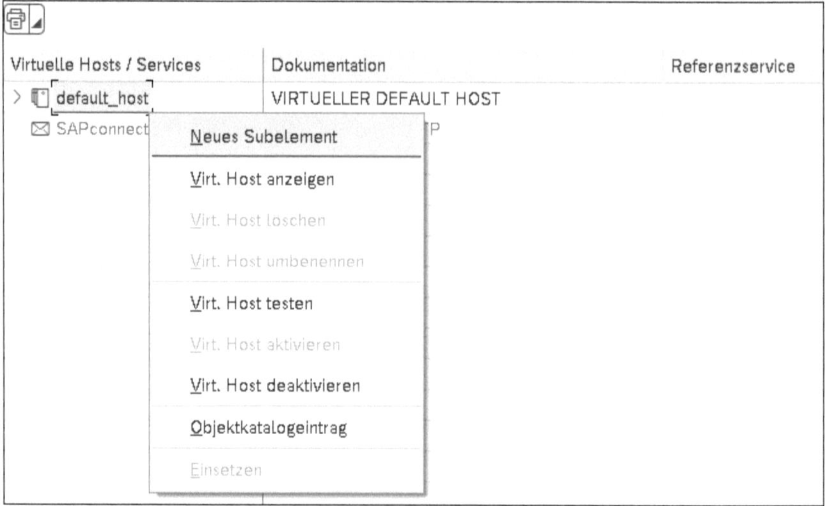

Abbildung 5.7 ICF-Knoten anlegen

5. Tragen Sie einen Namen ein (in unserem Beispiel in Abbildung 5.8 »ui5«), und wählen Sie die Option **Eigenständiger Service**.

Abbildung 5.8 Serviceelement anlegen

6. Geben Sie im Folgebild eine Beschreibung ein, und tragen Sie auf der Registerkarte **Handler-Liste** die zuvor angelegte Klasse `ZUI5_HTTP_HANDLER` ein (siehe Abbildung 5.9).

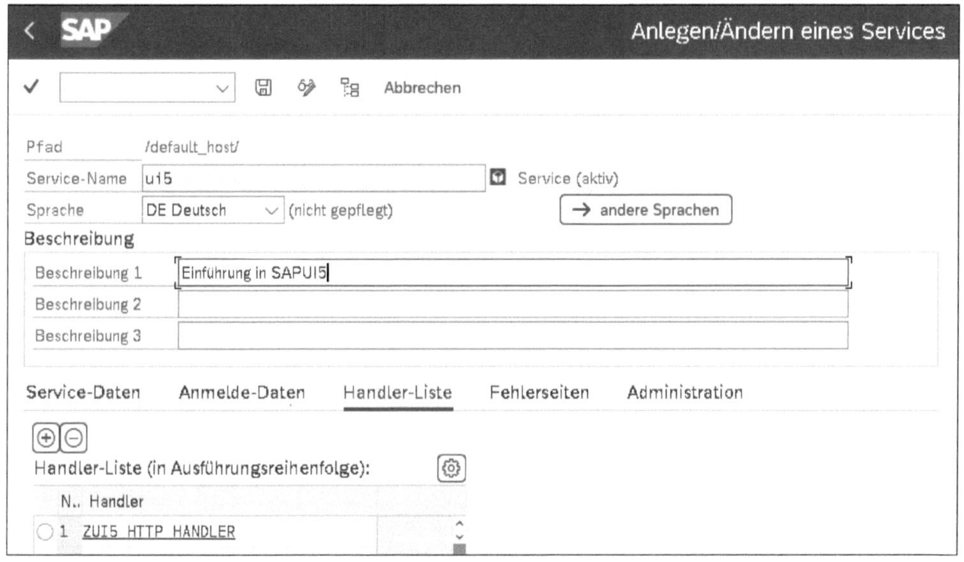

Abbildung 5.9 HTTP-Handler am Service

7. Speichern Sie den ICF-Service ab, und verlassen Sie über **zurück** das Pflegebild.
8. Als letzten Schritt müssen Sie den Service aktivieren. Setzen Sie dazu den Cursor auf den angelegten Service, und wählen Sie im Kontextmenü **Service aktivieren** (siehe Abbildung 5.10).

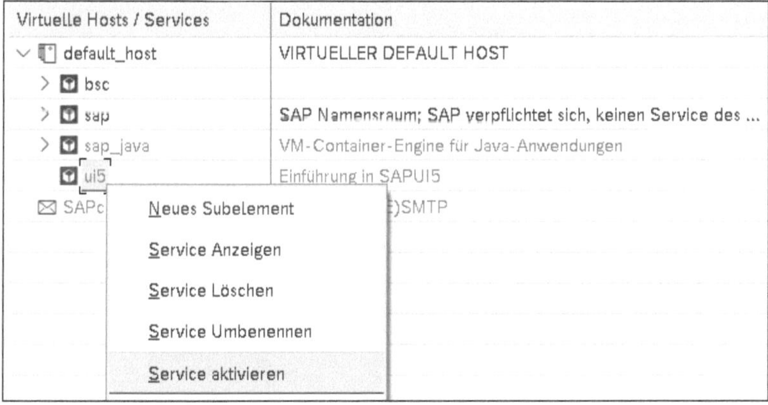

Abbildung 5.10 Service aktivieren

Starten Sie nun Ihren Browser, und geben Sie die URL nach dem Schema *http://<HOSTNAME>:<SERVICE>/ui5/* ein, wobei Sie den Hostnamen und den Service Ihres SAP-Systems eintragen. Wenn der Service erreichbar ist, erscheint ein Pop-up-Fenster, in dem Sie Ihren SAP-Benutzernamen und das Passwort für das System eingeben müssen. Nach der erfolgreichen Anmeldung bleibt der Aufruf im Debugger am gesetzten externen Breakpoint stehen (siehe Abbildung 5.11).

```
CLASS ZUI5_HTTP_HANDLER IMPLEMENTATION.

  method if_http_extension~handle_request.

   server->response->set_status( code = 200 reason = 'OK' ).

  en
ENDC
```

```
SERVER = {O:2*\CLASS=CL_HTTP_SERVER_NET}
  M_CALLED_BY_RFC = 0
  M_EXE_TIME = 0.0000000000000000E+00
  M_ICFRECORDER = Structure: deep...
  M_ICFRECORDER_FIELDS = [0x4(24)] Standard Table
{O:2*\CLASS=CL_HTTP_SERVER_NET}
```

Abbildung 5.11 HTTP-Handler im ABAP Debugger

Fehlersuche

Sollte der Service nicht erreichbar sein, kann dies viele Ursachen haben. Die häufigsten Fehler sind ein inaktivierter Service (im ICF-Baum grau dargestellt), eine fehlerhafte Konfiguration des ICF oder gesperrte Ports in der Firewall. Eine gute Ausgangsbasis für die Fehleranalyse ist der ICM-Monitor (Transaktion SMICM). Dort können Sie über den Menüpfad **Springen • Trace-Datei • Alles anzeigen** den ICM-Trace aufrufen.

Der ICM-Monitor kann auch bei der Fehlersuche von OData-Services hilfreich sein, die mit SAP Gateway erstellt wurden. Da jede HTTP-Anfrage durch den ICM verarbeitet wird, werden OData-Anfragen zunächst vom ICM entgegengenommen und dann zur Verarbeitung an den entsprechenden Service weitergegeben. Wenn Sie nun z. B. einen Request zu einem OData-Service nicht im Fehlerprotokoll von SAP Gateway finden, ist die nächste Anlaufstelle der ICM-Monitor. In diesen Fällen wurde der Request bereits vom ICM abgelehnt und erst gar nicht an SAP Gateway weitergegeben.

5.2 Model-View-Controller-Architekturmuster

Das MVC-Architekturmuster (Model View Controller) strukturiert die Softwareentwicklung in drei Einheiten:

- **Datenmodell (Model)**
  Das Model repräsentiert die Schicht des Datenmodells und hält die Applikationsdaten bereit. Darüber hinaus repräsentiert und koordiniert es die Zugriffe auf die Datenbank. Oft beinhaltet das Model auch die dazugehörige Geschäftslogik. Die relevanten Daten werden vom Model bereitgestellt; aus diesem Grund wird das Model oft auch *Publisher*, also Veröffentlicher, genannt.
- **Präsentation (View)**
  Die Präsentationsschicht ist für die Darstellung auf dem Endgerät zuständig. Der View nimmt die Benutzeraktionen entgegen, verarbeitet diese aber nicht, sondern gibt sie an den Controller weiter.
- **Steuerung (Controller)**
  Der Controller verwaltet einen oder mehrere Views, nimmt von ihnen Benutzeraktionen entgegen und wertet diese aus. Zu jedem View existiert ein Controller. Sollte es bei einer Benutzeraktion zu einer Datenänderung kommen, übernimmt der Controller die Kommunikation mit dem Model.

Durch diese Trennung können die einzelnen Komponenten leichter erweitert, ausgetauscht oder wiederverwendet werden. Abbildung 5.12 veranschaulicht dieses Architekturmuster.

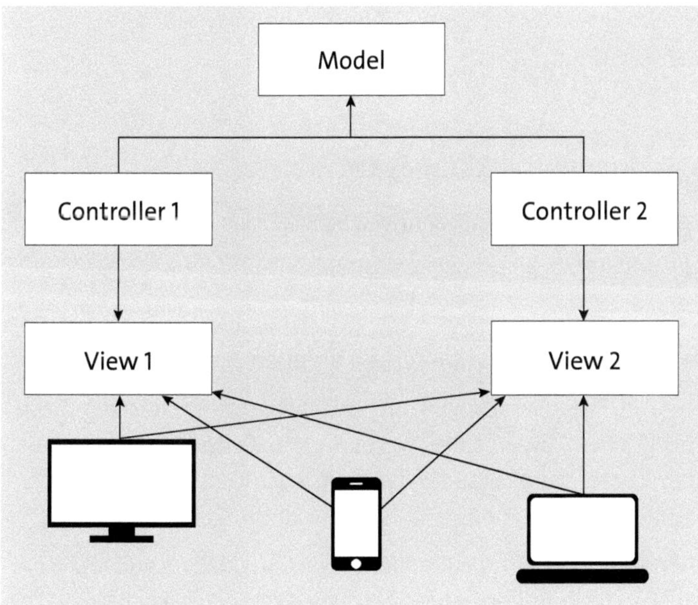

Abbildung 5.12 Model-View-Controller-Architekturmuster

Bei Verwendung des MVC-Musters können z. B. zwei verschiedene Endgeräte das gleiche Model verwenden; der View wird z. B. einmal für die Desktop-Anwendung und einmal für das mobile Endgerät implementiert.

Bei Webanwendungen erstreckt sich das MVC-Muster über Server und Client und ist damit etwas komplexer als das klassische MVC-Muster, wie in Abbildung 5.13 zu erkennen. Der Browser stellt den View als grafisches Element dar, der Controller ist meistens JavaScript-Code, der die Benutzeraktionen verarbeitet und diese gegebenenfalls an das Model weitergibt. Weitere Informationen zum MVC-Muster finden Sie in Abschnitt 6.1.2, »Generierung des Model-View-Controller-Musters in SAPUI5«.

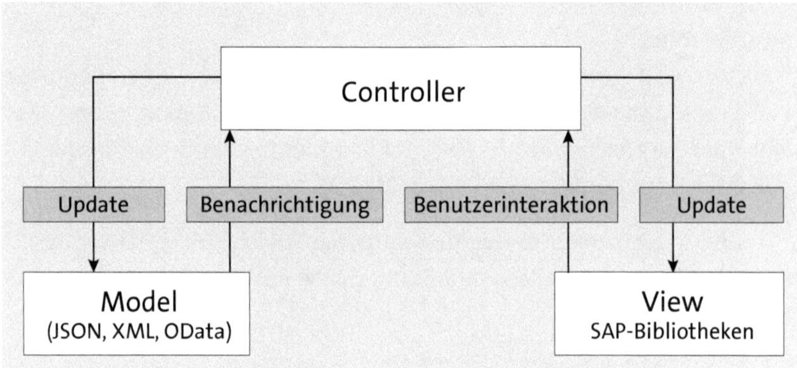

Abbildung 5.13 MVC-Architekturmuster in der Webentwicklung

5.3 SAPUI5-Entwicklungsprojekt anlegen

Das MVC-Muster ist ein wesentlicher Bestandteil der SAPUI5-Entwicklung, da SAPUI5-Anwendungen im MVC-Muster implementiert werden.

5.3.1 Projekt im SAP Business Application Studio anlegen

Die Entwicklung von SAPUI5-Anwendungen im SAP Business Application Studio wird in sogenannten Projekten organisiert. Wenn Sie ein Beispiel aus dem Buch nachprogrammieren möchten, dann legen Sie dafür am besten jeweils ein neues Projekt an. Später entspricht jedes Projekt einer SAPUI5-Anwendung oder Bibliothek.

Um im SAP Business Application Studio ein neues Projekt anzulegen, gehen Sie entweder über das Menü **File • New Project from Template** ❶, oder Sie klicken auf den Button **Start from Template** ❷ (siehe Abbildung 5.14).

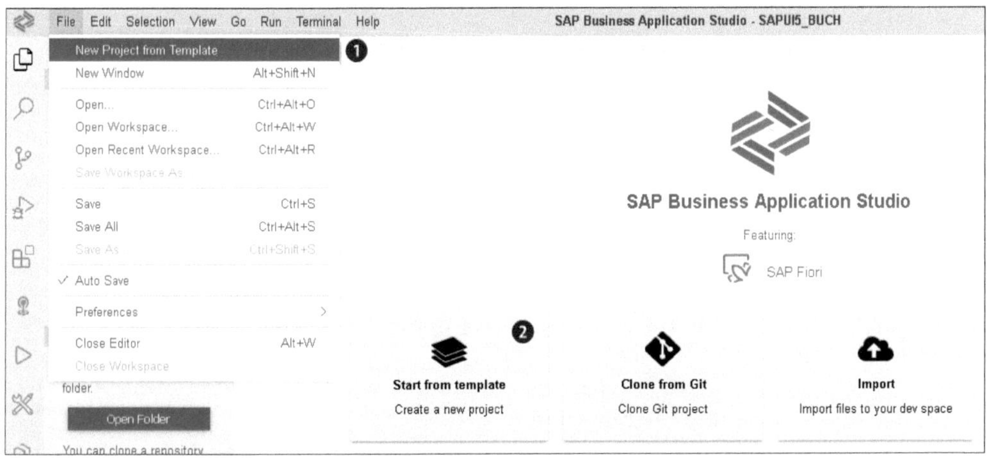

Abbildung 5.14 Neues Projekt im SAP Business Application Studio anlegen

Es öffnet sich ein Wizard, wählen Sie im ersten Schritt die Option **SAP Fiori application**, und klicken Sie auf **Start** (siehe Abbildung 5.15).

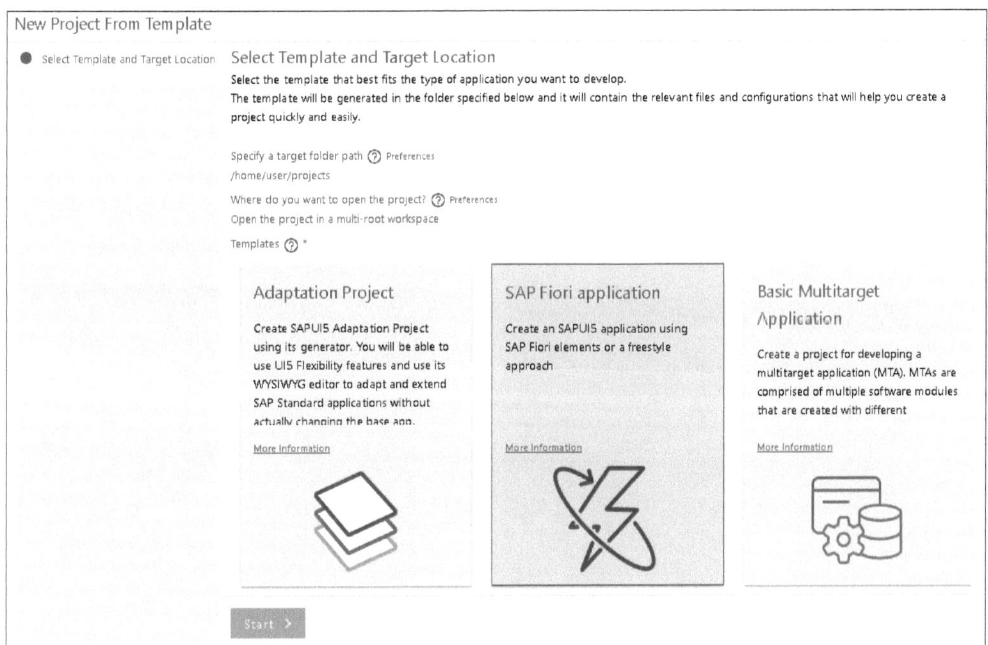

Abbildung 5.15 »SAP Fiori application« als Template auswählen

Im nächsten Schritt wählen Sie im Feld **Application Type** die Option **SAPUI5 freestyle** ❶, als Floorplan die Option **SAPUI5 Application** ❷ und klicken Sie auf **Next** ❸, um zum nächsten Bildschirm zu gelangen (siehe Abbildung 5.16).

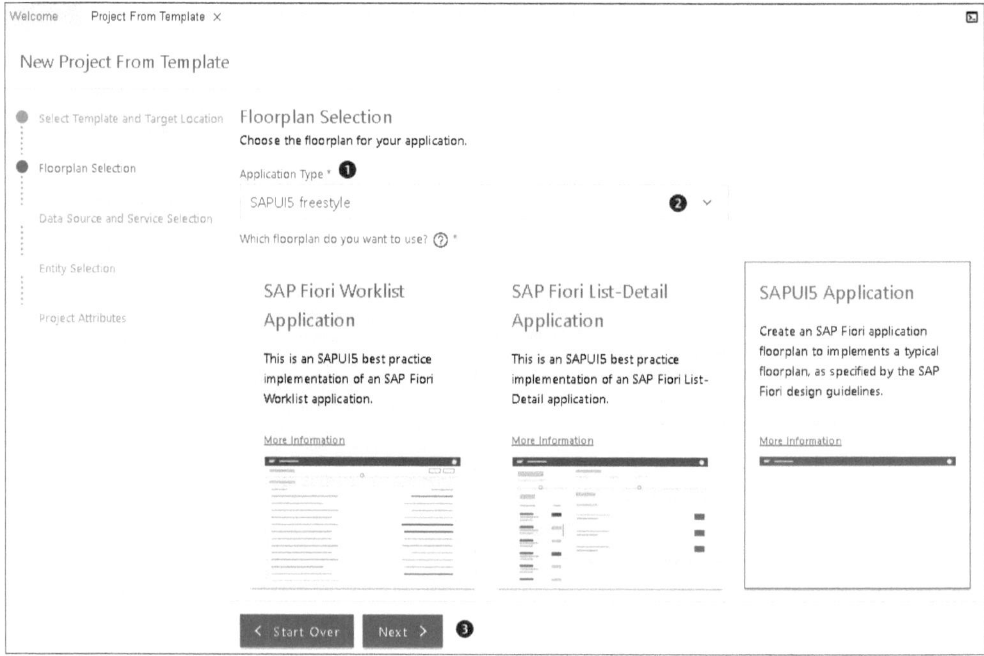

Abbildung 5.16 Freestyle-SAPUI5-Anwendung als Typ auswählen

Wenn wir in Kapitel 8 eine SAPUI5-Anwendung mit OData-Services entwickeln, werden wir in diesem Schritt die entsprechende Datenquelle auswählen. Für die ersten Gehversuche wählen Sie hier jedoch im Feld **Data source** die Option **None** und klicken auf **Next** (siehe Abbildung 5.17).

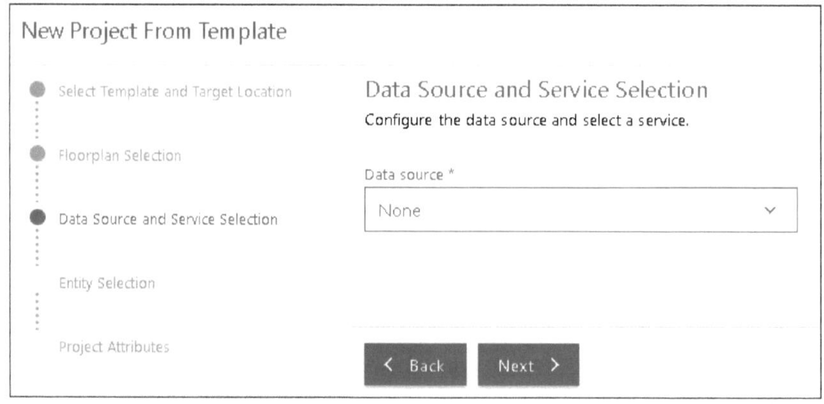

Abbildung 5.17 Ohne Datenquelle fortfahren

Im nächsten Schritt legen Sie den View-Namen an. Geben Sie dazu im Feld **View name** den Namen »Main« ein, und klicken Sie auf **Next** (siehe Abbildung 5.18).

Abbildung 5.18 View-Namen festlegen

Im letzten Schritt müssen Sie noch den Namen der Anwendung festlegen. Ich habe für dieses erste Beispiel den Namen »hello.world« ausgewählt. Der Name sollte sprechend und selbsterklärend sein, sodass Sie das Projekt schnell wiederfinden. Alle anderen Einstellungen lassen Sie erst einmal bei den Standardeinstellungen, wir kommen zu gegebener Zeit darauf zurück. Legen Sie das Projekt mit **Finish** an (siehe Abbildung 5.19).

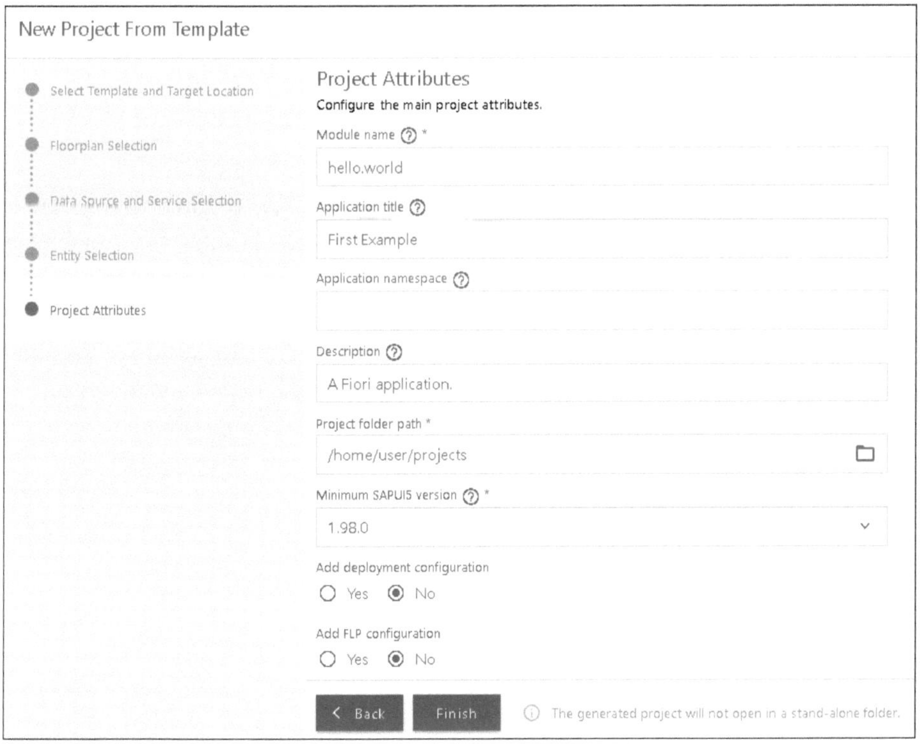

Abbildung 5.19 Namen der Anwendung festlegen

Den Namensraum der Anwendung (Feld **Application namespace**) benötigen Sie, wenn Sie eine SAP-Fiori-App erstellen möchten. Wenn Sie die Anwendung ins SAP Fiori Launchpad einhängen, wird diese über den eindeutigen Namespace identifiziert. Für den ersten Moment können wir das Feld aber leer lassen. Eine ausführliche Erläuterung zu diesem Vorgehen finden Sie in Kapitel 10, »Beispielentwicklung einer SAP-Fiori-App«.

Das Projekt wird nun angelegt. Wenn alles fertig ist, wird Ihnen eine Übersichtsseite, wie in Abbildung 5.20 dargestellt, angezeigt.

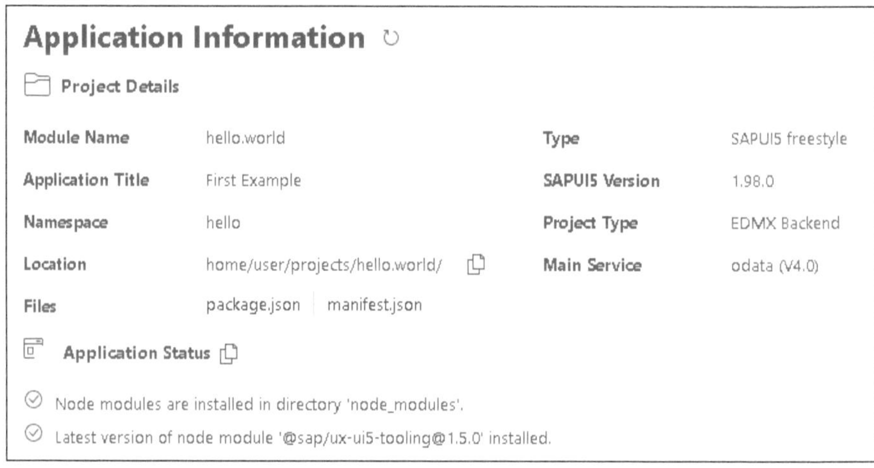

Abbildung 5.20 Angelegtes Projekt

5.3.2 Projekt öffnen

Um Ihr gerade angelegtes oder aber auch jedes andere Projekt zu öffnen, nutzen Sie das Menü **File • Open** ❶. Wenn Sie die Grundeinstellungen nicht verändert haben, finden Sie Ihre Projekte auch im Verzeichnis **projects** ❷. Markieren Sie das entsprechende Projekt, in unserem Beispiel **hello.world**, und klicken Sie auf **Open** ❸ (siehe Abbildung 5.21). Links öffnet sich nun das Projekt mit der entsprechenden Struktur, doch dazu in Abschnitt 5.3.5, »Projekt in Visual Studio Code anlegen«, mehr.

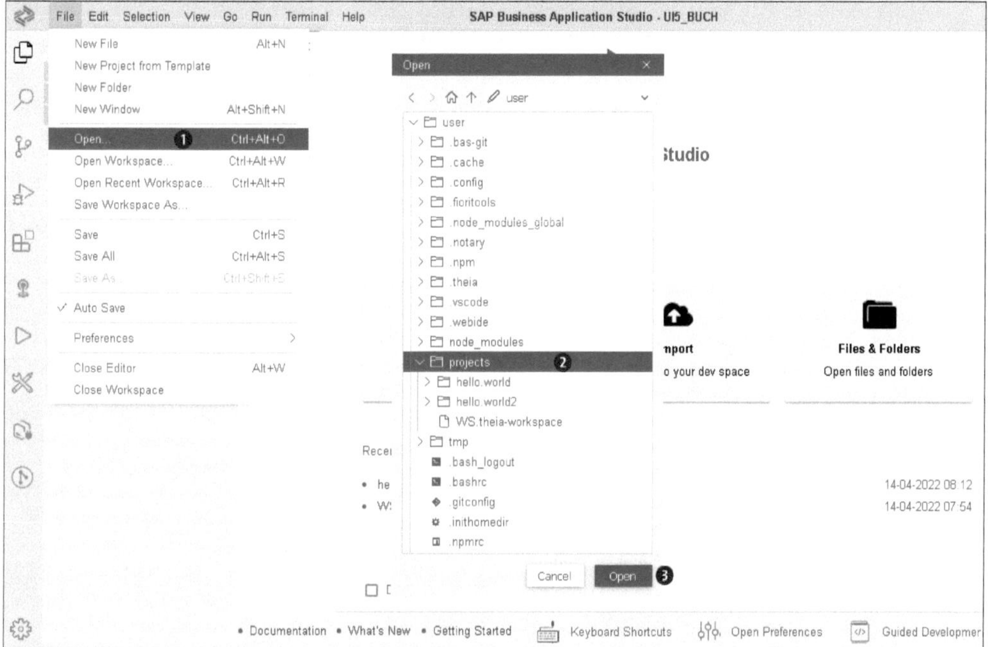

Abbildung 5.21 Projekt öffnen

5.3.3 Anwendung im SAP Business Application Studio ausführen

Wenn Sie Ihre Anwendung ausführen möchten, können Sie entweder eine entsprechende Konfiguration anlegen und ausführen, indem Sie auf den Ausführen-Button klicken ❶, oder Sie starten direkt per Kommandozeile, indem Sie das Menü öffnen und dort **Preview Application** ❷ auswählen (siehe Abbildung 5.22).

Abbildung 5.22 Anwendung ausführen

Um eine Konfiguration anzulegen, drücken Sie auf der rechten Seite auf den Menüeintrag **Run Configuration** und im Anschluss auf **Create Configuration**, wie in Abbildung 5.23 dargestellt.

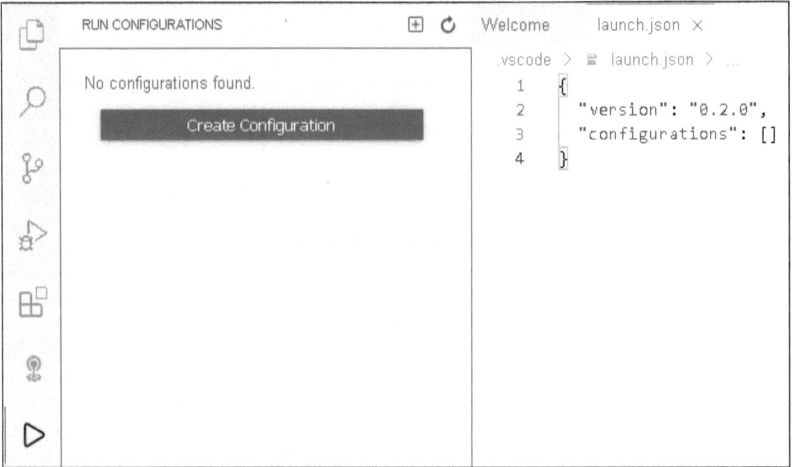

Abbildung 5.23 Run-Konfiguration anlegen

Wählen Sie im Folgebild (siehe Abbildung 5.24) Ihr Projekt (hier **hello.world**) aus, wählen Sie **index.html** als Dateiname aus, und speichern Sie diese Konfiguration.

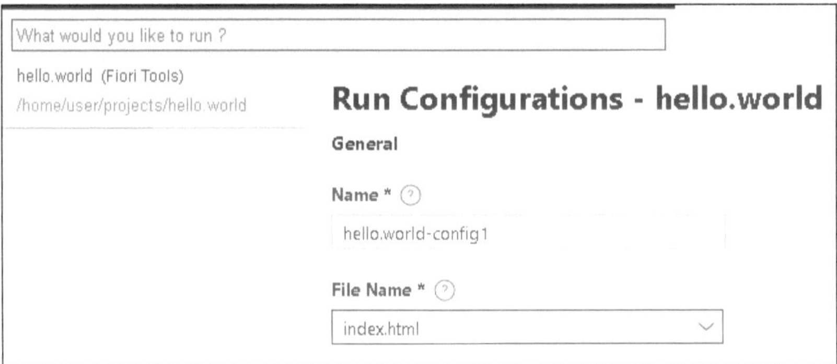

Abbildung 5.24 Run-Konfiguration anlegen – Wizard

Wenn Sie nun auf den Ausführen-Button klicken, werden Ihnen die angelegten Konfigurationen angeboten und Sie können durch einen Klick auf den Pfeil die entsprechende Konfiguration starten (siehe Abbildung 5.25).

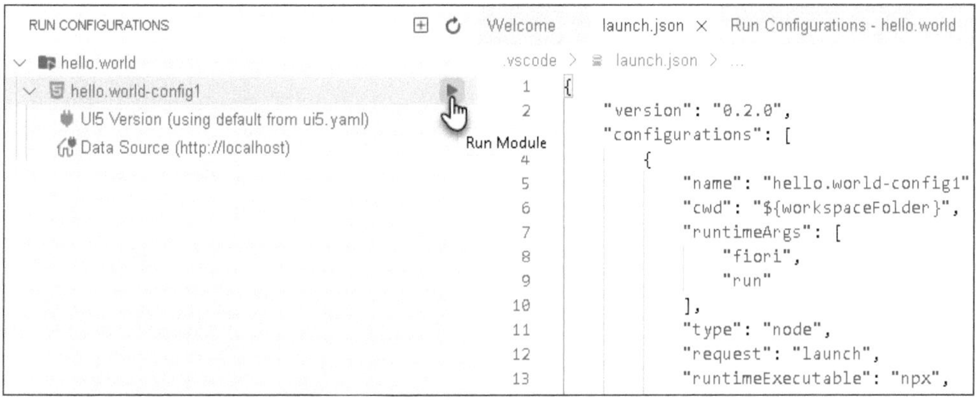

Abbildung 5.25 Konfigurierten Run starten

Vielleicht fragen Sie sich nun, was das Ganze soll. Wenn Sie sich mit SAPUI5 besser auskennen, werden Sie mit Sicherheit Unit-Tests, OPA5-Tests oder Ähnliches implementieren. Dann können Sie z. B. eine Konfiguration anlegen, die die entsprechenden Unit-Tests ausführt. Das UI5-Tooling bringt z. B. bereits fünf fertige Konfigurationen mit (siehe Abbildung 5.26).

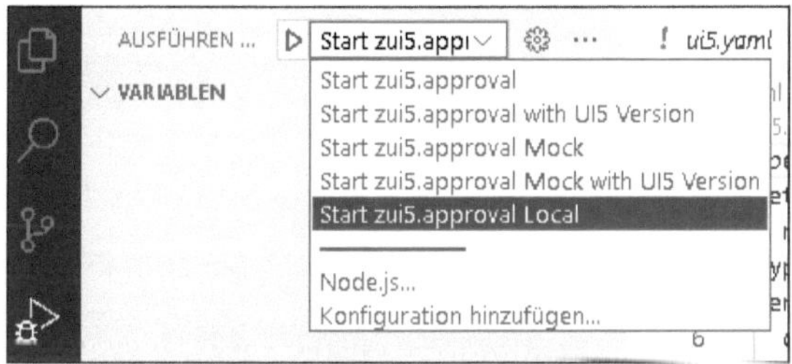

Abbildung 5.26 Vorkonfigurierte Run-Optionen

Der normale Start der App, der Start mit einer spezifischen SAPUI5-Version, diese Konfiguration erwartet die SAPUI5-Version als Argument, wie Ihnen ein Blick in die Konfiguration verrät (siehe Listing 5.1), und das Gleiche noch mal, allerdings mit Mockdaten.

```
],
"args": [
    "--",
    "${input:UI5Version}"
],
```

Listing 5.1 Übergabe der SAPUI5-Version als Argument

5.3.4 Vorhandenes Projekt ins SAP Business Application Studio importieren

Wenn Sie die Lösung aus dem Buch importieren möchten, gehen Sie wie folgt vor. Gehen Sie auf die Seite *www.sap-press.de/5501*. Auf der Seite finden Sie den Abschnitt **Materialien zum Buch**, wo Sie die Beispiele als ZIP-Datei herunterladen können. Entpacken Sie die heruntergeladene ZIP-Datei, und navigieren Sie zu dem Verzeichnis **Listing_Kap4**, dort befindet sich eine gepackte Datei **hello.world.zip**. Diese Datei müssen Sie nicht entpacken, Sie können sie direkt in das SAP Business Application Studio importieren.

Wählen Sie dazu auf der Startseite des SAP Business Application Studios den Button **Import** aus, wie in Abbildung 5.27 dargestellt.

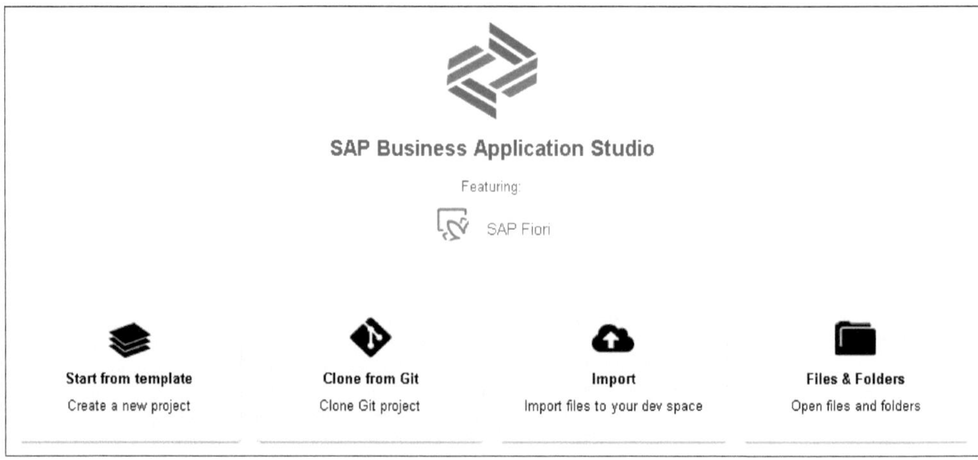

Abbildung 5.27 Beispielprojekt importieren

Sollte die entsprechende Willkommensseite nicht angezeigt werden, öffnen Sie diese über das Menü **Help • Welcome** (siehe Abbildung 5.28).

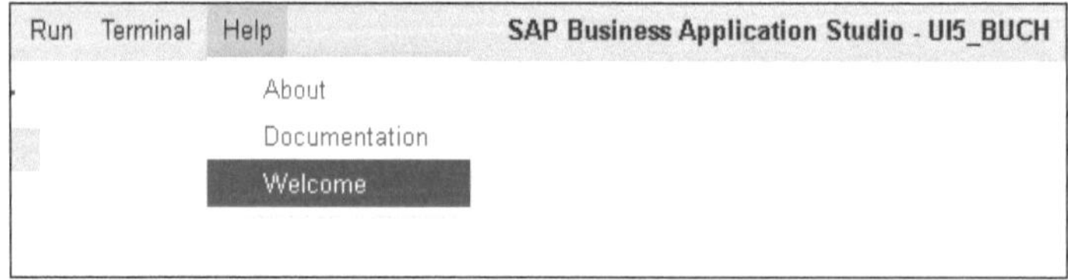

Abbildung 5.28 Welcome-Startseite öffnen

Wählen Sie die entsprechende ZIP-Datei aus, in unserem Beispiel **hello.world.zip**, diese wird anschließend in die Cloud hochgeladen. Nach dem erfolgreichen Upload erscheint ein kleines Fenster, wie in Abbildung 5.29 dargestellt. Bestätigen Sie dieses mit **Open in New Workspace**.

Abbildung 5.29 Importiertes Projekt öffnen

Damit Sie das Beispiel ausführen können, müssen Sie noch die *Node*-Pakete (npm) installieren. Was das genau ist, haben Sie bereits in Abschnitt 4.2, »Visual Studio Code«, erfahren.

Gehen Sie dazu mit der rechten Maustaste auf das Projekt, und wählen Sie **Open in Terminal** aus (siehe Abbildung 5.30).

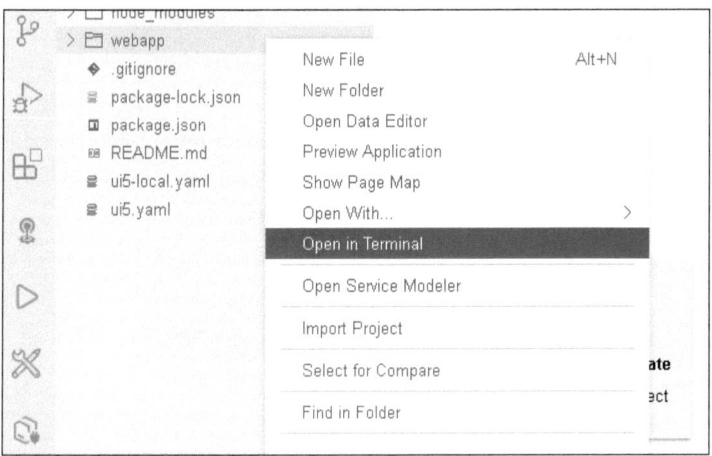

Abbildung 5.30 Terminal öffnen

Tippen Sie anschließend im Terminalfenster »npm install« ein, und drücken Sie die [↵]-Taste, wie in Abbildung 5.31 dargestellt.

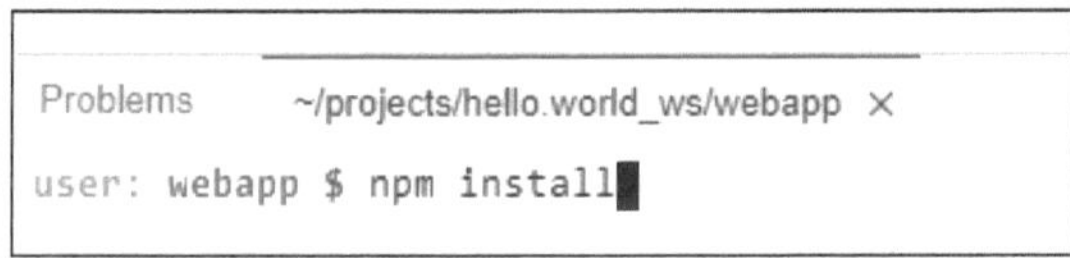

Abbildung 5.31 Pakete installieren

Im Anschluss können Sie die Anwendung, wie in Abschnitt 5.3.2, »Projekt öffnen«, dargestellt, starten.

5.3.5 Projekt in Visual Studio Code anlegen

Da das SAP Business Application Studio auch auf VS Code basiert, funktioniert die lokale Variante analog zur Cloud-Variante. Dazu nutzen wir den *SAP Fiori Application Generator* aus den zuvor installierten SAP Fiori Tools.

Über die Tastenkombination Ctrl + ⇧ + P bzw. über den Menüpfad **Anzeigen • Befehlspalette** öffnen Sie die Befehlspalette (siehe Abbildung 5.32).

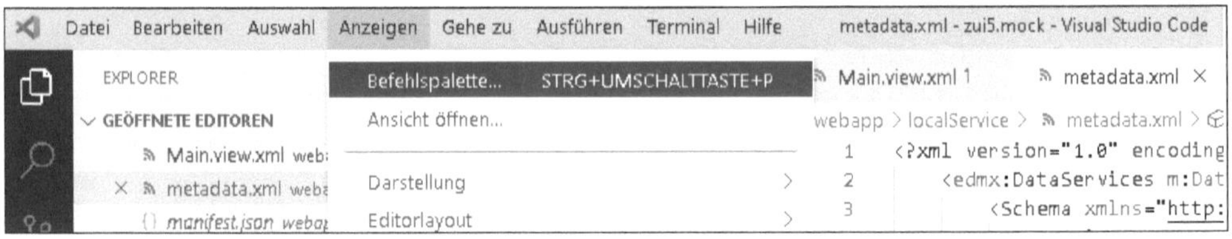

Abbildung 5.32 Command-Palette in VS Code

Tippen Sie im darauffolgenden Fenster »Application« ein, und wählen Sie dann die Option **Fiori: Open Application Generator** aus (siehe Abbildung 5.33).

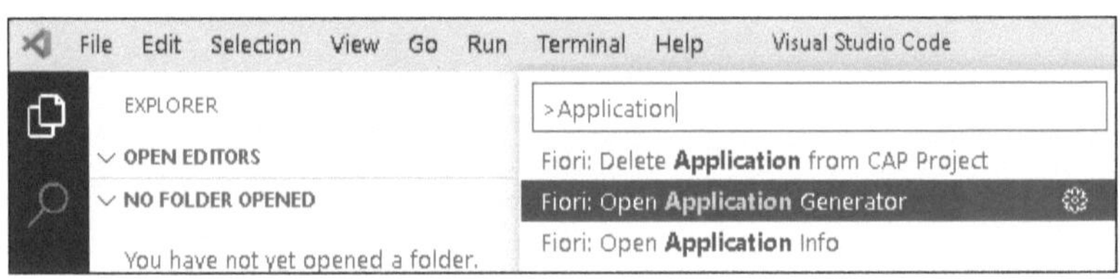

Abbildung 5.33 SAP Fiori Application Generator öffnen

Es öffnet sich der gleiche Wizard wie im SAP Business Application Studio (siehe Abbildung 5.16). Wählen Sie auch hier **SAPUI5 freestyle** als Typ aus und die Option **None** im Feld **Data Source**. Analog zur Anlage im SAP Business Application Studio nennen Sie auch hier den ersten View »Main« (siehe Abbildung 5.15).

Beim letzten Schritt, der Angabe des Speicherortes für das Projekt, empfehle ich Ihnen, ein zentrales Verzeichnis anzulegen, in dem Sie alle Ihre SAPUI5-Projekte verwalten. Ich habe dieses Verzeichnis bei mir **git** genannt (siehe Abbildung 5.34), da ich für alle Projekte ein Git-Repository nutze.

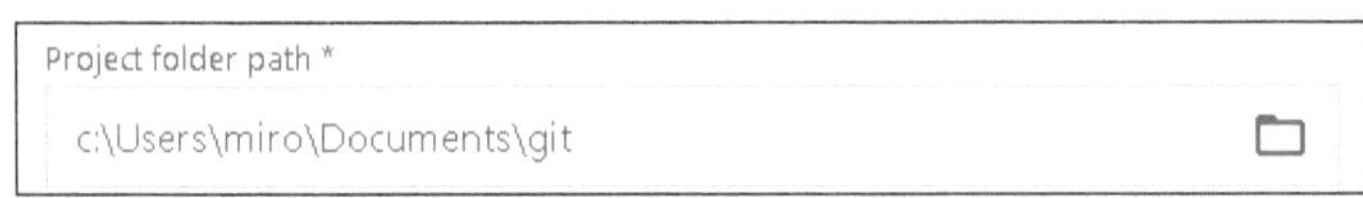

Abbildung 5.34 Projektverzeichnis anlegen

Über die weiteren Einstellungen wie **Deployment Configuration** etc. (siehe auch Abbildung 5.44) machen wir uns zu gegebener Zeit Gedanken.

Nachdem Sie auf **Finish** geklickt haben, wird das entsprechende Projekt erzeugt. Warten Sie, bis die Pakete installiert sind (siehe Abbildung 5.35), um das entsprechende Projekt zu öffnen.

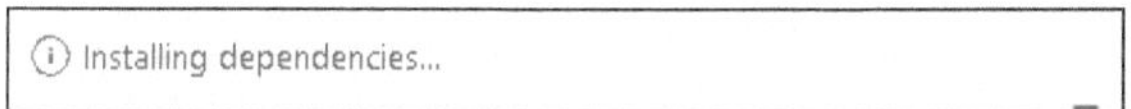

Abbildung 5.35 Installation der Node-Pakete

Technisch wird neben der Verzeichnisstruktur und vielen anderen Dateien die Datei **package.json** erzeugt und die unter dem Abschnitt *DevDependencies* angegebenen Pakete installiert.

Git

Git ist ein Tool zur verteilten Versionsverwaltung von Dateien. Im Gegensatz zu ABAP arbeiten Sie bei der Entwicklung von SAPUI5-Anwendungen in der Cloud bzw. lokal auf Ihrem Rechner, und am Ende des Tages muss der Code bereitgestellt werden. Da Sie oft nicht allein an einer App arbeiten, benötigen Sie eine zentrale Stelle, an der Sie den Code ablegen und verwalten können. An dieser Stelle ist der Einsatz von Git also sinnvoll. Ein Git-Repository liefert Ihnen noch einen weiteren Vorteil, es fügt Dateiänderungen von verschiedenen Personen zusammen (Funktion *merge*), da im Gegensatz zu ABAP keine Sperre auf die Datei gesetzt wird.

5.3.6 Anwendung in Visual Studio Code ausführen

Analog zum SAP Business Application Studio können Sie die Anwendung über das Kontextmenü starten und ein npm-Skript auswählen oder eine Run-Konfiguration anlegen (siehe Abbildung 5.36).

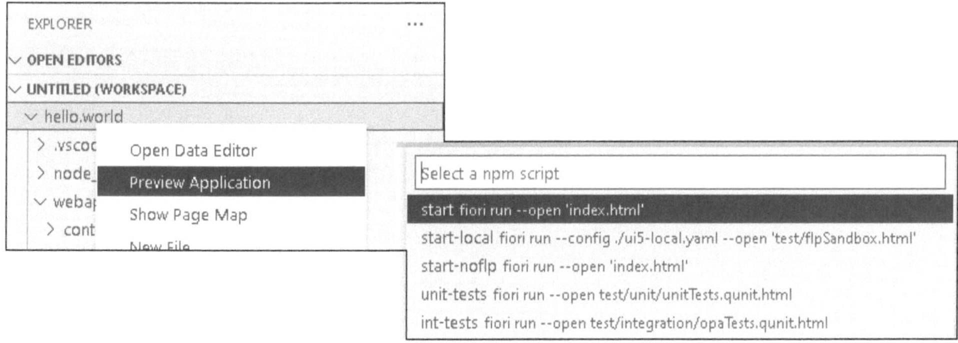

Abbildung 5.36 Anwendung in VS Code ausführen

Alternativ gibt es auch hier die Möglichkeit, eine Konfiguration anzulegen, wie bereits in Abschnitt 5.3.2, »Projekt öffnen«, beschrieben.

5.3.7 Vorhandenes Projekt in Visual Studio Code importieren

Die Beispiele aus dem Buch können Sie selbstverständlich auch lokal ausführen. Im Unterschied zum SAP Business Application Studio müssen Sie das Projekt aber vorher entpacken. Entpacken Sie dazu die entsprechende ZIP-Datei, und öffnen Sie das Verzeichnis in VS Code über das Menü **File • Open Folder**, wie in Abbildung 5.37 dargestellt.

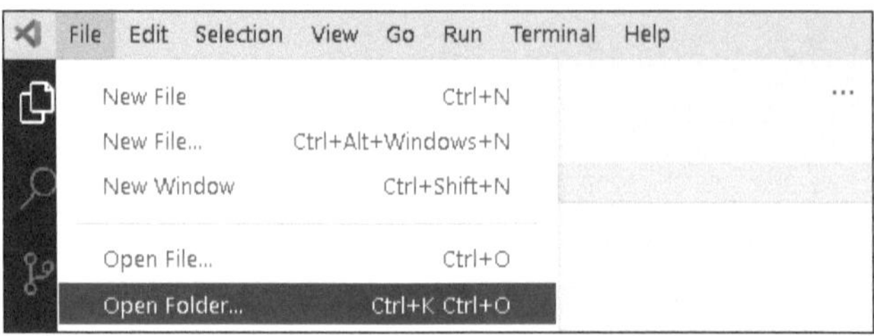

Abbildung 5.37 Projekt importieren

Wie im SAP Business Application Studio müssen Sie auch hier die npm-Pakete installieren, damit Sie das Beispiel ausführen können. Gehen Sie dazu mit der rechten Maustaste auf das Projekt, und wählen Sie, wie Sie es aus Abschnitt 5.3.4, »Vorhandenes Projekt ins SAP Business Application Studio importieren«, kennen, **Open in Terminal** aus (siehe Abbildung 5.30), um das Terminalfenster zu öffnen. Führen Sie dort den Befehl **npm install** aus, wie schon in Abbildung 5.31 dargestellt.

5.4 SAPUI5-Demokit

Bevor wir nun mit der Implementierung unserer ersten SAPUI5-Anwendungen beginnen, werfen wir noch einen Blick in das SAPUI5-Demokit, das Sie im SAPUI5 Software Development Kit (SDK) über die URL *https://sapui5.hana.ondemand.com* erreichen. Im Bereich **Samples** finden Sie dort Beispiele aus der SAPUI5-Bibliothek. Unter **API Reference** finden Sie die vollständige Dokumentation aller Namensräume.

Gerade am Anfang der Arbeit mit SAPUI5 hat es sich bewährt, den Samples-Bereich zu durchstöbern (siehe Abbildung 5.38), da Sie dort Anwendungsbeispiele der gängigen Controls finden.

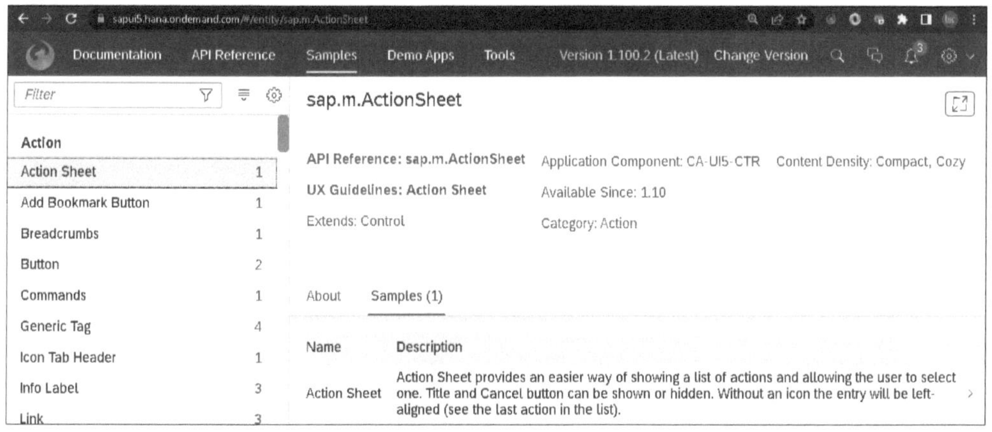

Abbildung 5.38 Bereich »Samples« im SAPUI5-Demokit

Auf der linken Seite sehen Sie die Liste der User-Interface-(UI-)Controls. Wählen Sie hier einen Eintrag aus, wird Ihnen auf der rechten Seite eine Beschreibung des entsprechenden Controls angezeigt. Im Kopfbereich finden Sie einen Link zur API-Referenz, dort finden Sie alle Informationen zu den Eigenschaften (**Properties**), Aggregationen, Ereignissen und Methoden. Auf der Registerkarte **Samples** finden Sie ein oder mehrere Beispiele zur Verwendung des Controls. Wählen Sie einen Eintrag aus der Liste der Beispiele aus, wird zunächst eine mögliche Visualisierung angezeigt (siehe Abbildung 5.39).

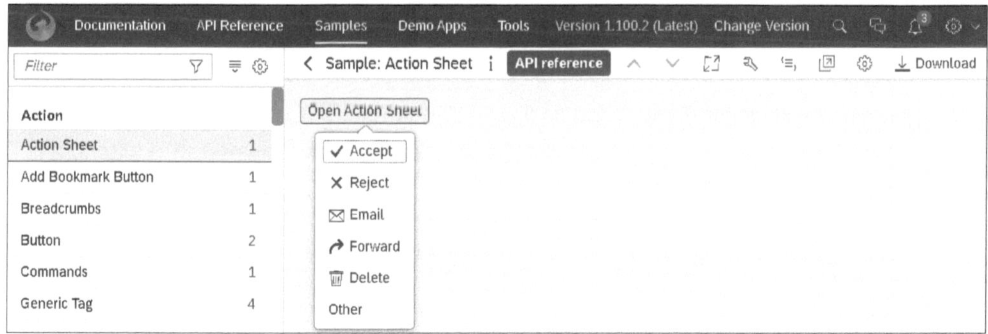

Abbildung 5.39 Visualisierungsbeispiel eines Controls

Besonders praktisch ist der Button **Show Source Code** (icon) oben rechts. Über diesen Button können Sie direkt in die Quellcodeansicht wechseln (siehe Abbildung 5.40) und das Beispiel bei Bedarf auch herunterladen.

```
<mvc:View
    controllerName="sap.m.sample.ActionSheet.controller.ActionSheet"
    xmlns:mvc="sap.ui.core.mvc"
    xmlns:core="sap.ui.core"
    xmlns="sap.m">
    <Button
        text="Open Action Sheet"
        class="sapUiSmallMargin"
        press=".onButtonPress"
        ariaHasPopup="Menu" >
        <dependents>
            <core:Fragment
                fragmentName="sap.m.sample.ActionSheet.view.ActionSheet"
                type="XML" />
        </dependents>
    </Button>
</mvc:View>
```

Abbildung 5.40 Quellcodeansicht für ein Beispiel-Control

Entdeckungstour im Demokit

Holen Sie sich am besten eine Tasse Kaffee oder Tee, und »surfen« Sie sich durch alle Beispiele des Demokits. Nur so bekommen Sie einen guten Überblick über die verfügbaren Controls. Wenn Sie ein Beispiel aus diesem Buch nachprogrammieren, sollten Sie dabei auch immer das SAPUI5 SDK geöffnet haben und sich die entsprechende Dokumentation zu den Controls anschauen. So erfahren Sie beispielsweise, welche Properties ein Control noch bietet. Viele Controls werden Ihnen in den folgenden Beispielen begegnen. Schauen Sie daher auch einmal im Index dieses Buches unter dem Stichwort »Control« nach, wenn Sie gezielt nach Einsatzbeispielen zu einem Control suchen.

Die schnellsten Lernerfolge erzielen Sie, wenn Sie mit den Beispielen im Buch etwas experimentieren. Probieren Sie z. B. die verschiedenen Properties aus, und betrachten Sie auch die Vererbungshierarchie. Das Control `ActionSheet` in Abbildung 5.38 erbt beispielsweise von dem Control `sap.ui.core`, dessen Properties und Methoden Sie im SDK einsehen können. Dieses Control erbt wiederum von `sap.ui.Element`, für das Sie die Aggregation `Tooltip` finden. Das bedeutet, dass Sie für ein `ActionSheet`-Control einen Tooltip implementieren können.

5.5 Ihre ersten SAPUI5-Anwendungen

Jetzt ist es an der Zeit, die Theorie in die Praxis umzusetzen. Sie legen nun Ihre erste SAPUI5-Anwendung an. Alle Beispiele in diesem Buch basieren auf einem lokal installierten Visual Studio Code. Wie Sie bereits in Abschnitt 4.2, »Visual Studio Code«, gesehen haben, verhalten sich Visual Studio Code und SAP Business Application Studio nahezu identisch.

5.5.1 SAPUI5-Anwendung entwickeln

Starten Sie als Erstes den Wizard zum Anlegen einer App. Um ein neues Projekt im SAP Business Application Studio anzulegen, gehen Sie entweder über das Menü **Project • New Project from Template**, oder klicken Sie im Willkommensbildschirm auf den Button **Start from Template**.

Im Visual Studio Code starten Sie die Befehlspalette über die Tastenkombination [Ctrl] + [⇧] + [P] bzw. über das Menü **Anzeigen • Befehlspalette** und starten den **Fiori Application Generator**. Im ersten Schritt des Wizards können Sie entscheiden, welchen Applikationstyp Sie anlegen wollen. Zur Auswahl stehen Ihnen SAP Fiori Elements und SAPUI5 Freestyle. SAP Fiori Elements ist ein Framework, das die am häufigsten verwendeten Floorplans für typische Anwendungen, wie z. B. List Reports, umfasst. Sie basieren auf den Annotationen der Core Data Services. Bei den SAPUI5-Freestyle-Templates gibt es je ein Template für eine Worklist-Anwendung, eine Master-Detail-Anwendung oder ein leeres SAPUI5-Anwendungs-Template (siehe Abbildung 5.41).

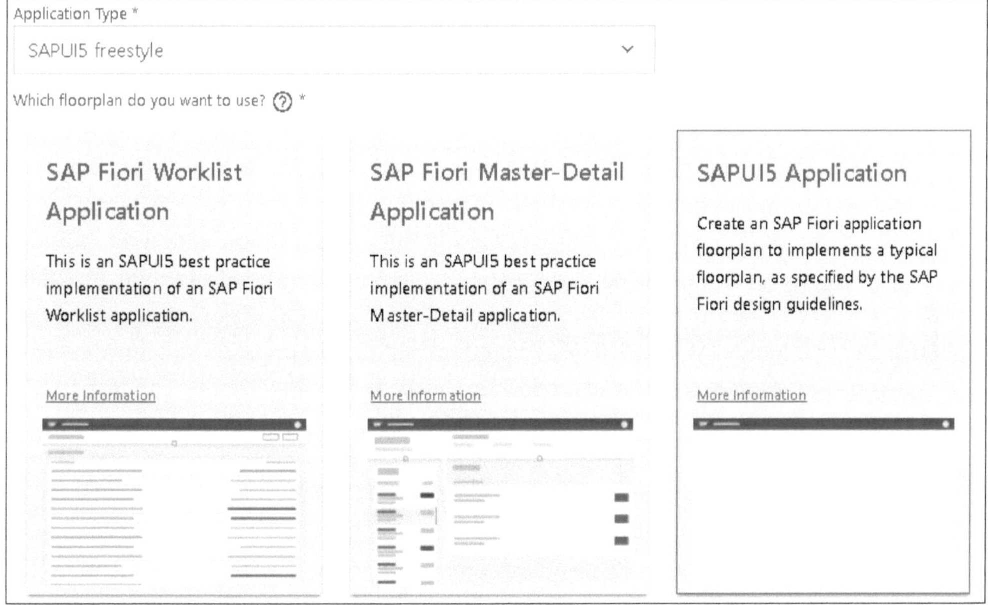

Abbildung 5.41 Template-Auswahl im Wizard

Das Master-Detail-Template wird Ihnen in Kapitel 10, »Beispielentwicklung einer SAP-Fiori-App«, noch einmal begegnen. Jetzt wählen Sie wie bisher die Option **SAPUI5 Application** aus. Natürlich könnten Sie bei der Implementierung der Beispiele mit Tabellen das Worklist-Template verwenden, meiner Meinung nach lernen Sie es aber besser, wenn Sie eine Tabelle erst einmal selbst programmieren. Dann verstehen Sie, was das Template macht, und können es bei Bedarf anpassen. Wählen Sie also **SAPUI5 Application** aus, und klicken Sie auf **Next**. Im nächsten Schritt können Sie den Datenlieferanten wählen (siehe Abbildung 5.42).

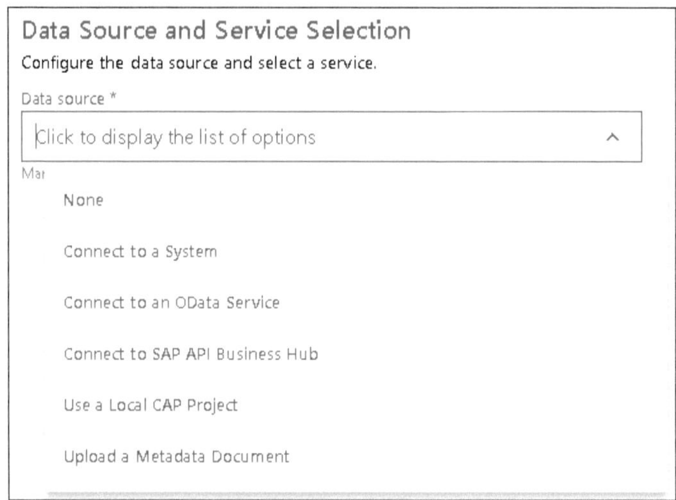

Abbildung 5.42 Mögliche Datenquellen

Zur Auswahl stehen Ihnen die Option **None**, die Sie immer dann wählen, wenn Sie keine Datenquelle anbinden möchten. Mit der Option **Connect to a System** können Sie sich mit einem ABAP-System on premise oder in der Cloud verbinden. Mit der Option **Connect to an OData Service** stellen Sie eine direkte Verbindung zu einem OData-Service her, diese Variante werden wir in Kapitel 8, »Systemanbindung mit OData«, verwenden. Wenn Sie sich mit einem Service aus dem SAP API Business Hub (*https://api.sap.com/*) verbinden möchten, wählen Sie die Variante **Connect to SAP API Business Hub**. Wenn Sie an einem CAP-Projekt (SAP Cloud Application Programming Model, *https://cap.cloud.sap/docs/*) arbeiten, wählen Sie **Use a Local CAP Project**. Wenn Sie eine Metadata-Datei haben (siehe Kapitel 8), können Sie die letzte Variante **Upload a Metadata Document** wählen. Diese ist besonders dann interessant, wenn Sie über kein Backend-System verfügen und einen OData-Service mit einem *Mockserver* simulieren möchten. In Kapitel 8 stelle ich Ihnen diese Variante vor.

Für unser erstes Beispiel wählen Sie **None** und klicken auf **Next**. Im nächsten Schritt legen Sie den View-Namen fest (siehe Abbildung 5.43).

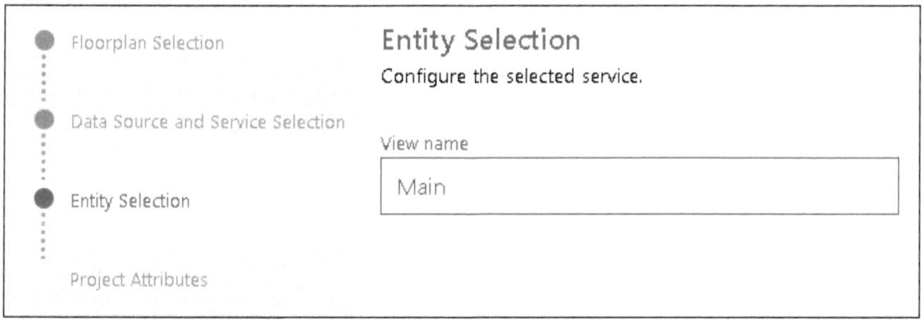

Abbildung 5.43 View-Namen festlegen

Da sich im Template bereits ein View befindet, können Sie hier den Namen angeben. Oft wählt man **Main**, **Root** oder **App**. Ich kann Ihnen gar nicht genau erklären, warum, aber ich wähle bei Apps mit nur einem View die Bezeichnung **Main** aus, bei Apps mit Navigation immer **App**. Dies ist zwar nicht besonders konsequent, aber zumindest originell. Legen Sie also einen Namen fest, und klicken Sie **Next**. Im letzten Schritt konfigurieren Sie die Projektattribute, wie z. B. den Namen und die Beschreibung (siehe Abbildung 5.44).

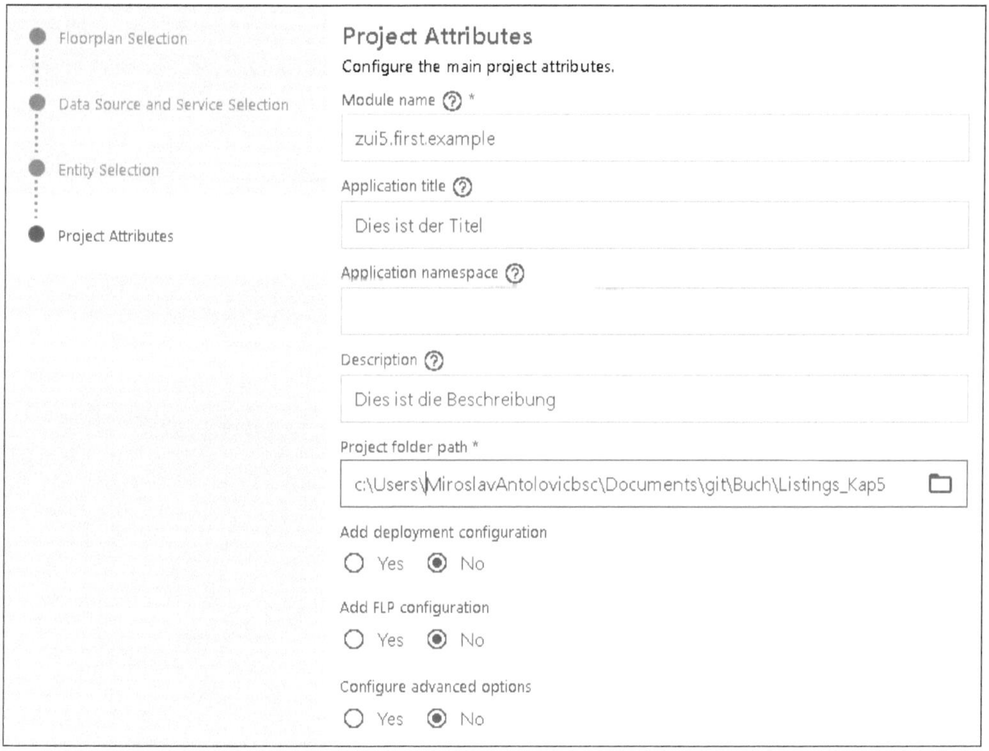

Abbildung 5.44 Projektattribute

Füllen Sie also die Felder **Module name**, **Application title** und **Description** entsprechend aus. Beim Feld **Application namespace** wird es spannender. Der Namensraum wird in SAP Fiori verwendet, um eine App eindeutig zu identifizieren. Beim Upload der App wird vom System geprüft, ob bereits eine App unter diesem Namensraum existiert, und gegebenenfalls der Upload verhindert. Sie werden in Kapitel 6, »SAPUI5-Laufzeitumgebung«, die SAP-eigenen Namensräume in SAPUI5 kennenlernen. Wenn Sie eine eigene Bibliothek entwickeln, kann diese z. B. von anderen Apps über den definierten Namensraum geladen werden. Da wir im Moment keine SAP-Fiori-App entwickeln möchten, können Sie das Feld leer lassen. Um die **deployment configuration** kümmern wir uns im nächsten Abschnitt, die **FLP configuration** (SAP Fiori Launchpad) wird erst in Kapitel 10, »Beispielentwicklung einer SAP-Fiori-App«, relevant. Die **advanced options** sind dann interessant, wenn Sie eine andere SAPUI5-Version einstellen möchten. Visual Studio Code bzw. das UI5-Tooling laufen jedoch immer auf der aktuellen Version. Wenn Ihr verwendetes Backend auf einem älteren Release läuft, sollten Sie dieses Release auch während der Entwicklung verwenden, sonst laufen Sie Gefahr, Controls oder Methoden zu verwenden, die es im Zielsystem auf dem älteren Release noch nicht gibt. In den Advanced Options können Sie auch das Theme anpassen (siehe Abbildung 5.45). Zum Zeitpunkt des Schreibens ist SAP Quartz aktuell, das neue Theme *Horizon* wurde jedoch schon angekündigt. Ich vermute, wenn Sie das Buch in den Händen halten, wird das neue Theme bereits verfügbar sein. Sie können auch ein eigenes Theme erstellen, z. B. um es Ihrem Corporate Design anzupassen. Das lernen Sie in Abschnitt 7.2.2, »UI Theme Designer«.

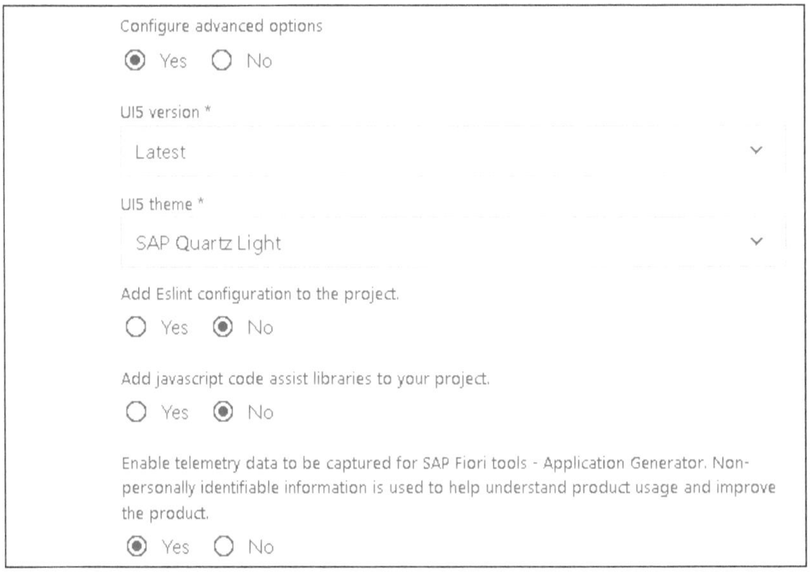

Abbildung 5.45 Advanced Options

In den Advanced Options können Sie zudem einstellen, ob Sie eine ESLint-Konfiguration hinzufügen möchten. *ESLint* ist ein Werkzeug zur statischen Quellcodeanalyse. Es identifiziert problematische Stellen und Muster in JavaScript-Codezeilen. ESLint ist Teil des UI5-Toolings. SAP liefert eine Standardkonfiguration (*http://s-prs.de/v890101*), hier können Sie bei Bedarf eine eigene Konfigurationsdatei angeben.

Wenn Sie bei der Option **Add javascript code assist libraries to your project** das Optionsfeld **Yes** auswählen, werden ein paar weitere Dateien angelegt, wie z. B. eine **.gitignore**-Datei, wenn Sie ein Git-Repository verwenden, eine **tsconfig.json**-Datei für *TypeScript* usw. Für den Einstieg ist dies aber alles nicht relevant, daher belassen Sie alles auf **No** und drücken auf **Finish**. Schauen wir uns das Ergebnis der Template-Generierung etwas genauer an (siehe Abbildung 5.46).

Abbildung 5.46 App-Struktur

Wie ich bereits erwähnt habe, ist SAPUI5 im Model-View-Controller-Architekturmuster implementiert. Wie Sie sehen, werden der View und der Controller jeweils durch eine Datei repräsentiert, der View als **Main.view.xml** ❶ und der Controller als **Main.controller.js**. Weitere Informationen zum MVC-Muster finden Sie in Abschnitt 6.1.2, »Generierung des Model-View-Controller-Musters in SAPUI5«. Die Datei **style.css** ❷ ist für Ihre individuellen Layoutanpassungen vorgesehen. Wir werden diese Datei in Abschnitt 7.2, »Layoutanpassungen«, verwenden.

Die Komponente **Component.js** ❸ mit der Datei **manifest.json** ❹ repräsentiert die Komponente, die letztlich Ihre App lädt und anzeigt. Komponenten sind unabhängige und wiederverwendbare Teile, die in SAPUI5-Anwendungen eingesetzt werden. Mehr zu den Components lernen Sie in Abschnitt 7.3, »Components«.

Die Datei **mockserver.js** ❺ implementiert den sogenannten Mockserver, mit dem Sie einen OData-Service simulieren können. Die Details dazu zeige ich Ihnen in Abschnitt 8.6, »Mit Mockdaten arbeiten«.

Im Verzeichnis **test** ❻ befinden sich die Dateien für Qunit und OPA5-Tests. *Qunit* ist ein JavaScript-Testing-Framework zum Verwalten von Unit-Tests, und *OPA5* ist ein SAPUI5-Tool, das auf QUnit und JavaScript basiert. Getestet werden können z. B. Benutzerinteraktionen, die Navigation innerhalb der App sowie das Data Binding. Auf beide Tools werde ich in diesem Buch nicht mehr näher eingehen. Die Testautomatisierung ist sicherlich ein spannendes Thema, würde aber im Rahmen einer Einführung zu weit gehen. In diesem ersten Beispiel einer App-Entwicklung möchte ich gar nicht zu sehr ins Detail gehen, vielmehr geht es darum, dass Sie das Einrichten, die Funktionsprüfung der Entwicklungsumgebung und den vollständigen Lebenszyklus einer App verstehen: vom Anlegen über die Entwicklung bis hin zur Bereitstellung auf dem ABAP-Stack.

Nachdem Sie die App erfolgreich angelegt haben, ist der nächste Schritt die Entwicklung der App. Öffnen Sie dazu die Datei **Main.view.xml**, sodass Ihnen der Inhalt der Datei im Editor angezeigt wird (siehe Abbildung 5.47).

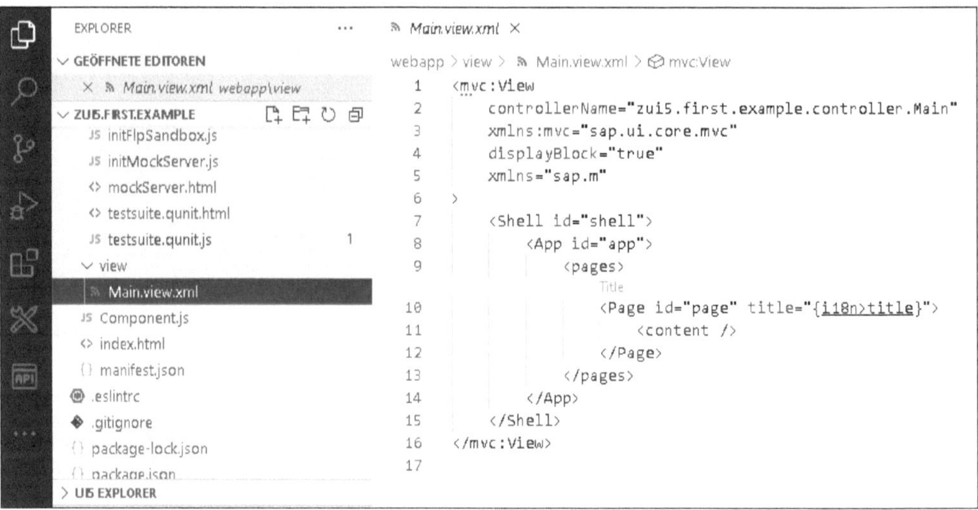

Abbildung 5.47 Main-View im Editor

Das Template hat hier bereits einiges an Code generiert. Das ist praktisch, denn so müssen Sie diesen Teil nicht mehr tippen. Schlecht daran ist nur, dass Sie als Einsteiger zunächst einmal völlig überfordert sind. Die Datei ist in XML-Notation geschrieben, schauen wir uns also die Regeln von XML an:

- **XML-Dateien haben immer einen Root-Knoten**
  Der Root-Knoten fungiert als Vater-Element, und alle weiteren Elemente (*Kind-*

Elemente) stehen unterhalb des Root-Knotens. In diesem Beispiel hat der erste Knoten den Namen `View`.

- **Alle Elemente müssen geschlossen werden**
  Die Elemente werden entweder durch ein Closing-Tag (`<View>...</View>`) oder innerhalb des Tags als Abschluss geschlossen, wie in dem Beispiel `<content />`.
- **XML-Elemente müssen ordnungsgemäß verschachtelt sein**
  In unserem Beispiel wird das `View`-Element geöffnet, innerhalb des `View`-Elements das `App`-Element geöffnet usw., dann wird das `App`-Element geschlossen und zum Schluss das `View`-Element.
- **XML-Attributwerte müssen immer in Anführungszeichen gesetzt werden**
  Das heißt, dass in dem Beispiel `<Shell id="ShellID">` das Attribut `id` des Shell-Elements den Wert `"ShellID"` erhält.
- **Elementnamen werden vom Entwickler definiert**
  Dies führt häufig zu einem Konflikt, wenn versucht wird, XML-Dokumente aus verschiedenen XML-Anwendungen zusammenzuführen. Um dieses Problem zu lösen, existieren die sogenannten Namensräume. Bei der Verwendung von Präfixen in XML muss ein Namensraum für das Präfix definiert werden. Der Namensraum kann durch ein `xmlns`-Attribut im Start-Tag eines Elements definiert werden. In unserem Beispiel wird am `View`-Element z. B. der Namensraum `mvc` (`xmlns:mvc=...`) definiert. Das `View`-Element stammt aus dem Namensraum `mvc`, deswegen ist der Knoten auch mit `mvc:View...` deklariert.

Auch SAPUI5-Elemente sind in verschiedenen Namensräumen organisiert. Deshalb müssen Sie bei der Verwendung der SAPUI5-Elemente den Namensraum XML-konform angeben. Die genaue Bedeutung der Namensräume behandeln wir in Kapitel 6, »SAPUI5-Laufzeitumgebung«.

Nachdem ich Ihnen einige Regeln von XML erklärt habe, möchte ich mit diesem Wissen unserer SAPUI5-Anwendung Elemente hinzufügen. Welche Elemente es gibt, die sogenannten *Controls*, und wo diese herkommen, werden wir ebenfalls in Kapitel 6 klären. Für die Entwicklung Ihrer ersten App müssen Sie zunächst nur wissen, dass es ein Control `Text` gibt, mit dem man Text auf der Webseite anzeigen lassen kann. Im Folgenden möchte ich Ihnen zeigen, wie Sie dieses Control in Ihre Anwendung einbinden.

Betrachten wir den Code aus Abbildung 5.47 noch einmal genauer. An welcher Stelle in Listing 5.2 könnten Sie das `Text`-Control einbauen?

```
<mvc:View
    controllerName="zui5.first.example.controller.Main"
    xmlns:mvc="sap.ui.core.mvc"
    displayBlock="true"
    xmlns="sap.m">
```

```
  <Shell id="shell">
    <App id="app">
      <pages>
        <Page id="page" title="{i18n>title}">
          <content />
        </Page>
      </pages>
    </App>
  </Shell>
</mvc:View>
```

Listing 5.2 Code des Main-Views

Falls Sie jetzt denken: »Na, überall!«, dann haben Sie grundsätzlich recht. Ob die App danach noch läuft, steht aber auf einem anderen Blatt. Um ein wenig zu üben, bauen Sie das `Text`-Control einmal direkt nach dem `View`-Element ein (siehe Listing 5.3).

```
<mvc:View
    controllerName="zui5.first.example.controller.Main"
    xmlns:mvc="sap.ui.core.mvc"
    displayBlock="true"
    xmlns="sap.m">

  <Text text="Dies ist meine erste App" />

  <Shell id="shell">
    <App id="app">
      <pages>
        <Page id="page" title="{i18n>title}">
          <content />
        </Page>
      </pages>
    </App>
  </Shell>
</mvc:View>
```

Listing 5.3 Text-Control nach dem View-Element

Sie haben alle Regeln von XML beachtet: Sie haben das Element unterhalb des Vater-Knotens positioniert, das Attribut in Anführungszeichen gesetzt und das Element geschlossen. Was soll da schon schiefgehen? Starten Sie die App, wie in Abschnitt 5.3.2, »Projekt öffnen«, bzw. Abschnitt 5.3.6, »Anwendung in Visual Studio Code ausführen«, beschrieben. Wie Sie in Abbildung 5.48 sehen, wird der Text aus dem `Text`-Control tatsächlich angezeigt.

Abbildung 5.48 Erster Versuch, einen Text anzuzeigen

Der Text wird zwar richtig angezeigt, aber damit bin ich noch nicht zufrieden. Was passiert, wenn wir den Text unterhalb des Shell-Controls implementieren, also wie in Listing 5.4?

```
<mvc:View
    controllerName="zui5.first.example.controller.Main"
    xmlns:mvc="sap.ui.core.mvc"
    displayBlock="true"
    xmlns="sap.m">

  <Shell id="shell">

  <Text text="Dies ist meine erste App" />
[...]
```

Listing 5.4 Text-Control unterhalb des Shell-Controls

Wenn Sie die App nun starten, wird der Text nicht mehr angezeigt. Stattdessen erhalten Sie in der Konsole eine Fehlermeldung: »Assertion failed: multiple aggregates defined for aggregation with cardinality 0..1« (siehe Abbildung 5.49). Daraus lernen wir, dass wir die Elemente nicht beliebig verschachteln können. Was erlaubt ist und was nicht, lernen Sie in Kapitel 6.

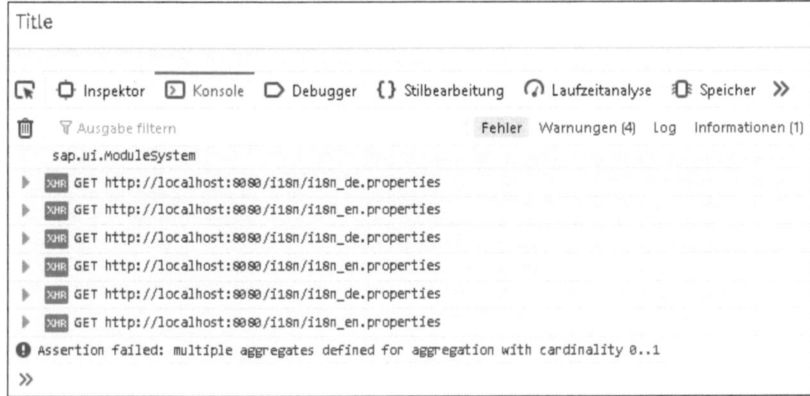

Abbildung 5.49 Fehlermeldung »Assertion failed« in der Konsole

Dieser Versuch war also nicht erfolgreich. Wir versuchen es noch mal: Fügen Sie das Text-Control noch einmal direkt unterhalb der App ein (siehe Listing 5.5).

```
[…]
 <Shell id="shell">
  <App id="app">
   <Text text="Dies ist meine erste App" />
   <pages>
[...]
```

Listing 5.5 Text-Control unterhalb des App-Controls

Wenn Sie die App nun starten, sollte die Seite wie in Abbildung 5.50 aussehen. Auch bei dieser Positionierung des Text-Controls wird der Text also angezeigt, dafür aber alles andere nicht mehr.

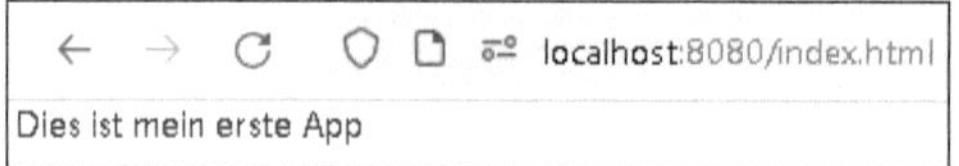

Abbildung 5.50 Text unterhalb des App-Controls

Das Einfügen des Textes ein Element weiter unten führt zum gleichen Ergebnis. Und wie sieht es aus, wenn wir unseren Text unterhalb des Page-Controls platzieren, wie in Listing 5.6 zu sehen?

```
<mvc:View
    controllerName="zui5.first.example.controller.Main"
    xmlns:mvc="sap.ui.core.mvc"
    displayBlock="true"
    xmlns="sap.m">

  <Shell id="shell">
    <App id="app">
      <pages>
        <Page id="page" title="{i18n>title}">
            <Text text="Dies ist meine erste App" />
        </Page>
      </pages>
    </App>
  </Shell>
</mvc:View>
```

Listing 5.6 Text unterhalb des Page-Controls

Das Ergebnis dieses Versuchs sehen Sie in Abbildung 5.51. Mir persönlich gefällt dieses Ergebnis am besten.

Abbildung 5.51 Der Text wird im Page-Control angezeigt.

Was lernen Sie nun aus diesem kleinen Experiment? Sie können in SAPUI5 zwar alles ausprobieren, doch nicht alles funktioniert auch. Dabei liegt es aber äußerst selten an Ihnen, wenn etwas mal nicht funktioniert, sondern eher am SAPUI5-Framework. Wenn es nicht funktioniert, suchen Sie in der **Konsole** nach einer Fehlermeldung und versuchen, aus dieser schlau zu werden. Aber noch viel wichtiger: Seien Sie mutig. Probieren Sie Dinge aus, so lernen Sie immer noch am schnellsten.

Ich lasse mich an dieser Stelle auf ein Experiment ein. Arbeiten Sie den Rest des Buches durch, und kehren Sie an diese Stelle zurück. Wenn Sie dann verstanden haben, was ich hier genau treibe, dann macht mich das stolz. Dann haben Sie etwas gelernt, und ich freue mich von ganzem Herzen für Sie. Falls Sie es nach dem Studium der restlichen Kapitel immer noch nicht verstanden haben, dann glauben Sie mir, es liegt nicht an Ihnen, sondern diesmal an mir. Schreiben Sie mir gerne eine E-Mail, an *m.antolovic@bsc-solutions.com*, mit Tipps, was ich in Zukunft besser machen kann.

Jetzt haben Sie für den Anfang genug programmiert, für den kompletten Lebenszyklus der Anwendung müssen Sie sie noch auf den ABAP-Stack deployen.

5.5.2 Anwendung in das Backend laden

Nachdem Sie soeben Ihre erste SAPUI5-Anwendung nach dem MVC-Muster implementiert haben, bleibt nur noch die Aufgabe, die erstellte Seite im ABAP-Backend einzuchecken. Auch diese Aufgabe ist mit etwas Vorarbeit denkbar einfach. Das Deployment des ABAP-Toolings basiert auf einem OData-Service. Bevor Sie die App hochladen können, müssen Sie den OData-Service */UI5/ABAP_REPOSITORY_SRV* aktivieren. Gehen Sie dazu im Backend-System in die Transaktion /n/IWFND/MAINT_SERVICE, und klicken Sie auf den Button **Service hinzufügen** (siehe Abbildung 5.52).

Abbildung 5.52 Service hinzufügen

Suchen Sie im Folgebild den **Systemalias** für das System aus (meist **LOCAL**) und suchen Sie nach dem Service /UI5/ABAP_REPOSITORY_SRV. Klicken Sie auf **Ausgewählte Services hinzufügn** (siehe Abbildung 5.53).

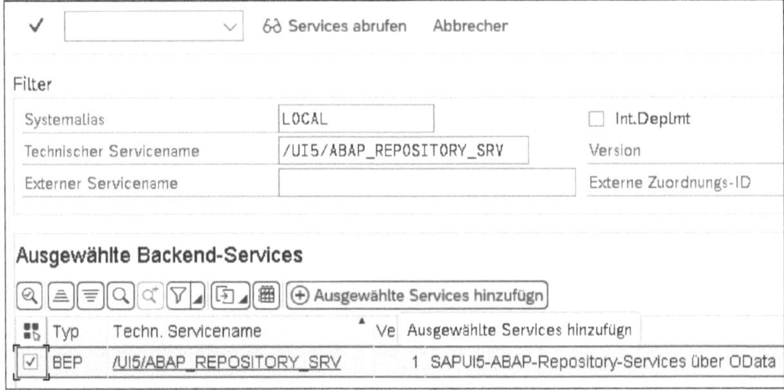

Abbildung 5.53 Service dem Servicekatalog hinzufügen

Der Service ist nicht verfügbar, was tun?

Sollten Sie auf einem älteren ABAP-Stack entwickeln, kann es durchaus vorkommen, dass der Service nicht existiert. In diesem Fall müssen Sie nach dem Deployment das **dist**-Verzeichnis manuell mit dem Report /UI5/UI5_REPOSITORY_LOAD hochladen.

Da wir beim Anlegen der App im Wizard keine Deployment-Konfiguration angelegt haben, müssen Sie diese jetzt noch erzeugen. Auch das ist kein Problem, das UI5-Tooling stellt auch dafür ein Skript bereit (siehe Abbildung 5.54).

```
Main.view.xml    package.json ×
package.json > {} scripts
      "openui5",
      "sapui5"
  ],
  "main": "webapp/index.html",
  Debuggen: ▷
  "scripts": {
      "start": "fiori run --open 'index.html'",
      "start-local": "fiori run --config ./ui5-local.yaml --open 'test/flpSandbox.html'",
      "start-noflp": "fiori run --open 'index.html'",
      "build": "ui5 build -a --clean-dest --include-task=generateManifestBundle generateCachebusterInfo",
      "deploy": "fiori verify",
      "deploy-config": "fiori add deploy-config",
      "unit-tests": "fiori run --open test/unit/unitTests.qunit.html",
      "int-tests": "fiori run --open test/integration/opaTests.qunit.html"
  },
```

Abbildung 5.54 Skript zum Anlegen einer Deployment-Konfiguration

Öffnen Sie über das Menü **Terminal • Neues Terminal** ein Terminal, und starten Sie das Skript über den Befehl `npm run deploy-config` (siehe Abbildung 5.55).

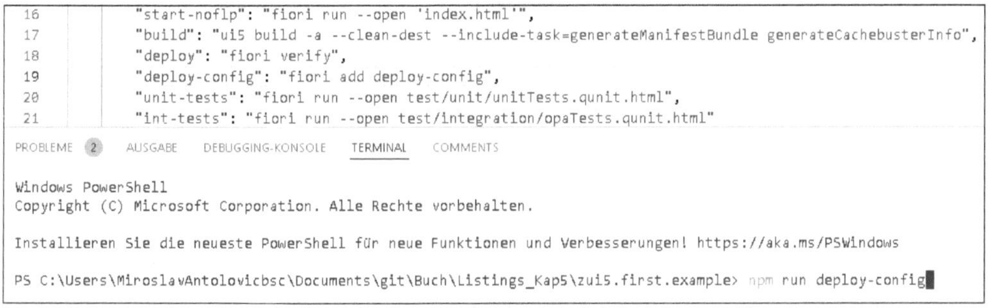

```
"start-noflp": "fiori run --open 'index.html'",
"build": "ui5 build -a --clean-dest --include-task=generateManifestBundle generateCachebusterInfo",
"deploy": "fiori verify",
"deploy-config": "fiori add deploy-config",
"unit-tests": "fiori run --open test/unit/unitTests.qunit.html",
"int-tests": "fiori run --open test/integration/opaTests.qunit.html"

PROBLEME 2   AUSGABE   DEBUGGING-KONSOLE   TERMINAL   COMMENTS

Windows PowerShell
Copyright (C) Microsoft Corporation. Alle Rechte vorbehalten.

Installieren Sie die neueste PowerShell für neue Funktionen und Verbesserungen! https://aka.ms/PSWindows

PS C:\Users\MiroslavAntolovicbsc\Documents\git\Buch\Listings_Kap5\zui5.first.example> npm run deploy-config
```

Abbildung 5.55 Deployment-Konfiguration anlegen

Das Skript startet und fragt Sie unter anderem nach dem Namen der App, dem Paket ($TMP für lokales Objekt), nach einem Transportauftrag und nach der URL des Systems. Die URL haben Sie bereits im letzten Kapitel über die Transaktion SICF ermittelt. Nachdem das Skript durchgelaufen ist, finden Sie eine neue Datei in Ihrem Projektorder, die Datei **ui5-deploy.yaml** (siehe Abbildung 5.56).

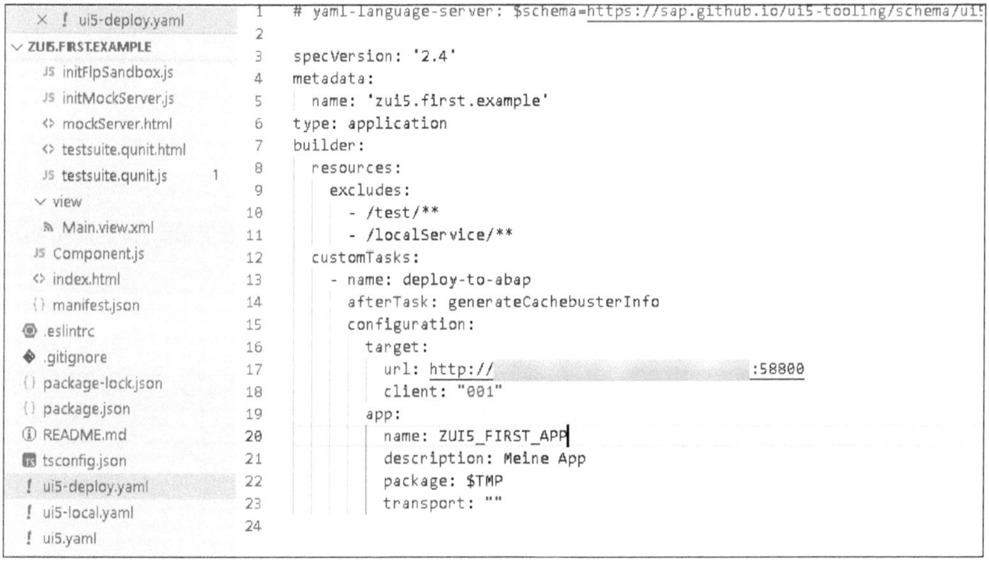

```
# yaml-language-server: $schema=https://sap.github.io/ui5-tooling/schema/ui5

specVersion: '2.4'
metadata:
  name: 'zui5.first.example'
type: application
builder:
  resources:
    excludes:
      - /test/**
      - /localService/**
  customTasks:
    - name: deploy-to-abap
      afterTask: generateCachebusterInfo
      configuration:
        target:
          url: http://[…]:58800
          client: "001"
        app:
          name: ZUI5_FIRST_APP
          description: Meine App
          package: $TMP
          transport: ""
```

Abbildung 5.56 Datei »ui5-deploy.yaml« im Projektordner

Normalerweise legen Sie die Konfiguration direkt im Wizard beim Anlegen der App an, so werden wir es in Kapitel 10, »Beispielentwicklung einer SAP-Fiori-App«, auch machen.

Was jetzt noch fehlt, sind die Login-Daten. Die hinterlegen Sie, damit Sie sie nicht jedes Mal eingeben müssen, wenn Sie Ihre Anwendung aufrufen. In Abbildung 5.57 sehen Sie einen Ausschnitt der offiziellen Dokumentation, d. h., Sie können innerhalb des Abschnitts `configuration` einen Abschnitt `credentials` hinzufügen, um die Login-Daten zu hinterlegen. Wie Sie der Dokumentation (*http://s-prs.de/v890102*) auch entnehmen können, müssen Sie die Login-Daten in einer separaten **.env**-Datei bereitstellen.

https://www.npmjs.com/package/@sap/ux-ui5-tooling#setting-environment-variables-in-a-env-file

Content of `ui5-deploy.yaml`

```
builder:
  customTasks:
  - name: deploy-to-abap
    afterTask: replaceVersion
    configuration:
      target:
        url: https://XYZ.sap-system.corp:44311
        client: 200
        auth: basic
      credentials:
        username: env:XYZ_USER
        password: env:XYZ_PASSWORD
      app:
        name: /TEST/SAMPLE_APP
        package: /TEST/UPLOAD
        transport: XYZQ300582
      exclude:
      - .*\.test.js
      - internal.md
```

Abbildung 5.57 Erweiterung der deploy-Konfiguration um die Login-Daten

Öffnen Sie die Datei **ui5-deploy.yaml** im Editor, und erweitern Sie diese um die Zeile `credentials` mit `username` und `password`. Beim Benutzernamen schreiben Sie `env:<PLATZHALTER_NAME>` bei `password` entsprechend `env:<PLATZHALTER_PASSWORT>`. Legen Sie auf oberster Verzeichnisebene eine **.env**-Datei mit Benutzername und Passwort an (siehe Abbildung 5.58). Verwenden Sie in der **.env**-Datei die gleichen Platzhalter wie in der Datei **ui5-deploy.yaml**.

Denken Sie daran, in Ihrer Anwendung nicht meine Login-Daten einzutragen, sondern Ihren eigenen Benutzernamen und Ihr Passwort.

```
EXPLORER                          Main.view.xml    ui5-deploy.yaml    .env
GEÖFFNETE EDITOREN                .env
  Main.view.xml webapp\view       FES_USERNAME=B1111301
  ui5-deploy.yaml                 FES_PASSWORD=SecureThing
  × .env
ZUI5.FIRST.EXAMPLE
  > .vscode
  > node_modules
  v webapp
    > controller
    > css
    > i18n
    > localService
    > model
    > test
    v view
      Main.view.xml
    Component.js
    index.html
    manifest.json
  .env
  .eslintrc
  .gitignore
  package-lock.json
  package.json
  README.md
```

```
specVersion: '2.4'
metadata:
  name: 'zui5.first.example'
type: application
builder:
  resources:
    excludes:
      - /test/**
      - /localService/**
  customTasks:
    - name: deploy-to-abap
      afterTask: generateCachebusterInfo
      configuration:
        target:
          url:
          client: "001"
          auth: basic
        credentials:
          username: env:FES_USERNAME
          password: env:FES_PASSWORD
        app:
          name: ZUI5_FIRST_APP
          description: Meine App
          package: $TMP
          transport: ""
```

Abbildung 5.58 Login-Daten

Haben Sie dies getan, haben Sie es geschafft. Laden Sie die App ins ABAP-System hoch, indem Sie im Terminal den Befehl `npm run deploy` ausführen. Das Skript führt einige Aufgaben aus (siehe Abbildung 5.59).

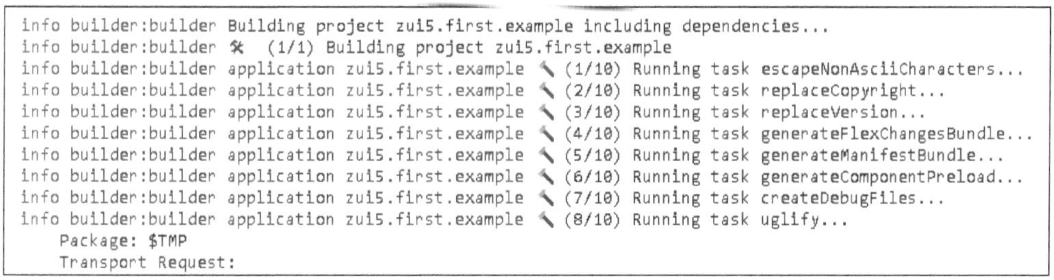

```
info builder:builder Building project zui5.first.example including dependencies...
info builder:builder 🛠  (1/1) Building project zui5.first.example
info builder:builder application zui5.first.example 🔨 (1/10) Running task escapeNonAsciiCharacters...
info builder:builder application zui5.first.example 🔨 (2/10) Running task replaceCopyright...
info builder:builder application zui5.first.example 🔨 (3/10) Running task replaceVersion...
info builder:builder application zui5.first.example 🔨 (4/10) Running task generateFlexChangesBundle...
info builder:builder application zui5.first.example 🔨 (5/10) Running task generateManifestBundle...
info builder:builder application zui5.first.example 🔨 (6/10) Running task generateComponentPreload...
info builder:builder application zui5.first.example 🔨 (7/10) Running task createDebugFiles...
info builder:builder application zui5.first.example 🔨 (8/10) Running task uglify...
    Package: $TMP
    Transport Request:
```

Abbildung 5.59 Deployment-Skript

Das Skript erstellt unter anderem ein neues Verzeichnis mit dem Namen **dist** und kopiert alle Dateien in dieses Verzeichnis. Es erstellt daraus die sogenannten Debug-Files (siehe auch Abschnitt 5.6.2, »Core-Komponenten debuggen«) und die **minimified**-Dateien. Das ist in der Webentwicklung üblich, da durch das Entfernen der Leerräume und das Kürzen der Variablennamen die Dateigröße verkleinert wird. Das entlastet den Network-Traffic und verbessert die Performance deutlich. In Abbildung 5.60 sehen Sie die beiden Dateien einander gegenübergestellt.

```
Main-dbg.controller.js
dist > controller > Main-dbg.controller.js > ...
sap.ui.define([
    "sap/ui/core/mvc/Controller"
],
    /**
     * @param {typeof sap.ui.core.mvc.Controller} Contr
     */
    function (Controller) {
        "use strict";

        return Controller.extend("zui5.first.example.co
            onInit: function () {

            }
        });
    });
```

```
Main.controller.js
dist > controller > Main.controller.js > ...
sap.ui.define(["sap/ui/core/mvc/Controller"],function(n)
```

Abbildung 5.60 Gegenüberstellung der Dateien

Wenn der Deployment-Prozess abgeschlossen ist, wird Ihnen die URL der App direkt im Terminal angezeigt (siehe Abbildung 5.61).

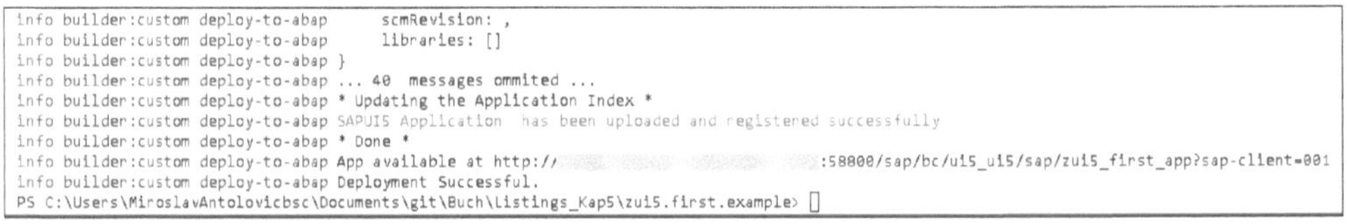

```
info builder:custom deploy-to-abap      scmRevision: ,
info builder:custom deploy-to-abap      libraries: []
info builder:custom deploy-to-abap }
info builder:custom deploy-to-abap ... 40  messages ommited ...
info builder:custom deploy-to-abap * Updating the Application Index *
info builder:custom deploy-to-abap SAPUI5 Application  has been uploaded and registered successfully
info builder:custom deploy-to-abap * Done *
info builder:custom deploy-to-abap App available at http://:58800/sap/bc/ui5_ui5/sap/zui5_first_app?sap-client=001
info builder:custom deploy-to-abap Deployment Successful.
PS C:\Users\MiroslavAntolovicbsc\Documents\git\Buch\Listings_Kap5\zui5.first.example>
```

Abbildung 5.61 URL zur fertigen App

Wie Sie die App im SAP Fiori Launchpad einbinden, lernen Sie in Kapitel 10, »Beispielentwicklung einer SAP-Fiori-App«. Damit haben Sie den kompletten Lebenszyklus der App geübt: vom Anlegen über die Entwicklung bis hin zum Hochladen in den ABAP-Stack.

5.5.3 Download und Import der Beispiele

Alle in diesem Buch gezeigten Beispiele finden Sie auch zum Download. Gehen Sie dazu auf die Seite *www.sap-press.de/5501*. Auf der Seite finden Sie den Abschnitt **Materialien**, wo Sie die Beispiele als ZIP-Datei herunterladen können. Nach dem Entpacken der Datei finden Sie einen Ordner **Listing** und in diesem wiederum, getrennt nach Kapiteln, die eigentlichen Beispiele als ZIP-Dateien. Im SAP Business Application Studio können Sie die ZIP-Datei direkt hochladen, in Visual Studio Code müssen Sie das Verzeichnis zunächst entpacken. In beiden Fällen müssen Sie anschließend über den Befehl `npm install` die notwendigen Pakete installieren. Welche `npm`-Pakete benötigt werden, steht in der Datei **package.json**. Die Datei **package.**

json ist das Herzstück jedes Node-Projekts. Sie beinhaltet wichtige Metadaten zu einem Projekt, die für die Veröffentlichung in `npm` erforderlich sind, und definiert auch funktionale Attribute eines Projekts. Zu den wichtigsten Attributen zählen die, um Abhängigkeiten zu installieren, Skripte auszuführen und den Einstiegspunkt zu einem Paket zu identifizieren.

In Listing 5.7 sehen Sie ein typisches Beispiel für eine SAPUI5-App, wie z. B. UI5 CLI (*https://sap.github.io/ui5-tooling/pages/CLI/*). CLI steht hierbei für *Command Line Interface* und wird in diesem Beispiel in Version 2.11.1 installiert, wobei die drei Zahlen für Major.Minor.Patch stehen.

```
"devDependencies": {
  "@ui5/cli": "^2.11.1",
  "@ui5/fs": "^2.0.6",
  "@ui5/logger": "^2.0.1",
  "@sap/ux-ui5-tooling": "~1.0.6",
  "rimraf": "3.0.2"
}
```

Listing 5.7 »devDependencies« in der Datei »package.json«

Sie sehen, dass vor der Versionsangabe das Zirkumflexzeichen (^) auftaucht. Auch die Tilde (~) taucht hier auf. Beide Zeichen kennzeichnen das automatische Update des `npm`-Pakets in gewissen Grenzen:

- **Version mit Zirkumflex (^)**
  Die Version mit Zirkumflexzeichen verankert lediglich das Major-Release, Minor- und Patch-Versionen werden automatisch aktualisiert. Daher könnte `npm ^4.15.2` auch die Versionen 4.15.3, 4.15.4 oder 4.16.0 installieren, nicht aber die Version 5.0.0.
- **Version mit Tilde (~)**
  Die Version mit Tilde verankert Major- und Minor-Versionen, die Patch-Versionen werden automatisch aktualisiert. Hier könnte `npm` anstelle von `~4.15.2` auch die Versionen 4.15.3 oder 4.15.4 installieren, nicht jedoch 4.16.0, und schon gar nicht 5.0.0.

In beiden Fällen wird der Releasewechsel auf das nächste Major-Release nicht gemacht. Da ich den Download nicht mehr ändern kann, kann es also durchaus vorkommen, dass hier veraltete Versionsnummern stehen. Wenn Sie also eine Lösung importieren, überprüfen Sie die Versionen, und tragen Sie gegebenenfalls die aktuelle ein. Das geht ganz einfach, indem Sie die Version in der Datei **package.json** entfernen und die Tastenkombination [Strg] + Leertaste drücken. Es öffnet sich ein Kontextmenü, in dem Sie die aktuelle Version auswählen können (siehe Abbildung 5.62).

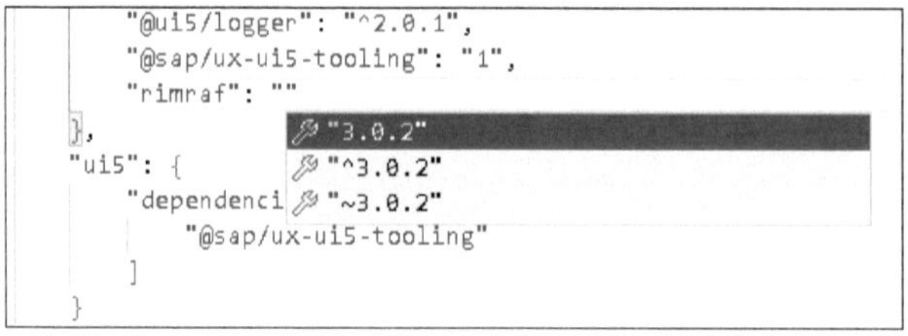

```
        "@ui5/logger": "^2.0.1",
        "@sap/ux-ui5-tooling": "1",
        "rimraf": ""
    },                  "3.0.2"
    "ui5": {            "^3.0.2"
        "dependenci     "~3.0.2"
            "@sap/ux-ui5-tooling"
        ]
    }
```

Abbildung 5.62 Version in der Datei »package.json« aktualisieren

Führen Sie anschließend wieder den Befehl `npm install` aus, um die aktualisierten Pakete zu installieren.

Alle Beispiele in diesem Buch beginnen mit `ZUI5`, der alten SAP-Tradition folgend im Z-Namensraum. Die Projekte haben als solche aber eigentlich nichts mit dem SAP-Namensraum zu tun. Wie Sie im vorangegangenen Abschnitt gesehen haben, können Sie beim Upload einen neuen Namen für die eigentliche BSP-Anwendung vergeben. Die Namensvergabe ist sicherlich Geschmackssache, aber ich habe es ganz gerne, wenn das Projekt und die spätere BSP-Anwendung namensgleich sind. Damit Sie Ihre eigenen Beispiele mit den Musterlösungen vergleichen können, verwenden Sie am besten Ihren unternehmenseigenen Namensraum, da der Projektname eindeutig sein muss.

5.6 Debugging

In Abschnitt 2.1, »Grundlagen«, haben Sie bereits die Entwicklertools des Browsers kennengelernt. Diese benötigen Sie, um eine SAPUI5-Anwendung zu debuggen.

5.6.1 Eigene Ressourcen debuggen

Wenn Sie nun z. B. die in Abschnitt 5.5, »Ihre ersten SAPUI5-Anwendungen«, erstellte Anwendung debuggen möchten, haben Sie zwei grundsätzliche Möglichkeiten, einen Breakpoint zu setzen:

- Sie können einen Breakpoint über die JavaScript-Anweisung `debugger;` im Quellcode setzen, was der Anweisung `BREAK-POINT` in ABAP entspricht.
- In den Entwicklertools können Sie zur Laufzeit einen Breakpoint setzen. Wechseln Sie dazu in den Entwicklertools auf die entsprechende Registerkarte (Chrome: **Quellcode**, Firefox: **Debugger**, Edge: **Quellen**), und navigieren Sie auf der linken Seite zu dem entsprechenden Controller, z. B. **Main.controller.js** (siehe Abbildung 5.63). Wenn Sie nun im mittleren Bereich des Bildschirms auf eine Zeilennummer des Quellcodes klicken, wird an dieser Stelle ein Breakpoint gesetzt.

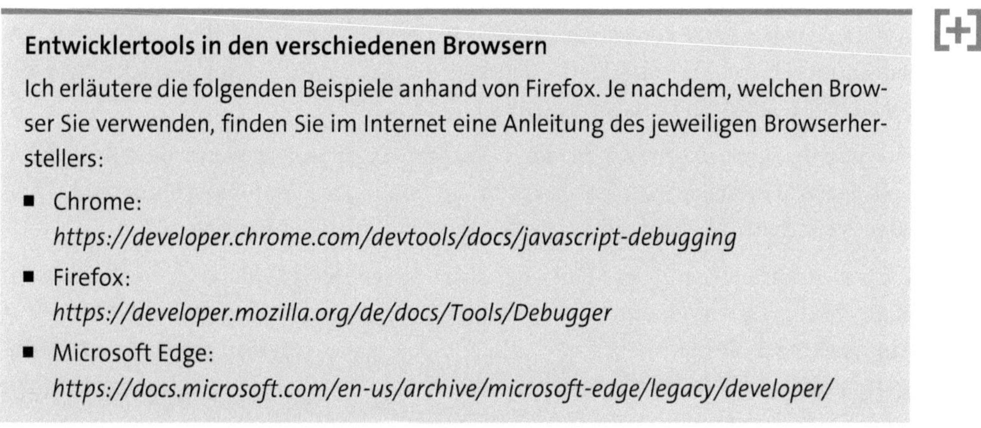

Abbildung 5.63 Breakpoint mithilfe der Entwicklertools setzen

Wenn Sie nun in diesem Beispiel in der Anwendung auf den Button klicken, bleibt der Browser an dieser Stelle stehen (siehe Abbildung 5.64).

[+]

Entwicklertools in den verschiedenen Browsern

Ich erläutere die folgenden Beispiele anhand von Firefox. Je nachdem, welchen Browser Sie verwenden, finden Sie im Internet eine Anleitung des jeweiligen Browserherstellers:

- Chrome:
  https://developer.chrome.com/devtools/docs/javascript-debugging
- Firefox:
  https://developer.mozilla.org/de/docs/Tools/Debugger
- Microsoft Edge:
  https://docs.microsoft.com/en-us/archive/microsoft-edge/legacy/developer/

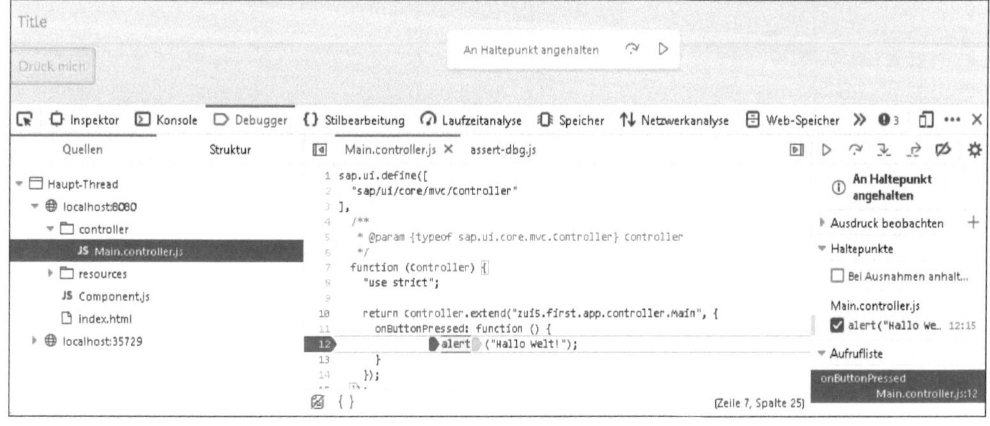

Abbildung 5.64 Debugging

Wenn Sie möchten, dass der Breakpoint nur unter bestimmten Umständen wirksam wird, können Sie über das Kontextmenü des Breakpoints eine Bedingung eingeben. In unserem Beispiel soll der Breakpoint nur dann aktiv sei, wenn der Button mit »Drück mich« beschriftet ist (siehe Abbildung 5.65).

Haupt-Thread
localhost:8080
controller
resources
Component.js
index.html
localhost:35729

```
/**
 * @param {typeof sap.ui.core.mvc.Controller} Controller
 */
function (Controller) {
  "use strict";

  return Controller.extend("zui5.first.app.controller.Main", {
    onButtonPressed: function (oEvent) {  oEvent: Object { sId: "press", bCancelBubble: fa
        alert("Hallo Welt!");

>> oEvent.getSource().getText === "Drück mich"
```

Abbildung 5.65 Bedingung für Breakpoint definieren

Auf der rechten Seite der Entwicklertools haben Sie Zugriff auf alle Variablen in diesem Kontext. Analog zum ABAP Debugger finden Sie hier den Callstack sowie alle lokalen und globalen Variablen (siehe Abbildung 5.66).

Ich möchte Sie dazu ermutigen, den Debugger zu erkunden. Wenn Sie z. B. die Konsole dazuschalten, können Sie sich unter anderem das Event-Objekt anschauen und direkt während des Debuggings Werte verändern (siehe Abbildung 5.67).

Entweder fahren Sie mit der Maus über die entsprechende Variable oder tippen in der Konsole den Variablennamen ein. Aus der API-Referenz zur Klasse `sap.ui.base.Event` können Sie z. B. entnehmen, dass das Event-Objekt die Funktion `getSource` zur Verfügung stellt, die als Rückgabeparameter die Instanz des auslösenden Controls enthält (siehe Abbildung 5.68).

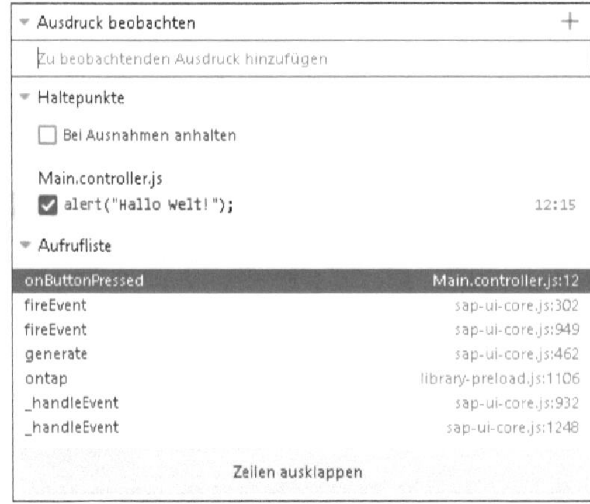

Abbildung 5.66 Callstack und Variablen

Abbildung 5.67 Konsole zusätzlich einblenden

Abbildung 5.68 Objekte in der Konsole betrachten

Ihnen wird die Instanz des Buttons zurückgegeben, der das Ereignis ausgelöst hat. Schauen Sie sich nun in der API-Referenz das `Button`-Control (Klasse `sap.m.Button`) an. Auch der Button bringt einige Funktionen mit, die Sie direkt in der Konsole ausprobieren können. In diesem Beispiel ergänzen Sie den Button um einen Tooltip, ändern den Text und ändern den Typ auf `Emphasized`. Geben Sie dazu in der Konsole die folgenden Befehle ein:

```
oEvent.getSource().setTooltip("Tooltip zur Laufzeit   hinzugefügt");
oEvent.getSource().setType(sap.m.ButtonType.Emphasized);
oEvent.getSource().setText("Text im Debugger geändert");
```

Betrachten Sie das Ergebnis in Abbildung 5.69. Der Button besitzt nun einen Tooltip, wird farblich hervorgehoben (*emphasized*) dargestellt und hat einen anderen Text.

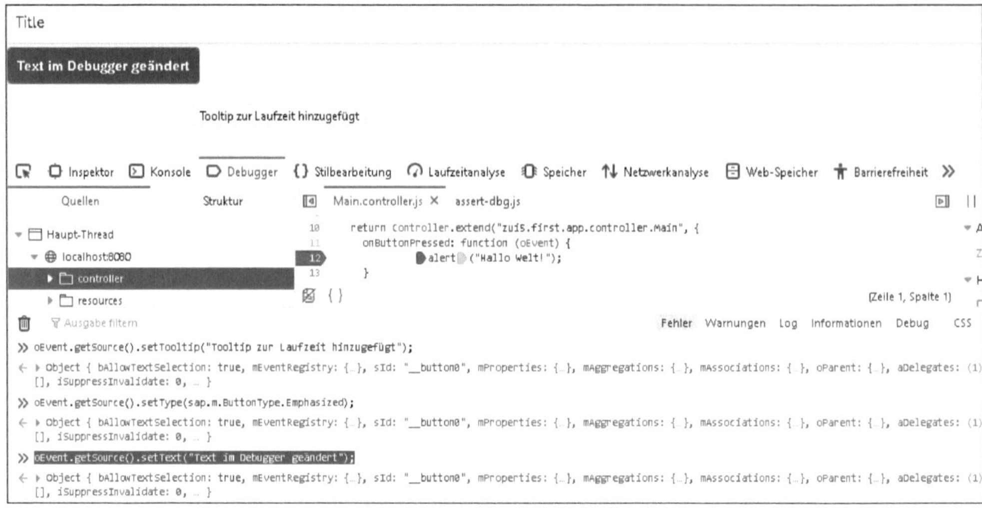

Abbildung 5.69 Änderung des Objekts zur Laufzeit

In der Konsole können Sie zur Laufzeit auch neue Variablen erzeugen. Wenn Ihnen z. B. »oEvent.getSource« zu viel Tipparbeit ist, können Sie dafür eine Variable erzeugen und die Methoden über diese Variable ausführen. So würde z. B. die Befehlsabfolge in Listing 5.8 zum gleichen Ergebnis führen.

```
var foo;
foo = oEvent.getSource();
foo.setType(sap.m.ButtonType.Emphasized);
foo.setTooltip("Tooltip zur Laufzeit hinzugefügt");
foo.setText("Text im Debugger geändert");
```

Listing 5.8 Tooltip über Variablen hinzufügen

Der Debugger des Browsers bringt die gleichen Funktionen mit wie der ABAP Debugger, lediglich die Tastaturbelegung ist ein wenig anders. In Tabelle 5.1 finden Sie eine Gegenüberstellung der Tastaturbefehle.

Befehl	ABAP	Chrome	Firefox	Edge
Einzelschritt	F5	F10	F10	F10
Ausführen	F6	F11	F11	F11
Funktion verlassen	F7	Strg + F11	⇧ + F11	Strg + F11
Weiter	F8	F8	F8	F9

Tabelle 5.1 Tastenbelegung für die Debug-Befehle in ABAP Debugger und Browser

5.6.2 Core-Komponenten debuggen

Wenn Sie sich in unserem Beispiel mit F10 jeweils um einen Einzelschritt weiterbewegen, gelangen Sie nach wenigen Schritten, nämlich am Ende Ihrer Funktion, in die Core-Komponente (**sap-ui-core.js**, siehe Abbildung 5.70).

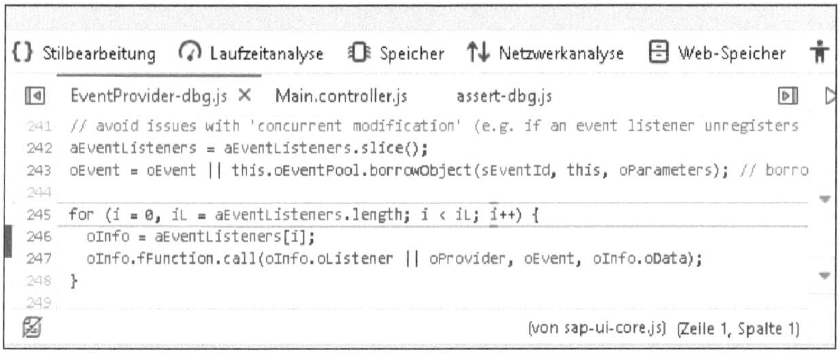

{} Stilbearbeitung | Laufzeitanalyse | Speicher | Netzwerkanalyse | Web-Speicher

EventProvider-dbg.js × | Main.controller.js | assert-dbg.js

```
// avoid issues with 'concurrent modification' (e.g. if an event listener unregisters
aEventListeners = aEventListeners.slice();
oEvent = oEvent || this.oEventPool.borrowObject(sEventId, this, oParameters); // borro

for (i = 0, iL = aEventListeners.length; i < iL; i++) {
  oInfo = aEventListeners[i];
  oInfo.fFunction.call(oInfo.oListener || oProvider, oEvent, oInfo.oData);
}
```

(von sap-ui-core.js) (Zeile 1, Spalte 1)

Abbildung 5.70 Core-Komponente im Debugger

Wenn Sie genau hinschauen, sehen Sie, dass hier die Datei **EventProvider-dbg.js** geladen wurde. Dbg steht in diesem Fall für *debug*-Datei (siehe Abbildung 5.60), diese wird automatisch geladen, wenn Sie die App in Visual Studio Code starten.

Anders verhält sich das Ganze, wenn Sie die App auf dem Server starten, dann wird die **minified**-Datei gezogen. Dies liegt daran, dass die SAPUI5-Bibliothek komprimiert ausgeliefert wird, um das Datenvolumen zu minimieren. JavaScript-Dateien können mithilfe von *JavaScript-Kompressoren* minimiert werden. Diese Kompressoren entfernen alle Leerzeichen und benennen die Variablen so kurz wie möglich, also in der Regel einstellig.

Wenn Sie auch die die Core-Komponenten debuggen möchten, müssen Sie zunächst die sogenannten Debug-Dateien laden. Dafür gibt es mehrere Möglichkeiten:

- **URL-Parameter**
  Ergänzen Sie die URL um den Parameter `sap-ui-debug=true`.
- **Tastenkombination 1**
  Verwenden Sie die Tastenkombination Strg + ⇧ + Alt + P. Anschließend setzen Sie einen Haken bei der Option **Debug-Quellen verwenden**. Über den Link **Bestimmte Module auswählen** können Sie das auch nur für bestimmte Namensräume einschalten (siehe Abbildung 5.71).

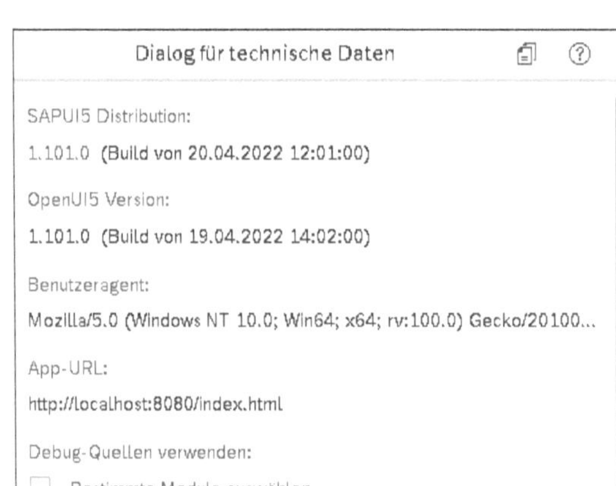

Abbildung 5.71 Debug-Modus einschalten

- **Tastenkombination 2**
  Verwenden Sie die Tastenkombination [Strg] + [⇧] + [Alt] + [S]. Anschließend können Sie unter **Debug Sources** auf den Link **Toggle** klicken (siehe Abbildung 5.72).

Abbildung 5.72 Diagnostics mit technischen Informationen

Egal, für welche der drei Möglichkeiten Sie sich entscheiden: Sobald die Debug-Dateien geladen sind, sehen Sie wieder den normalen Code und können wie gewohnt debuggen.

Nun sind Sie bestens gerüstet, um einen genaueren Blick auf das SAPUI5-Framework zu werfen. Im folgenden Kapitel gehe ich detailliert auf die Laufzeitumgebung der SAPUI5-Bibliothek ein.

Kapitel 6

SAPUI5-Laufzeitumgebung

In diesem Kapitel lernen Sie die Laufzeitumgebung von SAPUI5 kennen. Außerdem finden Sie heraus, wie Sie Daten an ein Control binden können.

6

In Kapitel 5, »Erste Schritte in SAPUI5«, haben Sie Ihre ersten SAPUI5-Anwendungen angelegt. In diesem Kapitel stelle ich Ihnen die grundlegenden Elemente der SAPUI5-Laufzeitumgebung (Runtime Environment, RTE) vor; dazu gehören die Themen *Bootstrapping*, *Data Binding* und *Theming*. Die Laufzeitumgebung stellt sicher, dass Anwendungsprogramme auf entsprechenden Betriebssystemen laufen und die Softwaremodule wiederverwendet werden können.

Checkliste

Was Sie für dieses Kapitel brauchen:

- installierte und konfigurierte VS-Code- oder SAP-Business-Application-Studio-Entwicklungsumgebung
- Zugang zu einem SAP-ERP-System mit einer installierten SAPUI5-Bibliothek

6.1 Initialisierung der Anwendung

Bei der SAPUI5-Bibliothek handelt es sich um eine JavaScript-Bibliothek. Damit Sie bei der Entwicklung auf die zur Verfügung gestellten Funktionen und Methoden zugreifen können, müssen Sie die Bibliothek in Ihr HTML-Dokument einbinden. Das Einbinden externer JavaScript-Bibliotheken haben Sie bereits in Kapitel 3, »jQuery«, kennengelernt; Listing 6.1 zeigt es nochmals.

```
<!DOCTYPE html>
  <html>
    <head>
      <meta charset="UTF-8">
      <script type="text/javascript"
              src="jquery.js"
      </script>
    </head>
```

Listing 6.1 Einbinden externer JavaScript-Bibliotheken

Schauen Sie sich im Vergleich dazu in Listing 6.2 die Datei **index.html** einer SAPUI5-Anwendung an.

```
<!DOCTYPE HTML>
  <html>
    <head>

      <script
           id="sap-ui-bootstrap"
           src="resources/sap-ui-core.js"
           data-sap-ui-theme="sap_fiori_3"
           data-sap-ui-resourceroots='{"hello.world": "./"}'
           data-sap-ui-compatVersion="edge"
           data-sap-ui-oninit="module:sap/ui/core/ComponentSupport"
           data-sap-ui-async="true"
           data-sap-ui-preload="async"
           data-sap-ui-frameOptions="trusted">

      </script>
```

Listing 6.2 Bootstrapping einer SAPUI5-Anwendung

Wie Sie an diesem Beispiel erkennen können, binden Sie die SAPUI5-Bibliothek genau wie jede andere externe JavaScript-Bibliothek ein. In einer SAPUI5-Anwendung wird der erste Teil *Bootstrapping* genannt, im Anschluss daran folgt in einem separaten Skriptbereich die Anwendung und innerhalb der `<body>`-Tags der UI-Bereich.

6.1.1 Bootstrapping

Beim Bootstrapping geben Sie im Attribut `src` die gewünschte JavaScript-Ressource an und z. B. im Attribut `data-sap-ui-theme` das gewünschte Design der Seite. Daraus ergeben sich einige Fragen: Wie lautet der Pfad zu den JavaScript-Ressourcen? Welche Themes gibt es, und wie können Sie diese verändern? Was bedeuten die `data`-Attribute? Diese Fragen möchte ich Ihnen im Laufe dieses Kapitels beantworten.

data-Attribute

In HTML5 können Sie über `data`-Attribute beliebige Informationen an HTML-Elemente binden und diese zur Laufzeit wieder abfragen. Diese Attribute erkennen Sie am einfachsten am Präfix `data`. Das Beispiel in Listing 6.3 veranschaulicht die Verwendung von `data`-Attributen. Hier »binden« Sie die Information, in welcher Farbe der Button dargestellt werden soll, an das `Button`-Element. Über die Funktion `getAttribute()` können Sie diesen Wert wieder auslesen und verarbeiten.

```
<!DOCTYPE html>
<html>
<head>
<meta charset="utf-8">
<script>
function showColor(oButton) {
  var color = oButton.getAttribute("data-color");
  alert(oButton.innerHTML +
        " ist die Farbe " +
        color + ".");
}
</script>
</head>
<body>

  <button onclick="showColor(this)" data-color="blau">
     Hex-Code #0000FF </button>
  <button onclick="showColor(this)" data-color="rot">
     Hex-Code #FF0000 </button>
  <button onclick="showColor(this)" data-color="gelb">
     Hex Code #FFFF00 </button>
  <button onclick="showColor(this)" data-color="grün">
     Hex Code #00FF00 </button>
  <button onclick="showColor(this)"
     data-color="schwarz">
    Hex Code #000000</button>
  <button onclick="showColor(this)" data-color="weiß">
    Hex Code #FFFFFF</button>

</body>
</html>
```

Listing 6.3 Beispiel für die Anwendung von data-Attributen

Diese data-Attribute nutzt das SAPUI5-Framework, um bestimmte Grundeinstellungen als Attribut abzulegen. Neben den im Code-Template automatisch hinzugefügten data-Attributen gibt es noch viele weitere. Einige Beispiele dafür sind folgende:

- data-sap-ui-compatVersion:
  Mit diesem Attribut geben Sie den Kompatibilitätsmodus Ihrer Anwendung an. Sie können es auf eine bestimmte Version von SAPUI5 festsetzen oder, wie in Listing 6.2 edge, auf die aktuelle Version setzen.
- data-sap-ui-resourceroots:
  Mit diesem Attribut definieren Sie den root-Pfad Ihrer Applikation.

Mit diesen `data`-Attributen und ihrer Verwendung werden wir uns auch im weiteren Verlauf des Buches noch beschäftigen. Die vollständige Liste der Attribute finden Sie in der API-Referenz unter `sap.ui.core.Configuration`.

SAPUI5-Ressourcen

Sie erinnern sich vielleicht noch an Kapitel 3, »jQuery«: Bei den jQuery-Bibliotheken haben Sie aus Performancegründen die Möglichkeit, die komprimierte oder unkomprimierte Version zu verwenden. SAP ist hier noch einen Schritt weitergegangen: SAPUI5 ist in mehrere JavaScript- und UI-Bibliotheken aufgeteilt. Davon ist **sap-ui-core.js** die am häufigsten verwendete Bibliothek.

Aus Gründen der Vollständigkeit sind in Tabelle 6.1 alle verfügbaren Ressourcen, d. h. Bibliotheken, aufgeführt. Da es sich bei diesen Ressourcen um Spezialfälle handelt, die Sie nur sehr selten verwenden, möchte ich an dieser Stelle nicht weiter darauf eingehen.

Ressource	Beschreibung
sap-ui-core.js	Standardressource, enthält bereits das jQuery- und jQuery-UI-Plug-in (**jQuery.sap.***). Die erforderlichen Dateien werden dynamisch über `XMLHttpRequests` (XHRs) geladen.
sap-ui-core-lean.js	Analog zur **sap-ui-core.js**-Bibliothek; allerdings werden nur jQuery und wenige SAPUI5-Komponenten sofort geladen, die anderen Komponenten werden dynamisch zur Laufzeit nachgeladen.
sap-ui-core-nojQuery.js	Enthält SAPUI5 ohne jQuery und jQuery-UI. Ist besonders interessant in Projekten mit mehreren Bibliotheken, wenn jQuery bereits aus anderen Gründen geladen wurde.
sap/ui/core/ library-preload.js	Analog zur **sap-ui-core-all.js**-Ressource; allerdings werden die einzelnen Komponenten erst bei Bedarf geparst.
sap-ui-custom*.js	reservierter Namensraum für Eigenentwicklungen

Tabelle 6.1 SAPUI5-Ressourcen

Wie bereits in Abschnitt 5.6.2, »Core-Komponenten debuggen«, gezeigt, können Sie über die Tastenkombination [Strg] + [Alt] + [⇧] + [P] von jeder SAPUI5-Anwendung aus die Laufzeitversion ermitteln (siehe Abbildung 6.1). Die Anzeige der Laufzeitversion ist vor allem bei der Fehlersuche sehr hilfreich, da Ihnen zum einen die geladenen Module angezeigt werden und Sie zum anderen direkt in den Debug-Modus umschalten können.

Abbildung 6.1 Laufzeitversion ermitteln

Wenn Sie sich das vom Code-Template automatisch generierte Bootstrapping anschauen, wird Ihnen auffallen, dass dort lediglich der Pfad **resources/sap-ui-core.js** angegeben ist. Das liegt daran, dass im Standard das Attribut `resourceroots` automatisch auf das Verzeichnis **resources** gesetzt wird (siehe Abbildung 6.1) und die SAPUI5-Laufzeit automatisch zunächst in diesem Verzeichnis sucht. Mir ist es wichtig, dass Sie an dieser Stelle verstehen, dass es sich hierbei um eine Pfadangabe handelt. Je nach Entwicklungsszenario müssen Sie den Pfad zu diesem Verzeichnis manuell ändern. Wenn die Verzeichnisangabe falsch ist, erhalten Sie in der Konsole die Fehlermeldung »Uncaught Reference Error: sap is not defined«. In diesem Fall müssen Sie den Pfad im Bootstrap überprüfen und anpassen.

Neben dieser lokalen Variante gibt es auch die Option, das Content Delivery Network (CDN) zu nutzen. Wenn SAPUI5 von einem CDN geladen wird, kann das die Performance der App stark verbessern. Denn so können Sie SAPUI5 eventuell von einem Server laden, der viel näher an Ihrem Standort ist. Wenn Sie das CDN nutzen möchten, dann verweisen Sie im Bootstrap auf *https://sapui5.hana.ondemand.com* oder *https://ui5.sap.com*. Weitere Informationen dazu finden Sie in SAP-Hinweis 3001696.

Controls

Die UI-Controls haben Sie bereits im vorangegangenen Kapitel kurz kennengelernt. In Abschnitt 5.5, »Ihre ersten SAPUI5-Anwendungen«, haben wir einen Button implementiert, der durch das Control `sap.m.Button` repräsentiert wurde. Grundsätzlich ist ein Control die kleinste Einheit in SAPUI5, was jedoch nicht bedeutet, dass ein Control immer etwas Kleines, wie z. B. ein Button oder ein Dropdown-Feld, ist. Schauen

Sie sich als Beispiel den Bereich **Samples** des SAPUI5 SDKs in Abbildung 6.2 an. Die Oberfläche des SDKs setzt sich aus einer Menge Controls zusammen, die nach einem Baukastenprinzip zusammengesteckt wurden und gemeinsam einen View abbilden. Links oben finden Sie z. B. einen Filter (`sap.m.SearchField` ❶). Die Navigationsspalte auf der linken Seite wird durch das Control `sap.m.List` ❷ realisiert. Den Kopf des Content-Bereichs auf der rechten Seite bildet das Control `sap.m.ObjectHeader` ❸. Darunter können Sie über eine Tab-Leiste (`sap.m.IconTabBar` ❹) zu verschiedenen Registerkarten navigieren. Name und Beschreibung des ausgewählten Controls werden in einer Tabelle unter Verwendung des Controls `sap.m.Table` ❺ dargestellt. Als äußeres Control sehen Sie das Control `sap.m.SplitApp` ❻, das das Bild in zwei Seiten unterteilt: links den *Master-View* mit der Liste und rechts den *Detail-View*. In Kapitel 10, »Beispielentwicklung einer SAP-Fiori-App«, werden wir eine Split-App-Anwendung zur Genehmigung von Urlaubsanträgen implementieren. In Abbildung 6.2 werden noch weitere Controls verwendet, auf deren Darstellung ich hier aus Gründen der Übersichtlichkeit verzichte.

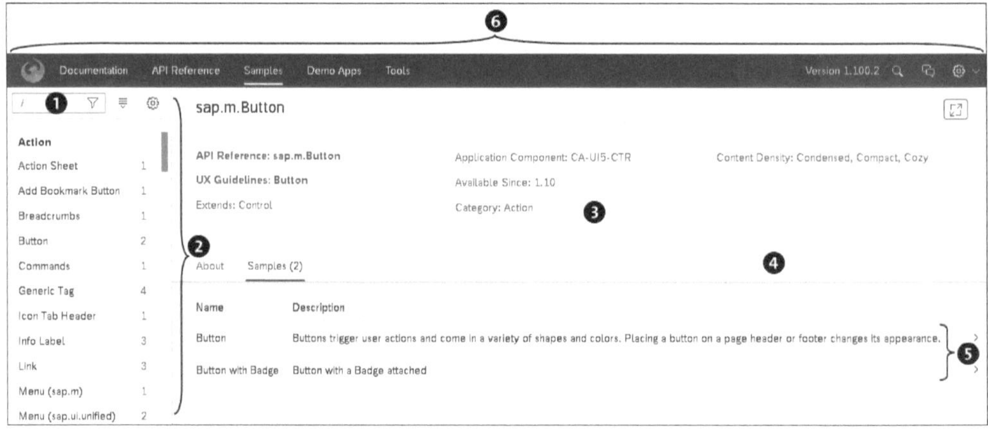

Abbildung 6.2 UI-Controls auf der SDK-Oberfläche

Die Controls sind in mehrere thematisch zusammengehörende Klassen, die sogenannten *Namensräume*, aufgeteilt. Jede dieser Klassen ist wiederum in weitere Unterklassen aufgeteilt und gehört jeweils zu einer eigenen Bibliothek. Für die Darstellung von Tabellen-Controls ist z. B. die Bibliothek `sap.m.table` zuständig. Jeder Namensraum entspricht einem Verzeichnis. Wenn Sie sich anstelle der Punkte im Klassennamen jeweils einen Schrägstrich (/) denken, erkennen Sie die Verzeichnisstruktur und den Aufbau der SAPUI5-Bibliothek. Dies können Sie auch sehr schön in den Entwicklertools sehen. Öffnen Sie dazu das SDK unter *https://sapui5.hana.ondemand.com* sowie die Entwicklertools Ihres Browsers, und wechseln Sie danach auf die Registerkarte **Sources** (siehe Abbildung 6.3).

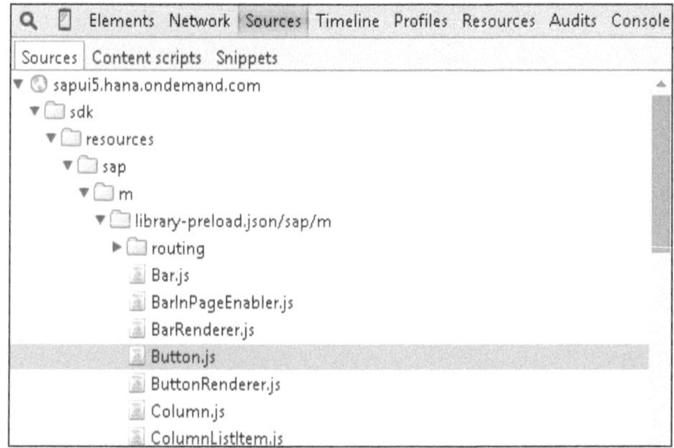

Abbildung 6.3 Anzeige der SAPUI5-Namensräume in den Entwicklertools

In der Webentwicklung arbeiten wir mit ASCII-Dateien (American Standard Code for Information Interchange), die *irgendwo* auf einer Festplatte liegen. Dabei ist es egal, ob die Datei lokal auf Ihrer Festplatte oder auf einem (Web-) Server liegt. Damit der Browser die Datei laden kann, müssen Sie ihm über den Pfad mitteilen, wo diese Datei liegt. Diese Pfadangabe ist die URI (Uniform Resource Identifier). Daran sollten Sie bei Ihren Implementierungen immer denken. Dies wird vor allem dann spannend, wenn Sie weitere Ressourcen oder Bibliotheken einbinden möchten.

Abhängig von den verwendeten Controls in Ihrer Anwendung sollten Sie die entsprechende Bibliothek in die **manifest**-Datei einbinden. Das ist aus Performancegründen empfehlenswert, diesem Thema widmen wir uns jedoch in Abschnitt 7.3, »Components«, noch genauer.

Nehmen wir an, Sie möchten ein Formular zur Eingabe der Adresse implementieren, wie in Abbildung 6.4 dargestellt. Die Eingabefelder werden durch ein Control, nämlich `sap.m.Input`, repräsentiert. Damit Sie mehrere Eingabefelder zu einem Formular zusammenstellen können, benötigen Sie ein weiteres Control, das die Elemente im View anordnet.

Abbildung 6.4 Formular in einem XML-View

Würden Sie ohne eine strukturelle Vorgabe mehrere Eingabefelder im View implementieren, würden diese vom Browser lediglich hintereinander angezeigt. Abbildung 6.5 verdeutlicht diesen Effekt.

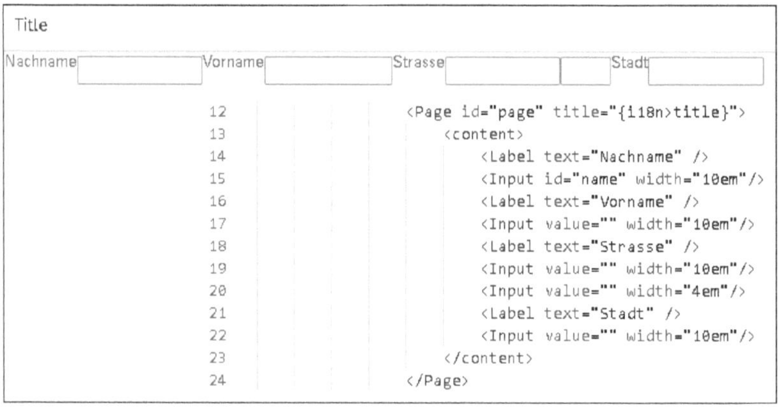

Title

Nachname Vorname Strasse Stadt

```
<Page id="page" title="{i18n>title}">
    <content>
        <Label text="Nachname" />
        <Input id="name" width="10em"/>
        <Label text="Vorname" />
        <Input value="" width="10em"/>
        <Label text="Strasse" />
        <Input value="" width="10em"/>
        <Input value="" width="4em"/>
        <Label text="Stadt" />
        <Input value="" width="10em"/>
    </content>
</Page>
```

Abbildung 6.5 Formular ohne Layoutvorgaben

Damit Sie die einzelnen Felder sinnvoll anordnen können, stellt SAPUI5 sogenannte *Layout-Controls* bereit. In unserem Beispiel können Sie etwa das Control `sap.ui.layout.form.SimpleForm` verwenden, das als Container für die Controls des Formulars dient und die einzelnen Elemente auf der Seite anordnet.

Wie Sie am Namen erkennen können, befindet sich das `Form`-Control für das Formular in einem anderen Namensraum als das `Input`-Control für Eingabefelder. Um dieses Control in XML-Views verwenden zu können, müssen Sie diesen Namensraum deklarieren. Die View-Implementierung für dieses Beispiel entspricht Listing 6.4 (das Listing ist gekürzt und stellt nur die relevanten Teile der Namensraumdeklaration dar). Sie registrieren zunächst den Namensraum `sap.m` unter dem Alias-Namen `MobilNamensraum` und den Namensraum `sap.ui.layout.form` unter dem Namen `FormularNamensraum`. Erst jetzt können Sie die Controls im View verwenden und müssen jedes Element eindeutig über den deklarierten Namensraum ansprechen.

```
<core:View
        xmlns:MobilNamensraum="sap.m"
        xmlns:FormularNamensraum="sap.ui.layout.form">

    <FormularNamensraum:FormElement label="Nachname">
        <FormularNamensraum:fields>
          <MobilNamensraum:Input id="name"/>
        </FormularNamensraum:fields>
    </FormularNamensraum:FormElement>
```

Listing 6.4 Namensräume in XML-Views deklarieren

Dank der Layout-Controls haben Sie umfangreiche Möglichkeiten, die Anordnung der Elemente innerhalb des Formcontainers zu beeinflussen. Bei den sogenannten *Responsive Controls* können Sie die Layouteinstellungen für große Bildschirme (L), Tablets (M) und Smartphones (S) einzeln einstellen. Sie können z. B. für die verschiedenen Bildschirmgrößen angeben, wie groß der Abstand zwischen dem Führungstext (Label) und dem Eingabefeld sein soll (`labelSpanL`, `labelSpanM` und `labelSpanS`).

Natürlich sind die hier verwendete Alias-Namen `MobilNamensraum` und `FormularNamensraum` wenig praktikabel, da Sie bei der Verwendung des Controls immer den Alias mit angeben müssen. Normalerweise definiert man einen Standardnamensraum ohne Alias, meist `sap.m`. Für alle anderen verwendet man hier einen kurzen Namensraum-Alias, im Normalfall den eindeutigen Buchstaben bzw. Teil des Namensraumes, wie in Listing 6.5 gezeigt.

```
<mvc:View
    controllerName="zui5.form.controller.Main"
    displayBlock="true"
    xmlns="sap.m"
    xmlns:mvc="sap.ui.core.mvc"
    xmlns:l="sap.ui.layout"
    xmlns:f="sap.ui.layout.form"
    xmlns:tnt="sap.tnt">
```

Listing 6.5 Namensraum-Alias definieren

SAPUI5-Theming

Neben den verschiedenen JavaScript-Ressourcen und UI-Bibliotheken werden im Standard auch verschiedene *Themes* ausgeliefert, die Sie beim Bootstrapping ansprechen können. Damit können Sie das Design der Seite verändern.

In früheren Versionen von SAPUI5 gab es mehrere Themes zur Auswahl, mittlerweile gibt es immer jeweils ein aktuelles Theme und zwei High-Contrast Themes für die kontrastreiche Darstellung in Schwarzweiß. Momentan ist das aktuelle Theme Quartz, das es in der Standardversion (`sap_fiori_3`) und als dunkle Variante (`sap_fiori_3_dark`) gibt. Die kontrastreichen Themes sind High-Contrast Black (`sap_fiori_3_hcb`) und High-Contrast White (`sap_fiori_3_hcw`).

Die alten Themes wie SAP Belize (`sap_belize`), Blue Crystal (`sap_bluecrystal`), Gold Reflection (`sap_goldreflection`), Platinum (`sap_platinum`) und Mobile Visual Identity (MVI, `sap_mvi`) existieren zwar noch, sind für neuere Controls aber nicht mehr implementiert.

Wenn Sie dieses Buch in den Händen halten, wird es wahrscheinlich bereits ein neues Theme geben. Das ist aber wenig dramatisch, da das Template automatisch das gerade aktuelle Theme in die Datei **index.html** schreibt (siehe Listing 6.6).

```
<script
    id="sap-ui-bootstrap"
    src="resources/sap-ui-core.js"
    data-sap-ui-theme="sap_fiori_3"
    data-sap-ui-resourceroots='{"zui5.form": "./"}'
    data-sap-ui-compatVersion="edge"
    data-sap-ui-oninit="module:sap/ui/core/ComponentSupport"
    data-sap-ui-async="true"
    data-sap-ui-preload="async"
    data-sap-ui-frameOptions="trusted">
</script>
```

Listing 6.6 Theme im Bootstrap

Wie Sie Ihr eigenes Theme anlegen, lernen Sie in Abschnitt 7.2, »Layoutanpassungen«.

6.1.2 Generierung des Model-View-Controller-Musters in SAPUI5

In Kapitel 5, »Erste Schritte in SAPUI5«, haben Sie das MVC-Architekturmuster (Model View Controller) kennengelernt und bereits eine erste SAPUI5-Anwendung nach diesem Muster implementiert. Ich möchte das gelernte Wissen an dieser Stelle etwas vertiefen. Das MVC-Muster ist in SAPUI5 so implementiert, dass der View und der Controller jeweils eine eigene Datei sind. Das Model ist jeweils eine Instanz eines bestimmten Models, wie z. B. ein JSON Model.

View

Für die Implementierung eines Views stehen Ihnen theoretisch vier Möglichkeiten zur Verfügung: HTML, JavaScript, JSON und XML. Das sehen Sie auch Abbildung 6.6.

In den Anfängen von SAPUI5, der SAP Fiori Wave 1, wurde sehr viel mit JavaScript-Views gearbeitet, recht schnell haben sich aber die XML-Views durchgesetzt und sind mittlerweile zum Standard geworden. Wie Sie Abbildung 6.6 entnehmen können, ist bereits ein Teil der Möglichkeiten in SAPUI5 **deprecated**, also veraltet, weshalb ich auf diese theoretischen Möglichkeiten nicht weiter eingehen möchte. Ich konzentriere mich daher lediglich auf die XML-Views.

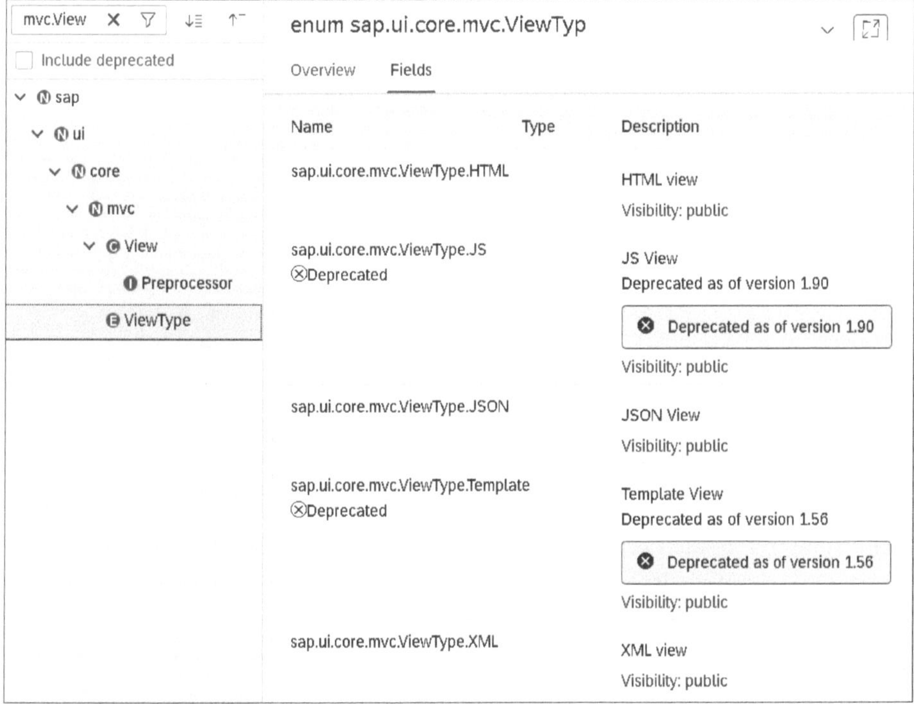

Abbildung 6.6 Verschiedene Views

Wie bereits in Abschnitt 6.1.1, »Bootstrapping« erwähnt, werden Controls zusammengesteckt und ergeben gemeinsam einen View. Je nachdem, welche Controls Sie nutzen, ergibt sich ein bestimmtes *User Interface*. Controls können in Elementen, wie z. B. Buttons, sichtbar werden, sie können aber auch eher unsichtbarer Natur oder nur indirekt sichtbar sein, wie es z. B. bei den Layout-Controls der Fall ist. Controls haben Eigenschaften und Aggregationen. Eigenschaften sind z. B. die Höhe, Breite oder der im Control angezeigte Text. Aggregationen können Sie sich wie die Eigenschaften vorstellen, nur mit einer Kardinalität und einem komplexen Typ. Zu den Eigenschaften und den Aggregationen kommen optional noch Ereignisse. Ich vergleiche Controls gerne mit Lego-Bausteinen. Einen View zu erzeugen ist so ähnlich wie ein Lego-Modell zu bauen. Ihnen stehen verschiedenartige Steine zur Verfügung, mit denen Sie etwas erschaffen können, aber nicht alle Steine passen ineinander.

Ich möchte dies am Beispiel eines Controls des Typs Page zeigen, das den Aufbau einer Seite repräsentiert. In Abbildung 6.7 sehen Sie die Eigenschaften dieses Controls.

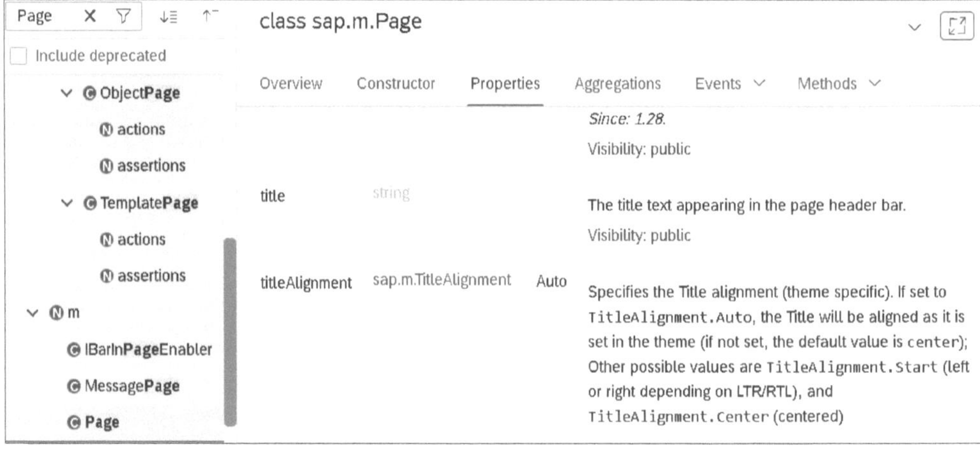

Abbildung 6.7 Eigenschaften des Page-Controls

Wenn Sie nun z. B. die Property `title` mit Inhalt füllen möchten, dann entnehmen Sie der API-Referenz, dass Sie hier ein `String`-Objekt übergeben können, wie in Abbildung 6.8 gezeigt.

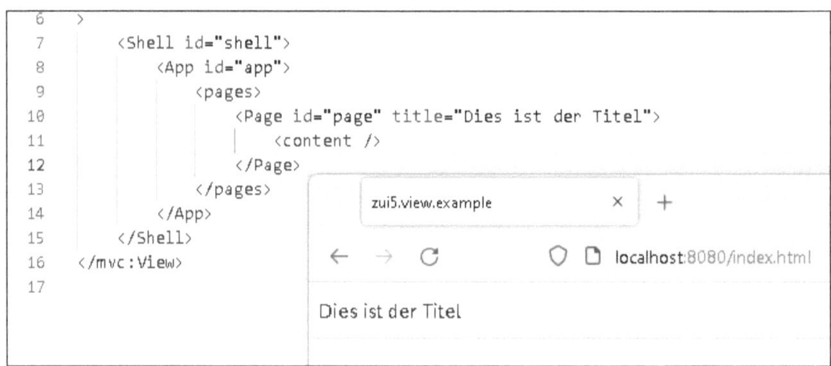

Abbildung 6.8 Eigenschaft »title« des Page-Controls

Wenn Sie auf die Registerkarte **Aggregations** wechseln, finden Sie dort unterschiedliche Aggregationen für Ihren `Page`-Control, wie z. B. `content` und `customHeader` (siehe Abbildung 6.9).

Wie Sie sehen, hat die Aggregation `content` die Kardinalität 0:n und erwartet den Typ `sap.ui.core.Control`. Das heißt, Sie können alle Controls, die sich von `sap.ui.core.Control` ableiten, dieser Aggregation hinzufügen, und zwar so oft, wie Sie möchten. Klicken Sie auf `sap.ui.core.Control`, um sich die Liste der Ableitungen anzeigen zu lassen. Sie werden feststellen, dass fast alles von `sap.ui.core.Control` abgeleitet ist (siehe Abbildung 6.10).

class sap.m.Page

Overview | Constructor | Properties | Aggregations | Events | Methods

Name	Cardinality	Type	Alt types	Description
content(default)	0..n	sap.ui.core.Control		The content of this page
customHeader	0..1	sap.m.IBar		The (optional) custom header of this page. Use this aggregation only when a custom header is constructed where the default header consisting of title text + nav button is not sufficient. If this aggregation is set, the simple properties "title", "showNavButton", "NavButtonText" and "icon" are not used.
footer	0..1	sap.m.IBar		The (optional) footer of this page. It is always located at the bottom of the page
headerContent	0..n	sap.ui.core.Control		Controls to be added to the right side of the page header. Usually an application would use Button controls and limit the number to one when the

Abbildung 6.9 Aggregationen des Page-Controls

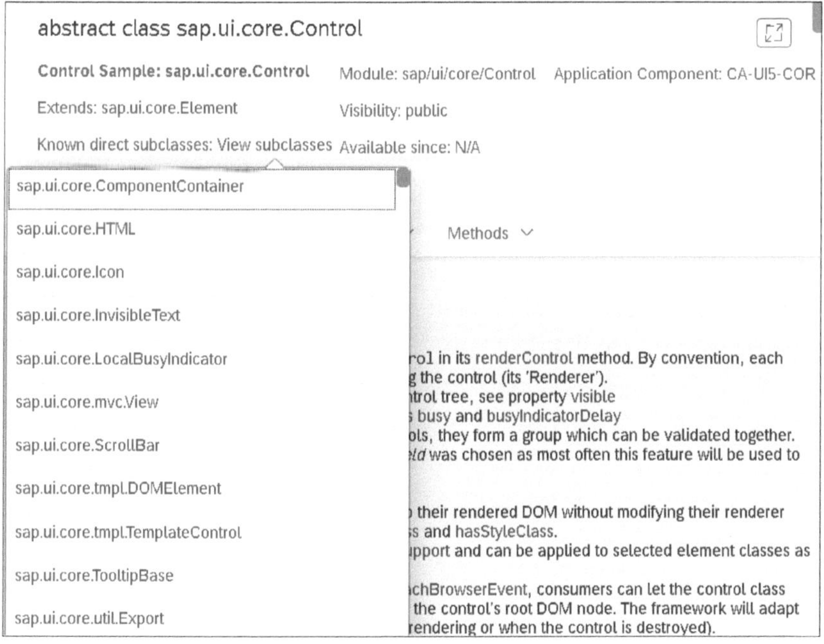

Abbildung 6.10 Abgeleitete Controls

Das bedeutet für Sie, dass Sie beliebige Controls beliebig oft dieser Aggregation hinzufügen können, das Beispiel in Abbildung 6.11 funktioniert aus diesem Grund ohne Probleme. Hier sehen Sie in der `content`-Aggregation innerhalb eines `VBox`-Controls (Vertical Box) einen Button, eine `HBox` (Horizontal Box) und eine `CheckBox`. Innerhalb der `HBox` stehen ein Label und ein Input-Feld. Die `HBox` und die `VBox` sind Beispiele für Layout-Controls. Sie sind nicht direkt sichtbar, sorgen aber z. B. dafür, dass der Button, das Label mit dem Inputfeld und die Checkbox untereinander angezeigt werden. Die `HBox` sorgt dafür, dass das Label und das Eingabefeld mittig und in einer Zeile angezeigt werden.

Abbildung 6.11 content-Aggregation des Page-Controls

Vielleicht fragen Sie sich, wo sich die Aggregation des `VBox`-Controls in Abbildung 6.11 befindet. Das ist einfach erklärt: Jedes Control hat eine `default`-Aggregation, also eine Standardaggregation, die nicht angegeben werden muss (siehe Abbildung 6.12). Da es sich bei der Aggregation `items` um die Default-Aggregation handelt, muss diese nicht zwingend angegeben werden. Das Framework nimmt automatisch die Standardaggregation an, wenn keine explizite Aggregation angegeben ist.

class sap.m.VBox

Overview Constructor Properties Aggregations Events Methods

items(default)	0..n	sap.ui.core.Control	Flex items within the flexible box layout Borrowed from: sap.m.FlexBox

Abbildung 6.12 Default-Aggregation des VBox-Controls

Das heißt, das Listing aus Abbildung 6.11 sollten Sie wie Listing 6.7 lesen.

```
<Page id="page" title="Dies ist der Titel">
  <content>
    <VBox>
      <items>
        <Button text="Button" />
        <HBox justifyContent="Center">
          <Label text="Eingabe"/>
          <Input width="30em" />
        </HBox>
        <CheckBox text="Klick mich an!"/>
      </items>
    </VBox>
  </content>
</Page>
```

Listing 6.7 Angegebene Default-Aggregation

Ich empfehle Ihnen, die Default-Aggregation am Anfang trotzdem anzugeben, damit Sie etwas mehr Klarheit über die Zusammenhänge gewinnen. Nach einiger Zeit können Sie diesen Teil im Code weglassen, da er so etwas übersichtlicher wird.

Sie konnten unserer Seite problemlos einen Button hinzufügen. Wenn Sie allerdings versuchen, der Seite ein Icon hinzuzufügen, erhalten Sie eine Fehlermeldung (siehe Abbildung 6.13).

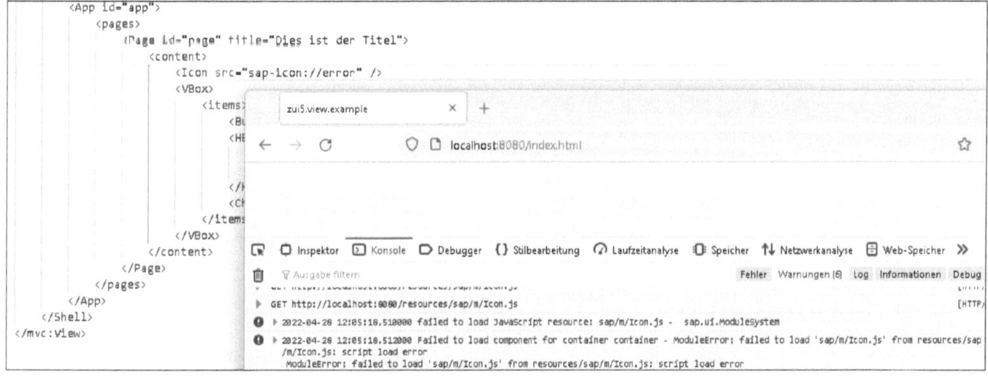

Abbildung 6.13 Fehler beim Hinzufügen eines Icons

Woran dies liegt, erkennen Sie, wenn Sie einen genaueren Blick in die API-Referenz werfen. Hier sehen Sie, dass das Icon in einem anderen Namensraum angesiedelt ist als z. B. der Button (siehe Abbildung 6.14).

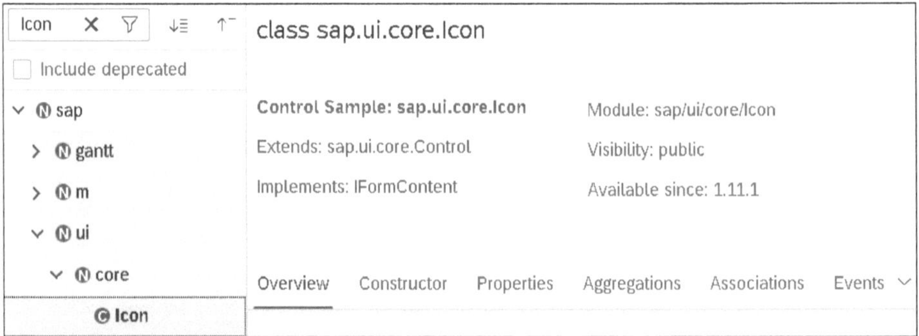

Abbildung 6.14 Namensraum des Icon-Controls

Das Icon gehört zum Namensraum `sap.ui.core` und nicht zu `sap.m.`. Damit Sie das Icon nutzen können, müssen Sie einen Alias definieren. Damit Sie in unserem Beispiel ein Icon einfügen können, definieren Sie also einen Alias für den Namensraum und verwenden diesen Alias in Verbindung mit dem Control (siehe Listing 6.8). Der `sap.m.`-Namensraum hat keinen Alias und ist damit automatisch der `Default`-Namensraum.

```
<mvc:View controllerName="zui5.view.example.controller.Main"
  xmlns:mvc="sap.ui.core.mvc"
  displayBlock="true"
  xmlns="sap.m"
  xmlns:core="sap.ui.core">
  <Shell id="shell">
    <App id="app">
      <pages>
        <Page id="page" title="Dies ist der Titel">
          <content>
            <core:Icon src="sap-icon://error" />
```

Listing 6.8 Namensraum-Alias

Durch den Namensraum-Alias können Sie das Icon nun der Seite hinzufügen, und es wird korrekt angezeigt.

Doch wieder zurück zu unserem `Page`-Control. Betrachten Sie in Abbildung 6.9 die Aggregation `customHeader` unseres `Page`-Controls, stellen Sie fest, dass Sie nur einen `customHeader` hinzufügen können (Kardinalität 0:1) und dieser den Typ `sap.m.IBar` erwartet. Das heißt, der Versuch, einen Button in der Aggregation `customHeader` hinzuzufügen, geht entsprechend schief (siehe Abbildung 6.15).

Abbildung 6.15 Falscher Typ

Wenn Sie hingegen ein Control des Interface `sap.m.IBar` aussuchen (siehe Abbildung 6.16), dann wird das Beispiel wieder funktionieren.

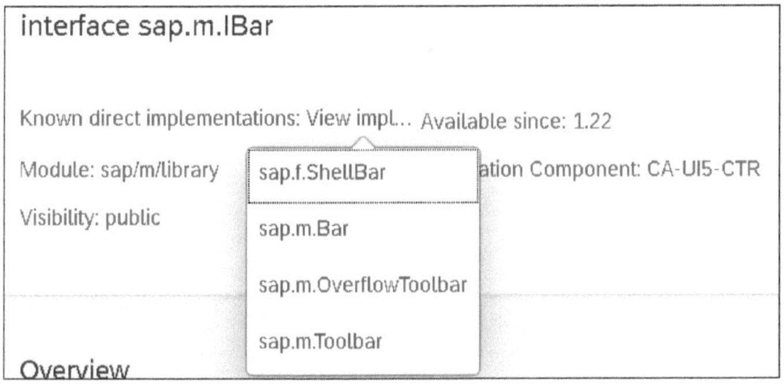

interface sap.m.IBar

Known direct implementations: View impl... Available since: 1.22

Module: sap/m/library ... ation Component: CA-UI5-CTR

Visibility: public

sap.f.ShellBar
sap.m.Bar
sap.m.OverflowToolbar
sap.m.Toolbar

Overview

Abbildung 6.16 Interface »sap.m.IBar«

Für die Aggregation `customHeader` können Sie z. B. ein `Toolbar` Control verwenden (siehe Abbildung 6.16). Wenn Sie sich nun das `Toolbar`-Control anschauen, finden Sie dort eine Aggregation `content`, und dieser Aggregation können Sie wieder alles vom Typ `sap.ui.core.Control` hinzufügen (siehe Abbildung 6.17), also auch unseren Button.

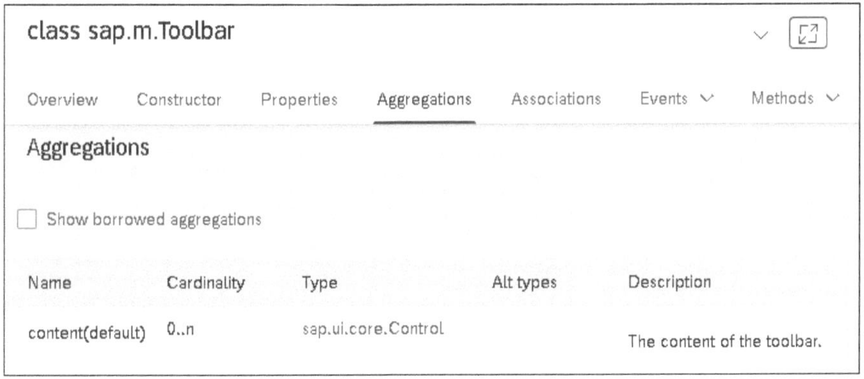

Abbildung 6.17 Content-Aggregation des Toolbar-Controls

Sie können den Button also nicht direkt der `customHeader`-Aggregation hinzufügen, sondern müssen den Button mit einer Toolbar umschließen. So passen wieder alle Controls ineinander, und der Button wird angezeigt (siehe Abbildung 6.18).

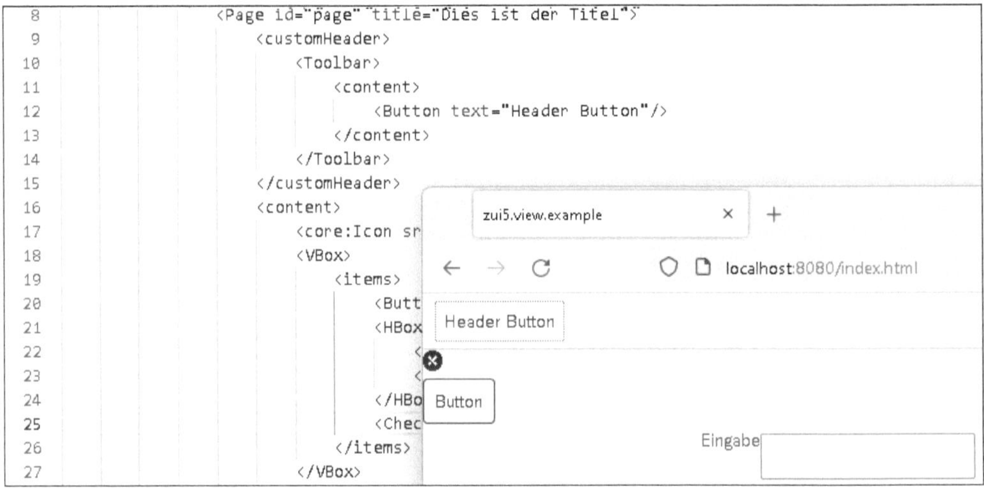

Abbildung 6.18 Button, verschalt in einer Toolbar

Im nächsten Schritt möchten wir uns nun auch den Ereignissen der Controls widmen. Betrachten Sie das Button-Control in der API-Referenz, finden Sie auf der Registerkarte **Events** das Ereignis **press** (siehe Abbildung 6.19).

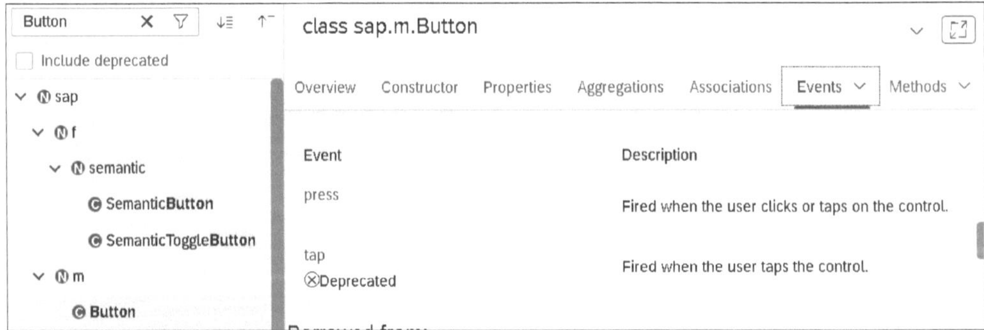

Abbildung 6.19 Ereignis »press« des Button-Controls

Ereignisse sind immer nach dem gleichen Schema aufgebaut, wir schauen uns exemplarisch die Ereignisse des Button-Controls an (siehe Abbildung 6.20).

Wenn Sie eine Callback-Funktion auf ein Ereignis einfügen möchten, hinterlegen Sie den Namen der Funktion, die im korrespondierenden Controller ausgeführt wird. Die Callback-Funktion des Ereignisses gibt als Argument das `Event`-Objekt mit zwei Funktionen `getSource` und `getParameters` (siehe Abbildung 6.20) zurück. Sie bekommen in Ihrer hinterlegten Callback-Funktion das Event-Objekt als Argument übergeben und können über diese Funktionen die Parameter (getParameters) bzw. das Control (getSource) auslesen, das das Ereignis ausgelöst hat. Der korrespondierende Controller wird im View als controllerName definiert:

```
<mvc:View
    controllerName="zui5.view.example.controller.Main"
    xmlns:mvc="sap.ui.core.mvc" displayBlock="true"
    xmlns="sap.m"
    xmlns:core="sap.ui.core">
```


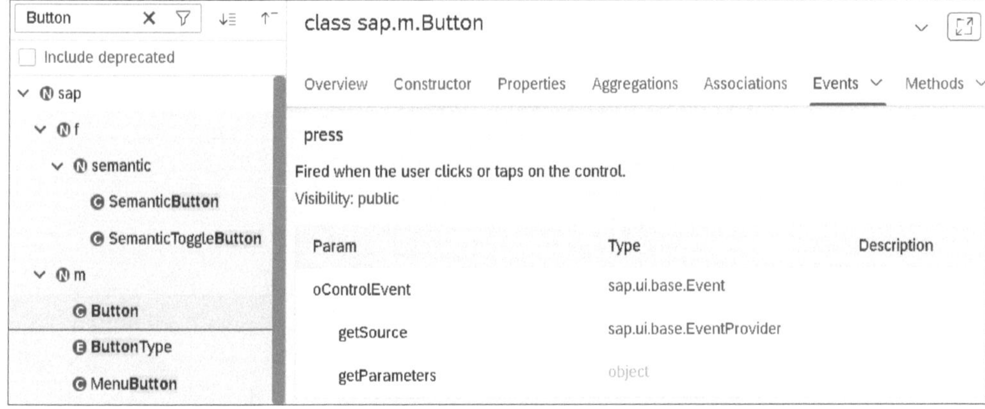

Abbildung 6.20 Ereignis-Schnittstelle

Lassen Sie mich das an einem konkreten Beispiel mit einem Button verdeutlichen. Wenn Sie in einem Button die Funktion onButtonPress hinterlegen, wird diese Funktion im Controller "Main" ausgeführt, und das Event-Objekt wird an eine definierte Callback-Funktion onButtonPress übergeben (siehe Abbildung 6.21).

```
<mvc:View
    controllerName="zui5.view.example.controller.Main"
    xmlns:mvc="sap.ui.core.mvc" displayBlock="true"
    xmlns="sap.m"
    xmlns:core="sap.ui.core">
    <Shell id="shell">
        <App id="app">
            <pages>
                <Page id="page" title="Dies ist der Titel">
                    <customHeader> ···
                    <content>
                        <core:Icon src="sap-icon://error" />
                        <VBox>
                            <items>
                                <Button text="Button" press="onButtonPress" />
                                <HBox justifyContent="Center">
                                    <Label text="Eingabe"/>
                                    <Input />
                                </HBox>
```

```
sap.ui.define([
    "sap/ui/core/mvc/Controller"
],
    /**
     * @param {typeof sap.ui.core.mvc.Controller} Controller
     */
    function (Controller) {
        "use strict";

        return Controller.extend("zui5.view.example.controller.Main", {
            onButtonPress: function (oEvent) {

            }
        });
    });
```

Abbildung 6.21 Funktion im Controller

An dieser Stelle können Sie nun entscheiden, was passieren soll, wenn die Benutzer mit dem entsprechenden Control interagieren. In diesem Beispiel habe ich z. B. eingestellt, dass der Text »Danke fürs drücken« erscheint, sobald der Button gedrückt wurde (siehe Abbildung 6.22). Über die getSource-Funktion bekommen Sie die Instanz des Controls zurück, der das Ereignis ausgelöst hat, in diesem Beispiel also der Button. Nun können Sie auf der Instanz den Setter für den Text aufrufen (setText) und damit den angezeigten Text auf dem Button verändern.

```
    return Controller.extend("zui5.view.example.controller.Main", {
        onButtonPress: function (oEvent) {
            oEvent.getSource().setText("Danke fürs drücken");
        }
    });
});
```

zui5.view.example

localhost:8080/index.html

Header Button

Danke fürs drücken

Abbildung 6.22 Funktion im Controller

Controller

Neben den selbst implementierten Funktionen, wie z. B. unser onButtonPress im vorangegangenen Beispiel, verfügt der Controller auch über eigene Funktionen. Eine Übersicht der verfügbaren Controller-Funktionen finden Sie, wenn Sie in der API-Referenz nach »sap.ui.core.mvc.Controller« suchen und dort die Registerkarte **Methods** auswählen (siehe Abbildung 6.23).

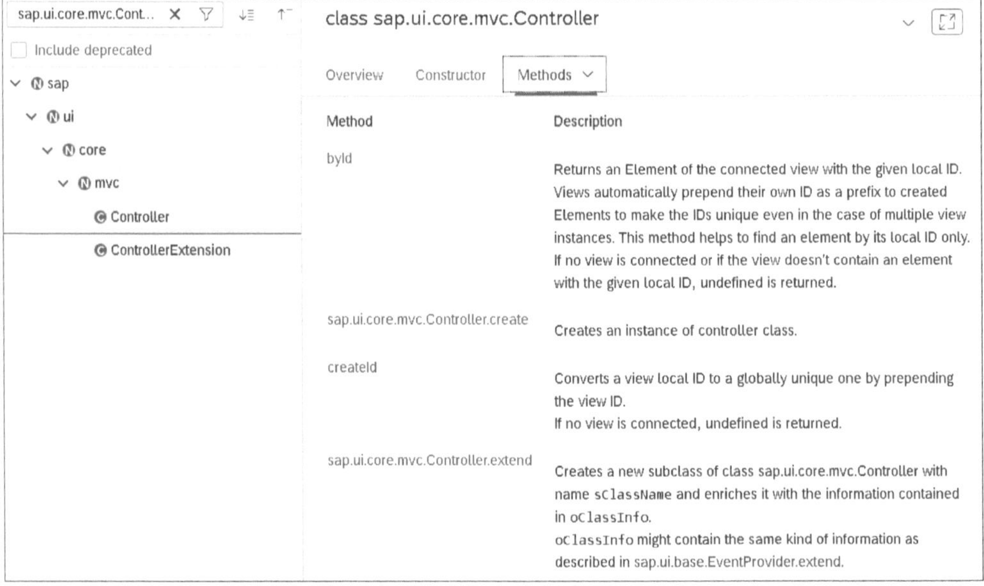

Abbildung 6.23 Controller-Funktionen

Besonders erwähnenswert sind die vier Lifecycle-Hook-Methoden:

- onInit wird bei der Initialisierung des Controller-Objekts aufgerufen.
- onBeforeRendering wird vor dem Rendern der Seite aufgerufen.
- onAfterRendering wird nach dem Rendern der Seite aufgerufen.
- onExit wird verwendet, wenn der Controller zerstört wird, z. B. beim Schließen der Seite.

Mit diesen Methoden haben Sie zu vier verschiedenen Zeitpunkten die Möglichkeit, in die Verarbeitungslogik des Frameworks einzugreifen und die Logik um Ihren eigenen Code zu ergänzen. Typischerweise nehmen Sie in diesen Methoden irgendwelche Berechnungen vor oder steuern die Sichtbarkeit bestimmter UI-Elemente. In Kapitel 9, »Beispielentwicklung einer Portalanwendung«, und Kapitel 10, »Beispielentwicklung einer SAP-Fiori-App«, werden wir umfangreichere Anwendungen programmieren, und Sie werden im Zuge dessen auch die Verwendung der Lifecycle-Hooks noch genauer kennenlernen.

Jetzt wissen Sie also, dass der View durch die Referenz controllerName den korrespondierenden Controller instanziiert. Bleibt nur noch die Frage offen, welches Objekt eigentlich den View instanziiert und wie der genaue Lademechanismus in SAPUI5 funktioniert. Fangen wir also ganz vorne bei der Datei **index.html** an und verfolgen den Weg bis zu unserem ersten View weiter.

Wie Sie bereits wissen, basiert SAPUI5 auf jQuery, und Query-Plug-ins stellen grundlegende Funktionen von SAPUI5 bereit, wie z. B. das Modularisierungskonzept. Beim Laden von SAPUI5 wird das globale sap-Objekt definiert, so ähnlich, wie Sie es bereits von dem $-Objekt in jQuery her kennen. Im Anschluss wird die Klasse sap.ui.core.Core mit all ihren Abhängigkeiten ausgeführt, diese ermittelt aus der **manifest**-Datei die Konfiguration und lädt die entsprechenden Bibliotheken mit den CSS-Dateien. Wenn alle Bibliotheken geladen sind und das Dokument fertig ist, wird das initEvent der Core-Komponente ausgelöst. Nachdem das Framework geladen wurde, stehen Ihnen drei Möglichkeiten zur Verfügung, wie Ihre Anwendung geladen werden kann:

- ComponentSupport-Modul
- eigenes data-sap-ui-oninit-Modul
- attachInit-Callback

Das Laden der Anwendung mit dem ComponentSupport-Modul ist wohl der Standardfall. Das Modul wird im Bootstrap über die Anweisung data-sap-ui-oninit="module:sap/ui/core/ComponentSupport" aktiviert. Das Modul ComponentSupport ermöglicht Ihnen, eine oder mehrere sap.ui.core.UIComponent-Instanzen deklarativ in Ihrer HTML-Datei zu definieren. Es kümmert sich automatisch um die entsprechende Instanziierung des sogenannten ComponentContainers, der Ihre Component als Instanz hält. Das Modul durchsucht das DOM nach HTML-Elementen, die ein spezielles Datenattribut namens data-sap-ui-component enthalten. Alle mit diesem Datenattribut gekennzeichneten DOM-Elemente werden als Containerelemente betrachtet, in die das Control sap/ui/core/ComponentContainer eingefügt wird. Über das Attribut data-name wird der Name der Component festgelegt. Dieser Vorgang geschieht im body-Teil der HTML-Seite. Unsere Komponente wird im Beispiel in Listing 6.9 mit dem Namen zui5.first.app registriert.

Neben dem Standard sap.ui.core.ComponentSupport-Modul können Sie als zweite Möglichkeit auch im data-Attribut data-sap-ui-oninit ein eigenes Modul implementieren, das sich um die Instanziierung Ihrer Anwendung kümmert:

```
data-sap-ui-resourceroots='{"Startup": "./some/folder"}'
data-sap-ui-oninit="module:Startup/my/module"
```

Diese Variante ist immer dann interessant, wenn Sie nicht mit einer sap.ui.core.UIComponent arbeiten. Da Sie aber in den allermeisten Fällen eine SAP-Fiori-App entwickeln möchten, können Sie die Standardimplementierung des ComponentSupport-Moduls nutzen.

Die letzte Variante ist eine klassische Callback-Funktion, die sich auf dem init-Ereignis der Core-Komponente registriert. In einem zweiten script-Block in der Datei **index.html** können Sie in dieser Callback-Funktion den ComponentContainer instanziieren und Ihre Anwendung hinzufügen, wie in Listing 6.9 dargestellt.

```
<script>
  sap.ui.getCore().attachInit(function() {
    sap.ui.require([
            "sap/ui/core/ComponentContainer"
    ], function (ComponentContainer) {
        var oCompContainer = new ComponentContainer({
          height: "100%"
        }).placeAt("content");

        // initialize the component
        sap.ui.component({
          id: "firstApp",
          name: "zui5.first.app",
          manifestFirst: true,
          async: true
          }).then(function(oComponent) {
            oCompContainer.setComponent(oComponent);
        });
      });
  });
</script>
```

Listing 6.9 Callback-Funktion nutzen

Diese Variante wird normalerweise nur noch in älteren SAPUI5-Anwendungen verwendet, da sie durch das gängigere `ComponentSupport`-Modul ersetzt wurde.

Ich möchte es für den ersten Moment bei diesen drei Varianten belassen. Die genaue Struktur und Funktion der Components schauen wir uns in Abschnitt 7.3 »Components«, genauer an. Für den Moment reicht es, wenn Sie verstehen, dass in der Datei **index.html** ein `ComponentContainer` mit Ihrer Component instanziiert wird und die Component dann den ersten View lädt. Der erste View, der angezeigt wird, wird in der Component oder genauer gesagt in der Datei **manifest.json** definiert bzw. ermittelt. Da wir im Moment noch keine App mit mehreren Views implementiert haben, müssen wir uns mit dem Thema Navigation noch nicht auseinandersetzen.

Deswegen betrachten wir nur den `root`-View, der in der **manifest**-Datei definiert ist (siehe Listing 6.10).

```
"rootView": {
  "viewName": "zui5.first.app.view.Main",
  "type": "XML",
  "async": true,
  "id": "Main"
}
```

Listing 6.10 root-View in der manifest-Datei

Der `root`-View gilt als der View, der als Erstes geladen wird. Diese Aussage ist aber nur teilweise richtig, da der erste View zur Laufzeit anhand von bestimmten Kriterien ermittelt wird. Wie das genau funktioniert und welche Kriterien dort eine Rolle spielen, werden wir uns in Abschnitt 7.3.2, »Navigation« genauer anschauen. Das würde an dieser Stelle zu weit führen. Lassen Sie sich von der Component und der Datei **manifest.json** nicht zu sehr verwirren, auch darauf werde ich zu einem späteren Zeitpunkt (siehe Abschnitt 7.3, »Components«) näher eingehen.

Im vorangegangenen Kapitel haben Sie die Namensräume kennengelernt. Auch Ihre Anwendung registriert sich mit einem Namensraum, diesen finden Sie auch im Bootstrap bzw. der **manifest**-Datei wieder:

```
data-sap-ui-resourceroots='{"zui5.first.app": "./"}'
```

Hier wird künstlich ein Präfix `zui5.first.app` erzeugt, das auf das Wurzelverzeichnis `"./"` zeigt. Durch diesen Zusatz werden die Dateien (View und Controller) nicht mehr im Standardverzeichnis **resources** gesucht, sondern in dem definierten lokalen Verzeichnis, in diesem Beispiel **zui5.first.app**.

Betrachten wir nun die View-Datei genauer. Wie Sie in Abschnitt 6.1.1, »Bootstrapping«, gelernt haben, definieren Sie in dieser Datei den XML-Namensraum für die verwendeten SAPUI5-Bibliotheken. Auch finden Sie hier den Verweis auf den Controller:

```
... controllerName="zui5.first.app.main" ...
```

Der Controller wiederum ist unter diesem Namensraum registriert, der nur eine Pfadangabe ist:

```
sap.ui.controller("zui5.first.app.main", { ...
```

Damit haben Sie die Verbindung zwischen **index.html**-, View- und Controller-Datei hergestellt, wie in Abbildung 6.24 veranschaulicht.

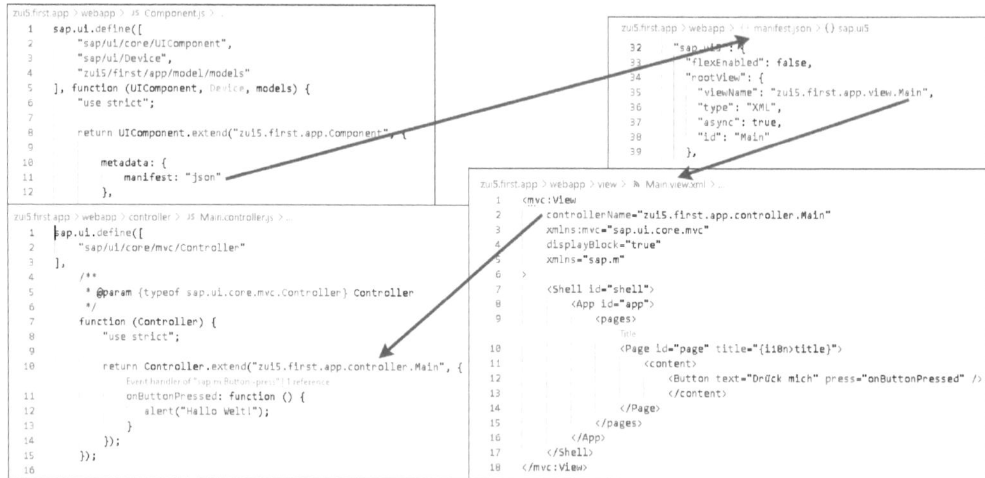

Abbildung 6.24 Zusammenhang zwischen den Dateien »index.html«, Component, »manifest.json«, View und Controller

Daran erkennen Sie nun auch, dass zuerst der View durch die Konfiguration in der manifest-Datei instanziiert wird und dieser dann den dazugehörigen Controller lädt. Wenn Sie das Beispiel bei geöffneten Entwicklertools betrachten, dann können Sie das Ladeverhalten auf der Registerkarte **Netzwerkanalyse** verfolgen, wie in Abbildung 6.25 dargestellt.

Inspektor | Konsole | Debugger | Stilbearbeitung | Laufzeitanalyse | Speicher | Netzwerkanalyse | Web-Speicher | Barrierefreiheit | Anwendung | DOM

Alles HTML CSS JS XHR Schriften Grafiken Medien WebSockets Sonstiges

Status	Methode	Host	Datei	Initiator	Typ	Übertragen	Größe
200	GET	localhost:8080	Component.js	sap-ui-core.js:60 (script)	js	662 B	568 B
200	GET	localhost:8080	i18n_de.properties	sap-ui-core.js:577 (xhr)	octet-stream	309 B	57 B
200	GET	localhost:8080	style.css	sap-ui-core.js:1361 (styles...	css	353 B	35 B
200	GET	localhost:8080	Main.view.xml	sap-ui-core.js:577 (xhr)	xml	543 B	375 B
200	GET	localhost:8080	Main.controller.js	sap-ui-core.js:60 (script)	js	533 B	309 B

Abbildung 6.25 Initiales Laden einer Anwendung in der Netzwerkanalyse

Auf View- und Objektinstanzen zugreifen

Nachdem Sie nun den Zusammenhang zwischen View und Controller kennengelernt haben, lautet die Frage, wie der Controller an die Instanz des Views bzw. an eine Instanz des Controls kommt. Eine Instanz des Controls erhalten Sie über die Methode `byId()` aus dem Core-Objekt. Die Instanz des Views erhalten Sie über die Methode `getView()` des Controller-Objekts, wobei das View-Objekt ebenfalls die Methode `byId()` bereithält. Worin liegt der Unterschied?

- `this.getView().byId()` gibt das Element mit der relativen ID zurück.
- `sap.ui.getCore().byId()` gibt das Element mit der absoluten ID zurück.

Besonders gut sehen Sie diesen Effekt, wenn Sie das Element im Document Object Model (DOM, siehe auch Abschnitt 2.5, »Document Object Model«) betrachten. Ein XML-View trägt im DOM für das gegebene Element nicht die definierte ID ein, sondern generiert ein eindeutiges Präfix (siehe Abbildung 6.26).

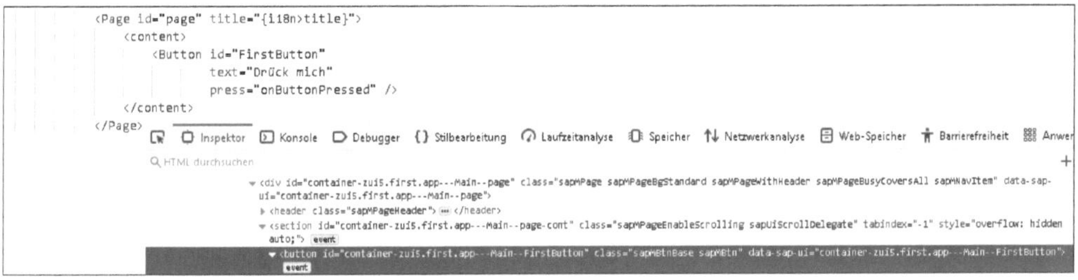

```
<Page id="page" title="{i18n>title}">
    <content>
        <Button id="FirstButton"
                text="Drück mich"
                press="onButtonPressed" />
    </content>
</Page>
```

```
Inspektor  Konsole  Debugger  Stilbearbeitung  Laufzeitanalyse  Speicher  Netzwerkanalyse  Web-Speicher  Barrierefreiheit  Anwe
HTML durchsuchen
▾ <div id="container-zui5.first.app---Main--page" class="sapMPage sapMPageBgStandard sapMPageWithHeader sapMPageBusyCoversAll sapMNavItem" data-sap-ui="container-zui5.first.app---Main--page">
  ▸ <header class="sapMPageHeader"> … </header>
  ▾ <section id="container-zui5.first.app---Main--page-cont" class="sapMPageEnableScrolling sapUiScrollDelegate" tabindex="-1" style="overflow: hidden auto;"> event
    ▾ <button id="container-zui5.first.app---Main--FirstButton" class="sapMBtnBase sapMBtn" data-sap-ui="container-zui5.first.app---Main--FirstButton"> event
```

Abbildung 6.26 Generierte ID im DOM

Aus der vergebenen ID `FirstButton` wird im DOM `container-zui5.first.app---Main--FirstButton`. Wird der View hingegen mit JavaScript erzeugt, z. B. wenn Sie den View dynamisch im Controller erzeugen, dann behält das Control die vergebene ID ohne zusätzliches Präfix.

Im Klartext bedeutet das, dass die Methode `this.getView().byId("FirstButton");` die Instanz des Button-Controls zurückgeben würde, während die Methode `sap.ui.getCore().byId("FirstButton");` lediglich die Meldung »undefined« zurückgibt. Ein `sap.ui.getCore().byId("container-zui5.first.app---Main--FirstButton");` wiederum würde ein korrektes Ergebnis zurückliefern, wie in Abbildung 6.27 dargestellt.

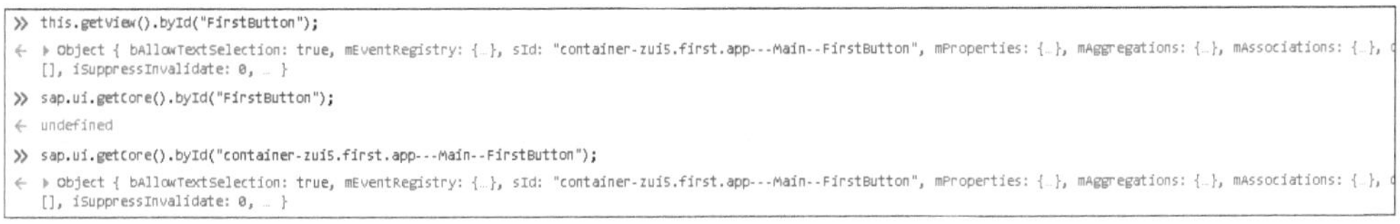

```
>> this.getView().byId("FirstButton");
← ▸ Object { bAllowTextSelection: true, mEventRegistry: {…}, sId: "container-zui5.first.app---Main--FirstButton", mProperties: {…}, mAggregations: {…}, mAssociations: {…},
  [], iSuppressInvalidate: 0, … }
>> sap.ui.getCore().byId("FirstButton");
← undefined
>> sap.ui.getCore().byId("container-zui5.first.app---Main--FirstButton");
← ▸ Object { bAllowTextSelection: true, mEventRegistry: {…}, sId: "container-zui5.first.app---Main--FirstButton", mProperties: {…}, mAggregations: {…}, mAssociations: {…},
  [], iSuppressInvalidate: 0, … }
```

Abbildung 6.27 Zugriff auf generierte ID

[+]

Zugriff über generierte ID

Obwohl ich den Zugriff über eine hart codierte ID zu Demonstrationszwecken vorgestellt habe, sollten Sie in der Praxis darauf verzichten und die richtige Funktion nutzen. Je nachdem, wann der View geladen wird, ändert sich nämlich das Präfix, und der hart codierte Name würde wieder nicht funktionieren.

Wann Sie welche Funktion verwenden sollten, ist leicht zu merken: Bei XML-Views nutzen Sie die Funktion `this.getView().byId` und bei JavaScript-Views die Funktion `sap.ui.getCore().byId()`. Schwieriger wird die Entscheidung bei den *Fragments*. Darauf werde ich aber in Abschnitt 7.4, »Fragments«, genauer eingehen.

Auch hier sollten Sie das eben Gelernte direkt ausprobieren. Dazu habe ich ein neues Projekt `zui5.first.app.ext` im Download-Material zum Buch bereitgestellt. Sie können jedoch auch Ihr Projekt `zui5.first.app` erweitern. Damit Sie ein zweites Objekt im View ansprechen können, legen Sie in Listing 6.11 neben dem Button noch ein `Text`-Control an und weisen diesem die ID `output` zu.

```
<Page title="Title">
  <content>
    <VBox>
      <Button text="Drück mich" press="onButtonPressed" />
      <Text id="output" />
    </VBox>
  </content>
</Page>
```

Listing 6.11 Zusätzliches Text-Control anlegen

Zur besseren Darstellung habe ich das Layout-Control `VBox` verwendet, da sonst der Text direkt am Button angezeigt wird. Probieren Sie die verschiedenen Möglichkeiten des Objektzugriffs in Listing 6.12 aus: In der Methode `onButtonPressed()` im Controller ermitteln Sie die Instanz des Buttons aus dem `Event`-Objekt und verändern den Button. Das `Text`-Control ermitteln Sie über die Methode `byId()` aus dem View-Objekt und verändern es. Schließlich ermitteln Sie die Instanz des `Text`-Controls über die Methode `byId()` des Core-Objekts und zeigen das Ergebnis in einem `alert`-Fenster an.

```
onButtonPressed: function(oEvent) {
  // Button-Instanz aus Event-Objekt
  oEvent.getSource().setText("Reicht");
  oEvent.getSource().setEnabled(false);

  // Text-Control-Instanz aus View-Objekt
  var oText = this.getView().byId("output");
```

```
  oText.setText("Danke");

  // Ermittlung über Core-Objekt scheitert.
  var oText = sap.ui.getCore().byId("output");
  alert(oText); // Ergibt undefined

  // Ermittlung über Core-Objekt funktioniert.
  var oText = sap.ui.getCore().byId(this.getView(
                                      ).createId("output"));
  alert(oText.getId()); // Ergibt eine ID.
}
```

Listing 6.12 Implementierung der Methode »handleButtonPressed« im Controller

Wenn Sie dieses Beispiel im Browser ausführen, erhalten Sie zunächst ein Pop-up-Fenster mit der Meldung »undefined« und anschließend ein Pop-up-Fenster mit der ID des Text-Controls (siehe Abbildung 6.28).

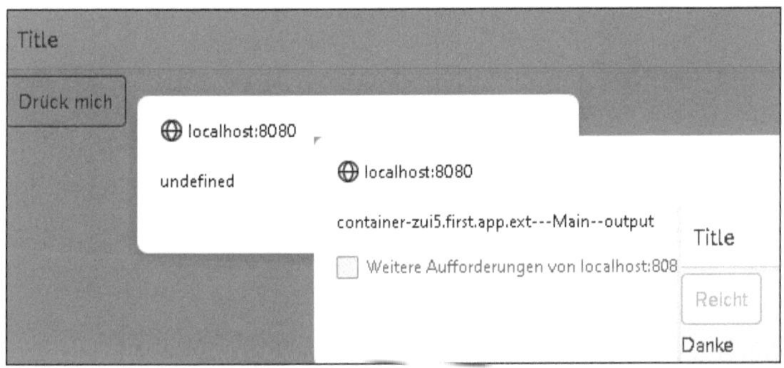

Abbildung 6.28 Zugriff auf die View-Komponenten über den Controller

Nun wissen Sie also, wie Sie auf Controls zugreifen können und wie Sie die Eigenschaften zur Laufzeit auslesen bzw. verändern können.

In unseren bisherigen Beispielen haben wir noch keinerlei Daten angezeigt. Um Controls mit bereits vorhandenen Daten zu verknüpfen, benötigen Sie die Technik des *Data Bindings*, die ich Ihnen als Nächstes vorstelle.

6.2 Modelle zur Datenbindung

Aufgrund der Interaktion mit dem SAP-System besteht bei einer SAPUI5-Anwendung die Herausforderung vor allem darin, Daten aus dem Backend anzuzeigen und Änderungen im Frontend durch Benutzerinteraktionen auch an das Backend zu kommunizieren und synchron zu halten. SAPUI5 bietet Ihnen hierzu verschiedene Möglichkeiten des *Data Bindings*. Damit bezeichnet man in der objektorientierten Welt die Abbildung von Daten (z. B. in XML oder in JSON) auf Objekte bzw. die Repräsentation von Daten durch Objekte. Data Binding ist also eine Technik, die zwei Daten- bzw. Informationsquellen miteinander verknüpft, um sie synchron zu halten.

Beim Data Binding wird zwischen One-Way-, Two-Way- und One-Time-Datenbindung unterschieden:

- Bei der *One-Way-Datenbindung* wirkt sich jede Änderung im Model auf die angebundene Benutzeroberfläche aus. Das heißt, sobald sich Daten im Model ändern, ändert sich auch die Anzeige auf der Benutzeroberfläche. Wenn die Daten über die Oberfläche geändert werden (z. B. durch eine Benutzerinteraktion), wird das Model jedoch nicht automatisch aktualisiert, sondern Sie müssen den Abgleich mit dem Model manuell, sprich per Coding, lösen. Ändert sich hingegen das Model, z. B. durch ein Refresh über einen Backend-Service, werden die gebundenen UI-Elemente automatisch aktualisiert. Abbildung 6.29 veranschaulicht diesen Sachverhalt.

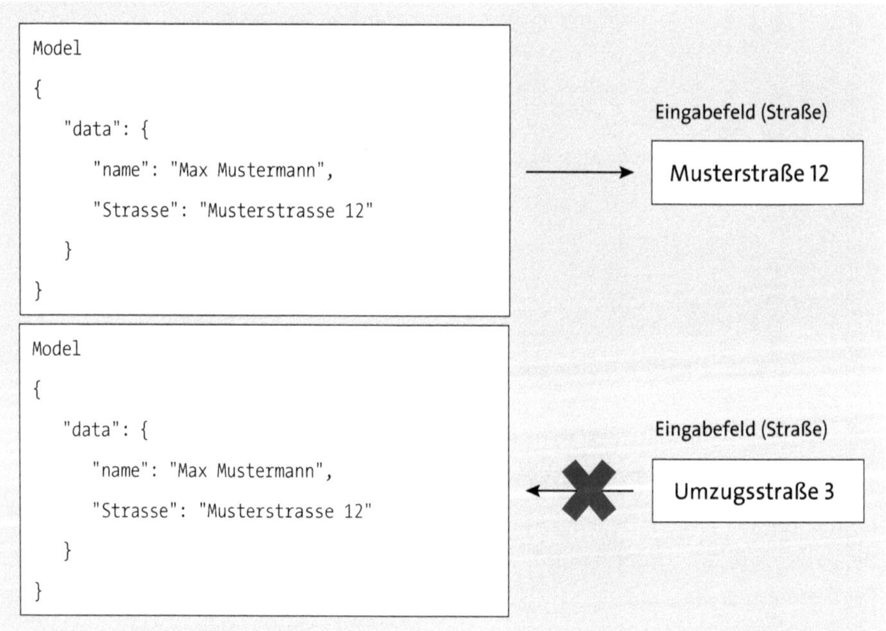

Abbildung 6.29 One-Way-Datenbindung

- Bei der *Two-Way-Datenbindung* (bidirektionale Bindung) hingegen wirkt sich jede Änderung durch eine Benutzerinteraktion auch direkt auf das Model aus. Wenn also Daten in einem gebundenen Feld geändert werden, wird der Datensatz auch im Model geändert, wie in Abbildung 6.30 dargestellt.

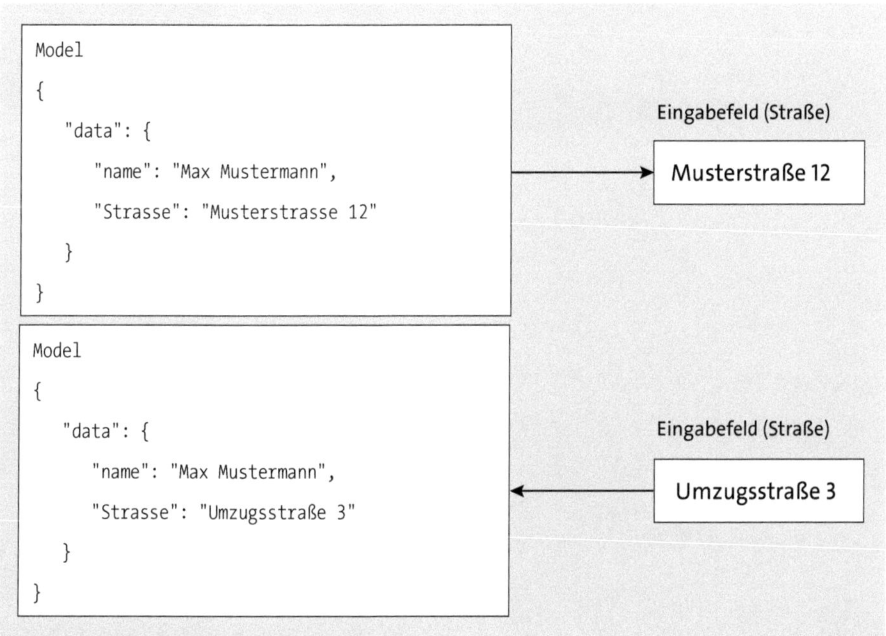

Abbildung 6.30 Two-Way-Datenbindung

- Bei der *One-Time-Datenbindung* werden die gebundenen Controls nur einmalig aktualisiert. Jede weitere Datenänderung im Model und im UI-Control hat keinerlei Auswirkungen mehr. Die One-Time-Datenbindung ist nur beim Resource Model relevant und spielt eine eher untergeordnete Rolle.

Data Binding wird im SAPUI5-Kontext immer dann benötigt, wenn Sie z. B. in einem entsprechenden Control Daten aus dem SAP-Backend anzeigen möchten bzw. bestimmte Eigenschaften eines Controls dynamisch ändern möchten. Dies sind z. B. Tabellen oder Dropdown-Felder, wie sie Abbildung 6.31 zeigt.

SAPUI5 unterstützt bei der Datenbindung vier Modelle:

- **JSON Model**
  Standardbindungstyp: Two-Way-Datenbindung
- **XML Model**
  Standardbindungstyp: Two-Way-Datenbindung
- **Resource Model**
  Standardbindungstyp: One-Time-Datenbindung
- **OData Model**
  Standardbindungstyp: One-Way-Datenbindung

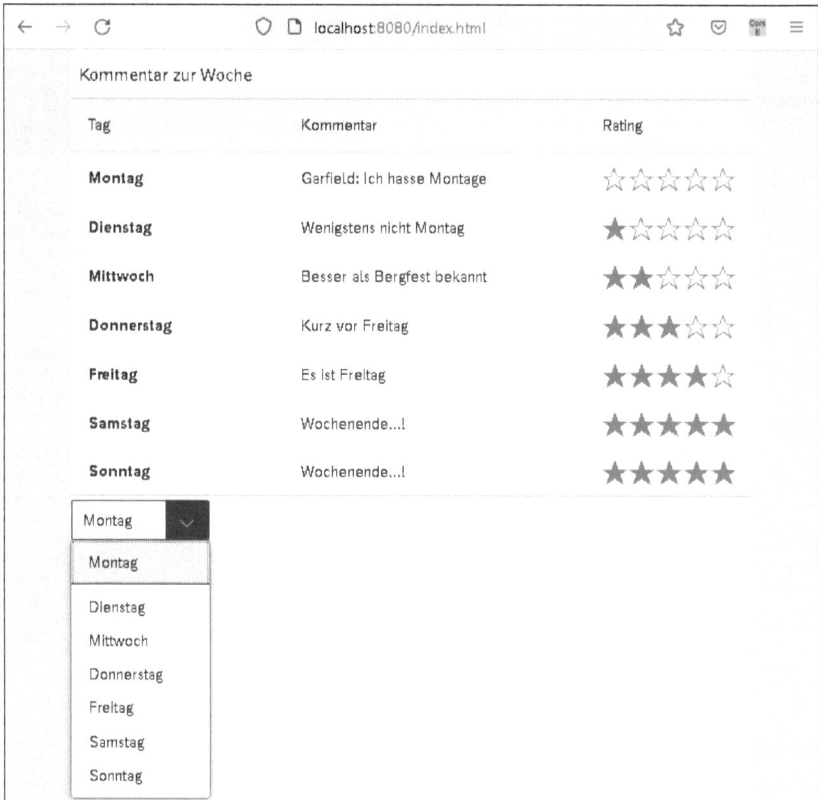

Abbildung 6.31 Beispiele für Controls mit Datenbindung

Das Vorgehen beim Data Binding ist unabhängig vom verwendeten Muster immer gleich:

1. Daten definieren
2. Instanz des passenden Models erzeugen
3. Model-Parameter an das UI-Control binden

Die Datendefinition kann entweder lokal erfolgen oder aus einem SAP-System stammen. Abhängig vom gewählten Datenbindungsmodell erzeugen Sie ein entsprechendes Model, laden die Daten in dieses Model und binden Properties des Models an eine Property oder Aggregation des UI-Controls. Auf diese verschiedenen Möglichkeiten gehen wir in Abschnitt 6.3, »Datenbindungstypen«, ein. Erhalten Sie also den Datenstrom im JSON-Format, wählen Sie das JSON Model, erhalten Sie einen XML-Datenstrom, wählen Sie das XML Model, und erhalten Sie die Daten im OData-Protokoll, wählen Sie das OData Model.

Für jedes Datenbindungsmodell ergeben sich ein paar Besonderheiten, die ich Ihnen nun näher erläutere.

6.2.1 JSON Model

Das JSON-Format haben Sie bereits in Abschnitt 2.1.5, »Objekte«, und Abschnitt 3.4, »AJAX«, kennengelernt. Um das entsprechende Model verwenden zu können, müssen Sie zunächst eine Instanz des JSON Models erzeugen:

```
var oModel = new sap.ui.model.json.JSONModel();
```

Im nächsten Schritt binden Sie die Datenquelle an das Model, wobei <URL> als Platzhalter für den Pfad zur JSON-Datei steht:

```
oModel.loadData("<URL>");
```

Nun können Sie die Daten aus dem Model an ein UI-Control binden, z. B. an ein Table-Control:

```
oTable.setModel(oModel);
oTable.bindRows("<Pfad im JSON>");
```

Der Pfad in JSON setzt sich entsprechend seiner Attribute zusammen; im Beispiel in Listing 6.13 sehen Sie einen Speiseplan für die Kalenderwoche 43.

```
{
Woche:{
    name: "KW43",
    info: {
            Motto: "Thai-Wochen"
            Stammessen: 2
            },
    Wochentage: [{
      name: "Montag",
      Stammessen1: "Nudeln mit Huhn",
      Stammessen2: "Bami Goreng"
         },{
      name: "Dienstag",
      ...
    }]
  }
}
```

Listing 6.13 Beispiel für eine JSON-Datei

Wenn Sie nun z. B. wissen möchten, wie viele Stammessen in dieser Woche angeboten werden, ist der Binding-Pfad **/Woche/info/Stammessen**. Beim Binding können Sie nun dem Parser den Kontext mitteilen und so den Pfad relativ zum neuen Parser-

Startpunkt setzen. Wenn Sie im Data Binding den Kontext bereits auf »Woche« setzen, ergibt sich daraus der relative Pfad **/info/Stammessen**.

Vorbereitung

Ich zeige Ihnen die Datenbindung mit dem JSON Model anhand eines Beispiels:

1. Erzeugen Sie ein neues Projekt `zui5.json`, und legen Sie innerhalb des **webapp**-Verzeichnisses ein neues Verzeichnis **mock** an, wie in Abbildung 6.32 dargestellt.

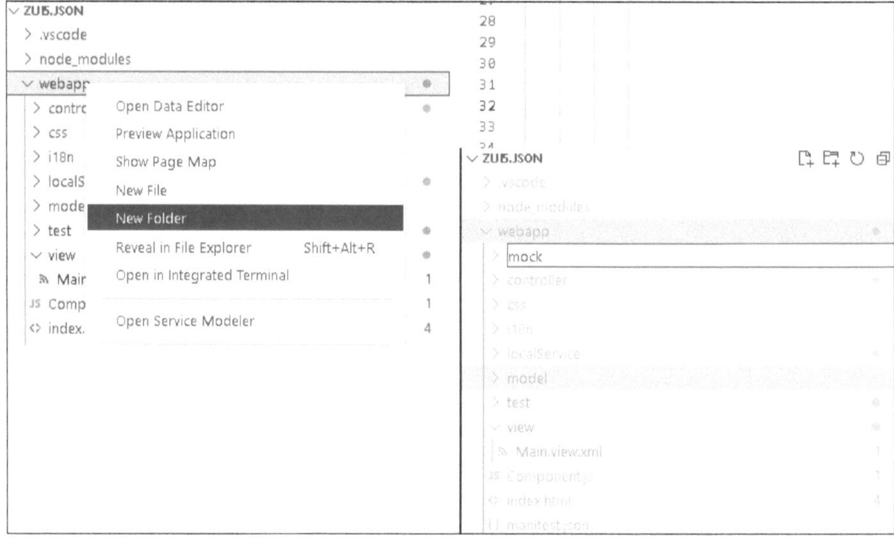

Abbildung 6.32 Neues Verzeichnis »mock« erstellen

2. Legen Sie nun innerhalb des neuen Ordners **mock** über das Kontextmenü eine Datei an. Nennen Sie die Datei »weekday.json«.
3. Fügen Sie in diese Datei den Code aus Listing 6.14 ein. (Aus Gründen der Übersichtlichkeit zeige ich hier eine gekürzte Version. Die vollständige Datei können Sie im Download-Bereich des Buches herunterladen. Sie finden die Datei im Verzeichnis **mock** als **weekday.json**.)

```
{
  "weekdays": [
    {
        "DayId": "Montag",
        "description": "Garfield: Ich hasse Montage",
        "rating": 0
    },
    {
        "DayId": "Dienstag",
```

```
        "description": "Wenigstens nicht Montag",
        "rating": 1
    },
// usw.
    ]
}
```

Listing 6.14 Datei »weekday.json« (Ausschnitt)

Binding

Um die JSON-Datei an das `Table`-Control zur Anzeige der Daten (siehe Abbildung 6.31) zu binden, sind die folgenden Schritte notwendig:

1. Instanz des JSON Models erzeugen
2. Datei in das Model einlesen
3. Model an die Spalten des `Table`-Controls binden

Beginnen wir im ersten Schritt mit der Erzeugung des passenden Models. Da Ihnen hier eine JSON-Datei vorliegt, wählen Sie das JSON Model. Durch das verwendete SAPUI5-Template von Visual Studio Code bzw. des SAP Business Application Studios liegt Ihnen bereits eine Component mit einer **manifest.json**-Datei vor. Hier können Sie das Model ganz einfach in der Konfiguration hinzufügen, und beim Instanziieren der Component erzeugt diese automatisch unsere Model-Instanz. Letztlich macht die Component also nichts anderes als im Pseudocode Listing 6.15 angegeben.

```
// Instanz von JSON Model erzeugen
var oModel = new sap.ui.model.json.JSONModel();

// JSON in Model laden
oModel.loadData("mock/week.json");
```

Listing 6.15 JSON Model erzeugen und Datei in Model laden

Was müssen Sie nun in der Datei **manifest.json** angeben, damit das Ganze funktioniert? Zum einen braucht die Datei **manifest.json** die Information, um welches Model es sich handelt, in diesem Beispiel also ein JSON Model, und zum anderen die URL zum Datensatz. Gehen Sie dazu in den `sap.app`-Abschnitt der Datei **manifest.json**, und legen Sie dort eine neue Data Source mit dem Namen `"data"` an, wie in Listing 6.16 gezeigt.

```
"sap.app": {
  "id": "zui5.json",
  "type": "application",
```

```
  "i18n": "i18n/i18n.properties",
  "applicationVersion": {
    "version": "1.0.0"
  },
  "title": "{{appTitle}}",
  "description": "{{appDescription}}",
  "resources": "resources.json",
  "ach": "ach",
  "dataSources": {
    "data": {
      "uri": "mock/weekday.json",
      "type": "JSON"
    }
  }
}
```

Listing 6.16 Data Source in der Datei »manifest.json«

Statt »data« können Sie Ihrer Data Source auch einen anderen Namen geben, als UIR geben Sie den Pfad zu Ihrer lokalen **weekday.json**-Datei an. Im nächsten Schritt definieren Sie im `models`-Abschnitt der Datei **manifest.json** noch das JSON Model und referenzieren auf unsere eben angelegte Data Source, wie in Listing 6.17 angegeben.

```
"models": {
    "i18n": {
      "type": "sap.ui.model.resource.ResourceModel",
      "settings": {
        "bundleName": "zui5.json.i18n.i18n"
    }
    },
    "": {
      "type": "sap.ui.model.json.JSONModel",
      "dataSource": "data"
    }
},
```

Listing 6.17 Model in der Datei »manifest.json« definieren

In diesem Beispiel möchten wir dem Model keinen Namen geben. Wie Sie mit mehreren Models umgehen können, schauen wir uns in Abschnitt 6.2.3, »Resource Model«, an. Mit diesen zwei Schritten erzeugt nun die Component bei der Instanziierung ein JSON Model und liest die Daten von dem angegebenen URI, in unserem Beispiel eine lokale Datei, ein.

Sichtbarkeit des Models

Die ersten beiden Schritte wären damit geschafft: Sie haben eine Model-Instanz erstellt, und diese hält nun die Daten aus der Datei. Doch wie kommen Sie programmatisch an die Daten heran? Das hängt davon ab, wie das Model erzeugt wurde. In unserem Beispiel in Listing 6.17 haben wir das Model in der Datei **manifest.json** definiert. Daher hängt das Model in diesen Fall an der Component. Wenn Sie das Model aber mit `var oModel = new sap.ui.model.json.JSONModel();` erzeugen, dann können Sie die Sichtbarkeit des Models steuern. Das heißt, Sie können definieren, für welches Control bzw. für welchen View das Model sichtbar sein soll. Dazu haben Sie in SAPUI5 mehrere Möglichkeiten:

- **Model der Core-Instanz anhängen**
  Sie können das Model durch die Funktion `sap.ui.getCore().setModel()` der Core-Instanz anhängen, dadurch ist das Model in allen Views und allen Controllern verfügbar. Über die Funktion `sap.ui.getCore().getModel()` können Sie die Instanz des Models jederzeit wiederholen. Diese Vorgehensweise ist nur sinnvoll, wenn Sie ein Model in der gesamten Anwendung benötigen. Ein typisches Beispiel dafür ist das Model `i18n`, das Sie in Abschnitt 6.2.3, »Resource Model«, noch kennenlernen werden.
- **Model der Component anhängen**
  Sie können das Model auch der Component anhängen, dass passiert automatisch, wenn Sie das Model in der Datei **manifest** definieren. Die Component ist unter Gesichtspunkten der Sichtbarkeit unterhalb der Core-Komponente, aber oberhalb des Views angesiedelt.
- **Model dem View anhängen**
  Wenn Sie ein Model nur in einem bestimmten View benötigen, um z. B. lokal Sichtbarkeiten zu steuern, dann können Sie das Model an den View hängen. Dadurch ist das Model nur im dazugehörigen View verfügbar. Da unsere bisherigen Beispiele lediglich einen View besitzen, ist diese Sichtbarkeit ausreichend. Durch die Controller-Funktion `getView()` erhalten Sie die View-Instanz zurück. Über `this.getView().setModel()` können Sie das Model also der View-Instanz anhängen. In der Realität verwenden Sie diese Technik lediglich bei spezifischen Models in der Art eines View Settings Models oder wenn Sie sonstige lokale Zustände in einem Model speichern möchten.
- **Model einem einzelnen Control anhängen**
  Wenn das Model nur in einem Control benötigt wird, können Sie es auch direkt dem entsprechenden Control anhängen. Dafür hält jedes UI-Control die Methode `setModel()` bereit.

Da Sie das Model in der **manifest**-Datei erzeugt haben, können Sie im View direkt darauf zugreifen.

Was dafür noch fehlt, ist das eigentliche Data Binding. Betrachten Sie dafür die eingelesene Datei **weekday.json** in Abbildung 6.33 etwas genauer. Das JSON-Format ist in Schlüssel-Wert-Paaren aufgebaut. Innerhalb des `Table`-Controls sollen alle Einträge unter dem Knoten mit dem Schlüssel `weekdays` anzeigt werden, und zwar in drei Spalten, jeweils mit der Information der Schlüssel `DayId`, `description` und `rating`.

```
{
    "weekdays": [
        {
            "DayId": "Montag",
            "description": "Garfield: Ich hasse Montage",
            "rating": 0
        },
        {
            "DayId": "Dienstag",
            "description": "Wenigstens nicht Montag",
            "rating": 1
        },
        {
            "DayId": "Mittwoch",
            "description": "Besser als Bergfest bekannt",
            "rating": 2
        },
```

Abbildung 6.33 JSON-Datei »weekday.json«

Damit der Parser zwischen einer normalen Property und einer »gebundenen« Property unterscheiden kann, müssen Sie den Wert in geschweiften Klammern angeben. Daraus ergibt sich das Data Binding in Abbildung 6.34. Letztlich »sagen« Sie damit dem Parser, dass sich die relevanten Einträge für diese Tabelle unterhalb des Knotens `weekdays` befinden (`<Table items="`**`{/weekdays}`**`">`). Unterhalb dieses Knotens sollen die Informationen aus der Property `DayId` in der ersten Spalte der Tabelle angezeigt werden, die Informationen aus der Spalte `description` in der zweiten Spalte usw. (siehe Abbildung 6.34).

```
{
    "weekdays": [
        {
            "DayId": "Montag",
            "description": "Garfield: Ich hasse Montage",
            "rating": 0
        },
        {
            "DayId": "Dienstag",
            "description": "Wenigstens nicht Montag",
            "rating": 1
        },
        {
            "DayId": "Mittwoch",
            "description": "Besser als Bergfest bekannt",
            "rating": 2
        },
```

```
<Table items="{path: '/weekdays'}">
    <columns>
        <Column>
            <Text text="Tag" />
        </Column>
        <Column>
            <Text text="Kommentar" />
        </Column>
        <Column>
            <Text text="Rating" />
        </Column>
    </columns>
    <items>
        <ColumnListItem vAlign="Middle">
            <cells>
                <ObjectIdentifier title="{DayId}"/>
                <Text text="{description}" />
                <RatingIndicator value="{rating}" />
            </cells>
        </ColumnListItem>
    </items>
</Table>
```

Abbildung 6.34 Data Binding an ein Table-Control

Die Implementierung des vollständigen Views muss damit wie in Listing 6.18 aussehen.

```
<mvc:View controllerName="zui5.json.controller.Main"
  xmlns:mvc="sap.ui.core.mvc"
  xmlns:core="sap.ui.core"
  displayBlock="true"
  xmlns="sap.m">
  <Shell id="shell">
    <App id="app">
      <pages>
        <Page id="page" title="Kommentar zur Woche">
          <content>
            <Table items="{path: '/weekdays'}">
              <columns>
                <Column>
                  <Text text="Tag" />
                </Column>
                <Column>
                  <Text text="Kommentar" />
                </Column>
                <Column>
                  <Text text="Rating" />
                </Column>
              </columns>
              <items>
                <ColumnListItem vAlign="Middle">
                  <cells>
                    <ObjectIdentifier title="{DayId}"/>
                    <Text text="{description}" />
                    <RatingIndicator value="{rating}" />
                  </cells>
                </ColumnListItem>
              </items>
            </Table>
          </content>
        </Page>
      </pages>
    </App>
  </Shell>
</mvc:View>
```

Listing 6.18 View-Implementierung (Main.view.xml)

Checken Sie nun das Projekt in das SAP-Backend ein, oder schauen Sie sich das Ergebnis in der Vorschau von Visual Studio Code bzw. SAP Business Application Studio an (siehe Abbildung 6.35). Wie Sie sehen, werden die Informationen aus der JSON-Datei über das Data Binding an die entsprechenden Spalten und Zeilen der Tabelle »gebunden« und angezeigt.

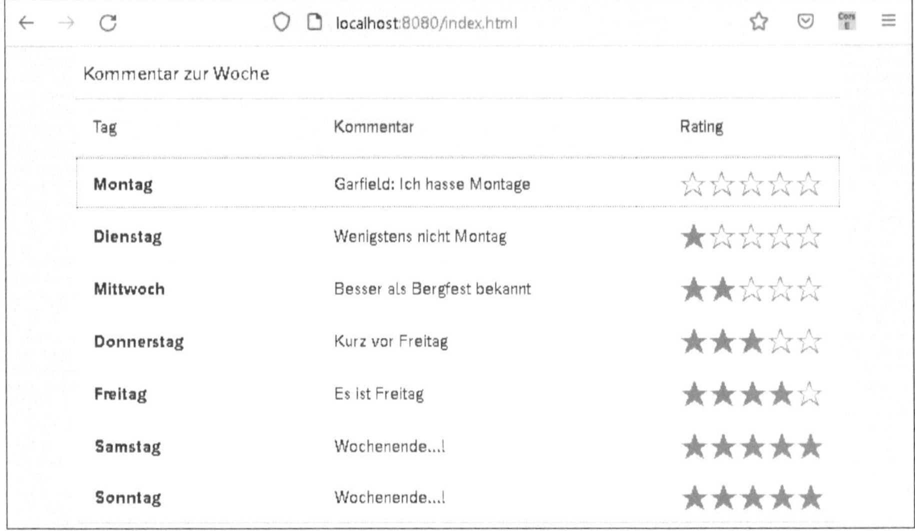

Abbildung 6.35 Ausgabe des Views nach Umsetzung des Data Bindings mit JSON

Fehlerbehandlung

Die häufigsten Fehler beim Data Binding sind folgende:

- eine fehlerhafte Pfadangabe
- nicht berücksichtigte Groß- und Kleinschreibung (JavaScript ist case-sensitive!)
- ungültiges JSON-Format

Im Fall eines Fehlers prüfen Sie zunächst über die Konsole (siehe Abbildung 6.36) den JSON-Code, und vergleichen Sie sowohl den Pfad als auch die Groß- und Kleinschreibung mit Ihrer Implementierung.

Sollten Sie hier keinen Fehler feststellen können, prüfen Sie als Nächstes, ob es sich bei der Übergabe um valides JSON handelt. Unter *www.jsonlint.com* finden Sie einen Validator, der Ihnen im Fall eines Fehlers die entsprechende Stelle in JSON anzeigt.

Wenn Sie sich z. B. beim Dateinamen verschrieben haben, dann sehen Sie in der Netzwerkanalyse eine gescheiterte Anfrage mit der Fehlermeldung 404 (siehe Abbildung 6.37).

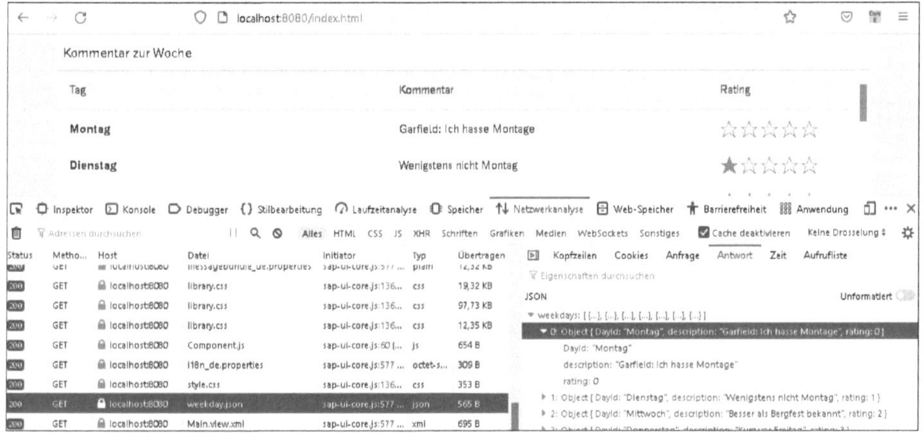

Abbildung 6.36 JSON-Datei in der Webkonsole überprüfen

Abbildung 6.37 Fehler 404 beim Einlesen einer Datei

Beispiel: One-Way- und Two-Way-Datenbindung

Um Ihnen das Konzept der One-Way- und Two-Way-Datenbindung zu verdeutlichen, werden wir an dieser Stelle ein Beispiel implementieren, bei dem Sie zwei Werte an eine Model-Eigenschaft binden. Wie Sie sehen werden, wird bei der Two-Way-Datenbindung das zweite Feld »automatisch« mit geändert, bei der One-Way-Datenbindung bleibt es hingegen unverändert.

Legen Sie das Projekt `zui5.json.oneway` mit dem initialen XML-View `Main` an. In dem View implementieren Sie ein Textfeld ohne Inhalt. Den Text setzen Sie später über den Controller, um auf einen Blick sehen zu können, ob Sie sich im One-Way- oder Two-Way-Modus befinden. Des Weiteren benötigen Sie ein `Input`-Control, d. h. ein Eingabefeld, in dem Sie zwei Properties an den gleichen Model-Wert binden. Die Implementierung dieses Views zeigt Ihnen Listing 6.19.

```
<Page title="One-or-two Way">
  <content>
    <Text id="BindMode" />

    <Input id="InputField"
```

```
            value="{/value}"
            description="{/value}"
            valueLiveUpdate="true"
            width="50%" />

   </content>
</Page>
```

Listing 6.19 View zur Verdeutlichung der verschiedenen Bindungsmodelle

Jetzt könnten wir auch hier wieder ein Model in der Datei **manifest.json** definieren. Zu Übungszwecken wählen wir diesmal aber die andere Variante, bei der das Model in der `onInit`-Methode des Controllers implementiert wird. Da sich dieses Model nicht auf eine Datei bezieht, können Sie es direkt im Controller erzeugen. Damit Sie im View besser erkennen können, in welchem Modus Sie sich befinden, ermitteln Sie über die Methode `getDefaultBindingMode()` den Binding-Modus und schreiben ihn in das Textfeld. Beim JSON Model müssen Sie für die Umsetzung der Two-Way-Datenbindung nichts weiter tun, da es sich um den Standardwert handelt.

Probieren Sie das Beispiel im Browser aus, und tippen Sie etwas in das Eingabefeld. Wie Sie sehen, ändert sich automatisch auch die Beschreibung des Eingabefeldes, da Sie die Control-Property `description` an den gleichen Wert im Model gebunden haben. Ändern Sie nun den Binding-Modus über die Funktion `oModel.setDefaultBindingMode(sap.ui.model.BindingMode.OneWay);` auf One-Way, und testen Sie erneut. Die `onInit`-Methode sieht damit wie in Listing 6.20 aus.

```
onInit: function() {
// Datenmodell definieren
    var oData = {
          value: ""
    };

   var oModel = new sap.ui.model.json.JSONModel(oData);
// Beim zweiten Test mit One Way Bindung
   oModel.setDefaultBindingMode(
                           sap.ui.model.BindingMode.OneWay
                              );
    this.getView().setModel(oModel);

        this.getView().byId("BindMode")
                     .setText(oModel.getDefaultBindingMode());


}
```

Listing 6.20 Controller mit Datenbindung nach dem One-Way-Modus

Wenn Sie das Beispiel auch über die Datei **manifest.json** implementieren möchten, dann setzen Sie den Binding-Modus in der **manifest**-Datei (siehe Listing 6.21).

```
"": {
    "type": "sap.ui.model.json.JSONModel",
     "settings": {
         "defaultBindingMode": "OneWay"
     }
}
```

Listing 6.21 Binding-Modus in der Datei »manifest.json« definieren

Entscheiden Sie sich für eine Variante, da sich die Models sonst gegenseitig überschreiben. Im Controller können Sie über folgenden Befehl die Instanz des Models holen:

```
var oManifestModel =
 sap.ui.core.Component.getOwnerComponentFor(this.getView()).getModel();
```

Führen Sie das Beispiel erneut aus, und betrachten Sie den Unterschied im Browser (siehe Abbildung 6.38).

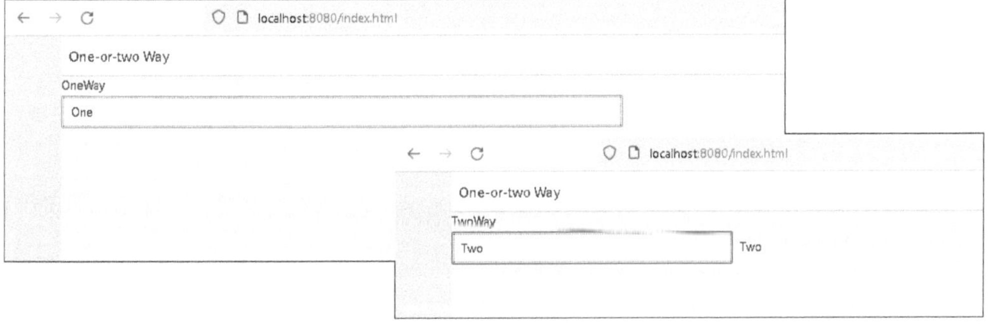

Abbildung 6.38 Unterschied bei der Ausgabe zwischen One-Way- und Two-Way-Bindung

6.2.2 XML Model

Das XML Model können Sie nahezu analog zum JSON Model verwenden; es bestehen lediglich zwei Unterschiede: Zum einen muss es sich bei der eingelesenen Datei um eine XML-Datei handeln, und zum anderen müssen Sie beim Data-Binding-Pfad den `root`-Knoten der XML-Datei weglassen. Die Instanz zum Model erzeugen Sie über die folgende Anweisung:

```
var oModel = new sap.ui.model.xml.XMLModel();
```

Auch hier können Sie das Model in der **manifest**-Datei definieren oder erst zur Laufzeit an geeigneter Stelle erzeugen. Nehmen wir an, Sie möchten die Informationen aus der XML-Datei in Listing 6.22 auslesen. Diese liegt im Verzeichnis **xml\week.xml**.

```
<week>
<days>
.....<day>Montag</day>
.....<comment>Garfield: Ich hasse Montage!</comment>
</days>
...
```

Listing 6.22 XML-Datei mit Informationen zu den Wochentagen (Ausschnitt)

Analog zum vorangegangenen JSON-Beispiel erzeugen Sie eine Instanz des XML Models und laden diese mithilfe der `loadData`-Methode in das Model (siehe Listing 6.23).

```
sap.ui.define([
  "sap/ui/core/mvc/Controller",
  "sap/ui/model/xml/XMLModel"
],
  /**
   * @param {typeof sap.ui.core.mvc.Controller} Controller
   * @param {typeof sap.ui.model.xml.XMLModel} XMLModel
   */
  function (Controller, XMLModel) {
    "use strict";

    return Controller.extend("zui5.xml.controller.Main", {
      onInit: function () {
        var oModel = new XMLModel();
        oModel.loadData("xml/week.xml");
        this.getView().setModel(oModel);
      }
    });
  }
);
```

Listing 6.23 Laden des XML Models im Controller

Im Unterschied zu JSON müssen Sie beim XML Model beim eigentlichen Binding den `root`-Knoten, also in diesem Beispiel `<week>`, weglassen.

Im Gegensatz zu JSON können XML-Tags auch Attribute tragen. So könnte die Datei z. B. wie in Listing 6.24 aussehen.

```
<week>
 <days>
   <day comment="Garfield: Ich hasse Montage!">Montag</day>
</days>
<days>
   <day comment="Wenigstens nicht Montag">Dienstag</day>
</days>
<days>
```


Listing 6.24 XML-Datei mit Attributen (Ausschnitt)

In dieser Datei ist der Kommentar zum Wochentag ein Attribut des day-Tags. Zum Binding von XML-Attributen verwenden Sie in SAPUI5 die spezielle Notation mit vorangestelltem @-Zeichen. Für das Beispiel in Listing 6.24 würde sich also die folgende Binding-Syntax ergeben:

```
<Text text="{day}" />
<Text text="{day/@comment}" />
```

Das Attribut-Binding wird Ihnen in Abschnitt 8.5, »Smart Controls«, wieder begegnen. Bei den Smart Controls nutzen Sie die Annotationen eines OData-Service, um z. B. Text aus dem Backend direkt als Label eines UI-Controls zu verwenden.

Wenn Sie die Datei **manifest** nutzen, ändert sich im Vergleich zum JSON Model auch nicht viel, hier müssen Sie lediglich auf die XML-Datei referenzieren und ein XML Model verwenden (siehe Listing 6.25).

```
"sap.app": {
...
    "dataSources": {
      "data": {
        "uri": "mock/week.xml",
        "type": "JSON"
      }
    }
  },
...
    "models": {
...
      "": {
        "type": "sap.ui.model.xml.XMLModel",
        "dataSource": "data"
      }
    },
```

Listing 6.25 XML Model in der Datei »manifest.json«

Als kleine Übung legen Sie nun das Projekt `zui5.xml` an. Legen Sie dafür wie im JSON-Beispiel im Verzeichnis **webapp** einen Ordner **mock** mit der Datei **week.xml** an, und fügen Sie den Code aus Listing 6.22 ein (die vollständige XML-Datei können Sie im Download-Bereich des Buches herunterladen).

RatingIndicator-Control weglassen

Lassen Sie bei diesem Beispiel zunächst das Control `RatingIndicator` zur Anzeige der Bewertung bewusst weg. Es benötigt einen Wert vom Typ `float`. Da der Wert in der XML-Datei vom Typ `string` ist, kommt es hier zu einem Parser-Fehler. Auch dafür gibt es eine Lösung, deren Erläuterung an dieser Stelle jedoch zu weit führen würde. Wir werden in Abschnitt 6.3.6, »Complex Binding«, zu diesem Beispiel zurückkehren und eine Lösung implementieren.

Erzeugen Sie ein XML Model anstelle des JSON Models, lesen Sie die XML-Datei in das Model ein, und binden Sie es anschließend an ein `Table`-Control. Achten Sie beim Binding darauf, den `root`-Knoten wegzulassen.

6.2.3 Resource Model

Das Resource Model wird als eine Art Adapter verwendet, um mehrere thematisch zusammengehörende Quellen zu verwalten. Dies ist z. B. der Fall, wenn Sie Texte sprachabhängig ablegen und verwalten möchten. Die Instanz erzeugen Sie nach dem folgenden Schema:

```
this.oLangu = new sap.ui.model.resource.ResourceModel(
{ bundleUrl : "i18n/i18n.properties",
 "bundleLocale":"en"});
```

Das Attribut `bundleURL` gibt den Pfad zum entsprechenden Verzeichnis an und das Attribut `bundleLocale` die Sprache. In diesem Beispiel bedeutet die Angabe, dass die Sprachdateien unterhalb des Verzeichnisses **i18n** mit dem Namen **i18n[Sprachkürzel].properties** abgelegt wurden. Das Numeronym i18n ist eine Abkürzung für Internationalisierung, da im englischen Wort Internationalization zwischen dem »i« und dem »n« 18 Buchstaben liegen. Beachten Sie, dass die Dateien die Endung **.properties** haben müssen. Die **.properties**-Datei selbst ist nach dem Schlüssel-Wert-Schema aufgebaut. Schauen wir uns ein Beispiel an. Wie Sie in Abbildung 6.39 sehen, gibt es eine **.properties**-Datei pro unterstützte Sprache

Meldet sich der Anwender nun z. B. mit der Anmeldesprache Englisch im Backend an, wird die Datei **i18n_en.properties** eingelesen, bei der Anmeldesprache Deutsch hingegen die Datei **i18n_de.properties**.

```
WebContent
  controller
  css
  i18n
    i18n_ar.properties
    i18n_cs.properties
    i18n_de.properties
    i18n_en.properties
    i18n_es.properties
    i18n_fr.properties
    i18n_hu.properties
    i18n_it.properties
    i18n_iw.properties
    i18n_ja.properties
    i18n_no.properties
    i18n_pl.properties
    i18n_pt.properties
    i18n_ru.properties
    i18n_tr.properties
    i18n_zh_CN.properties
    i18n.properties
  img
  META-INF
  util
  view
```

Abbildung 6.39 .properties-Dateien im Verzeichnis »i18n«

Was passiert, wenn sich der Anwender in einer nicht unterstützten Sprache anmeldet? In diesem Fall wird die Default-Datei, also die Datei ohne Sprachkennung, eingelesen. In unserem Beispiel wäre das die Datei **i18n.properties**.

Ermittlung der Anzeigesprache in SAPUI5

In SAPUI5 ist ein festes Regelwerk implementiert, wie die Sprache ermittelt wird. Dabei wird zunächst das Standardgebietsschema abgefragt, sollte dieses nicht definiert sein, die konfigurierte Browsersprache etc.:

1. fest codiertes SAPUI5-Standardgebietsschema (`'en'`)
2. konfigurierte Browsersprache (`window.navigator.browserLanguage`)
3. konfigurierte Benutzersprache (`window.navigator.userLanguage`)
4. allgemeine Sprachinformationen aus dem Browser (`window.navigator.language`)
5. Android-Endgeräte: Sprache im User Agent (`window.navigator.userAgent`)
6. Sprachkennung, die in der Anwendung konfiguriert wird, z. B. `sap.ui.core.Configuration.setLanguage("en")`
7. Sprachkennung als URL-Parameter, z. B. `sap-ui-language=en`

Im nächsten Schritt binden Sie das Model unter einer ID, in diesem Beispiel `i18n`, an das Core Model:

```
sap.ui.getCore().setModel(this.oLangu, "i18n");
```

[+]

Named Model

Da Sie in nahezu jedem View übersetzbare Texte verwenden werden, wird das Resource Model in der Regel auch in der **manifest**-Datei definiert bzw. ist bereits Teil des Templates. Da Sie nun zwei Models haben, eines für die Sprachdateien und ein anderes für die Daten, müssen Sie die Models irgendwie auseinanderhalten. In SAPUI5 gelingt das über die Bezeichnung des Models. Um mehrere Models »verwalten« zu können, müssen Sie in SAPUI5 dem Model eine ID vergeben, um es dann über diesen eindeutigen Namen wieder ansprechen zu können. Im Binding ändert sich dadurch die Syntax zu:

```
{Modelname>Modelproperty}
```

Wenn Sie sich Listing 6.17 genau anschauen, dann werden Sie feststellen, dass das Template das Resource Model bereits unter dem Namen `i18n` anlegt ist. In Ihren UI-Controls können Sie nun das Model unter der ID `i18n` an den angezeigten Text binden:

```
var oText = new sap.m.TextView(
{"text":"{i18n>[TEXT-ID]})
```

Zur Veranschaulichung des Resource Models legen Sie ein neues Projekt `zui5.translation` mit dem initialen XML-View `Main` an. Das Template generiert bereits ein Verzeichnis `i18n` und definiert das `i18n`-Model in der **manifest**-Datei. Nun müssen Sie nur noch für jede Sprache eine Datei anlegen und die Texte entsprechend in allen Sprachen pflegen. Legen Sie nun die beiden Dateien **i18n_de.properties** und **i18n_en.properties** im Verzeichnis **i18n** an.

Die Datei **i18n_de.properties** enthält die folgenden beiden Einträge:

```
TextCompCode = Buchungskreis
TextMasterData = Stammdaten
```

Die Datei **i18n_en.properties** enthält die folgenden Einträge:

```
TextCompCode = Company Code
TextMasterData = Master Data
```

Lassen Sie die Datei **i18n.properties** stehen, und kopieren Sie jeweils den englischen Text hinein. Diese Datei wird von SAPUI5 verwendet, wenn die angefragte Sprache nicht verfügbar ist. Ihre Projektstruktur sollte nun wie in Abbildung 6.40 aussehen.

```
> OPEN EDITORS
v ZUI5.TRANSLATION
  > .vscode
  > node_modules
  v webapp
    > controller
    > css
    v i18n
      i18n_de.properties
      i18n_en.properties
      i18n.properties

webapp > i18n > i18n_de.properties
1  title=Titel
2  appTitle=Beispiel
3  appDescription=App Beschreibung
4
5  TextCompCode = Buchungskreis
6  TextMasterData = Stammdaten
7
```

Abbildung 6.40 i18n-Dateien

Nun können Sie den Text in unserem View verwenden, die Binding-Syntax ist, wie bereits gezeigt, `ModelName>Pfad zumPropertyNamen`. Der View wird wie in Listing 6.26 implementiert.

```
<core:View xmlns:core="sap.ui.core"
           xmlns:mvc="sap.ui.core.mvc"
           xmlns="sap.m"
           controllerName="zui5_resource.main"
           xmlns:html="http://www.w3.org/1999/xhtml">

<Page title="Title">
<content>
    <Text text="{i18n>TextCompCode}"
          class="sapUiSmallMargin"/>
    <Text text="{i18n>TextMasterData}"
    </content>
  </Page>
</core:View>
```

Listing 6.26 Resource Binding im View

Um das Beispiel zu testen, setzen Sie über den URL-Parameter **sap-ui-language** die entsprechende Sprache ein, wie in Abbildung 6.41 gezeigt.

Abbildung 6.41 URL-Parameter zum Ändern der Sprache

In diesem Beispiel wird die Sprache hart codiert. Im Normalfall rufen Sie die App aus einem SAP-System heraus auf, dann wird die Anmeldesprache am SAP-Backend im URL-Parameter `sap-ui-language` gespeichert.

6.2.4 OData Model

Das Open Data Protocol (OData) ist ein von Microsoft veröffentlichtes Protokoll. Das Protokoll basiert auf HTTP und baut auf den älteren Protokollen Open Database Connectivity (ODBC) und Java Database Connectivity (JDBC) auf. OData ist primär für die sogenannten CRUD-Operationen (Create, Read, Update und Delete) implementiert worden.

Das OData Model bindet Daten standardmäßig im One-Way-Modus. Darüber hinaus ist das OData Model im Gegensatz zu den zuvor behandelten Datenbindungsmodellen ein serverseitiges Model. Das heißt, dass jede Interaktion auf der Benutzeroberfläche einen Server-Roundtrip auslöst.

Wie bereits in den vorangegangenen Beispielen gezeigt, müssen Sie zunächst eine Instanz des OData Models erzeugen:

```
var oModel = new sap.ui.model.odata.v2.ODataModel(<URL>);
```

Clientseitige Ausführung mit Version 2

Beim OData-V2-Model haben Sie die Möglichkeit, über den Parameter `defaultOperationMode` zu entscheiden, ob das Model clientseitig (`sap. ui.model.OperationMode.Client`) oder serverseitig (`sap.ui.model. OperationMode.Server`) ausgeführt wird.

SAP stellt mit SAP Gateway OData-Services bereit – die Beispiele in den folgenden Kapiteln werden wir mit dem OData Model und SAP Gateway implementieren. In Kapitel 8, »Systemanbindung mit OData«, werde ich daher noch genauer auf das OData Model eingehen.

6.3 Datenbindungstypen

Nachdem das Model instanziiert wurde, können Sie es mithilfe der Methode `setModel` dem Core-Element Ihrer SAPUI5-Anwendung oder spezifischen Controls zuordnen, wie in Abschnitt 6.2.1, »JSON Model«, beschrieben.

Was passiert nun, wenn Sie zwei Models angebunden haben – eines an das Core-Element und eines an ein Control bzw. einen View? Das gültige Model für ein Control ist in diesem Fall das Element, das dem Control auf dem Weg zum `root`-Element des UI-

Bereichs in der DOM-Hierarchie am nächsten liegt. Wird entlang dieses Pfades kein Model gefunden, wird das an das Core-Element gebundene Model herangezogen (siehe Listing 6.27).

```
// Model am Core
sap.ui.getCore().setModel(oModel);

// Model auf der UI-Ebene
var oMainArea = sap.ui.getCore().getUIArea("main");
oMainArea.setModel(oModel);

// Model an einem Control
var oTable = sap.ui.getCore().byId("table");
oTable.setModel(oModel);
```

Listing 6.27 Verschiedene Ebenen der Model-Sichtbarkeit

Wie Sie mehrere Model in einer Anwendung verwalten können, haben Sie bereits in Abschnitt 6.2.3, »Resource Model«, gelernt. Dort haben Sie das Resource Model als Model unter dem Namen `i18n` abgelegt.

SAPUI5 stellt Ihnen drei Typen der Datenbindung zur Verfügung, die ich in den folgenden Abschnitten vorstelle: Property, Aggregation und Element Binding. Daneben gibt es mit dem Named, Extended, Complex, Expression und Custom Data Binding noch weitere Sonderformen und Erweiterungen dieser Datenbindungstypen, die Sie ebenfalls kennenlernen werden.

6.3.1 Property Binding

Die Eigenschaften eines Controls können über das *Property Binding* an ein Model gebunden werden. Im Controller gibt drei Möglichkeiten, um Objekte aus dem Model an die Eigenschaft des Controls zu binden:

- im Konstruktor in geschweiften Klammern:

  ```
  var oControl = new sap.m.TextView({
    controlProperty: "{modelProperty}"});
  ```

- über die Methode `bindProperty`:

  ```
  oControl.bindProperty(
    "controlProperty", "modelProperty");
  ```

- über die `path`-Syntax:

  ```
  var oControl = new sap.m.TextView({
    controlProperty: { path: »modelProperty« }});
  ```

In XML-Views können Sie die geschweiften Klammern oder die Pfadangabe nutzen:

```
<Text text="{day}" />
<Text text="{path: 'day '}" />
```

Die Angabe der Bindung über die geschweiften Klammern ist sicherlich die einfachste Schreibweise, doch ist diese »direkte« Bindung oft nicht ohne Weiteres möglich. Denken Sie in diesem Zusammenhang an ein Datumsfeld. Wenn Sie dieses Feld über einen Service empfangen, erhalten Sie das Datum z. B. im SAP-internen Format YYYYMMDD. In diesem Fall möchten Sie den Wert entsprechend der örtlichen Konventionen formatieren. Dazu benötigen Sie eine Formatfunktion (siehe z. B. Abschnitt 6.3.6, »Complex Binding«), oder Sie nutzen das Typensystem von SAPUI5. Im Fall einer Formatfunktion bietet sich die Schreibweise mit Pfad an, da Sie dann direkt die Formatfunktion mitgeben können:

```
<RatingIndicator value="{path: 'rating',
     formatter: 'my.Formatter.parseToFloat'  }" />
```

Die Methode `bindProperty` können Sie im Controller verwenden, wenn Sie abhängig von Berechnungen oder Benutzerinteraktionen den Binding-Kontext des Controls setzen oder verändern möchten.

6.3.2 Aggregation Binding

Beim *Aggregation Binding* binden Sie eine Sammlung von Werten an ein Control-Element. Dieses Control-Element dient als eine Art Datencontainer und stellt ein Template für die anzuzeigenden Daten zur Verfügung (z. B. der Zeilentyp bei einer Tabelle). Dieses Template können Sie dann an ein mehrzeiliges UI-Element (z. B. das Element `Table`) binden. Abbildung 6.42 veranschaulicht die Funktionsweise des Aggregation Bindings.

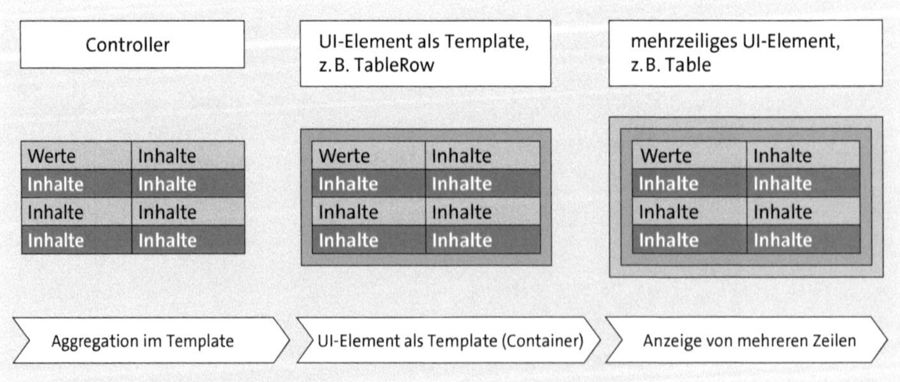

Abbildung 6.42 Aggregation Binding

Welchen Typ das Template haben muss, können Sie der API-Referenz entnehmen. Wenn Sie z. B. die API-Dokumentation zu `sap.m.Table` öffnen (siehe Abbildung 6.43) finden Sie eine Aggregation `columns`, die eine Rückgabe vom Typ `sap.m.Column` erwartet.

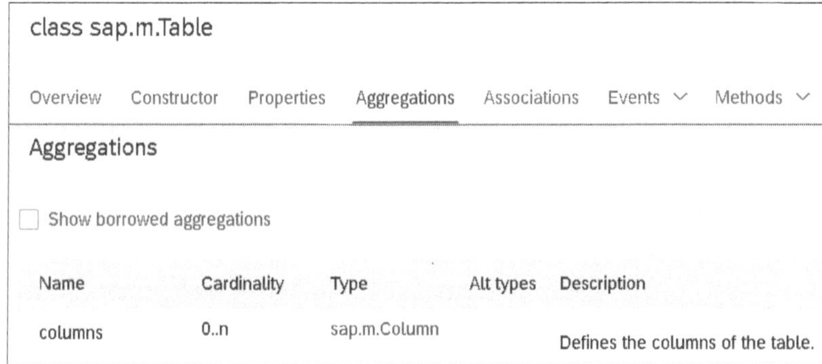

Abbildung 6.43 Aggregation »columns« der »sap.m.Table«

Das Control `ComboBox` für ein Kombinationsfeld hat z. B. die Aggregation `items`, und diese Aggregation ist vom Typ `sap.ui.core.ListItem`. In Listing 6.28 erzeugen wir ein Template vom Typ `sap.ui.core.ListItem` und übergeben dieses Template an die Aggregation `items` des `ComboBox`-Controls.

```
var oItemTemplate = new sap.ui.core.ListItem({
           text: "{aggrProperty}"
         });

var oComboBox = new sap.m.ComboBox({
  items: { path: "/modelAggregation",
         template: oItemTemplate }
});
```

Listing 6.28 Beispiel für ein Aggregation Binding

Die mehrzeiligen UI-Controls bieten auch eine entsprechende Methode `bindAggregation` für das Aggregation Binding an:

```
oComboBox.bindAggregation(
  "items",
  "/modelAggregation", oItemTemplate );
```

Das Aggregation Binding haben wir bereits in Abschnitt 6.2.1, »JSON Model«, beim Binding der Wocheninformationen verwendet. Hier haben wir das Binding direkt in der XML-View vorgenommen, wie in Listing 6.29 dargestellt.

```
<ComboBox
  items="{
```

```
    path: '/RootNode'}">
  <core:Item key="{key}" text="{text}" />
</ComboBox>
```

Listing 6.29 Aggregation Binding in einem XML-View

An dieser Stelle müssen Sie sich vorstellen, dass der Parser eine Schleife über den Knoten `RootNode` dreht und in jedem Schleifendurchlauf ein Control vom Typ `ListItem` erzeugt und ein Property Binding auf diesem Control mit den beiden Properties `key` und `text` durchführt.

Auch beim Aggregation Binding ist diese »direkte« Bindung nicht immer möglich. Entweder müssen Sie den Binding-Kontext zur Laufzeit ändern oder können erst zur Laufzeit entscheiden, was Sie an welches Control binden müssen. Nützlich ist in diesem Zusammenhang die *Factory-Funktion*. Nehmen wir an, Sie erhalten die Daten zu den Tagesgerichten in einer Woche aus dem Backend-System in einer JSON-Struktur, wie in Abbildung 6.44 abgebildet.

Main.controller.js - Editor

Datei Bearbeiten Format Ansicht ?


```
{
    "weekdays": [
        {
            "DayId": "1",
            "description": "Montag",
            "icon": "sap-icon://notes",
            "food": [
                {
                    "FoodID": "1",
                    "detail_description": "Schnitzel mit Pommes",
                    "detail_icon": "sap-icon://fridge"
                },
                {
                    "FoodID": "2",
                    "detail_description": "Pommes mit Schnitzel",
                    "detail_icon": "sap-icon://meal"
                },
                {
                    "FoodID": "3",
                    "detail_description": "Nur Pommes",
                    "detail_icon": "sap-icon://nutrition-activity"
                },
                {
                    "FoodID": "4",
                    "detail_description": "Nur Schnitzel",
                    "detail_icon": "sap-icon://lab"
                }
            ]
        },
        {
            "DayId": "2",
            "description": "Dienstag",
            "icon": "sap-icon://notes",
            "food": [
                {
                    "FoodID": "1",
```


Abbildung 6.44 JSON-Struktur mit Kontextänderung

Wenn Sie nun z. B. die Beschreibung der Gerichte und das zugehörige Icon aus der JSON-Struktur in einem Tree-Control anzeigen möchten, können Sie diese Aufgabe über das einfache Aggregation Binding nicht mehr lösen. Sie müssten in diesem Fall auf Ebene der Tagesgerichte die Property detail_description und auf Ebene der Wochentage die Property description binden. Diese Aufgabe können Sie mit der Factory-Funktion lösen, die Sie innerhalb der Methode bindAggregation aufrufen können.

Innerhalb dieser Funktion steht Ihnen der sogenannte *Binding Context* zur Verfügung (siehe auch API-Referenz unter sap.ui.base.ManagedObject). Damit können Sie, abhängig von einem Merkmal, den Kontext des Parsers ändern. Befindet sich der Parser auf der Ebene food, soll das Element detail_description ins Binding übernommen werden und in allen anderen Fällen das Element description.

Das sollten wir direkt ausprobieren. Legen Sie dazu das Projekt zui5.factory mit dem initialen XML-View Main an. Legen Sie ein Verzeichnis **mock** unterhalb des Verzeichnisses **webapp** an, und kopieren Sie die Datei **speiseplan_tree.json** aus dem Download-Material zu diesem Buch in das Verzeichnis.

In der View-Datei müssen Sie nun das Control sap.m.Tree implementieren, vergeben Sie dabei die ID Tree (siehe Listing 6.30). Der Rest der Magie findet im Controller statt.

```
<core:View xmlns:core="sap.ui.core"
           xmlns:mvc="sap.ui.core.mvc"
           xmlns="sap.m"
           controllerName="zui5_factory.main"
           xmlns:html="http://www.w3.org/1999/xhtml">

<Page title="Aggregation Binding mit Factory Funktion">
           <content>
               <Tree id="Tree"></Tree>
           </content>
</Page>
</core:View>
```

Listing 6.30 View-Implementierung Factory-Funktion (zui5.factory)

Wie zuvor definieren Sie in der **manifest**-Datei ein entsprechendes Model und geben als URI die lokale Datei im Verzeichnis **mock** an. Schauen wir uns kurz das Interface der bindAggregation-Methode an (siehe Abbildung 6.45).

Neben dem Namen erwartet diese Funktion ein Objekt vom Typ sap.ui.base.ManagedObject.AggregationBindingInfo, in dem Sie die eigentlichen Binding-Informationen übergeben. Dieses Objekt beinhaltet auch die Factory-Funktion (siehe Abbildung 6.46).

abstract class sap.ui.base.ManagedObject

Overview Constructor Events Methods Special Settings

For more information on the `oBindingInfo.key` property and its usage, see Extended Change Detection.

Visibility: public

`bindAggregation(sName, oBindingInfo) : this`

Param	Type	Default Value	Description
sName	string		Name of a public aggregation to bind
oBindingInfo	sap.ui.base.ManagedObjec...		Binding info

Returns	Description
this	Returns `this` to allow method chaining

Abbildung 6.45 bindAggregation-Methode

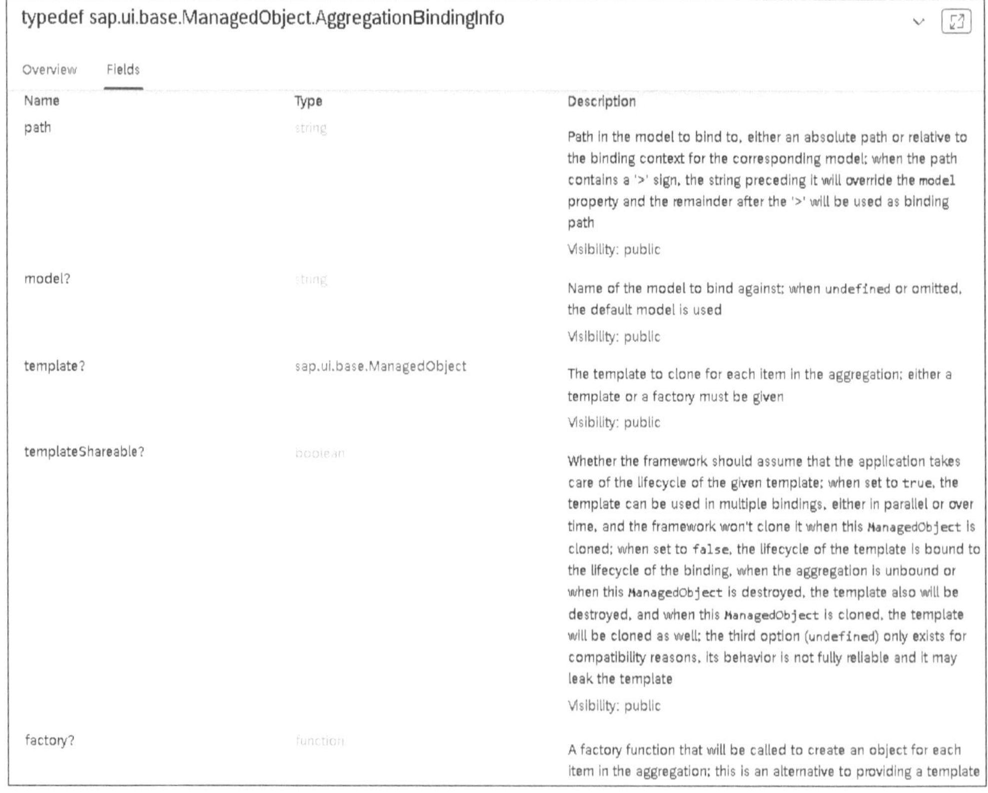

typedef sap.ui.base.ManagedObject.AggregationBindingInfo

Overview Fields

Name	Type	Description
path	string	Path in the model to bind to, either an absolute path or relative to the binding context for the corresponding model; when the path contains a '>' sign, the string preceding it will override the `model` property and the remainder after the '>' will be used as binding path Visibility: public
model?	string	Name of the model to bind against; when `undefined` or omitted, the default model is used Visibility: public
template?	sap.ui.base.ManagedObject	The template to clone for each item in the aggregation; either a template or a factory must be given Visibility: public
templateShareable?	boolean	Whether the framework should assume that the application takes care of the lifecycle of the given template; when set to `true`, the template can be used in multiple bindings, either in parallel or over time, and the framework won't clone it when this `ManagedObject` is cloned; when set to `false`, the lifecycle of the template is bound to the lifecycle of the binding, when the aggregation is unbound or when this `ManagedObject` is destroyed, the template also will be destroyed, and when this `ManagedObject` is cloned, the template will be cloned as well; the third option (`undefined`) only exists for compatibility reasons, its behavior is not fully reliable and it may leak the template Visibility: public
factory?	function	A factory function that will be called to create an object for each item in the aggregation; this is an alternative to providing a template

Abbildung 6.46 Felder des AggregationBindingInfo-Objekts

Das heißt, wir müssen der `bindAggregation`-Funktion den Namen der Aggregation (**sName**), in unserem Fall also `items`, den Pfad im Model (**path**), in unserem Fall `/weekdays`, das Template (**template**), wenn wir ein normales Aggregation Binding durchführen, oder alternativ die Factory-Funktion (**factory**), die als `return`-Wert das Template zurückgibt, in unserem Beispiel das `StandardTreeItem`, übergeben.

Implementieren Sie nun in der `onInit`-Funktion des Controllers die Factory-Funktion, in der Sie kontextsensitiv das Binding der JSON-Property (siehe Listing 6.31) ändern.

6

```
sap.ui.define([
  "sap/ui/core/mvc/Controller",
  "sap/m/StandardTreeItem"
],
  /**
   * @param {typeof sap.ui.core.mvc.Controller} Controller
   */
  function (Controller, StandardTreeItem) {
    "use strict";

    return Controller.extend("zui5.factory.controller.Main", {
      onInit: function(){
        this.getView().byId("Tree").bindAggregation(
          "items",
          "/weekdays",
          function(sId, oContext) {
            var treePath = oContext.getPath(),
              bindTextName, bindIcon;

            if (treePath.indexOf("food") !== -1) {
              bindTextName = "detail_description";
              bindIcon = "detail_icon";
            } else {
              bindTextName = "description";
              bindIcon = "icon";
            }

            var oTreeNode = new StandardTreeItem(sId);
            oTreeNode.bindProperty("title", bindTextName);
            oTreeNode.bindProperty("icon", bindIcon);

            return oTreeNode;

          });
```

```
        }
    });
});
```

Listing 6.31 Factory-Funktion für die Methode »bindAggregation«

Bitte achten Sie darauf, das `StandardTreeItem` in das Array der `sap-ui-define`-Funktion aufzunehmen. Wenn Sie das Beispiel im Browser ausführen, wird der Speiseplan in einer Baumstruktur angezeigt (siehe Abbildung 6.47).

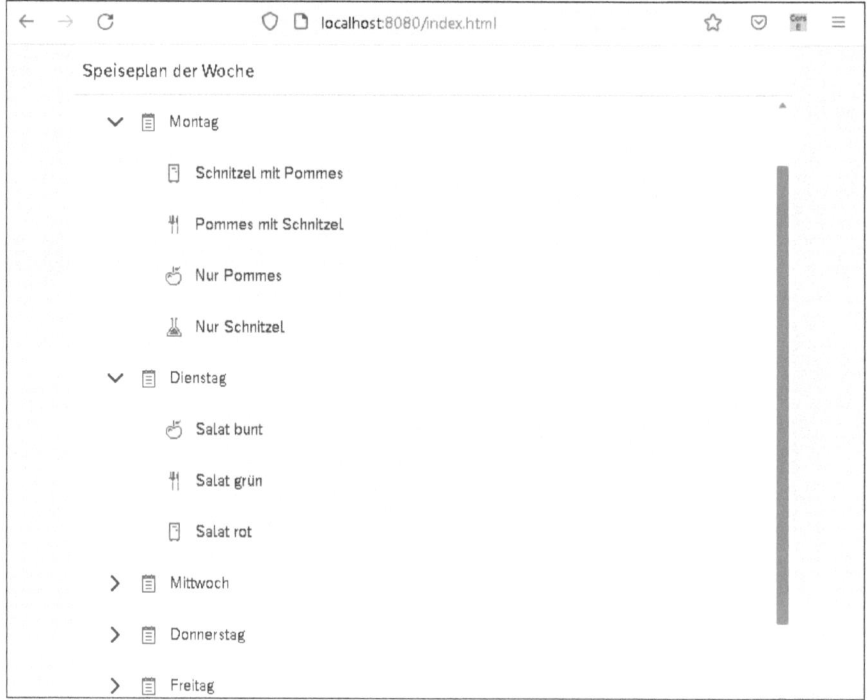

Abbildung 6.47 Aggregation Binding mit Factory-Funktion

Sie können die Factory-Funktion auch direkt im Binding angeben:

```
<Tree id="ViewTree" items="{path: '/weekdays',
                    factory: '.factoryFunc'}" />
```

Im Controller implementieren Sie dann die Factory-Funktion, wie in Listing 6.32 gezeigt.

```
factoryFunc: function(sId, oContext) {
      var treePath = oContext.getPath(),
          bindTextName,
          bindIcon;
```

```
        if (treePath.indexOf("food") !== -1) {
          bindTextName = "detail_description";
          bindIcon = "detail_icon";
        } else {
          bindTextName = "description";
          bindIcon = "icon";
        }

        var oTreeNode = new StandardTreeItem(sId);
        oTreeNode.bindProperty("title", bindTextName);
        oTreeNode.bindProperty("icon", bindIcon);

        return oTreeNode;
}
```

Listing 6.32 Factory-Funktion im Controller

6.3.3 Element Binding

Durch das *Element Binding* ist es möglich, ein Element an ein Objekt im Model zu binden, das wiederum den Kontext für die relative Bindung an ein Control bildet. Diesen auch *Parent-Child-Datenbindung* genannten Datenbindungstyp benötigen Sie z. B. immer dann, wenn Sie zu einer ausgewählten übergeordneten Information eine Detailliste anzeigen möchten (z. B. Bestellungen und die dazugehörigen Bestellpositionen). Abbildung 6.48 veranschaulicht die Funktionsweise des Element Bindings.

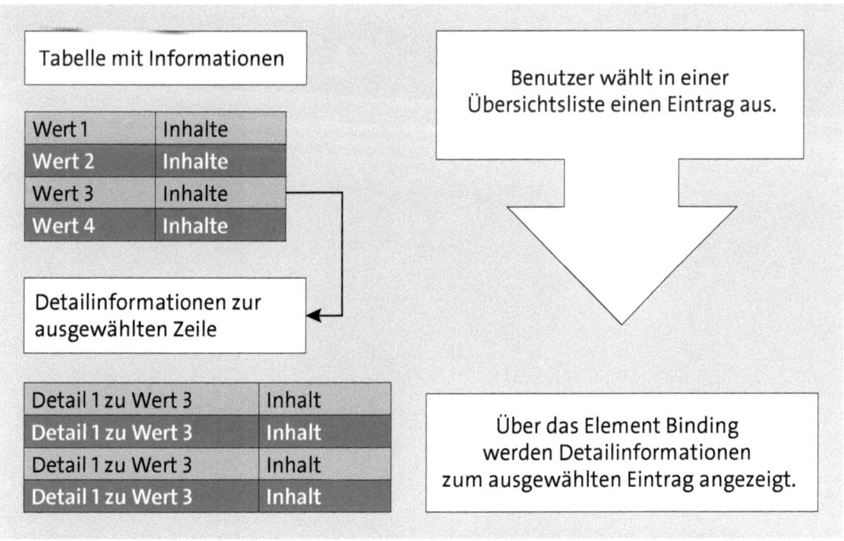

Abbildung 6.48 Element Binding für Drill-down-Funktionen

Bleiben wir bei unserem Speiseplan mit verschiedenen Stammessen pro Tag. Auch beim Element Binding lesen Sie zuerst die Datei ein und möchten die Wochentage mit der Anzahl der Stammessen anzeigen. Wenn die Anwender einen Eintrag aus der Tabelle der Wochentage in Abbildung 6.49 auswählen, werden in der unteren Tabelle die Speisen des betreffenden Tages angezeigt.

Um das Beispiel nachzuvollziehen, legen Sie das Projekt `zui5.element.binding` und darin unterhalb des Verzeichnisses **webapp** den Ordner **mock** an. In diesem Ordner legen Sie die Datei **speiseplan.json** mit dem Inhalt aus Listing 6.33 an (das Listing zeigt einen Ausschnitt der Datei; das vollständige Listing können Sie im Download-Bereich des Buches herunterladen).

```
{
    "weekdays": [
        {
            "day": "Montag",
            "no_meals": "2",
            "id": "1"
        },
        {
            "day": "Dienstag",
            "no_meals": "3",
            "id": "2"
        }
    ],
    "meals": [
        {
            "MealNo": "1",
            "dayId": "1",
            "items": "Schnitzel mit Pommes"
        },
        {
            "MealNo": "2",
            "dayId": "1",
            "items": "Pommes mit Schnitzel"
        },
        {
            "MealNo": "3",
            "dayId": "2",
            "items": "Pommes"
        }
    ]
}
```

Listing 6.33 JSON-Datei mit den Daten des Speiseplans (Speiseplan.json)

Erzeugen Sie das JSON Model in der **manifest**-Datei, wie bereits in den vorangegangenen Beispielen gezeigt.

Im View benötigen Sie zwei Tabellen. Die erste Tabelle zeigt die Wochentage und die Anzahl der Stammessen an. Die zweite Tabelle zeigt die verfügbaren Stammessen zum in der ersten Tabelle ausgewählten Tag an. Der View wir damit wie in Listing 6.34 implementiert.

```
<Page title="Element Binding">
<content>
  <FlexBox direction="Column"
             alignItems="Start">
    <items>
      <!-- Tabelle Wochentage -->
     <Table id="master"
           inset="false"
           items="{/weekdays}"
           mode="SingleSelectMaster"
           selectionChange="onSelectWeekDay">
      <headerToolbar>
      <Toolbar>
       <Title text="Wochentage" level="H2" />
      </Toolbar>
      </headerToolbar>
      <columns>
        <Column><Text text="Wochentag" /></Column>
        <Column><Text text="Anzahl" /></Column>
       </columns>
        <items>
            <ColumnListItem>
             <cells>
                 <Text text="{day}" />
                  <Text text="{no_meals}" />
              </cells>
            </ColumnListItem>
            </items>
        </Table>

<!-- Tabelle Mahlzeiten -->
<Table id="slave" inset="false" items="{meals}">
  <headerToolbar>
   <Toolbar>
    <Title text="Mahlzeiten" level="H2" />
   </Toolbar>
  </headerToolbar>
  <columns>
```

```
  <Column><Text text="Mahlzeit" /></Column>
  <Column><Text text="Beschreibung" /></Column>
 </columns>
 <items>
 <ColumnListItem>
   <cells>
     <Text text="{MealNo}" />
     <Text text="{items}" />
   </cells>
 </ColumnListItem>
</items>
</Table>

</items>
</FlexBox>
</content>
</Page>
```

Listing 6.34 View mit Element Binding

Im View binden Sie die Informationen aus dem Knoten `weekdays` an die obere Tabelle und die Informationen aus dem Knoten `meals` an die untere Tabelle, wie in Abbildung 6.49 veranschaulicht.

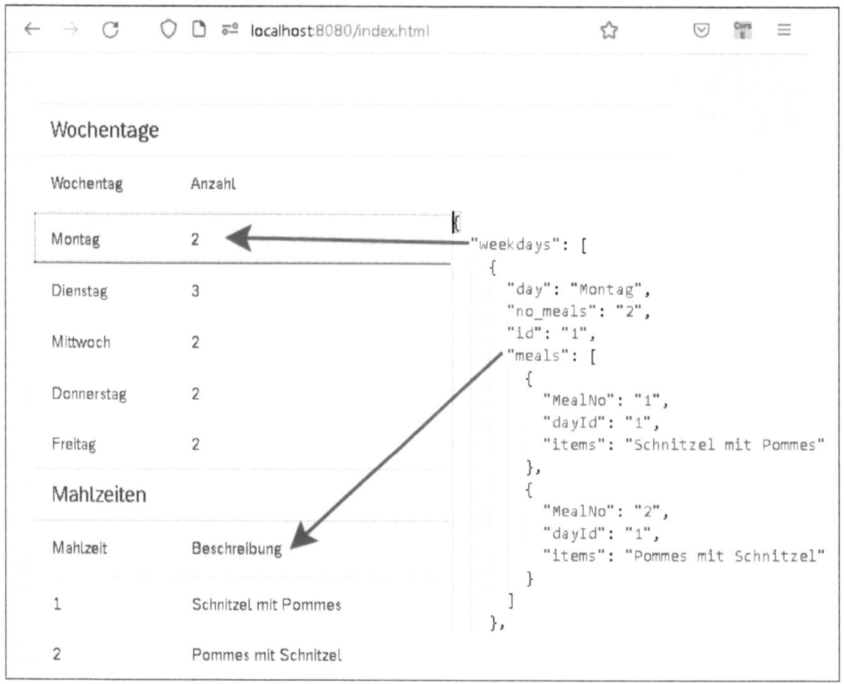

Abbildung 6.49 Ausgabe des Element Bindings

Wenn Sie dieses Beispiel nun ausführen, wird die obere Tabelle angezeigt, aber die untere Tabelle bleibt leer. Warum ist das so? Für den Parser ist der Knoten weekdays eindeutig, dieser existiert in der JSON-Datei nur einmal. Der Knoten meals hingegen existiert mehrfach, nämlich jeweils einmal unter jedem day-Knoten. Rein theoretisch müsste der Binding-Pfad für Montag also **/weekdays/0/meals** lauten, der für Dienstag **/weekdays/1/meals** usw. Da der Parser nicht entscheiden kann, welcher meals-Knoten gemeint ist, zeigt er keine Einträge an.

Beim Element Binding machen Sie nichts anderes, als den Binding-Kontext richtig zu setzen und den Parser den Rest der Arbeit erledigen zu lassen. Wie Sie Listing 6.34 entnehmen können, wird beim Markieren einer Zeile in der ersten Tabelle die Funktion onSelectWeekDay aufgerufen. Diese Funktion müssen Sie nun im Controller noch ausprogrammieren, um den Kontextknoten abhängig vom selektierten Eintrag in der oberen Tabelle zu setzen (siehe Listing 6.35).

```
onSelectWeekDay : function(oEvt){
 /* Lesen des Binding-Kontextes des selektierten
    Tabelleneintrags */
 var oContext =
   oEvt.getSource().getSelectedItem().getBindingContext();

 // Binding-Pfad lesen
 var sBindingPath = oContext.getPath();

 // Binding-Pfad an die zweite Tabelle binden
 this.getView().byId("slave").bindElement(sBindingPath);
}
```

Listing 6.35 Binding-Pfad ändern

Was passiert an dieser Stelle? Im ersten Schritt holen Sie sich den Binding Context der oberen Tabelle, jeweils für den angeklickten Tag. Wenn Sie Montag anklicken, ist der Binding-Kontext "/weekdays/0". Diese Information übergeben Sie im zweiten Schritt an die bindElement-Methode der zweiten Tabelle. Mit dem Binding "meals" aus dem View ergibt sich daraus der vollständige Binding-Pfad /weekdays/0/meals, und die Speisen des Tages werden angezeigt. Führen Sie die Anwendung erneut aus, und betrachten Sie das Ergebnis im Debugger (siehe Abbildung 6.50).

Über die Methode getBindingContext() holen Sie zunächst den Binding Context aus dem Event-Objekt der oberen Tabelle. Über die Methode getPath() fragen Sie den Pfad ab und übergeben diesen an die bindElement-Methode der unteren Tabelle. Dadurch setzen Sie den Parser-Pfad z. B. auf **/weekdays/1/items** und erzielen so das gewünschte Ergebnis.

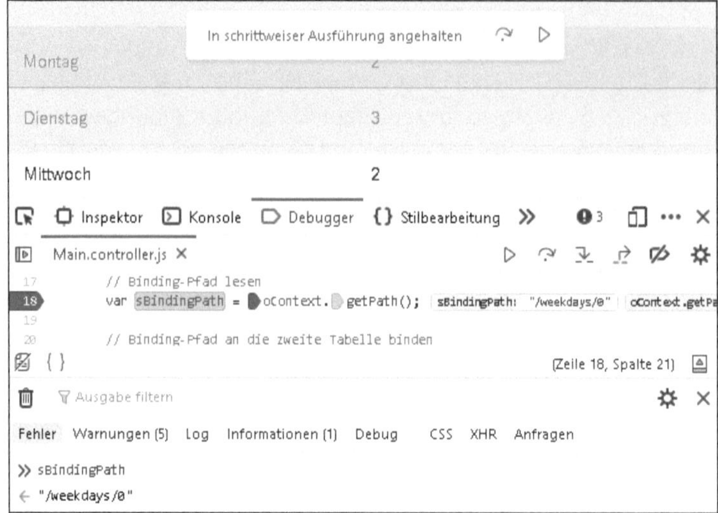

Abbildung 6.50 Element Binding im Debugger nachvollziehen

6.3.4 Named Binding

In SAPUI5 ist es möglich, mehrere Models an ein Element oder an eine Applikation zu binden. Dieses sogenannte *Named Binding* erreichen Sie dadurch, dass Sie für jedes Model eine ID vergeben (siehe Listing 6.36). Über diese ID können Sie gezielt auf das Model zugreifen.

```
var oModel = new sap.ui.model.json.JSONModel();
oModel.loadData("<URL>");
sap.ui.getCore().setModel(oModel, "Model-ID");

// Binding
   // Property Binding
      oText.bindValue("Model-ID>/[PFAD]");
   // Aggregation Binding
      oListItem.bindProperty("text", "Model-ID>[PFAD] ");
      oComboBox.bindItems("Model-ID>/[PFAD] ", oListItem);
```

Listing 6.36 Dem Model eine ID zuweisen

Dieses Prinzip haben Sie bereits in Abschnitt 6.2.3, »Resource Model«, kennengelernt. Dort haben Sie das Model unter der ID i18n abgelegt:

```
sap.ui.getCore().setModel(this.oLangu, "i18n");
```

6.3.5 Extended Data Binding

Bei der *Extended-Data-Binding-Syntax* weisen Sie nicht nur den Pfad oder die Eigenschaft eines Models zu, sondern können durch diese spezielle Syntax beim Binding auch Formatfunktionen, Type-Funktionen, Sortierungen oder Filter mit angeben (siehe Listing 6.37).

```
// Extended Property Binding
  {
    path: "path/model/property",
    formatter: funcCallback,
    type: oType
  }
// Extended Aggregation Binding
  {
    path: "path/model/aggregation",
    template: oTemplate,
    sorter: oSorter
  }
```

Listing 6.37 Syntax des Extended Data Bindings

Ein Beispiel für Extended Data Binding ist die Factory-Funktion, die Sie bereits kennengelernt haben. Ein weiteres Beispiel lernen Sie in Abschnitt 6.3.7, »Data Types«, kennen.

6.3.6 Complex Binding

In den bisherigen Beispielen haben Sie immer ein Element an ein UI-Control gebunden. Über die Erweiterung des *Complex Bindings* ist es möglich, auch mehrere Elemente an ein UI-Control zu binden: `<Text text="{day} {day/@comment}" />`.

Erinnern Sie sich noch an das Beispiel aus Abschnitt 6.2.2, »XML Model«? Dort haben wir das `RatingIndicator`-Control weggelassen, da wir dafür eine Formatfunktion benötigen. An dieser Stelle wissen Sie nun genug, um sich auch dieser Aufgabe zu stellen. Im Download-Bereich des Buches finden Sie für dieses Beispiel ein neues Projekt `zui5.xml.formatter`. Sie können jedoch gerne Ihr vorhandenes Projekt `zui5.xml` erweitern bzw. kopieren und anpassen.

Im Template finden Sie bereits das Verzeichnis **model**, dieses wollen wir nutzen, um eine **formatter**-Datei anzulegen. Legen Sie in diesem Verzeichnis eine neue Datei mit dem Namen **formatter.js** an. Dadurch ergibt sich die Verzeichnisstruktur aus Abbildung 6.51.

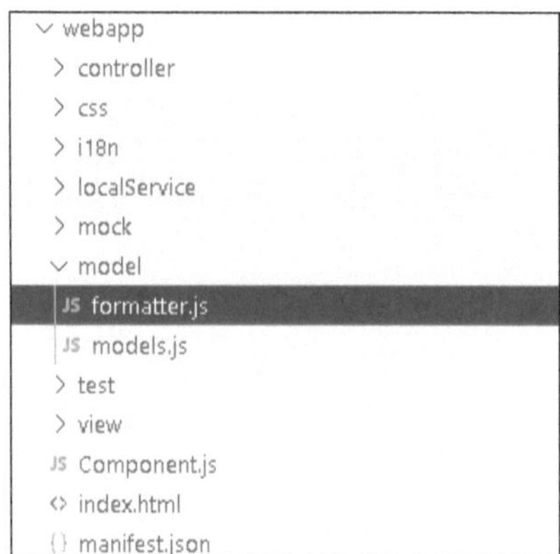

Abbildung 6.51 Verzeichnisstruktur für das Formatfunktionsbeispiel

Nun benötigen Sie eine Formatfunktion, die den Model-Wert vom Typ `string` in einen Wert vom Typ `float` konvertiert. Die eigentliche `Formatter`-Funktion implementieren Sie in der Datei **formatter.js**. Die Funktion `parseFloat` ist denkbar einfach, da Sie hier lediglich die JavaScript-Funktion `parseFloat` verwenden müssen. Dadurch ergibt sich für den Formatter Listing 6.38.

```
sap.ui.define([
  "sap/ui/base/ManagedObject"
], function(
  ManagedObject
) {
  "use strict";

  return ManagedObject.extend("zui5.xml.formatter.model.formatter", {
        parseFloat: function(Value) {
            return parseFloat(Value);
        }
  });
});
```

Listing 6.38 Formatter-Funktion

Als nächsten Schritt sorgen Sie dafür, dass das SAPUI5-Framework Ihre Datei **formatter.js** einliest. Das erreichen Sie, indem Sie die **formatter**-Datei im Array der `define`-Funktion des Controllers übergeben und als `formatter` deklarieren. Ergänzen Sie den Controller, wie in Listing 6.39 angegeben.

```
sap.ui.define([
  "sap/ui/core/mvc/Controller",
  "zui5/xml/formatter/model/formatter"
```

```
],
  /**
   * @param {typeof sap.ui.core.mvc.Controller} Controller
   */
  function (Controller, formatter) {
    "use strict";

    return Controller.extend("zui5.xml.formatter.controller.Main", {

      formatter: formatter

    });
  });
```

Listing 6.39 Formatter-Datei im Controller

Jetzt können Sie die `Formatter`-Funktion im Binding verwenden. Erweitern Sie dazu den View um eine zusätzliche Spalte, wie in Listing 6.40 gezeigt.

```
<columns>
    <Column><Text text="Tag" /></Column>
    <Column><Text text="Kommentar" /></Column>
    <Column><Text text="Bewertung" /></Column>
</columns>
<items>
  <ColumnListItem>
    <cells>
        <Text text="{day} {day/@comment}" />
        <Text text="{day/@comment}" />
        <RatingIndicator value="{path: 'rating',
             formatter: 'parseFloat' }" />
    </cells>
  </ColumnListItem>
</items>
```

Listing 6.40 View um eine zusätzliche Spalte ergänzen

Erweitern Sie als letzten Schritt die XML-Datei um ein `<rating>`-Tag, oder verwenden Sie die Datei **weekRating.xml** aus dem Download-Material zu diesem Buch:

```
<days>
    <day comment="Garfield: Ich hasse Montage!">Montag</day>
    <rating>0</rating>
</days>
```

Wenn Sie das Beispiel nun im Browser ausführen, wird Ihnen eine zusätzliche Spalte **Bewertung** mit dem Control `RatingIndicator` angezeigt (siehe Abbildung 6.35). Setzen Sie zum besseren Nachvollziehen im Debugger einen Breakpoint in die `Formatter`-Funktion. Wie Sie sehen, wird dort die Zahl vom Typ `String` in den Typ `Float` konvertiert. Die `Formatter`-Funktion wird für jede Zeile in der Tabelle aufgerufen. Für dieses einfache Beispiel würden Sie in der Realität keine `Formatter`-Funktion implementieren, sondern das Expression Binding, wie in Abschnitt 6.3.8 vorgestellt, verwenden.

6.3.7 Data Types

Sie können sich sicherlich vorstellen, dass es für solche Standardkonvertierungen wenig praktikabel wäre, wenn man für alles eine `Formatter`-Funktion schreiben müsste. Um Ihnen diese einfachen Konvertierungen zu erleichtern, können Sie auch das Type-System nutzen, das SAPUI5 zur Verfügung stellt. Die gängigsten vordefinierten Typen sind folgende:

- `sap.ui.model.type.Boolean`
- `sap.ui.model.type.Date`
- `sap.ui.model.type.Currency`
- `sap.ui.model.type.Float`
- `sap.ui.model.type.Time`

Die vollständige Liste finden Sie in der SAPUI5-Dokumentation, wenn Sie nach dem Begriff »sap.ui.model.type« suchen. Schauen wir uns exemplarisch `sap.ui.model.type.Integer` an. In Abbildung 6.52 sehen Sie die Constructor-Funktion dieses Objekts.

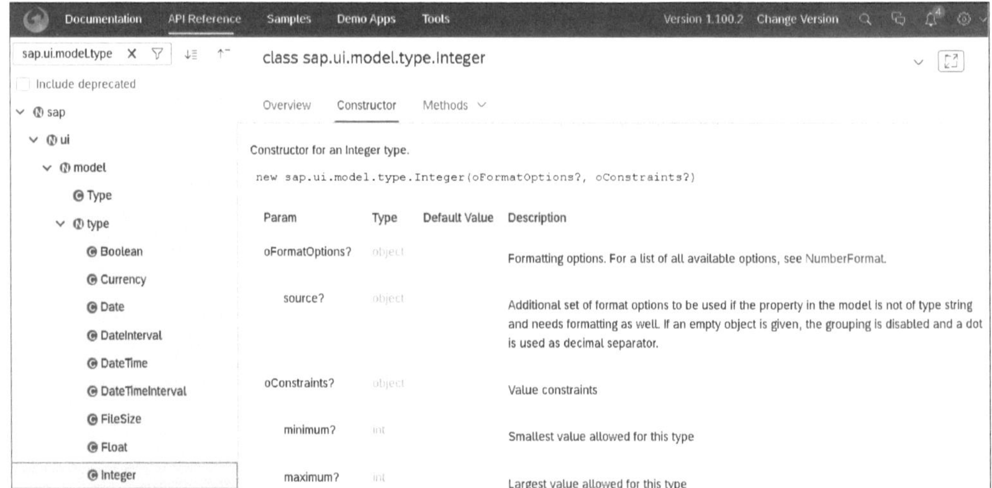

Abbildung 6.52 Typsystem »Integer«

Wie Sie Abbildung 6.52 entnehmen können, können Sie neben der eigentlichen Formatangabe auch Einschränkungen definieren. Dies ist vor allem bei Eingabefeldern sinnvoll. Für unser einfaches Beispiel benötigen wir das nicht, hier würden wir lediglich die Formatierung nutzen. Anstatt also einen eigenen Formatter zu implementieren, können Sie den Typ direkt im Binding angeben.

Unser konkretes Beispiel würde dann so aussehen:

```
<RatingIndicator value="{path: 'rating',
                         type: 'sap.ui.model.type.Integer'
                        }"/>
```

In Kapitel 7, »Weitere Techniken in SAPUI5«, werde ich dieses Thema noch mal vertiefen.

6.3.8 Expression Binding

Das Expression Binding erlaubt es Ihnen, Ausdrücke direkt im Binding zu verwenden, und reduziert damit die Notwendigkeit des Einsatzes von `Formatter`-Funktionen. Die Syntax lautet wie folgt:

```
{= <Ausdruck>}
```

Als Ausdruck können Sie z. B. Vergleichsoperatoren oder ganze JavaScript-Funktionen verwenden. Wenn Sie innerhalb des Ausdrucks auf eine Variable, z. B. den Binding-Wert, zugreifen möchten, verwenden Sie die folgende Syntax:

```
${<BINDING_ELEMENT}
```

Mithilfe dieser Technik reduziert sich das Beispiel aus Abschnitt 6.3.6, »Complex Binding«, auf eine einzige Zeile Code (siehe `zui5.xml.expression` im Download-Bereich zu diesem Buch):

```
<RatingIndicator value="{= parseInt (${rating}) }" />
```

Durch das Expression Binding können Sie also in vielen Fällen auf Formatfunktionen verzichten. In unserem konkreten Beispiel aus Abschnitt 6.3.6, »Complex Binding«, hätten Sie sich damit die Datei **formatter.js** samt Inhalt gespart.

Wie Sie bereits an diesem einfachen Beispiel erkennen können, ist das Expression Binding ein sehr mächtiges Werkzeug. Es beschränkt sich nicht nur auf einen Funktionsaufruf, sondern Sie können damit auch mehrere Funktionen und Abhängigkeiten miteinander verketten. Da Sie aber an dieser Stelle keine Möglichkeit zum Debugging haben, kann es bei komplexeren Beispielen mitunter sehr schwer sein, einen Fehler zu finden.

6.3.9 Custom Data Binding

In den bisherigen Beispielen haben wir Daten an Control-Eigenschaften gebunden, die Sie – z. B. bei der Verarbeitung im Controller – auch wieder einlesen konnten. Stellen Sie sich nun vor, Sie möchten eine Information zu einem Control speichern, die nicht zur Anzeige auf der Benutzeroberfläche bestimmt ist, z. B. eine GUID. Dazu können Sie für jedes beliebige Control auch kundeneigene Attribute definieren und anbinden.

Nehmen wir an, Sie haben eine JSON-Datei, die wie in Listing 6.41 Vornamen, Nachnamen und eine ID eines Benutzers enthält.

```
{
    "user": [
        {
            "UserId": "MUSTERMAX",
            "FirstName": "Max",
            "LastName": "Mustermann"
        },
        {
            "UserId": "LISMU",
            "FirstName": "Liesschen",
             [...]
    ]
}
```

Listing 6.41 JSON-Datei mit Benutzerinformationen

Auf der Benutzeroberfläche möchten Sie nur den Vor- und Nachnamen des Benutzers anzeigen, für die eigentliche Verarbeitung benötigen Sie aber die User-ID. In diesem Fall können Sie ein `CustomData`-Attribut definieren und per Binding versorgen. Für die Verwendung der `CustomData`-Attribute müssen Sie in XML-Views den Namensraum `xmlns:CustData="http://schemas.sap.com/sapui5/extension/sap.ui.core.CustomData/1"` definieren. Danach können Sie Informationen als Schlüssel-Wert-Paar an jedes beliebige Control binden. Die Implementierung der Benutzeroberfläche für unser Beispiel kann der Implementierung in Listing 6.42 entsprechen.

```
<core:View xmlns:core="sap.ui.core"
           xmlns:mvc="sap.ui.core.mvc" xmlns="sap.m"
           controllerName="zui5_custom_data.main"
           xmlns:html="http://www.w3.org/1999/xhtml"
           xmlns:CustData=
              "http://schemas.sap.com/sapui5/extension/
               sap.ui.core.CustomData/1">
```

```
<Page title="Title">
<content>

<List items="{/user}"
          includeItemInSelection="true">

  <StandardListItem title="{FirstName} {LastName}"
                 type="Active"
                 press="onSelectLine"
                 CustData:UserID="{UserId}"/>

</List>

</content>
</Page>
</core:View>
```

Listing 6.42 Control mit CustomData-Attribut

So werden Vor- und Nachname auf der Oberfläche angezeigt, und gleichzeitig wird die User-ID beim Control abgelegt. Jetzt können Sie das Attribut mit dem zugehörigen Schlüssel (in unserem Beispiel `UserID`) im Controller wieder auslesen, wie in Listing 6.43 gezeigt.

```
onSelectLine: function(oEvent){
   MessageToast.show("UserID:" + " " + oEvent.getSource().data("UserID"));
}
```

Listing 6.43 CustomData-Attribut in einer Funktion auslesen

In diesem Beispiel wird der Wert in einem `MessageToast`-Control ausgegeben (siehe Abbildung 6.53).

Abbildung 6.53 Ausgelesenes CustomData-Attribut in der Konsole

Das vollständige Beispiel finden Sie im Download-Bereich zu diesem Buch (`zui5.custom.data`). Wir werden uns diese Technik in Kapitel 9, »Beispielentwicklung einer Portalanwendung«, zunutze machen.

Kapitel 7
Weitere Techniken in SAPUI5

In diesem Kapitel lernen Sie die weiterführenden Techniken von SAPUI5 kennen. Sie finden heraus, welche Elemente es neben den Views und Controllern noch gibt und wie die Kommunikation mit dem SAP-Backend stattfindet.

Sie wissen nun, was ein Model, ein View und ein Controller ist, wie Sie Daten aus dem Model an den View binden und Benutzerinteraktionen im Controller verarbeiten können. In diesem Kapitel lernen Sie noch einige Feinheiten der SAPUI5-Entwicklung kennen – Funktionen, die Ihnen helfen, eine Anwendung zu implementieren. Für eine vollwertige Anwendung fehlt uns dann noch die Kommunikation mit dem ABAP-Backend. Dafür werden wir in diesem Kapitel den Grundstein legen und das Thema im nachfolgenden Kapitel vertiefen.

Checkliste

Was Sie für dieses Kapitel brauchen:

- ein ABAP-Backend-System
- etwas Geduld
- guten Kaffee

Da dieses Kapitel etwas tiefer in die Entwicklung mit SAPUI5 einsteigt, benötigen Sie zwar keine zusätzliche Software oder Ähnliches, sollten aber etwas Geduld mitbringen. Viele Dinge werden Ihnen noch nicht leicht von der Hand gehen, in den Folgekapiteln werden Sie aber noch genug Gelegenheit haben, die gelernten Techniken zu vertiefen.

7.1 SAPUI5-Datentypisierung

In SAPUI5 können Sie den Datentyp für ein Objekt im Model bereits beim Data Binding (siehe Abschnitt 6.2, »Modelle zur Datenbindung«, und Abschnitt 6.3, »Datenbindungstypen«) angeben. Dadurch werden die übergebenen Werte von der Laufzeitumgebung automatisch in das gewünschte Format konvertiert.

Beispielhaft hier noch mal ein paar Datentypen, die Ihnen von der SAPUI5-Laufzeitumgebung zur Verfügung gestellt werden:

- `sap.ui.model.type.Integer`
- `sap.ui.model.type.String`
- `sap.ui.model.type.Date`
- `sap.ui.model.type.DateTime`
- `sap.ui.model.type.Float`
- `sap.ui.model.type.Boolean`
- `sap.ui.model.type.Time`

Wenn die Formatkonvertierung nicht möglich ist, werden die Fehler `sap.ui.model.FormatException` (Formatfehler) oder `sap.ui.model.ParseException` (Parser-Fehler) ausgelöst.

Eine vollständige Dokumentation der SAPUI5-Datentypen finden Sie in der API-Referenz. In den folgenden Abschnitten stelle ich Ihnen die wichtigsten drei Formate `Date`, `Time` und `DateTime` etwas näher vor.

7.1.1 Datum

Ein Datum wird durch den Datentyp `sap.ui.model.type.Date` repräsentiert. Der Wert im Model muss einer Formatierung in der Locale Data Markup Language (LDML) entsprechen. Die genaue Formatbeschreibung finden Sie auf der Unicode Technical Site des Unicode Consortiums *http://unicode.org/main.html* unter der Rubrik **Unicode Locales (CLDR) • LDML Specification** (siehe Abbildung 7.1).

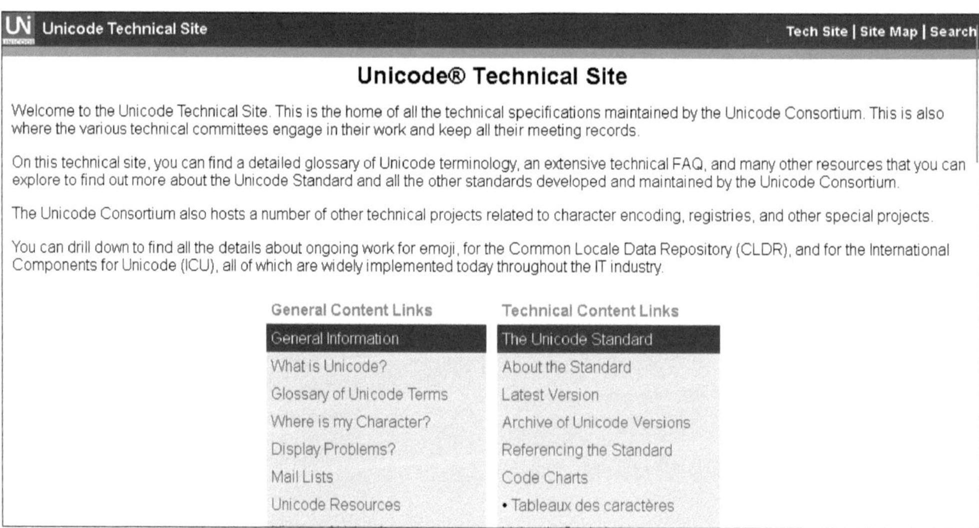

Abbildung 7.1 LDML-Spezifikation

Bei der Angabe des Ausgangsformats können Sie entweder ebenfalls ein Format in LDML oder die vorgefertigten Formate `short`, `medium`, `long` oder `full` verwenden.

Die Initialisierung erfolgt über die folgende Anweisung:

```
var oDate = new sap.ui.model.type.Date();
```

Wenn z. B. das Eingangsformat `Timestamp` ist und Sie als Ausgabe das deutsche Format TT.MM.JJJJ nutzen möchten, wäre die vollständige Anweisung folgende:

```
oDate = new sap.ui.model.type.Date(
          {source: {pattern: "timestamp"},
           pattern: "dd.MM.yyyy"});
```


7.1.2 Uhrzeit

Eine Uhrzeit wird durch den Datentyp `sap.ui.model.type.Time` repräsentiert; die Werte müssen wie beim Datum im LDML-Format angegeben werden.

Die Initialisierung erfolgt über die folgende Anweisung:

```
var oTime = new sap.ui.model.type.Time();
```

7.1.3 Datum und Uhrzeit

Eine kombinierte Angabe aus Datum und Uhrzeit wird durch den Datentyp `sap.ui.model.type.DateTime` repräsentiert; die Werte müssen auch in diesem Fall im LDML-Format angegeben werden.

Die Initialisierung erfolgt über die folgende Anweisung:

```
var oTime = new sap.ui.model.type.DateTime();
```

Sie können z. B. auch direkt im View das gewünschte Format angeben, wie in Listing 7.1 gezeigt.

```
<DateTimePicker
   id="dtp-start-date"
   minutesStep="15"
   value="{
      path          : 'StartDate',
      type          : 'sap.ui.model.type.DateTime',
      formatOptions : {
         pattern : 'dd.MM.yyyy HH:mm',
         UTC     : true
      }
   }"
```

Listing 7.1 Datentypisierung im XML-View

7.1.4 Datentypisierung zur Eingabeprüfung verwenden

Die Datentypisierung eignet sich besonders zur Prüfung von Eingaben in Eingabefeldern. Da der Validator bei Parser-Fehlern oder Validierungsfehlern Ereignisse auslöst, können Sie eine Funktion für diese Ereignisse registrieren und den Anwender z. B. mit der Ausgabe einer Fehlermeldung auf seine Fehleingabe aufmerksam machen. Genau das möchten wir im folgenden Beispiel tun. Wir implementieren ein Eingabefeld und erlauben in diesem Feld nur die Eingabe von Zahlen. Legen Sie dazu das Projekt `zui5.format` mit dem XML-View `Main` an.

Implementieren Sie in diesem View ein Eingabefeld vom Typ `sap.ui.model.type.Float` wie in Listing 7.2.

```
<Page title="Formatprüfung">
  <content>
    <Label text="Zahl eingeben" />
    <Input id="price"
           valueLiveUpdate="true"
           value="{
                        path: '/name',
                        type: 'sap.ui.model.type.Float'
                    }"
    />
</content>
</Page>
```

Listing 7.2 Eingabefeld mit Formatangabe in einem View implementieren

Da wir uns in diesem Beispiel nicht auf ein bestehendes Model beziehen, müssen wir in der Methode `onInit` des Controllers ein Model erzeugen (siehe Listing 7.3). Des Weiteren nehmen wir eine Registrierung auf die Ereignisse der Typvalidierung vor. Im Fehlerfall möchten wir das Feld auf den Status *Fehlerhaft* setzen und im Erfolgsfall eine Meldung ausgeben. Dazu nutzen wir die Standardfehlermeldung des Validators, selbstverständlich können Sie sich aber auch einen eigenen Fehlertext überlegen.

```
sap.ui.define([
  "sap/ui/core/mvc/Controller",
  "sap/ui/model/json/JSONModel"
],
  function (Controller, JSONModel) {
    "use strict";

    return Controller.extend("zui5.format.controller.Main", {
      onInit: function () {
```

```
      this.getView().setModel(
        new JSONModel({
          price: "",
        })
      );

      this.getView().attachValidationError(function (oEvent) {
        this._setToErrorState(oEvent);
      }.bind(this));

      this.getView().attachParseError(function (oEvent) {
        this._setToErrorState(oEvent);
      }.bind(this));

      this.getView().attachValidationSuccess(function (oEvent) {
        var oControl = oEvent.getParameter("element");
        if (oControl && oControl.setValueState) {
          oControl.setValueState("None");
          oControl.setValueStateText("");
        }
      });

    },

    _setToErrorState: function (oEvent) {
      var oControl = oEvent.getParameter("element");
      if (oControl && oControl.setValueState) {
        oControl.setValueState("Error");
        oControl.setValueStateText(
          oEvent.getParameter("message")
        );
      }
    }


  });
});
```

Listing 7.3 Controller-Funktion mit Model-Erzeugung und Ereignisregistrierung

Als Ergebnis wird bei einer Falscheingabe das Feld in den Status *Fehlerhaft* gesetzt und rot umrandet. Außerdem wird der Fehlertext angezeigt (siehe Abbildung 7.2).

Abbildung 7.2 Eingabeprüfung und Fehlerausgabe

7.1.5 Eigene Datentypen

In SAPUI5 können Sie auch eigene Datentypen definieren und diese als Formatierungs- oder Prüffunktion für ein UI-Element nutzen.

Im folgenden Beispiel haben wir ein Feld zur Eingabe eines Passwortes und möchten nach der Eingabe prüfen, ob das Passwort mindestens acht Stellen lang ist und aus Buchstaben und Zahlen besteht. Dafür können Sie eine eigene `Type`-Funktion implementieren und diese an das Passwortfeld hängen. Legen Sie dazu das Projekt `zui5.format.custom` mit dem XML-View `Main` an. Analog zur eigenen **Formatter**-Datei legen Sie im `util`-Verzeichnis eine neue Datei mit dem Namen **PasswordType.js** an. Wir nutzen auch hier die `extend`-Funktion und erweitern den SAPUI5 SimpleType. Diese Technik wird Ihnen in Abschnitt 7.5, »Kundeneigene Controls«, wieder begegnen, da werde ich auch näher darauf eingehen. Zunächst einmal müssen Sie aber wissen, dass die Typimplementierung aus drei Funktionen besteht:

- `formatValue`
- `parseValue`
- `validateValue`

Die Namen der Funktionen sind relativ selbsterklärend: Mit der Funktion `formatValue` können Sie den Wert formatieren, also z. B. alles in Großbuchstaben konvertieren. Mit der Funktion `parseValue` können Sie parsen und mit der `validateValue`-Funktion validieren. Für unser Passwort-Beispiel benötigen Sie also die letzte Funktion, denn wir möchten, dass die Eingabe des Passwortes validiert wird und dass, wenn sie unseren (Mindest)-Anforderungen nicht entspricht, eine Fehlermeldung ausgegeben wird. Diese Prüfung implementieren Sie in einer RegEx. Die Datei **PasswordType.js** müsste nun aussehen, wie in Listing 7.4 zu sehen.

```
sap.ui.define([
  "sap/ui/model/SimpleType"
], function(SimpleType) {
  "use strict";

  return SimpleType.extend("zui5.custom.format.model.PasswordType", {
```

```
        formatValue: function(oValue){
                return oValue;
        },

        parseValue: function(oValue){
                return oValue;
        },

        validateValue: function(oValue){
                console.log(oValue);
                if
                (!/^(?=.*\d)(?=.*[a-zA-Z])[0-9a-zA-Z]{8,16}$/
                       .test(oValue)) {
                       throw new sap.ui.model.ValidateException(
                       "Passwort: 8-16 Stellen,
                        Buchstaben und Zahlen");
                } else
                {
                  return oValue;
              }
        }
   });
});
```

Listing 7.4 »PasswordType.js«

[+]

RegEx

RegEx ist die Abkürzung für den englischen Ausdruck *Regular Expression*, was auf Deutsch etwa regulärer Ausdruck heißt. Sollten Sie in Ihrem bisherigen (Programmier)-Leben noch nicht mit RegEx in Berührung gekommen sein, dann wird dies spätestens in der Webentwicklung passieren. Reguläre Ausdrücke sind eine effiziente und performante Möglichkeit, nach Mustern im Text zu suchen. Sie können z. B. verwendet werden, um Text zu finden und diesen zu ersetzen, Eingaben zu überprüfen oder nach Mustern in Zeichenketten zu suchen. Natürlich gibt es auch dafür Generatoren im Internet, sodass Sie den Ausdruck nicht manuell erzeugen müssen. Beispiele für solche Generatoren sind etwa RegExr, den Sie unter *https://regexr.com* finden, oder RegEx Testing, den Sie hier finden: *https://www.regextester.com*.

Ich habe das Passwort in unserem Beispiel nur eingetragen, damit Sie es besser nachvollziehen können. Normalerweise würden man ein echtes Passwortfeld niemals in die Konsole schreiben, das wäre eine grobe Verletzung jeglicher Sicherheitsrichtlinien.

Damit wir unseren Passworttyp nutzen können, müssen wir ihn, wie bereits bei der Formatter-Funktion, im Controller bekannt geben. Ergänzen Sie dazu im nächsten Schritt die Controller-Datei um Listing 7.5.

```
sap.ui.define([
  "sap/ui/core/mvc/Controller",
  "zui5/custom/format/model/PasswordType"
],
  /**
   * @param {typeof sap.ui.core.mvc.Controller} Controller
   */
  function (Controller, PasswordType) {
    "use strict";

    return Controller.extend("zui5.custom.format.controller.Main", {

      types: {
        password: new PasswordType()
      },
...
```

Listing 7.5 Passworttyp im Controller

Jetzt müssen Sie, wie Sie es bereits aus Abschnitt 6.3.2, »Aggregation Binding«, kennen, in der onInit-Funktion ein lokales Model erzeugen und auf die entsprechenden Ereignisse registrieren. Das Ergebnis sehen Sie in Listing 7.6.

```
onInit: function () {
    this.getView().setModel(
      new sap.ui.model.json.JSONModel({
        pwd: "",
      })
    );

    // Event Handler für Validierungsfehler
    sap.ui.getCore().attachValidationError(function (evt) {
      var oControl = evt.getParameter("element");
      if (oControl && oControl.setValueState) {
        oControl.setValueState("Error");
      }
    });
    sap.ui.getCore().attachValidationSuccess(function (evt) {
      var oControl = evt.getParameter("element");
      if (oControl && oControl.setValueState) {
        oControl.setValueState("None");
      }
```

```
    });
}
```

Listing 7.6 onInit-Funktion im Controller

Implementieren Sie im View ein `Input`-Feld vom Typ `Password`, und definieren Sie als Datentyp die Typfunktion `.types.password`, wie in Listing 7.7 dargestellt.

```
<Page title="Formatprüfung">
<content>
  <Label text="Passwort" />

  <Input id="password"
        type="Password"
        valueLiveUpdate="true"
        value="{
        path: '/pwd',
        type: '.types.password'
      }"
/>
  </content>
</Page>
```

Listing 7.7 View mit eigener Feldprüfung implementieren

In Abbildung 7.3 sehen Sie das Ergebnis im Browser. Sobald die Anwender mindestens acht Stellen aus Buchstaben und Zahlen eingetippt haben, verschwindet die Fehlermeldung.

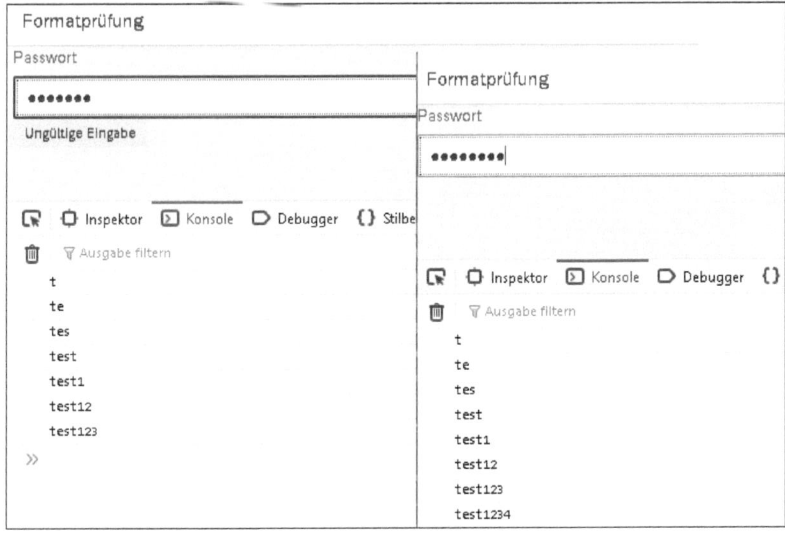

Abbildung 7.3 Passwortlängenprüfung im Browser

7.2 Layoutanpassungen

Die Standard-UI-Themes von SAPUI5 haben Sie bereits in Abschnitt 6.1.1, »Bootstrapping«, kennengelernt. Das SAPUI5-Theming basiert auf CSS und CSS-Parametern. Für jede Control-Bibliothek wird immer eine CSS-Datei verwendet (**library.css**). Die CSS-Parameter werden über das Framework *LESS* gesteuert. LESS ist eine JavaScript-Bibliothek, die CSS um dynamisches Verhalten erweitert. Weitere Hinweise zu LESS finden Sie unter *www.lesscss.org*.

Die Datei **library.css** finden Sie im Verzeichnis des jeweiligen Themes, für Quartz also z. B. unter: **sapui5/resources/sap/ui/layout/themes/sap_fiori_3/library.css**

Um das Styling einer SAPUI5-Anwendung anzupassen, haben Sie grundsätzlich zwei Möglichkeiten:

- einzelne UI-Elemente mit eigenem CSS versehen
- neues Theme mit dem Theme Designer erstellen

7.2.1 CSS anpassen

Wenn Sie nur einzelne Elemente anpassen möchten, können Sie dies am einfachsten mit eigenen Style-Definitionen umsetzen. Sie können den Style für ein Element generell ändern oder über die Methode `addStyleClass` die eigenen Style-Definitionen gezielt einzelnen Elementen zuordnen.

Im ersten Schritt müssen Sie zunächst herausfinden, welche CSS-Klassen das UI-Element beschreiben. Dies geht am einfachsten mit den Entwicklertools der Browser. Entweder klicken Sie im Kontextmenü auf **Element untersuchen**, oder Sie nutzen die **Inspect**-Funktion in den Entwicklertools. Bei Google Chrome wird diese Funktion mit einer Lupe gekennzeichnet ❶, in Firefox ❷ und in Microsoft Edge ❸ durch ein Viereck bzw. ein Viereck mit einem Pfeil (siehe Abbildung 7.4).

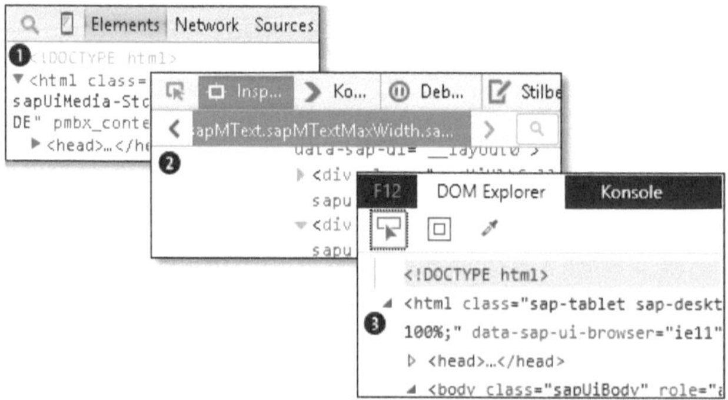

Abbildung 7.4 Element untersuchen

In Abbildung 7.5 sehen Sie die Style-Informationen zu einem `Button`-Control. Sie erkennen hier, dass der Button die Style-Informationen für die Schriftfarbe und die Hintergrundfarbe aus der Klasse `.sapMBtnInner` bezieht.

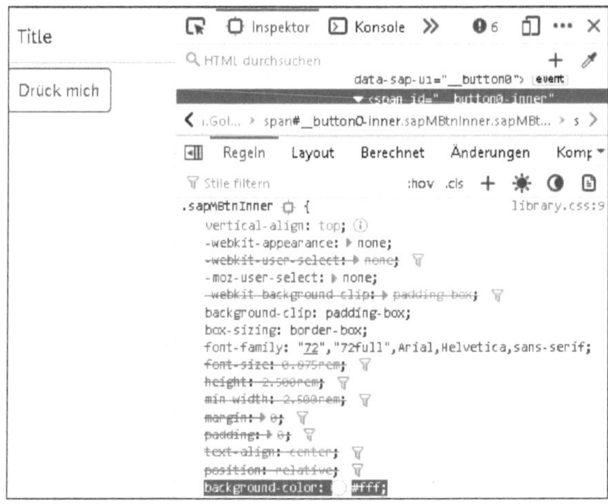

Abbildung 7.5 Verwendung der CSS-Klassen in SAPUI5

Wenn Sie nun die Hintergrundfarbe des Buttons ändern möchten, übersteuern Sie die entsprechende Klasse mit einer eigenen Style-Definition.

Im folgenden Beispiel ändern Sie die Hintergrundfarbe des Buttons mit dem Text »Press me« in das typische SAP-Gold, der Hex-Wert dafür lautet `#F0AB00`. Auch für dieses Beispiel habe ich für das Download-Material dieses Buches wieder ein neues Projekt `zui5.own.css` angelegt. Sie können jedoch auch das Projekt `zui5.first.app` erweitern. Wie Sie eigene Styles für ein Objekt hinterlegen können, haben Sie bereits in Abschnitt 2.5.3, »DOM-Manipulation«, gelernt. Aus Gründen der Übersichtlichkeit implementiere ich hier die Style-Definition direkt im View. In einer richtigen Anwendung sollten Sie eine eigene CSS-Datei anlegen und diese in die Datei **manifest.json** einbinden. Das Template sieht dafür die Datei **style.css** vor (siehe Abbildung 7.6).

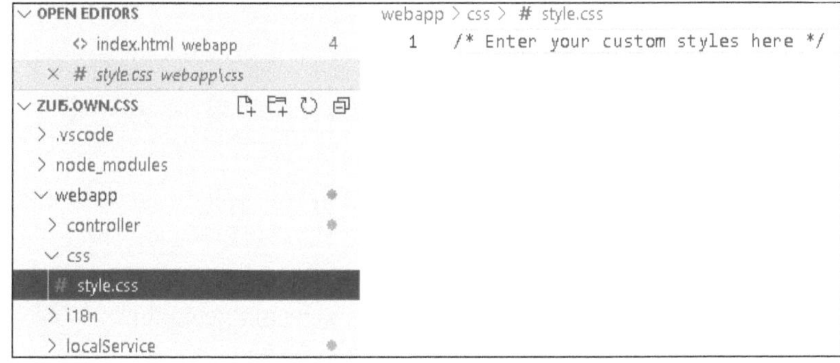

Abbildung 7.6 »style.css« im SAPUI5-Template

In dem View implementieren Sie darüber hinaus noch einen zweiten Button mit dem Text »Another Button« (siehe Listing 7.8); diesen werden wir im nächsten Beispiel noch brauchen.

```
<mvc:View
    controllerName="zui5.own.css.controller.Main"
    xmlns:mvc="sap.ui.core.mvc"
    xmlns:html="http://www.w3.org/1999/xhtml"
    displayBlock="true"
    xmlns="sap.m"
>

<html:style>
      .sapMBtnInner {
         background: #F0AB00;
      }
</html:style>

  <Shell id="shell">
    <App id="app">
      <pages>
        <Page id="page" title="{i18n>title}">
          <content>
            <Button text="Drück mich"
                press="onButtonPressed" />
            <Button text="Weiterer Button"/>
          </content>
        </Page>
      </pages>
    </App>
  </Shell>
</mvc:View>
```

Listing 7.8 View mit Style-Definition

Wenn Sie das Beispiel nun im Browser öffnen, werden die Buttons goldfarben dargestellt (siehe Abbildung 7.7).

In diesem Beispiel sehen Sie den Nachteil dieses Verfahrens: Jedes UI-Element mit dieser CSS-Klasse hat nun eine goldene Hintergrundfarbe, meistens möchten Sie jedoch einzelne Elemente anders darstellen. Dafür sind die Methode `addStyleClass` für JavaScript-Views bzw. das `class`-Attribut in XML-Views besser geeignet.

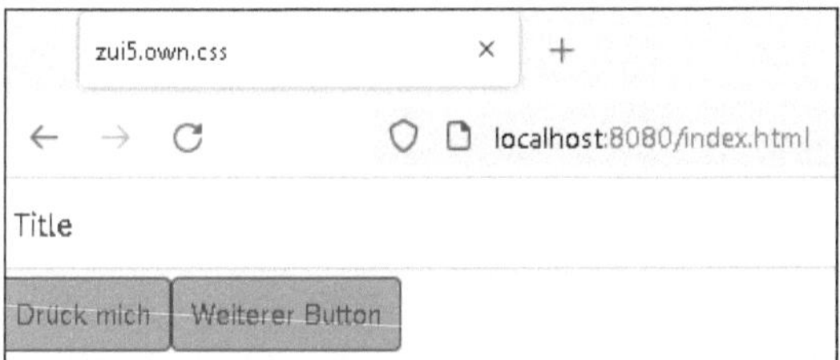

Abbildung 7.7 Buttons im neuen Glanz

Gerade bei diesem Beispiel zeigt sich, dass eine zufriedenstellende Lösung mitunter nicht ganz so trivial ist, wie es auf den ersten Blick scheint. Wenn Sie erneut Abbildung 7.5 betrachten, stellen Sie fest, dass die Hintergrundfarbe nicht an das Button-Element gebunden ist, sondern an die darunterliegenden `div`- und `span`-Elemente. Aus diesem Grund müssen Sie hier schon etwas tiefer in die CSS-Trickkiste greifen und mit einem Selektor `element>element` alle `div`- und `span`-Elemente adressieren, die unter einem Element mit einer bestimmten Klasse hängen. Der ID-Selektor wäre in diesem Zusammenhang wirkungslos. Wie Sie bereits gelernt haben, werden bei einem XML-View die Elemente mit einer generierten ID in das DOM geschrieben. Für das folgende Beispiel habe ich wieder ein neues Projekt `zui5.style.class` angelegt, das Sie in den Materialien zu diesem Buch finden, Sie können jedoch einfach die Style-Definition im vorangegangenen Beispiel wie in Listing 7.9 abändern.

```
<html:style type="text/css">

    .Gold > span{
    background-color: #F0AB00;
    background-image: none;
    }

</html:style>
```

Listing 7.9 Style-Definition mit element>element-Selektor

Weisen Sie dann einem der beiden Buttons die Style-Klasse `Gold` zu:

```
<Button class="Gold" text="Press Me" />
```

Die gezeigte Implementierung bezieht sich nur auf einen Standard-Button. Wenn Sie z. B. mit der Maus über den Button fahren, wird eine andere CSS-Klasse angesprochen. Wenn Sie den vollständigen Button auf diese Art und Weise gestalten möchten, müssten Sie noch jede Menge Zeit und Energie investieren. Ein ganzes Layout nach diesem Verfahren anzupassen, wäre noch mal sehr viel aufwendiger. Glücklicherweise bietet SAPUI5 den sogenannten *UI Theme Designer* an, mit dem Sie die Grundeinstellungen eines Themes in einer grafischen Oberfläche anpassen können.

7.2.2 UI Theme Designer

Mit dem UI Theme Designer können Sie eigenständige Themes erstellen und diese in Ihre Seite einbinden. Der UI Theme Designer war bisher nur auf dem ABAP-Stack verfügbar, doch seit einiger Zeit können Sie den UI Theme Designer auch in der SAP Web IDE starten.

Um den UI Theme Designer auf dem ABAP-Stack nutzen zu können, müssen die beiden folgenden Services aktiv sein (zu prüfen in Transaktion SICF):

- **/sap/public/bc/themes**
- **/sap/bc/theming**

Außerdem benötigen Sie Berechtigungen für das Berechtigungsobjekt `/UI5/THEME`:

- Theming: Theme-ID: * (alle Themes)
- Aktivität: `02` (ändern)

Um den UI Theme Designer in der Cloud starten können, müssen Sie ihn zunächst als Entitlement hinzufügen und im Anschluss den Service hinzufügen. Danach müssen Sie noch Berechtigungsrollen anlegen und einige weitere Konfigurationsschritte durchführen. Da dies den Rahmen dieses Buches sprengen würde, verweise ich an dieser Stelle auf die offizielle Dokumentation, die Sie unter *https://help.sap.com/docs/UI_THEME_DESIGNER* finden.

Auf dem ABAP-Backend starten Sie den UI Theme Designer über die Transaktion /n/UI5/THEME_DESIGNER bzw. in der SAP BTP über das URL-Suffix */comsapuitheming.themedesigner/*, den Sie an die Application-URL anhängen. Die Startseite des UI Theme Designers sehen Sie in Abbildung 7.8. Zum Zeitpunkt des Schreibens dieses Buches ist der UI Theme Designer nur in Google Chrome lauffähig. Wenn Sie versuchen, den UI Theme Designer mit einem anderen Browser zu öffnen, wird Ihnen deshalb eine entsprechende Fehlermeldung angezeigt.

Nach dem Starten der Applikation öffnet sich ein Fenster, in dem Sie ein Theme anlegen bzw. ein vorhandenes Theme importieren können (siehe Abbildung 7.8). Wenn Sie bereits ein Theme angelegt haben, dann können Sie dieses auch auswählen, um daran weiterzuarbeiten.

[!]

Corporate Design

Das Corporate Design (CD) ist ein Bestandteil der Corporate Identity. Das CD sorgt für ein konsistentes Erscheinungsbild nach außen und trägt somit zur Markenidentität bei. Das Corporate Design stellt die einheitliche Gestaltung von Logos, Slogans, Internetpräsenzen und aber auch Anwendungen sicher.

Bevor Sie mit der Erstellung eines Themes beginnen, machen Sie sich mit dem Corporate Design des Unternehmens vertraut. Im Style Guide können Sie die gültigen Farbwerte nachschlagen und stellen damit sicher, dass Ihr Design den Unternehmensrichtlinien entspricht.

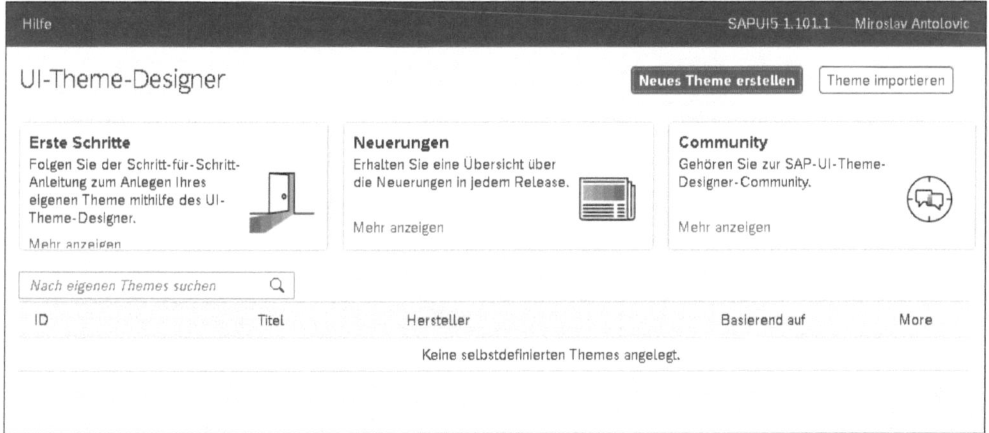

Abbildung 7.8 UI Theme Designer für SAPUI5

Damit wir uns an einem Style Guide orientieren können, habe ich mir für dieses Beispiel den Style Guide von New York City ausgesucht. Dieser ist unter der URL *http://s-prs.de/v890103* verfügbar. In Abbildung 7.9 sehen Sie die Basisfarben und in Abbildung 7.10 die Akzentfarben, auf die ich mich in meinem Beispiel beziehen werde.

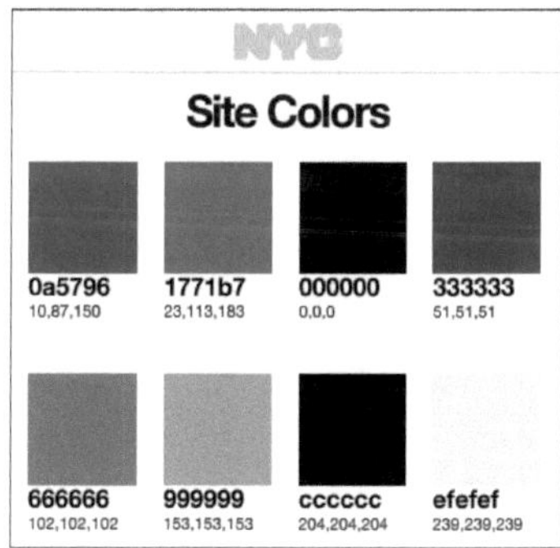

Abbildung 7.9 Basisfarben des New York City Style Guides

Alternativ können Sie auch den Style Guide Ihres Arbeitgebers verwenden oder Ihrer Fantasie freien Lauf lassen. Vielleicht schlummert in Ihnen ja ein hervorragender Designer, finden Sie es heraus!

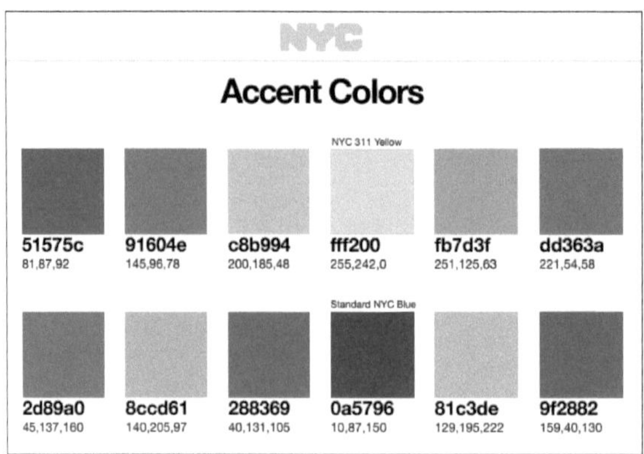

Abbildung 7.10 Akzentfarben des New York City Style Guides

Um ein neues Theme anzulegen, klicken Sie im UI Theme Designer auf die Schaltfläche **Neues Theme erstellen**. Es öffnet sich ein Pop-up-Fenster (siehe Abbildung 7.11), in dem Sie die Grundlage Ihres eigenen Themes auswählen. Themes werden nämlich nicht auf der grünen Wiese erzeugt, sondern auf Basis eines existierenden Themes. Das gewählte Theme können Sie dann farblich Ihren Wünschen bzw. Anforderungen anpassen.

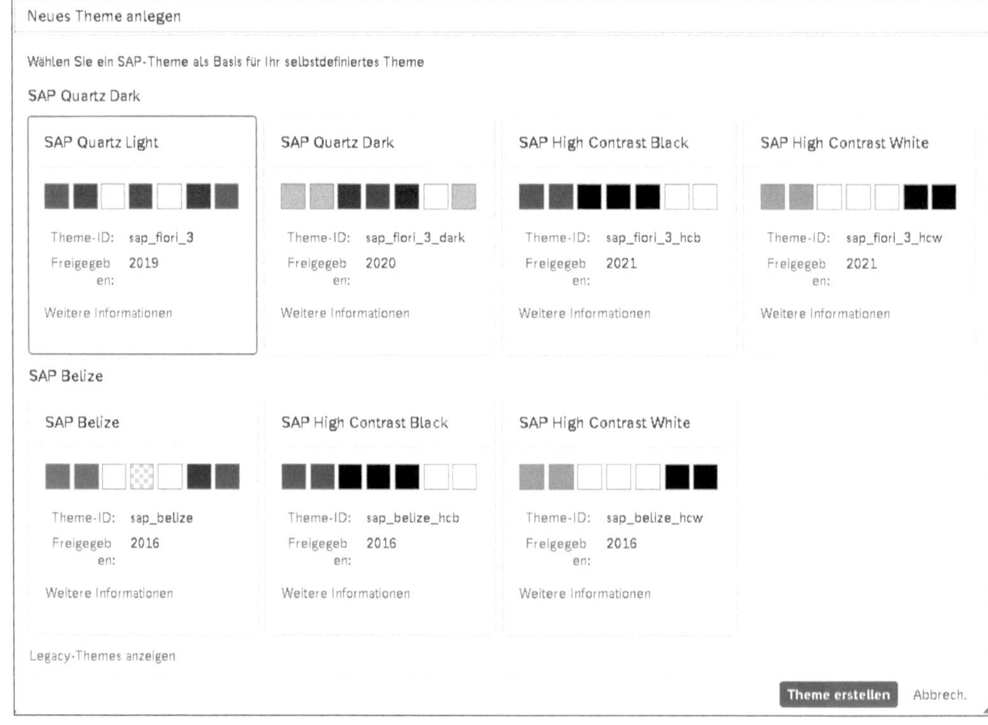

Abbildung 7.11 Auswahl des Basis-Themes

Als Basis für mein Beispiel nutze ich SAP Quartz Dark, da dies dem Farbschema meines Zielschemas der Stadt New York am nächsten kommt. Mit dem Button **Theme erstellen** wird das Theme erstellt. Es öffnet sich der eigentliche Designer, wie in Abbildung 7.12 dargestellt.

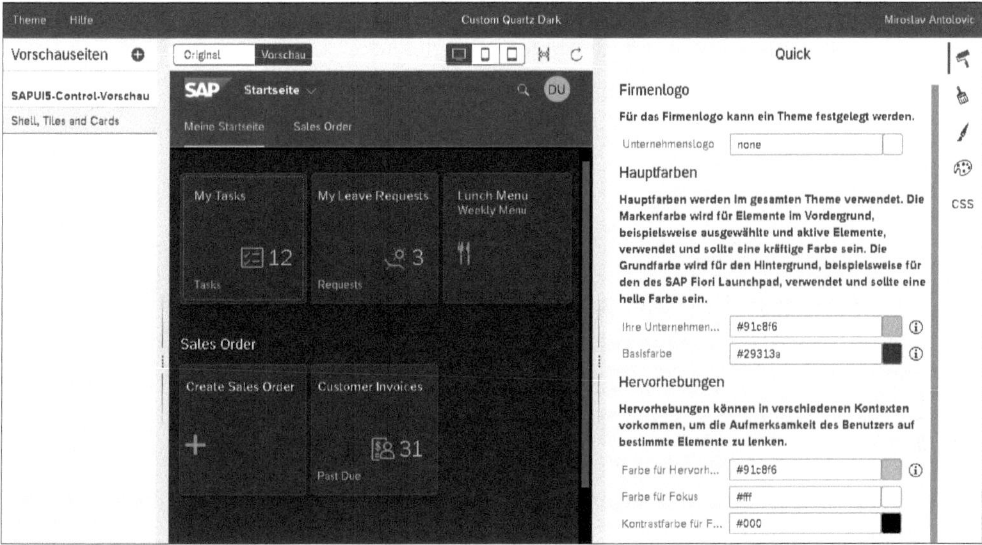

Abbildung 7.12 UI Theme Designer

Standardmäßig ist mittig eine Vorschau des SAP Fiori Launchpads zu sehen. In der linken Spalte können Sie über den Plus-Button (⊕) weitere Vorschauseiten hinzufügen. Es öffnet sich ein Fenster, in dem Sie Vorschauseiten hinzufügen können (siehe Abbildung 7.13).

Abbildung 7.13 Vorschauseiten hinzufügen

Über den Link **SAPUI5-Control-Vorschau** können Sie z. B. UI-Elemente auswählen, die in der Vorschau im mittleren Bereich des Bildes angezeigt werden sollen. Alternativ dazu können Sie auch den Link zu Ihrer Anwendung eintragen und so Ihre Style-Änderungen direkt in Ihrer eigenen Anwendung betrachten.

Wenn Sie keine bestimmte Anwendung gestalten möchten, können Sie im mittleren Bereich des Fensters den Link **SAPUI5-Anwendungsvorschau** anwählen und in dem Fenster, das erscheint, die Checkbox **Quick Theming** auswählen (siehe Abbildung 7.14). Dadurch können Sie Ihre Änderungen an vielen verschiedenen Controls betrachten.

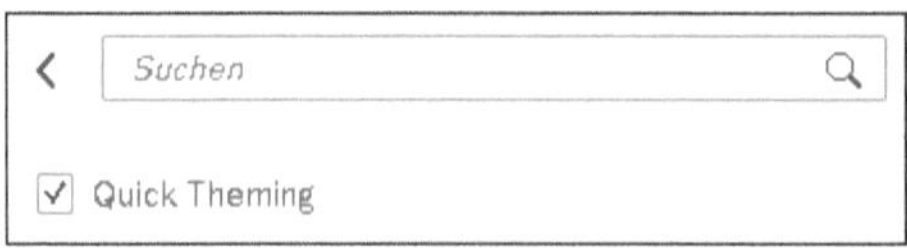

Abbildung 7.14 Quick Theming in der Anwendungsvorschau

In der Übersicht der **SAPUI5-Anwendungsvorschau** auf der linken Seite erscheint nun der Eintrag **Quick Theming**. Sie können den Zielseiten auch mehrere Anwendungen oder Controls hinzufügen. Es ist immer empfehlenswert, besonders bei CSS, Funktionen mit möglichst vielen Elementen in möglichst vielen Browsern zu testen.

Wählen Sie nun die Zielseite **Shell, Tiles and Cards** auf der linken Seite im mittleren Bereich der Vorschaufunktion aus, wird Ihnen nun ein Launchpad angezeigt (siehe Abbildung 7.15).

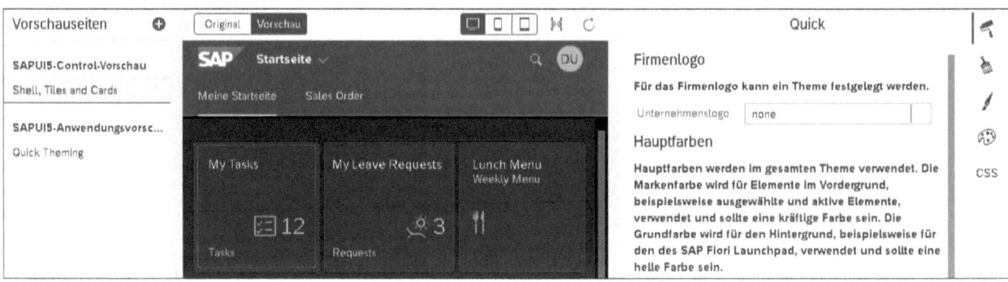

Abbildung 7.15 Launchpad-Vorschau

Auf der rechten Seite sehen Sie die Style-Optionen des UI Theme Designers. Sie haben verschiedene Bearbeitungsmodi zur Auswahl: **Quick**, **Detailliert**, **Experte**, **Palette** und **CSS**.

Im Modus **Quick** werden Ihnen die einzelnen Auswahlmöglichkeiten in einer leserlichen und geordneten Form angezeigt, und Sie können nur die grundlegenden Parameter anpassen (siehe Abbildung 7.16).

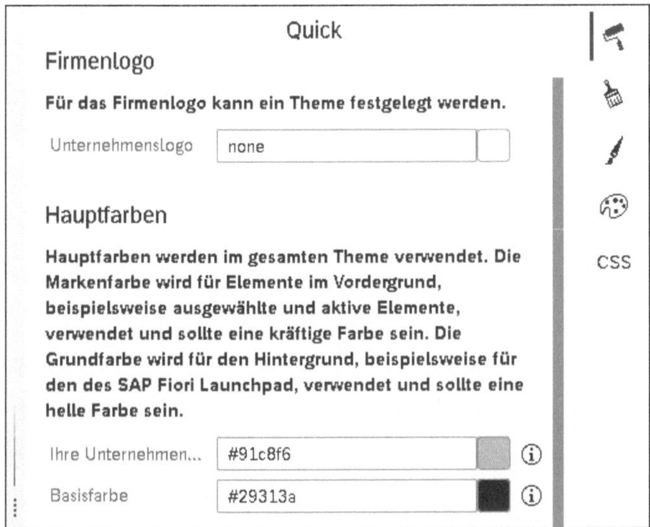

Abbildung 7.16 Bearbeitungsmodus »Quick«

Im Modus **Detailliert** können Sie sehr viel mehr Parameter einstellen, und die einzelnen Parameter sind nach dem jeweiligen Bereich gruppiert (siehe Abbildung 7.17).

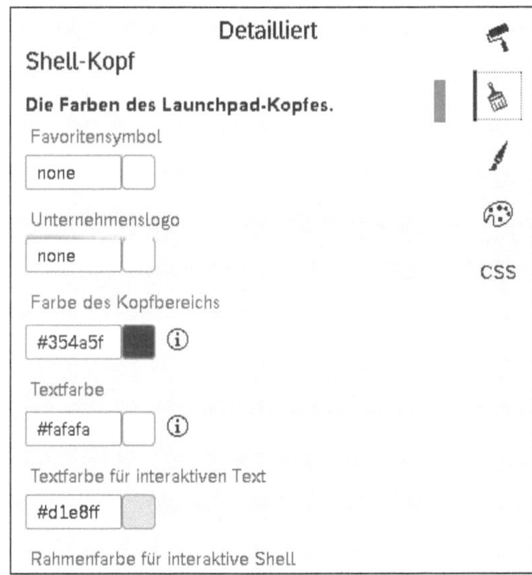

Abbildung 7.17 Bearbeitungsmodus »Detailliert«

Im Modus **Experte** sehen Sie alle LESS-Parameter, die in SAPUI5 verwendet werden. In diesem Modus können Sie alle verfügbaren Standardparameter anpassen (siehe Abbildung 7.18).

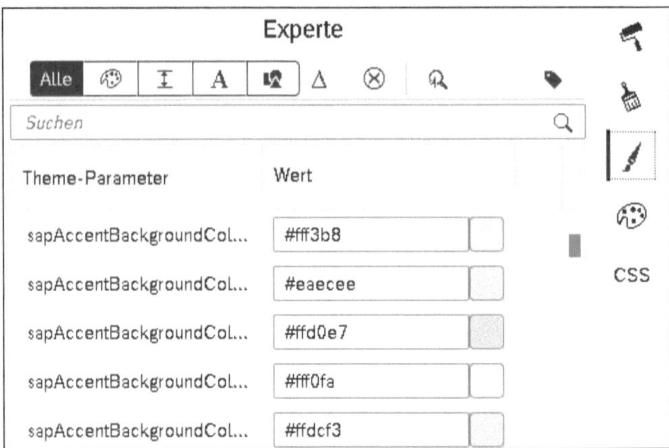

Abbildung 7.18 Bearbeitungsmodus »Experte«

Des Weiteren stehen Ihnen noch der Modus **Palette** und der Modus **CSS** zur Verfügung. Im Modus **Palette** können Sie eigene Parameter definieren und diesen einen Farbwert zuweisen. Im Modus **CSS** können Sie eigene CSS-Anweisungen implementieren. Hier müssen Sie zunächst einen Warnhinweis bestätigen, dass die Änderung von CSS zu Problemen bei einem Upgrade führen kann. Erst nach dem Klick auf den Bestätigungs-Button wird der Bereich freigeschaltet.

Learning by Doing

Ich empfehle Ihnen, etwas mit dem UI Theme Designer zu experimentieren. Versuchen Sie, Ihr eigenes Theme zu entwerfen. Im Folgenden zeige ich Ihnen, wie Sie dabei vorgehen. Selbstverständlich sollten Sie sich noch an die Grundregeln der Farbenlehre erinnern bzw. sich diese noch mal zu Gemüte führen.

Ich werde in meinem Beispiel nun das Launchpad auf Basis des Style Guides von New York City entwerfen und beginne dafür mit dem Logo. Dafür habe ich zunächst das Logo aus dem Style Guide als Bild abgespeichert und im Modus **Quick** als Unternehmenslogo hochgeladen. Wie Sie in Abbildung 7.19 sehen können, wird die Änderung in der Vorschaufunktion direkt angezeigt.

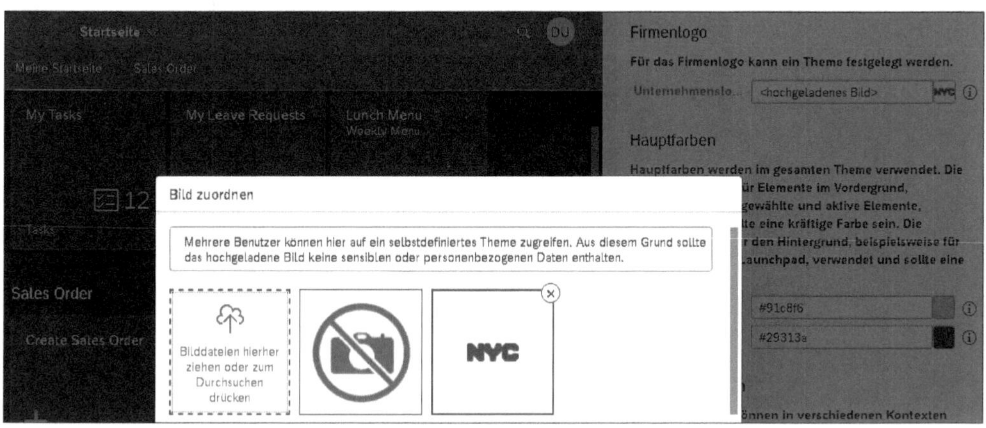

Abbildung 7.19 Logo einfügen

Was mir jedoch nicht so gut gefällt, ist das Logo auf dem dunklen Hintergrund. Um dies zu ändern, wechsle ich in den **Detailliert**-Modus und passe dort die Farben des Kopfbereichs und die Textfarbe an (siehe Abbildung 7.20).

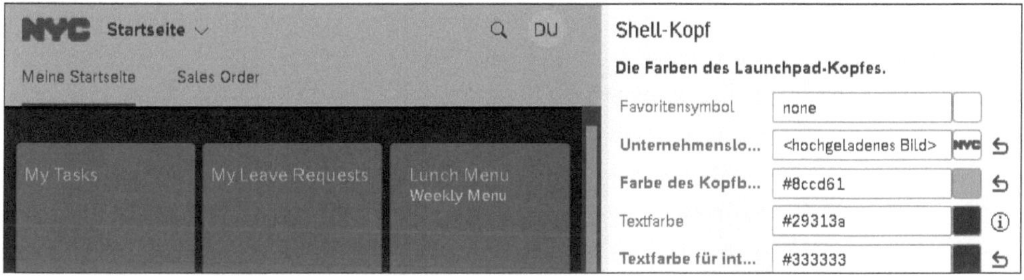

Abbildung 7.20 Kopfbereich anpassen

Sobald Sie einen Parameter geändert haben, ändert sich das Symbol neben der Farbe. Wenn Sie auf den gebogenen Pfeil klicken, können Sie den Wert wieder in den Ursprungszustand zurückversetzen (siehe Abbildung 7.21).

Textfarbe	#29313a
Textfarbe für interaktiven T...	#333333
Rahmenfarbe für interaktive Sh...	#e1f2d5
Hintergrundfarbe 'Abzeichen'	#d14242

Nicht gesicherte Änderung verwerfen

Abbildung 7.21 Änderung zurücksetzen

Bei dieser Gelegenheit ändere ich auch gleich die Farbe der Kacheln, wie in Abbildung 7.22 zu sehen.

Abbildung 7.22 Kachelfarben anpassen

Wenn Ihnen, wie mir in diesem Fall, die Farbe des Avatars rechts oben noch nicht gefällt, können Sie auch diese anpassen. Dafür wechsle ich in den **Experte**-Modus und passe die Farbe für den Theme-Parameter **sapAccentColor6** an, wie in Abbildung 7.23 dargestellt.

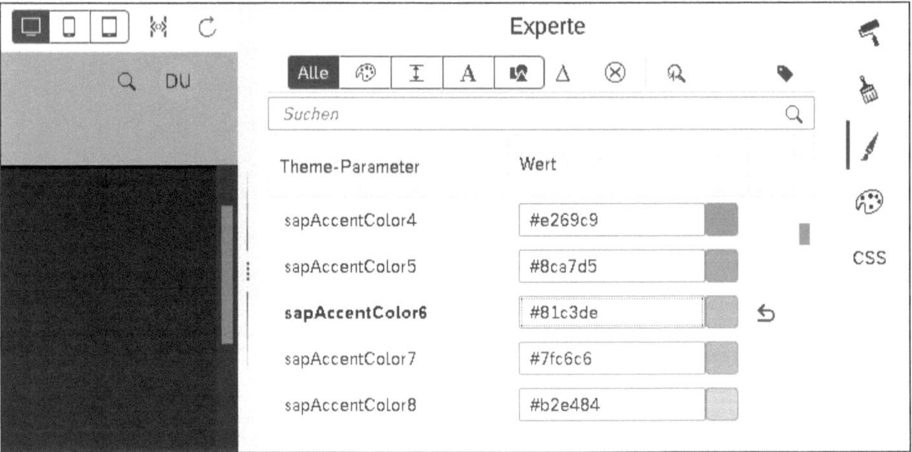

Abbildung 7.23 Farbe des Avatars anpassen

Spätestens hier fragen Sie sich vielleicht, wie ich den passenden Parameter gefunden habe, um die Farbe des Avatars zu ändern. Um dies herauszufinden, habe ich einen Blick in die Entwicklertools geworfen, den Avatar ausgewählt und so ermittelt, welche CSS-Klasse den Avatar einfärbt (siehe Abbildung 7.24).

Über die Schaltfläche **Original** im oberen Bereich des Fensters können Sie auch immer zum Original wechseln, um Ihre Änderungen zu vergleichen (siehe Abbildung 7.25).

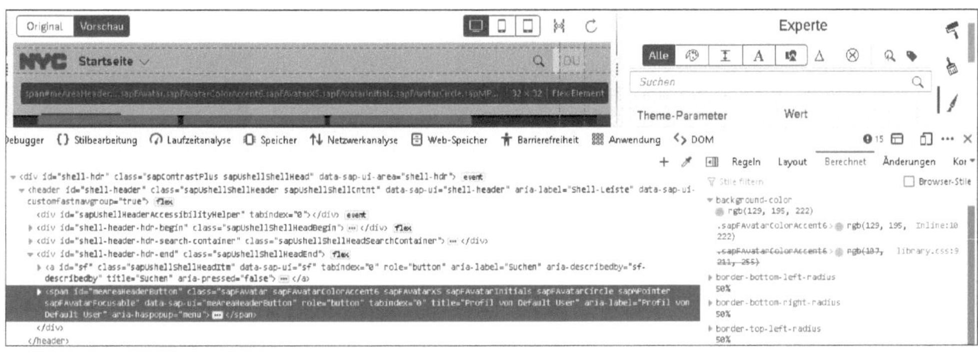

Abbildung 7.24 CSS-Klasse des Avatars ermitteln

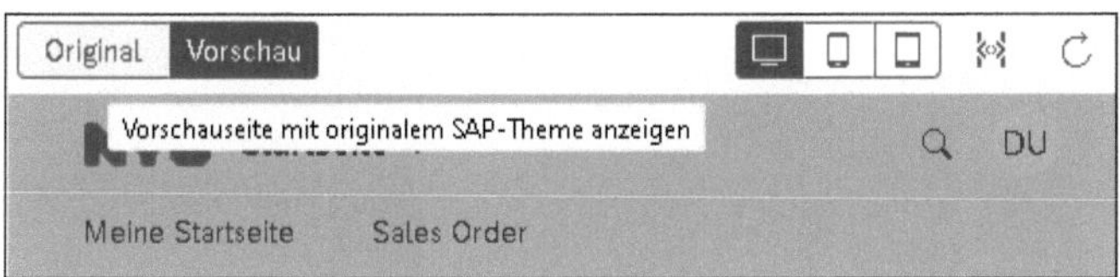

Abbildung 7.25 Launchpad im Original-SAP-Theme anzeigen

Nachdem Sie alle gewünschten Änderungen vorgenommen haben, müssen Sie das Theme zunächst speichern und im Anschluss daran freigeben. Gehen Sie dazu im Menü auf **Theme • Sichern**, und vergeben Sie einen passenden Namen, z. B. »myquarz« wie in Abbildung 7.26. Klicken Sie auf **OK**. Nachdem Sie das Theme gesichert haben, können Sie es über den Menüpfad **Theme • Sichern & Erstellen** freigeben.

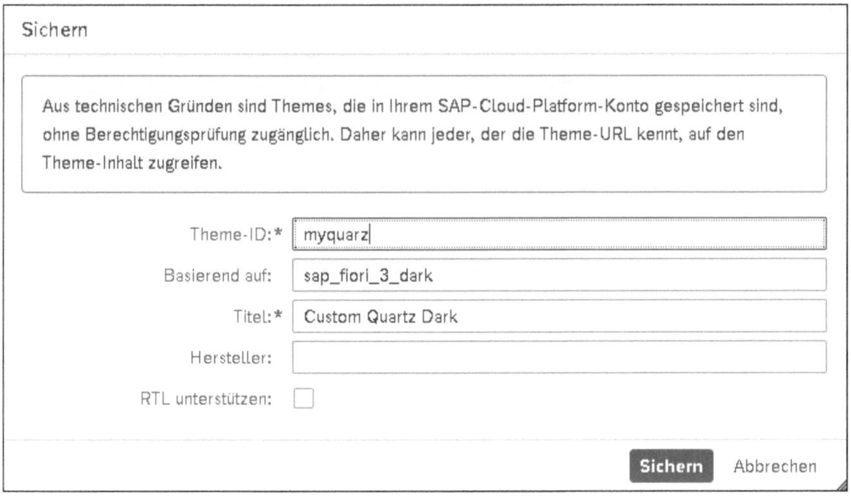

Sichern

Aus technischen Gründen sind Themes, die in Ihrem SAP-Cloud-Platform-Konto gespeichert sind, ohne Berechtigungsprüfung zugänglich. Daher kann jeder, der die Theme-URL kennt, auf den Theme-Inhalt zugreifen.

Theme-ID:* myquarz

Basierend auf: sap_fiori_3_dark

Titel:* Custom Quartz Dark

Hersteller:

RTL unterstützen:

Sichern Abbrechen

Abbildung 7.26 Theme speichern

Wenn Sie das Theme in Ihrem ABAP-Backend nutzen möchten, dann können Sie es aus dem UI Theme Designer über das Menü **Theme • Exportieren** herunterladen (siehe Abbildung 7.27).

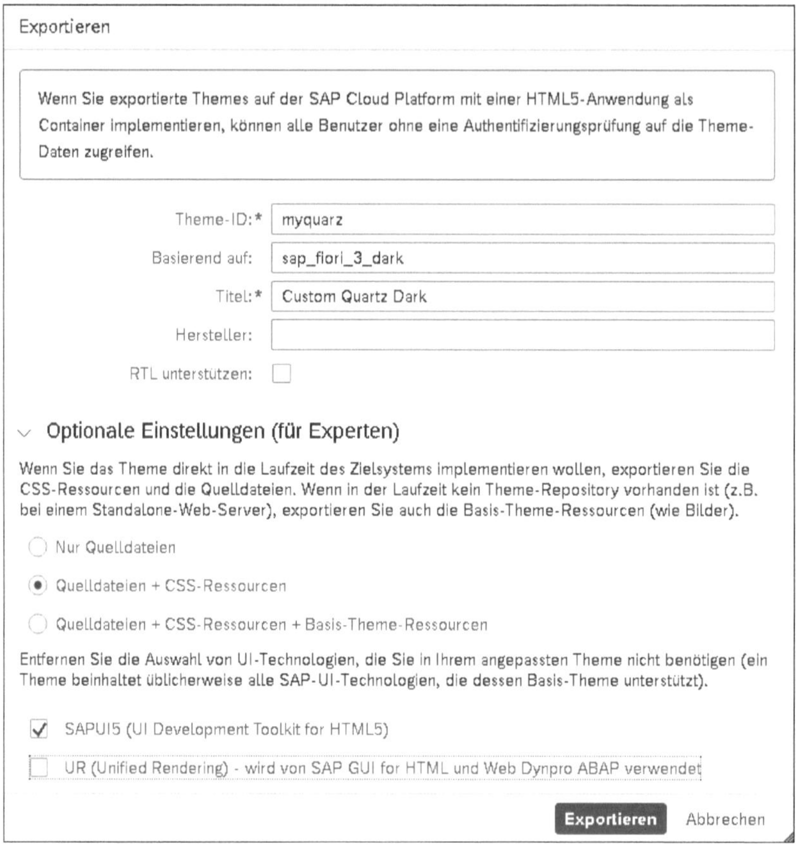

Exportieren

Wenn Sie exportierte Themes auf der SAP Cloud Platform mit einer HTML5-Anwendung als Container implementieren, können alle Benutzer ohne eine Authentifizierungsprüfung auf die Theme-Daten zugreifen.

Theme-ID:* myquarz

Basierend auf: sap_fiori_3_dark

Titel:* Custom Quartz Dark

Hersteller:

RTL unterstützen:

Optionale Einstellungen (für Experten)

Wenn Sie das Theme direkt in die Laufzeit des Zielsystems implementieren wollen, exportieren Sie die CSS-Ressourcen und die Quelldateien. Wenn in der Laufzeit kein Theme-Repository vorhanden ist (z.B. bei einem Standalone-Web-Server), exportieren Sie auch die Basis-Theme-Ressourcen (wie Bilder).

Nur Quelldateien

Quelldateien + CSS-Ressourcen

Quelldateien + CSS-Ressourcen + Basis-Theme-Ressourcen

Entfernen Sie die Auswahl von UI-Technologien, die Sie in Ihrem angepassten Theme nicht benötigen (ein Theme beinhaltet üblicherweise alle SAP-UI-Technologien, die dessen Basis-Theme unterstützt).

SAPUI5 (UI Development Toolkit for HTML5)

UR (Unified Rendering) - wird von SAP GUI for HTML und Web Dynpro ABAP verwendet

Exportieren Abbrechen

Abbildung 7.27 Theme in das ABAP-Backend exportieren

Im Anschluss können Sie das Theme über die Transaktion /UI5/THEME_TOOL in das Gateway-System hochladen.

Um das Theme in Ihre Anwendung einzubinden, können Sie entweder über die URL darauf referenzieren oder es aus dem SAP-Backend exportieren und in Ihr Projekt einbinden. Gehen Sie dazu in die Transaktion /UI5/THEME_TOOL. In dieser Transaktion werden Ihnen alle Kunden-Themes angezeigt. Wenn Sie das Theme über die URL einbinden möchten, navigieren Sie zu Ihrem Theme (in unserem Beispiel `myquartz`) und klicken doppelt auf **Info** (siehe Abbildung 7.28).

Ihnen wird eine URL nach dem folgenden Schema angezeigt:

sap-theme=<theme_id@https://<hostname>:<port>/sap/public/bc/ themes/ ~client-<client>/

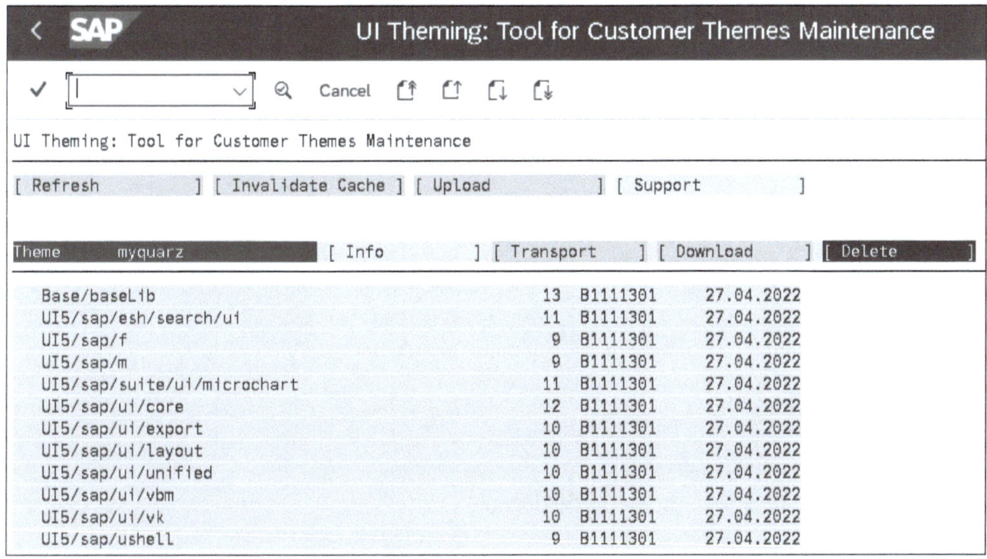

Abbildung 7.28 Theme-URL ermitteln

Diesen URL-Parameter fügen Sie der URL Ihrer Anwendung hinzu. Daraus ergibt sich die folgende URL:

http://<server>:<port>/sap/bc/ui5_ui5/sap/<anwendung>/index.html?sap-theme=<theme_id@https://<hostname>:<port>/sap/public/bc/themes/~client-<client>/

Alternativ dazu können die Anwender das Theme in den Einstellungen des SAP Fiori Launchpads im Bereich **Appearance** auswählen, wie in Abbildung 7.29 dargestellt.

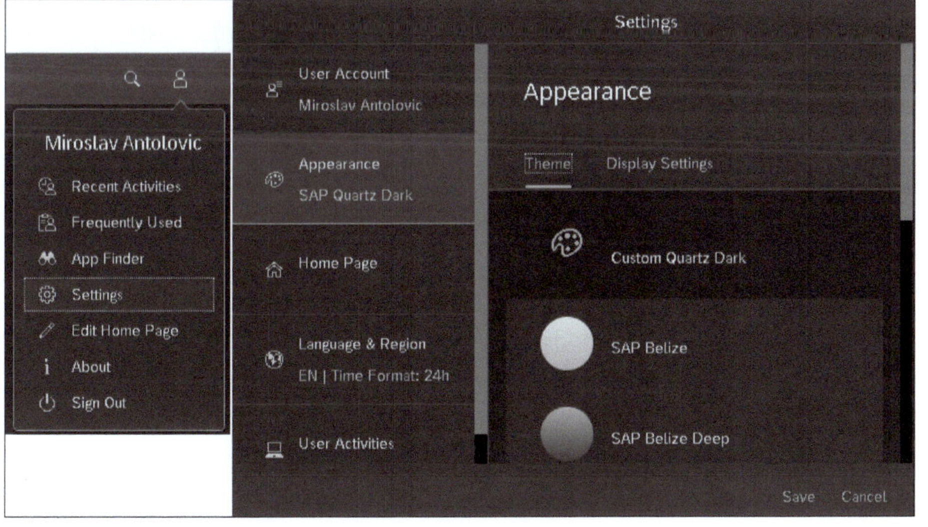

Abbildung 7.29 Theme im SAP Fiori Launchpad einstellen

Wenn Sie das Theme als Standard-Theme festlegen möchten, öffnen Sie die Transaktion /UI2/NWBC_CFG_SAP, und legen Sie Ihr Theme bei SAP_FLP als Parameter THEME fest (siehe Abbildung 7.30).

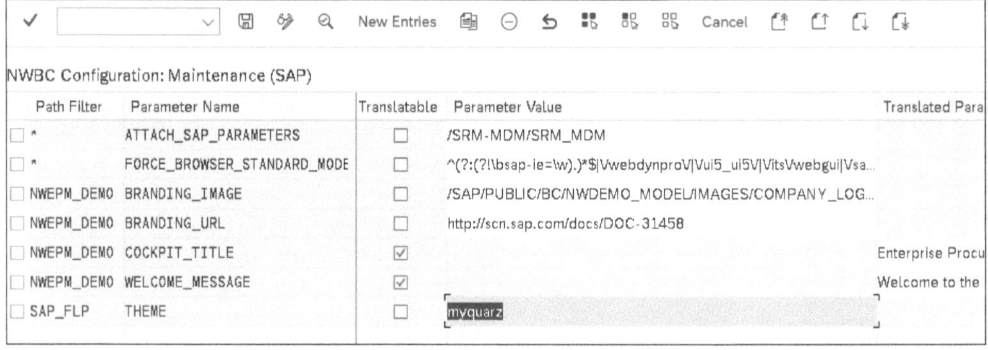

Abbildung 7.30 Standard-Theme festlegen

Jetzt bleibt mir nicht viel anderes übrig, als Ihnen viel Spaß zu wünschen. Lassen Sie Ihrem Designtrieb freien Lauf, und probieren Sie die Möglichkeiten des UI Theme Designers aus. Wenn Sie im Internet nach dem Stichwort »Style Guide Examples« suchen, finden Sie jede Menge Unternehmens-Style-Guides, an denen Sie sich orientieren können. Sie wissen ja, nur Übung macht den Meister.

7.2.3 Standardabstände

Mit der SAPUI5-Version 1.28 wurden Standardklassen für Außenabstände (*Margins*) und Innenabstände (*Container Paddings*) eingeführt. Wenn Sie Abbildung 7.7 erneut betrachten, sehen Sie, dass die beiden Buttons »aneinanderkleben«. Selbst bei diesem einfachen Beispiel müssten Sie ein Layout-Control verwenden oder Custom-CSS hinzufügen, um den Abstand zu konfigurieren. Die neu eingeführten Klassen sind an dieser Stelle eine Erleichterung, die ich Ihnen nicht vorenthalten möchte.

Abbildung 7.31 zeigt die Implementierung unseres Buttons aus Abschnitt 7.2.1, »CSS anpassen«, in einem Boxmodell, das Sie in den Entwicklertools anschauen können. Die einzelnen Elemente des Controls werden dabei als ineinander verschachtelte Rechtecke dargestellt. Unser Button hat nach links und nach rechts weder Padding noch Margin (erkennbar an dem Minuszeichen im Boxmodell bzw. in anderen Browsern an einer 0) – aus diesem Grund werden die beiden Buttons direkt nebeneinander dargestellt.

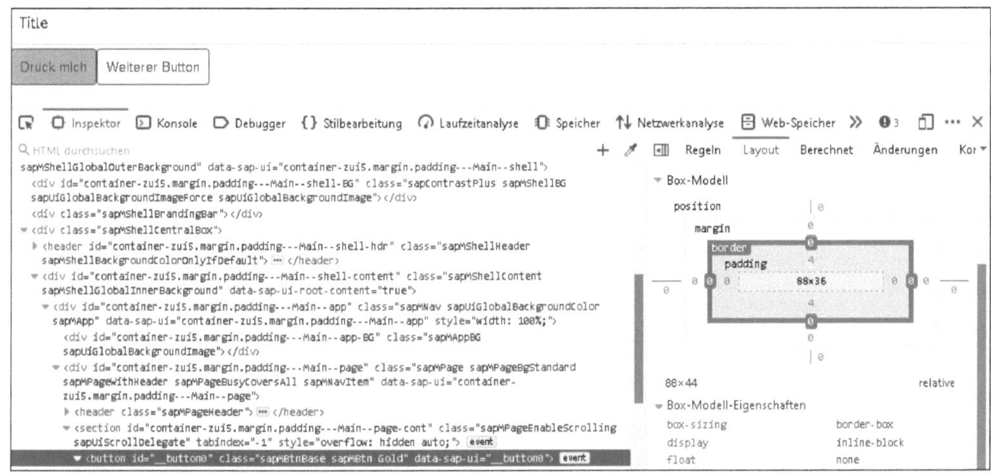

Abbildung 7.31 Boxmodell eines Buttons

Zur Definition von Margins stellt SAPUI5 die folgenden CSS-Klassen bereit:

- `sapUiTinyMargin`
- `sapUiSmallMargin`
- `sapUiMediumMargin`
- `sapUiLargeMargin`

Diese Klassen umgeben das Objekt mit einem unterschiedlich großen Rand auf allen vier Seiten. Von jeder dieser Klassen gibt es auch eine Ausprägung, die definiert, dass nur auf einer Seite ein Rand hinzugefügt werden soll (`sapUiTinyMarginTop`, `sapUiTinyMarginLeft` etc.). Ebenso ist nur die Ausprägung eines Randes an zwei Seiten möglich (`sapUiSmallMarginTopBottom` etc.) Besonders praktisch ist die Klasse `sapUiResponsiveMargin`, die den Rand abhängig von der Bildschirmgröße anpasst.

Zur Definition von Paddings stehen Ihnen die folgenden Klassen zur Verfügung:

- `sapUiNoContentPadding`
- `sapUiContentPadding`
- `sapUiResponsiveContentPadding`

Die Verwendung dieser Margin- und Padding-Klassen ist sehr leicht. Fügen Sie dem Control einfach die entsprechende Klasse hinzu. In unserem Beispiel aus Abbildung 7.7 müssen wir im Code des linken Buttons lediglich am Ende eine Margin-Klasse hinzufügen:

```
<Button class="Gold sapUiMediumMarginEnd" text="Press Me" />
```

Dadurch wird dem ersten Button rechts ein Rand von 32 Pixeln hinzugefügt, und die zwei Buttons werden mit einem Abstand angezeigt (siehe Abbildung 7.32).

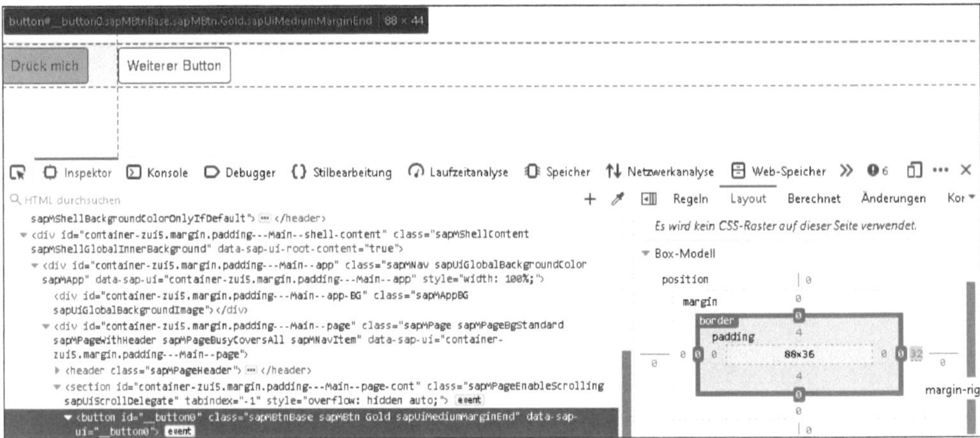

Abbildung 7.32 Darstellung des Margins im Boxmodell

7.3 Components

Die Components haben Sie bereits in den vorangegangenen Kapiteln kennengelernt, da die Templates immer Component-basiert sind. Jetzt möchten wir uns die Components nochmals im Detail anschauen. Eine Component ist ein unabhängiger und wiederverwendbarer Teil einer SAPUI5-Anwendung. Es gibt zwei Arten von Components:

- **Faceless Components**
  Faceless Components werden nicht auf der Benutzeroberfläche dargestellt und werden z. B. als Servicekomponenten verwendet. Diese Components leiten sich von der Klasse `sap.ui.core.Component` ab.
- **UI-Components**
  Diese Components werden auf der Oberfläche dargestellt und meistens zur Verschalung einer App verwendet. Diese Components leiten sich von der Klasse `sap.ui.core.UIComponent` ab.

In diesem Buch gehe ich lediglich auf die UI-Components ein, da diese am häufigsten verwendet werden. Sie können sich die Components als übergeordnetes Element vorstellen. Sie haben bereits gelernt, dass ein oder mehrere UI-Control(s) einen View ergeben, d. h., der View verschalt mehrere UI-Controls. Mehrere Views wiederum können Sie mit einer Component verschalen, so wie in Abbildung 7.33 veranschaulicht.

Durch dieses übergeordnete Element können Sie nun z. B. leicht eine Navigation zwischen den einzelnen Seiten implementieren, darüber hinaus kann Ihre gesamte Anwendung über die Component aufgerufen werden.

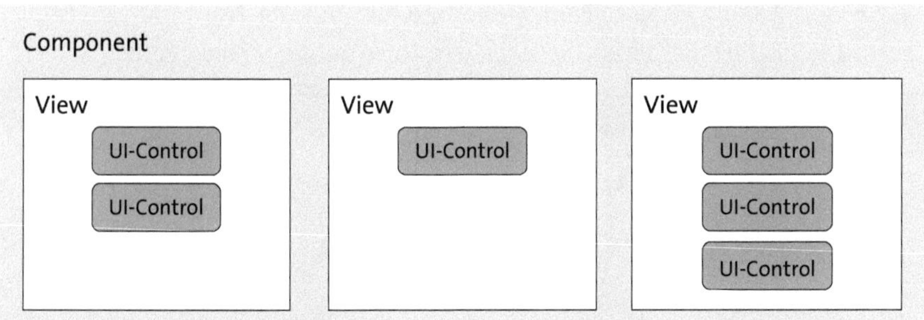

Abbildung 7.33 Component-Modell

SAP Fiori Launchpad

Genau nach diesem Prinzip funktioniert auch das SAP Fiori Launchpad. Sie registrieren Ihre Component im Launchpad, und das Launchpad hält alle Instanzen der registrierten Component in einem `ComponentContainer`-Control bereit. Beim Klick auf eine Kachel im Launchpad wird Ihre Component mit den zugehörigen Views geladen. In Kapitel 10, »Beispielentwicklung einer SAP-Fiori-App«, werden wir eine SAP-Fiori-App implementieren. Dort zeige ich Ihnen auch das entsprechende Customizing.

Der Metadata-Bereich ist der deskriptive Teil der Component. Er wird als *App Descriptor* bezeichnet. Dieser deskriptive Teil ist in eine eigene Datei ausgelagert, die Datei **manifest.json**. In der **manifest**-Datei gibt es neben rein informativen Parametern, wie z. B. der Mindest-UI5-Version, auch Parameter, die im SAP Fiori Launchpad verwendet werden, wie z. B. der Titel und die Beschreibung der App für das SAP Fiori Launchpad (siehe Kapitel 10). Die Datei **manifest.json** übernimmt darüber hinaus wichtige Aufgaben in Ihrer App. Sie haben in den bisherigen Kapiteln bereits die Instanziierung der Models kennengelernt. Im Laufe dieses Kapitels werden Sie noch lernen, dass die Navigation innerhalb und außerhalb der App in der Datei **manifest.json** definiert wird. Neben der **manifest**-Datei beinhaltet die Component auch Lifecycle-Hook-Methoden wie die Controller. Besonders hervorzuheben ist hier die `init`-Methode. Diese Methode wird bei der Initialisierung der Component aufgerufen.

Schauen Sie in die Standardimplementierung des Templates (siehe Abbildung 7.34), stellen Sie fest, dass hier das Routing-Objekt instanziiert wird. Wie der Name schon vermuten lässt, wird dieses Objekt für die Navigation benötigt. Der Navigation widmen wir uns in Abschnitt 7.3.2, »Navigation«. Die `init`-Methode der Component ist der früheste Zeitpunkt, an dem das Framework Ihren Code aufruft. Also implementieren Sie in der Component typischerweise das, was Sie nur einmal zu tun brauchen (die `init`-Methode wird über die Laufzeit der App nicht noch mal durchlaufen), und

das, was Sie von Anfang an brauchen. Sie sollten hier nur das Notwendigste implementieren, da Sie sonst die initiale Ladezeit der App unnötig strapazieren.

```
        override | 0 references
        init: function () {
            // call the base component's init function
            UIComponent.prototype.init.apply(this, arguments);

            // enable routing
            this.getRouter().initialize();

        }
```

Abbildung 7.34 init-Methode in der Component

Mit der `extend`-Funktion (`sap.ui.core.UIComponent.`**`extend`**) werden alle Eigenschaften und Funktionen der Prototypkette vererbt, und Sie können diese bei Bedarf redefinieren. Wenn Sie z. B. die `init`-Methode ausimplementieren, wird der Aufruf nicht mehr innerhalb der Prototypkette weitergegeben. Da innerhalb der `init`-Methode des prototypischen Objekts (also `sap.ui.core.UIComponent.prototype`) die `CreateContent`-Methode aufgerufen wird (siehe Abbildung 7.35), rufen Sie innerhalb Ihrer `init`-Methode die `init`-Methode des Prototypobjekts der UI-Component auf. In Abbildung 7.35 sehen Sie das Coding der `UI-Component` `prototyp`-Methode.

```
UIComponent.prototype.init = function() {

    var that = this;
    var oPreprocessors = {};

    // when auto prefixing is enabled we add the prefix
    if (this.getAutoPrefixId()) {
        oPreprocessors.id = function(sId) {
            return that.createId(sId);
        };
    }

    // create the routing
    var oMetadata = this.getMetadata(),
        // extend the metadata config, so that the metadata object cannot be modified afterwards
        oRoutingManifestEntry = oMetadata._getRoutingSection() || {},
        oRoutingConfig = oRoutingManifestEntry.config || {},
        vRoutes = oRoutingManifestEntry.routes;

    // create the router for the component instance
    if (vRoutes) {
        jQuery.sap.require("sap.ui.core.routing.Router");
        var fnRouterConstructor = getConstructorFunctionFor(oRoutingConfig.routerClass || sap.ui.core.routing.Router);
        this._oRouter = new fnRouterConstructor(vRoutes, oRoutingConfig, this, oRoutingManifestEntry.targets);
        this._oTargets = this._oRouter.getTargets();
        this._oViews = this._oRouter.getViews();
    } else if (oRoutingManifestEntry.targets) {
        jQuery.sap.require("sap.ui.core.routing.Targets");
        jQuery.sap.require("sap.ui.core.routing.Views");
        this._oViews = new sap.ui.core.routing.Views({
            component: this
        });
        var fnTargetsConstructor = getConstructorFunctionFor(oRoutingConfig.targetsClass || sap.ui.core.routing.Targets);
        this._oTargets = new fnTargetsConstructor({
            targets: oRoutingManifestEntry.targets,
            config: oRoutingConfig,
            views: this._oViews
        });
    }

    // create the content
    this.runAsOwner(function() {
        ManagedObject.runWithPreprocessors(function() {
            that.setAggregation("rootControl", that.createContent());
        }, oPreprocessors);
```

Abbildung 7.35 init-Methode der UI-Component

Hierzu nutzen Sie die in JavaScript vordefinierte `apply()`-Funktion, der Sie als ersten Parameter den aktuellen Kontext (`this`) und sonstige Argumente als Array (`arguments`) übergeben, wie in Listing 7.10 kommen dargestellt.

```
sap.ui.core.UIComponent.extend("my.Component", {

  metadata : {

  },

  init: function() {
    /* Init der Supermethode aufrufen, dadurch wird
      die Methode CreateContent aufgerufen */
    sap.ui.core.UIComponent.prototype.init.apply(
   this, arguments);

  }

});
```

Listing 7.10 Aufruf der Supermethoden

Vererbung in JavaScript

Diese sogenannte *prototypische Vererbung* in JavaScript mag zunächst verwirren, denn sie funktioniert grundlegend anders als klassenbasierte Vererbung. JavaScript ist eine äußerst dynamische Sprache. Es gibt keine Klassen, die einmal deklariert werden und nach der Kompilierung unveränderlich sind. Über die *Prototypkette* erben gewöhnliche Objekte von gewöhnlichen Objekten. Jedes Objekt kann der Prototyp eines anderen Objekts werden und »einspringen«, wenn es die angeforderte Eigenschaft nicht selbst bereitstellen kann. Auch wenn der Vergleich etwas hinkt, rein technisch passiert etwas sehr Ähnliches, wenn eine Klasse in ABAP von einer anderen Klasse erbt und die Methode entsprechend redefiniert. Auch dann haben Sie die Wahl, ob Sie die entsprechende Supermethode aufrufen oder nicht. In JavaScript haben Sie keine Superklasse, die Sie über `super->...` ansprechen können, sondern stattdessen ein prototypisches Objekt.

Eine weitere wichtige Funktion der Component ist die `createContent`-Funktion. Normalerweise lädt die Component initial den View, der in der Datei **manifest.json** unter dem Parameter `rootView` angegeben ist (siehe Abbildung 7.36).

```
"sap.ui5": {
  "flexEnabled": false,
  "rootView": {
    "viewName": "zui5.margin.padding.view.Main",
    "type": "XML",
    "async": true,
    "id": "Main"
  },
```

Abbildung 7.36 »rootView« in der Datei »manifest.json«

Mit der `createContent`-Funktion könnten Sie dieses Standardverhalten überschreiben. Auch in diesem Fall würde es den Rahmen dieses Buches sprengen, diese Funktion vollumfänglich zu erklären. Aus diesem Grund verweise ich auf die API-Dokumentation, die Sie unter dieser URL finden *http://s-prs.de/v890104*, wenn Sie sich ausführlicher mit der `createContent`-Funktion beschäftigen wollen. Für den Einstieg ist es lediglich wichtig, dass Sie diese Möglichkeit kennen. Sobald Sie den Bedarf dazu sehen, werden Sie auch über genug Erfahrung und Wissen verfügen, um die Implementierung der Funktion zu bewerkstelligen. Ein kleines Beispiel möchte ich Ihnen dennoch nicht vorenthalten, auch wenn es zugegebenermaßen etwas an den Haaren herbeigezogen ist. Da SAPUI5 bereits responsiv ist, brauchen Sie keine endgeräteabhängigen Seiten. Ich möchte Ihnen damit lediglich das Prinzip näherbringen.

7.3.1 View kontextabhängig laden

Grundsätzlich sollte die Instanziierung des Views in der Methode `createContent` erfolgen, wenn Sie kontextabhängig einen anderen View laden möchten. Im folgenden Beispiel habe ich zwei Views implementiert, `Phone` und `Others`, die ich über die Component kontextabhängig laden möchte. Abhängig davon, ob die Anwendung über ein Smartphone oder über ein anderes Endgerät aufgerufen wird, soll ein anderer View geladen werden. Listing 7.11 zeigt die Methode `createContent` zum Laden dieser zwei Views.

```
return UIComponent.extend("zui5.component.switch.Component", {

  metadata: {
    manifest: "json",
    interfaces: ["sap.ui.core.IAsyncContentCreation"]
  },
  createContent: function() {

    if (sap.ui.Device.system.phone){
      return XMLView.create({
        id:"phone",
```

```
            viewName:"zui5.component.switch.view.Phone",
            type:sap.ui.core.mvc.ViewType.XML
            });
        } else {
        return XMLView.create({
          id:"others",
            viewName:"zui5.component.switch.view.Others",
            type:sap.ui.core.mvc.ViewType.XML
            });
        }
    }
  });
```

Listing 7.11 createContent-Methode

Wenn Sie das Beispiel im Browser aufrufen, können Sie in den Entwicklertools über den Simulator-Button (□) diverse Endgeräte simulieren. Die Simulation zeigt diese Anwendung einmal auf einem iPhone (der Phone-View wird geladen), ein anderes Mal auf einem iPad (der Others-View wird geladen), wie Sie in Abbildung 7.37 sehen. Das vollständige Beispiel finden Sie unter dem Projektnamen zui5.component.switch im Download-Bereich zu diesem Buch unter *www.sap-press.de/5501*.

Abbildung 7.37 Endgerätesimulation in den Entwicklertools

7.3.2 Navigation

Wenn Sie unsere bisherigen Beispiele betrachten, erscheint Ihnen die Component womöglich unnötig kompliziert, ohne dass sich Ihnen Ihr Nutzen ganz erschließt. Sie haben recht: Um einen View zu laden, benötigen Sie nicht unbedingt eine Component. Aber sobald Sie eine Applikation mit mehreren Views implementieren, werden Sie den Komfort nicht mehr missen wollen. Der andere Grund, warum eine Component unverzichtbar ist, ist die Architektur von SAP Fiori. Wenn Sie Ihre Anwendung als SAP-Fiori-Kachel ins Launchpad einbinden, dann wird Ihre Datei **index.html** gar nicht mehr geladen. Das Launchpad ist der Component-Container, der alle Components (Apps) hält. Deswegen muss Ihre App-ID (der vergebene Namensraum) immer eindeutig sein, da es sonst zu doppelten Schlüsseln kommen würde. Dem Thema SAP Fiori widmen wir uns jedoch in Abschnitt 10.3, »Bereitstellung über das SAP Fiori Launchpad«. Zunächst möchte ich auf die Navigation eingehen.

Aus diesem Grund erweitern wir jetzt die Component um eine Navigationsfunktion.

Die Navigation in SAPUI5 basiert auf der URL und ist als sogenannte *Intent-based Navigation* implementiert. Das heißt, dass Sie für jeden View eine eindeutige URL nach bestimmten Mustern (*Pattern* genannt) definieren. Wenn diese Seite dann aufgerufen wird, ändert sich die URL. Die Anwender haben dadurch die Möglichkeit, eine »Unterseite« als *Lesezeichen* zu definieren und jederzeit wieder aufzurufen. Genau dieser Punkt ist bei der Entwicklung sehr wichtig und eine häufige Fehlerquelle. Sie müssen jeden View so behandeln, als ob es der erste wäre. Wenn Sie z. B. in der `onInit`-Funktion des ersten Views etwas implementieren, was auch im zweiten View benötigt wird, dann geht das nur so lange gut, wie die Anwender die App immer »von vorne« öffnen. Öffnen sie die App direkt mit der zweiten Seite, funktioniert die App nicht mehr korrekt, da z. B. das erzeugte Model des ersten Views nicht existiert. Achten Sie bei der Implementierung darauf und testen Sie unbedingt den direkten Aufruf jeder Seite.

Als Beispiel für die Navigation nehmen wir eine Anwendung mit zwei Views. Wenn Sie den ersten View aufrufen, lautet die URL *http://<server>:<port>/index.html*. Navigieren die Anwender zu einem zweiten View, ändert sich die URL in *http://<server>:<port>/index.hml#/Second*. Diese Patterns definieren Sie im Routing-Objekt der Component und geben an, welcher View angesteuert werden soll.

Was Ihnen jetzt noch fehlt, ist eine Art Container, der die einzelnen Seiten und die Navigation verwaltet. Dafür haben Sie in SAPUI5 grundsätzlich zwei Möglichkeiten:

- das Control `sap.m.App`
- das Control `sap.m.SplitApp`

Das Control `sap.m.App` eignet sich für Anwendungen, die den ganzen Bildschirm einnehmen, sogenannte *Fullscreen-Apps*. Dieses Control erweitert das Control `sap.m.NavContainer`. Sie können sich das Control wie einen Container vorstellen, der die Steuerung und Verwaltung der einzelnen Seiten übernimmt, wie in Abbildung 7.38 veranschaulicht.

Das Control `NavContainer` verfügt über die Aggregation `page`, damit ist aber nicht nur das Control `sap.m.Page` gemeint, sondern darüber hinaus auch Controls wie `sap.ui.core.View`, `sap.m.Carousel` etc., d. h. letztlich alle Controls, die von `sap.ui.core.Control` erben (siehe Abbildung 7.39).

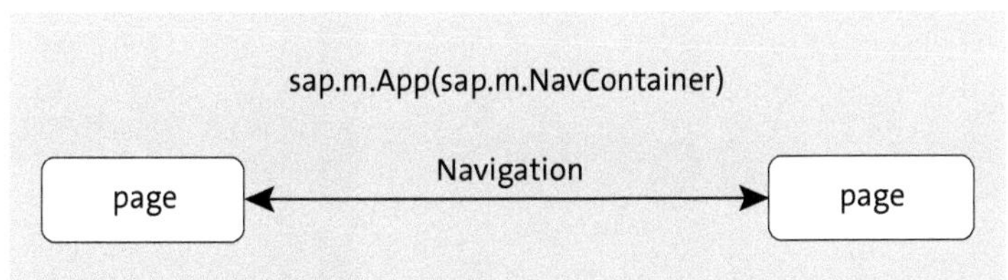

Abbildung 7.38 Control »sap.m.App« als Container für die Navigation

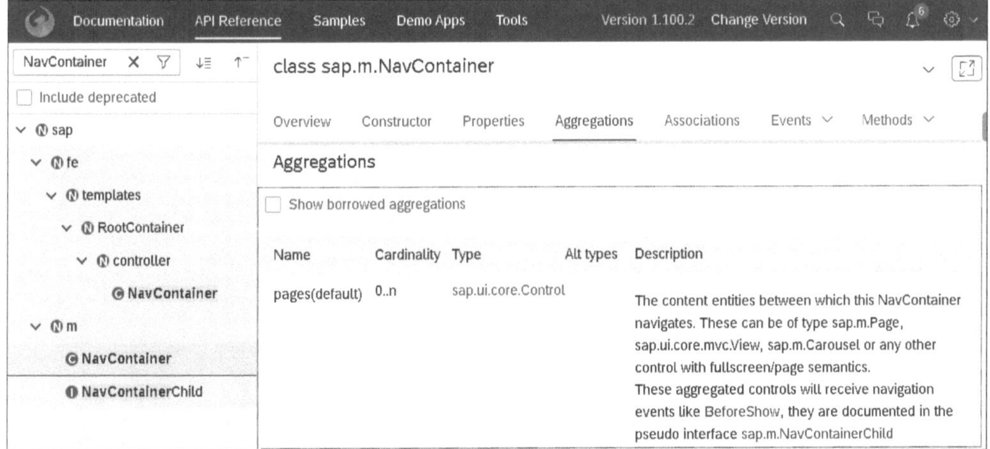

Abbildung 7.39 »sap.m.NavContainer«

Bei einer *Split-App-Anwendung* hingegen, d. h. einer aufgeteilten Anwendung, verwenden Sie als Root-Control das `SplitApp`-Control und definieren in der zugehörigen Route, ob der View auf der sogenannten *Master Page* (❶ in Abbildung 7.40) oder der *Detail Page* ❷ angezeigt werden soll. Abbildung 7.40 zeigt die beiden Seiten anhand einer Urlaubsantragsanwendung.

In Kapitel 10, »Beispielentwicklung einer SAP-Fiori-App«, werden wir eine Anwendung mit dem `SplitApp`-Control implementieren, und ich erläutere Ihnen die Besonderheiten der Navigation in einer solchen Anwendung genauer. Für den Moment beschränken wir uns auf Anwendungen, die den ganzen Bildschirm einnehmen.

Wie Sie bereits im Template gesehen haben, wird das Routing-Objekt in der `onInit`-Funktion der Component initialisiert, und die eigentliche Konfiguration der Routen passiert in der Datei **manifest.json**. Die Navigation können Sie dann jederzeit über das Routing-Objekt starten, die Instanz holen Sie sich über den nachfolgenden Befehl:

```
var oRouter = sap.ui.core.UIComponent.getRouterFor(this);
oRouter.navTo("whatever");
```

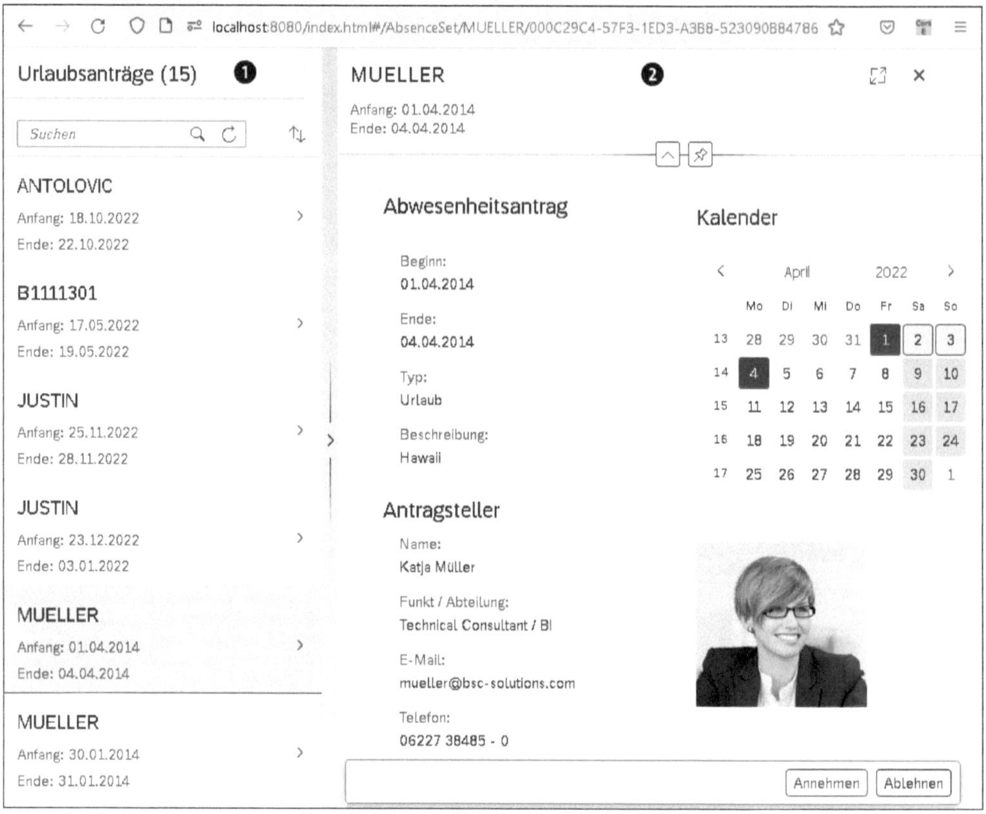

Abbildung 7.40 Beispiel für die Ausgabe des SplitApp-Controls

Da bekanntlich nur Übung den Meister macht, implementieren wir nun ein Beispiel mit zwei Views. Erstellen Sie ein neues Projekt `zui5.component.navigation` mit dem View `Main`.

Legen Sie zunächst zwei neue Views an. Zum Zeitpunkt des Schreibens gab es dafür noch keinen Wizard und kein Tool, ich habe die Dateien manuell angelegt, wie Sie es bereits beim Anlegen der **mock**-Verzeichnisse kennengelernt haben.

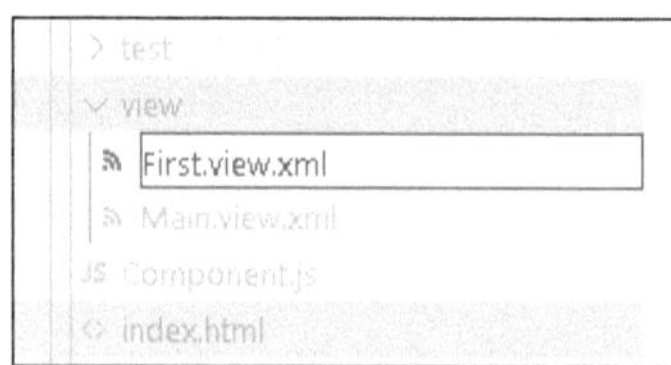

Abbildung 7.41 View und Controller anlegen

Legen Sie im View-Verzeichnis zwei neue Dateien **First.view.xml** und **Second.view.xml** an (siehe Abbildung 7.41), wechseln Sie dann zum Controller-Verzeichnis und legen Sie dort entsprechend die Dateien **First.controller.js** und **Second.controller.js** an.

Ergänzen Sie im Anschluss in beiden Views die Referenz auf den Controller, wie in Listing 7.12 exemplarisch für den `First`-View dargestellt.

```
<mvc:View
      controllerName="zui5.component.navigation.controller.First"
      xmlns:mvc="sap.ui.core.mvc"
      xmlns="sap.m"
      xmlns:c="sap.ui.core"
      displayBlock="true"
      height="100%"
      busyIndicatorDelay="0">

</mvc:View>
```

Listing 7.12 Angelegte View ergänzen

Die Verzeichnisstruktur sollte der Struktur in Abbildung 7.42 entsprechen.

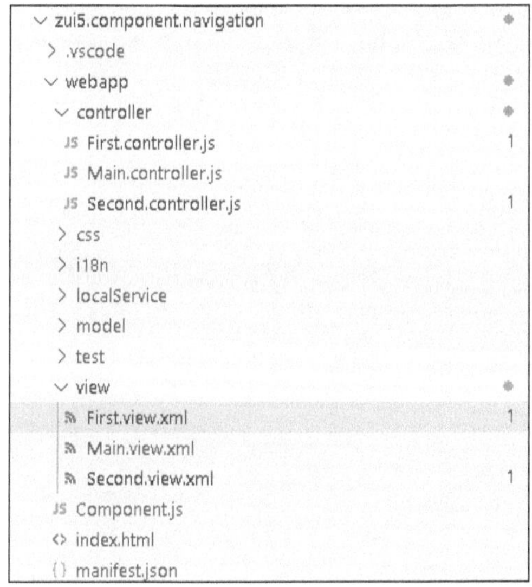

Abbildung 7.42 Neue Projektverzeichnisstruktur

Als nächsten Schritt definieren Sie die Routen für die Navigation. In diesem Beispiel sind das eine Route vom `First`-View zum `Second`-View und eine Route zurück zum `First`-View. Im Anwendungsbeispiel in Kapitel 9, »Beispielentwicklung einer Portalanwendung«, werden wir ein deutlich komplexeres Routing-Objekt erzeugen. Die vollständige Dokumentation des Routings finden Sie unter *http://s-prs.de/v890105*.

Die Routen definieren Sie in der Datei **manifest.json** unterhalb des `rootView`-Elements, wie in Listing 7.13 gezeigt. Im Bereich `config` geben Sie den Pfad an, unter dem die View-Dateien liegen, und definieren das Root-Control. In unserem Beispiel werden wir ein `App`-Control mit der ID `App` verwenden. Im Bereich `routes` definieren Sie die URL-Patterns und das Ziel der Route. In unserem Beispiel definieren Sie das URL-Pattern `Second` und legen damit fest, dass das Ziel `GoToSecond` angesteuert werden soll. Ein leeres Pattern definiert demnach den View, der angezeigt werden soll, wenn nach dem Hash-Key in der URL keine weiteren Angaben folgen, also z. B. *http://<server>:<port>/index.html*.

Im Bereich `targets` geben Sie die Verknüpfung zum View an, in unserem Beispiel führt das URL-Pattern `Second` zum Target `TargetSecond`, wo der View `Second` aufgerufen wird. Das Routing selbst stoßen Sie über den Namen der Route an, in unserem Beispiel `RouteSecond`.

Namensgleichheit beim Routing

Normalerweise würden Sie für Pattern, Namen und Target jeweils den gleichen Begriff verwenden, also z. B. `"pattern" : "Second"`, `"name" : "Second"` und `"target" : "Second"`. Ich habe mich in diesem Beispiel für jeweils andere Namen entschieden, damit Sie leichter zuordnen können, welcher Parameterwert was bewirkt.

```
"routing": {
  "config": {
    "routerClass": "sap.m.routing.Router",
    "viewType": "XML",
    "async": true,
    "viewPath": "zui5.component.navigation.view",
    "controlAggregation": "pages",
    "controlId": "app",
    "clearControlAggregation": false
  },
  "routes": [
    {
      "name": "RouteMain",
      "pattern": "",
      "target": ["TargetMain"]
    },
    {
      "name" : "RouteSecond",
      "pattern" : "Second",
      "target": ["TargetSecond"]
    }
```

```
    ],
    "targets": {
      "TargetMain": {
        "viewType": "XML",
        "transition": "slide",
        "clearControlAggregation": false,
        "viewId": "First",
        "viewName": "First"
      },
      "TargetSecond": {
        "viewType": "XML",
        "transition": "flip",
        "clearControlAggregation": false,
        "viewId": "Second",
        "viewName": "Second"
      }
    }
  }
```

Listing 7.13 Routing in der Datei »manifest.json« definieren

Mit dem Parameter `transition` können Sie angeben, wie der Seitenwechsel animiert werden soll. Mögliche Werte sind `"slide"` (Default-Wert), `"fade"`, `"flip"` und `"show"`. Ich habe mich in diesem Beispiel für die Animation `flip` entschieden.

In der `init`-Methode der Component wird durch das Template bereits das Routing-Objekt instanziiert, wie in Listing 7.14 gezeigt.

```
init: function () {
  // call the base component's init function
  UIComponent.prototype.init.apply(this, arguments);

  // enable routing
  this.getRouter().initialize();
}
```

Listing 7.14 Initialisierung des Router-Objekts

Im `Main`-View müssen Sie lediglich das `App`-Control hinzufügen:

```
<App id="App"></App>
```

Achten Sie auch hier auf die Groß- und Kleinschreibung. Wenn Sie z. B. die ID »App« vergeben (großgeschrieben), müssen Sie die ID im Parameter `controlId` im Routing-Objekt ebenfalls großschreiben.

```
    "config": {
      "routerClass": "sap.m.routing.Router",
      "viewType": "XML",
      "async": true,
      "viewPath": "zui5.component.navigation.view",
      "controlAggregation": "pages",
      "controlId": "App",
      "clearControlAggregation": false
    },
```

Listing 7.15 ID des NavContainer-Controls, hier »App«

Im First-View implementieren Sie ein Slider-Control, d. h. einen Schieberegler. Wird dieser auf 100 % geschoben, wird die Navigation ausgelöst (siehe Listing 7.16).

```
<Page title="Erste Seite">
    <content>
        <Text text="Slider für Navigation verschieben"/>
        <Slider max="100"
                change="onSliderChange"
                liveChange="onSliderChange">
        </Slider>
    </content>
</Page>
```

Listing 7.16 Implementierung des First-Views

Im Controller des First-Views implementieren Sie die Methode onSliderChange (siehe Listing 7.17). Wenn der Slider den Wert 100 erreicht hat, stoßen Sie die Navigation zum Second-View an. Diese Navigation haben Sie im Routing als SecondView definiert (siehe Listing 7.13).

```
onSliderChange : function(oEvent){
   if (oEvent.getParameter("value") == "100"){
    var oRouter = sap.ui.core.UIComponent.getRouterFor(this);
        oRouter.navTo("RouteSecond");
   }
}
```

Listing 7.17 Controller des First-Views

Auf dem Second-View zeigen Sie lediglich einen Text an. Wichtig ist auf dieser Seite, dass Sie den Navigations-Button wie in Listing 7.18 einschalten, damit Sie wieder auf die erste Seite zurücknavigieren können.

```
<Page title="Zweiter View"
      showNavButton="true"
      navButtonPress="onNavBtnPressed">
<Label text="Geschafft, Navigation funktioniert"></Label>
</Page>
```

Listing 7.18 Implementierung des Second-Views

Im Controller des `Second`-Views navigieren Sie nach dem gleichen Schema wie beim Controller des `First`-Views zur ersten Seite zurück (siehe Listing 7.19).


```
onNavBtnPressed : function() {
  var oRouter = sap.ui.core.UIComponent.getRouterFor(this);
  oRouter.navTo("RouteMain");
}
```

Listing 7.19 Controller des Second-Views

Ihre Anwendung verfügt nun über mehrere Seiten, zwischen denen die Anwender navigieren können (siehe Abbildung 7.43). Zunächst sehen Sie den ersten View in der Ausgangssituation ❶. Schieben die Anwender den Regler nach rechts ❷, öffnet sich der zweite View ❸. Was Sie in Abbildung 7.43 nicht erkennen können, ist die Animation `flip`. Bei der Navigation dreht sich die erste Seite um eine Mittelachse, und die Anwender haben den Eindruck, nun die Rückseite des ersten Views zu sehen.

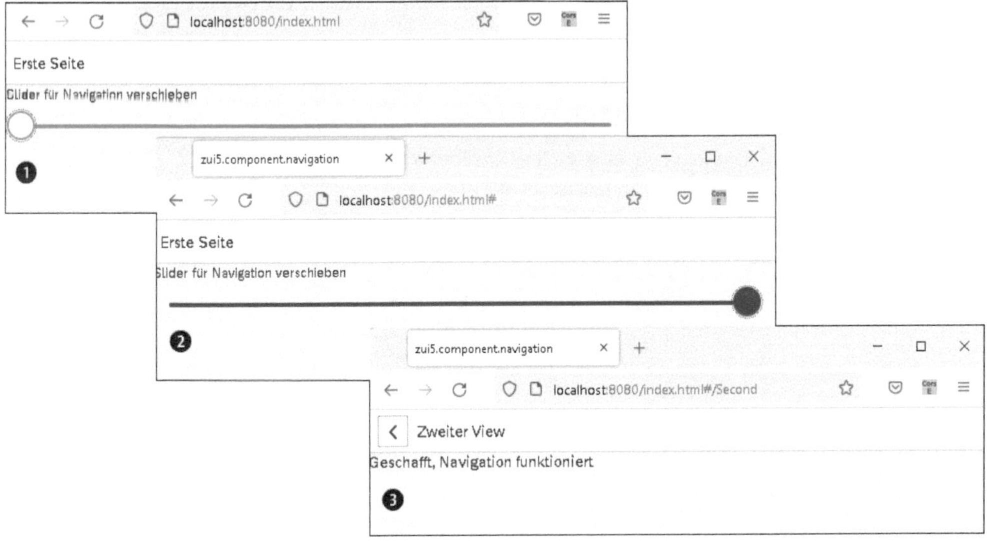

Abbildung 7.43 Navigation zwischen Views

Die Navigation ist in Abbildung 7.43 auch in der URL erkennbar. Sie können daher z. B. die zweite Seite als Lesezeichen im Browser hinzufügen, über eine E-Mail versenden oder direkt aufrufen.

7.3.3 Fehlerseite bei falschem Aufruf

Wenn Sie nach dem Hash-Key einen ungültigen Wert eintragen, z. B. »NoPage«, wird eine leere Seite angezeigt (siehe Abbildung 7.44). Wenn Sie eine ungültige Internetseite aufrufen, wird Ihnen sonst typischerweise eine Fehlerseite »http 404 – not found« angezeigt.

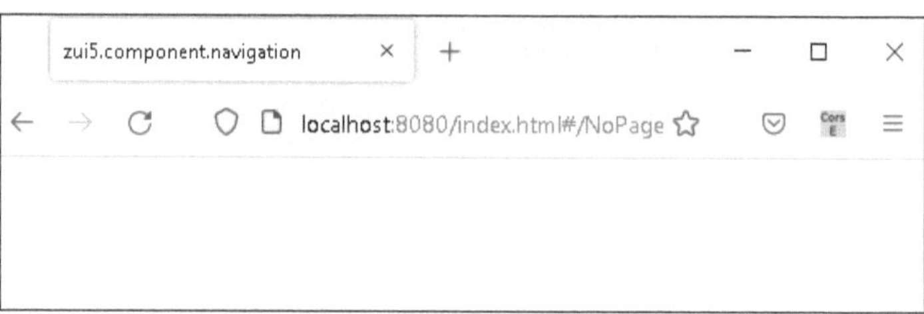

Abbildung 7.44 Ungültiges URL-Pattern

Diesen Effekt erreichen Sie in SAPUI5 mit dem sogenannten `bypassed`-Parameter. Wenn z. B. die URL eines Lesezeichens veraltet ist, möchten Sie den Anwender nicht mit einer leeren Seite konfrontieren, sondern ihm die Möglichkeit bieten, zur Startseite Ihrer Anwendung zu wechseln. Dies zeige ich Ihnen im folgenden Beispiel. Damit im Download-Bereich des Buches alle Beispiele sauber getrennt sind, habe ich wieder ein neues Projekt `zui5.component.notfound` angelegt, Sie können aber auch Ihr vorhandenes Beispiel erweitern.

Legen Sie zunächst einen neuen View `NotFound` mit dem zugehörigen gleichnamigen Controller an, und ergänzen Sie wie im vorangegangenen Beispiel im View den Parameter `controllerName`. Die Projektstruktur entspricht damit der in Abbildung 7.45.

Abbildung 7.45 Verzeichnisstruktur des Projekts

Für den Aufbau solcher Fehlerseiten bietet die SAPUI5-Bibliothek das Control MessagePage. Wir implementieren daher in unserem View NotFound.view.xml ein MessagePage-Control (siehe Listing 7.20).

```
<mvc:View
    controllerName="zui5.component.notfound.controller.NotFound"
    xmlns:mvc="sap.ui.core.mvc"
    xmlns="sap.m"
    xmlns:c="sap.ui.core"
    displayBlock="true"
    height="100%"
    busyIndicatorDelay="0">

<MessagePage description=""
             icon="{sap-icon://document}"
             id="page"
             text="Dead-end, diese Seite existiert nicht"
             title="404">
    <customDescription>
      <Link id="link" press="onBackLinkPressed"
                      text="Geh nach Hause"/>
    </customDescription>
  </MessagePage>
</mvc:View>
```

Listing 7.20 Implementierung des Views »NotFound«

Im Controller des Views NotFound legen Sie fest, dass die Anwender beim Ereignis onBackLinkPressed entweder eine Seite zurück oder auf die erste Seite der Anwendung geleitet werden sollen, je nachdem, ob ein Eintrag im History-Objekt existiert (siehe Listing 7.21). Das SAPUI5-Framework schreibt bei jedem Wechsel des URL-Hashes einen Eintrag ins History-Objekt, dieses nutzen wir hier um einen Schritt zurückzunavigieren.

```
sap.ui.define([
    "sap/ui/core/mvc/Controller",
    "sap/ui/core/routing/History",
    "sap/ui/core/UIComponent"
], function(Controller) {
    "use strict";

    return Controller.extend("zui5.component.notfound.controller.NotFound", {
    onBackLinkPressed: function () {
      var oHistory = History.getInstance();
```

```
      var sPreviousHash = oHistory.getPreviousHash();

      if (sPreviousHash !== undefined) {
        window.history.go(-1);
      } else {
        UIComponent.getRouterFor(this).navTo(
                                "RouteMain", {}, true );
      }
    }
  });

});
```

Listing 7.21 NotFound-Controller

Da wir die 404-Seite nicht in der History haben möchten, setzen Sie in der navTo-Methode den Parameter bReplace auf true (siehe Abbildung 7.46). Sonst würde eventuell ein Zurück auf einer NotFound-Seite wieder auf eine NotFound-Seite führen. Diesen Effekt möchten wir vermeiden und schließen die NotFound-Seite aus der History aus.

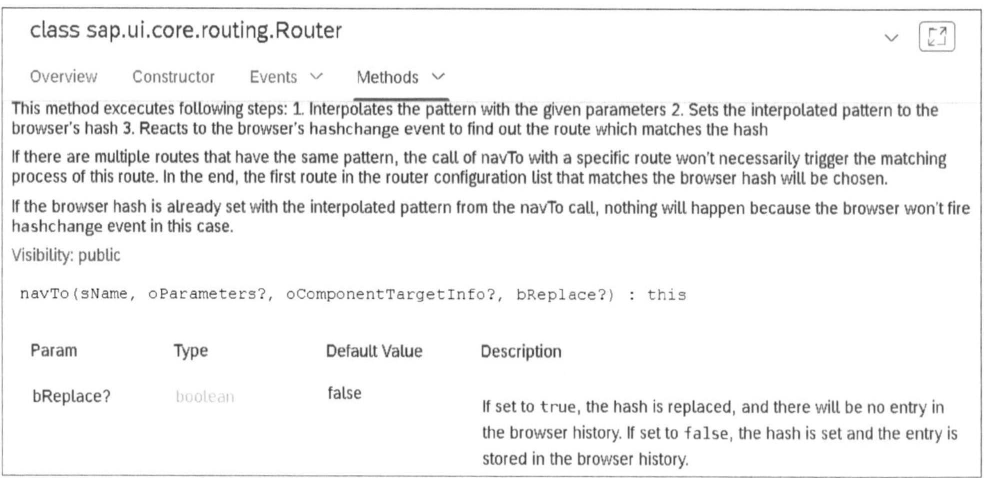

Abbildung 7.46 bReplace-Parameter

In der Datei **manifest.json** definieren Sie nun zusätzlich den bypass-Parameter und verknüpfen den NotFound-View mit dem dazugehörigen Target. Ergänzen Sie die Parameter routing und targets um die Werte aus Listing 7.22. Der Parameter routes bleibt unverändert.

```
"routing": {
  "config": {
```

```
    "routerClass": "sap.m.routing.Router",
    "viewType": "XML",
    "async": true,
    "viewPath": "zui5.component.notfound.view",
    "controlAggregation": "pages",
    "controlId": "app",
    "clearControlAggregation": false,
    "bypassed": {
      "target": "NotFound"
    }
  },
  "routes": [...],
  "targets": {
    ...
     "NotFound": {
      "viewType": "XML",
      "transition": "show",
      "clearControlAggregation": false,
      "viewId": "NotFound",
      "viewName": "NotFound"
   }
  }
}
```

Listing 7.22 Bypass-Parameter in der manifest-Datei definieren

Geben die Anwender nun ein ungültiges Pattern ein, wird der NotFound-View angezeigt (siehe Abbildung 7.47).

Abbildung 7.47 Ausgabe der Fehlerseite im Browser

Wenn der Anwender nun auf den Link **Geh nach Hause** klickt, wird er entweder eine Seite zurück- oder auf die Hauptseite geleitet.

7.3.4 View-übergreifende Werteübergabe

Was uns jetzt noch fehlt, ist die Möglichkeit, Werte von einem View an den anderen zu übergeben. Markieren die Anwender z. B. einen Eintrag auf einer Übersichtsseite und springen auf eine Detailseite, benötigt diese die Information, welcher Eintrag markiert wurde. Auch diese Werteübergabe ist über das Routing möglich. Sie können als Pattern beliebige Parameter definieren. Nehmen wir dazu noch einmal das Beispiel zum Element Binding aus Abschnitt 6.3.3. Wurde dort in einer oberen Tabelle ein Wochentag markiert, wurden in einer zweiten Tabelle die Mahlzeiten zu diesem Tag angezeigt. Wir ändern dieses Beispiel nun so ab, dass die Anzeige der Mahlzeiten auf einem zweiten View erfolgt und die notwendigen Informationen über das Routing-Objekt an diese Detailseite übertragen werden.

Ich lege dazu wieder ein neues Projekt `zui5.component.navigation.pattern` an, Sie können aber auch das vorangegangene Beispiel erweitern. Legen Sie wieder ein Verzeichnis **mock** an, und kopieren Sie die Datei **speiseplan.json** in das Verzeichnis. Die Projektstruktur sollte der in Abbildung 7.48 entsprechen.

Abbildung 7.48 Projektstruktur

Definieren Sie in der **manifest**-Datei das JSON Model wie im Element-Binding-Beispiel in Abschnitt 6.3.3. Kopieren Sie in die Datei **First.view.xml** die Tabelle mit der ID `master`. Die View-Implementierung entspricht damit nun Listing 7.23.

```
<Page title="Tag wählen">
  <content>
    <!-- Tabelle Wochentage -->
```

```
    <Table id="master"
           inset="false"
           items="{/weekdays}"
           mode="SingleSelectMaster"
           selectionChange="onSelectWeekDay">
      <headerToolbar>
        <Toolbar>
          <Title text="Wochentage" level="H2" />
        </Toolbar>
      </headerToolbar>
      <columns>
        <Column>
          <Text text="Wochentag" />
        </Column>
        <Column>
        [...]
</Page>
```

Listing 7.23 First-View mit Master-Tabelle

Kopieren Sie als Nächstes die Detailtabelle aus dem Element-Binding-Beispiel in die Datei **Second.view.xml** (siehe Listing 7.24), und merken Sie sich die ID des Page-Controls, diese benötigen wir später noch.

```
<Page id="SecondPage" title="Second View"
      showNavButton="true"
      navButtonPress="onNavBtnPressed">
        <!-- Tabelle Mahlzeiten -->
        <Table id="slave" inset="false" items="{meals}">
          <headerToolbar>
            <Toolbar>
              <Title text="Mahlzeiten" level="H2" />
            </Toolbar>
          </headerToolbar>
          <columns>
            <Column>
              <Text text="Mahlzeit" />
            </Column>
            <Column>
            [...]
        </Table>
</Page>
```

Listing 7.24 Second-View mit Detailtabelle

Im Element-Binding-Beispiel in Abschnitt 6.3.3 haben wir für die Detailansicht den Binding-Kontext des ausgewählten Eintrags übergeben, also z. B. **/weekdays/0/** für Montag. Da in den Routing-Patterns der Schrägstrich als Zeichen nicht erlaubt ist (der Browser würde dies als Pfadangabe interpretieren), definieren wir ein Pattern, in dem wir die Teile des Kontextes einzeln übergeben. Im Parameter `day` übertragen wir den markierten Tag und verwenden diesen für die Überschrift der Detailseite. Den Wert `weekdays` übergeben wir im Parameter `context`, und die ID des entsprechenden Tages (also z. B. 0 für Montag) übergeben wir im Parameter `id`. Ändern Sie also das Pattern des `Second`-Views wie in Listing 7.25 ab.

```
{
   "name" : "RouteSecond",
   "pattern" : "{day}/{context}/{id}",
   "target": ["TargetSecond"]
}
```

Listing 7.25 Pattern mit Parametern

Sie sehen, dass die Parameter in Listing 7.25 in geschweifte Klammern gesetzt sind. Aber warum ist das so? Bei den Pattern haben Sie die Möglichkeit, zwischen Pflicht- und optionalen Parametern zu unterscheiden. Für Pflichtparameter lautet die Syntax `{}`, für optionale Parameter `::`. Wir gehen bei dieser Navigation davon aus, dass wir alle Parameter unbedingt benötigen, daher definieren wir sie als Pflichtparameter. Neben diesen Möglichkeiten können Sie auch hart codierte Teile definieren. Das ist immer dann sinnvoll, wenn Sie die Lesbarkeit der URL erhöhen möchten. Für einen Anwender ist es wesentlich angenehmer, wenn die URL *bestellnummer/4711/position/20* lautet statt nur *4711/20*.

Wenn Sie das Beispiel nun schon im Browser ausführen, würde bereits der erste View mit der Übersicht der Wochentage angezeigt, lediglich die Navigation zur Detailseite würde noch nicht funktionieren. Im nächsten Schritt implementieren wir daher die Parameterübergabe in der Datei **First.controller.js**. Beim Ereignis `onSelectWeekDay` lesen wir den Binding-Kontext, zerlegen diesen mithilfe der `split`-Funktion des `String`-Objekts in die Einzelteile und übergeben diese als Parameter an die `navTo`-Funktion des Routers (siehe Listing 7.26).

```
onSelectWeekDay: function(oEvent) {
  var sPath =
   oEvent.getSource().getSelectedItem().getBindingContext()
   .getPath();

  // '/' ist im URL-Pattern nicht erlaubt, splitten
  var aContext = sPath.split("/");
  sap.ui.core.UIComponent.getRouterFor(this).navTo(
```

```
        "SecondView", {
           day: oEvent.getSource().getSelectedItem()
                .getBindingContext().getProperty("day"),
           context: aContext[1],
           id: aContext[2]
      });
  }
```

Listing 7.26 Routing mit Parameterübergabe

Jetzt stehen wir vor der Herausforderung, dass der zweite View bei dynamischer URL aufgerufen werden soll. Also müssen wir uns auf ein Ereignis registrieren und dann entsprechend im Ereignis das bindElement aufrufen. Im Controller des Second-Views müssen Sie als letzten Schritt einen Event Handler für das Ereignis Matched des Routing-Objekts registrieren. Wenn das Ereignis ausgelöst wird, lesen Sie die übergebenen Parameter aus dem Ereignisobjekt aus, fügen diese wieder zu einem vollständigen Pfad (also z. B. **/weekdays/0**) zusammen und übergeben den Pfad an die bindElement-Methode, so wie Sie es bereits in dem Element-Binding-Beispiel implementiert haben (siehe Listing 7.27). Der Teil weekdays ist fest und müsste nicht über die Navigation übergeben werden, ich habe mich in diesem Fall dennoch dafür entschieden, damit Sie die Parameterübergabe üben können. Darüber hinaus müssen wir noch sicherstellen, dass bei einem ungültigen hash unsere NotFound-Seite aufgerufen wird. Dafür registrieren Sie sich auf das change-Event der bindElement-Methode.

```
sap.ui.define([
  "sap/ui/core/mvc/Controller"
], function (Controller) {
  "use strict";

  return Controller.extend(
       "zui5.component.navigation.pattern.controller.Second", {
    onInit: function () {
      sap.ui.core.UIComponent.getRouterFor(this)
        .getRoute("RouteSecond")
        .attachMatched(this._onRouteMatched, this);
    },

    _onRouteMatched: function (oEvent) {
      var sBindingPath =
        "/" +
        oEvent.getParameter("arguments").context +
        "/" +
        oEvent.getParameter("arguments").id;
```

```
        this.getView().byId("slave").bindElement({
          path: sBindingPath,
          events: {
            change: this._onBindingChange.bind(this)
          }
        });

        // Titel ändern
        this.getView().byId("SecondPage").setTitle(
          oEvent.getParameter("arguments").day);


      },

      _onBindingChange: function (oEvent) {
        if (!this.getView().byId("slave").getBindingContext()) {
          sap.ui.core.UIComponent.getRouterFor(this)
                                 .getTargets()
                                 .display("NotFound");
        }
      },

      onNavBtnPressed: function () {
        var oRouter = sap.ui.core.UIComponent.getRouterFor(this);
        oRouter.navTo("RouteMain");
      }

    });
  });
```

Listing 7.27 Ereignis »Matched« im Controller des Second-Views

Wenn Sie dieses Beispiel nun im Browser ausführen, springen Sie nach der Auswahl eines Wochentages zu der Detailseite mit der Anzeige der entsprechenden Speisen des Tages (siehe Abbildung 7.49).

Durch die Aufteilung auf zwei Views können wir nun nicht mehr wie beim Element-Binding-Beispiel das Ereignis selectionChange in der Master-Tabelle verwenden, da man den gleichen Tag nicht zweimal hintereinander auf der ersten Seite auswählen kann. Dieses Event wird ja nur dann ausgelöst, wenn sich die Selektion ändert. Dieses Problem können Sie jedoch ganz einfach lösen, indem Sie den Spalten der Wochentagstabelle den Typ Navigation zuweisen. Wenn die Anwender eine Zeile anklicken, wird nun das Ereignis onSelectWeekDay verarbeitet (siehe Listing 7.28).

```
<ColumnListItem press="onSelectWeekDay" type="Navigation">
    <cells>
        <Text text="{day}" />
        <Text text="{no_meals}" />
    </cells>
</ColumnListItem>
```

Listing 7.28 Spalten vom Typ »Navigation«

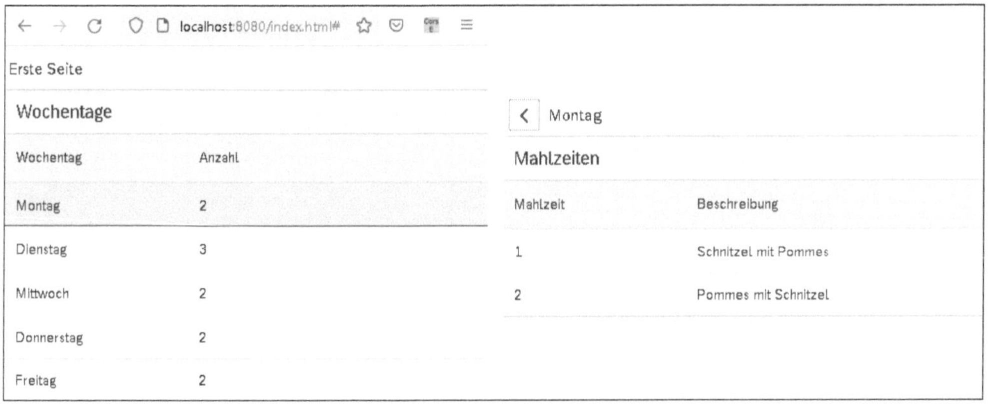

Abbildung 7.49 Ausgabe der Werteübergabe im Browser

Im Controller müssen Sie nun lediglich die Ermittlung des Binding-Pfades anpassen, da Sie sich nun nicht mehr auf Tabellenebene, sondern auf Zeilenebene befinden. Entfernen Sie aus diesem Grund im Controller die Ermittlung der selektierten Zeile, d. h., `getSelectedItem()` entfällt (siehe Listing 7.29).

```
var sPath = oEvent.getSource().getBindingContext().getPath();
var aContext = sPath.split("/");
sap.ui.core.UIComponent.getRouterFor(this).navTo(
  "RouteSecond", {
    day: oEvent.getSource()
              .getBindingContext()
               .getProperty("day"),
     context: aContext[1],
                 id: aContext[2]
    });
}
```

Listing 7.29 Anpassungen im Controller

Durch diese Änderung stellen Sie sicher, dass die Anwender den gleichen Tag mehrfach auswählen können.

7.4 Fragments

Eine weitere Möglichkeit der Modularisierung sind die sogenannten *Fragments*. Fragments sind im Grunde genommen Views, sie haben aber im Gegensatz zu einem View keinen eigenen Controller. Fragments sind am ehesten mit den Subscreens aus der ABAP-Welt vergleichbar. Typische Einsatzszenarien von Fragments sind dynamische View-Abschnitte, bei denen sich erst zur Laufzeit entscheidet, welcher View geladen werden soll. Das zweite große Anwendungsgebiet von Fragments sind Pop-up-Fenster.

Der Unterschied zu einem View in der Nomenklatur ist in Tabelle 7.1 dargestellt.

	View	Fragment
Name	`<name>.view.xml`	`<name>.fragment.xml`
Deklaration	`<mvc:View>`	`<core:FragmentDefinition>`

Tabelle 7.1 Unterschied zwischen View und Fragment

Streng genommen können Sie die Deklaration bei `Fragments` auch weglassen. Durch die Implementierung der Navigation über die `Component` können Sie auch Fragments aus anderen Projekten laden, sodass eine hohe Wiederverwendbarkeit der `Fragments` besteht.

7.4.1 Dynamisches Fragment in einem View

In diesem Abschnitt implementieren wir eine Adressanzeige. Dabei unterscheiden wir zwischen der Adresse einer juristischen Person und der einer natürlichen Person. Für jede Variante implementieren wir ein Fragment in einem View. Kontextabhängig wird dann entweder das eine oder das andere Fragment ausgeblendet.

Legen Sie dazu das Projekt `zui5.fragment` mit dem initialen XML-View `Main` an. Erstellen Sie unterhalb des Verzeichnisses **webapp** das Verzeichnis **mock** mit der JSON-Datei **PersonalData.json**. Definieren Sie das Model in der Datei **manifest.json**. Die Datei finden Sie wie gewohnt auch im Download-Bereich zu diesem Buch unter *www.sap-press.de/5501*. Den Aufbau der JSON-Datei sehen Sie in Listing 7.30.

```
{
    "name": "John",
    "name2": "Doe",
    "street": "NoName",
    "number": "23",
    "zip":  "0815",
    "city":     "New York",
```

```
    "country": "U.S.A.",
    "vat" : "DE4711",
    "isCompany": false,
    "isPerson": true
  }
```

Listing 7.30 Adressdaten (PersonalData.json)

Die JSON-Datei beinhaltet die beiden Elemente isCompany und isPerson, anhand der Sie eine juristische Person von einer natürlichen unterscheiden können.

Implementieren Sie im Main-View ein GridLayout, um ein Raster für die Adressdaten vorzugeben. Innerhalb des Layouts rufen Sie die beiden Fragments Person bzw. Company auf (siehe Listing 7.31). Denken Sie auch daran, den layout-Namensraum zu registrieren.

```
<core:View xmlns:core="sap.ui.core"
           xmlns:mvc="sap.ui.core.mvc"
           xmlns="sap.m"
           xmlns:l="sap.ui.layout"
           controllerName="zui5_fragment.main"
           xmlns:html="http://www.w3.org/1999/xhtml">

<Page title="Title">
    <content>
        <l:Grid defaultSpan="L12 M12 S12" width="auto">
            <l:content>
            <core:Fragment
                  fragmentName="zui5_fragment.Person"
                  type="XML">
            </core:Fragment>
            <core:Fragment
                  fragmentName="zui5_fragment.Company"
                  type="XML">
            </core:Fragment>
            </l:content>
        </l:Grid>
    </content>
</Page>
</core:View>
```

Listing 7.31 Main-View mit Fragments

Legen Sie nun innerhalb des Projektverzeichnisses **zui5.fragment** die zwei neuen Dateien **Company.fragment.xml** und **Person.fragment.xml** an. Damit ergibt sich die Verzeichnisstruktur aus Abbildung 7.50.

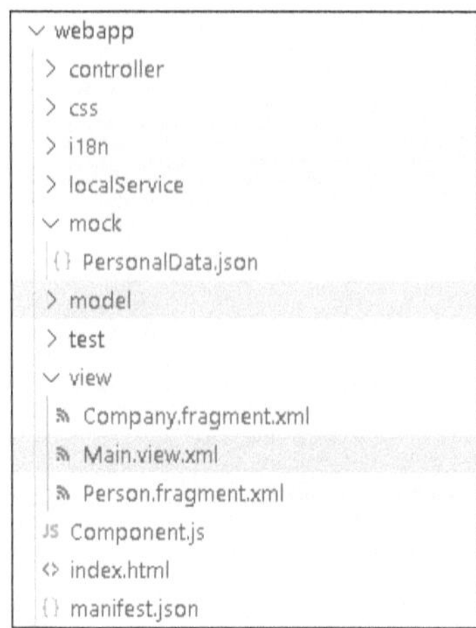

Abbildung 7.50 Verzeichnis mit Fragment-XML-Dateien

In den Fragment-Dateien implementieren Sie ein Formular zur Anzeige der Adresse. Die Sichtbarkeit des Formulars steuern Sie über die JSON-Elemente `isPerson` bzw. `isCompany`. Das `Person`-Fragment in Listing 7.32 dient der Anzeige der Adressen von natürlichen Personen.

```
<core:FragmentDefinition xmlns="sap.m"
                         xmlns:f="sap.ui.layout.form"
                         xmlns:core="sap.ui.core">

<f:SimpleForm title="Privataddresse"
              visible="{/isPerson}">

  <f:content>
    <Label text="Vorname" />
    <Text text="{/name}" />
    <Label text="Nachname" />
    <Text text="{/name2}" />
    <Label text="Strasse" />
    <Text text="{/street} {/number}" />
    <Label text="Stadt" />
    <Text text="{/zip} {/city}" />
    <Label text="Land" />
    <Text text="{/country}" />

  </f:content>
</f:SimpleForm>
</core:FragmentDefinition>
```

Listing 7.32 Person-Fragment

Im Company-Fragment implementieren Sie das Format für die Adressanzeige einer Firma. Dabei sollen name und name2 in einer Zeile und zusätzlich noch die Umsatzsteuer-ID angezeigt werden (siehe Listing 7.33).

```
<core:FragmentDefinition xmlns="sap.m"
                         xmlns:f="sap.ui.layout.form"
                         xmlns:core="sap.ui.core">

  <f:SimpleForm title="Geschäftsaddresse"
                visible="{/isCompany}">
    <f:content>
        <Label text="Firma" />
        <Text text="{/name} {/name2}" />
      [..., analog zum Person-Fragment]

          <Label text="Umsatzsteuer-ID" />
          <Text text="{/vat}" />
    </f:content>
  </f:SimpleForm>

</core:FragmentDefinition>
```

Listing 7.33 Company-Fragment

Je nachdem, welches Element Sie nun in der JSON-Datei auf true setzen, wird entweder das Layout für eine Firma oder das für eine Privatperson gewählt (siehe Abbildung 7.51).

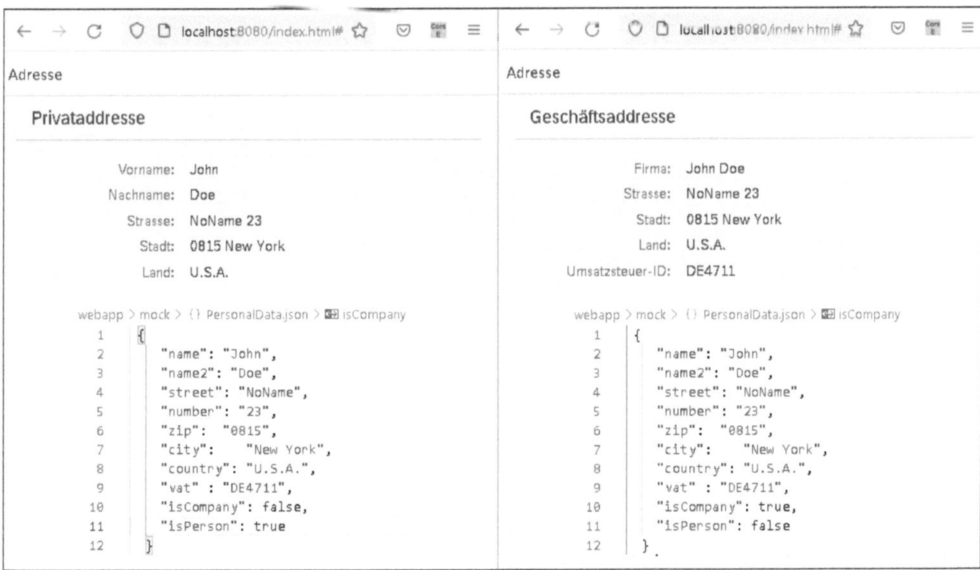

Abbildung 7.51 Anzeige der Fragments

7.4.2 Fragment als Pop-up-Fenster

Für das folgende Beispiel dient uns das Projekt `zui5.json` aus Abschnitt 6.2.1, »JSON Model«, als Grundlage. Sie implementieren eine Funktion, die beim Markieren einer Tabellenzeile ein Dialog-Pop-up-Fenster öffnet. Diesen Dialog implementieren Sie als Fragment. Zur besseren Übersicht habe ich auch für dieses Beispiel wieder ein neues Projekt `zui5.fragment.dialog` im Download-Bereich des Buches bereitgestellt. Sie können jedoch auch das Projekt `zui5.json` erweitern.

Als ersten Schritt erweitern wir die Eigenschaft der Tabelle im View, damit diese beim Markieren einer Zeile ein Ereignis auslöst. Ändern Sie die Tabellendefinition wie folgt ab:

```
<Table id="Table"
       items="{/week}"
       mode="SingleSelectMaster"
       itemPress="onEntryPressed">
```

Das Ereignis `onEntryPressed` wird nur dann ausgelöst, wenn die markierten Zeilen nicht vom Typ `Inactive` (Default-Wert) sind, aus diesem Grund ändern wir den Typ des Controls `ColumListItem` auf `Active`:

```
<ColumnListItem type="Active">
```

Als Nächstes legen Sie auf der Ebene des `main`-Views die Datei **Popup.fragment.xml** an und implementieren ein Formular zur Benutzereingabe. Implementieren Sie das Fragment wie in Listing 7.34.

```
<Dialog xmlns="sap.m"
        xmlns:f="sap.ui.layout.form"
        xmlns:core="sap.ui.core">

  <content>
    <f:SimpleForm>
      <Label text="Tag" />
      <Input value="{DayId}" editable="false" />
      <Label text="Kommentar" />
      <Input value="{description}" editable="true" />
      <Label text="Bewertung" />
      <RatingIndicator value="{rating}" />
    </f:SimpleForm>
  </content>

  <buttons>
    <Button text="OK" press="onDialogConfirm" />
```

```
  </buttons>

</Dialog>
```

Listing 7.34 Implementierung des Pop-up-Fragments (popup.fragment.xml)

Wie bereits erwähnt, können Sie die eigentliche Fragment-Definition auch weglassen. Aus diesem Grund verweise ich hier direkt auf das `Dialog`-Control. Ich persönlich finde das ganz praktisch, da ich so sofort in der ersten Zeile erkennen kann, dass dieses Fragment als Pop-up-Fenster konzipiert ist.

Im Controller des Views `main` implementieren Sie nun den Event Handler `onEntryPressed`, der beim Ereignis `itemPress` aufgerufen wird. In dieser Funktion werden die markierte Zeile der Tabelle und der zugehörige Binding-Kontext gelesen und an die Funktion `openPopup` übergeben (siehe Listing 7.35).

```
// Ereignis "Zeile markiert"
onEntryPressed : function(oEvent) {

    // Tabelleninstanz einlesen
    var oTable = oEvent.getSource(),
    // selektierten Eintrag lesen
    oSelectedItem = oTable.getSelectedItem(),
    // Binding-Kontext lesen
    oContext = oSelectedItem.getBindingContext();
    // Wenn gefunden, Pop-up-Fenster öffnen
    if(oContext){
            this.openPopup(oContext);
    }
},
```

Listing 7.35 Event Handler »onEntryPressed« im Controller

Punktnotation vs. Einzelaufrufe

Sie können die Methoden natürlich über die Punktnotation verketten, der folgende Aufruf wäre syntaktisch korrekt:

```
this.openPopup(oEvent.getSource().getSelectedItem(). getBindingContext());
```

Bei den meisten Beispielen schreibe ich stattdessen Einzelaufrufe, da Sie die aufgerufenen Methoden so besser lesen und im Debugger besser nachverfolgen können. So können Sie sich z. B. das Objekt `oContext` ansehen und die Methoden, die dieses Objekt implementiert, ausprobieren. Wie das geht, haben Sie in Abschnitt 5.6, »Debugging«, gelernt.

Als Nächstes implementieren Sie die in Listing 7.35 aufgerufene Methode openPopup. Da Sie damit rechnen können, dass unser Pop-up-Fenster mehrfach aufgerufen wird, müssen Sie nicht jedes Mal eine neue Instanz erzeugen. Bei jedem Aufruf des Pop-up-Fensters ist dagegen die Übergabe des Binding-Kontextes an das Pop-up-Fenster erforderlich, damit die Daten der markierten Zeile angezeigt werden können. Dazu fügen Sie die Instanz des Dialogs der Aggregation dependend der View-Instanz hinzu (this.getView().addDependent (this._oDialog)). Damit steht Ihnen z. B. das Model auch im Fragment zur Verfügung, und Sie können die Werte aus dem Model an die UI-Controls des Dialog-Pop-up-Fensters binden (siehe Listing 7.36).

```
// Pop-up-Fenster öffnen
openPopup : function(oContext){
    // Dialog nur einmal erzeugen
    if (!this._oDialog) {
        this._oDialog = this.createPopup();
    }
    // Dialog der dependents-Aggregation hinzufügen
    this.getView().addDependent(this._oDialog);
    // Binding-Kontext an Dialog übergeben
    this._oDialog.setBindingContext(oContext);
    // Dialog öffnen
    this._oDialog.open();
  },
```

Listing 7.36 Binding-Kontext an Dialogfenster übergeben

Nun muss das Dialog-Fragment noch instanziiert werden (siehe Listing 7.37).

```
// Pop-up-Fenster erzeugen
createPopup : function() {
  // Fragment als Dialog
    var oDialog =
             sap.ui.xmlfragment(
               "zui5_fragment_dialog.popup",
             this);
        oDialog.setTitle("Fragment-Popup");
    return oDialog;
},
```

Listing 7.37 Dialog-Fragment instanziieren

Da ein Fragment keinen eigenen Controller besitzt, müssen wir das Schließen des Pop-up-Fensters im Controller des Views main implementieren. In Listing 7.34 haben wir dafür die Methode onDialogConfirm vorgesehen:

```
// Pop-up-Fenster schließen
onDialogConfirm : function() {
    this._oDialog.close();
}
```

Wenn Sie nun dieses Beispiel im Browser ausführen, können Sie die Auswirkungen der Two-Way-Datenbindung direkt nachverfolgen. Ändern Sie die Daten im Pop-up-Fenster, werden diese auch direkt im darunterliegenden View verändert (siehe Abbildung 7.52) und nicht etwa erst, nachdem Sie auf den **OK**-Button geklickt haben. Wenn Sie diesen Effekt unterbinden möchten, können Sie die Two-Way-Datenbindung ausschalten.

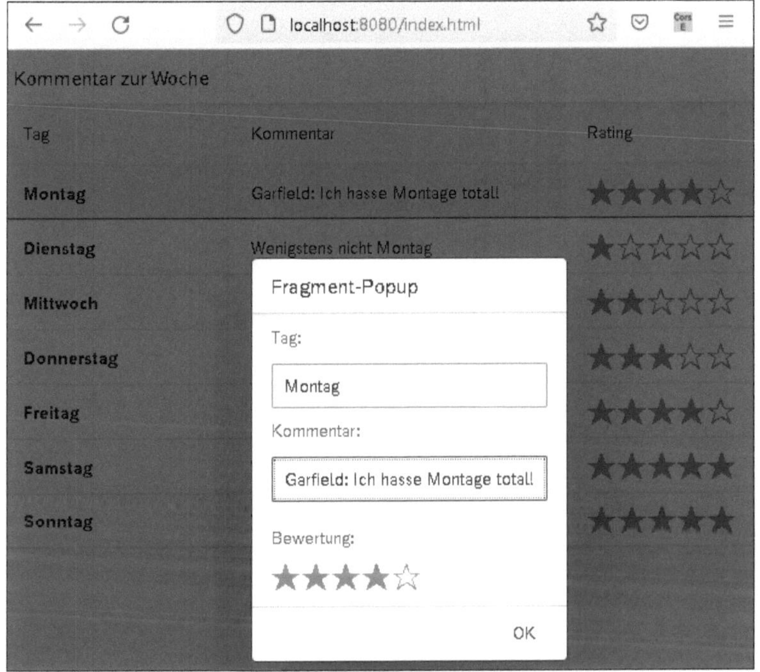

Abbildung 7.52 Ausgabe des Dialog-Fragments

[!]

Tücken der Browser

Es wird Ihnen öfter passieren, dass Sie in der IDE eine Anpassung vornehmen und diese nicht direkt im Browser sichtbar wird. Sehr oft liegt es daran, dass der Browser die Dateien im Cache hält und dadurch die Änderung nicht sichtbar wird. In Chrome gibt es dafür eine sehr nützliche Funktion. Solange die Konsole geöffnet ist, klicken Sie mit der Maus auf den **Aktualisieren**-Button (C) und halten diesen gedrückt. Dadurch öffnet sich ein Menü, in dem Sie den Cache zurücksetzen können (siehe Abbildung 7.53).

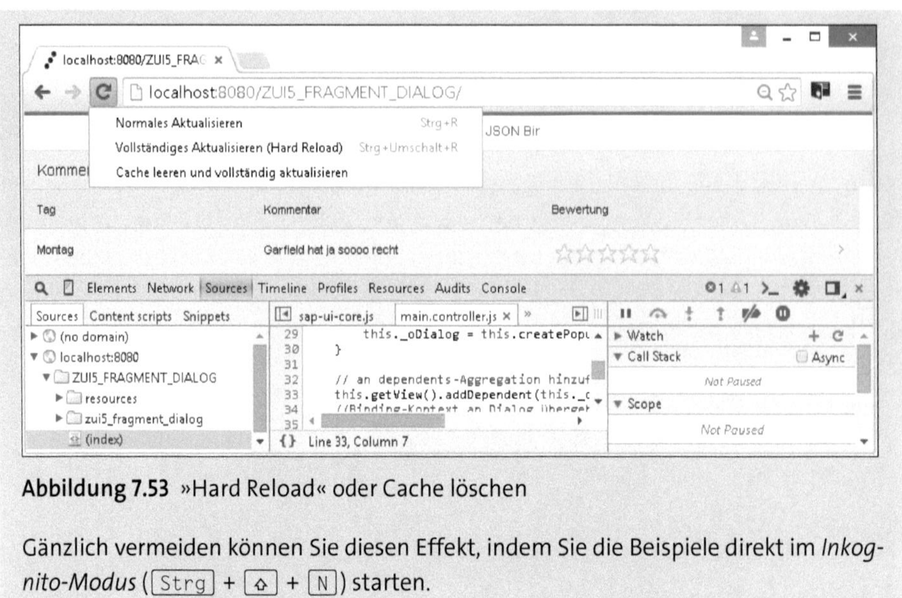

Abbildung 7.53 »Hard Reload« oder Cache löschen

Gänzlich vermeiden können Sie diesen Effekt, indem Sie die Beispiele direkt im *Inkognito-Modus* (`Strg` + `⇧` + `N`) starten.

Seit der SAPUI5-Version 1.93 stellt SAPUI5 eine weitere Möglichkeit bereit, ein Fragment als Pop-up-Fenster zu laden. Das Controller-Objekt stellt die Funktion `loadFragment` bereit, die eine Promise-Rückgabe implementiert hat. Im `then` des Promises können Sie den Dialog öffnen (siehe Listing 7.38). Neben dem asynchronen Laden des Fragments hat die `loadFragment`-Funktion einen weiteren Vorteil, das Fragment wird zudem automatisch der `dependant`-Aggregation des Views hinzugefügt.

```
if (!this.byId("Dialog")) {
        var pDialog = this.loadFragment({
        name: "...view.task.Dialog"
        }).then(function(oDialog) {
          oDialog.open();
        }.bind(this));
      } else {
        this.byId("Dialog").open();
      }
```

Listing 7.38 Fragment über loadFragment-Funktion laden

7.5 Kundeneigene Controls

Wenn Sie sich durch die API-Referenz und die Control Library arbeiten, bekommen Sie einen Eindruck, wie viele Controls die SAPUI5-Bibliothek beinhaltet. Dennoch kann es vorkommen, dass Sie für Ihre geschäftlichen Anforderungen immer wieder das gleiche UI-Element benötigen, das es in der Standardbibliothek nicht gibt. SAPUI5 bietet Ihnen die Möglichkeit, vorhandene Controls zu erweitern oder auch völlig neue Controls zu implementieren. Hier können Sie, analog zur Component, die `extend`-Funktion nutzen, z. B. `sap.ui.commons.Button.extend` zur Erweiterung des `Button`-Controls. Wenn Ihr eigenes Control nicht auf einem vorhandenen Control aufbaut, nutzen Sie die `extend`-Methode der Core-Klasse: `sap.ui.core.Control.extend`.

Diese `extend`-Methode können Sie auch nutzen, um komplett eigene Controls zu implementieren. Bestimmte Methoden, wie z. B. die Get- und Set-Methoden und die Methoden zum Registrieren von Events, werden dabei automatisch durch das SAPUI5-Framework generiert. Dadurch ist es sehr einfach, eigene Controls zu implementieren.

Der Konstruktor für ein benutzerdefiniertes Control enthält Metadaten, öffentliche und private Methoden, Event Handler und die `renderer`-Methode. Die Basis für ein eigenes Control entspricht damit dem Code in Listing 7.39.

```
sap.ui.core.Control.extend("MyControl", {
          metadata : { // Properties, Aggregationen & Events
               properties : {},
               events: {},
               aggregations: {}
          },
   publicMethod: function() {},            // öffentliche
                                              Methoden
   _privateMethod: function() {},          // private Methoden
   init: function() {}                     // Initialisierung
   onclick: function (e) {},               // Event Handler
   renderer : function(oRm, oControl) {} // HTML-Anweisungen
});
```

Listing 7.39 Rumpf eines eigenen Controls

Im Bereich `metadata` definieren Sie die Eigenschaften, Aggregationen und Events für das Control. Das SAPUI5-Framework generiert dafür die entsprechenden Get- und Set-Methoden. Die Eigenschaft `header` definieren Sie z. B. wie folgt:

```
properties : {"Header" : "string"}
```

Über die Set-Methode können Sie dann den Wert setzen:

```
<Control>.setProperty("Header", "Meine Überschrift");
```

Wenn Sie ein vorhandenes Control erweitern, müssen Sie nicht alle Properties neu definieren, denn die Eigenschaften des zugrunde liegenden Objekts werden vererbt.

Die Methode renderer ist verantwortlich für das Aussehen des Controls. In diesem Bereich definieren Sie die HTML-Struktur und somit das Layout. An dieser Stelle müssen Sie aufpassen: Bei dieser Methode handelt es sich um eine statische Methode, sodass Sie nicht auf this zugreifen können. Stattdessen werden Ihnen eine Instanz des Controls und des sogenannten *Render Managers* übergeben. Der Render Manager ist nichts anderes als ein Kollektor, dem Sie HTML-Fragmente als String übergeben. Das ist mit dem HTML-Control vergleichbar: Der Render Manager kümmert sich um die korrekte Verkettung der HTML-Fragmente und die entsprechende Positionierung im DOM.

Auch die Erweiterung eines Controls verdeutliche ich Ihnen an einem praktischen Beispiel: Wir möchten das Button-Control so verändern, dass es auf einen Doppelklick reagiert. Dazu erweitern wir das Button-Control und fügen ein neues Ereignis hinzu. Bei Doppelklick soll das Ereignis ausgelöst werden.

Legen Sie dazu das Projekt zui5.my.button mit dem initialen XML-View Main an. Legen Sie im Anschluss ein Verzeichnis **control** an mit der Datei **Button.js**, sodass sich die Verzeichnisstruktur aus Abbildung 7.54 ergibt.

Abbildung 7.54 Projektstruktur für ein erweitertes Control

In der Datei **Button.js** erweitern wir das Button-Control und fügen ein neues Ereignis megaPress ein (siehe Listing 7.40).

```
sap.ui.define([
  "sap/m/Button"
], function (
  Button
) {
  "use strict";
```

```
  return Button.extend("zui5.my.button.control.Button", {
    metadata: {
      events: {
        megaPress: {}
      }
    },
    ondblclick: function (oEvent) {
      this.fireMegaPress();
    },

    renderer: "sap.m.ButtonRenderer"

  });
});
```

Listing 7.40 Erweitertes Button-Control (Button.js)

Mehr brauchen Sie nicht zu tun, da durch die `extend`-Funktion automatisch alle anderen Eigenschaften des `Button`-Controls geerbt werden. Damit Sie Ihren eigenen Button nun bewundern können, müssen Sie im `Main`-View auf das eigene Control zugreifen. Dazu müssen Sie lediglich einen neuen Namensraum mit der Pfadangabe zu Ihrem Control registrieren. Anschließend können Sie das Control ganz normal wie jedes Standard-Control verwenden.

Für unser Beispiel habe ich auf einem Button beide Ereignisse registriert, das normale `press`-Ereignis und unser neues Ereignis `megaPress`. Die Implementierung des `Main`-Views sehen Sie in Listing 7.41.

```
<mvc:View
    controllerName="zui5.my.button.controller.Main"
    xmlns:mvc="sap.ui.core.mvc"
    displayBlock="true"
    xmlns="sap.m"
  xmlns:my="zui5.my.button.control">

  <Shell id="shell">
    <App id="app">
      <pages>
        <Page id="page" title="{i18n>title}">
          <content>
            <my:Button text="Mein Button"
                       press="onButtonPress"
```

```
                        megaPress="onMegaPress"/>
          </content>
        </Page>
      </pages>
    </App>
  </Shell>
</mvc:View>
```

Listing 7.41 View mit eigenen Buttons

Beim Ereignis `press` rufen Sie im Controller jeweils die Funktion `onButtonPressed` auf, und beim Ereignis `megaPress` rufen Sie die Funktion `onMegaPress` auf. Diese gibt den Text des Buttons als `MessageToast` aus (siehe Listing 7.42).

```
sap.ui.define([
  "sap/ui/core/mvc/Controller",
  "sap/m/MessageToast"
],
  /**
   * @param {typeof sap.ui.core.mvc.Controller} Controller
   */
  function (Controller, MessageToast) {
    "use strict";

    return Controller.extend("zui5.my.button.controller.Main", {
      onButtonPress: function () {
        MessageToast.show("geklickt");
      },
      onMegaPress: function () {
        MessageToast.show("sowas von doppelt geklickt");
      }

    });
  });
```

Listing 7.42 Controller mit Ereignis

Wenn Sie das Beispiel im Browser aufrufen, wird bei einem einfachen Klick das `MessageToast` mit dem Text »geklickt« angezeigt, beim Doppelklick wird der Text »sowas von doppelt geklickt« angezeigt, wie in Abbildung 7.55 dargestellt.

Abbildung 7.55 Reaktion auf Doppelklick

7.6 Kommunikation mit dem SAP-Backend

Die Daten aus den bisherigen Beispielen kamen alle aus einer lokalen Datei. Im Normalfall möchten Sie die Daten jedoch in einem SAP-System lesen und in Ihrer SAPUI5-Anwendung anzeigen. Die AJAX-Technik zum Senden eines HTTP-Requests an einen Webserver haben Sie bereits in den vorangegangenen Kapiteln kennengelernt. Diese Technik verwenden Sie auch bei der Kommunikation mit dem SAP NetWeaver Application Server ABAP (AS ABAP). Der vom SAP-Server zurückgegebene HTTP-Datenstrom kann die bereits bekannten Formate JSON, XML oder OData haben. Abbildung 7.56 zeigt eine schematische Darstellung der Kommunikation mit dem SAP NetWeaver AS ABAP. Die gute Nachricht vorab, für den Browser macht es keinen Unterschied, ob Sie einen Request an **localhost.8080/...** oder an **<sap_server>:<sap_host>/...** senden.

Um eine Anfrage an das SAP-Backend zu senden, geben Sie in der Methode `loadData` des entsprechenden Models den Pfad zum ICF-Knoten an.

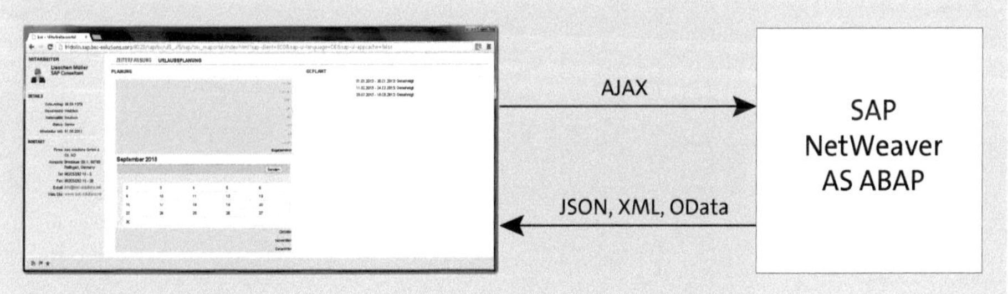

Abbildung 7.56 Kommunikation mit dem SAP NetWeaver AS ABAP

In Abschnitt 5.1, »Webentwicklung auf dem SAP NetWeaver Application Server ABAP«, haben Sie den ICF-Knoten **default_host/ui5/** angelegt und den eigenen HTTP-Handler `ZUI5_HTTP_HANDLER` implementiert. Um nun für diesen Service eine

Anfrage in SAPUI5 zu implementieren, gehen Sie nach dem gleichen Muster wie bei den lokalen Abfragen vor (den Knoten `default_host` lassen Sie bei der URL weg):

```
oModel.loadData("<protocol>://<server>:<port>/ui5/.../    ...");
```

Damit der Service Daten zurückgibt, erweitern Sie die Methode `HANDLE_REQUEST` der Klasse `ZUI5_HTTP_HANDLER` so, dass sie eine JSON-Response zurückgibt (siehe Abbildung 7.57). Setzen Sie am Anfang der Methode einen externen Breakpoint.

```
ZUI5_HTTP_HANDLER ▸ IF_HTTP_EXTENSION~HANDLE_REQUEST
class ZUI5_HTTP_HANDLER definition
  public
  final
  create public .

public section.

  interfaces IF_HTTP_EXTENSION .
protected section.
private section.
ENDCLASS.


CLASS ZUI5_HTTP_HANDLER IMPLEMENTATION.

  method if_http_extension~handle_request.

    data(lv_json) =
    '{ "weekdays": ['                                   &&
       '{ "DayId": "Montag",'                            &&
       ' "description": "Garfield: Ich hasse Montage!",' &&
       ' "rating": "0"'                                  &&
    '},{'                                                &&
       '"DayId": "Dienstag",'                            &&
       '"description": "Wenigstens nicht Montag",'       &&
...
      },{                                                &&
       '"DayId": "Samstag",'                             &&
       '"description": "Wochenende...!",'                &&
       '"rating": "5"'                                   &&
     '},{'                                               &&
       '"DayId": "Sonntag",'                             &&
       '"description": "Wochenende...!",'                &&
       '"rating": "5"'                                   &&
    '}]}'.

    server->response->set_status( code = 200 reason = 'OK' ).
    server->response->set_cdata( data = lv_json ).
    server->response->set_content_type(
                     content_type = 'application/json' ).

  endmethod.

ENDCLASS.
```

Abbildung 7.57 JSON-Response des Backends

Um den Service zu testen, kopieren Sie das Beispiel `zui5.json` in ein neues Projekt `zui5.json.sap`, oder erweitern Sie das vorhandene Projekt. Ersetzen Sie dabei lediglich die folgende Zeile in der Datei **manifest.json**:

```
"dataSources": {
  "data": {
```

```
        "uri": "mock/weekday.json",
        "type": "JSON"
      }
    }
```

Fügen Sie stattdessen die folgende Zeile ein:

```
    "dataSources": {
      "data": {
        "uri": "http://<host>:<port>/ui5",
        "type": "JSON"
      }
    }
```


Da die Rating-Information als String übertragen wird, denken Sie an die Verwendung der `Formatter`-Funktion (siehe Abschnitt 6.3.6, »Complex Binding«) bzw. an das Expression Binding (siehe Abschnitt 6.3.8) beim `RatingIndicator`-Control.

Starten Sie das Projekt. Aus Sicherheitsgründen verhindert der Browser den Aufruf, wie Sie in den Entwicklertools erkennen können (siehe Abbildung 7.58). Die Same-Origin-Policy (SOP) untersagt es clientseitigen Skriptsprachen, auf Objekte zuzugreifen, die von einem anderen Webserver stammen. In diesem konkreten Beispiel versuchen Sie vom Webserver *localhost* auf *<sap_server>* zuzugreifen. Da der Browser an dieser Stelle nicht unterscheiden kann, ob Sie von *www.meine-bank.com* auf *www.ich-will-deine-bankdaten-stehlen.com* umgeleitet werden oder ob der Serverwechsel wie in unserem Beispiel harmlos ist, wird der Zugriff vom Browser blockiert, um *Phishing* zu verhindern.

Abbildung 7.58 Same-Origin-Policy

Um das Problem zu lösen, können Sie das Projekt vor dem Testen in das SAP-System laden und dann das Beispiel direkt vom SAP-Server aus starten (siehe Abschnitt 5.5.2,

»Anwendung in das Backend laden«). Dadurch wird der Webserver nicht mehr gewechselt, und das Beispiel würde funktionieren.

In der Entwicklungspraxis ist es aber nicht unbedingt praktikabel, jede Codeänderung zuerst ins SAP-System laden zu müssen, um die Anwendung testen zu können. Ein weiterer Nachteil ist der hart codierte Serverpfad. Sobald Sie die Anwendung transportieren, würde diese nicht mehr funktionieren. Um diese Probleme zu lösen, ist im UI5-Tooling ein Proxy implementiert, mit dem Sie Zugriffe von *localhost* auf andere Webserver erlauben können. Die Konfiguration des Proxys erfolgt in der Datei **ui5.yaml**. Tragen Sie dort im Bereich `server` den Pfad zum SAP-Server ein (siehe Abbildung 7.59).

```
! ui5.yaml > {} server > [ ] customMiddleware > {} 0 > {} configuration > [ ] backend > {} 0 > url
    name: 'zui5.json.sap'
  type: application
  server:
    customMiddleware:
    - name: fiori-tools-proxy
      afterMiddleware: compression
      configuration:
        ignoreCertError: false # If set to true, certificate errors will be ignored. E.g. se
        backend:
        - path: /ui5
          url: http://<host>:<port>
        ui5:
          path:
          - /resources
          - /test-resources
          url: https://ui5.sap.com
          version:  # The UI5 version, for instance, 1.78.1. Empty means latest version
    - name: fiori-tools-appreload
      afterMiddleware: compression
```

Abbildung 7.59 Proxy in der Datei »ui5.yaml« angeben

In der Datei **manifest.json** geben Sie dann lediglich den relativen Pfad an (siehe Listing 7.43).

```
"dataSources": {
  "data": {
    "uri": "/ui5",
    "type": "JSON"
  }
}
```

Listing 7.43 Pfad in »dataSources« pflegen

Schließen Sie das Terminal, öffnen Sie ein neues, und starten Sie den Webserver mit dem Befehl **npm start**. Wenn Sie das Projekt nun erneut aufrufen, werden Sie nach dem Benutzernamen und Passwort gefragt (siehe Abbildung 7.60).

Abbildung 7.60 Eingabe von Benutzername und Passwort

Geben Sie hier Ihre Login-Daten vom SAP-System ein. Die Anwendung bleibt an Ihrem externen Breakpoint stehen. Wenn Sie die Anwendung mit der Taste [F8] weiterlaufen lassen, werden die Daten aus dem Backend angezeigt (siehe Abbildung 7.61).

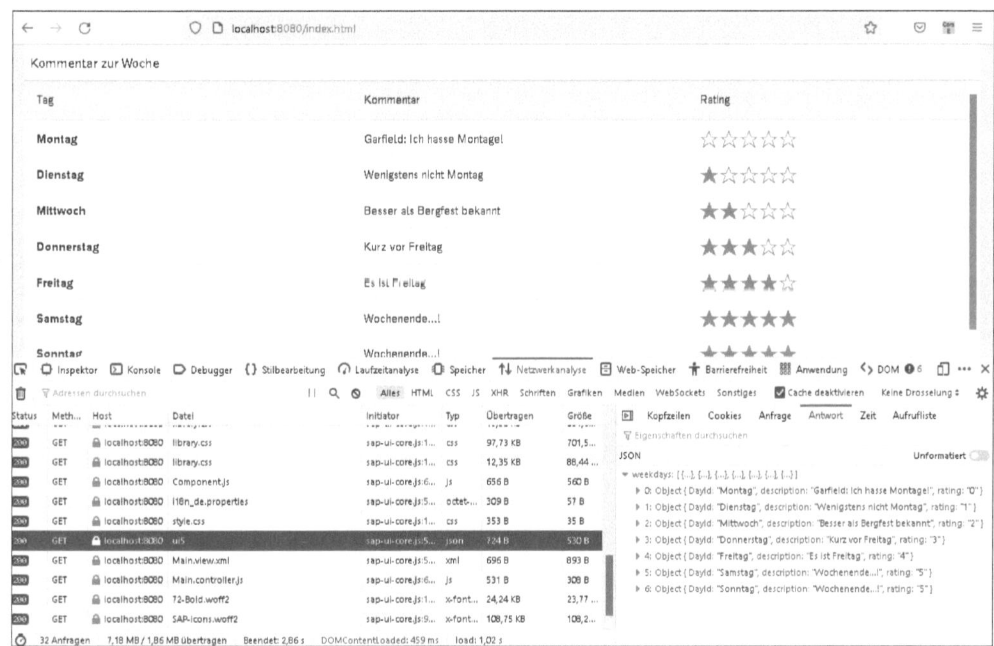

Abbildung 7.61 Daten aus dem SAP-Backend

Sie haben damit einen weiteren Meilenstein in der SAPUI5-Entwicklung bewältigt – einen vollständigen Roundtrip zwischen dem SAPUI5-Frontend und dem SAP-Backend.

Kapitel 8

Systemanbindung mit OData

In diesem Kapitel lernen Sie, wie Sie einen OData-Service in SAP Gateway anlegen und ihn in Ihrer SAPUI5-Anwendung verwenden.

SAP Gateway ermöglicht den einfachen und direkten Zugriff auf SAP-Backend-Services auf Basis des standardisierten OData-Protokolls. In diesem Kapitel zeige ich Ihnen, wie Sie einen OData-Service mit SAP Gateway anlegen und in Ihrer SAPUI5-Anwendung konsumieren.

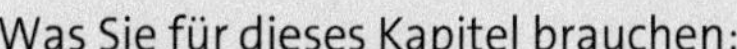

Checkliste

Was Sie für dieses Kapitel brauchen:

- S-User für den SAP Service Marketplace
- Zugang zu einem ERP-System

8.1 Open Data Protocol

Das Open Data Protocol, kurz *OData*, ist ein auf HTTP basierender, offener Standard, der von Microsoft entwickelt wurde und mittlerweile von dem Konsortium OASIS weiterentwickelt wird. OData basiert auf den Standards *Atom Publishing* und *Atom Syndication* und ermöglicht die Erstellung von REST-basierten (Representational State Transfer) Datendiensten.

Das Atom-Syndication-Format ist ein XML-Format, das den plattformunabhängigen Austausch von Informationen ermöglicht. Auf diesem Format beruhen auch die *RSS-Feeds*, die Sie aus dem Internet kennen. Das Atom Publishing Protocol wurde entwickelt, um die Erstellung und Bearbeitung von Webressourcen auf Basis von einfachem HTML und XML zu ermöglichen. Die beiden Atom-Standards bieten somit die Möglichkeit, Webinhalte in XML zu bearbeiten und zu verbreiten.

REST bezeichnet ein Programmierparadigma für verteilte Systeme. REST ist kein Protokoll, sondern eine Architekturvorgabe für die Client-Server-Kommunikation. Die wichtigsten REST-Prinzipien lauten:

- **Adressierbarkeit**
  Eine Webadresse (URI) repräsentiert genau einen Seiteninhalt.
- **Unterschiedliche Repräsentationen**
  Ein Dienst kann unterschiedliche Darstellungsformen (im Fall von OData z. B. XML und JSON) haben.
- **Zustandslosigkeit**
  Jede REST-Nachricht enthält alle Informationen, die für den Server bzw. Client notwendig sind, um die Nachricht zu verstehen. Weder der Server noch die Anwendung soll Zustandsinformationen zwischen zwei Nachrichten speichern. Man spricht daher von einem *zustandslosen* (Stateless) Austausch von Informationen zwischen Client und Server.
- **Operationen**
  REST-konforme Dienste bieten verschiedene Operationen an, um Ressourcen bzw. Informationen auszuliefern oder zu verändern. Wird z. B. über HTTP auf einen Dienst zugegriffen, gibt die verwendete HTTP-Methode (GET, POST, PUT oder DELETE) an, welche Operation des Dienstes gewünscht ist.
- **Hypermedia**
  Hinter diesem Paradigma verbirgt sich die Verknüpfung von Informationen über Hyperlinks.

Mit SAP Gateway können Sie Informationen aus einem SAP-System über das Protokoll OData zur Verfügung stellen. SAP hat dazu das OData-Protokoll um die sogenannten *SAP-Annotationen* erweitert. In den SAP-Annotationen werden zu jedem übertragenen Inhalt SAP-spezifische Informationen mit gesendet. Abbildung 8.1 zeigt die Architektur von OData-Services innerhalb von SAP im Überblick.

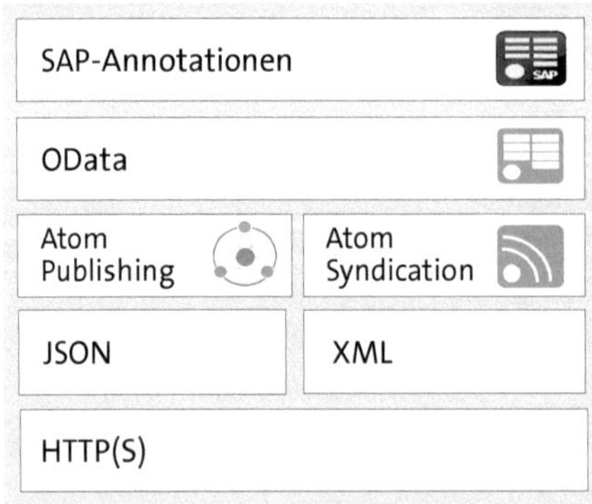

Abbildung 8.1 OData-Architektur im SAP-Umfeld

Im OData-Protokoll wird der Service durch das sogenannte *Entity Data Model* (EDM) beschrieben. Abbildung 8.2 zeigt exemplarisch einen Service mit den zwei *Entitäts-*

typen `BusinessPartner` ❶ und `Address` ❷. Ein Entitätstyp besteht aus mindestens einem Schlüsselfeld ❸ und beliebig vielen Eigenschaften (*Properties*) ❹. Sie können sich ihn wie eine Dictionary-Struktur in ABAP vorstellen. Über den Entitätstyp definieren Sie, welche Eigenschaften (in ABAP Felder) die Entität (in ABAP Struktur) hat. Eine Entitätsmenge (*Entity Set*) ❺ repräsentiert die Instanzen eines Entitätstyps. In ABAP können Sie sich eine Entitätsmenge als interne Tabelle vorstellen. Zwischen den einzelnen Entitätstypen können Sie *Assoziationen* ❻ bilden und Navigationsmöglichkeiten ❼ zwischen den Entitäten definieren.

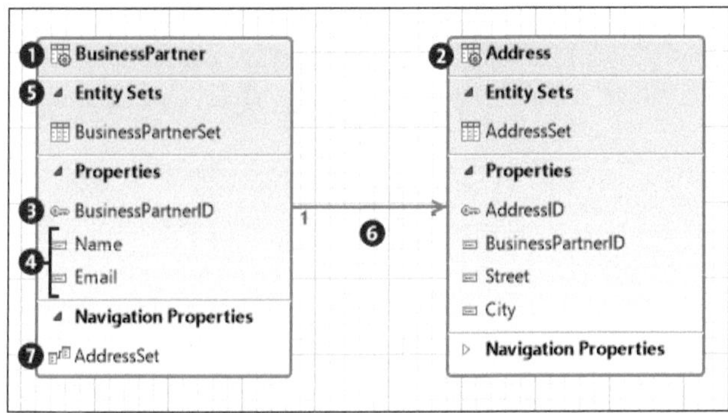

Abbildung 8.2 Entity Data Model

Über `$metadata` können Sie das Servicedokument zu einem OData-Service aufrufen. Metadaten sind Daten, die Informationen über die Merkmale anderer Daten enthalten, aber nicht diese Daten selbst. Über das Servicedokument erhalten Sie also Auskunft über den Aufbau des Service, darüber, welche Entitäten und Entitätstypen der Service anbietet und welche Navigationsmöglichkeiten innerhalb des Service möglich sind.

Unter *www.odata.org* finden Sie einige Beispielservices. Wir schauen uns einmal den Northwind-Service unter der URL *http://services.odata.org/V4/Northwind/Northwind.svc/$metadata* an. Wie Sie in Abbildung 8.3 sehen, verfügt dieser Service über den Entitätstyp `Category` mit den Eigenschaften `CategoryID`, `CategoryName`, `Description` und `Picture`. Es ist eine Navigation von der `Category` zu den `Products` möglich.

services.odata.org/V4/Northwind/Northwind.svc/$metadata

This XML file does not appear to have any style information associated with it. The document tree is shown below.

```
▼<edmx:Edmx xmlns:edmx="http://docs.oasis-open.org/odata/ns/edmx" Version="4.0">
  ▼<edmx:DataServices>
    ▼<Schema xmlns="http://docs.oasis-open.org/odata/ns/edm" Namespace="NorthwindModel">
      ▼<EntityType Name="Category">
        ▼<Key>
            <PropertyRef Name="CategoryID"/>
          </Key>
          <Property xmlns:p5="http://schemas.microsoft.com/ado/2009/02/edm/annotation" Name="CategoryID" Type="Edm.Int32" Nullable="false"
          p5:StoreGeneratedPattern="Identity"/>
          <Property Name="CategoryName" Type="Edm.String" Nullable="false" MaxLength="15"/>
          <Property Name="Description" Type="Edm.String" MaxLength="max"/>
          <Property Name="Picture" Type="Edm.Binary" MaxLength="max"/>
          <NavigationProperty Name="Products" Type="Collection(NorthwindModel.Product)" Partner="Category"/>
        </EntityType>
```

Abbildung 8.3 Northwind-Beispielservice

Wenn Sie im Entity Data Model weiter nach unten scrollen, finden Sie die zugehörige Entitätsmenge `Categories`. Wenn Sie nun im Browser die URL *http://services.odata.org/V4/Northwind/Northwind.svc/Categories* aufrufen, sehen Sie die konkreten Werte dieser Entität als JSON-Dokument (siehe Abbildung 8.4).

services.odata.org/V4/Northwind/Northwind.svc/Categories


```
{
   @odata.context: "http://services.odata.org/V4/Northwind/Northwind.svc/$metadata#Categories",
 - value: [
   - {
        CategoryID: 1,
        CategoryName: "Beverages",
        Description: "Soft drinks, coffees, teas, beers, and ales",
        Picture:
        "FRwvAAIAAAANAA4AFAAhAP////9CaXRtYXAgSW1hZ2UAUGFpbnQuUGljdHVyZQABBQAAAgAAAAcAAABQQnJ1c
     },
   - {
        CategoryID: 2,
        CategoryName: "Condiments",
        Description: "Sweet and savory sauces, relishes, spreads, and seasonings",
        Picture:
        "FRwvAAIAAAANAA4AFAAhAP////9CaXRtYXAgSW1hZ2UAUGFpbnQuUGljdHVyZQABBQAAAgAAAAcAAABQQnJ1c
     },
   - {
        CategoryID: 3,
        CategoryName: "Confections",
        Description: "Desserts, candies, and sweet breads",
        Picture:
        "FRwvAAIAAAANAA4AFAAhAP////9CaXRtYXAgSW1hZ2UAUGFpbnQuUGljdHVyZQABBQAAAgAAAAcAAABQQnJ1c
     },
```


Abbildung 8.4 Entitätsmenge »Categories«

JSONView

Damit der Browser die JSON-Datei optimal anzeigt, installieren Sie am besten die Browsererweiterung *JSONView* bzw. das Add-on JSONView in Firefox (siehe Abbildung 8.5).

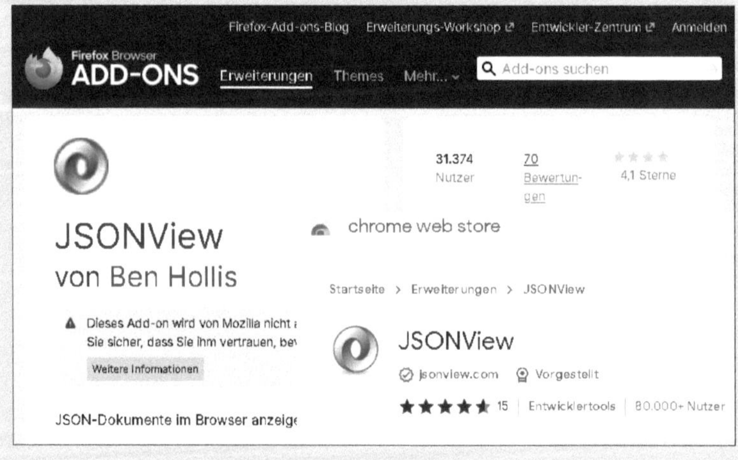

Abbildung 8.5 Browsererweiterung JSONView

Im Servicedokument haben Sie gesehen, dass Sie im Northwind-Service von der `Category` zu den `Products` navigieren können. Wenn Sie z. B. alle Produkte zur Kategorie **Beverages** (Schlüssel ist `CategoryiD 1`) anzeigen wollen, erfolgt diese Navigation ebenfalls über die URL. Rufen Sie im Browser die URL *http://services.odata.org/V4/Northwind/Northwind.svc/Categories(1)/Products* auf, werden Ihnen alle Produkte der Kategorie 1 (Getränke) angezeigt (siehe Abbildung 8.6).

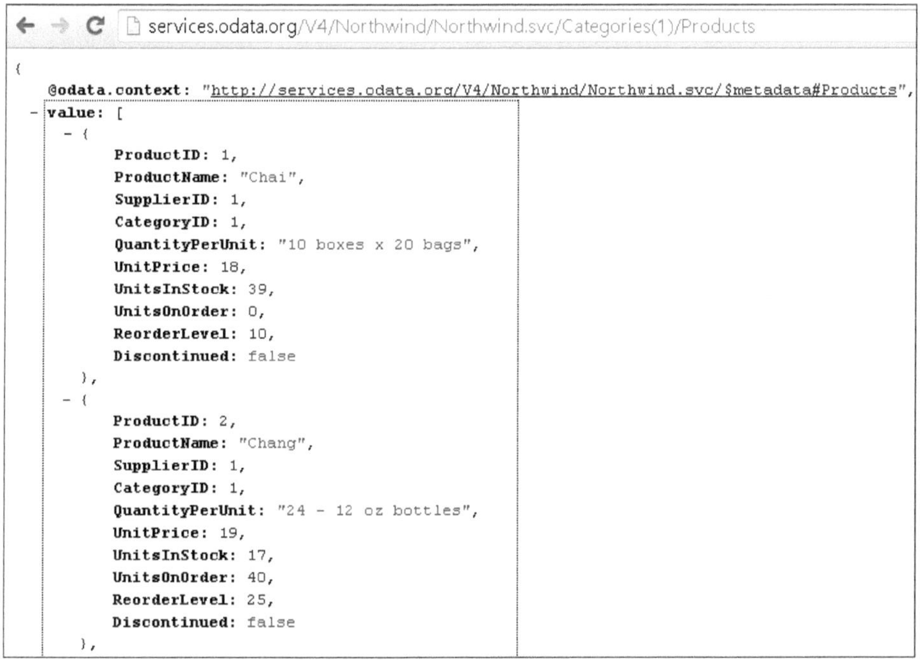

services.odata.org/V4/Northwind/Northwind.svc/Categories(1)/Products


```
{
    @odata.context: "http://services.odata.org/V4/Northwind/Northwind.svc/$metadata#Products",
  - value: [
      - {
            ProductID: 1,
            ProductName: "Chai",
            SupplierID: 1,
            CategoryID: 1,
            QuantityPerUnit: "10 boxes x 20 bags",
            UnitPrice: 18,
            UnitsInStock: 39,
            UnitsOnOrder: 0,
            ReorderLevel: 10,
            Discontinued: false
        },
      - {
            ProductID: 2,
            ProductName: "Chang",
            SupplierID: 1,
            CategoryID: 1,
            QuantityPerUnit: "24 - 12 oz bottles",
            UnitPrice: 19,
            UnitsInStock: 17,
            UnitsOnOrder: 40,
            ReorderLevel: 25,
            Discontinued: false
        },
```


Abbildung 8.6 Navigation zu den Produkten der Kategorie »Getränke«

Wie Sie an diesem Beispiel erkennen können, können Sie durch einen OData-Service per URL *surfen*. OData bietet an dieser Stelle noch mehr Möglichkeiten, weshalb das Protokoll oft als *Open Database Connectivity* (ODBC) für das Web bezeichnet wird. Neben den Entitätstypen sind in OData auch *Query-Optionen* spezifiziert, die Sie der URL anhängen können. Wenn Ihnen z. B. alle Produkte der Kategorie **Beverages** angezeigt werden sollen, bei denen der Lagerbestand größer als 20 ist, würde die URL wie folgt aussehen:

http://services.odata.org/V4/Northwind/Northwind.svc/Categories(1)/Products?$filter=UnitsInStockge20

Auf der Website *www.odata.org* finden Sie unter **Developers • Documentation** eine ausführliche Beschreibung der möglichen Query-Optionen. Tabelle 8.1 stellt nur die wichtigsten Operationen vor.

Parameter	Beschreibung
$orderby	Sortierung der Einträge der Entität
$top	Selektion von n Elementen
$skip	Selektion aller Einträge n + 1
$filter	Filterkriterien
$expand	Knoten, der expandiert geladen werden soll
$format	Definition des Rückgabeformats
$select	Teilmenge der angegebenen Eigenschaften
$batch	Gruppierung mehrerer Operationen in einem HTTP-Request

Tabelle 8.1 Query-Optionen

8.2 SAP Gateway

Das SAP Gateway ist ein Framework auf dem SAP NetWeaver Application Server ABAP (AS ABAP), das Informationen im OData-Format bereitstellen bzw. OData-Anfragen aus dem Internet verstehen und verarbeiten kann. Es besteht aus mehreren Komponenten, die in Abbildung 8.7 dargestellt sind. Die Add-on-Komponente IW_BEP beinhaltet die ABAP-Klassen für die OData-Channel-Entwicklung und das Event Handling; die beiden Komponenten IW_FND und GW_CORE bilden den eigentlichen Kern der OData-Entwicklung und beinhalten die Laufzeit und die OData-Bibliotheken.

OData-Services unterstützen die grundlegenden Datenbankoperationen, also Schreiben, Lesen, Aktualisieren und Löschen (die sogenannten CRUD-Operationen; CRUD = Create, Read, Update und Delete).

Für die SAPUI5-Entwicklung ist es wichtig zu verstehen, dass SAP Gateway als *Kommunikationsschicht* zwischen der Webanwendung (SAPUI5) und dem SAP-Backend (ABAP) dient. In Abschnitt 7.6, »Kommunikation mit dem SAP-Backend«, haben Sie für diese Kommunikationsschicht einen eigenen ICF-Knoten implementiert. Auch ein OData-Service wird letztlich durch einen ICF-Knoten repräsentiert, nur müssen Sie diesen nicht manuell implementieren, sondern er wird durch das SAP-Gateway-Framework automatisch generiert.

In diesem Kapitel modellieren Sie einen Service und konsumieren diesen Service in Ihrer SAPUI5-Anwendung. Behalten Sie dabei immer im Hinterkopf, dass Sie mit SAP Gateway nur zustandslose Applikationen implementieren können. Wir konzentrieren uns in diesem Buch auf die Frontend-Entwicklung. Wenn Sie die OData-Entwicklung im Backend vertiefen möchten, empfehle ich Ihnen das Buch »SAP Gateway und

OData« von Carsten Bönnen, Volker Drees, André Fischer, Ludwig Heinz und Karsten Strothmann (SAP PRESS 2019).

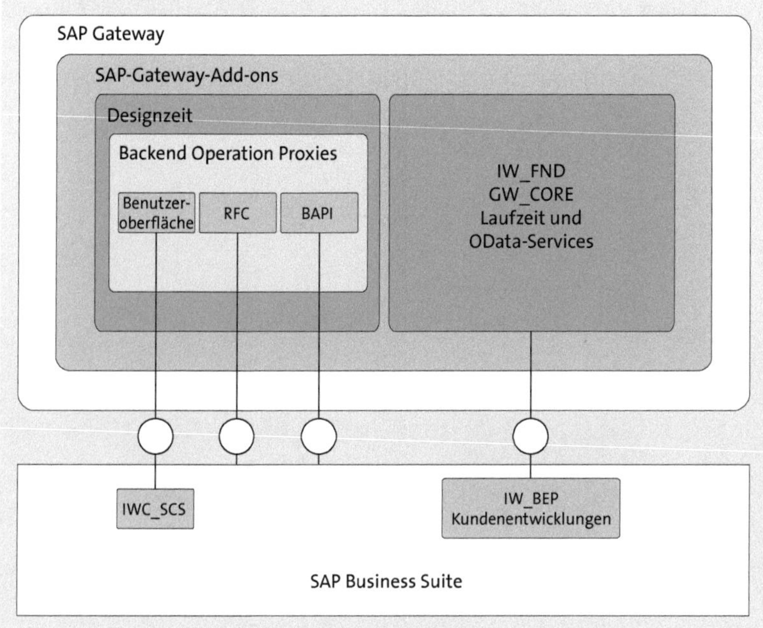

Abbildung 8.7 Komponenten von SAP Gateway

8.3 OData-Service implementieren

In diesem Abschnitt implementieren Sie einen Service zur Pflege von Benutzerdaten. Der *SAP Gateway Service Builder* (Transaktion SEGW) ist ein Designzeitwerkzeug, das Ihnen diverse Hilfsmittel zur Serviceerstellung bereitstellt. Diese Transaktion unterstützt Sie über den gesamten Lebenszyklus eines Service. Sie stellt eine Modellierungsumgebung für die Erstellung und Pflege von OData-Services bereit. Sie können hier die notwendigen Komponenten eines OData-Service generieren lassen, dazu zählen:

- SAP-Gateway-Laufzeitobjekte wie die Model-Provider-Klasse (MPC), die Daten-Provider-Klasse (DPC), das Model und den eigentlichen Service
- OData-Objekte wie die Entitätsmenge, den Entitätstyp und die Eigenschaften

Weitere Informationen im Developer Guide

In diesem Buch kann ich Ihnen nur einen Teil der Funktionen von SAP Gateway vorstellen. Unter *https://help.sap.com/docs/SAP_GATEWAY* finden Sie im Developer Guide eine umfassende Dokumentation zu dem Werkzeug.

8.3.1 Service definieren

Damit wir in diesem Beispiel keine echten Daten aus Ihrem SAP-System verändern, legen Sie zunächst eine kundeneigene Tabelle ZUI5_USER im ABAP Dictionary an. Sie soll eine Mitarbeiterdatenbank mit den Feldern Benutzer-ID, Vorname, Nachname, Funktion, Abteilung, Telefonnummer und E-Mail-Adresse repräsentieren (siehe Abbildung 8.8).

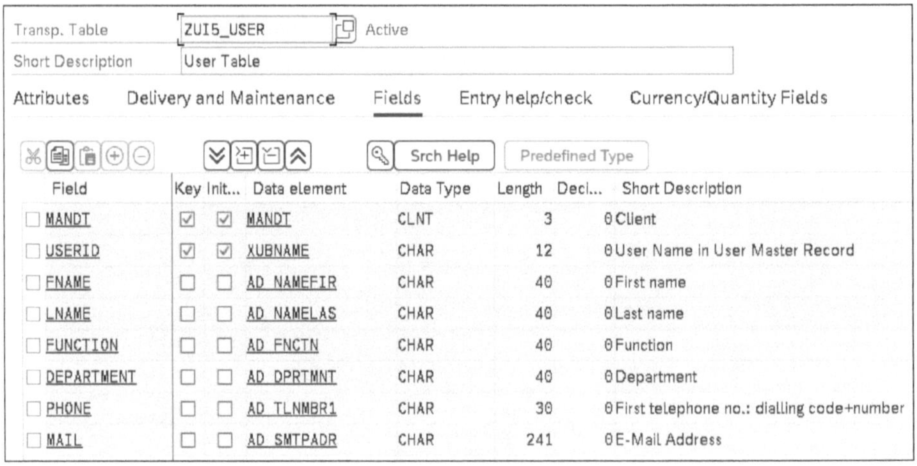

Transp. Table ZUI5_USER Active
Short Description User Table

Attributes | Delivery and Maintenance | Fields | Entry help/check | Currency/Quantity Fields

Srch Help | Predefined Type

Field	Key	Init...	Data element	Data Type	Length	Deci...	Short Description
MANDT	☑	☑	MANDT	CLNT	3	0	Client
USERID	☑	☑	XUBNAME	CHAR	12	0	User Name in User Master Record
FNAME	☐	☐	AD_NAMEFIR	CHAR	40	0	First name
LNAME	☐	☐	AD_NAMELAS	CHAR	40	0	Last name
FUNCTION	☐	☐	AD_FNCTN	CHAR	40	0	Function
DEPARTMENT	☐	☐	AD_DPRTMNT	CHAR	40	0	Department
PHONE	☐	☐	AD_TLNMBR1	CHAR	30	0	First telephone no.: dialling code+number
MAIL	☐	☐	AD_SMTPADR	CHAR	241	0	E-Mail Address

Abbildung 8.8 Definition der Tabelle »ZUI5_USER«

Damit Sie Beispieldaten zum Anzeigen haben, laden Sie mithilfe des BAPIs BAPI_USER_GET_DETAIL ein paar Einträge in die Tabelle. Im Download-Material zu diesem Buch finden Sie die Datei **ZUI5_USER_LOAD_ABAP.txt**, die den Quellcode für das Datenladeprogramm enthält. Für diese Tabelle können Sie nun einen Gateway-Service implementieren.

[!]

UI First

In der Entwicklungspraxis beginnen Sie normalerweise mit dem Design der Benutzeroberfläche. Aus dem UI-Design ergibt sich dann das Model, und aus dem Model ergeben sich die notwendigen ABAP-Strukturen und Datenbanktabellen. In unserem Bespiel rollen wir das Feld etwas von hinten auf. Da ich davon ausgehe, dass Sie ABAP-Entwickler sind und sich neu mit dem Thema SAPUI5 beschäftigen, beginnen wir ausnahmsweise mit der Datenbanktabelle. Dadurch können Sie leichter nachvollziehen, wohin uns die nächsten Schritte führen sollen. Im folgenden Kapitel werden wir es richtig machen, uns also zunächst Gedanken über das UI-Design machen, im Anschluss daran den für dieses UI optimalen Service modellieren und zum Schluss implementieren.

Für die Servicemodellierung gibt es das Eclipse-Plug-in *Ogee*. Dieses Modellierungstool erzeugt eine EDMX-Datei (Entity Data Model XML, siehe Abschnitt 8.1, »Open Data Protocol«) mit der Datendefinition des Service. Diese Art der Modellierung hat den Vorteil, dass Sie die Frontend- und Backend-Entwicklung parallelisieren können. Wie ich Ihnen in Abschnitt 8.6, »Mit Mockdaten arbeiten«, noch zeigen werde, können Sie das Frontend Ihrer Anwendung mithilfe der EDMX-Datei bereits entwickeln, ohne auf die Fertigstellung des Backend-Service warten zu müssen.

Schauen Sie auf der Eclipse Foundation Site *https://projects.eclipse.org/projects/technology.ogee* nach der letzten verfügbaren Version von Ogee, und installieren Sie diese:

8

1. Starten Sie dazu im Menü über **Help • Install new Software** den Eclipse-Installations-Wizard, und geben Sie unter **Work with** die Update-Site an (in meinem Beispiel *http://download.eclipse.org/ogee/updates2/0.7.0/*) an.
2. Wählen Sie unter **Ogee** den Eintrag **Ogee (Incubation)** aus (siehe Abbildung 8.9), und installieren Sie das Plug-in mithilfe des Assistenten.

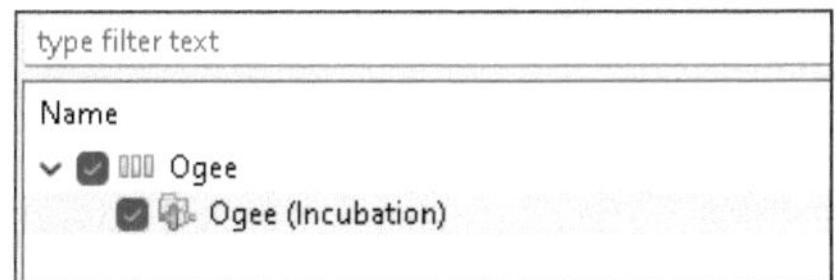

Abbildung 8.9 Ogee in Eclipse installieren

3. Nach dem Neustart von Eclipse finden Sie in der Wizard-Übersicht unter **File • New • Other** einen neuen Eintrag **Ogee • OData Model** (siehe Abbildung 8.10).

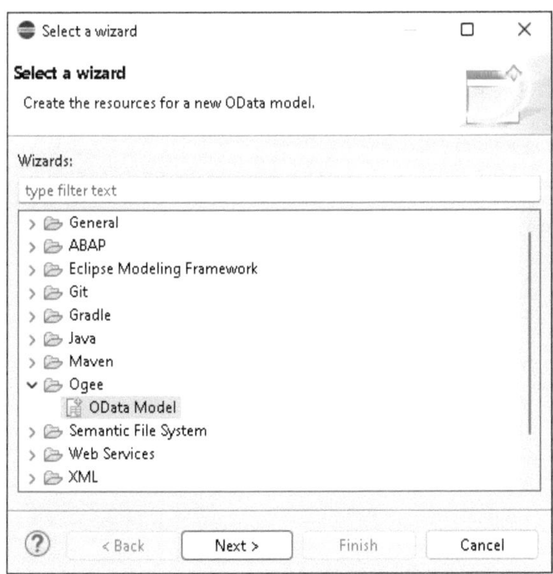

Abbildung 8.10 Ogee in der Wizard-Übersicht

Leider ist Ogee bis heute die einzige mir bekannte (kostenlose) Möglichkeit, Modelle in einer grafischen Oberfläche zu erstellen. Das SAP Business Application Studio bietet lediglich ein Tool, um bereits existierende Datenmodelle zu visualisieren. Zur Visualisierung von Services können Sie im Visual Studio Code bzw. im SAP Business Application Studio den *Service Modeler* nutzen. Der Service ist ein Teil der SAP-Fiori-Tools, die Sie bereits in Kapitel 5, »Erste Schritte in SAPUI5«, installiert haben.

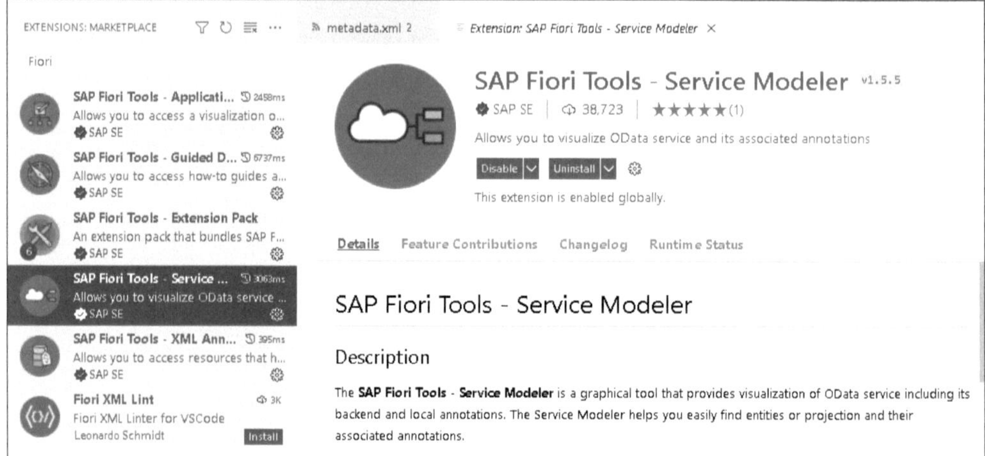

Abbildung 8.11 Service Modeler

Im Folgenden werde ich Ihnen die Servicedefinition in Eclipse demonstrieren, Sie können dieses Beispiel jedoch auch im SAP Business Application Studio oder in VS Code nachvollziehen – als Ergebnis werden Sie immer eine XML-Datei mit der Servicebeschreibung erhalten. Im Gegensatz zu anderen Umgebungen bietet Eclipse jedoch eine grafische Oberfläche, aus diesem Grund bevorzuge ich diese Variante.

1. Legen Sie zuerst das Projekt `zui5.user` mit dem initialen XML-View `Main` an.
2. Innerhalb des Verzeichnisses **webapp** legt das Template bereits ein Verzeichnis **localService** an, das für die **metadaten**-Datei und den Mockserver vorgesehen ist. Innerhalb des Verzeichnisses **localService** möchten wir nun den Service modellieren. Öffnen Sie zunächst das Verzeichnis in Eclipse, wie in Abbildung 8.12 dargestellt.

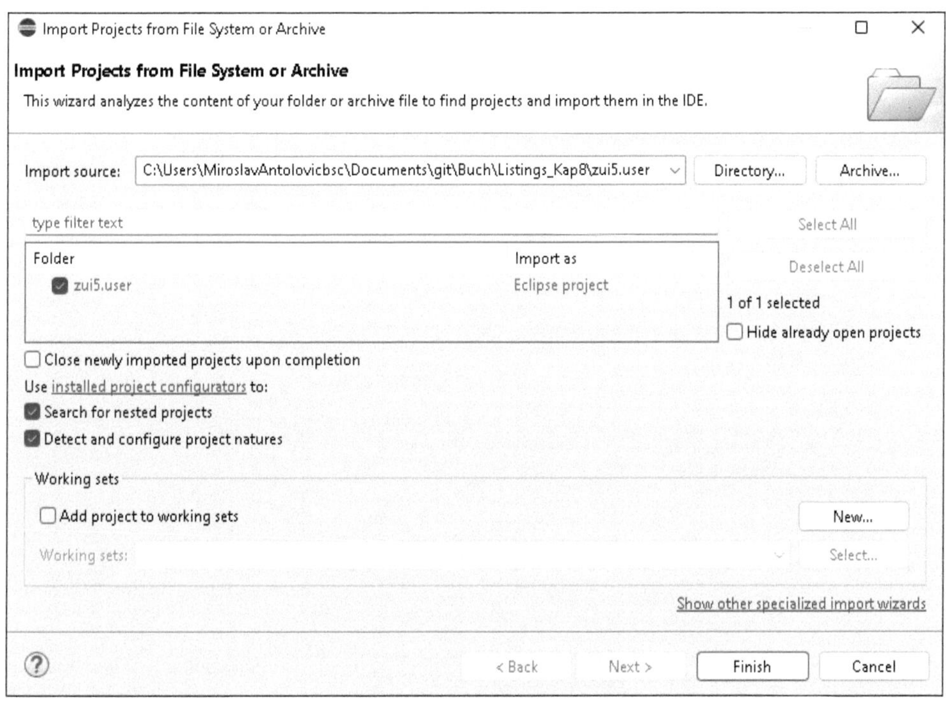

Abbildung 8.12 Verzeichnis in Eclipse öffnen

3. Innerhalb des Verzeichnisses legen Sie eine **metadata**-Datei an. Klicken Sie dazu mit der rechten Maustaste auf dem Verzeichnis, und wählen Sie **New • Other** im Kontextmenü (siehe Abbildung 8.13).

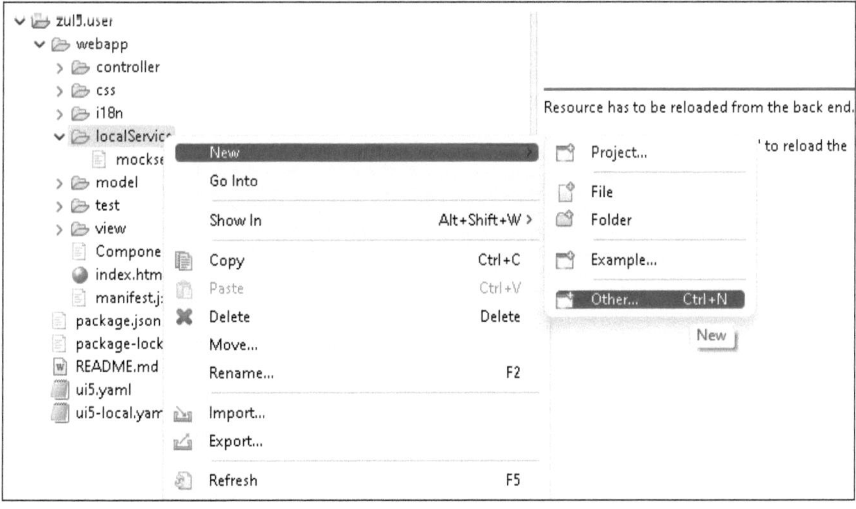

Abbildung 8.13 metadata-Datei anlegen

4. Es öffnet sich der Wizard aus Abbildung 8.10. Wählen Sie dort **Ogee • OData Model** aus, und klicken Sie auf **Next**.
5. Tragen Sie im Folgebild im Feld **Model name** »metadata« ein, und wählen Sie auf der linken Seite **Blank OData Model** aus (siehe Abbildung 8.14).

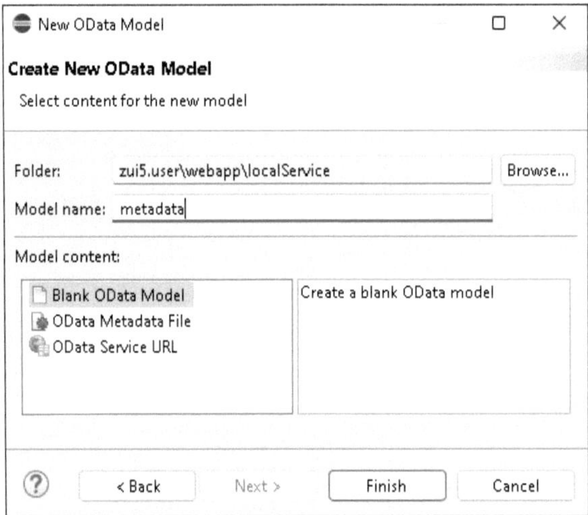

Abbildung 8.14 OData Model anlegen

6. Bestätigen Sie das Fenster mit **Finish**. Die Ogee-Ansicht mit einem Zeichenbereich in der Mitte und einem Werkzeugauswahlbereich auf der rechten Seite öffnet sich (siehe Abbildung 8.15).

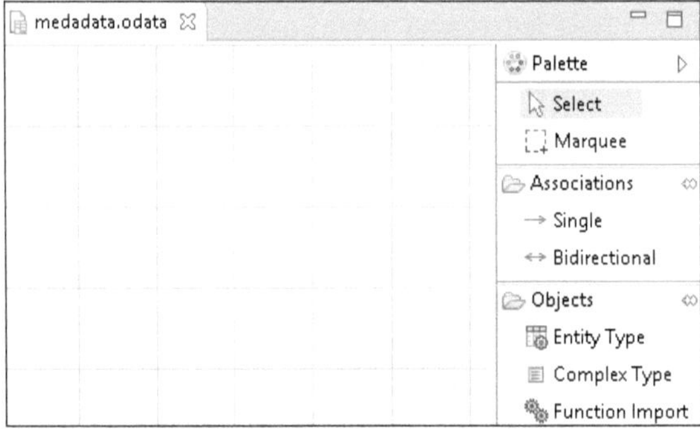

Abbildung 8.15 Servicemodellierung in Eclipse

7. Wählen Sie auf der rechten Seite die benötigten OData-Objekte aus, und ziehen Sie diese per Drag & Drop in den Zeichenbereich. Da wir eine Mitarbeiterdatenbank

modellieren möchten, wählen Sie als Erstes rechts **Entity Type** aus und ziehen das Objekt in den Zeichenbereich. Als Ergebnis erhalten Sie einen Kasten für die Entität, mit einem Bereich für die Properties und einem Bereich mit Navigationseigenschaften (siehe Abbildung 8.16).

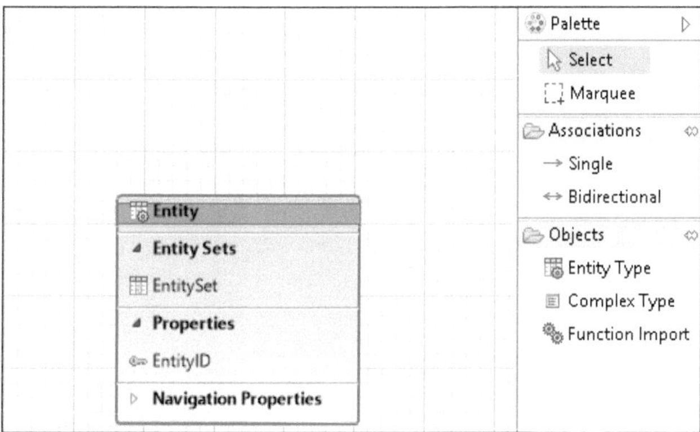

Abbildung 8.16 Entität modellieren

8. Klicken Sie doppelt auf **Entity**, dadurch wird das Feld eingabebereit. Nennen Sie die Entität »User«, und fügen Sie die Properties `UserID` (Schlüssel), `FName` (Vorname), `LName` (Nachname), `Function` (Funktion), `Department` (Abteilung), `Phone` (Telefonnummer) und `Mail` (E-Mail-Adresse) hinzu. Wenn Sie mit der Maus über den Kasten fahren, öffnet sich rechts ein kleines Menü, über das Sie neue Properties hinzufügen können (siehe Abbildung 8.17).

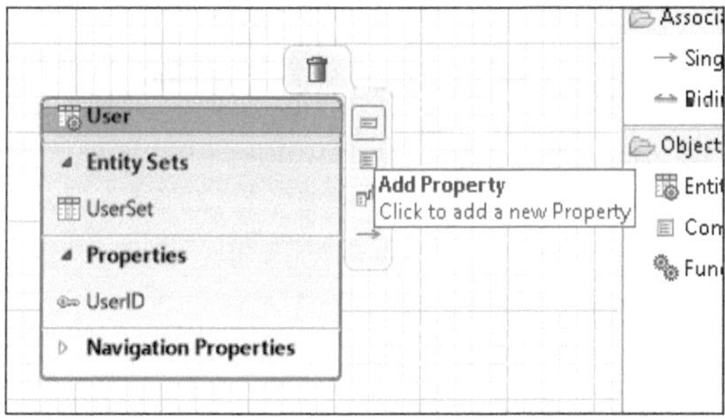

Abbildung 8.17 Properties der Entität hinzufügen

9. Klicken Sie doppelt auf eine Property der Entität, können Sie deren Attribute verändern (z. B. den EDM-Typ ändern). Es öffnet sich die Registerkarte **Properties**, in der Sie z. B. angeben können, ob es sich um ein Schlüsselfeld (**Key**) handelt. Außerdem können Sie hier den Text, den Typ etc. ändern (siehe Abbildung 8.18).

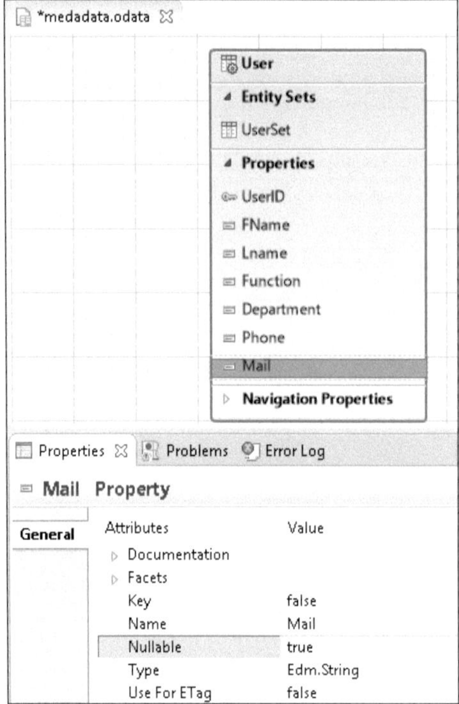

Abbildung 8.18 Eigenschaften verändern

Wenn Sie alle Felder aus Abbildung 8.18 angelegt haben, ist dieser einfache Service fertig. Er hat nur eine Entität, in unserer Beispielanwendung in Kapitel 9, »Beispielentwicklung einer Portalanwendung«, wird der Service deutlich komplexer ausfallen. In der Entwicklungspraxis würden sich an dieser Stelle nun die Wege des Backend- und des Frontend-Entwicklers trennen. Der Frontend-Entwickler würde anhand der Servicedefinition Mockdaten erzeugen (siehe Abschnitt 8.6), und der Backend-Entwickler würde den Gateway-Service implementieren. Da wir beide Schritte in Personalunion durchführen, werden wir zunächst den Backend-Service implementieren und im Anschluss die zugehörige SAPUI5-Anwendung entwickeln.

8.3.2 Service implementieren

Starten Sie den SAP Gateway Service Builder im Backend-System über die Transaktion SEGW. Wählen Sie nun im Menü **Projekt • Anlegen**, und legen Sie das Projekt `ZUI5_USER` an (siehe Abbildung 8.19).

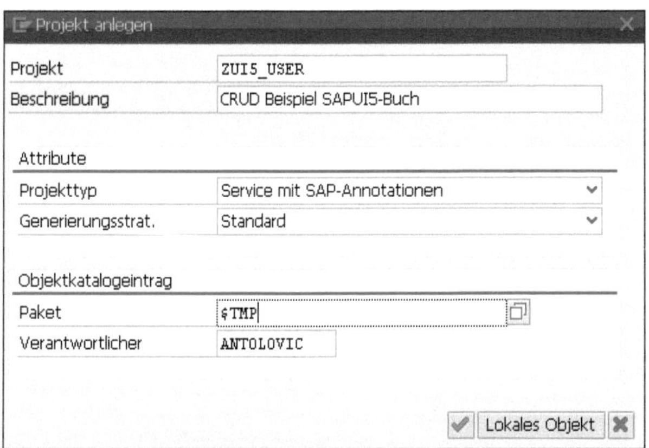

Abbildung 8.19 Projekt anlegen

Der Projekt-Wizard generiert die vier Verzeichnisse **Datenmodell**, **Serviceimplementierung**, **Laufzeitartefakte** und **Serviceverwaltung** (siehe Abbildung 8.20).

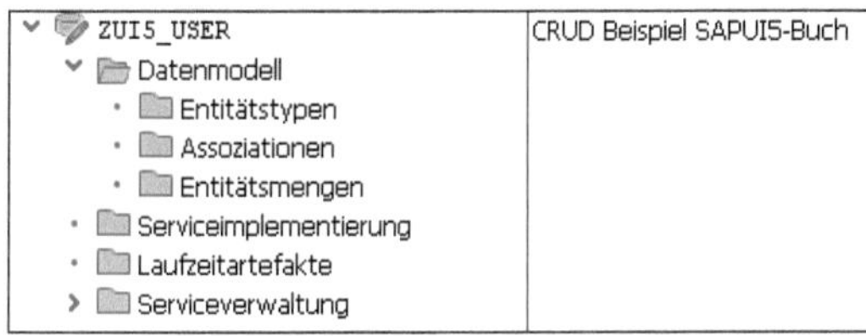

Abbildung 8.20 Verzeichnisstruktur des Projekts

Datenmodell hochladen

Im Verzeichnis **Datenmodell** definieren Sie das Datenmodell des entsprechenden Service. Hier können Sie ein vollständig neues Datenmodell erzeugen, eines hochladen (EDMX-Datei) oder ein Datenmodell anhand einer ABAP-Dictionary-Struktur oder einer RFC-/BOR-Definition erzeugen. Da wir in unserem Beispiel bereits über eine ABAP-Dictionary-Struktur und eine EDMX-Datei verfügen, stelle ich Ihnen diese beiden Möglichkeiten vor.

Zunächst erstellen wir das Datenmodell anhand einer ABAP-Dictionary-Struktur, der transparenten Tabelle ZUI5_USER, die Sie in Abschnitt 8.3.1, »Service definieren«, angelegt haben:

1. Öffnen Sie das Kontextmenü des Datenmodellknotens mit einem Rechtsklick, und wählen Sie **Importieren • DDIC-Struktur**.
2. Geben Sie im darauffolgenden Pop-up-Fenster als **ABAP-Struktur** »ZUI5_USER« an, nennen Sie die Entität »User«, und bestätigen Sie Ihre Eingaben mit **Weiter** (siehe Abbildung 8.21).

Abbildung 8.21 Entitätstyp anlegen

3. Wählen Sie im Folgebild alle Felder außer dem Feld `MANDT` aus, und bestätigen Sie Ihre Auswahl mit **Weiter** (siehe Abbildung 8.22).

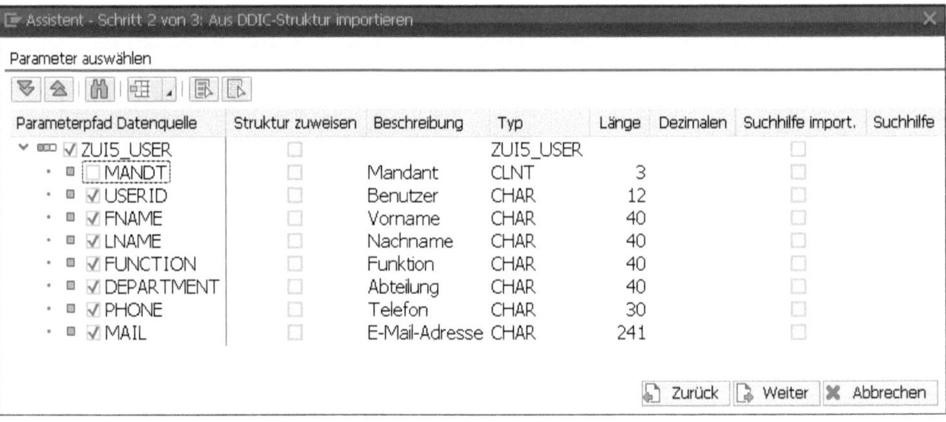

Abbildung 8.22 Feldauswahl

4. Im letzten Schritt können Sie die Schlüsselfelder festlegen und bei Bedarf auch die Feldbezeichner anpassen. Wählen Sie das Feld `USERID` als Schlüssel aus, lassen Sie die Feldbezeichner wie vorgeschlagen, und bestätigen Sie Ihre Eingaben mit **Fertig stellen** (siehe Abbildung 8.23).

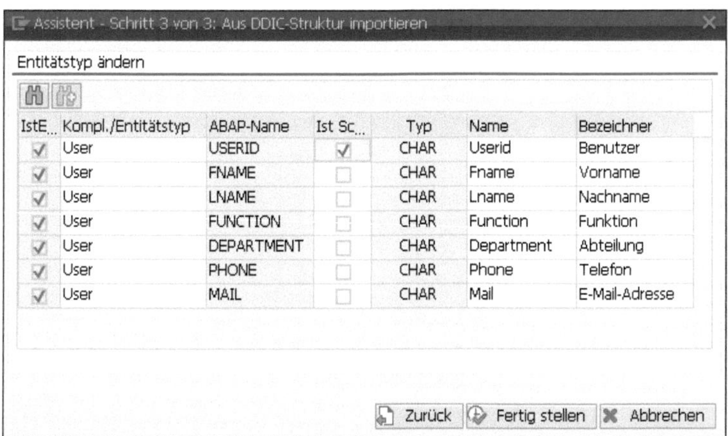

Abbildung 8.23 Definition der Schlüsselfelder

5. Die importierte Struktur wird nun als Entitätstyp in das Datenmodell übernommen, und alle ausgewählten Felder werden als Attribute angezeigt (siehe Abbildung 8.24).

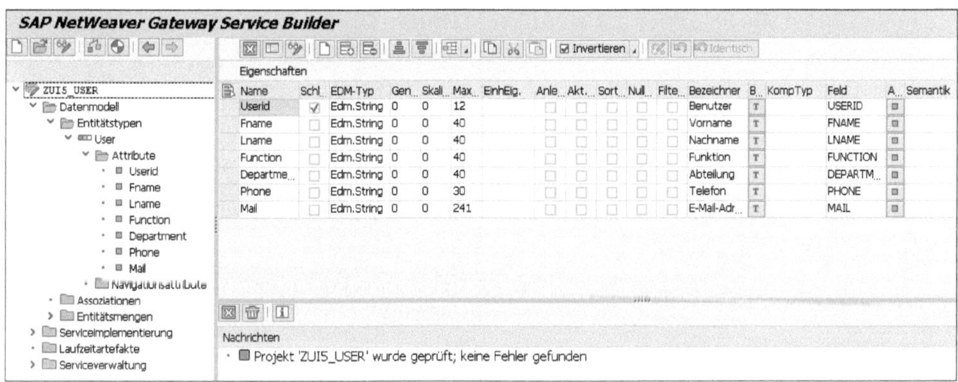

Abbildung 8.24 DDIC-Struktur als Entitätstyp

Da wir den Service bereits modelliert haben, können wir ihn alternativ auch anhand der EDMX-Datei erzeugen. Auch dieses Vorgehen zeige ich Ihnen Schritt für Schritt:

1. Exportieren Sie als Erstes die EDMX-Datei aus Eclipse. Wählen Sie dazu im Kontextmenü der Datei **metadata.odata** den Eintrag **Export** (siehe Abbildung 8.25).

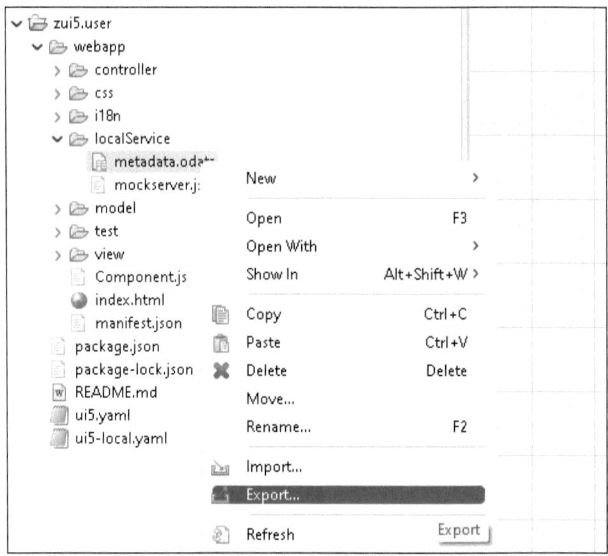

Abbildung 8.25 Model exportieren

2. Wählen Sie im Exportassistenten die Option **OData Model** aus, und klicken Sie auf **Next**.
3. Wählen Sie einen Verzeichnispfad auf Ihrer Festplatte aus, und klicken Sie auf **Finish** (siehe Abbildung 8.26).

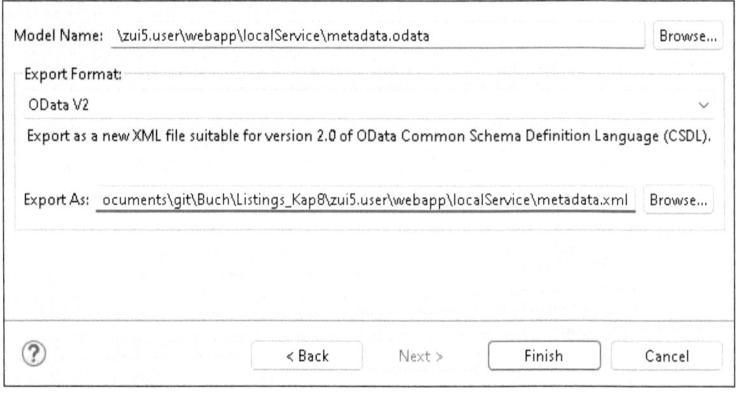

Abbildung 8.26 Verzeichnis auswählen und OData Model exportieren

4. Nun können Sie die Datei in den SAP Gateway Service Builder importieren. Legen Sie dazu das zweite Gateway-Projekt `ZUI5_USER_EDM` an. Öffnen Sie das Kontextmenü des Verzeichnisses **Datenmodell** über einen Rechtsklick, und klicken Sie auf **Importieren • Datenmodell aus Datei**.

5. Wählen Sie im Pop-up-Fenster aus Abbildung 8.27 die im Fenster aus Abbildung 8.26 erstellte XML-Datei aus, und klicken Sie auf **Weiter**.

Abbildung 8.27 XML-Datei hochladen

6. Der SAP Gateway Service Builder liest nun die XML-Datei ein und zeigt Ihnen die eingelesenen Entitäten etc. an. Durch den Klick auf **Fertig stellen** wird das Datenmodell angelegt (siehe Abbildung 8.28).

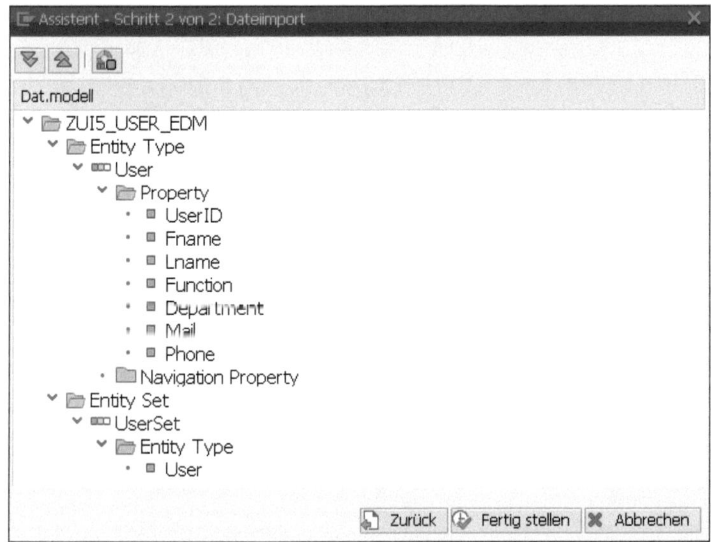

Abbildung 8.28 Importiertes Datenmodell

Vielleicht fragen Sie sich an dieser Stelle, was Sie durch den Import des Datenmodells gewonnen haben, denn im nächsten Schritt müssen Sie doch wieder eine Datenbanktabelle anlegen, um die Datensätze persistent ablegen zu können. Der Import hat den Vorteil, dass Sie wissen, welche Tabellen bzw. Strukturen Sie anlegen müssen, und dass der Frontend-Entwickler bereits jetzt mit seiner Implementierung beginnen kann. In der Entwicklungspraxis werden die Datenmodelle von einem Berater oder Architekt in Zusammenarbeit mit dem Fachbereich erstellt. Als Teil dieser Spezifikation erhalten Sie eine EDMX-Datei und wissen als ABAP-Entwickler sofort, welche Daten benötigt werden, welche Navigationspfade es gibt usw.

Im Folgenden arbeiten wir mit dem Gateway-Projekt `ZUI5_USER` weiter, die Schritte sind aber die gleichen, wenn Sie das Datenmodell als EDMX-Datei importiert haben. Lediglich die Kurztexte müssen Sie in diesem Fall nachpflegen, bei dem ABAP-Dictionary-Modell werden sie aus dem ABAP Dictionary übernommen.

Datenmodell bearbeiten

Klicken Sie doppelt auf das Verzeichnis **Attribute** unterhalb der angelegten Entität. In dieser Sicht können Sie die Eigenschaften der einzelnen Felder in diesem Service festlegen. Neben den Bezeichnern können Sie hier pro Feld festlegen, ob das Feld anlegbar, aktualisierbar, sortierbar oder filterbar sein soll bzw. ob für dieses Feld Nullwerte möglich sein sollen (siehe Abbildung 8.29). Besonders praktisch ist dabei der Button **Invert**. Wird eine Spalte markiert, ändert dieser Button die Eigenschaften aller Felder; dies ist besonders bei großen Strukturen sehr hilfreich.

Invert | Identical

Properties

Name	Key	Edm Core Type	Prec.	Scale	Max...	Unit Property Name	Crea...	Upd...	Sort...	Null...	Filt.	Label	L...
Userid	✓	Edm.String	0	0	12		✓		✓		✓	User	T
Fname		Edm.String	0	0	40		✓	✓	✓		✓	Vorname	T
Lname		Edm.String	0	0	40		✓	✓	✓		✓	Nachname	T
Function		Edm.String	0	0	40		✓	✓		✓		Funktion	T
Department		Edm.String	0	0	40		✓	✓		✓		Abteilung	T
Phone		Edm.String	0	0	30		✓	✓		✓		Telefon	T
Mail		Edm.String	0	0	241		✓	✓		✓		Email	T

Abbildung 8.29 Eigenschaften pro Feld ändern

Wir möchten in diesem Beispiel alle Felder als **Anlegbar** definieren, außerdem sollen alle Felder außer `Userid` **Aktualisierbar** sein, die Felder `Userid`, `Fname` und `Lname` sollen **Sortierbar** und **Filterbar** sein, und bei den Feldern `Function`, `Department`, `Phone` und `Mail` sollen **Nullwerte möglich** sein.

Feldattribute wichtig für Smart Controls

Warum sind diese Einstellungen so wichtig? Die sogenannten *Smart Controls* (siehe Abschnitt 8.5) generieren Ihre Einstellungen und gebotenen Funktionen anhand dieser Definition. Wenn Sie z. B. in der Servicedefinition angeben, dass die Spalte `Fname` filterbar sein soll, Sie den Filter aber nicht implementieren, wird das Smart Control an dieser Stelle nicht richtig funktionieren.

Als Nächstes müssen Sie die Entitätsmenge definieren (siehe auch Abschnitt 8.1, »Open Data Protocol«). Klicken Sie dazu im Navigationsbaum auf der linken Seite auf die generierte Entitätsmenge `UserSet`. Daraufhin wird Ihnen im rechten Bildbereich die Entitätsmenge mit ihren Attributen angezeigt. Auch in dieser Sicht können Sie per Checkboxauswahl definieren, ob die Entitätsmenge (also Instanz) **Anlegbar**, **Aktualisierbar** usw. sein soll. Setzen Sie in unserem Beispiel die Häkchen bei **Anlegbar**, **Aktualisierbar**, **Löschbar**, **Paginierbar** und **Adressierbar**, wie in Abbildung 8.30 gezeigt.

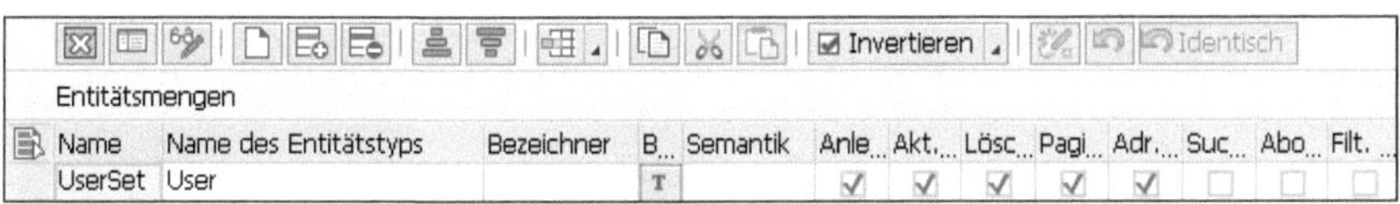

Abbildung 8.30 Entitätsmenge definieren

Nun können Sie den Service generieren. Folgen Sie hierzu dem Menüpfad **Projekt • generieren**.

Der SAP Gateway Service Builder schlägt Ihnen bereits die Namen für die zu generierenden Klassen und den Service vor (siehe Abbildung 8.31). Sie haben hier die Möglichkeit, die Objekte gemäß den Namenskonventionen in Ihrem Unternehmen umzubenennen. Für unser einfaches Beispiel belassen wir es bei den Namensvorschlägen und bestätigen diese mit **Weiter**. Wählen Sie im darauffolgenden Pop-up-Fenster als Objektkatalogeintrag **Lokales Objekt**.

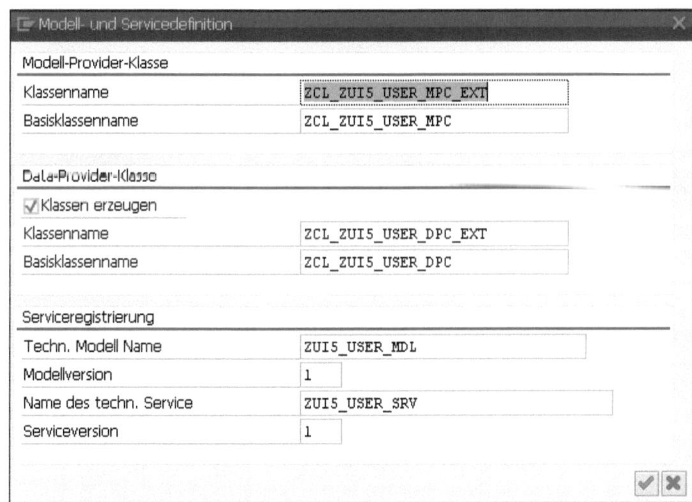

Abbildung 8.31 Modell und Service generieren

Nach der Generierung der Laufzeitobjekte wird Ihnen im SAP Gateway Service Builder ein Protokoll angezeigt. In den Verzeichnissen **Serviceimplementierung** und **Laufzeitartefakte** finden Sie die CRUD-Methoden bzw. die zugehörigen Klassenimplementierungen (siehe Abbildung 8.32).

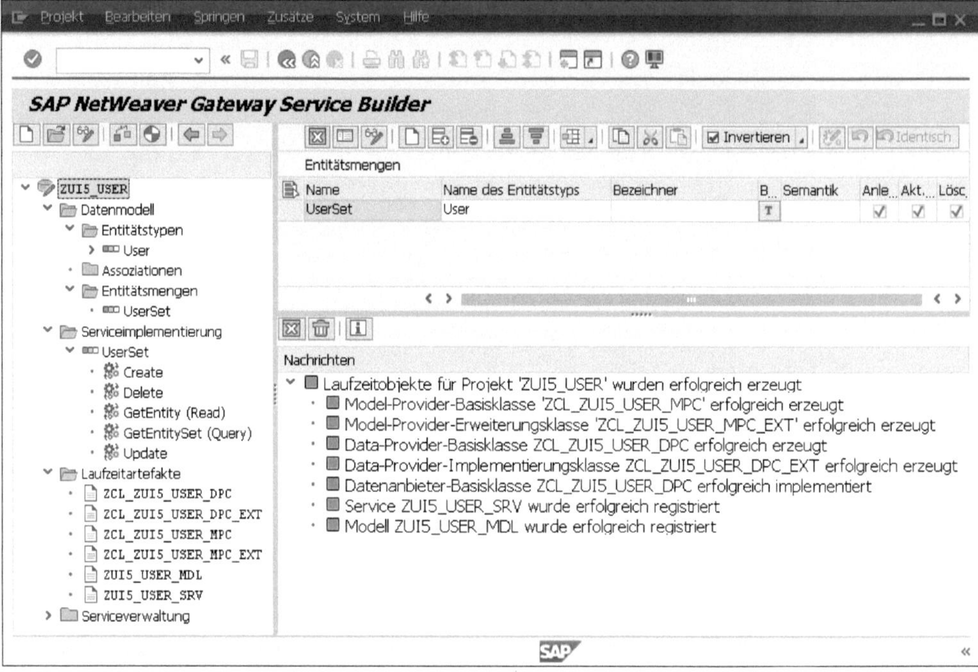

Abbildung 8.32 Generierte Laufzeitobjekte

Der SAP Gateway Service Builder erzeugt vier Klassen:

- `..._MPC`
  Die Model-Provider-Klasse enthält die Methoden der Model-Definition.
- `..._MPC_EXT`
  Diese Klasse leitet sich von der MPC-Klasse ab. Sobald Sie den Service ändern und neu generieren, wird die MPC-Klasse überschrieben, und alle Ihre Änderungen wären damit verloren. Die Änderungen in der `MPC_EXT`-Klasse bleiben dagegen erhalten.
- `..._DPC`
  Die Data Provider Class enthält unter anderem die Methoden für die CRUD-Methoden.
- `..._DPC_EXT`
  Auch von der DPC-Klasse gibt es eine direkte Ableitung. Sie sollten immer die `DPC_EXT`-Klasse implementieren, da die DPC-Klasse bei einer Neugenerierung des Service ohne Warnung vollständig überschrieben wird.

Nachdem die Servicedefinition abgeschlossen ist, müssen Sie die einzelnen CRUD-Methoden implementieren. Dazu können Sie in der Transaktion SEGW unter **Serviceimplementierung • UserSet • Create** das Kontextmenü öffnen und in den Class Builder der ABAP Workbench wechseln (siehe Abbildung 8.33).

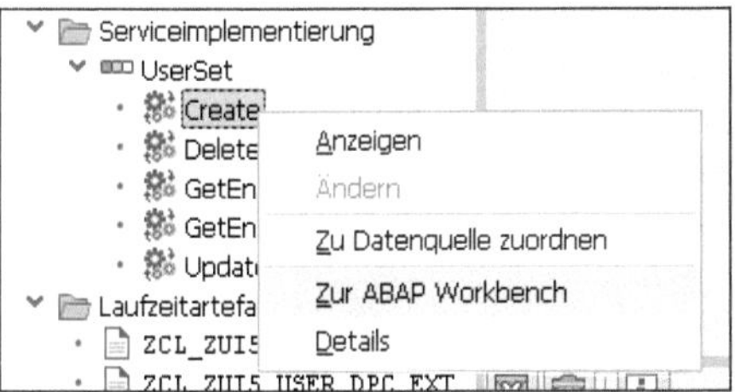

Abbildung 8.33 In die ABAP Workbench wechseln

Der SAP Gateway Service Builder springt direkt in die entsprechende DPC_EXT-Klasse ab, in der Sie die CRUD-Methoden redefinieren und ausimplementieren können (siehe Abbildung 8.34).

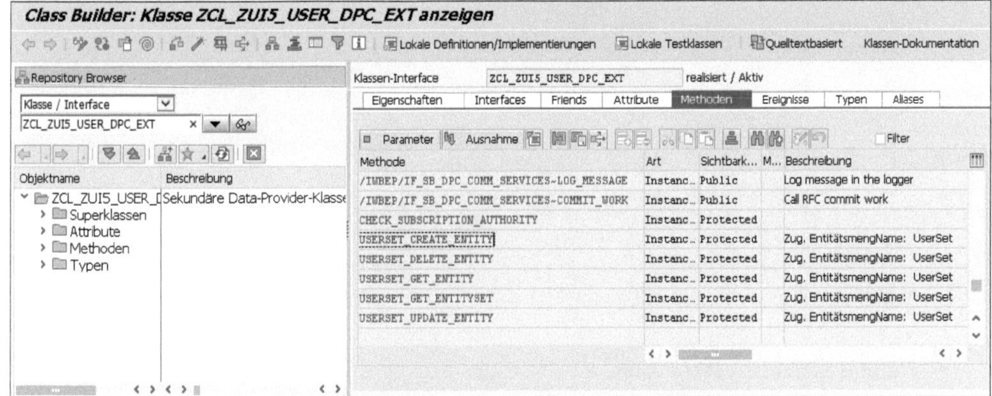

Abbildung 8.34 Class Builder zur Implementierung der DPC_EXT-Klasse

Wechseln Sie in den Änderungsmodus, markieren Sie die Methode USERSET_CREATE_ENTITY, und klicken Sie auf den Button **Redefinieren** (). Implementieren Sie anschließend nach der Methode USERSET_CREATE_ENTITY auch die Methoden USERSET_DELETE_ENTITY, USERSET_GET_ENTITY, USERSET_GET_ENTITYSET und USERSET_UPDATE_ENTITY.

[!]

Vollständige Methodenimplementierung

Da wir uns in diesem Buch auf die Frontend-Entwicklung mit SAPUI5 konzentrieren, verzichte ich darauf, Ihnen die Implementierung der ABAP-Methoden hier im Detail vorzustellen. Sollten Sie sich unsicher sein, finden Sie eine Erläuterung der grundlegenden Implementierung zum Herunterladen im Download-Bereich zu diesem Buch unter *www.sap-press.de/5501*. In der Entwicklungspraxis sollten Sie bei der Implementierung der ABAP-Methoden zusätzlich auf die Fehlerbehandlung, die Prüfung der übergebenen Daten etc. achten.

8.3.3 Service aktivieren

Nach der erfolgreichen Generierung der Laufzeitobjekte können Sie den Service aktivieren und testen. Diese Aufgaben erledigen Sie wieder im Central-Hub-System. Starten Sie hierzu im Central-Hub-System die Transaktion /IWFND/MAINT_SERVICE. In dieser Transaktion sehen Sie die bereits erstellten Services. Fügen Sie den soeben erstellten Service über den Button **Add Service** hinzu (siehe Abbildung 8.35).

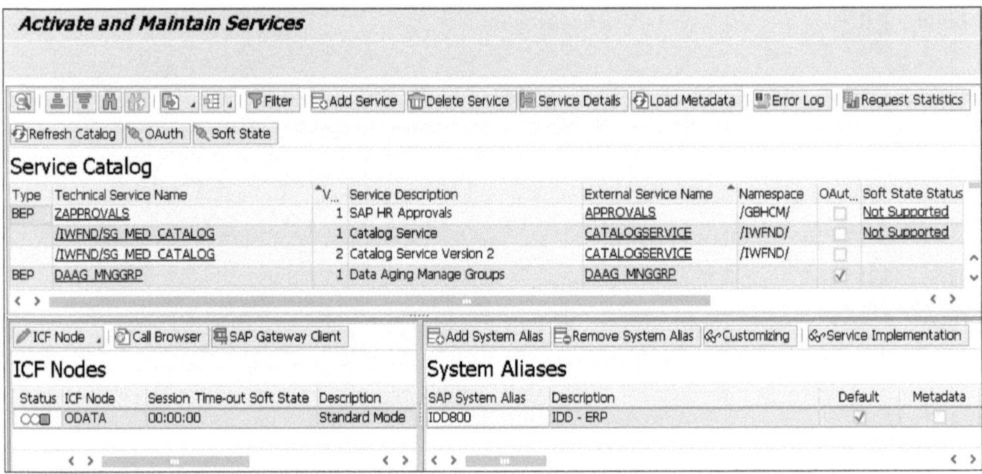

Abbildung 8.35 Servicekatalog

Wählen Sie den **System Alias**, wie im Customizing definiert, und den soeben erstellten Service ZUI5_USER_SRV aus, und drücken Sie die [↵]-Taste (siehe Abbildung 8.36).

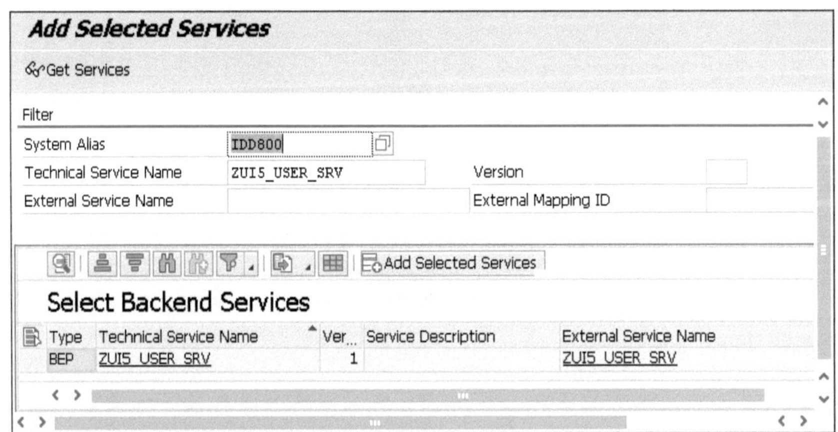

Abbildung 8.36 Service dem Servicekatalog hinzufügen

Im unteren Teil des Bildes wird Ihnen der Service angezeigt. Mit einem Klick auf den technischen Servicenamen öffnet sich ein Pop-up-Fenster mit Detailinformationen zu diesem Service (siehe Abbildung 8.37). Nehmen Sie alle Einstellungen gemäß Abbildung 8.37 vor, und bestätigen Sie Ihre Auswahl mit der [↵]-Taste.

Add Service

Service

Technical Service Name	ZUI5_USER_SRV
Service Version	1
Description	
External Service Name	ZUI5_USER_SRV
Namespace	
External Mapping ID	
External Data Source Type	C

Model

Technical Model Name	ZUI5_USER_MDL
Model Version	1

Creation Information

Package Assignment	$TMP
	Local Object

ICF Node

(•) Standard Mode ( ) None

[✓] Set Current Client as Default Client in ICF Node

OAuth enablement

[ ] Enable OAuth for Service

Abbildung 8.37 Detailinformationen zum Service

Im unteren Teil des Bildes können Sie nun z. B. den ICF-Knoten für Ihren Service über **ICF Node • Activate** aktivieren oder den SAP-Gateway-Client gezielt für diesen Service aufrufen (siehe Abbildung 8.38).

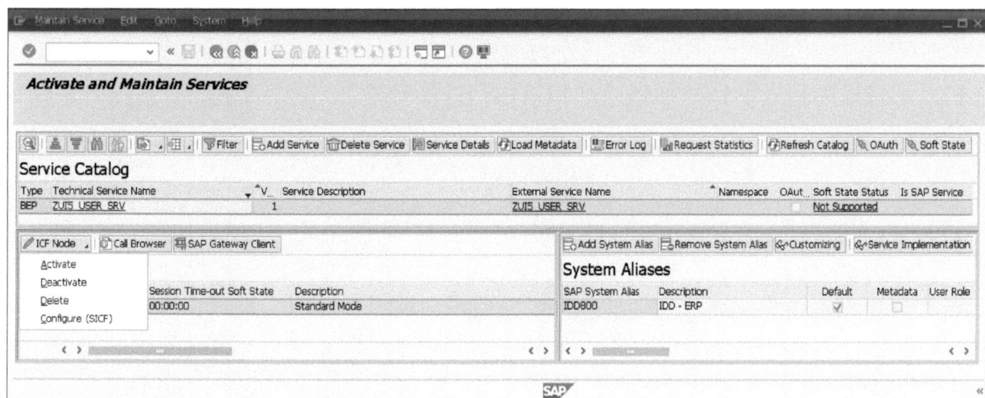

Abbildung 8.38 ICF-Knoten aktivieren

Nach außen hin wird ein OData-Service genau wie der in Abschnitt 7.6, »Kommunikation mit dem SAP-Backend«, angelegte Knoten als ICF-Knoten repräsentiert. In der Transaktion SICF finden Sie den aktiven Service ZUI5_USER_SRV unter dem Pfad **sap • opu • odata • sap**, wie es Abbildung 8.39 zeigt.

Virtuelle Hosts / Services	Documentation	Referenz Service
˅ default_host	VIRTUAL DEFAULT HOST	
˅ sap	SAP NAMESPACE; SAP IS OBLIGED NOT TO DELI...	
› bc	BASIS TREE (BASIS FUNCTIONS)	
˅ opu	OData for SAP Products	
˅ odata	Standard Mode	
˅ sap	Namespace	
· zui5_user_srv	ZUI5_USER_SRV	

Abbildung 8.39 ICF-Service

8.3.4 Service testen

Nachdem Sie den Service aktiviert haben, können Sie ihn über den Button **SAP Gateway Client** bzw. die Transaktion /IWFND/GW_CLIENT testen. Wenn Sie z. B. den URL-Zusatz **$metadata** aufrufen, wird Ihnen das Servicedokument angezeigt, und Sie finden auch die SAP-Annotationen unter dem Namensraum **sap** wieder (siehe Abbildung 8.40).

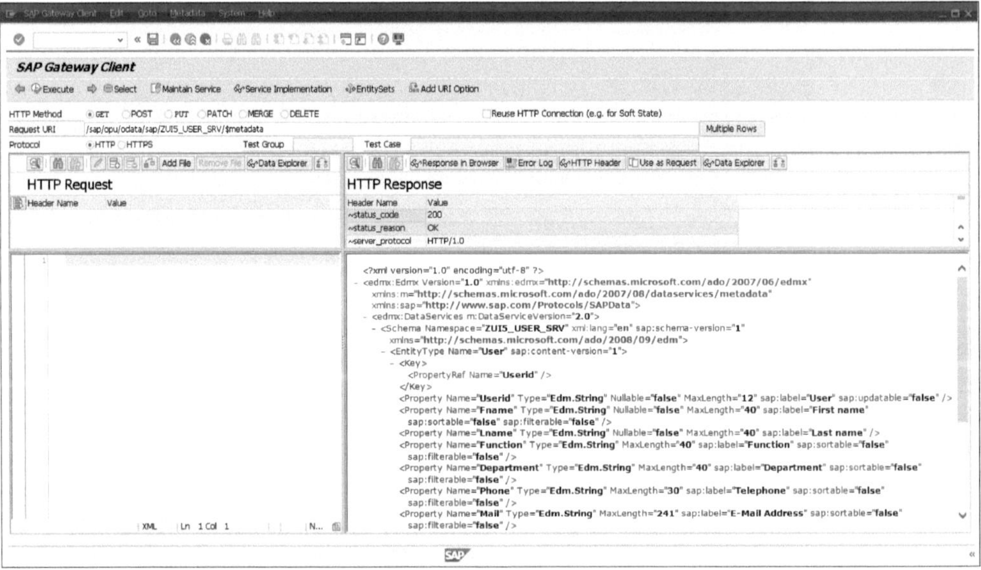

Abbildung 8.40 Servicedokument

Rufen Sie die URL mit dem Zusatz **$metadata?sap-documentation=all** auf, damit Sie die vollständigen SAP-Annotationen sehen können (siehe Abbildung 8.41).

```
▼<EntityType Name="User" sap:content-version="1">
  ▼<Key>
     <PropertyRef Name="Userid"/>
   </Key>
   <Property Name="Userid" Type="Edm.String" Nullable="false" MaxLength="12" sap:label="User" sap:heading="User Name" sap:quickinfo="User Name
    in User Master Record" sap:updatable="false"/>
  ▼<Property Name="Fname" Type="Edm.String" Nullable="false" MaxLength="40" sap:label="First name" sap:sortable="false" sap:filterable="false">
    ▼<Documentation>
       <Summary>First name of a natural person</Summary>
       <LongDescription/>
     </Documentation>
   </Property>
  ▼<Property Name="Lname" Type="Edm.String" Nullable="false" MaxLength="40" sap:label="Last name">
    ▼<Documentation>
       <Summary>Surname of a natural person</Summary>
       <LongDescription/>
     </Documentation>
   </Property>
  ▼<Property Name="Function" Type="Edm.String" MaxLength="40" sap:label="Function" sap:sortable="false" sap:filterable="false">
    ▼<Documentation>
      ▼<Summary>
         Function of a person, e.g. as contact person in a company.
       </Summary>
      ▼<LongDescription>
         In anglo-saxon countries this is often part of the formatted address (e.g. in an address window).
       </LongDescription>
     </Documentation>
   </Property>
```


Abbildung 8.41 SAP-Annotationen

8

Die Informationen, ob eine Spalte sortierbar, änderbar usw. ist, werden Ihnen bereits in der Servicebeschreibung mit gesendet. Des Weiteren werden Ihnen auch die Texte (z. B. Label und Quickinfo) übermittelt. Sie können sich nun sicher vorstellen, dass sich diese Annotationen in SAPUI5 gut verwenden lassen, um z. B. ein Control über ein Binding zu beschriften oder anhand der Servicebeschreibung zu entscheiden, ob für eine Spalte ein Filter angeboten werden soll. Die neuere Generation der UI-Controls, die *Smart Controls*, erledigen diese Aufgabe für Sie bereits vollautomatisch (siehe Abschnitt 8.5). Die *SAP Fiori Elements* gehen hier sogar noch ein Stück weiter. Anhand der hinterlegten Annotationen im Core Data Services View (CDS View) wird die komplette App generiert.

Den URL-Zusatz nach dem Fragezeichen bezeichnet man als die *Query-Optionen*. Diese können Sie ebenfalls direkt beim Binding angeben, wie es Listing 8.1 zeigt.

```
oControl.bindElement(
  "/<ENTITY_TYPE>" {
    expand: "NAVIGATION_PROPERTY",
    select: "Property_1, Property_2..."
});
oTable.bindRows({
  path: "/<NAVIGATION_PROPERTY>",
  parameters:
    { select: " Property_1, Property_2..." }
});
```

Listing 8.1 OData Binding in SAPUI5

Zum Testen des Service im SAP-Gateway-Client können Sie auch Datensätze anlegen, löschen und verändern.

Am einfachsten lässt sich die Leseoperation testen. Ergänzen Sie dazu die URL um eine Entitätsmenge, z. B. *UserSet*, und klicken Sie auf **Execute** (). Ich persönlich finde die Anzeige im JSON-Format etwas leichter zu lesen, weshalb ich immer noch den Zusatz *$format=JSON* verwende. Wenn Sie nun die URL */sap/opu/odata/sap/ZUI5_USER_SRV/UserSet?$format=json* aufrufen, werden Ihnen alle Datensätze als HTTP-Response im JSON-Format angezeigt (siehe Abbildung 8.42).

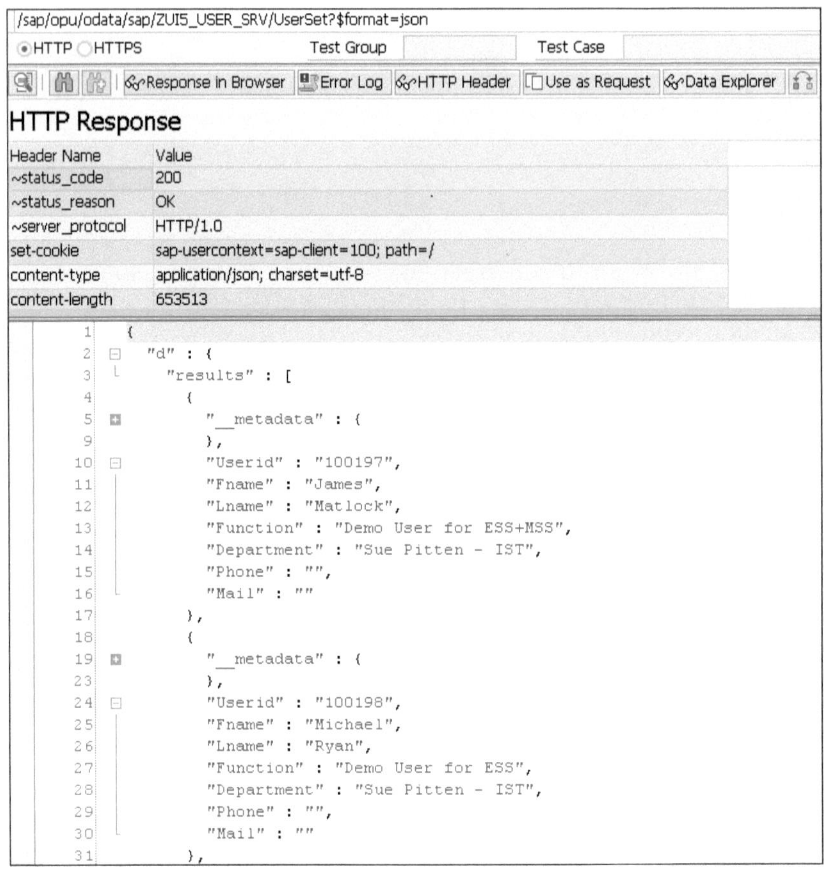

Abbildung 8.42 Anzeige einer Entitätsmenge testen

Sie können auch einen externen Breakpoint in den CRUD-Operationen setzen und sich die übergebenen Daten aus der Schnittstelle ansehen. So bekommen Sie am schnellsten ein Gefühl für die Funktionsweise von SAP Gateway.

Es kann an dieser Stelle natürlich vorkommen, dass Ihnen im ersten Anlauf nicht das erwartete Ergebnis angezeigt wird. Im Fehlerfall ist die erste Anlaufstelle der Servicekatalog, den Abbildung 8.43 zeigt. Dort können Sie sich über den Button **Fehlerprotokoll** zu jedem Service das Fehlerprotokoll anzeigen lassen.

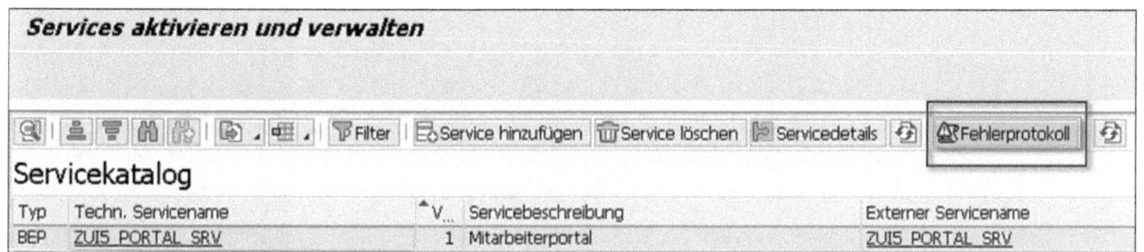

Abbildung 8.43 Fehlerprotokoll

In der aktuellen Version werden die Fehler leider nicht direkt angezeigt, sondern Sie müssen zuerst die Fehlerprotokolleinträge über den Button **Neu auswählen** auf **Standardeinst.: Nur heute, alle Benutz.** stellen. Im Beispiel aus Abbildung 8.44 habe ich zuvor in der Attributdefinition des Service den Haken bei **Nullwerte möglich** entfernt und einen Datensatz in der Datenbank dahingehend manipuliert, dass ich das Datum aus dem Feld DUE_DATE gelöscht habe. Diesen Fehler können Sie anhand des Fehlerprotokolls sehr einfach nachvollziehen und beheben. Im Fehlerprotokoll wird Ihnen sogar angezeigt, dass der Fehler im Datensatz der Zeile 6 aufgetreten ist.

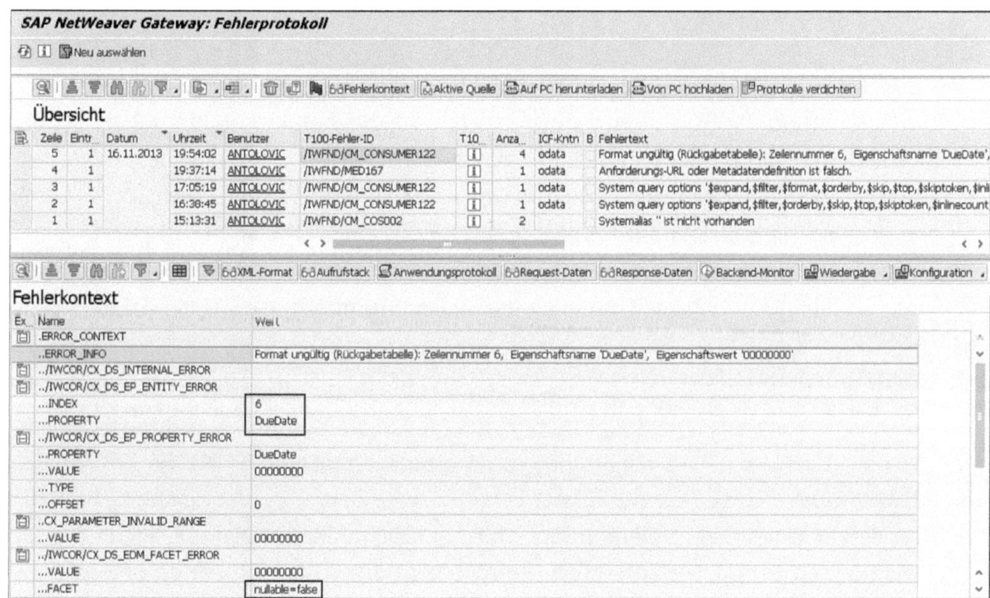

Abbildung 8.44 Fehlerprotokoll

8.4 OData-Service konsumieren

Wie Sie bereits in Abschnitt 6.2.4, »OData Model«, gelernt haben, werden in SAPUI5 mittlerweile drei Versionen des OData Models unterstützt. Tabelle 8.2 stellt die wesentlichen Unterschiede zwischen den Funktionen der beiden Versionen einander gegenüber.

Funktion	V4-Model	V2-Model	V1-Model
JSON-Format	ja (Standard)	ja (Standard)	ja
XML-Format	ja	ja	ja (Standard)
Two-Way-Datenbindung	ja, für Properties	ja, für Properties	nein, nur experimentell
clientseitiges Sortieren/Filtern	ja	ja	nein
`$batch`	ja	ja	nur manuell
Instanzerzeugung	`sap.ui.model.odata.v4.ODataModel`	`sap.ui.model.odata.v2.ODataModel`	`sap.ui.model.odata.ODataModel`

Tabelle 8.2 Gegenüberstellung von V1, V2 und V4 des OData Models

Der Unterschied zwischen den Versionen V2 und V4 ist mehr technischer Natur, V4 implementiert die OData-Syntax in der Version 4, die Interaktion mit SAPUI5 ist aber in beiden Versionen sehr ähnlich. V4 zeichnet sich jedoch durch eine bessere Performance und eine erweiterte Unterstützung von Datentypen und Filtern aus. V1 spielt in der SAPUI5-Entwicklung hingegen keine Rolle mehr. Je nach Konfiguration des Backends erhalten Sie einen OData-Service in der Version V2 oder V4, dementsprechend wählen Sie also auch das analoge Model in Ihrer App aus.

Die grundsätzliche Verarbeitung eines OData-Service in SAPUI5 erfolgt analog zum XML oder JSON Model: Zunächst erzeugen Sie eine Instanz des Objekts `v2.ODataModel` bzw. `v4.ODataModel`. Der Model-Instanz übergeben Sie die URL zu Ihrem OData-Service als Parameter. Das Data Binding funktioniert analog zum JSON oder XML Model. Das Besondere am OData Model ist, dass die CRUD-Operationen und Query-Parameter bereits im Model implementiert sind. Ich möchte Ihnen an dieser Stelle nur die wichtigsten Parameter vorstellen. Eine vollständige Übersicht finden Sie wie gewohnt in der API-Referenz unter *https://sapui5.hana.ondemand.com/sdk*.

8.4.1 Datenbindung

Tabelle 8.3 gibt Ihnen eine Übersicht der verschiedenen Datenbindungstypen für das OData Model.

Daneben sind auch die in Abschnitt 6.3, »Datenbindungstypen«, beschriebenen Sonderformen möglich. Konsumieren Sie nun den OData-Service, den wir in Abschnitt

8.3, »OData-Service implementieren«, angelegt haben, in unserer Anwendung und zeigen ihn an. Dazu erweitern Sie das Projekt ZUI5_USER.

Binding	Pfad im Model
Aggregation Binding	*/<EntitySet>*
Element Binding	*/<EntitySet(<Schlüssel>=<Wert>)*
Property Binding	*/<EntitySet>/<Property>*

Tabelle 8.3 Übersicht der Datenbindungstypen für das OData Model

Öffnen Sie im ersten Schritt die Datei **manifest.json**, und erzeugen Sie nach dem bekannten Muster eine Instanz des Models – jedoch mit dem Unterschied, dass Sie diesmal kein JSON Model, sondern ein OData Model definieren (siehe Listing 8.2).

```
    "dataSources": {
      "data": {
        "uri": "/sap/opu/odata/sap/ZUI5_USER_SRV/",
        "type": "OData"
      }
    }
[...]
    "models": {
      "i18n": {
        "type": "sap.ui.model.resource.ResourceModel",
        "settings": {
          "bundleName": "zui5.user.i18n.i18n"
        }
      },
      "": {
        "type": "sap.ui.model.odata.v2.ODataModel",
        "dataSource": "data"
      }
    },
```

Listing 8.2 OData Model in der Datei »manifest.json«

Damit das Beispiel funktioniert, müssen Sie analog zum zui5.json.sap-Beispiel aus Abschnitt 7.6, »Kommunikation mit dem SAP-Backend«, den Proxy in der **ui5.yaml**-Datei konfigurieren (siehe Listing 8.3).

```
server:
  customMiddleware:
  - name: fiori-tools-proxy
```

```
  afterMiddleware: compression
  configuration:
    ignoreCertError: false
    backend:
    - path: /sap/opu/odata
      url: http://<server>:<port>
```

Listing 8.3 Proxy-Konfiguration in der Datei »ui5.yaml«

Im View implementieren wir ein `sap.m.Table`-Control, an das wir die Informationen aus dem Service binden. Richten Sie Ihr Augenmerk dabei besonders auf die beiden Tabellenparameter `growing` und `growingScrollToLoad`. Diese sorgen dafür, dass nur eine bestimmte Anzahl an Einträgen (im Standard 20) vom Backend gelesen werden. Wenn Sie dann nach unten scrollen, werden die nächsten 20 Einträge gelesen usw. Durch diese zwei Parameter implementieren Sie also das *Paging*, das im OData-Service über die beiden Query-Optionen `$top` und `$skip` implementiert wird. Um das Paging zu implementieren, genügt es, diese Parameter zu setzen – den Rest erledigt das SAPUI5-Framework für Sie (siehe Listing 8.4). Das Ergebnis werden wir uns in den Entwicklertools ansehen.

```
<Page title="Mitarbeiterdatenbank">
  <content>
    <Table id="userTable"
           items="{ path: '/UserSet'}"
           growing="true"
           growingScrollToLoad="true">
      <columns>
        <Column>
          <Text text="User ID" />
        </Column>
        <Column>
          <Text text="First Name" />
        </Column>
[..., Ergänzen Sie die Spalten Nachname, Funktion,
Abteilung, Telefon und E-Mail in gleicher Weise]
      </columns>
      <items>
        <ColumnListItem>
          <cells>
            <Text text="{Userid}" />
            <Text text="{Fname}" />
            <Text text="{Lname}" />
            <Text text="{Function}" />
            <Text text="{Department}" />
```

```
            <Text text="{Phone}" />
            <Text text="{Mail}" />
          </cells>
        </ColumnListItem>
      </items>
    </Table>
  </content>
</Page>
```

Listing 8.4 View mit Tabellenanzeige

Wenn Sie das Beispiel nun ausführen, werden die Daten aus unserer Kundentabelle eingelesen und angezeigt. Öffnen Sie die Entwicklertools Ihres Browsers, und betrachten Sie die Registerkarte **Network**. Wenn Sie den Request markieren, sehen Sie unter **Request Payload** den eigentlichen Aufruf (siehe Abbildung 8.45).

Hier erkennen Sie die Auswirkungen der Paging-Parameter `growing` und `growingScrollToLoad`. Da wir den Parameter `growingThreshold` (Anzahl der Einträge) nicht gepflegt haben, wird der Standardwert 20 angenommen (siehe API-Referenz).

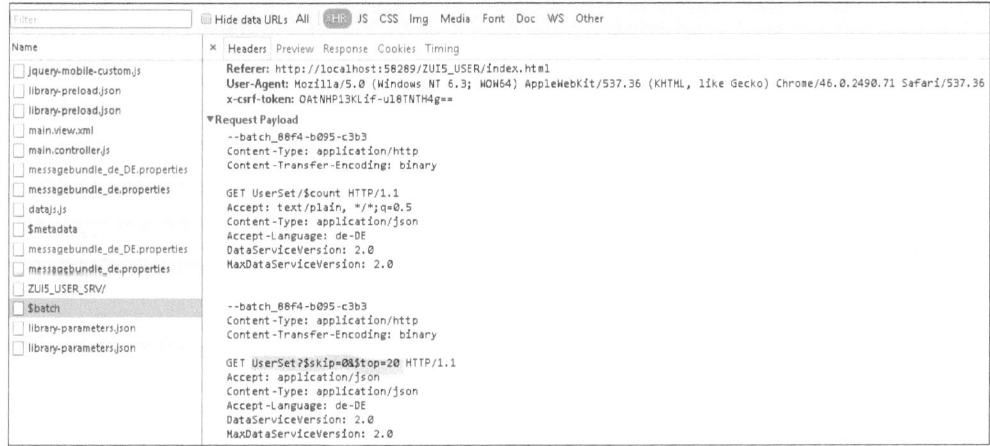

Abbildung 8.45 HTTP-Request im OData-Service

Das OData Model interpretiert diese Parameter und löst automatisch den Request mit `$skip=0&$top=20` aus und liest damit die ersten 20 Einträge der Tabelle ein. Da wir den Parameter `growingScrollToLoad` auf `true` gesetzt haben, löst das Model beim Runterscrollen den nächsten Request aus. Scrollen Sie nun im View ganz nach unten, können Sie die Folgen im Netzwerkverkehr beobachten (siehe Abbildung 8.46). Wie Sie erkennen können, löst das OData Model automatisch einen neuen Request mit den Query-Parametern `$skip=20&$top=20` aus, und die nächsten 20 Einträge werden angezeigt.

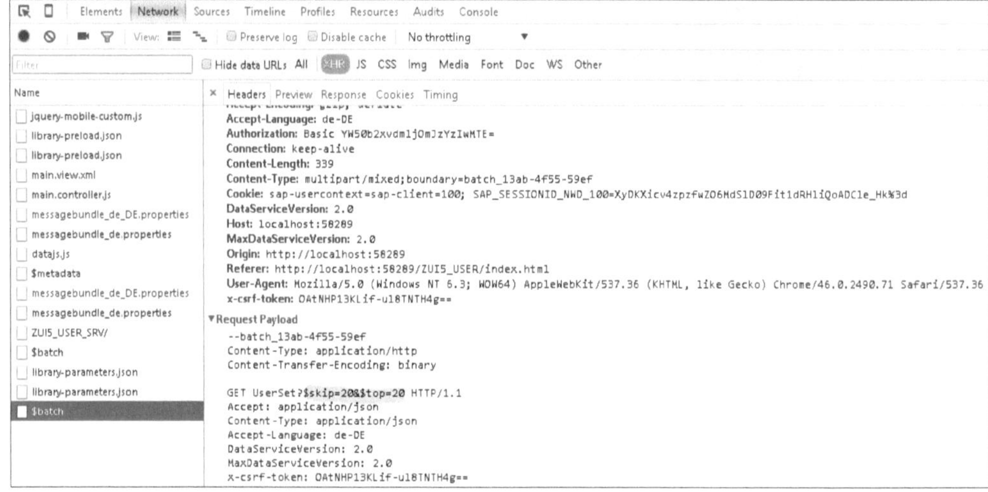

Abbildung 8.46 Paging mit OData

Betrachten wir erneut unsere View-Implementierung. Im View haben wir zu jeder Spalte den Text gepflegt:

```
<Column>
    <Text text="User ID" />
</Column>
```

Das ist zunächst einmal doppelter Aufwand, da Sie die Texte bereits im Backend gepflegt haben. Wenn Sie im Browser den Service aufrufen, werden Sie im SAP-Namensraum die Texte zu den einzelnen Properties wiederfinden (siehe Abbildung 8.47).

.sap.[…].corp:52300/sap/opu/odata/sap/ZUI5_USER_SRV/$metadata?sap-documentation=all

This XML file does not appear to have any style information associated with it. The document tree is shown below.


```
<edmx:Edmx xmlns:edmx="http://schemas.microsoft.com/ado/2007/06/edmx" xmlns:m="http://schemas.microsoft.com/ado/2007/08/dataservices/metadata"
 xmlns:sap="http://www.sap.com/Protocols/SAPData" Version="1.0">
  <edmx:DataServices m:DataServiceVersion="2.0">
    <Schema xmlns="http://schemas.microsoft.com/ado/2008/09/edm" Namespace="ZUI5_USER_SRV" xml:lang="en" sap:schema-version="1">
      <EntityType Name="User" sap:content-version="1">
        <Key>
          <PropertyRef Name="Userid"/>
        </Key>
        <Property Name="Userid" Type="Edm.String" Nullable="false" MaxLength="12" sap:label="User" sap:heading="User Name" sap:quickinfo="User Name in User Master Record"
        sap:updatable="false" sap:semantics="title"/>
        <Property Name="Fname" Type="Edm.String" Nullable="false" MaxLength="40" sap:label="Vorname" sap:heading="First name" sap:quickinfo="First name">
          <Documentation>
            <Summary>First name of a natural person</Summary>
            <LongDescription/>
          </Documentation>
        </Property>
        <Property Name="Lname" Type="Edm.String" Nullable="false" MaxLength="40" sap:label="Nachname" sap:heading="Last name" sap:quickinfo="Last name">
          <Documentation>
            <Summary>Surname of a natural person</Summary>
            <LongDescription/>
          </Documentation>
        </Property>
```


Abbildung 8.47 SAP-Annotationen

Diese Annotationen können Sie in der UI-Entwicklung nutzen, um den Text über das sogenannte *Annotation Binding* anzuzeigen. Die Binding-Syntax ist etwas anders als beim normalen Binding, wie in Abbildung 8.48 dargestellt.

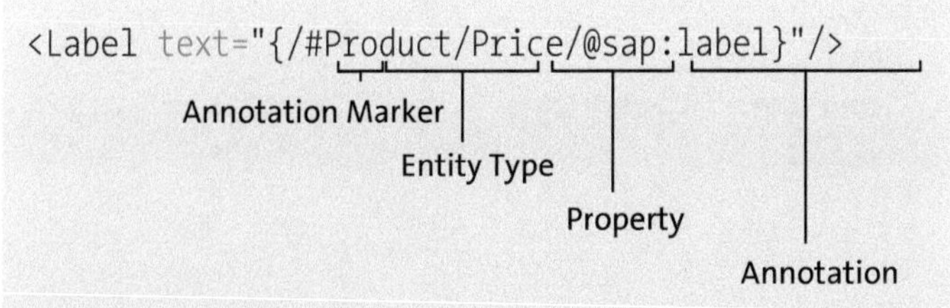

Abbildung 8.48 Syntax für das Annotation Binding

Mit dem Hash-Zeichen (#) markieren Sie das Annotation Binding für den Parser. Die eigentliche Annotation kennzeichnen Sie mit einem @-Zeichen. Für unser konkretes Beispiel würde sich für die Spaltenüberschriften also das folgende Binding ergeben:

```
<Text text="{/#User/Userid/@sap:label}" />
```

Probieren Sie es aus. Ändern Sie in allen Spaltendefinitionen den Text für die Überschrift, und binden Sie die Annotation `sap:label` aus dem Service (siehe Abbildung 8.47) an das Textfeld der Überschrift (siehe Listing 8.5).

```
<columns>
  <Column>
    <Text text="{/#User/Userid/@sap:label}" />
  </Column>
[...]
```

Listing 8.5 Beispiel für das Annotation Binding

8.4.2 Query-Optionen

In Abschnitt 8.1, »Open Data Protocol«, haben Sie bereits die wichtigsten Query-Optionen kennengelernt. Zum Glück müssen Sie die URL in SAPUI5 nicht manuell zusammenbauen, sondern die Query-Optionen sind bereits in das Model integriert. Wenn Sie also z. B. alle Benutzer anzeigen möchten, deren User-ID mit A beginnt, und zusätzlich den Datenbestand aufsteigend nach dem Nachnamen sortieren möchten, können Sie diese Query-Parameter direkt im Binding mitgeben. Für unser Beispiel zeigt das Listing 8.6.

```
<Table id="userTable"

       items="{ path: '/UserSet',
                sorter:[{
                        path: 'Lname',
                        descending: false
                     }],
```

```
                filters: [{
                        path: 'Userid',
                        operator: 'StartsWith',
                        value1: 'A'
                        }]
            }"
        growing="true"
        growingScrollToLoad="true">
```

Listing 8.6 Sortieren und Filtern

Wenn Sie nun wieder den Abschnitt **Request Payload** in den Entwicklertools betrachten, werden Sie feststellen, dass das OData Model diese Einstellungen in eine passende Query-URL übersetzt (siehe Abbildung 8.49).

```
▼Request Payload
   --batch_8bf7-d1ee-6ec5
   Content-Type: application/http
   Content-Transfer-Encoding: binary

   GET UserSet/$count?$filter=startswith(Userid,%27A%27) HTTP/1.1
   Accept: text/plain, */*;q=0.5
   Content-Type: application/json
   Accept-Language: de-DE
   DataServiceVersion: 2.0
   MaxDataServiceVersion: 2.0


   --batch_8bf7-d1ee-6ec5
   Content-Type: application/http
   Content-Transfer-Encoding: binary

   GET UserSet?$skip=0&$top=20&$orderby=Lname%20asc&$filter=startswith(Userid,%27A%27) HTTP/1.1
   Accept: application/json
   Content-Type: application/json
   Accept-Language: de-DE
   DataServiceVersion: 2.0
   MaxDataServiceVersion: 2.0
```

Abbildung 8.49 Request-Payload-Query-Optionen zur Sortierung und Filterung

Filterung durch den Anwender

Die Übergabe des Filters auf Ebene der Benutzeroberfläche ist in den meisten Fällen problematisch, da der Anwender diese Filter nicht löschen kann. Der weitaus häufigere Fall wird sein, dass der Anwender die Möglichkeit bekommt, Filter- und Sortierkriterien nach seinen Wünschen zu definieren. Wie einfach das ist, zeige ich Ihnen an dem folgenden Beispiel. Die SAPUI5-Bibliothek stellt dafür ein spezielles Control `ViewSettingsDialog` bereit. Im folgenden Beispiel werde ich den Filter allerdings in ein Suchfeld implementieren. Damit lernen Sie gleichzeitig das `Search`-Control kennen.

Implementieren Sie im View zunächst in der `Toolbar` des `Table`-Controls das `Search`-Control. Beim Ausführen der Suche soll die Funktion `onSearch` ausgeführt werden (siehe Listing 8.7). Damit Sie die Änderungen besser nachvollziehen können, habe ich für dieses Beispiel ein neues Projekt `ZUI5_USER_SEARCH` für den Download-Bereich des Buches angelegt. Sie können auch das vorhandene Projekt `ZUI5_USER` erweitern.

```
<Table id="userTable"

       items="{ path: '/UserSet' }"
       growing="true"
       growingScrollToLoad="true">


  <headerToolbar>
    <Toolbar>
        <SearchField search="onSearch" width="30%" />
    </Toolbar>
  </headerToolbar>

  <columns>
  [...]
```

Listing 8.7 Suchfeld im Toolbar-Control der Tabelle

Im Controller müssen Sie nun noch die Funktion onSearch implementieren. In dieser Funktion ermitteln Sie die gesuchte Zeichenkette und das Binding aus dem Event-Objekt. Im Anschluss erzeugen Sie ein Filterobjekt, übergeben den Suchstring als Filterwert und das Filterobjekt an das Binding (siehe Listing 8.8).

```
onSearch : function(oEvent){
  var filterValue =
            oEvent.getSource().getValue();
  var oBinding =
            this.byId("userTable").getBinding("items");

  if( filterValue.trim() != '' ){
    var oFilter = new sap.ui.model.Filter(
                 "Lname",
                  sap.ui.model.FilterOperator.StartsWith,
                  filterValue);
    oBinding.filter([oFilter]);
  }else{
    oBinding.filter();
  }
}
```

Listing 8.8 onSearch-Funktion im Controller implementieren

Wenn Sie dieses Beispiel im Browser ausführen und einen Suchbegriff in das Suchfeld eingeben, erzeugt das OData Model den passenden HTTP-Request (siehe Abbildung 8.50).

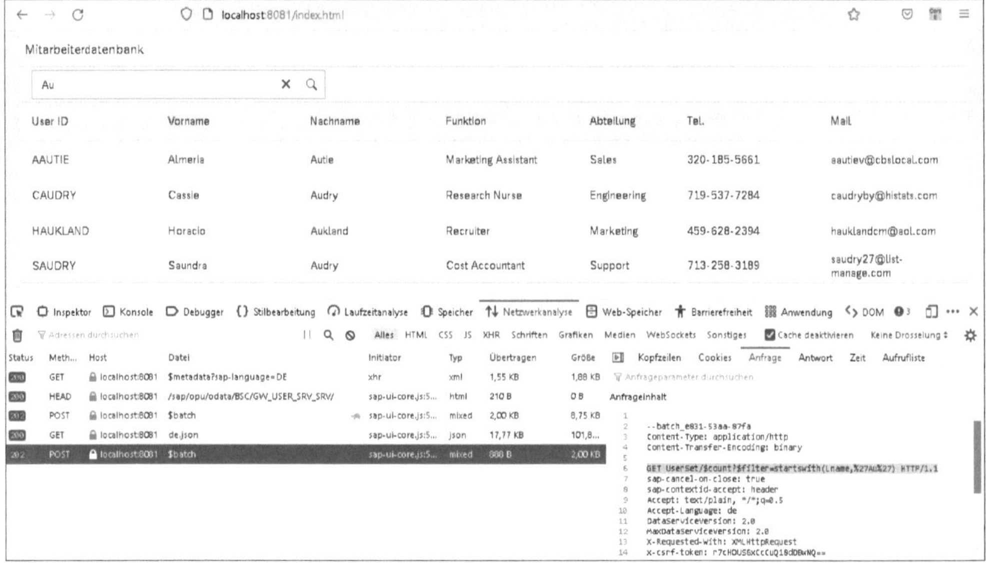

Abbildung 8.50 Filteroperation

An dieser Stelle lohnt sich auch ein Blick ins Backend, damit Sie sehen können, wie der Filter an die Methode übergeben wird. Setzen Sie dazu, wie in Abbildung 8.51 gezeigt, einen externen Breakpoint in der Methode USERSET_GET_ENTITYSET.

```
Methode   USERSET_GET_ENTITYSET                              aktiv

METHOD userset_get_entityset.
  DATA:
    lt_set               TYPE zcl_zui5_user_mpc=>tt_user,
    lv_min               TYPE i,
    lv_max               TYPE i,
    lt_orderby           TYPE /iwbep/t_mgw_tech_order,
    lv_order             TYPE string,
    lt_filter            TYPE /iwbep/t_mgw_select_option,
    ls_filter            TYPE /iwbep/s_mgw_select_option,
    lv_osql_where_clause TYPE string,
    ls_sel_option        TYPE /iwbep/s_cod_select_option.

  FIELD-SYMBOLS:
    <set>       TYPE LINE OF zcl_zui5_user_mpc=>tt_user,
    <entityset> TYPE LINE OF zcl_zui5_user_mpc=>tt_user,
    <orderby>   TYPE /iwbep/s_mgw_tech_order.

*   Filter
  lt_filter = io_tech_request_context->get_filter( )->get_filter_select_options( ).
  lv_osql_where_clause = io_tech_request_context->get_osql_where_clause( ).

* Order By
  lt_orderby = io_tech_request_context->get_orderby( ).
```

Abbildung 8.51 Externer Breakpoint in der GET_ENTITYSET-Methode

Wenn Sie nun in Ihrer Anwendung eine neue Suchoperation durchführen, bleibt der Debugger an Ihrem Breakpoint stehen. In der internen Tabelle `lt_filter` (❶ in Abbildung 8.52) finden Sie die übergebenen Filterwerte ❷ wieder. Besonders praktisch ist dabei, dass SAP Gateway die Query-URL in eine normale `RANGES`-Tabelle in ABAP übersetzt, die Sie direkt in einer SQL-Anweisung verwenden können.

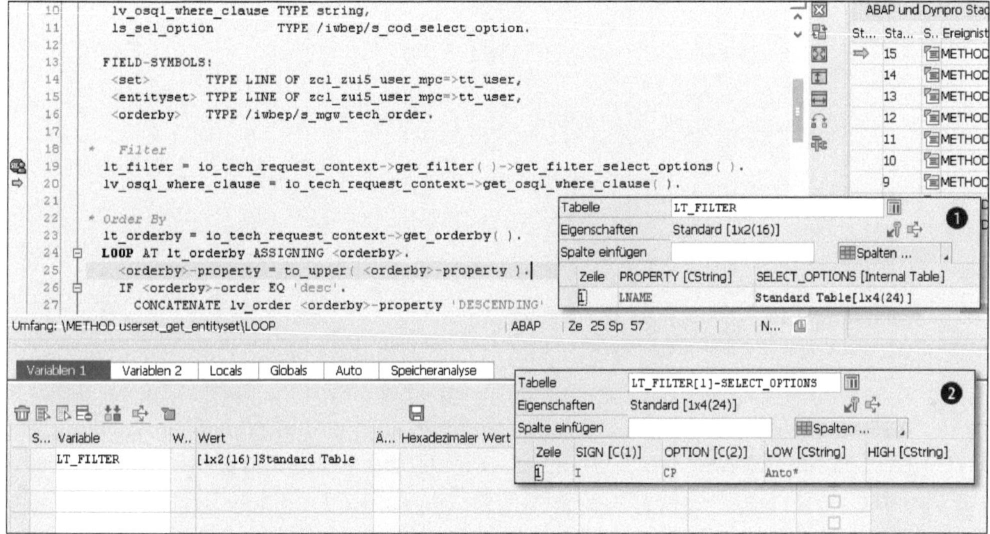

Abbildung 8.52 Umsetzung des Filters im Backend

Sortierung durch den Anwender

Als Nächstes implementieren wir die Möglichkeit der Sortierung, dafür nehmen wir das `ViewSettingsDialog`-Control. Ich lege dazu wieder ein neues Projekt `zui5.user.sort` an, das Sie im Download-Bereich des Buches unter *www.sap-press.de/5501* im Bereich **Materialien** finden, Sie können aber auch wiederum Ihr vorhandenes Beispiel erweitern.

Das Pop-up-Fenster, in dem die Anwender ihre Einstellungen pflegen können, implementieren Sie als Fragment (siehe Abschnitt 7.4, »Fragments«). Legen Sie daher unterhalb des Verzeichnisses **View** ein neues Verzeichnis **fragment** und innerhalb dieses Verzeichnisses die Datei **TableViewSettingsDialog.fragment.xml** an, sodass sich die Verzeichnisstruktur aus Abbildung 8.53 ergibt.

Abbildung 8.53 Projektstruktur mit Fragment

In Abschnitt 8.3.2, »Service implementieren«, haben wir die Sortierung für die drei Spalten `UserID`, `Fname` und `Lname` implementiert (siehe Abbildung 8.29). Genau diese drei Spalten möchten wir auch dem Anwender zur Sortierung anbieten. Implementieren Sie im Fragment das `ViewSettingsDialog`-Control mit den drei Sortiermöglichkeiten wie in Listing 8.9.

```
<core:FragmentDefinition
  xmlns="sap.m"
  xmlns:core="sap.ui.core">
  <ViewSettingsDialog
    confirm="handleConfirm">
    <sortItems>
      <ViewSettingsItem text="User-ID"
                        key="Userid"
                        selected="true" />
      <ViewSettingsItem text="First Name"
                        key="Fname" />
      <ViewSettingsItem text="Last Name"
                        key="Lname" />
    </sortItems>
  </ViewSettingsDialog>
</core:FragmentDefinition>
```

Listing 8.9 Sortierdialog als Fragment

In der Datei **main.view.xml** implementieren Sie in der Toolbar einen Button, der das Pop-up-Fenster mit dem Sortierdialog aufrufen soll (siehe Listing 8.10).

```
<headerToolbar>
  <Toolbar>
    <SearchField search="onSearch" width="30%" />
    <ToolbarSpacer />
    <Button icon="sap-icon://filter"
            press="onViewSettingsDialogPressed" />
  </Toolbar>
</headerToolbar>
```

Listing 8.10 Button zum Aufruf des Sortierdialogs im View implementieren

Das Control ToolbarSpacer sorgt dafür, dass der Button ganz rechts in der Toolbar angezeigt wird. Jetzt müssen Sie im Controller die Funktion onViewSettingsDialog-Pressed ausprogrammieren. In dieser Funktion rufen Sie das Dialog-Fragment auf (siehe Listing 8.11).

```
onViewSettingsDialogPressed: function (oEvent) {
    if (!this._oSettingDialog) {
      this._oSettingDialog = sap.ui.xmlfragment(
                  "my.view.fragment.TableViewSettingsDialog",
                   this);
    }
    this._oSettingDialog.open();
}
```

Listing 8.11 Dialog-Fragment aufrufen, wenn der Button angeklickt wird

Im Fragment selbst in Listing 8.9 haben Sie definiert, dass die Funktion handleConfirm aufgerufen werden soll, wenn der Anwender auf den Bestätigungs-Button klickt (<ViewSettingsDialog confirm="handleConfirm">). In dieser Funktion müssen wir die Werte aus dem Sortierdialog auslesen und an das Binding übergeben (siehe Listing 8.12).

```
handleConfirm: function(oEvent) {
    // Binding der Tabelle lesen
    var oBinding = this.getView().byId(
                  "userTable").getBinding("items");

    // Parameter aus Event-Objekt auslesen
    var mParams     = oEvent.getParameters();
    var sPath       = mParams.sortItem.getKey();
    var bDescending = mParams.sortDescending;

    // ... und an das Binding-Objekt übergeben
    var aSorters = [];
```

```
    aSorters.push(new sap.ui.model.Sorter(
                            sPath, bDescending));
    oBinding.sort(aSorters);
}
```

Listing 8.12 Benutzersortierung nach Bestätigung in der Funktion »handleConfirm« auslesen

Wenn Sie nun Ihr Beispiel im Browser ausführen, können Sie über den **Filter**-Button (▽) den Dialog aufrufen. Wählen Sie z. B. **User-ID** und **Absteigend** aus, können Sie im Netzwerkverkehr in den Entwicklertools wieder sehen, wie das OData Model die passende Request-URL erzeugt (siehe Abbildung 8.54).

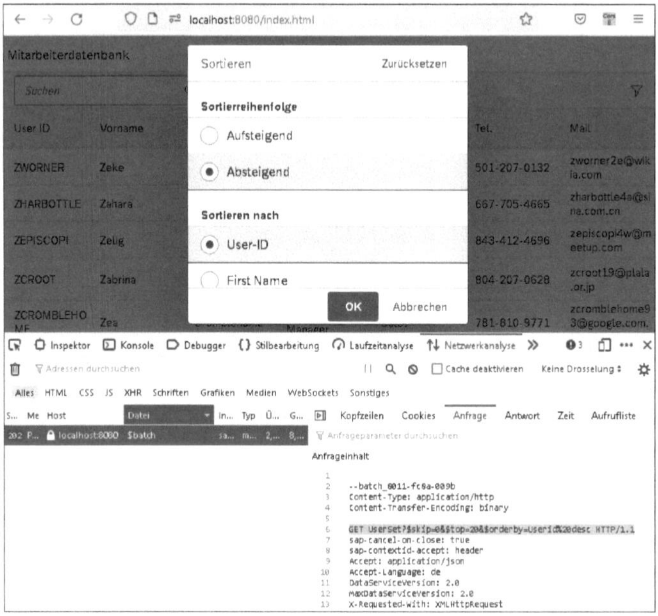

Abbildung 8.54 Benutzerdialog im Browser und zugehöriger HTTP-Request

8.4.3 CRUD-Operationen

Für die Create-, Read-, Update- und Delete-Operationen stellt das OData Model entsprechende Methoden bereit. Tabelle 8.4 zeigt eine Übersicht der Operationen.

Operation	Funktion
Create	`create(sPath, oData, mParameters?)`
Read	`read(sPath, mParameters?)`

Tabelle 8.4 CRUD-Operationen

Operation	Funktion
Update	update(sPath, oData, mParameters?)
Delete	remove(sPath, mParameters?)

Tabelle 8.4 CRUD-Operationen (Forts.)

Diesen Methoden müssen Sie jeweils mitteilen, welche Entitätsmenge Sie ändern möchten (sPath) und was Sie daran ändern möchten (oData). Die Methoden bieten Ihnen jeweils zwei Callback-Funktionen an (mParameters), die im Erfolgs- bzw. Fehlerfall aufgerufen werden.

In unserem konkreten Beispiel würde ein Aufruf zum Anlegen eines Benutzers in der Benutzerliste also wie in Listing 8.13 aussehen.

```
// anzulegender Datensatz
var oNewUser = {
     Userid     : "NEW_USER",
     Fname      : "New",
     Lname      : "User",
     Function   : "tbd",
     Department : "tbd",
     Phone      : "666",
     Mail       : "no-reply@myself.com"
};

var oModel = this.getView().getModel();
oModel.create(
     "/UserSet",
      oNewUser,
      {
        success: function (oData, oResponse) {
          sap.m.MessageToast.show(
                                "User erfolgreich angelegt");
        },
        error: function (oError) {
          sap.m.MessageBox.error(
                                "Fehler beim Anlegen");
        }
      }
);
```

Listing 8.13 Create-Methode im OData Model

Die Methodenimplementierung in Listing 8.13 würde den Request aus Abbildung 8.55 auslösen.

```
POST UserSet HTTP/1.1
Accept: application/json
Content-Type: application/json
Accept-Language: de-DE
DataServiceVersion: 2.0
MaxDataServiceVersion: 2.0
x-csrf-token: EK-nKskk0bZ1184KwBa8aA==
Content-Length: 129

{"Userid":"NEW_USER","Fname":"New","Lname":"User","Function":"tbd","Department":"tbd","Phone":"666","Mail":"no-reply@myself.com"}
--changeset_5f0b-10ac-4c0e--
```

Abbildung 8.55 HTTP-Request zum Anlegen eines neuen Benutzers

Beim Aktualisieren müssen Sie neben der Entitätsmenge angeben, welcher Datensatz aktualisiert werden soll (Schlüssel). Im Parameter oData legen Sie die zu ändernden Felder fest. Der Parameter merge dient dazu, dem Backend mitzuteilen, ob Sie alle Daten liefern oder nur einen Teil davon. Wenn Sie vom Frontend den Parameter merge : true liefern, wird im Backend automatisch zuerst die get_entity-Methode aufgerufen, der Datensatz mit den fehlenden Angaben angereichert und erst dann die update_entity-Methode aufgerufen. Listing 8.14 zeigt die Implementierung einer Update-Operation für unser Beispiel.

```
// Daten, die geändert werden sollen
var oChangeUser = {
   Function   : "New Function",
   Department : "New Department"
};

var oModel = this.getView().getModel();
oModel.update(
     "/UserSet('NEW_USER')",
     oChangeUser,
     {
      success: function (oData, oResponse) {
       sap.m.MessageToast.show(
                          "User erfolgreich aktualisiert");
      },
      error: function (oError) {
        sap.m.MessageBox.error(
                          "Fehler beim Aktualisieren");
      },
      merge: true
     }
);
```

Listing 8.14 Update eines Datensatzes

Beim Löschen eines Datensatzes müssen Sie lediglich den Schlüssel angeben, um den zu löschenden Datensatz eindeutig zu identifizieren. Listing 8.15 zeigt eine Implementierung der Delete-Methode für unser Beispiel.

```
onDeleteUser: function (oEvent){
  var oModel = this.getView().getModel();

  oModel.remove(
       "/UserSet('NEW_USER')",
       {
          success: function (oData, oResponse) {
            sap.m.MessageToast.show("User gelöscht");
          },
          error: function (oError) {
            sap.m.MessageBox.error("Fehler beim Löschen");
          }
       }
  );
}
```

Listing 8.15 Löschen eines Datensatzes

Wie Sie gesehen haben, ist es gar nicht so schwer, die CRUD-Methoden zu implementieren. Zum Erfassen oder Ändern eines Datensatzes müssen Sie nur ein Fragment implementieren, das die Benutzereingaben entgegennimmt. Beim Löschen müssen Sie aus dem Event-Objekt die markierte Zeile ermitteln und an die `remove`-Methode übergeben. Probieren Sie es doch einfach aus! Wenn Sie nicht mehr weiterkommen, finden Sie das vollständige Beispiel unter dem Projektnamen `zui5.user.crud` im Download-Bereich zu diesem Buch. Da das V2- und das V4-Model im Standard die Stapelverarbeitung nutzen, sollten Sie für dieses Beispiel die Stapelverarbeitung in der Datei **manifest.json** ausschalten (siehe Listing 8.16). Die *Batch-Verarbeitung* schauen wir uns im nächsten Abschnitt an.

```
"": {
     "type": "sap.ui.model.odata.v2.ODataModel",
     "dataSource": "data",
     "preload": true,
     "settings": {
       "useBatch": false
     }
   }
```

Listing 8.16 Batch-Verarbeitung ausschalten

Damit können Sie die versendeten Requests wesentlich einfacher analysieren, so wie in Abbildung 8.56 dargestellt.

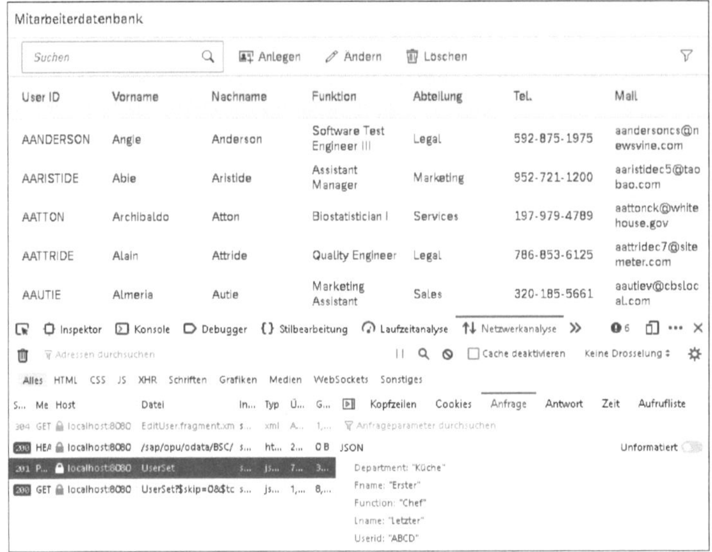

Abbildung 8.56 Request-Payload beim Anlegen eines Benutzers

8.4.4 Batch-Verarbeitung

Das V2- und V4-Model von OData löst immer ein `$batch` aus. Was hat es damit auf sich? Eine OData-Batch-Anfrage ist eine mehrteilige MIME-Anfrage und unterstützt das Hinzufügen mehrerer Requests in einem Payload. Dies hat zwei wesentliche Vorteile:

- Die Anzahl der Call-Response-Zyklen zwischen Client und Server wird reduziert.
- Datensätze, die gemeinsam verarbeitet werden müssen, können gemeinsam in einem Request gesendet werden.

Innerhalb eines *Batch-Requests* können Sie sogenannte *Changesets* definieren. In einem Changeset können Sie mehrere *Requests* zusammenfassen. Sie können sich das am einfachsten so vorstellen: Die Batch-ID ist der Briefkorb, und jedes Changeset ist ein Briefumschlag, in jedem Briefumschlag können mehrere Seiten (Requests) enthalten sein. In einem Briefkorb können mehrere Briefe enthalten sein, und es können auch mehrere Briefe an eine Person (in diesem Fall an eine Entität) adressiert sein. Abbildung 8.57 verdeutlich dies.

Sie können als Frontend-Entwickler bestimmen, welche Requests Sie in ein Changeset packen und welche Changesets Sie in ein Batch-Request packen. Sie bestimmen auch, welche Requests gemeinsam an das Backend geschickt werden usw. Was jedoch nicht in Ihrem Einflussbereich liegt, ist die Verarbeitung im Backend.

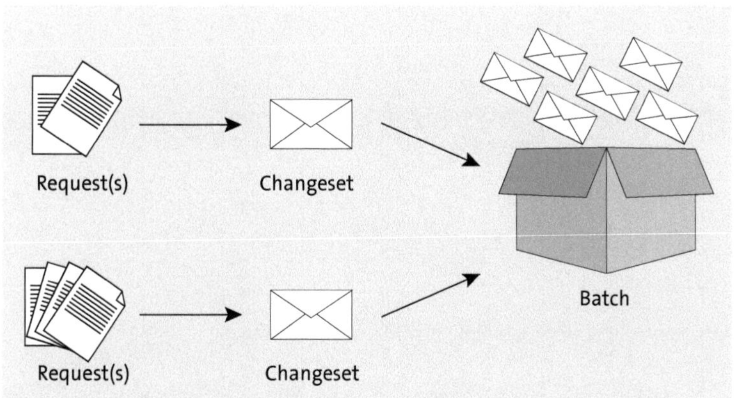

Abbildung 8.57 Batch-Verarbeitung

In SAP Gateway stehen Ihnen dafür die drei folgenden Methoden zur Verfügung:

- `CHANGESET_BEGIN`
  Diese Methode wird zu Beginn eines Changesets aufgerufen.
- `CHANGESET_END`
  Diese Methode wird am Ende eines Changesets durchlaufen.
- `CHANGESET_PROCESS`
  Diese Methode ist die eigentliche Verarbeitungsmethode eines Changesets.

Die Changesets dürfen Sie nicht mit einer Logical Unit of Work (LUW) verwechseln. Auch bei einem Batch werden die Requests einzeln an den Service übergeben. Auch wenn Sie über die drei oben genannten Methoden erkennen können, dass Sie sich in einem Changeset befinden, können Sie mit dieser Information nur wenig anfangen. Das Gateway Framework sammelt lediglich alle Antworten, bevor es den Batch zurück ans Frontend schickt. Sie müssen nur eins beachten, während eines Changesets dürfen Sie nicht die Anweisung `commit work` auslösen, da dies sonst zu einem Dump führt.

SAPUI5-Anwendungen sind grundsätzlich *Stateless* (Abschnitt 8.1, »Open Data Protocol«). Sie können also nur mit einem *Deep Insert* dafür sorgen, dass die Daten zumindest gleichzeitig im Backend ankommen.

Die Batch-Requests sind perfekt in das OData Model integriert, sodass das für Sie als Frontend-Entwickler technisch keine große Herausforderung darstellt. Ganz im Gegenteil, Sie merken es eigentlich gar nicht. Am nachfolgenden Beispiel möchte ich Ihnen zeigen, inwiefern sich die Gruppen von den normalen Batch-Requests unterscheiden.

Die Batch-Gruppe wie auch die Changeset-ID können Sie direkt im View beim Binding definieren (siehe Listing 8.17).

```
<Table id="userTable"
       items="{ path: '/UserSet',
                parameters: {
                   batchGroupId: 'myGroup',
                   changeSetId: 'myChangeset'
                       }
            }"
       growing="true"
       growingScrollToLoad="true">
```

Listing 8.17 Batch-Gruppen- und Changeset-Definition beim Binding

Die Batch-Gruppe werden Sie in der Regel abhängig vom Kontext und der notwendigen Verarbeitung im Controller erzeugen. Die passenden Methoden sind bereits im OData Model implementiert:

- Mit der Methode `setChangeBatchGroups` können Sie eine Change-Gruppe für eine Entität definieren. (Achtung, hier müssen Sie den Entitätstyp und nicht die Entitätsmenge angeben!)
- Mit der Methode `setDeferredBatchGroups` können Sie angeben, welche Batch-Gruppe nicht direkt verarbeitet werden soll, weil für sie die Verarbeitung manuell (z. B. durch einen Save-Button) angestoßen werden soll.
- Um zu ermitteln, ob es im Model überhaupt Änderungen gegeben hat, steht die Methode `hasPendingChanges` zur Verfügung.
- Wenn Sie den Batch an das Backend senden möchten, müssen Sie lediglich die Methode `submitChanges` aufrufen.

Das klingt so einfach, das sollten Sie direkt ausprobieren. Ich habe für dieses Beispiel ein neues Projekt `zui5.user.batch` für den Download-Bereich dieses Buches angelegt, Sie können aber wieder Ihr vorhandenes Projekt `zui5.user` bzw. `zui5.user.crud` erweitern. Sollten Sie sich für die Erweiterung von `zui5.user.crud` entscheiden, denken Sie daran, die Batch-Verarbeitung in der Datei **manifest.json** wieder einzuschalten und den Binding-Modus auf `TwoWay` zu setzen (siehe Listing 8.18).

```
"": {
  "type": "sap.ui.model.odata.v2.ODataModel",
  "dataSource": "data",
  "preload": true,
  "settings": {
    "defaultBindingMode": "TwoWay",
    "useBatch": true
  }
}
```

Listing 8.18 Batch-Verarbeitung in der Datei »manifest.json«

Viel mehr möchten wir im ersten Schritt gar nicht tun. Führen Sie nun das Beispiel aus, und beobachten Sie in den Entwicklertools in der **Netzwerkanalyse**, was sich genau geändert hat (siehe Abbildung 8.58).

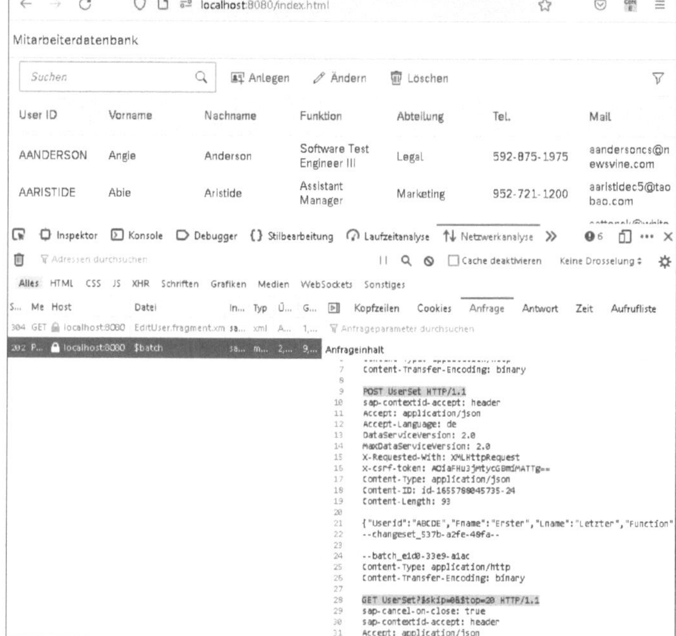

Abbildung 8.58 Batch-Verarbeitung in der Netzwerkanalyse

Wenn Sie Abbildung 8.58 betrachten und mit Abbildung 8.56 vergleichen, fällt lediglich auf, dass nun ein `$batch` versendet wird und der eigentliche Request im Payload steht. Darüber hinaus ist der `GET UserSet` kein separater Aufruf mehr, sondern findet im gleichen Batch-Request statt. Spannend wird die Sache erst, wenn wir mit Change-Gruppen arbeiten. Das wollen wir als Nächstes tun.

Passen Sie dazu den View an (siehe Listing 8.19). Fügen Sie ein neues Control `MassageStrip` hinzu, einen Nachrichtentext, mit dem Sie die Anwender über den Erfolg oder den Misserfolg der Batch-Operation informieren. Fügen Sie außerdem in der Toolbar einen Button hinzu, über den man das Changeset speichern kann. Damit die Anwender mehrere Einträge der Benutzerdatenbank gleichzeitig ändern können, ändern Sie die Spalten **Funktion**, **Abteilung**, **Telefon** und **E-Mail** und ersetzen das `Text`-Control durch ein `Input`-Control.

```
<core:View xmlns:core="sap.ui.core"
           xmlns:mvc="sap.ui.core.mvc"
           xmlns="sap.m"
           controllerName="my.controller.main"
           xmlns:html="http://www.w3.org/1999/xhtml">
```

```
<Page title="Mitarbeiterdatenbank">
  <content>
    <MessageStrip  id="Message"
              showIcon="true"
              showCloseButton="true"
              type="Error"
              visible="false">
         </MessageStrip>

    <Table id="userTable"
           items="{ path: '/UserSet'}"
           growing="true"
           growingScrollToLoad="true">

      <headerToolbar>
        <Toolbar>
          <Button text="Batch speichern"
                  icon="sap-icon://documents"
                  press="onBatchPressed" />
        </Toolbar>
      </headerToolbar>

      <columns>
[..., keine Änderung]
      </columns>
      <items>
        <ColumnListItem>
          <cells>
            <Text text="{Userid}" />
            <Text text="{Fname}" />
            <Text text="{Lname}" />
            <Input value="{Function}" />
            <Input value="{Department}" />
            <Input value="{Phone}" />
            <Input value="{Mail}" />
          </cells>
        </ColumnListItem>
      </items>
    </Table>
  </content>
 </Page>
</core:View>
```

Listing 8.19 View-Implementierung für die Batch-Verarbeitung

Gehen Sie nun in die Datei **manifest.json**, und definieren Sie für unsere Entität ein Changeset. Achten Sie darauf, dass die Change-Gruppe für die Entität, also `User`, und nicht für die Entitätsmenge (`UserSet`) definiert werden muss (siehe Listing 8.20).

```
init: function () {
  // call the base component's init function
  UIComponent.prototype.init.apply(this, arguments);

  // enable routing
  this.getRouter().initialize();

  this.getModel().setChangeGroups({
    "User": {
      groupId: "user",
      single: false
    }
  });
```

Listing 8.20 Change-Gruppe in der Datei »manifest.json«

Jetzt können Sie die Funktion implementieren, die ausgeführt werden soll, wenn die Anwender auf den Speicher-Button klicken (siehe Listing 8.21). In dieser Funktion (`onBatchPressed`) wird mit der Methode `hasPendingChanges` überprüft, ob es überhaupt Änderungen im Model gab. Falls ja, werden die Änderungen mit der Funktion `submitChanges` an das Backend geschickt.

```
// Batch //////////////////////////////////////////////
onBatchPressed : function(oEvent) {

if (this.getView().getModel().hasPendingChanges()) {

  var mParameters = {};
  mParameters.success = jQuery.proxy(
                        this.successSave, this);
  mParameters.error   = jQuery.proxy(
                        this.errorSave, this);
  mParameters.batchGroupId = "user";

  this.getView().getModel().submitChanges(mParameters);

} else {
  sap.m.MessageToast.show("Keine Änderungen");
}
},
```

```
    successSave: function(oData, response) {
      this.getView().byId("Message").setText(
       "Batch erfolgreich")
       .setVisible(true).setType("Success");
      sap.m.MessageToast.show(
       "Batch erfolgreich verarbeitet");
    },

    errorSave: function(oError) {
      this.getView().byId("Message").setText(
       "Batch fehlgeschlagen")
       .setVisible(true).setType("Error");
      sap.m.MessageToast.show(
       "Batch-Request konnte nicht verarbeitet werden");
    },

});
```

Listing 8.21 Controller mit Batch-Verarbeitung

Führen Sie dieses Beispiel nun im Browser aus, und versuchen Sie ein paar Einträge zu ändern. Sobald Sie das Eingabefeld verlassen, wird automatisch ein Request ans Backend gesendet. In Abbildung 8.59 sehen Sie das Ergebnis nach drei Änderungen.

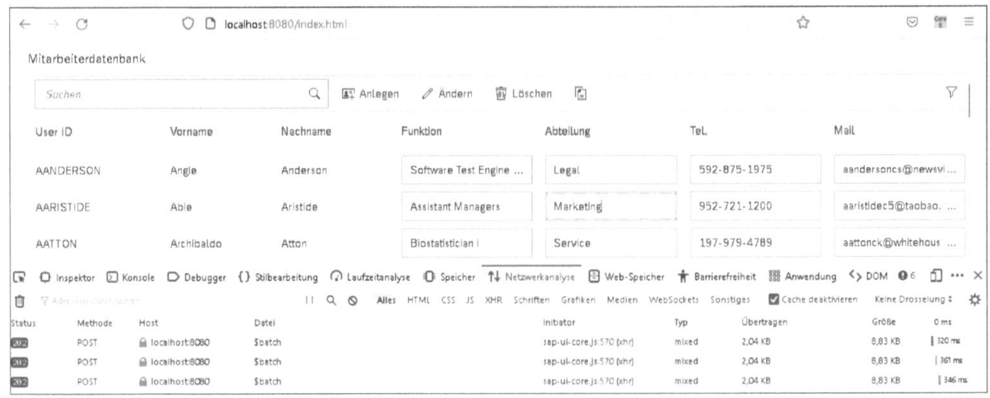

Abbildung 8.59 Change-Gruppe ohne verzögerte Verarbeitung

Dadurch, dass Sie für die Gruppe mit der Methode `setDeferredBatchGroups` die verzögerte Verarbeitung (*Deferred*) nicht eingestellt haben, schickt das OData Model die Änderungen automatisch ans Backend. Das heißt, im OData Model ist eine Autosubmit-Funktion implementiert, die sich vollautomatisch um die Synchronisierung mit dem Backend kümmert. Wenn Sie das verhindern möchten, müssen Sie für die betroffene Entität (hier in unserem Beispiel User), eine Change-Gruppe definieren und diese mit der Methode setDeferredBatchGroups den Deferred-Gruppen hinzufügen, damit Ihre Gruppe nicht direkt verarbeitet wird. Erweitern Sie dafür die Component, wie in Listing 8.22 gezeigt.

```
Init: function () {
  // call the base component's init function
  UIComponent.prototype.init.apply(this, arguments);

  // enable routing
  this.getRouter().initialize();

  this.getModel().setDeferredGroups(["user"]);

  this.getModel().setChangeGroups({
    "User": {
      groupId: "user",
      single: false
    }
  });
}
```

Listing 8.22 Change-Gruppe mit der setDeferredGroups-Methode

Wenn Sie das Beispiel nun noch mal ausführen, passiert beim Verlassen eines Input-Feldes nichts mehr. Das automatische Speichern des OData-Models ist ausgeschaltet, und Sie haben die Kontrolle, wann die Änderung ans Backend gesendet wird. Wenn Sie jetzt auf den Button **Batch** klicken, wird die Batch-Request über die submitChanges()-Funktion gesendet, und im Payload finden Sie alle vorgenommenen Änderungen (siehe Abbildung 8.60).

Ich möchte an dieser Stelle erneut darauf hinweisen, dass Sie keinen Einfluss auf die Reihenfolge haben, in der die Requests im Backend ankommen, und Sie die Daten auch nicht gleichzeitig im Backend verarbeiten können. Mit der Methode CHANGESET_BEGIN erkennen Sie zwar, dass es sich um einen Batch mit Change-Gruppe handelt, Sie können aber weder auf den nächsten noch auf den vorhergehenden Request zugreifen. Im Backend sind die Requests nach wie vor nicht gebündelt, und mit ihnen kann auch kein transaktionales Verhalten simuliert werden. Dennoch ist die Batch-Verarbeitung sinnvoll, um Netzwerk-Traffic einzusparen und dadurch die Perfomance Ihrer Anwendung zu verbessern.

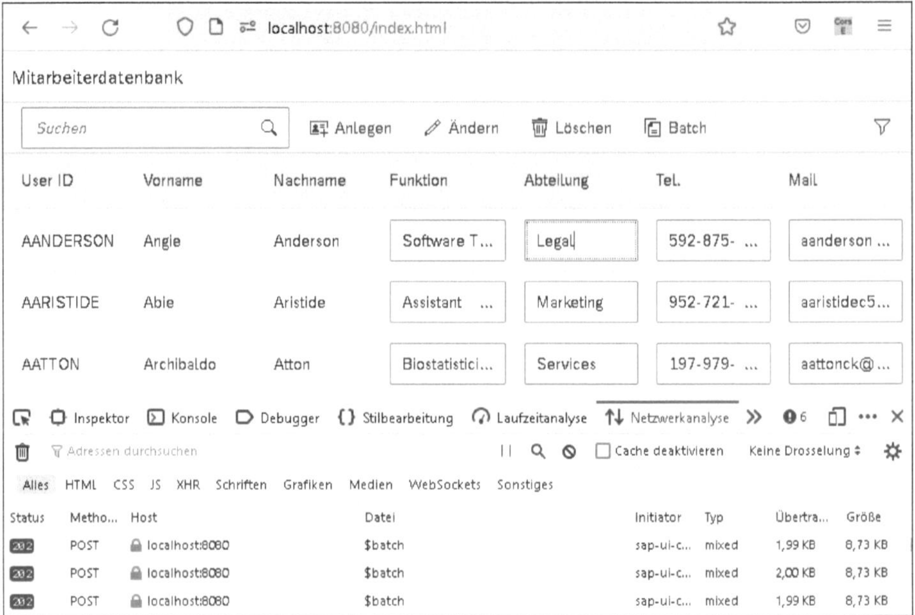

Abbildung 8.60 Verzögerte Verarbeitung einer Deferred-Gruppe

8.5 Smart Controls

Die Smart Controls nutzen die SAP-Annotationen, um automatisch Wertehilfen, Filter, Sortiermöglichkeiten usw. zu generieren. Um das an einem Beispiel auszuprobieren, legen Sie das Projekt `zui5.smart` mit dem initialen XML-View `Main` an.

In der Datei **manifest.json** erzeugen Sie wie gewohnt eine Instanz des OData Models (siehe Listing 8.23).

```
    "dataSources": {
      "data": {
        "uri": "/sap/opu/odata/BSC/GW_USER_SRV_SRV/",
        "type": "OData"
      }
    }
  },
[...]
    "models": {
      "i18n": {
        "type": "sap.ui.model.resource.ResourceModel",
        "settings": {
          "bundleName": "zui5.smart.i18n.i18n"
        }
```

```
      },
      "": {
        "type": "sap.ui.model.odata.v2.ODataModel",
        "dataSource": "data"
      }
    },
```

Listing 8.23 OData Model in der Datei »manifest.json«

Denken Sie außerdem auch daran, die Proxy-Konfiguration in der Datei **ui5.yaml** vorzunehmen (siehe Listing 8.24).

```
server:
  customMiddleware:
  - name: fiori-tools-proxy
    afterMiddleware: compression
    configuration:
      ignoreCertError: false
      backend:
      - path: /sap/opu/odata
        url: http://<host>:<port>
      ui5:
```

Listing 8.24 Proxy in der Datei »ui5.yaml«

Wenn Sie unter *https://sapui5.hana.ondemand.com* im Bereich **Samples** (bzw. **Beispiele** auf der deutschen Webseite) den Suchbegriff »Smart« eingeben, werden Ihnen alle Smart Controls angezeigt, die zurzeit zur Verfügung stehen (siehe Abbildung 8.61).

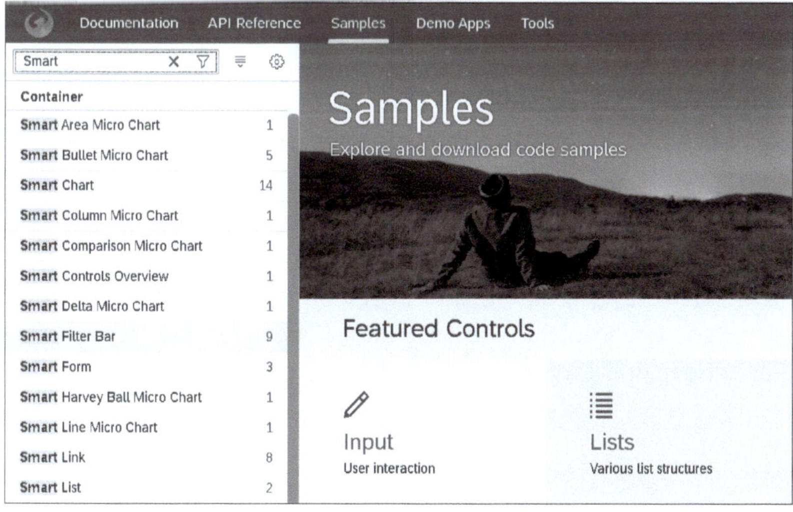

Abbildung 8.61 Smart Controls

Das Smart Control bezieht alle relevanten Informationen aus den Serviceannotationen, sodass Sie im View letztlich nur das Control angeben müssen. Wir wählen das `SmartTable`-Control zur Darstellung einer Tabelle, die wie in den vorangegangenen Beispielen unsere Benutzerdatenbank enthält und auf demselben OData-Service basiert. Die Spaltendefinition, Überschriften usw. generiert das Control für Sie. Sie müssen im Control lediglich angeben, auf welche Entitätsmenge sich das Control beziehen soll (siehe Listing 8.25).

```
<core:View xmlns:core="sap.ui.core"
           xmlns:mvc="sap.ui.core.mvc"
           xmlns="sap.m"
           xmlns:smart="sap.ui.comp.smarttable"
           controllerName="zui5_smart_control.main"
           xmlns:html="http://www.w3.org/1999/xhtml">
<Page id="page" title="Smart Control">
  <content>
    <smart:SmartTable entitySet="UserSet"
                      initiallyVisibleFields="Userid,Fname,Lname"
                      tableType="Table"
                      header="Benutzer"
                      showRowCount="true"
                      useVariantManagement="false"
                      useTablePersonalisation="true"
                      enableAutoBinding="true"/>
  </content>
</Page>
</core:View>
```

Listing 8.25 SmartTable-View

Wenn Sie dieses Beispiel nun ausführen, werden die drei Spalten **Benutzername**, **Fname** und **Nachname** angezeigt (siehe Abbildung 8.62).

In diesem Beispiel haben wir die initiale Spaltenkonfiguration beim Erstellen der Tabelle hart codiert angegeben. Normalerweise wird die Konfiguration im Backend erstellt, d. h., der OData-Service muss die entsprechenden Annotationen mitliefern. In diesem Fall müssten die Backend-Entwickler dafür Sorge tragen, dass zusätzliche Annotationen mitgeliefert werden. Alternativ dazu können Sie im Frontend ein Annotation-File anlegen und dort die fehlenden Annotationen angeben.

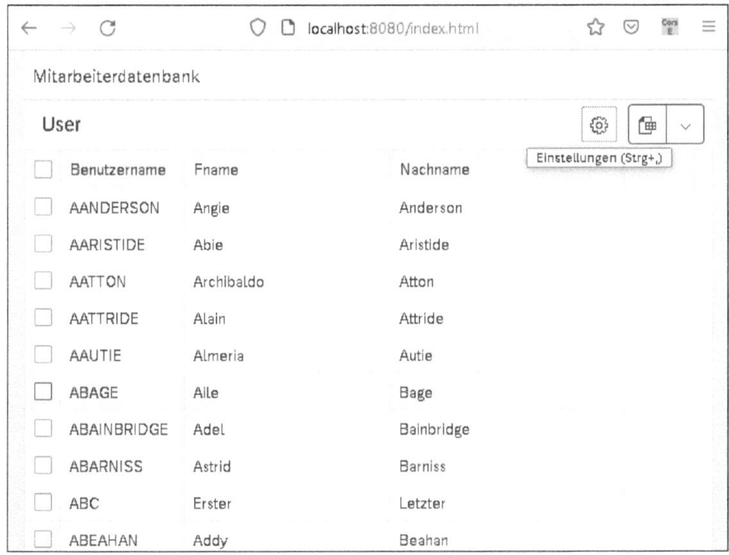

Abbildung 8.62 Smart Table

Da wir uns in diesem Buch auf die Frontend-Entwicklung konzentrieren, zeige ich Ihnen nur grob den Weg hierzu auf:

1. Legen Sie in Transaktion SEGW im Backend ein Projekt vom Typ **Service with Vocabulatory-Based Annotations** an (siehe Abbildung 8.63).

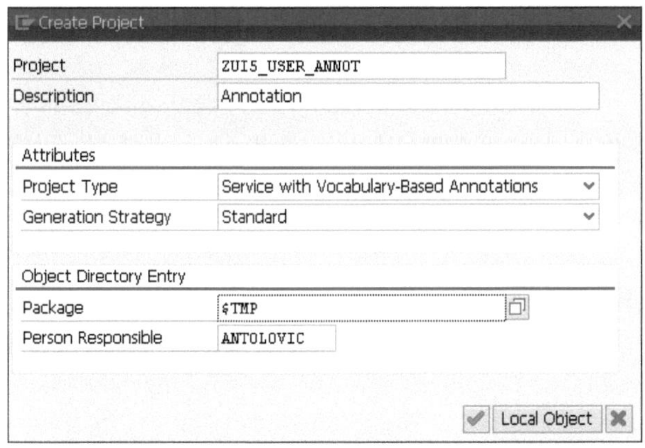

Abbildung 8.63 SEGW-Service mit Annotationen anlegen

2. Nun können Sie die zusätzlichen Annotationen in das Projekt laden. Die relevanten Annotationen für das `SmartTable`-Control finden Sie im Namensraum **com.sap.vocabularies.UI.v1**. Die Annotation für das initiale Laden der Tabelle heißt `LineItem` (siehe Abbildung 8.64).

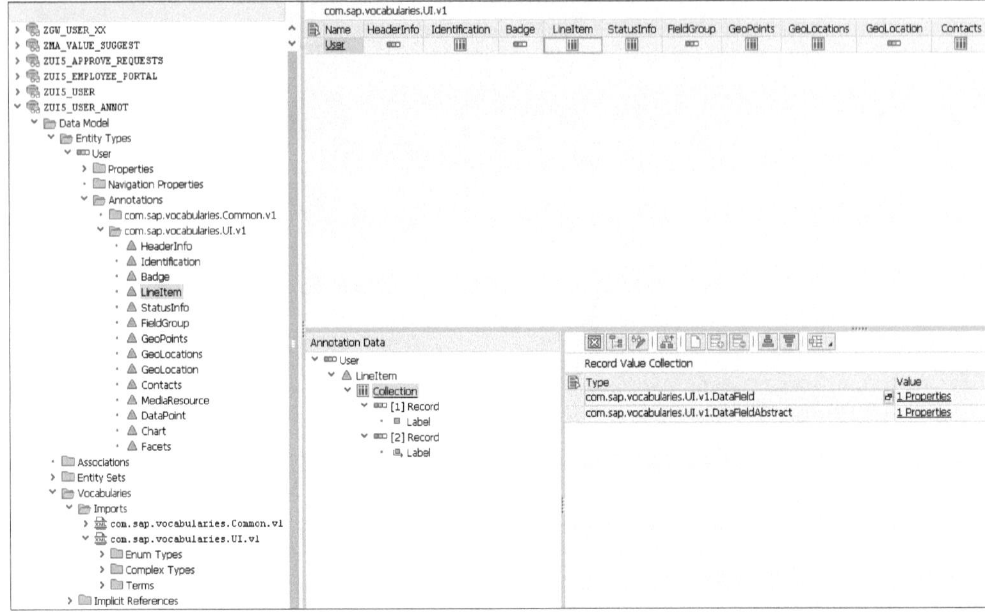

Abbildung 8.64 LineItem-Annotation in der Transaktion SEGW zuweisen

Einen guten Überblick über die Annotationen finden Sie im SCN unter *http://scn.sap.com/docs/DOC-44986*.

Schauen Sie sich noch die Konfiguration der Smart Table an, indem Sie auf das Zahnradsymbol klicken. Die Smart Table kennt z. B. alle Spalten der Entität (siehe Abbildung 8.65).

Schauen Sie sich auch die Registerkarten **Sortieren** und **Filtern** an. In Abschnitt 8.3.2, »Service implementieren«, haben wir im OData-Service festgelegt, dass die Spalten `Userid`, `fname` und `lname` filterbar sein sollen. Wenn Sie nun auf die Registerkarte **Filtern** wechseln, werden Sie feststellen, dass diese Informationen per Annotation an das Smart Control gesendet werden und das Control genau für diese Spalten einen Filter bereitstellt (siehe Abbildung 8.66).

Noch mehr Möglichkeiten haben Sie mit SAP Fiori Elements. SAP Fiori Elements bietet Designs und vordefinierte Muster für allgemeine App-Anwendungsfälle, wie z. B. List Reports oder Worklist-Applikationen. SAP Fiori Elements basieren, genau wie die Smart Controls, auf OData-Services bzw. Core Data Services und Annotationen. Sie benötigen für den Einsatz also keine JavaScript- und nur rudimentäre SAPUI5-Kenntnisse. Kleinere Anpassungen können Sie in den sogenannten Extensions vornehmen, aber im Großen und Ganzen nutzen Sie den vorhandenen Floorplan.

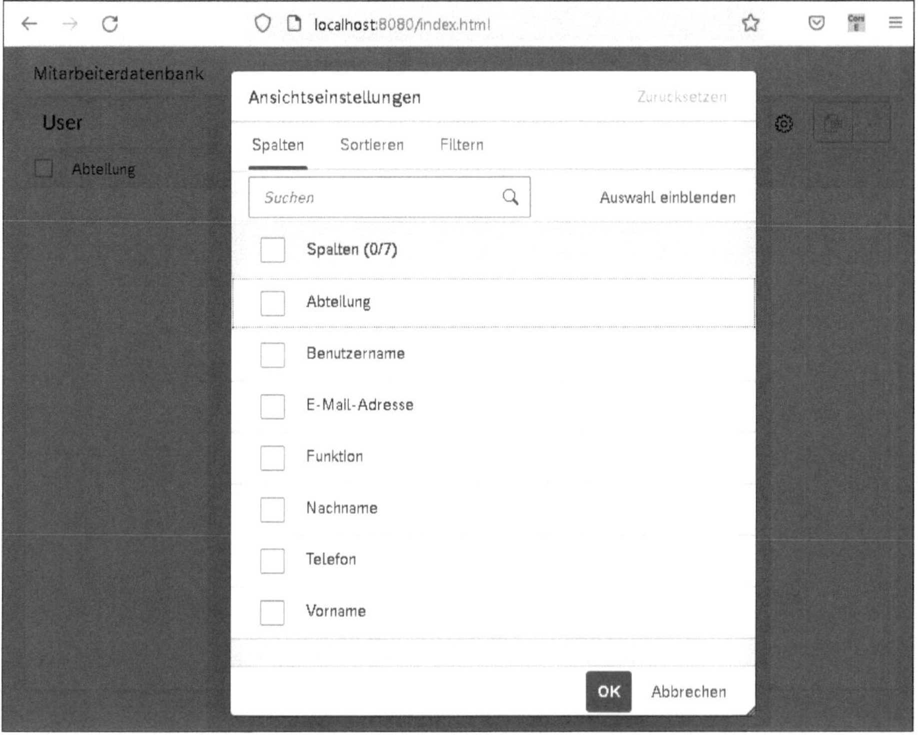

Abbildung 8.65 Spalten des Smart Controls

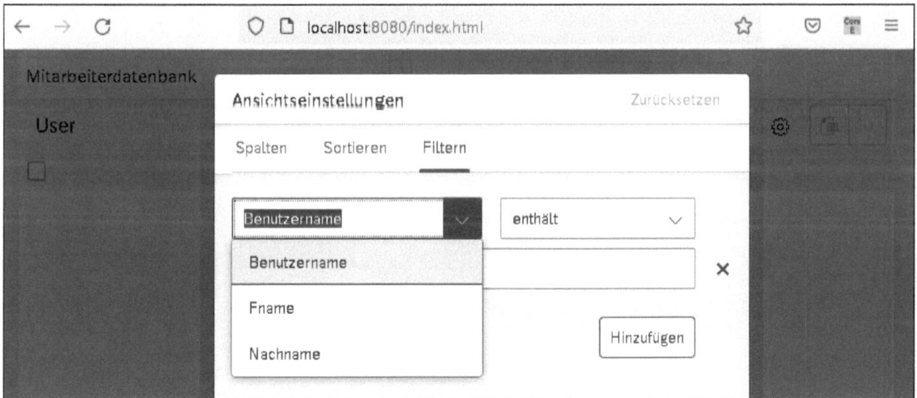

Abbildung 8.66 Filtermöglichkeiten im Smart Control

Weiterführende Literatur zu SAP Fiori Elements

Wenn Sie mehr über den Einsatz von SAP Fiori Elements lernen wollen, werfen Sie doch einen Blick in das Praxishandbuch »SAP Fiori Elements« von Rene Glavanovits, Martin Koch, Daniel Krancz und Maximilian Olzinger (SAP PRESS 2022).

8.6 Mit Mockdaten arbeiten

Wenn Sie, wie in Abschnitt 8.3.1, »Service definieren«, gezeigt, mit dem Entity Data Model beginnen, können die Frontend- und die Backend-Entwicklung parallel bzw. von zwei verschiedenen Personenkreisen durchgeführt werden. Damit Sie als Frontend-Entwickler nicht auf die fertige Backend-Entwicklung warten müssen, können Sie in SAPUI5 über den *Mockserver* Mockdaten erzeugen und auf Basis dieser Daten mit der Implementierung der Benutzeroberfläche beginnen.

Für die Generierung der Mockdaten benötigen Sie die Servicebeschreibung. In Abschnitt 8.3.1 haben wir den Service mit dem OData Modeler in Eclipse modelliert. Nach dem Export steht Ihnen die Datei **metadata.xml** zur Verfügung. Aus dieser Datei können Sie Mockdaten erzeugen und über den Mockserver einen OData-Server simulieren. Selbst wenn Sie auf diesen Schritt verzichten, können Sie den Service im *SAP Gateway Service Builder* (Transaktion SEGW) zunächst nur modellieren. Bevor Sie mit der Implementierung beginnen, registrieren Sie den Service und laden im Gateway-Client die **metadata**-Datei herunter.

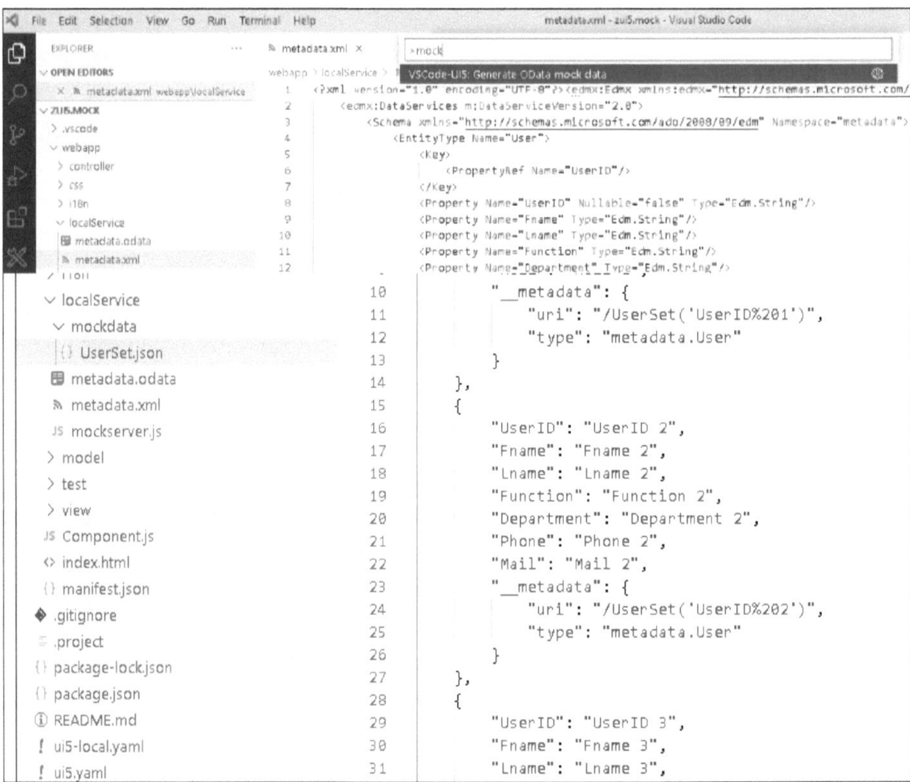

Abbildung 8.67 Mit dem OData Mock Generator generierte Daten

In VS Code können Sie für die Generierung der Mockdaten das Plug-in *VSCode-UI5: OData Mock Generator* verwenden, das Sie im Visual Studio Marketplace unter *http://s-prs.de/v890106* finden. Dieses Plug-in erzeugt anhand der **metadata.xml** randomisierte Mockdaten, wie in Abbildung 8.67 gezeigt.

Den eigentlichen Mockserver, die Instanziierung des Mockservers, das Laden der Mockdateien usw. müssen Sie nicht programmieren, das ist bereits im Template implementiert. Im Verzeichnis **test** finden Sie die Datei **Mockserver.html** (siehe Abbildung 8.68).


```
> OPEN EDITORS
∨ ZUI5.MOCK
  > model
  ∨ test
    > integration
    > unit
    <> flpSandbox.html
    JS flpSandbox.js
    JS initFlpSandbox.js
    JS initMockServer.js
    <> mockServer.html
    <> testsuite.qunit.html
    JS testsuite.qunit.js
  ∨ view
    Main.view.xml
  JS Component.js
  <> index.html
  {} manifest.json
∨ UI5 EXPLORER
```

```
webapp > test > <> mockServer.html > ...
<!DOCTYPE html>
<html>
    <head>
        <meta charset="utf-8" />
        <meta name="viewport" content="width=device-width, initial-scale=1.0" />
        <title>nn</title>

        <script
            id="sap-ui-bootstrap"
            src="../../resources/sap-ui-core.js"
            data-sap-ui-theme="sap_fiori_3"
            data-sap-ui-resourceroots='{
                "zui5.mock": "../"
            }'
            data-sap-ui-oninit="module:zui5/mock/test/initMockServer"
            data-sap-ui-compatVersion="edge"
            data-sap-ui-async="true"
            data-sap-ui-preload="async"
            data-sap-ui-frameOptions="trusted"
        ></script>
    </head>
```

Abbildung 8.68 Datei »MockServer.html«

Die Datei **MockServer.html** ruft die Datei **initMockServer.js** im gleichen Verzeichnis auf. Diese nimmt ein Array von Mockservern entgegen und ruft jeweils die `init`-Methode auf, wie in Abbildung 8.69 gezeigt.

```
∨ ZUI5.MOCK
  > model
  ∨ test
    > integration
    > unit
    <> flpSandbox.html
    JS flpSandbox.js
    JS initFlpSandbox.js
    JS initMockServer.js      1
    <> mockServer.html        4
    <> testsuite.qunit.html
    JS testsuite.qunit.js
  ∨ view
    Main.view.xml
  JS Component.js
```

```
sap.ui.define([
    "../localService/mockserver",
    "sap/m/MessageBox"
], function (mockserver, MessageBox) {
    "use strict";

    var aMockservers = [];

    // initialize the mock server
    aMockservers.push(mockserver.init());

    Promise.all(aMockservers).catch(function (oError) {
        MessageBox.error(oError.message);
    }).finally(function () {
        // initialize the embedded component on the HTML page
        sap.ui.require(["sap/ui/core/ComponentSupport"]);
    });
});
```

Abbildung 8.69 Datei »initMockserver.js«

Der eigentliche Mockserver ist in dem Verzeichnis **localService** implementiert. Wie Sie Abbildung 8.70 entnehmen können, erwartet der Mockserver die Mockdaten im Verzeichnis **localService/mockdata**, die Sie zuvor mit dem OData Mock Generator erzeugt haben.

ZUI5.MOCK
controller
Main.controller.js
css
i18n
localService
mockdata
UserSet.json
metadata.odata
metadata.xml
mockserver.js
model
test

```
sap.ui.define([
    "sap/ui/core/util/MockServer",
    "sap/ui/model/json/JSONModel",
    "sap/base/util/UriParameters",
    "sap/base/Log"
], function (MockServer, JSONModel, UriParameters, Log) {
    "use strict";

    var oMockServer,
        _sAppPath = "zui5.mock/",
        _sJsonFilesPath = _sAppPath + "localService/mockdata";

    var oMockServerInterface = {

        /**
         * Initializes the mock server asynchronously.
```

Abbildung 8.70 Datei »mockserver.js«

Wenn Sie Ihre Anwendung mit Mockdaten ausführen möchten, dann wählen Sie entsprechend die vorgefertigte Run-Konfiguration »Mock« aus (siehe Abbildung 8.71).

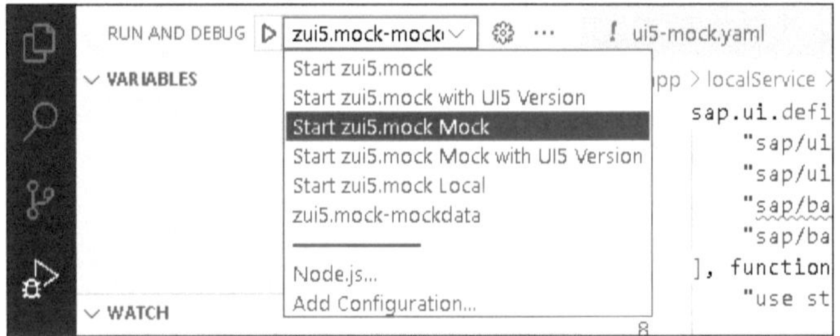

Abbildung 8.71 Run-Konfigurationen auswählen

Die erzeugten Mockdaten reichen völlig aus, um die UI-Entwicklung parallel zur Backend-Entwicklung voranzutreiben.

Damit ist Ihr Grundlagenwerkzeugkasten nun komplett. Sie haben die wichtigsten Themen der SAPUI5-Entwicklung kennengelernt. Nun fehlen Ihnen noch etwas Übung und der Überblick, wann Sie welche Technik einsetzen. Aus diesem Grund implementieren wir in den folgenden zwei Kapiteln etwas größere Anwendungen. Beginnen wir mit einer Portalanwendung.

Kapitel 9
Beispielentwicklung einer Portalanwendung

In diesem Kapitel fügen wir die bisher gelernten Dinge zusammen – Sie entwickeln eine vollständige Anwendung in SAPUI5. Dabei werden Sie noch neue Controls kennenlernen und Ihre Kenntnisse des Zusammenspiels der einzelnen Komponenten vertiefen.

Ziel dieses Kapitels ist die Implementierung eines Mitarbeiterportals. In diesem Portal sollen Mitarbeiter Aufgaben pflegen, einen Urlaubsantrag stellen und ihre Arbeitszeiten erfassen können. Daneben soll es eine Reiseplanungsfunktion geben. In Kapitel 10, »Beispielentwicklung einer SAP-Fiori-App«, werden wir eine mobile App entwickeln, über die die in diesem Portal erfassten Urlaubsanträge genehmigt werden können.

Das Mitarbeiterportal lässt genug Potenzial, um weiter ausgebaut zu werden. So haben Sie die Möglichkeit, an diesem Portal weiterzuarbeiten und Ihre Fähigkeiten in SAPUI5 durch weitere Übung noch zu verbessern, auch nachdem Sie dieses Buch durchgearbeitet haben.

Aufgrund von Datenschutzrichtlinien basiert unser Portal auf eigenen Datenbanktabellen und liest nicht aus den Stammdatentabellen des SAP-Systems. Selbstverständlich können Sie in Ihrer Version auch auf echte Daten zugreifen.

9.1 User-Interface-Design entwerfen

Die Wahl der UI-Technologie zur Implementierung unserer Anwendung fällt natürlich auf SAPUI5; als ERP-System werden wir auch diesmal den ABAP-Stack der SAP Business Suite verwenden. Dadurch, dass die Entwicklung der Benutzeroberfläche (View) und der Datenbankkommunikation (Model) in SAPUI5 sehr viel strikter voneinander getrennt sind als in der klassischen ABAP-Entwicklung, ist es ratsam, sich vorher über die notwendigen Schnittstellen Gedanken zu machen. Ich beginne am liebsten mit dem UI-Design, da ich daraus schnell die benötigten Services im Backend ableiten kann. Ein *UI-Mockup* bringt natürlich auch den Vorteil mit sich, dass Sie diesen dem Fachbereich präsentieren können und über die einzelnen Funktionen und die UI-Ergonomie sehr viel besser diskutieren können.

Für interne Zwecke nutze ich für das UI-Design nach wie vor am liebsten das Whiteboard oder Stift und Papier. Ich habe mich in diesem Beispiel für die Verwendung des Mockup-Werkzeugs von Axure entschieden, da SAP für dieses Tool die *SAP Fiori Design Stencils* anbietet, mit denen Sie sehr realitätsnahe Mockups erzeugen können. Axure ist kostenpflichtig, für das Beispiel ist jedoch die kostenlose Testversion ausreichend. Alternativ können Sie das SAP-eigene Mockup-Werkzeug Build nutzen. Weitere Informationen hierzu finden Sie unter *http://www.build.me*. Hier können Sie sich für einen Account registrieren, und selbstverständlich können Sie auch beliebige andere UI-Prototyping-Tools verwenden, z. B. das Open-Source-Projekt Pencil (*http://pencil.evolus.vn*), Balsamiq (*https://balsamiq.com*) oder Microsoft PowerPoint. Die Liste der Tools, für die SAP die SAP Fiori Design Stencils anbietet, finden Sie unter *https://experience.sap.com/fiori-design-web/downloads*. Die URLs auf der Webseite der SAP Fiori Design Guidelines ändern sich gerne und oft. Sollte die genannte Seite nicht mehr verfügbar sein, suchen Sie im Internet nach »Fiori Design Stencils«. So finden Sie jederzeit die aktuelle URL.

Checkliste

Was Sie für dieses Kapitel brauchen:

- Axure (*www.axure.com*) oder SAP Build
- SAP Fiori Design Stencils für Axure (*https://experience.sap.com/fiori-design-web/downloads/*)

Laden Sie im ersten Schritt Axure herunter, und installieren Sie die Software auf Ihrem PC. Laden Sie auch die Design Stencils (Schablonen) für Axure von der Seite *https://experience.sap.com/fiori-design-web/downloads/* herunter, und entpacken Sie die ZIP-Datei.

Nachdem Sie Axure gestartet haben, können Sie im linken Bereich unter **Widgets** • [Symbol] • **Load Library** neue Bibliotheken laden (siehe Abbildung 9.1).

Laden Sie nun nacheinander die vier Dateien aus der entpackten ZIP-Datei in Axure (siehe Abbildung 9.2).

Die Datei **Fiori_Stencils_Wave8_L.rplib** enthält Templates für große Bildschirme (Desktop), **Fiori_Stencils_Wave8_M.rplib** enthält Templates für mittlere Bildschirmgrößen (Tablet), **Fiori_Stencils_Wave8_S.rplib** für Smartphones und **SAP_icons_3.1.1.rplib** beinhaltet die Schriftart SAP Icon.

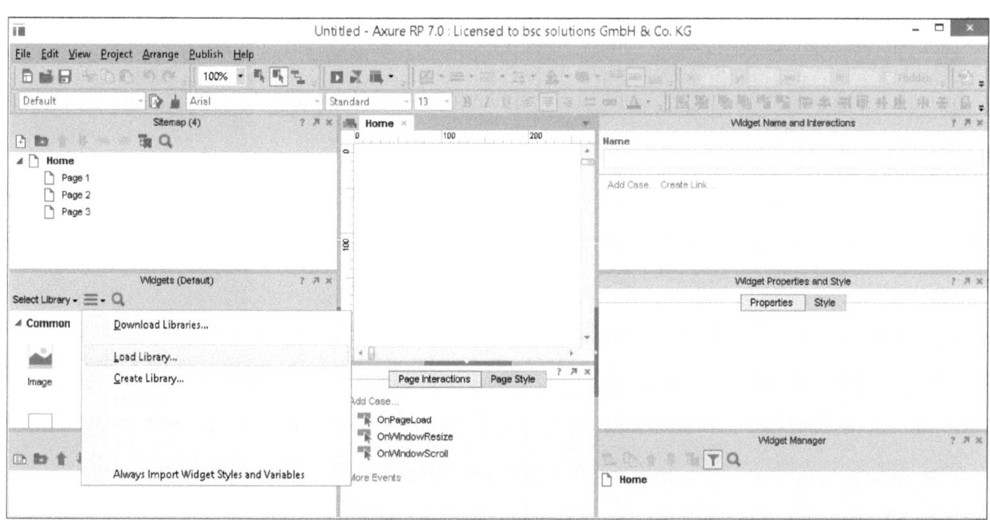

Abbildung 9.1 SAP Fiori Design Stencils in Axure laden

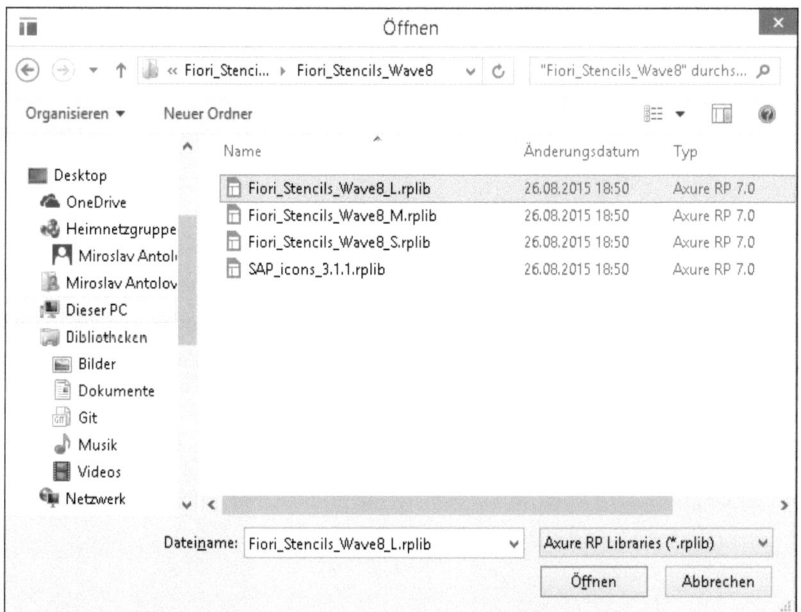

Abbildung 9.2 SAP Fiori Design Stencil auswählen und hochladen

Nachdem Sie die Dateien der Bibliothek geladen haben, können Sie auf der linken Seite unter **Widgets** ein SAPUI5-Control auswählen und per Drag & Drop in den **Arbeitsbereich** übernehmen (siehe Abbildung 9.3).

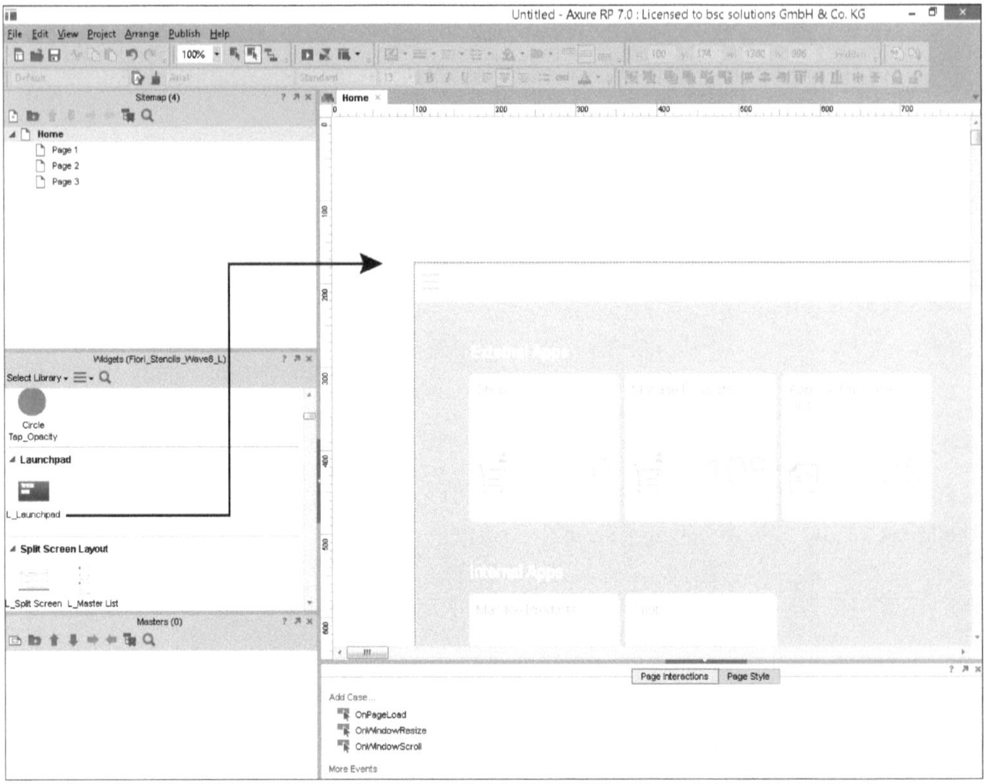

Abbildung 9.3 UI-Elemente in die View-Vorlage in Axure übernehmen

Sie finden im Download-Bereich zu diesem Buch unter *www.sap-press.de/5501* das Axure-Projekt **portal.rp**. Dieses Projekt können Sie in Axure über **File • open** laden und als Grundlage für Ihr Portal verwenden. Die Startseite unserer Portalanwendung soll dem SAP Fiori Launchpad ähneln. Von dieser Startseite aus sollen die Anwender auf die vier Anwendungen **Aufgaben**, **Zeiterfassung**, **Urlaubsantrag** und **Route** zur Routenplanung zugreifen können. Legen Sie daher zunächst im linken, oberen Bereich unter **Sitemap** die Seiten für die vier Anwendungen an (siehe Abbildung 9.4), indem Sie im Kontextmenü **Add • Child Page** wählen.

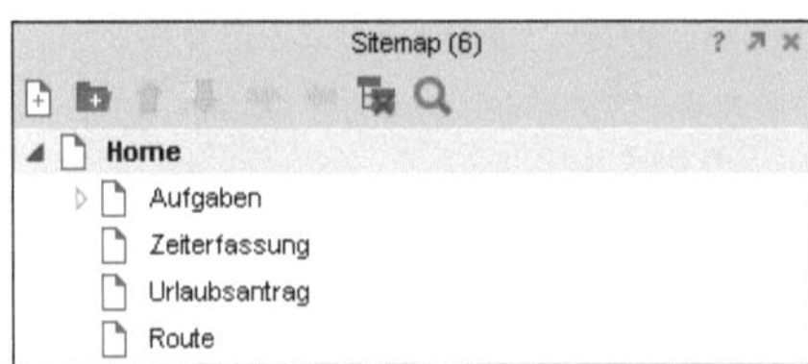

Abbildung 9.4 Aufbau der Portalstruktur in Axure

Als Template für die Gestaltung der Startseite übernehmen Sie das SAP Fiori Launchpad, indem Sie das Element **Launchpad** im Bereich **Widgets** auswählen und per

Drag & Drop in den Arbeitsbereich ziehen (siehe Abbildung 9.3). Passen Sie es anschließend so an, dass es die vier Kacheln unserer Anwendung darstellt, so wie in Abbildung 9.5 zu sehen. Löschen Sie dazu die überflüssigen Kacheln aus dem Template. Passen Sie anschließend die Texte und Icons der Kacheln an.

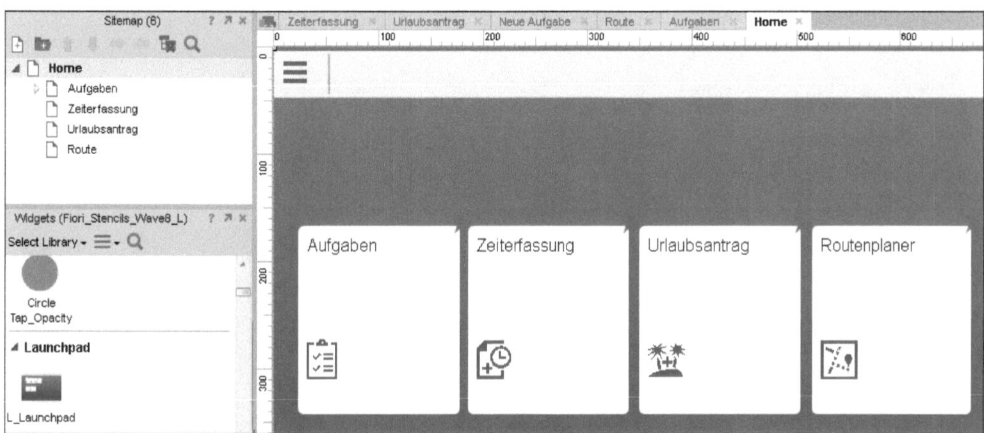

Abbildung 9.5 Entwurf der Startseite der Portalanwendung

Die Oberfläche der ersten Anwendung, die Aufgabenliste, gestalten wir mit dem `TimeLine`-Control. Die angelegten Aufgaben sollen sortiert nach Datum angezeigt werden. Wenn eine Aufgabe vom Anwender als erledigt markiert wird, soll diese gar nicht mehr in der Liste angezeigt werden. Die Priorität der Aufgaben stelle ich mithilfe des `RatingIndicator`-Controls dar, um Ihnen ein weiteres Control zu zeigen. Alternativ können Sie hier auch wieder ein `Table`-Control verwenden. Dadurch ergibt sich für die Aufgabenliste das Design aus Abbildung 9.6.

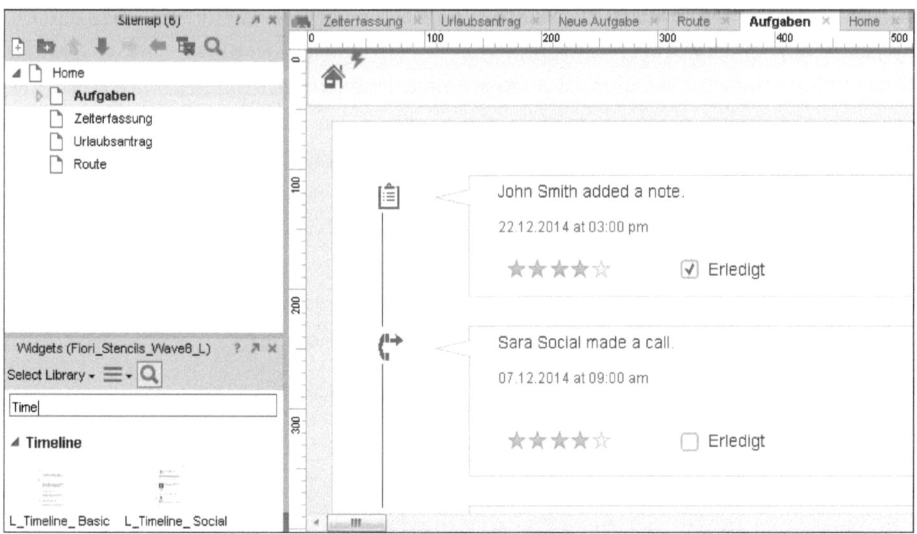

Abbildung 9.6 UI-Design für die Aufgabenliste

Auf der Seite zur Zeiterfassung soll eine Tabelle mit den Arbeitszeiten der Mitarbeiter angezeigt werden. Es muss die Möglichkeit geschaffen werden, Zeiten zu erfassen, und ein Diagramm soll die Arbeitszeiten visualisieren. Abbildung 9.7 zeigt, wie die Zeiterfassung aussehen könnte. Dafür habe ich als Widgets **L_Bar_Chart_Interactive** für das Chart und **L_Responsive_Table** für die Tabelle verwendet.

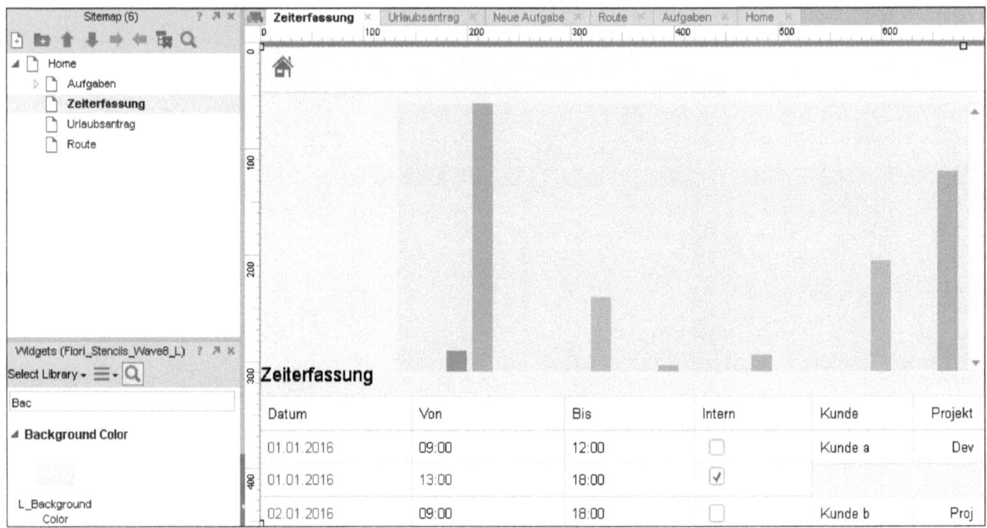

Abbildung 9.7 UI-Design für die Zeiterfassung

Beim Erfassen der Zeiten sollen der Kunde und das Projekt, denen die Arbeitszeit zugeordnet ist, über eine Dropdown-Box auswählbar sein, so wie in Abbildung 9.8 dargestellt.

An die Erfassungsseite für die Urlaubsanträge stellen wir die Anforderung, dass ein Kalender angezeigt werden soll, in dem die eingetragenen Urlaubstage farblich markiert sind. In diesem Kalender sollen Anwender die gewünschten neuen Urlaubstage markieren können, woraufhin der Urlaubsantrag an das SAP-Backend gesendet wird. Des Weiteren sollen die bisherigen Urlaubsanträge des Mitarbeiters, sortiert nach Ihrem Status, angezeigt werden. Außerdem soll bei der Erfassung ein Antragstyp, also z. B. **Urlaub**, **Krankheit**, **Überstunden** usw. auswählbar sein. Abbildung 9.9 zeigt, wie eine Seite zur Urlauberfassung aussehen könnte. Auch hier habe ich wieder **L_Responsive_Table** für die Tabelle verwendet. Da das `Calendar`-Control nicht als Vorlage verfügbar war, habe ich zur Skizzierung der Anwendung einen Screenshot im **Explored**-Bereich der API-Referenz erstellt und als Bild eingefügt.

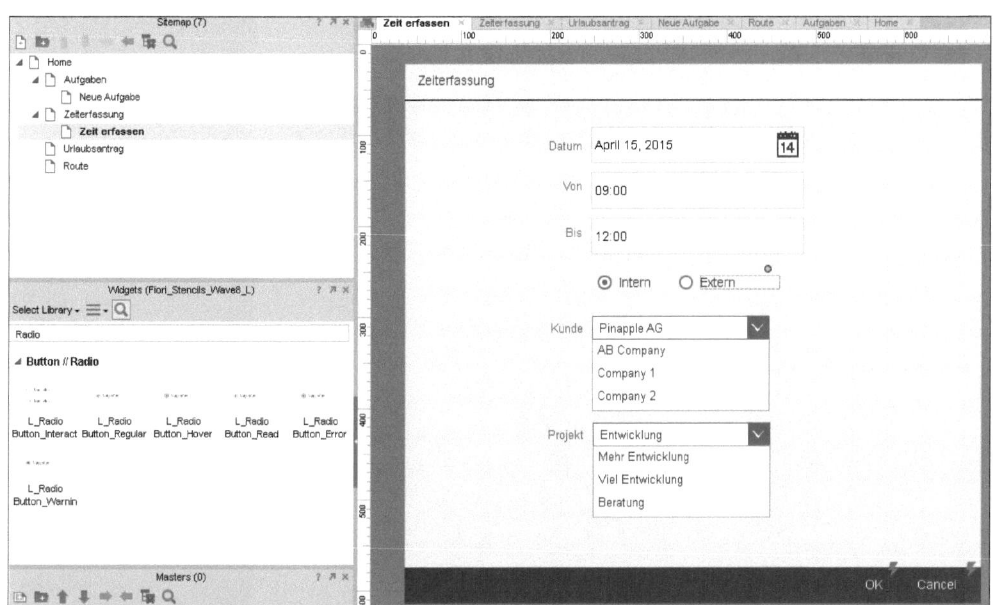

Abbildung 9.8 UI-Design für die Erfassung eines Arbeitszeiteintrags

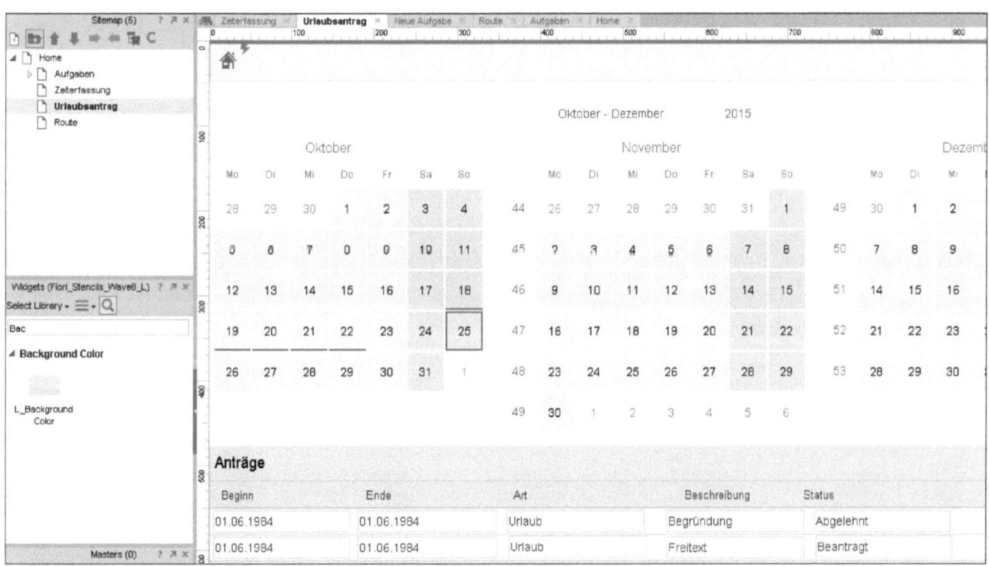

Abbildung 9.9 UI-Design für Urlaubsantragserfassung und -verarbeitung

Die Routenplanung soll Google Maps einbinden und die Möglichkeit bieten, Start und Ziel einer Route einzugeben, um diese berechnen zu lassen. Abbildung 9.10 zeigt eine mögliche Routenplanungsseite. Da es für Google Maps auch kein Widget gibt, habe ich hier wieder einen Screenshot erstellt und in die Anwendungsskizze eingefügt.

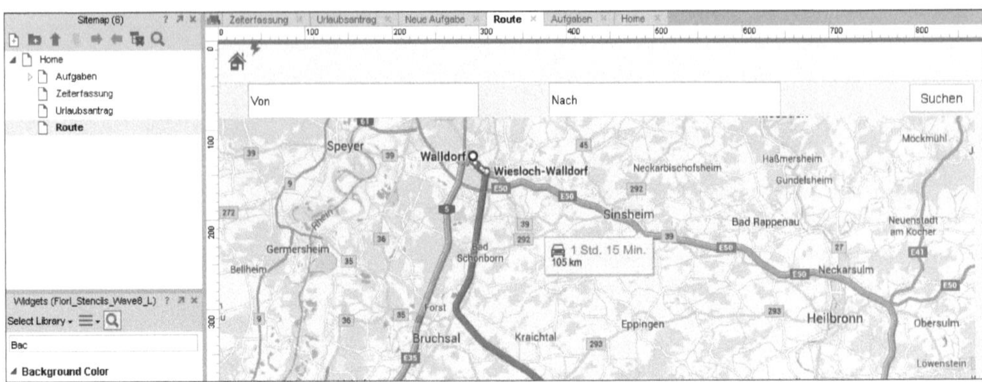

Abbildung 9.10 UI-Design für die Routenplanungsseite

Durch die Entwicklung des UI-Designs haben wir nun eine sehr klare Vorstellung davon, welche Entitäten unser Service benötigt und welche Attribute die jeweilige Entität haben muss. Mit diesem Wissen können wir uns dem Design des Backend-Service widmen.

Wenn Sie SAP Build nutzen möchten, schauen Sie sich am besten in der Galerie (siehe Abbildung 9.11) um, und wählen Sie als Grundlage die App, die am besten zu Ihren Anforderungen passt.

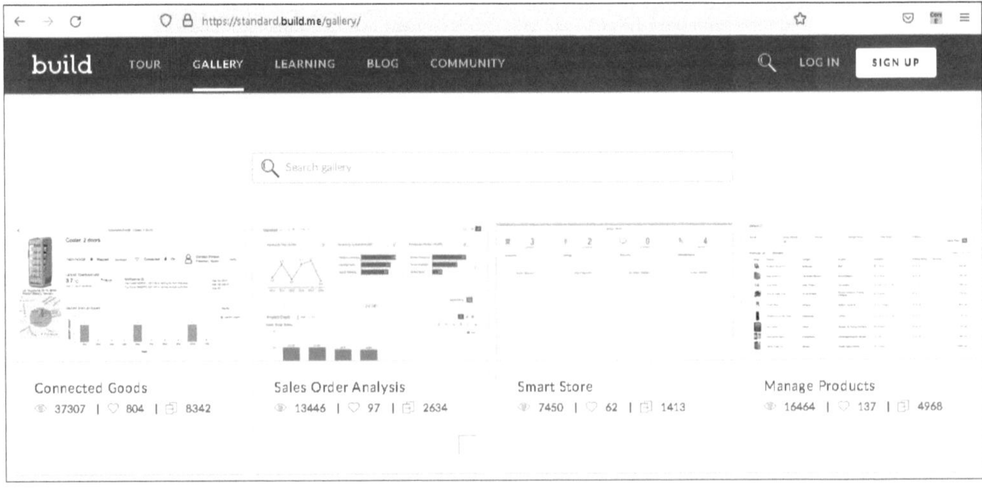

Abbildung 9.11 SAP Build Gallery

Für unser Beispiel können Sie z. B. die Anwendung **Smart Store** verwenden, da sie auch ein kleines Launchpad hat und auf verschiedene Subseiten navigiert (siehe Abbildung 9.12).

Abbildung 9.12 Template »Smart Store«

9.2 Datenmodell erstellen

Das Datenmodell entwickeln wir wieder mithilfe des Eclipse-Plug-ins Ogee (siehe Abschnitt 8.3.1, »Service definieren«). Im rechten oberen Bereich der Portalseite möchten wir den Namen des angemeldeten Benutzers anzeigen, d. h., wir benötigen einen Service, der uns den Benutzernamen zurückgibt. Des Weiteren benötigen wir einen Service für die Aufgaben, einen für die Urlaubsanträge und einen für die Zeiterfassung. Für die Zeiterfassungsseite benötigen wir noch die Wertehilfe, über die die Anwender das Projekt und den Kunden auswählen können, für die Abwesenheitsantragsseite benötigen wir eine Wertehilfe für die Auswahl des Antragstyps. Das sich daraus ergebende Datenmodell für die Backend-Services sehen Sie in Abbildung 9.13.

Uns Frontend-Entwicklern reichen diese Informationen schon aus. In Abschnitt 8.6, »Mit Mockdaten arbeiten«, haben Sie gelernt, wie Sie anhand dieses Modells Mockdaten generieren und auf Basis dieser Mockdaten die Benutzeroberfläche implementieren können. Wenn Sie den Service im Backend implementieren und lieber mit echten Daten arbeiten möchten, finden Sie im Download-Bereich zu diesem Buch eine Anleitung für die Implementierung des Backend-Service.

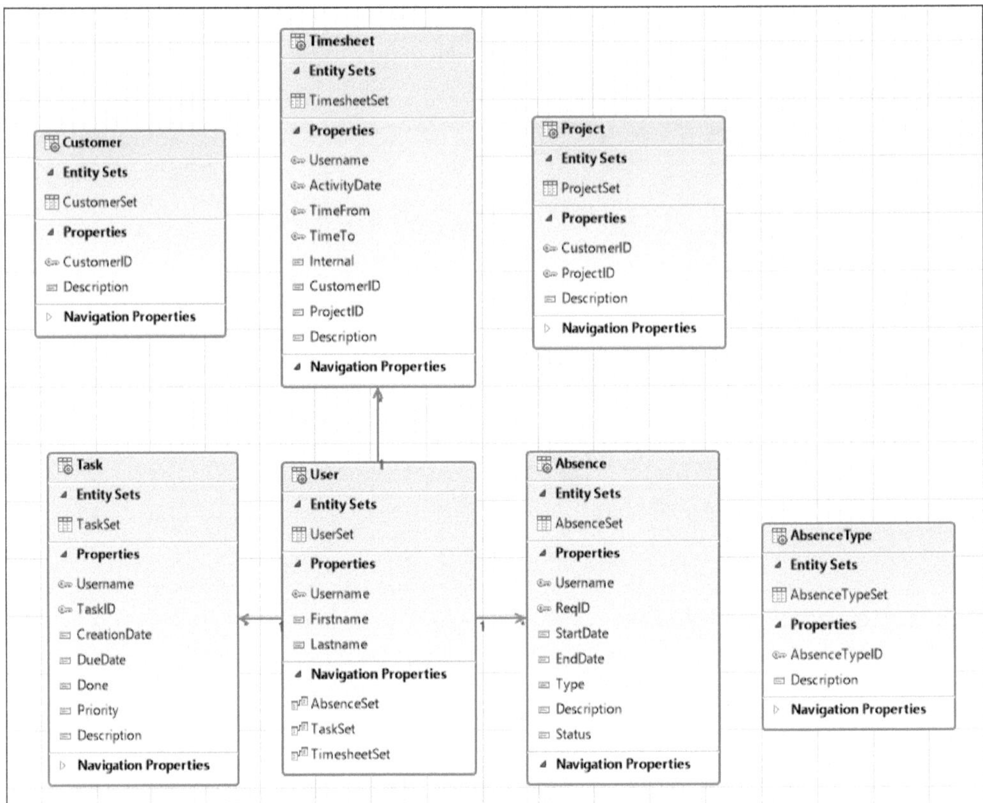

Abbildung 9.13 Entity Data Model (EDM) für die Portalanwendung

9.3 Benutzeroberfläche implementieren

Wir implementieren unsere Portalanwendung mit einer Component. Der `Root`-View beinhaltet das `App`-Control und ein `ShellBar`-Control, damit wir rechts oben den Benutzernamen anzeigen können. Der `Home`-View beinhaltet vier `GenericTile`-Controls, jeweils für die vier Portalseiten. Klicken die Anwender auf eine Kachel, wird der entsprechende View (z. B. Urlaubsantrag) aufgerufen.

9.3.1 Grundgerüst der Portalanwendung

Damit der Code nicht zu kompliziert wird, beschränke ich mich bei der Implementierung des Portals auf die wesentlichen Punkte. Natürlich fehlt an vielen Stellen eine adäquate Fehlerbehandlung usw. Der Fokus soll aber darauf liegen, dass Sie den wesentlichen Punkt erfassen. Den Rest drumherum schaffen Sie auch allein, das erforderliche Wissen haben Sie bereits. Sehen Sie diese Implementierung als Grundgerüst an, sie lässt Ihnen Platz, Ihre eigenen Ideen auszuprobieren und das Portal mit zusätzlichen Funktionen auszuschmücken. Damit Sie bei dieser Anwendung den Überblick behalten, habe ich mich diesmal für eine etwas andere Projektstruktur entschieden. Für jede Kachel legen wir ein eigenes Verzeichnis an. Legen Sie das neue Projekt `zui5.portal` über das bekannte Template mit dem initialen XML-View `Root` an, und legen Sie unterhalb des **view**-Verzeichnisses die vier Verzeichnisse **leave**, **route**, **task** und **timesheet** an, sodass sich für dieses Projekt die Struktur aus Abbildung 9.14 ergibt.

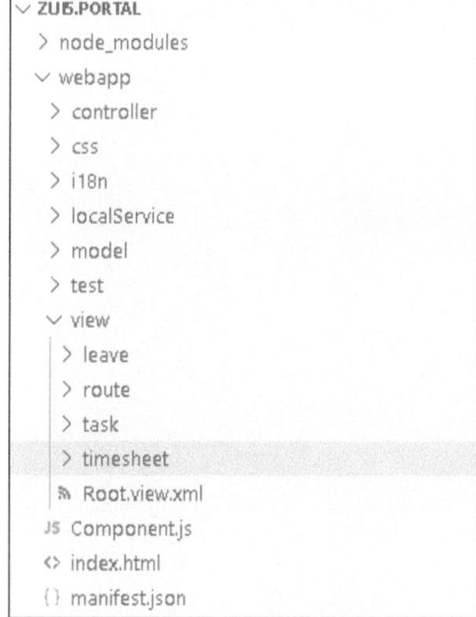

Abbildung 9.14 Projektstruktur in der IDE anlegen

Da ich dieses Beispiel so realitätsnah wie möglich gestalten möchte, verwenden wir ein Resource Model (siehe Abschnitt 6.2.3). Legen Sie unterhalb des Verzeichnisses **webapp** und innerhalb des Verzeichnisses **i18n** die Datei **i18n_de.properties** an. Unterhalb des **view**-Verzeichnisses benötigen Sie noch einen `Home`-View, der die vier Kacheln beinhalten wird. Legen Sie unterhalb der vier Anwendungsverzeichnisse auch jeweils einen View mit Controller an, sodass die Projektstruktur am Ende wie in Abbildung 9.15 aussieht.

Passen Sie, wie Sie es in den vorangegangenen Beispielen dieses Buches gelernt haben, in jedem View und in jedem Controller den Pfad an. Ich zeige Ihnen in Listing 9.1 exemplarisch die Anpassung des Pfades für den `Leave`-View. Wiederholen Sie diesen Schritt für die Views `Task`, `Timesheet` und `Route`. Für den Titelbalken des Views können Sie gleich einen Text aus der Datei **i18n.properties** vorsehen. Setzen Sie die Property `showNavButton` auf `true`, und hinterlegen Sie für das Ereignis `navButtonPress` die Funktion `onBackPressed`. Mithilfe dieser Eigenschaft werden wir die Zurück-Navigation implementieren, so wie Sie es in Abschnitt 7.3.2, »Navigation«, gelernt haben.

```
<core:View xmlns:core="sap.ui.core"
           xmlns="sap.m"
           controllerName="zui5.portal.controller.leave.Leave">

  <Page title="{i18n>leave.title}"
        showNavButton="true"
        navButtonPress="onBackPressed">

  </Page>
</core:View>
```

Listing 9.1 Leave-View mit angepasstem Controller-Pfad

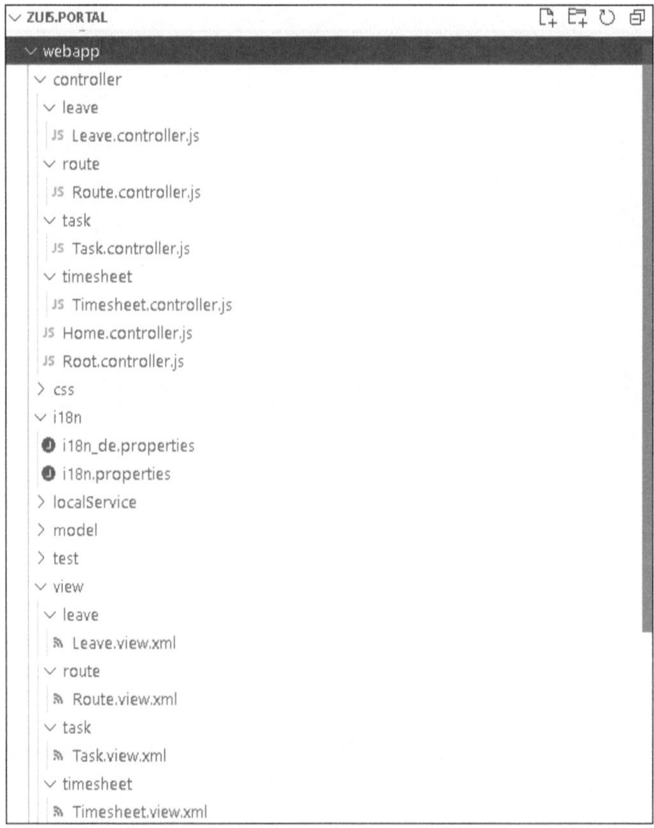

Abbildung 9.15 Erweiterte Projektstruktur mit Component und Views

Wenn Sie die Erweiterung i18n Ally (siehe Abschnitt 4.2.2, »Nützliche Plug-ins und Tools«) installiert haben, können Sie die Texte bequem aus dem View heraus anlegen und pflegen. Sie müssen also nicht jedes Mal in die **i18n**-Datei wechseln (siehe Abbildung 9.16). Pflegen Sie am besten gleich die zugehörigen Texte.

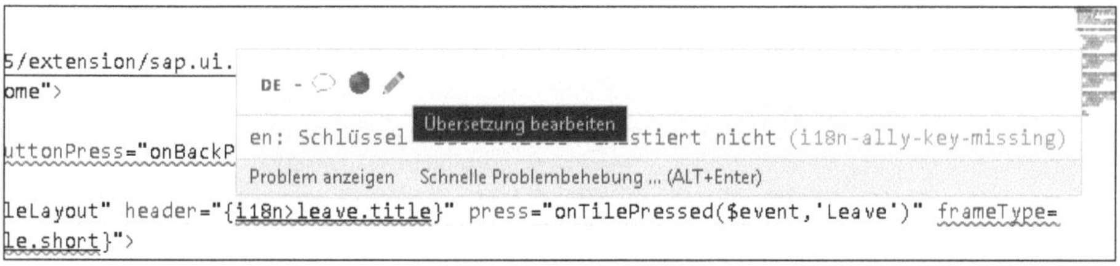

```
5/extension/sap.ui.   DE -
ome">
                      en: Schlüssel ... stiert nicht (i18n-ally-key-missing)
uttonPress="onBackP   Problem anzeigen   Schnelle Problembehebung ... (ALT+Enter)
leLayout" header="{i18n>leave.title}" press="onTilePressed($event,'Leave')" frameType=
le.short}">
```

Abbildung 9.16 »i18n« mit i18n Ally im View anlegen

In großen Projekten werden Sie feststellen, dass Sie bestimmte Funktionen immer wieder benötigen, z. B. die Ermittlung der Component-Instanz oder des Routing-Objekts. Natürlich könnten Sie diese Funktionen in jeden Controller implementieren, aber wie in allen Programmiersprachen gilt auch für JavaScript der Grundsatz, redundantes Coding zu vermeiden. Wir machen uns daher die `extend`-Methode zunutze und implementieren einen Basis-Controller. Dieser Basis-Controller soll die typischen Hilfsfunktionen beinhalten; und jeder andere Controller erweitert diesen Basis-Controller. Legen Sie dazu unterhalb des Verzeichnisses **webapp/controller** ein neues Verzeichnis **base** und unterhalb dieses Verzeichnisses die Datei **BaseController.js** mit dem Quellcode aus Listing 9.2 an. Registrieren Sie den Controller unter dem Namen `zui5.portal.controller.base.BaseController`.

```
sap.ui.define([
  "sap/ui/core/mvc/Controller"
], function (Controller) {
  "use strict";

  return Controller.extend(
        "zui5.portal.controller.base.BaseController", {

  });

});
```

Listing 9.2 Basis-Controller (BaseController.js)

Alle anderen Controller erweitern den Basis-Controller. Die Anpassung zeige ich Ihnen wieder exemplarisch anhand des `Leave`-Controllers. Wiederholen Sie diesen Schritt auch für die anderen drei Controller. Als Namen für den Controller verwenden Sie jeweils den Pfad zu der Datei, für den `Leave`-Controller lautet der vollständige Name also **zui5.portal.view.leave.Leave**, für den `Task`-Controller entsprechend **zui5.portal.view.task.Task** usw. Passen Sie nun die vier Controller nach dem Schema aus Listing 9.3 an.

```
sap.ui.define([
  "zui5/portal/controller/base/BaseController",
], function (BaseController) {
  "use strict";

  return BaseController.extend("zui5.portal.controller.leave.Leave", {
    onInit: function() {
    },
    onBeforeRendering: function() {
    },
    onAfterRendering: function() {
    },
    onExit: function() {
    }

  })
});
```

Listing 9.3 Controller-Struktur

Im nächsten Schritt kümmern wir uns um die Navigation innerhalb des Portals. Im Root-View fügen Sie lediglich das App-Control hinzu. Sie implementieren das App-Control mit der ID app, wie Sie es in Abschnitt 7.3.2, »Navigation«, gelernt haben, in Listing 9.4.

```
<mvc:View
  controllerName="zui5.portal.controller.Root"
  xmlns:mvc="sap.ui.core.mvc"
  xmlns="sap.m"
  displayBlock="true">

    <App id="app" />

</mvc:View>
```

Listing 9.4 Root-View mit der Implementierung des App-Controls

Im Home-View implementieren Sie vier GenericTile-Controls für unsere vier Teilanwendungen. Damit Sie nicht vier Ereignis-Callback-Funktionen schreiben müssen, erweitern Sie den Aufruf der Funktion um ein zusätzliches Argument. In diesem Argument übergeben Sie den Namen der Route. Alternativ dazu könnten Sie sich auch das CustomData-Attribut zunutze machen (siehe auch Abschnitt 6.3.9, »Custom Data Binding«), um das Navigationsziel der jeweiligen Kachel an unsere Event-Handler-Funktion zu übergeben (siehe Listing 9.5).

```
<mvc:View
  xmlns:core="sap.ui.core"
  xmlns:mvc="sap.ui.core.mvc"
  xmlns="sap.m"
  controllerName="zui5.portal.controller.Home">

    <GenericTile class="sapUiTinyMargin tileLayout"
                 header="{i18n>leave.title}"
                 press="onTilePressed($event,'Leave')">
      <TileContent footer="{i18n>leave.title.short}">
        <ImageContent src="sap-icon://create-leave-request" />
      </TileContent>
    </GenericTile>

    <GenericTile class="sapUiTinyMargin tileLayout"
                 header="{i18n>route.title}"
                 press="onTilePressed($event,'Route')">
      <TileContent footer="{i18n>route.title.short}">
        <ImageContent src="sap-icon://map-2" />
      </TileContent>
    </GenericTile>

    <GenericTile class="sapUiTinyMargin tileLayout"
                 header="{i18n>task.title}"
                 press="onTilePressed($event,'Task')">
      <TileContent footer="{i18n>task.title.short}">
        <ImageContent src="sap-icon://activity-items" />
      </TileContent>
    </GenericTile>

    <GenericTile class="sapUiTinyMargin tileLayout"
                 header="{i18n>timesheet.title}"
                 press="onTilePressed($event,'Timesheet')">
      <TileContent footer="{i18n>timesheet.title.short}">
        <ImageContent src="sap-icon://timesheet" />
      </TileContent>
    </GenericTile>

  </Page>
</mvc:View>
```

Listing 9.5 Home-View mit den vier Kacheln

Wenn Sie sich für die Alternative mit den CustomData-Attributen entschieden haben, hängen Sie den Namen der Navigation als Attribut an das Element, wie exemplarisch in Listing 9.6 gezeigt. Denken Sie daran, den Namensraum zu registrieren (hier data).

```
<mvc:View
  xmlns:core="sap.ui.core"
  xmlns:mvc="sap.ui.core.mvc"
  xmlns="sap.m"
xmlns:data="http://schemas.sap.com/sapui5/extension/sap.ui.core.CustomData/1"
  controllerName="zui5.portal.controller.Home">

    <GenericTile class="sapUiTinyMargin tileLayout"
                 header="{i18n>leave.title}"
                 press="onTilePressed"
                 data:target="Leave">
      <TileContent footer="{i18n>leave.title.short}">
        <ImageContent src="sap-icon://create-leave-request" />
      </TileContent>
    </GenericTile>
```

Listing 9.6 Übergabe der Navigationsinformation über ein data-Attribut

Das Ergebnis ist in beiden Fällen gleich: Sie bekommen die Information des Navigationsziels über das Ereignis mitgeliefert.

Jetzt haben Sie einen guten Überblick über die notwendigen Routen für die Navigation und können deren Konfiguration in der Datei **manifest.json** vornehmen, wie Sie es in Abschnitt 7.3.2, »Navigation«, gelernt haben. Listing 9.7 zeigt einen Ausschnitt der Datei **manifest.json**; die vollständige Datei finden Sie im Download-Material zu diesem Buch. Achten Sie bei der Angabe der View-Pfade darauf, dass sich die Seiten teilweise in Unterverzeichnissen befinden. Der viewPath ist mit zui5.portal.view angegeben, der Leave-View befindet sich z. B. hinter dem Pfad zui5.portal.view.leave.Leave. Sie müssen also beim entsprechenden Target "viewName": "leave.Leave" angeben, damit der komplette Pfad wieder stimmt.

```
"routing": {
    "config": {
    "routerClass": "sap.m.routing.Router",
    "viewType": "XML",
    "async": true,
    "viewPath": "zui5.portal.view",
    "controlAggregation": "pages",
    "controlId": "app",
    "clearControlAggregation": false
```

```
},
"routes": [
{
  "name": "Home",
  "pattern": "",
  "target": ["TargetHome"]
},
{
  "name": "Leave",
  "pattern": "Leave",
  "target": ["TargetLeave"]
},
{
  "name": "Route",
  "pattern": "Route",
  "target": ["TargetRoute"]
},
{
  "name": "Task",
  "pattern": "Task",
  "target": ["TargetTask"]
},
{
  "name": "Timesheet",
  "pattern": "Timesheet",
  "target": ["TargetTimesheet"]
}
],
"targets": {
"TargetHome": {
  "viewType": "XML",
  "transition": "slide",
  "clearControlAggregation": false,
  "viewId": "Home",
  "viewName": "Home"
},
"TargetLeave": {
  "viewType": "XML",
  "transition": "slide",
  "clearControlAggregation": false,
  "viewId": "Leave",
  "viewName": "leave.Leave"
```

```
    },
    "TargetRoute": {
      "viewType": "XML",
      "transition": "slide",
      "clearControlAggregation": false,
      "viewId": "Route",
      "viewName": "route.Route"
    },
    "TargetTask": {
      "viewType": "XML",
      "transition": "slide",
      "clearControlAggregation": false,
      "viewId": "Task",
      "viewName": "task.Task"
    },
    "TargetTimesheet": {
      "viewType": "XML",
      "transition": "slide",
      "clearControlAggregation": false,
      "viewId": "Timesheet",
      "viewName": "timesheet.Timesheet"
    }
    }
  }
```

Listing 9.7 Routen definieren (manifest.json)

Damit ist die Konfiguration der Routen abgeschlossen, und Sie können die Navigation innerhalb des Portals implementieren. Da das Routing-Objekt in jedem Controller ermittelt werden muss, implementieren Sie diese Funktion in dem Basis-Controller. Erweitern Sie dazu den Basis-Controller um die `getRouter`-Funktion aus Listing 9.8.

```
sap.ui.define([
  "sap/ui/core/mvc/Controller"
], function (Controller) {
  "use strict";

  return Controller.extend("zui5.portal.base.BaseController", {

    // Hilfsfunktionen
      getRouter: function () {
        return sap.ui.core.UIComponent.getRouterFor(this);
      }
```

```
  });
});
```

Listing 9.8 Basis-Controller um die Routing-Funktion erweitern

Dadurch können Sie das Routing-Objekt in jedem Controller über die Funktion getRouter lesen und sparen sich damit jede Menge Tipparbeit. Im Home-Controller stoßen Sie nun das Routing an, wenn die Anwender auf eine Kachel klicken. Dafür haben Sie in Listing 9.5 die Funktion onTilePressed vorgesehen.

Wenn Sie das Navigationsziel als CustomData-Attribut an der jeweiligen Kachel abgelegt haben, können Sie die Navigation im Home-Controller mit einer Zeile Code anstoßen (siehe Listing 9.9).


```
onTilePressed: function(oEv) {
   // this.getRouter
      --> Routing-Objekt im Basis-Controller lesen
   // oEv.getSource().data("target")
   // --> CustomData-Attribut ermitteln
   this.getRouter().navTo(oEv.getSource().data("target"));
}
```

Listing 9.9 Navigation von der Kachel zur jeweiligen Teilanwendung

Wenn Sie das Ziel direkt im Event angegeben haben (press="onTilePressed($event,'Leave')"), bekommen Sie das Ziel als Argument in die Funktion übergeben:

```
onTilePressed: function(oEv, sTarget) {
    this.getRouter().navTo(sTarget);
}
```

Ich habe mich für die zweite Variante entschieden. Welche Variante Sie nutzen, hängt letztlich von der verwendeten SAPUI5-Version ab, da die Parameterübergabe im Event erst seit Version 1.56 verfügbar ist.

Jetzt fehlt nur noch der Rückweg, d. h. die Navigation aus der Teilanwendung zurück zum Home-View. Da wir im Portal auch die Initialen des angemeldeten Users anzeigen möchten, implementieren Sie ein ShellBar-Control und nutzen den NavButton für die Zurück-Navigation. Damit Sie das Control auf jeder Seite nutzen können, implementieren Sie es in ein Fragment und rufen das Fragment auf jeder Seite auf. Legen Sie ein neues Fragment Shell.fragment.xml innerhalb des **View**-Verzeichnisses an, wie in Abbildung 9.17 gezeigt.

Abbildung 9.17 Shell-Fragment

In dem Fragment implementieren Sie das Control und hinterlegen in dem Ereignis navButtonPressed die Funktion onBackPressed (siehe Listing 9.10). Vergeben Sie dem Control auch eine ID, diese werden Sie gleich noch benötigen. Um die Initialen des angemeldeten Users anzuzeigen, implementieren Sie in der profile-Aggregation ein Avatar-Control.

```
<core:FragmentDefinition
    xmlns="sap.m"
    xmlns:core="sap.ui.core"
    xmlns:f="sap.f">
    <f:ShellBar id="ShellControlId"
                title="{i18n>application.title}"
                navButtonPressed="onBackPressed">
        <f:profile>
            <Avatar initials="{i18n>app.user.placeholder}"/>
        </f:profile>
    </f:ShellBar>
</core:FragmentDefinition>
```

Listing 9.10 Fragment »Shell.fragment.xml«

Fügen Sie im nächsten Schritt das Fragment in jeden View ein. In Listing 9.11 sehen Sie die Implementierung exemplarisch im Home-View. Fügen Sie das Fragment auf die gleiche Weise den Views Leave, Route, Task und TimeSheet hinzu.

```
<mvc:View
  xmlns:core="sap.ui.core"
  xmlns:mvc="sap.ui.core.mvc"
  xmlns="sap.m"
```

```
  controllerName="zui5.portal.controller.Home">

  <core:Fragment type="XML" fragmentName="zui5.portal.view.Shell"/>

  <GenericTile class="sapUiTinyMargin tileLayout" header=
"{i18n>leave.title}" press="onTilePressed($event,'Leave')">
    <TileContent footer="{i18n>leave.title.short}">
      <ImageContent src="sap-icon://create-leave-request" />
    </TileContent>
  </GenericTile>
[...]
```

Listing 9.11 Shell-Fragment im View

Schauen wir uns das Ergebnis im Browser an (siehe Abbildung 9.18). Auf der Startseite soll noch kein Button zum Zurücknavigieren zu sehen sein, auf den Unterseiten hingegen schon.

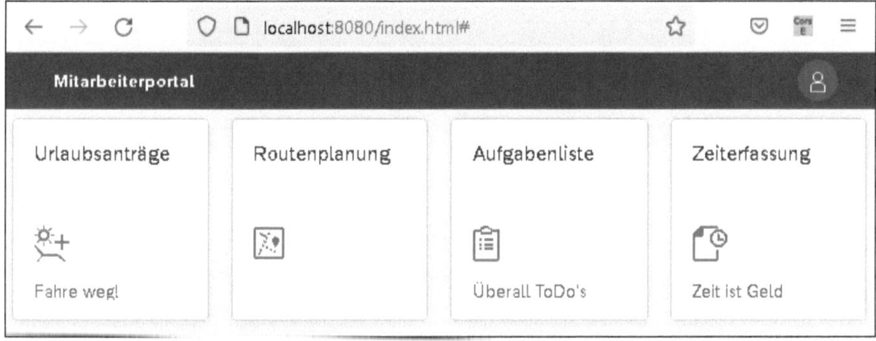

Abbildung 9.18 Startseite des Portals

Da wir hier ein Fragment verwenden, müssen wir den Zurück-Button zur Laufzeit einschalten. Ergänzen Sie auf jeder Unterseite die `onInit`-Funktion, und blenden Sie den Button per `Setter`-Funktion ein. Ich zeige es wieder exemplarisch im `Leave`-Controller (siehe Listing 9.12).

```
sap.ui.define([
  "zui5/portal/controller/base/BaseController"
], function (BaseController){
  "use strict";

  return BaseController.extend("zui5.portal.controller.leave.Leave", {
    onInit: function() {
      this.getView().byId("ShellControlId").setShowNavButton(true);
```

```
  },
[...]
```

Listing 9.12 onInit-Funktion im Controller

Damit könnten wir eigentlich zufrieden sein, doch leider verletzen wir damit das Clean-Code-Prinzip *Don't Repeat Yourself*. Wie können wir dieses Problem lösen? Wir implementieren diesen Aufruf im Basis-Controller und rufen in jedem Controller die Funktion auf dem Basis-Controller auf. Lagern Sie die Funktion in den Basis-Controller aus, und rufen Sie in den vier Controllern jeweils die Funktion aus dem Basis-Controller auf:

```
onInit: function() {
  BaseController.prototype.onInit.apply(this, arguments);
}
```

Damit erreichen wir, dass auf den entsprechenden Unterseiten der Zurück-Button angezeigt wird (siehe Abbildung 9.19).

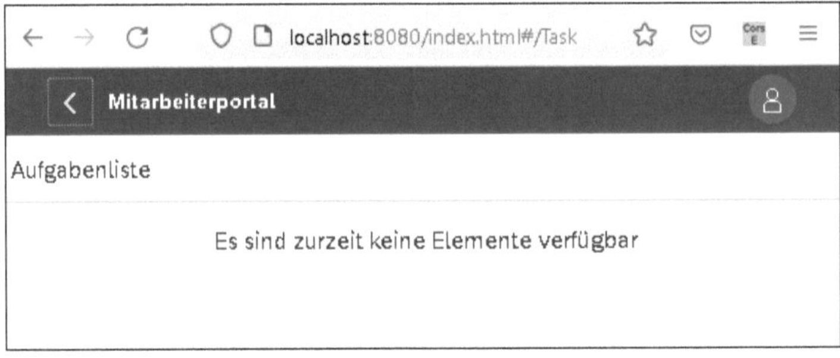

Abbildung 9.19 Zurück-Navigation auf die Unterseite des Portals

Im letzten Schritt implementieren Sie noch die onBackPressed-Funktion. Auch diese können Sie in den Basis-Controller implementieren und navigieren in der Funktion auf den Home-View zurück, wie in Listing 9.13 gezeigt.

```
// Benutzerinteraktion ////////////////////////////////
onBackPressed: function() {
  this.getRouter().navTo("home");
}
```

Listing 9.13 Zurück-Navigation zum Home-View

Damit ist die grundlegende Navigation fertig, und Sie können mit einem Klick auf eine Kachel auf die entsprechende Unterseite navigieren und mit dem Zurück-Button wieder auf die Übersichtsseite zurückgelangen.

Im letzten Schritt müssen Sie nun noch die Texte in der Datei **i18n_de.properties** pflegen, so wie in Listing 9.14 gezeigt.

```
app.title=Mitarbeiterportal
app.user.placeholder=sap-icon://person-placeholder
# Task
task.title=Meine Aufgaben
task.title.short= Überall ToDo's


# Timesheet
timesheet.title=Zeiterfassung
timesheet.title.short= Zeit ist Geld


# Leave
leave.title=Urlaubsantrag
leave.title.short= Fahre weg!


# Route
route.title=Routenplaner
route.title.short= Wohin auch immer
```

Listing 9.14 Texte in der Datei »i18n.properties«

9

Jetzt können Sie die Anwendung starten. Wenn Sie alles richtig gemacht haben, sehen Sie nach dem Start die vier Kacheln aus Abbildung 9.20. Wenn Sie auf eine Kachel klicken, wird Ihnen ein leerer View mit dem `ShellBar`-Control angezeigt. Wenn Sie auf den Zurück-Button klicken, kehren Sie zum Homescreen zurück.

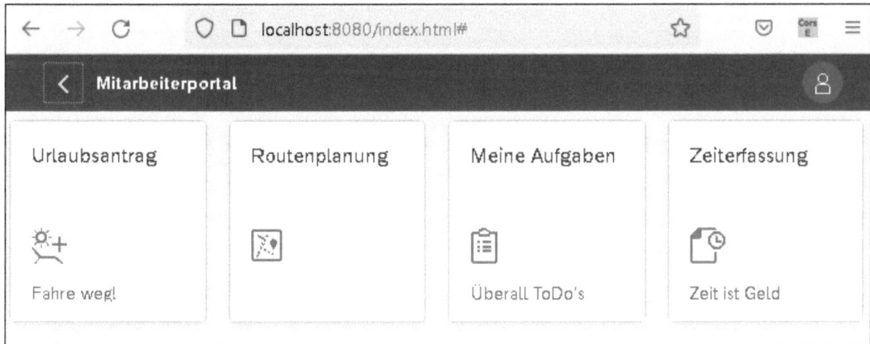

Abbildung 9.20 Grundgerüst der Anwendung

[!]

Troubleshooting

Neben den üblichen Fehlern, die z. B. entstehen, wenn man sich bei den Pfadangaben vertippt, ist hier sicherlich die Datei **manifest.json** die größte Herausforderung. Ohne Toolunterstützung ist es nicht immer einfach, Fehler zu finden. Hilfreich ist hier ein JSON-Validator (z. B. *http://jsonlint.com*). Damit können Sie zumindest überprüfen, ob es sich bei Ihrer **manifest.json**-Datei um eine valide JSON-Datei handelt (siehe Abbildung 9.21). Wenn doch mal etwas schiefgeht: Seien Sie nicht beunruhigt! Ich habe auch mehrere Anläufe gebraucht, bis alle Klammern und Kommata richtig waren.

```
49                  {
50                      "pattern": "timesheet",
51                      "name": "timesheet",
52                      "target": "timesheet"
53                  },
54                  {
55                      "pattern": "leave",
56                      "name": "leave",
57                      "target": "leave"
58                  },
59                  {
60                      "pattern": "route",
61                      "name": "route",
62                      "target": "route"
63                  },
64                  {
65                      "pattern": ":all*:",
66                      "name": "home",
67                      "target": "home"
68                  },
69
70              ]
71          }
72      }
73  }
```

Validate

Results

```
Parse error on line 68:
...             ]       }    }}
----------------------^
Expecting 'STRING', 'NUMBER', 'NULL', 'TRUE', 'FALSE', '{', '['
```

Abbildung 9.21 Anzeige eines Parser-Fehlers in der Datei »manifest.json«

Zum Schluss fügen Sie noch die notFound-Route hinzu, damit die Benutzer bei falscher URL auf eine entsprechende Seite umgeleitet werden, wie Sie es bereits in Abschnitt 7.3.3, »Fehlerseite bei falschem Aufruf«, kennengelernt haben. Legen Sie einen entsprechenden NotFound-View mit Controller an, und definieren Sie den bypass-Parameter in der Datei **manifest.json**. Denken Sie daran, das Shell-Fragment mit in den NotFound-View aufzunehmen (siehe Listing 9.15). Sowohl der NotFound-Controller als auch die Erweiterungen in der **manifest.json**-Datei entsprechen dem Beispiel aus Abschnitt 7.3.3.

```
<mvc:View
  controllerName="zui5.portal.controller.NotFound"
  xmlns:mvc="sap.ui.core.mvc"
  xmlns:core="sap.ui.core"
  xmlns="sap.m"
  displayBlock="true"
  height="100%"
  busyIndicatorDelay="0"
>

<core:Fragment type="XML" fragmentName="zui5.portal.view.Shell"/>

<MessagePage description=""
             icon="sap-icon://document"
             text="{i18n>notFound}"
             title="404">
    <customDescription>
      <Link id="link" press="onBackLinkPressed"
                      text="{i18n>notFoundBack}"/>
    </customDescription>
  </MessagePage>

</mvc:View>
```

Listing 9.15 NotFound-View

Damit ist unser Grundgerüst fertig, und wir können uns um die jeweiligen Views kümmern. Beginnen möchte ich mit dem einfachsten View, dem **Home**-View.

9.3.2 Home-View

Im `Home`-View fehlt rechts oben noch der Benutzername, dessen Anzeige implementieren wir als Nächstes. In den weiteren Beschreibungen gehe ich davon aus, dass Sie den Backend-Service, wie im Download-Material zu diesem Buch beschrieben, implementiert und diesen unter dem Namen `ZUI5_EMPLOYEE_PORTAL_SRV` registriert haben. Sollten Sie es bevorzugen, mit Mockdaten zu arbeiten, finden Sie die Metadaten-Beschreibung zu diesem Service ebenfalls im Download-Bereich zu diesem Buch. Mit dem in Kapitel 8, »Systemanbindung mit OData«, vorgestellten Plug-in VSCode-UI5: OData Mock Generator können Sie sich entsprechende Mockdaten erzeugen.

Damit der Service aufgerufen wird, müssen Sie diesen in der Datei **manifest.json** bekannt geben, so wie Sie es bereits in Kapitel 7, »Weitere Techniken in SAPUI5«, gelernt haben. Erweitern Sie dafür die Datei um den Code aus Listing 9.16 (die Erweiterung ist fett gedruckt). Wir werden bei dieser Gelegenheit das Model gleich auf

Two-Way-Datenbindung umschalten, den separaten count-Request ausschalten, das automatische Parsen der Annotationen überspringen (da wir nicht mit Annotationen arbeiten werden) usw. Die genaue Erklärung aller Parameter finden Sie in der API-Referenz unter *http://s-prs.de/v890107*.

```
{
  "_version": "1.32.0",
  "sap.app": {
[...]
    "dataSources": {
      "mainService":{
        "uri": "sap/opu/odata/sap/ZUI5_EMPLOYEE_PORTAL_SRV",
         "type": "OData",
      "settings": {
        "odataVersion": "2.0",
        "localUri": "model/metadata.xml"
      }
    }
  }
  },
[...]
"models": {
      "i18n": {
        "type": "sap.ui.model.resource.ResourceModel",
        "settings": {
          "bundleName": "zui5.portal.i18n.i18n"
        }
      },
      "portal": {
        "type": "sap.ui.model.odata.v2.ODataModel",
        "dataSource": "mainService" ,
        "settings": {
          "defaultUpdateMethod": "PUT",
          "defaultCountMode": "None",
          "defaultBindingMode": "TwoWay",
          "defaultOperationMode": "Server",
          "useBatch": true,
          "skipMetadataAnnotationParsing": true,
          "metadataUrlParams": {
            "sap-documentation": "heading"
          }
        }
      }
    },
```

Listing 9.16 OData-Service in manifest-Datei registrieren

Damit haben Sie den OData-Service unter dem Namen **portal** registriert. Normalerweise wird das Haupt-Model, das sogenannte *Domain-Model*, als *Unnamed* Model definiert, d. h., Sie vergeben für dieses Model in der Datei **manifest.json** keinen Namen. Ich habe mich hier jedoch für ein *Named* Model entschieden, damit Sie die Binding-Syntax mit einem Named Model üben können. Sollten Sie sich bei der Binding-Syntax bereits sattelfest fühlen, können Sie das Model gerne ohne Namen anlegen und die Binding-Pfade entsprechend ohne Modelnamen angeben. Auch hier kann ich Sie nur dazu einladen, Ihren eigenen Weg zu gehen. Auch hier führen viele Wege nach Rom, und vielleicht entdecken Sie einen wesentlich besseren und leichteren Weg als meinen. Nutzen Sie die Implementierung in diesem Buch lediglich als Orientierung, und versuchen Sie, Ihre eigenen Ideen umzusetzen. So lernen Sie es am schnellsten.

Damit der Zugriff von `localhost` auf den OData-Service (siehe Kapitel 8, »Systemanbindung mit OData«) funktioniert, konfigurieren Sie noch den Proxy in der **ui5.yaml**-Datei (siehe Listing 9.17), wobei Sie die Elemente `<SERVER>` und `<PORT>` jeweils durch die Daten Ihres SAP-Backend-Systems ersetzen.

```
server:
  customMiddleware:
  - name: fiori-tools-proxy
    afterMiddleware: compression
    configuration:
      ignoreCertError: false
      backend:
      - path: /sap/opu/odata
        url: http://<SERVER>:<PORT>
```

Listing 9.17 Proxy-Konfiguration in der Datei »ui5.yaml«

Wenn Sie alles richtig gemacht haben und die Anwendung erneut starten, werden Sie nach den Login-Daten des SAP-Backends gefragt. Nach dem Einloggen können Sie im Netzwerkverkehr die Abfrage auf die Datei **metadata.xml** erkennen (siehe Abbildung 9.22).

Damit ist der Service eingebunden, und wir können mit der Anzeige der Benutzerinitialen anfangen. Jetzt haben wir ein kleines Problem: Auch wenn wir wissen, dass die Entitätsmenge `UserSet` für den Benutzernamen nur einen Eintrag (nämlich den angemeldeten Benutzer) zurückgibt, können wir die Entitätsmenge nicht direkt in das Binding übergeben. Theoretisch lautet der Binding-Pfad für mich als Benutzer `UserSet('ANTOLOVIC')/Firstname`, wobei der Wert `ANTOLOVIC` nicht bekannt ist. Da ich das aber nicht hart verdrahten möchte, müssen wir die Entitätsmenge im Controller einlesen und dann den ersten Eintrag dieser Menge für das Binding verwenden. In der Realität hätten Sie vermutlich eher einen Function Import, der Ihnen diese Informationen zurückgibt, aber in diesem Beispiel müssen Sie damit umgehen, was Ihnen zur Verfügung steht.

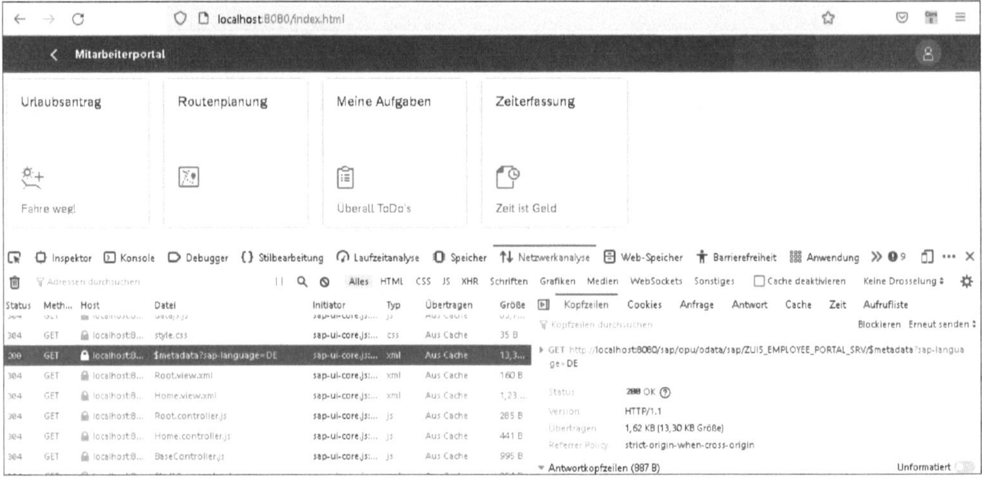

Abbildung 9.22 OData-Aufruf im Portal

Um sich auch hier wieder ein bisschen Tipparbeit zu sparen, implementieren Sie zunächst zwei weitere Hilfsfunktionen im Basis-Controller: zur Ermittlung der Component und zur Ermittlung des Models. In Listing 9.18 ist nur die Erweiterung abgebildet, die Hilfsfunktion aus Listing 9.8 bleibt selbstverständlich erhalten.

```
getModel: function (sName) {
    var oModel = this.getView().getModel(sName);
    if (!oModel) {
      oModel = this.getComponent().getModel(sName);
    }
    return oModel;
 },

 getComponent: function () {
     var sComponentId =
                    sap.ui.core.Component.getOwnerIdFor(
                                        this.getView());
     if (sComponentId) {
       return sap.ui.component(sComponentId);
     }
   }
```

Listing 9.18 Erweiterung des Basis-Controllers um die Funktionen »getModel« und »getComponent«

Wir möchten den Benutzernamen nur einmal einlesen, da er sich während einer Session nicht ändern wird. Da wir die Informationen in allen Views benötigen, implementieren Sie eine read-Query auf das OData Model und speichern das Ergebnis in einem lokalen Model. Das Avatar-Control binden Sie dann auf dieses lokale Model. Im Template ist im Verzeichnis **model** die Datei **model.js** hinterlegt. Die Datei ist genau für solche Implementierungen bestens geeignet. Erweitern Sie die Datei **Component.js**, und rufen Sie in der init-Methode der Component die initLocalModels-Methode der Datei **models.js** auf (siehe Listing 9.19).

```
init: function () {
  // call the base component's init function
  UIComponent.prototype.init.apply(this, arguments);

  // enable routing
  this.getRouter().initialize();

  // set the device model
  this.setModel(models.createDeviceModel(), "device");

  //init essential models
  models.initLocalModels(this);
}
```

Listing 9.19 init-Funktion in der Datei »Component.js«

In der Datei **models.js** können Sie nun die initLocalModels-Methode implementieren. Da Sie warten müssen, bis das OData Model instanziiert und die Metadaten geladen sind, bauen Sie die eigentliche Lesefunktion im metadataLoaded-Promise ein. In der Lesefunktion rufen Sie die read-Query aus der Entitätsmenge UserSet auf und speichern das Ergebnis in einem lokalen JSON Model unter dem Namen **myself** (siehe Listing 9.20).

```
sap.ui.define([
  "sap/ui/model/json/JSONModel",
  "sap/ui/Device",
  "sap/m/MessageBox"
], function (JSONModel, Device, MessageBox) {
  "use strict";

  return {

    createDeviceModel: function () {
      var oModel = new JSONModel(Device);
      oModel.setDefaultBindingMode("OneWay");
```

```
      return oModel;
    },

    initLocalModels: function (oComponent) {
      this.oComponent = oComponent;
      this.oComponent.getModel("portal").metadataLoaded().then(
        function () {
          this._loadMyself();
        }.bind(this));
    },

    _loadMyself: function () {
      this.oComponent.getModel("portal").read("/UserSet", {
        success: function (oData) {

          this.oComponent.setModel(new JSONModel({
            Username: oData.results[0].Username,
            Firstname: oData.results[0].Firstname,
            Lastname: oData.results[0].Lastname,
            Initials: oData.results[0].Firstname.charAt(0) +
                      oData.results[0].Lastname.charAt(0)
            }), "myself");

        }.bind(this),
        error: function (err) {
          // Display default Icon
          );
        }.bind(this)
      });
    }
  }
});
```

Listing 9.20 Einlesen der Benutzerinformationen mit OData

Jetzt können Sie die Informationen aus dem `myself`-Model an das `Avatar`-Control im Fragment `Shell.fragment.xml` binden, wie in Listing 9.21.

```
<f:ShellBar
        id="ShellControlId"
        title="{i18n>application.title}"
        navButtonPressed="onBackPressed">
    <f:profile>
        <Avatar initials="{myself>/Initials}"
```

```
                tooltip="{myself>/Firstname} {myself>/Lastname}"/>
    </f:profile>
</f:ShellBar>
```

Listing 9.21 Property-Binding am Avatar-Control

Wenn Sie nun Ihre Anwendung wieder im Browser starten, wird in der rechten oberen Ecke der Benutzername angezeigt (siehe Abbildung 9.23).

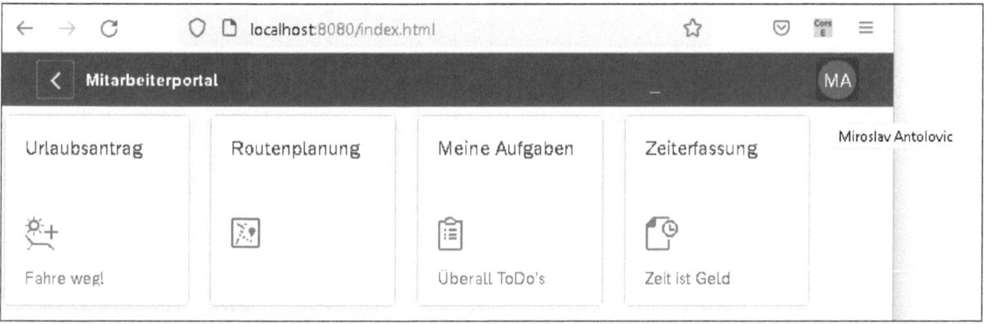

Abbildung 9.23 Anzeige des Anmeldenamens in der Shell der Anwendung

Damit haben Sie alle Funktionen im `Home`-View fertiggestellt, als Nächstes widmen wir uns dem Routenplaner, der bei der Reiseplanung unterstützen soll.

9.3.3 Routenplaner

Für den Routenplaner nutzen wir Google Maps. Google stellt dafür eine Schnittstelle zur Verfügung, deren Dokumentation Sie unter *https://developers.google.com/maps/documentation/javascript* finden. Doch zunächst müssen Sie den Service in einem Google-Konto aktivieren. Wenn Sie kein Google-Konto einrichten möchten, dann können Sie auch eine Karte ohne Routenfunktion einblenden. Wie das geht, lernen Sie am Ende dieses Abschnitts.

Google-Konto einrichten

Um Google Maps einbinden zu können, müssen Sie zunächst ein Projekt zum Verwalten von Diensten, Anmeldeinformationen, Abrechnung, APIs und SDKs anlegen. Für jedes Projekt, das Sie bei Google Maps erstellen, muss die Preisabrechnung eingerichtet werden. Die Google-Maps-Plattform stellt Ihnen jedoch ein monatliches Guthaben von 200 USD zur Verfügung, das am ersten Tag jeden Monats um Mitternacht zurückgesetzt wird. Im Klartext bedeutet das, dass Sie Google Maps im Monat 28.500-mal aufrufen können (siehe *https://mapsplatform.google.com/pricing/*), bevor Sie dafür bezahlen müssen. Das sollte für eine intensive Testphase reichen. Erstellen Sie ein Google-Cloud-Konto, und legen Sie in der Google Cloud Console ein

Projekt an. Die genaue Beschreibung der notwendigen Schritte finden Sie unter *https://developers.google.com/maps/get-started*.

Nachdem Sie das Projekt angelegt haben, müssen Sie die beiden APIs **Directions API** und **Maps JavaScript API** aktivieren (siehe Abbildung 9.24).

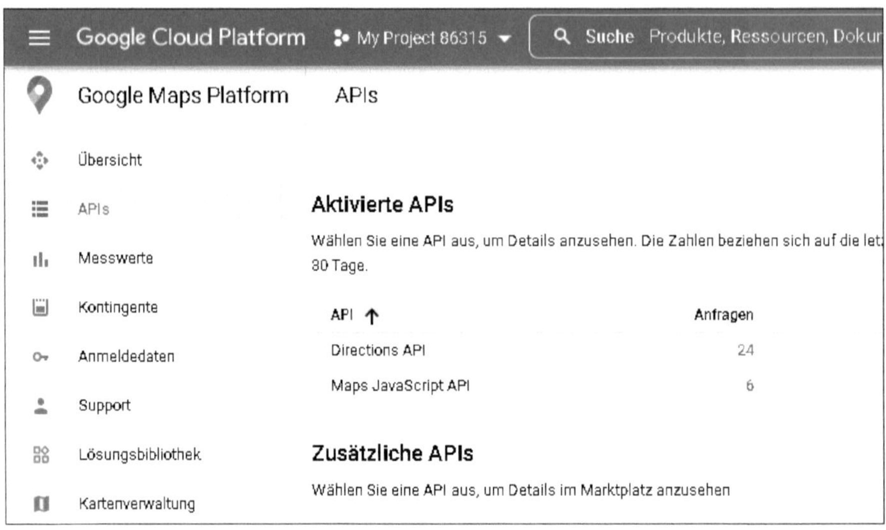

Abbildung 9.24 APIs aktivieren

Klicken Sie zunächst in der Liste der verfügbaren APIs auf die entsprechende API, z. B. auf **Directions API**. Sie gelangen auf eine Detailseite, von der aus Sie die API aktivieren können (siehe Abbildung 9.25).

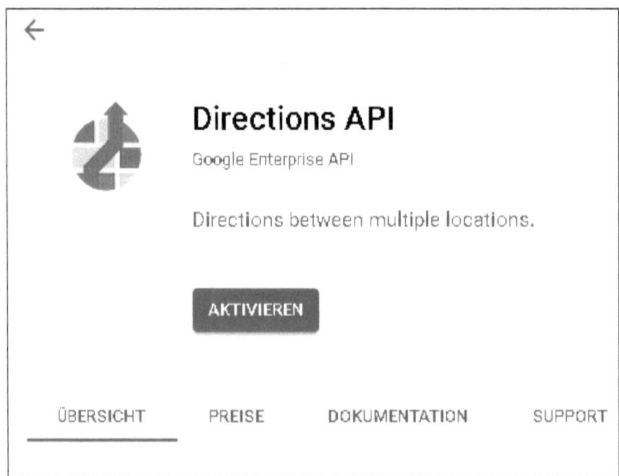

Abbildung 9.25 Directions API aktivieren

Nun müssen Sie noch einen API-Schlüssel generieren, diesen benötigt Google zur Abrechnung des Service. Klicken Sie dazu im Bereich **Anmeldedaten** auf den Button

Anmeldedaten erstellen, und wählen Sie dort die Option **API-Schlüssel** aus (siehe Abbildung 9.26).

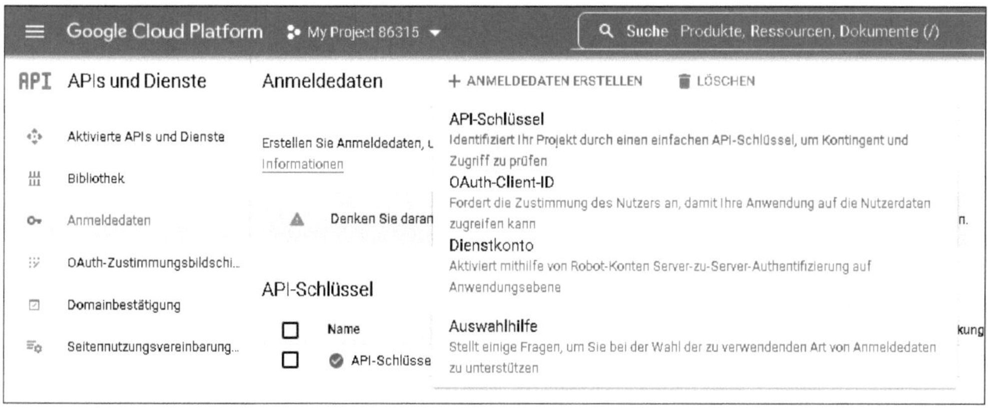

Abbildung 9.26 API-Schlüssel generieren

Nachdem Sie die beiden Service-APIs aktiviert haben und einen API-Schlüssel generiert haben, können Sie die Services in Ihrer SAPUI5-App nutzen.

Google Maps einbinden

Um die eingerichtete API in der SAPUI5-Anwendung nutzen zu können, müssen Sie Google Maps in Ihre App laden. Normalerweise würden Sie externe Bibliotheken in der Datei **index.html** laden, wie in Listing 9.22 dargestellt.

```
[...]
<title>Mitarbeiterportal</title>

<script src="https://maps.googleapis.com/maps/api/js">
</script>
<script id="sap-ui-bootstrap" src="resources/sap-ui-core.js"
[...]
```

Listing 9.22 Google-Maps-API laden

Im Kontext von SAP Fiori funktioniert dieses Vorgehen aber nicht, da nicht die Datei **index.html** geladen wird, sondern direkt die Component. Also müssen Sie das Laden von Google Maps in der Component implementieren. Erweitern Sie die `init`-Methode, wie in Listing 9.23 dargestellt, und ersetzen Sie den Platzhalter `API_KEY` durch den zuvor generierten API-Schlüssel.

```
init: function () {
  // call the base component's init function
  UIComponent.prototype.init.apply(this, arguments);
```

```
    // enable routing
    this.getRouter().initialize();

    // set the device model
    this.setModel(models.createDeviceModel(), "device");

    models.init(this);

    var script = document.createElement('script');
    script.type = 'text/javascript';
    script.src =
    'https://maps.googleapis.com/maps/api/js?key=API_KEY';
    document.body.appendChild(script);

  }
```

Listing 9.23 Google Maps in der Component laden

Wir implementieren die Google-Karte in einem kundeneigenen Control, diese Technik haben Sie in Abschnitt 7.5 gelernt. Legen Sie dazu in Ihrem Projekt unterhalb des Verzeichnisses **webapp** ein neues Verzeichnis **control** mit den zwei Dateien **GoogleMap.js** und **GoogleMapRenderer.js** an, sodass die Projektstruktur der in Abbildung 9.27 entspricht.

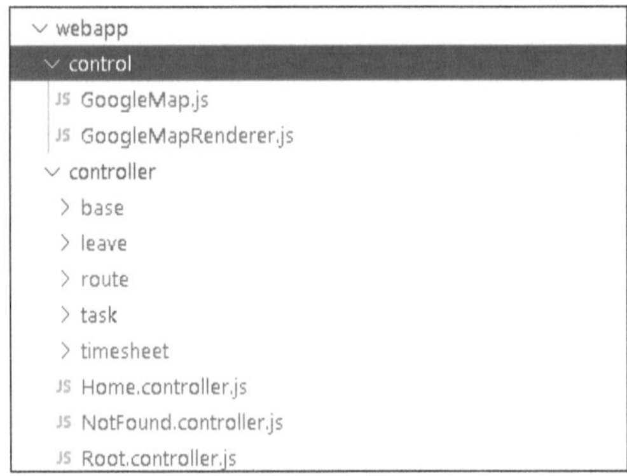

Abbildung 9.27 Dateien für die Integration von Google Maps

Für die Berechnung der Reiseroute benötigen Sie die Funktion `google.maps.DirectionsService()`. Wie der API-Dokumentation (*https://developers.google.com/maps/documentation/javascript/directions*) zu entnehmen ist, müssen Sie dieser Funktion den Start- und Endpunkt (`origin` und `destination`) mitgeben und ihr auch noch mitteilen, in welchem Reisemodus (`travelmode`), also z. B. mit dem Auto oder zu Fuß, die Route ermittelt werden soll. Alle anderen verfügbaren Parameter sind optional (siehe Abbildung 9.28).

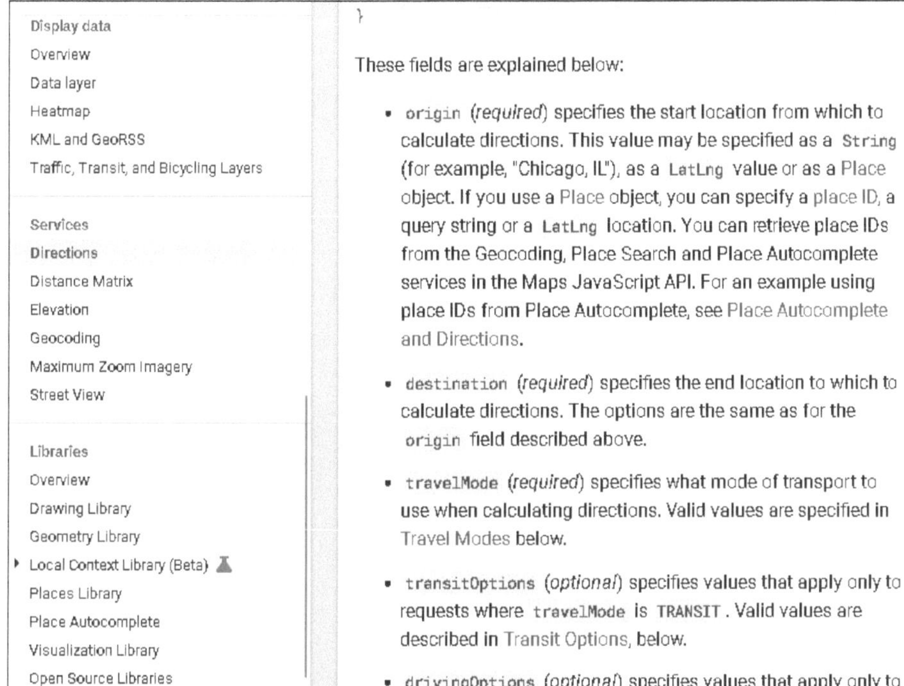

Abbildung 9.28 API-Referenz

Der grundsätzliche Aufbau dieser Abfrage entspricht dem in Listing 9.24.

```
var request = {
        origin: 'Walldorf'
        destination: 'Stuttgart'
        travelMode: google.maps.DirectionsTravelMode.DRIVING
      };
this._directionsService.route(request)
```

Listing 9.24 Aufruf des Google-Maps-Service

Jetzt brauchen Sie noch einen Bereich auf Ihrer HTML-Seite, in dem die Karte bzw. die Wegbeschreibung dargestellt werden soll. Das müssen Sie sich merken, da sich aus dieser Anforderung Ihre Renderer-Implementierung ergibt.

Widmen wir uns aber zunächst dem Control. Da Sie den Start- und Endpunkt der Reise mitgeben müssen, benötigt das Control zwei Properties, `Start` und `End`, mit denen Sie die `Route`-Funktion von Google Maps aufrufen können (siehe Listing 9.24). Die Karte schreiben Sie in das `div`-Element mit der ID `map_canvas` und die Wegbeschreibung in das `div`-Element mit der ID `directions_panel`. Beide `div`-Elemente fügen Sie über die jQuery-Funktion `append` dem `div`-Element `GoogleMap-Wrapper` hinzu. Beim initialen Laden der Karte möchten wir, dass der aktuelle Standort angezeigt wird. Dafür nutzen wir das geolocation-Objekt. Daraus ergibt sich für die Datei **GoogleMaps.js** der Inhalt aus Listing 9.25.

```
sap.ui.define([
  "sap/ui/core/Control"
], function (Control) {

  "use strict";

  return Control.extend("zui5.portal.control.GoogleMap", {

    metadata: {
      properties: {
        from: "string",
        to: "string"
      }
    },

    init: function () {
      this._$map = jQuery('<div id="map_canvas"></div>' +
                          '<div id="directions_panel"></div>');
    },

    initMap: function() {
      var directionsRenderer = new google.maps.DirectionsRenderer({
        map: map
      });
      var directionsService = new google.maps.DirectionsService;
      var map = new google.maps.Map(document.getElementById('map'), {
        zoom: 6,
        center: {
          lat: 23.0225,
          lng: 72.5714
        } //Initial Location on Map
      });

      directionsRenderer.setMap(map);
      directionsRenderer.setPanel(
                       document.getElementById('left-div'));
      var control = document.getElementById('front-div');
      control.style.display = 'inline';
      map.controls[google.maps.ControlPosition.TOP_CENTER].push(control);
            document.getElementById('origin').addEventListener('change',
```

```
    function() {
      distanceCalculator(directionsService, directionsRenderer);
    }, false);

    document.getElementById('destination').addEventListener('click',
    function() {
      distanceCalculator(directionsService, directionsRenderer);
    }, false);

},

/***************To Calculate and Display the Route*************/
distanceCalculator: function (directionsService,
  directionsRenderer) {
  var origin = document.getElementById('origin').value;
  var destination = document
                  .getElementById('destination').value;
  var req = {
    origin: origin,
    destination: destination,
    travelMode: 'DRIVING'
  };
  directionsService.route(req, function(response, status) {
    if (status === 'OK') {
      directionsRenderer.setDirections(response);
  }
  });
},

onAfterRendering: function () {

  var $wrapper = this.$().find(".GoogleMap-Wrapper");
  $wrapper.append(this._$map);

  // Map initialisieren
  if (!this.initialized) {
    this.initialized = true;
    var options = {
      zoom: 12,
      mapTypeId: "roadmap"
    };
    this._map = new google.maps.Map(
                    jQuery.sap.domById("map_canvas"),
                    options);
```

```
        if (navigator.geolocation){
          navigator.geolocation.getCurrentPosition(
                jQuery.proxy(function(position){
            var initialLocation = new google.maps.LatLng(
                                    position.coords.latitude,
                                    position.coords.longitude);
            this._map.setCenter(initialLocation);
          },this));
        }

        this._directionsService =
                              new google.maps.DirectionsService();
        this._directionsDisplay =
                             new google.maps.DirectionsRenderer({
                               'map': this._map,
                               'preserveViewport': true,
                               'draggable': true
                           });

        this._directionsDisplay.setPanel(
                 document.getElementById("directions_panel"));
        this._calculateRoute();
      } else {
        this._calculateRoute();
      }

    },

    _calculateRoute: function() {

      if (!this.getFrom() || !this.getTo()) {
        return;
      }

      var request = {
        origin: this.getFrom(),
        destination: this.getTo(),
        travelMode: google.maps.DirectionsTravelMode.DRIVING
      };

      this._directionsService.route(request, jQuery.proxy(
                     function(response, status) {
        if (status == google.maps.DirectionsStatus.OK) {
          document.getElementById("directions_panel")
```

```
                .innerHTML = "";
            this._directionsDisplay.setDirections(response);
          }
        }, this));
      },
      renderer: "zui5.portal.control.GoogleMapRenderer"
  });
});
```

Listing 9.25 Kundeneigenes Control für die Google-Maps-Funktion definieren (GoogleMap.js)

Da wir die `geolocation`-Funktion nutzen, weist Sie der Browser beim Aufruf der Seite darauf hin, dass die Seite versucht, Ihren Standort zu ermitteln. Bestätigen Sie die Abfrage mit **Erlauben**, damit die Karte korrekt zentriert wird (siehe Abbildung 9.29).

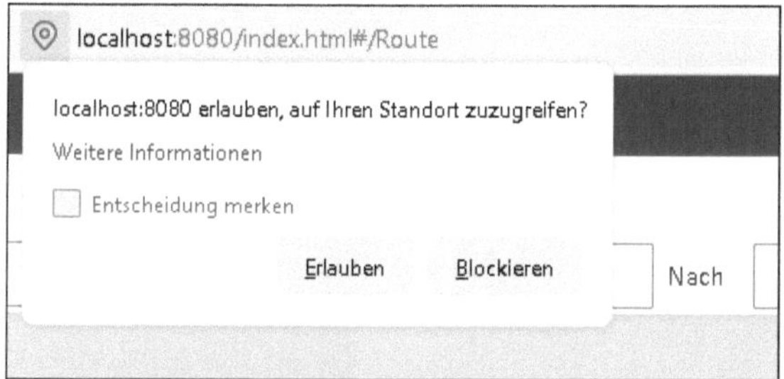

Abbildung 9.29 Sicherheitsabfrage bei Standortzugriff

Der Renderer für Google Maps ist überschaubar, da Sie lediglich ein `div`-Element bereitstellen müssen, in dem die Karte angezeigt wird (siehe Listing 9.26).

```
sap.ui.define([
],
  function () {
    "use strict";

    var GoogleMapRenderer = {};

    GoogleMapRenderer.render = function (oRm, oControl) {
      // div Aussen mit Style 100%
      oRm.write("<div class='GoogleMap'");
      // Control ID an RM übergeben
      oRm.writeControlData(oControl);
      oRm.write(">");

      //HTML für Karte
```

```
      oRm.write("<div class='GoogleMap-Wrapper'></div>");
      oRm.write("</div>");
    };

    return GoogleMapRenderer;
  }, true);
```

Listing 9.26 Renderer definieren (GoogleMapRenderer.js)

Wir haben den div-Elementen keine Höhe und Breite mitgegeben, sodass die Karte auf der Seite vermutlich zwar angezeigt, aber nicht sichtbar sein wird. Die Formatierung definieren Sie über CSS. Im Template wird dafür die Datei **style.css** bereitgestellt, wie Sie es bereits in Abschnitt 7.2.1, »CSS anpassen«, kennengelernt haben. Die Datei wird bereits über die Datei **manifest.json** geladen, sodass Sie die Datei nur noch um das CSS ergänzen müssen (siehe Listing 9.27).

```
.GoogleMap,
.GoogleMap .GoogleMap-Wrapper,
.GoogleMap .GoogleMap-Wrapper #map_canvas {
  height: 100%;
  width: 100%;
}
.GoogleMap .GoogleMap-Wrapper #directions_panel {
  margin: 1rem;
}
.GoogleMap .GoogleMap-Wrapper #directions_panel
.adp-directions {
  width: 100%;
}
```

Listing 9.27 CSS für die Google-Karte

Damit ist das Control fertig und kann in unserem Route-View verwendet werden. In diesem View benötigen wir zwei Eingabefelder für die Werte from und to, einen Button, auf den die Anwender klicken, um die Route zu berechnen, und natürlich unser GoogleMaps-Control (siehe Listing 9.28). Ich habe mich dafür entschieden, die Eingabefelder innerhalb einer Toolbar zu implementieren. Das erschien mir der einfachste Weg, um ein annehmbares Layout zu gestalten. Vergessen Sie auch hier nicht, den Namensraum zu registrieren.

```
<mvc:View
  xmlns:core="sap.ui.core"
  xmlns:mvc="sap.ui.core.mvc"
  xmlns="sap.m"
```

```
    xmlns:custControl="zui5.portal.control"
    controllerName="zui5.portal.controller.route.Route">

    <core:Fragment type="XML" fragmentName="zui5.portal.view.Shell"/>

    <Toolbar>
      <Text text="{i18n>route.from}" />
      <Input id="From" width="30em" />
      <Text text="{i18n>route.to}" />
      <Input id="To" width="30em" />
      <ToolbarSpacer/>
      <Button text="{i18n>route.calculate}"
              press="onCalculateRoutePressed" />
    </Toolbar>

    <custControl:GoogleMap id="Map" />

</mvc:View>
```

Listing 9.28 View mit kundeneigenem GoogleMaps-Control

Zu guter Letzt müssen Sie im Controller des `Route`-Views noch die Funktion `onCalculateRoutePressed` implementieren, die ausgeführt werden soll, wenn die Anwender auf den Button **Route berechnen** klicken, und die beiden Werte der Eingabefelder an das `GoogleMaps`-Control übergeben (siehe Listing 9.29).

```
onCalculateRoutePressed: function() {
    var oMap = this.getView().byId("Map");
    oMap.setFrom(this.getView().byId("From").getValue());
    oMap.setTo(this.getView().byId("To").getValue());
 }
```

Listing 9.29 Reiseroute an GoogleMaps-Control übergeben

Aus Platzgründen verzichte ich hier auf die Beschreibung der Texte für die UI-Elemente in der Datei **i18n.properties**. Ich bin mir sicher, dass Sie mittlerweile dafür keine Unterstützung mehr benötigen, Vorschläge für die Texte erkennen Sie in Listing 9.25.

Damit ist dieser View fertig. Wenn Sie die Anwendung nun im Browser aufrufen, in die beiden Felder **Start** und **Ziel** zwei Städte Ihrer Wahl eintragen und auf **Route berechnen** klicken, wird Ihnen eine Karte samt Wegbeschreibung angezeigt, so wie in Abbildung 9.30 dargestellt.

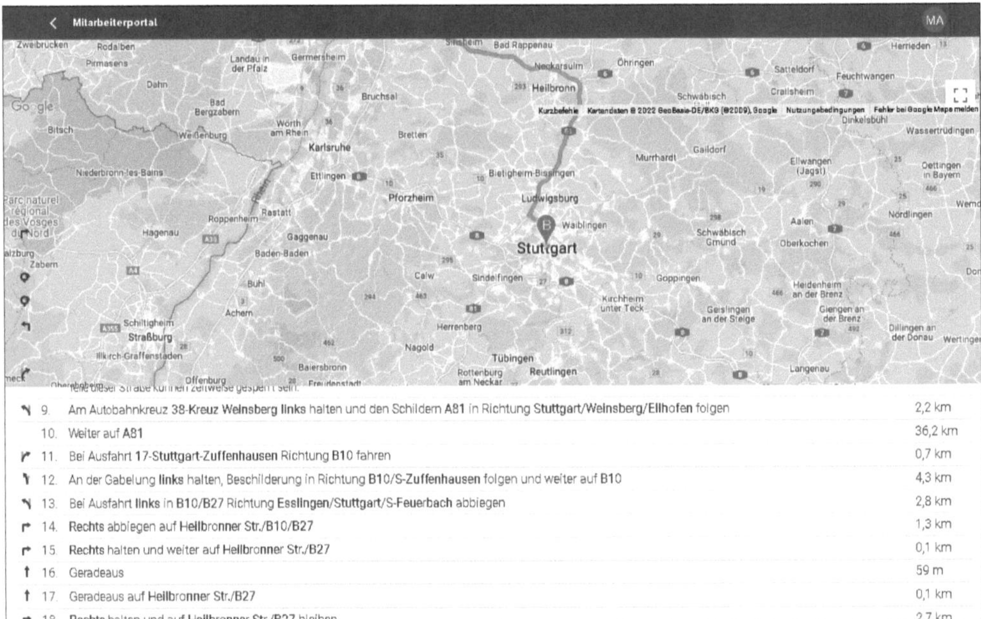

Abbildung 9.30 Fertige Routenplanungsseite

Ohne Google-Konto

Wenn Sie sich kein Google-Konto einrichten wollen, haben Sie immerhin noch die Möglichkeit, statt einer Routenberechnung z. B. eine OpenStreetView-Karte anzeigen zu lassen. Dafür benötigen Sie keinen API-Schlüssel und auch kein abrechenbares Konto bei Google. Die Kartenanzeige können Sie mit dem SAP-eigenen Control `GeoMap` lösen. Im Download-Bereich zu diesem Buch habe ich dieses Beispiel in einem neuen `Map`-View realisiert, sodass Sie beide Beispiele anschauen können. Fügen Sie statt des Google-Custom-Controls im `Route`-View das `GeoMap`-Control hinzu, wie in Listing 9.30 dargestellt.

```
<mvc:View xmlns:core="sap.ui.core"
          xmlns:mvc="sap.ui.core.mvc"
          xmlns:vbm="sap.ui.vbm"
          xmlns="sap.m"
          xmlns:custControl="zui5.portal.control"
          controllerName="zui5.portal.controller.route.Route">

  <core:Fragment
        type="XML"
        fragmentName="zui5.portal.view.Shell"/>

  <vbm:GeoMap
```

```
                 id="GeoMap"
                 width="100%"
                 height="100%"
                 mapConfiguration="{map>/}"/>

</mvc:View>
```

Listing 9.30 GeoMap-Control

Die eigentliche Konfiguration lagern Sie in einer JSON-Datei aus und lesen diese in ein JSON Model ein. Wie Sie Listing 9.30 entnehmen können, registrieren wir das Model als Named Model `map`. Daraus ergibt sich der Binding-Pfad `mapConfiguration="{map>/}"`. Legen Sie im **model**-Verzeichnis ein neues Verzeichnis **map** an und in diesem Verzeichnis die Datei **config.json** mit dem Inhalt aus Listing 9.31.


```
{
  "MapProvider": [
    {
      "Id": "base",
      "name": "Base",
      "tileX": "512",
      "tileY": "512",
      "minLOD": "1",
      "maxLOD": "19",
      "copyright": "openstreetmap.org",
      "Source": [
        {
          "id": "a",
          "url": "https://c.tile.openstreetmap.de/{LOD}/{X}/{Y}.png"
        }
      ]
    }
  ],
  "MapLayerStacks": [
    {
      "name": "Default",
      "MapLayer": [
        {
          "name": "Default",
          "refMapProvider": "Base",
          "opacity": "1.0"
        }
      ],
      "colBkgnd": "rgb(0,0,0)"
```

```
      }
  ]
}
```

Listing 9.31 Datei »config.json«

Die Erklärung der einzelnen Parameter finden Sie in der API-Dokumentation unter *https://wiki.openstreetmap.org/wiki/*.

Sie erhalten die Ordnerstruktur in Abbildung 9.31.

```
∨ webapp
  > control
  > controller
  > css
  > i18n
  > localService
  ∨ model
    ∨ map
      {} config.json
    JS models.js
  > test
  > view
  JS Component.js
  <> index.html
  {} manifest.json
```

Abbildung 9.31 Datei »config.json« im map-Verzeichnis

Jetzt müssen Sie nur noch das Model nach dem bereits bekannten Muster in der Datei **manifest.json** definieren (siehe Listing 9.32).

```
{
[...]
    "dataSources": {
      "mainService":{
        "uri": "sap/opu/odata/sap/ZUI5_EMPLOYEE_PORTAL_SRV",
         "type": "OData",
      "settings": {
        "odataVersion": "2.0",
        "localUri": "model/metadata.xml"
        }
      },
    "map": {
      "type": "JSON",
      "uri": "model/map/config.json"
    }
  }
```

```
  },
  [...]
    "models": {
      "i18n": {
        "type": "sap.ui.model.resource.ResourceModel",
        "settings": {
          "bundleName": "zui5.portal.i18n.i18n"
        }
      },
      "portal": {
        "type": "sap.ui.model.odata.v2.ODataModel",
        "dataSource": "mainService"
      },
      "map": {
        "type": "sap.ui.model.json.JSONModel",
        "dataSource": "map"
      }
[...]
```

Listing 9.32 JSON Model in der Datei »manifest.json«

Wenn Sie die Seite jetzt aufrufen, wird Ihnen eine OpenStreetView-Karte angezeigt (siehe Abbildung 9.32).

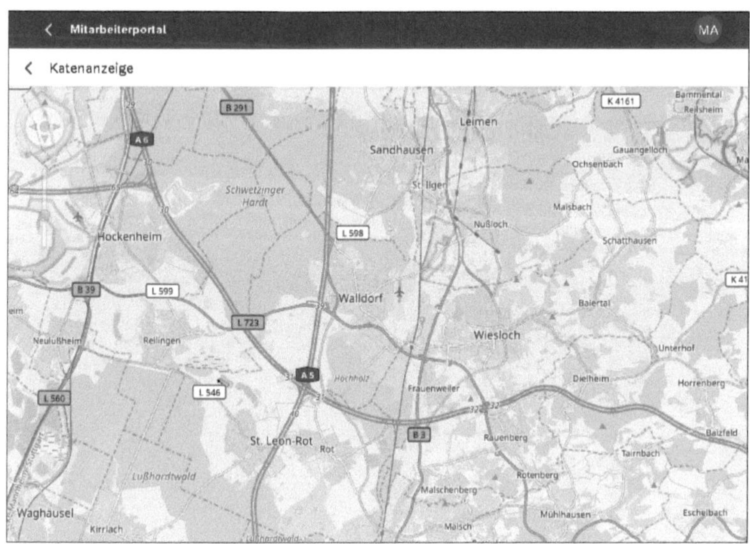

Abbildung 9.32 OpenStreetView-Karte

Damit haben wir schon einen großen Teil unseres Portals geschafft, als Nächstes widmen wir uns der Aufgabenliste.

9.3.4 Aufgabenliste

Zur Implementierung der Aufgabenliste habe ich mich für ein Timeline-Control entschieden, um Ihnen möglichst viele verschiedene Controls zu zeigen. Sie können hier auch eine andere Implementierung ausprobieren; für eine klassische To-do-Liste wäre das List-Control prädestiniert.

In dem View binden wir die Einträge der Entitätsmenge TaskSet (siehe auch Abbildung 9.13 in Abschnitt 9.2, »Datenmodell erstellen«) an das Timeline-Control. Die Anwender sollen auf der Benutzeroberfläche nur die offenen Aufgaben sehen, daher implementieren wir einen Filter für die Property Done. Im Timeline-Control habe ich eine Checkbox vorgesehen, über die die Anwender eine Aufgabe als erledigt kennzeichnen können. Das Binding der einzelnen Properties können Sie dem Entity Data Model (**metadata.xml**) entnehmen, Sie binden dieses UI gegen die Entitätsmenge TaskSet. Im Header des Page-Controls implementieren wir noch eine Toolbar, hier erscheint dann der Button zum Anlegen einer neuen Aufgabe. Das ToolbarSpacer-Control sorgt dafür, dass der Button ganz rechts angezeigt wird. Daraus ergibt sich für den Task-View der Code aus Listing 9.33.

```
<mvc:View xmlns:core="sap.ui.core"
          xmlns:mvc="sap.ui.core.mvc"
          xmlns="sap.m"
          xmlns:suite="sap.suite.ui.commons"
          displayBlock="true"
          controllerName="zui5.portal.controller.task.Task">

   <core:Fragment type="XML" fragmentName="zui5.portal.view.Shell"/>

  <Page title="{i18n>task.title}">
    <headerContent>
      <Toolbar>
        <ToolbarSpacer />
        <Button text="{i18n>task.new}"
                icon="sap-icon://add-activity-2"
                press="onNewPressed" />
      </Toolbar>
    </headerContent>

    <suite:Timeline id="idTimeline"
                    enableBackendFilter="true"
                    growing="false"
                    showHeaderBar="false"
                    enableScroll="false"
```

```
                    width="100%"
                    content="{
                      path: 'portal>/TaskSet',
                      sorter : {
                        path : 'DueDate',
                        descending : false
                      },
                      filters : {
                        path : 'Done',
                        operator : 'EQ',
                        value1: 'false'
                      }
                    }">
      <suite:content>
        <suite:TimelineItem
              dateTime="{ path: 'portal>DueDate',
                          type: 'sap.ui.model.type.Date' }"
              title="{ path: 'portal>Description' }"
              icon="sap-icon://task">
          <suite:embeddedControl>
            <HBox class="sapUiSmallMargin">
              <RatingIndicator class="sapUiTinyMarginTop"
                               maxValue="5"
                               value="{portal>Priority}" />
              <CheckBox text="{i18n>task.done}"
                        selected="{portal>Done}"
                        select="onDoneChanged"/>
            </HBox>
          </suite:embeddedControl>
        </suite:TimelineItem>
      </suite:content>
    </suite:Timeline>
  </Page>

</mvc:View>
```

Listing 9.33 Implementierung des Task-Views

Im zugehörigen Controller müssen Sie nun noch die beiden Funktionen onDoneChanged und onNewPressed implementieren. Mit der Funktion onDoneChanged, über die eine Aufgabe als erledigt markiert wird, führen Sie ein Update des OData Models durch. Da wir bei der Serviceregistrierung in der Datei **manifest.json** auf Two-Way-

Datenbindung umgeschaltet haben, ist das Update der Aufgabe automatisch als pendingChange im Model zu finden, sodass Sie hier direkt über submitChanges das Update im Backend anstoßen können. Denken Sie auch daran, das MessageBox- und MessageToast-Control an den Controller zu übergeben. Diese beiden Controls benötigen Sie für die Rückmeldung an die Benutzer, ob die Operation erfolgreich war oder nicht (siehe Listing 9.34).

```
sap.ui.define([
  "portal/base/BaseController",
  "sap/m/MessageToast",
  "sap/m/MessageBox"
], function (BaseController, MessageToast, MessageBox) {
[...]    onDoneChanged: function (oEv) {
      var oModel = oEv.getSource()
                    .getBindingContext("portal").getModel();

      if (oModel.hasPendingChanges()) {
        oModel.submitChanges({
          success: function (oData) {
            MessageToast.show(
                this.getText("message.update.success", null))
          }.bind(this),
          error: function () {
            MessageBox.error(
                 this.getText("message.update.error", null), {
              title: this.getText("message.error", null)
            })
          }.bind(this)
        });
      }

    },
```

Listing 9.34 Implementierung der OnDoneChanged-Funktion

Um den Benutzern eine Rückmeldung zu geben, möchten wir lediglich einen Text in einem MessageToast-Control bzw. in einer MessageBox anzeigen. Das MessageToast-Control taucht auf dem View kurz auf und verschwindet dann wieder automatisch. Das ist für eine Erfolgsmeldung völlig ausreichend. Im Fehlerfall möchten wir aber ein richtiges Pop-up-Fenster, das die Benutzer aktiv wegklicken müssen. So können wir davon ausgehen, dass der Fehler bemerkt wurde. Damit die in den Controls angezeigten Texte in der passenden Sprache ausgegeben werden, nutzen Sie die Texte aus dem Verzeichnis **i18**. Dafür lagern Sie diese Funktion in den Basis-Controller aus, indem Sie ihn um die Funktion getText ergänzen (siehe Listing 9.35).

```
getText : function(sKey, aParams) {
    return this.getModel("i18n").getResourceBundle().getText(
                                                sKey, aParams);
}
```

Listing 9.35 getText-Funktion im Basis-Controller

Da diese Funktion die zwei Parameter sKey und aParams besitzt, übergeben Sie jeweils den Text und den Wert null, damit beide Parameter versorgt sind.

Was jetzt noch fehlt, ist die Möglichkeit, eine neue Aufgabe anzulegen. Dazu implementieren Sie ein Dialog-Fragment; diese Technik haben Sie in Abschnitt 7.4, »Fragments«, kennengelernt. Das Fragment beinhaltet ein Formular, mit dem die Anwender neue Einträge erfassen können. Legen Sie im **task**-Verzeichnis eine neue Datei **NewDialog.fragment.xml** mit dem Quellcode aus Listing 9.36 an. Auch dieses Pop-up-Fenster binden Sie an eine Task-Entität aus unserem OData-Service.

```
<Dialog id="NewTaskDialog"
        xmlns="sap.m"
        xmlns:form="sap.ui.layout.form"
        title="{i18n>task.create.new}">

  <form:SimpleForm editable="true"
                   layout="ResponsiveGridLayout">


    <Label text="{i18n>task.task}" required="true" />
    <Input type="Text" value="{portal>Description}" />

    <Label text="{i18n>task.dueDate}" required="true" />
    <!-- Use a valid date/time format that Gateway accepts -->
    <DatePicker value="{portal>DueDate}"
                placeholder="{i18n>enter.date}"
                valueFormat="yyyy-MM-ddTHH:mm:ss" />

    <Label text="{i18n>task.priority}" />
    <RatingIndicator maxValue="5" value="{portal>Priority}" />

  </form:SimpleForm>

  <buttons>
```

```
    <Button text="{i18n>cancel}" press="onNewCanceled" />
    <Button text="{i18n>save}" press="onNewSaved" />
  </buttons>

</Dialog>
```

Listing 9.36 Dialog-Fragment zum Erfassen neuer Aufgaben

Im Controller des Task-Views definieren Sie, dass beim Klicken auf den Anlegen-Button (Funktion onNewPressed) das Dialog-Fragment aufgerufen werden soll. Außerdem implementieren Sie die beiden Funktionen Speichern (onNewSaved) und Abbrechen (onNewCanceled), wie in Listing 9.37 gezeigt. Die Two-Way-Datenbindung erleichtert Ihnen auch hier die Arbeit. Sie erzeugen auf dem Model einen neuen Eintrag in der Task-Entität und können in der Speichern-Funktion über submitChanges das Anlegen im Backend anstoßen. Beim Abbrechen müssen Sie nur darauf achten, den Datensatz auch aus dem Model zu löschen, da sonst der pendingChange im Model bleibt und beim nächsten Anlegen zwei Datensätze angelegt werden würden. Also müssen Sie in der Funktion onNewPressed einen neuen Context auf der Task-Entität erzeugen und das Fragment laden bzw. den Dialog öffnen, falls er bereits existiert.

```
[...]
   onNewPressed: function () {
      if (!this.byId("NewTaskDialog")) {
        var pDialog = this.loadFragment({
        name: "zui5.portal.view.task.NewDialog"
        }).then(function(oDialog) {
          this._createContextAndOpen(oDialog);
        }.bind(this));
      } else {
        this._createContextAndOpen(this.byId("NewTaskDialog"));
      }

    },

    _createContextAndOpen: function(oDialog){
      var oContext = this.getModel("portal").createEntry("/TaskSet",
       {
           properties: {
             DueDate: "",
             Priority: 3,
             Description: "",
        }
      });
```

```
    oDialog.setBindingContext(oContext, "portal");
    oDialog.open();
  },

  onNewCanceled: function () {
    var oModel = this.getModel("portal");
    if (oModel.hasPendingChanges()) {
      var sPath = this.byId("NewTaskDialog")
                  .getBindingContext("portal").getPath();
      oModel.resetChanges([sPath]);
    }
    this.byId("NewTaskDialog").close();
  },

  onNewSaved: function (oEv) {
    var oModel = this.getModel("portal");

    if (oModel.hasPendingChanges()) {
      oModel.submitChanges({
        success: function (oData) {
          MessageToast.show(
                  this.getText("message.create.success", null))
        }.bind(this),
        error: function () {
          MessageBox.error(
                  this.getText("message.create.error", null), {
            title: this.getText("message.error", null)
          })
        }.bind(this)
      });
    }

    this.byId("NewTaskDialog").close();

  }
```

Listing 9.37 Funktionen, um neue Aufgaben anzulegen und zu speichern oder abzubrechen

Damit ist dieser Teil der Anwendung auch fertig. Nachdem Sie alle Texte in der Datei **i18n.properties** gepflegt haben, können Sie die Anwendung im Browser starten. Durch einen Klick auf den Button **Neue Aufgabe** öffnet sich das Dialog-Fragment, und Sie können eine neue Aufgabe anlegen (siehe Abbildung 9.33). Da wir beim Anlegen des Contextes in der `onNewPressed`-Funktion die Priorität bereits mit drei vorbelegt haben, wird auch im UI die entsprechende Priorität angezeigt.

Abbildung 9.33 Neue Aufgabe im Dialogfenster anlegen

Wenn Sie nun auf **Speichern** klicken, wird diese Aufgabe angelegt und im `Timeline`-Control angezeigt (siehe Abbildung 9.34).

Abbildung 9.34 Neu angelegte Aufgabe in der Aufgabenliste

Setzen Sie die Aufgabe auf **Fertig**, verschwindet sie sofort aus dem Control. Das liegt daran, dass bei der Batch-Verarbeitung das Model nach dem Update automatisch die Entitätsmenge liest (siehe Abbildung 9.35) und das Rendern der UI anstößt.

Damit haben Sie die Implementierung der Aufgabenliste abgeschlossen, und wie Sie dem Screenshot in Abbildung 9.35 entnehmen können, gönne ich mir eine kurze Kaffeepause und fahre dann mit der Implementierung der Zeiterfassung fort. Wenn Sie möchten, können Sie es mir ja gleichtun, oder es geht direkt weiter mit der Zeiterfassung.

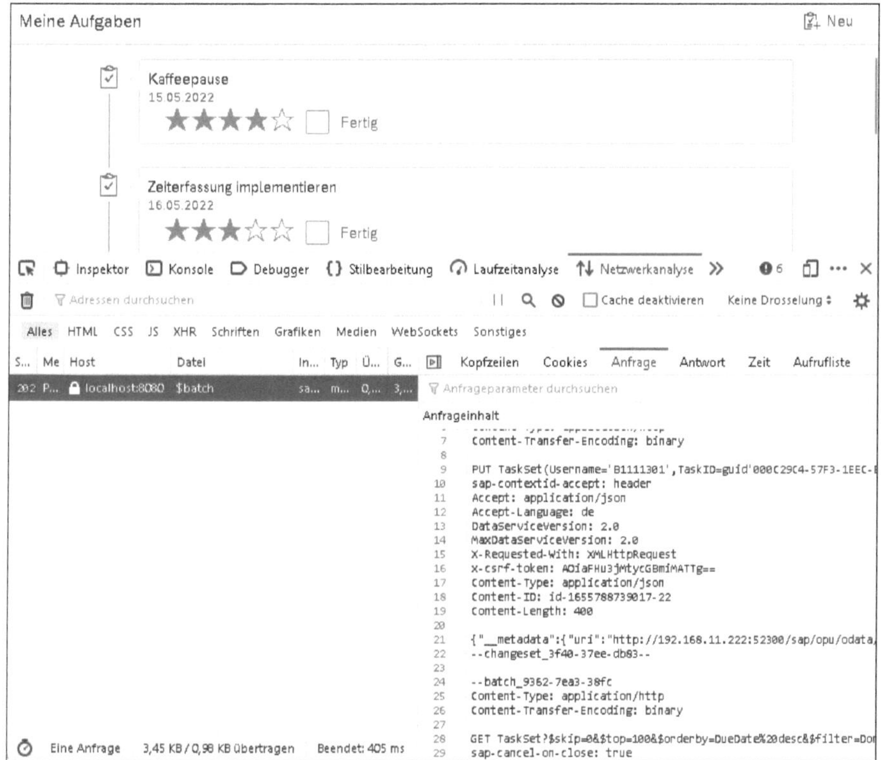

Abbildung 9.35 Batch-Verarbeitung

9.3.5 Zeiterfassung

Die grundlegende Funktionalität des Zeiterfassungs-Views stimmt mit dem des Aufgabenlisten-Views überein. Auch hier binden wir eine Entitätsmenge, diesmal die Entitätsmenge `TimesheetSet` (siehe auch Abbildung 9.13 in Abschnitt 9.2, »Datenmodell erstellen«) an ein Control, in diesem Fall ein `Table`-Control. Ein solches Aggregation Binding haben wir in den vorangegangenen Kapiteln bereits mehrfach implementiert. Und auch in dieser App benötigen wir ein Dialog-Pop-up-Fenster, um die Zeiten erfassen zu können.

Eine Besonderheit an der Zeiterfassungs-App ist das `Chart`-Control. In diesem Diagramm stellen wir auf der x-Achse das Datum und auf der y-Achse die Zeit in Stunden dar. Des Weiteren stellen wir interne Aufgaben blau und Aufgaben im Kundenauftrag grün dar. Hier haben wir aber ein kleines Problem: Die Daten kommen nicht so aus dem Backend, dass wir das Chart direkt anbinden können, sondern auch hier müssen wir zunächst das Model lesen und die Daten im Controller so aufbereiten, dass sie an das `Chart`-Control übergeben werden können.

Die zweite Besonderheit begegnet uns, wenn die Anwender einen neuen Arbeitszeiteintrag anlegen. Hier möchten wir zwei Dropdown-Felder zur Auswahl des beauftragenden Kunden bzw. des Projekts implementieren. Die Werte dafür finden Sie in den Entitätsmengen `CustomerSet` bzw. `ProjectSet`. Da die Projekte natürlich auch von bestimmten Kunden in Auftrag gegeben werden, müssen Sie darauf achten, bei der Auswahl eines Kunden einen Filter für die Projekte einzurichten.

Beginnen wir zunächst wieder mit der View-Implementierung. Diese beinhaltet keine großen Überraschungen. Listing 9.38 zeigt einen Ausschnitt der Implementierung. Die Tabellenspalten sind gekürzt. In Ihrem View legen Sie für jede Eigenschaft aus der `Timesheet`-Entität eine Spalte an.

```
<mvc:View
  xmlns:core="sap.ui.core"
  xmlns:mvc="sap.ui.core.mvc"
  xmlns="sap.m"
  xmlns:viz="sap.viz.ui5"
  controllerName="zui5.portal.controller.timesheet.Timesheet">

  <core:Fragment type="XML" fragmentName="zui5.portal.view.Shell"/>

  <Page title="{i18n>timesheet.title}">
    <headerContent>
      <Toolbar>
        <ToolbarSpacer />
        <Button text="{i18n>timesheet.new}"
                icon="sap-icon://create-entry-time"
                press="onNewPressed" />
      </Toolbar>
    </headerContent>

    <viz:StackedColumn id="Chart" height="30%" width="100%" />

    <Table id="Table" items="{
              path: 'portal>/TimesheetSet',
              sorter: {
                path: 'ActivityDate',
                descending: false
              },
              parameters: { operationMode: 'Client' }
            }">
```

```
      <columns>
        <Column>
          <Text text="{i18n>timesheet.date}" />
        </Column>
        <Column>
          <Text text="{i18n>timesheet.begin}" />
        </Column>
...[...]... //Alle Spalten aus der Entität "Timesheet"
      </columns>

      <items>
        <ColumnListItem>
          <cells>
            <Text text="{ path: 'portal>ActivityDate',
                type: 'sap.ui.model.type.Date' }" />
            <Text text="{ path: 'portal>TimeFrom',
                  type: 'sap.ui.model.odata.type.Time' }" />
            <Text text="{ path: 'portal>TimeTo',
                  type: 'sap.ui.model.odata.type.Time' }" />
            <CheckBox editable="false"
                  selected="{portal>Internal}" />
...[...]... //Alle Spalten aus der Entität "Timesheet"
          </cells>
        </ColumnListItem>
      </items>
    </Table>

  </Page>

</mvc:View>
```

Listing 9.38 Implementierung des Zeiterfassungs-Views (Ausschnitt, »Timesheet.view.xml«)

Damit im Chart etwas angezeigt werden kann, müssen wir zunächst ein paar Einträge erfassen können. Aus diesem Grund kümmern wir uns zunächst um das Anlegen von Einträgen. Im Gegensatz zur Aufgabenliste werden Sie hier mit ein paar Besonderheiten konfrontiert. Hier müssen Sie z. B. darauf achten, für die Select-Controls zur Abbildung der Wertehilfen eine Filterfunktion zu hinterlegen. Wählen die Anwender über die erste Wertehilfe einen Kunden aus, sollen die zur Auswahl stehenden Projekte in der zweiten Wertehilfe auf die zu dem Kunden gehörigen Projekte eingeschränkt werden. Abbildung 9.36 zeigt die Daten, wie sie im Backend vorliegen.

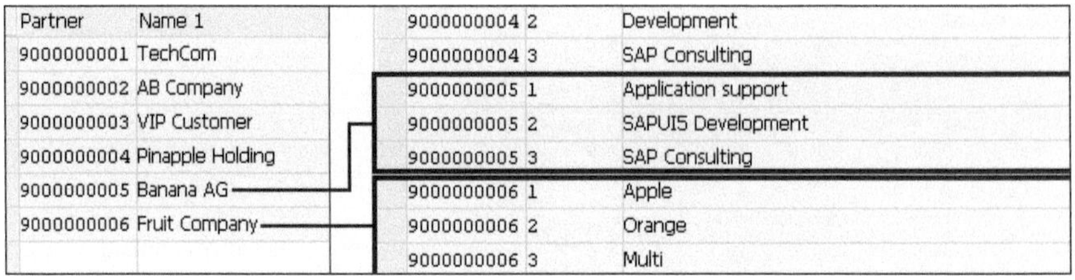

Partner	Name 1
9000000001	TechCom
9000000002	AB Company
9000000003	VIP Customer
9000000004	Pinapple Holding
9000000005	Banana AG
9000000006	Fruit Company

9000000004	2	Development
9000000004	3	SAP Consulting
9000000005	1	Application support
9000000005	2	SAPUI5 Development
9000000005	3	SAP Consulting
9000000006	1	Apple
9000000006	2	Orange
9000000006	3	Multi

Abbildung 9.36 Projekte und ihre Zuordnung zu Kunden

Diese Datenbeziehung müssen wir auch im Dialog abbilden, d. h., dass Sie für das Feld **Projekt** einen Filter abhängig vom gewählten Kunden setzen müssen. Dafür nutzen Sie die Funktion `onCustomerChanged`. Beim initalen Aufruf müssen Sie den Filter auf den ersten Kundeneintrag setzen. Für diesen Zweck stellt das `Dialog`-Control eine `Callback`-Funktion zum Zeitpunkt nach dem Öffnen bereit (`afterOpen`). Diese nutzen Sie, um den Filter beim ersten Öffnen korrekt zu setzen. Wenn Sie das nicht tun, würde die Liste der Projekte alle verfügbaren Projekte anzeigen.

Wenn der Projekttyp **intern** ausgewählt wird, dürfen die beiden `Select`-Controls nicht mehr eingabebereit sein, also nutzen Sie hier ein Expression Binding auf die Eigenschaft `Intern` der OData-Entität `Project`. Die Eigenschaft setzen Sie direkt im Model, wenn ein Radiobutton angeklickt wird. Um das zu erreichen, rufen Sie beim `select`-Ereignis des Radiobuttons die Funktion `onTypeChange` auf.

Wie Sie bereits aus Kapitel 8, »Systemanbindung mit OData«, wissen, unterstützt das OData Model seit V2 die clientseitige Verarbeitung. Damit die Operation auf dem Model keinen neuen Request ans Backend auslöst, setzen Sie hier auf dem `ProjectSet` den `operationMode` auf `Client`.

Ich konnte in diesem Fall dieses Vorgehen wählen, weil die Anzahl der Einträge in der Entität der Projekte überschaubar ist. Wie wäre die Vorgehensweise, wenn diese Liste sehr groß wäre, wenn also die Tabelle z. B. über 100 Einträge hätte? In einem solchen Fall würden Sie das Binding nicht im View implementieren, sondern im Controller die `bindAggregation`-Funktion nutzen und diese erst dann aufrufen, wenn ein Kunde ausgewählt ist. In diesem Moment kennen Sie den Filter (den ausgewählten Kunden) und können das Binding mit Filter auslösen. Da die Liste in diesem Beispiel überschaubar ist, können wir uns diesen Umweg sparen, die Daten einmalig laden und den `operationMode` auf `Client` setzen. (siehe Listing 9.39).

```
<Dialog id="NewTimeDialog"
        xmlns="sap.m"
        xmlns:core="sap.ui.core"
        xmlns:form="sap.ui.layout.form"
        afterOpen="onAfterOpen"
        title="{i18n>timesheet.create.new}">
```

```
<form:SimpleForm editable="true"
                 layout="ResponsiveGridLayout">

  <Label text="{i18n>timesheet.date}" required="true" />
  <DatePicker value="{portal>ActivityDate}"
              valueFormat="yyyy-MM-ddTHH:mm:ss" />

  <Label text="{i18n>timesheet.begin}" required="true" />
  <DateTimeInput type="Time" value="{portal>TimeFrom}"
                 valueFormat="'PT'HH'H'mm'M'ss'S" />

  <Label text="{i18n>timesheet.end}" required="true" />
  <DateTimeInput type="Time" value="{portal>TimeTo}"
                 valueFormat="'PT'HH'H'mm'M'ss'S'" />

  <Label text="{i18n>timesheet.type}" required="true" />
  <RadioButtonGroup id="time-internal"
                    columns="2"
                    selectedIndex="1" >
    <buttons>
      <RadioButton
           selected="{portal>Internal}"
           text="{i18n>timesheet.internal}"
           select="onTypeChange($event, true)" />
      <RadioButton
            selected="{= !${portal>Internal}}"
            text="{i18n>timesheet.customer}"
            select="onTypeChange($event, false)" />
    </buttons>
  </RadioButtonGroup>

  <Label text="{i18n>timesheet.customer}" />
  <Select id="time-customer"
          items="{portal>/CustomerSet}"
          selectedKey="{portal>CustomerID}"
          enabled="{= !${portal>Internal}}"
          editable="{= !${portal>Internal}}"
          change="onCustomerChanged">
    <core:Item
          key="{portal>CustomerID}"
          text="{portal>Description}" />
  </Select>

  <Label text="{i18n>timesheet.project}" />
  <Select id="time-project"
```

```
            items="{
              path: 'portal>/ProjectSet',
              parameters: { operationMode: 'Client' }
            }"
            selectedKey="{portal>ProjectID}"
            enabled="{= !${portal>Internal}}"
            editable="{= !${portal>Internal}}">
      <core:Item
              key="{portal>ProjectID}"
              text="{portal>Description}" />
    </Select>

    <Label text="{i18n>timesheet.description}" />
    <TextArea value="{portal>Description}" />

  </form:SimpleForm>

  <buttons>
    <Button text="{i18n>cancel}" press="onNewCanceled" />
    <Button text="{i18n>save}" press="onNewSaved" />
  </buttons>

</Dialog>
```

Listing 9.39 Implementierung des Dialogs zur Zeiterfassung

Nun müssen Sie die Funktionen noch im Controller implementieren. Als Erstes kümmern wir uns um das Öffnen des Pop-up-Fensters. Das Listing 9.40 sollte Ihnen sehr bekannt vorkommen, denn es ähnelt dem Coding aus Listing 9.37.

```
onNewPressed: function () {
      if (!this.byId("NewTimeDialog")) {
        var pDialog = this.loadFragment({
        name: "zui5.portal.view.timesheet.NewDialog"
        }).then(function(oDialog) {
          this._createContextAndOpen(oDialog);
        }.bind(this));
      } else {
        this._createContextAndOpen(this.byId("NewTimeDialog"));
      }
    },

    _createContextAndOpen: function(oDialog){
      var oContext = this.getModel("portal").createEntry("/TimesheetSet", {
        properties: {
          "ActivityDate": "",
```

```
          "TimeFrom": "",
          "TimeTo": "",
          "Internal": false,
          "CustomerID":
                 this.getModel("portal").getProperty("Customer/0/"),
          "ProjectID": "",
          "Description": ""
        }
      });
      oDialog.setBindingContext(oContext, "portal");
      oDialog.open();
    },
    onNewCanceled: function () {
      var oModel = this.getModel("portal");
      if (oModel.hasPendingChanges()) {
        var sPath =
this.byId("NewTimeDialog").getBindingContext("portal").getPath();
        oModel.resetChanges([sPath]);
      }
      this.byId("NewTimeDialog").close();
    },

    onNewSaved: function (oEv) {
      var oModel = this.getModel("portal");

      if (oModel.hasPendingChanges()) {
        oModel.submitChanges({
          success: function (oData) {
            MessageToast.show(
                 this.getText("message.create.success", null))
          }.bind(this),
          error: function () {
            MessageBox.error(
                  this.getText("message.create.error", null), {
              title: this.getText("message.error", null)
            })
          }.bind(this)
        });
      }

      this.byId("NewTimeDialog").close();

    },
```

Listing 9.40 Neue Zeiterfassung anlegen

Wie Sie vielleicht merken, verletzen wir hier das Prinzip *Don't Repeat Yourself*. In der Realität würde ich die Funktionen in den Basis-Controller auslagern und entsprechend parametrisieren. Aus Gründen der Übersichtlichkeit verzichte ich in diesem Fall darauf.

Eine kleine Besonderheit gibt es dann doch: Beachten Sie die Zeile `"CustomerID": this.getModel("portal").getProperty("Customer/0/")` in der `createContextAndOpen`-Funktion in Listing 9.40. Damit setzen wir die Customer-ID auf den ersten Eintrag der Customer-Entität. Warum ist dieser Schritt notwendig? Lassen wir diesen Teil zunächst einmal weg und setzen die Customer-ID auf einen leeren String, also `"CustomerID": ""`. Wie verhält sich die UI jetzt? Probieren Sie es aus, und starten Sie die Anwendung. Zunächst einmal sieht die Anwendung normal aus. Erst wenn Sie einen Breakpoint in der Methode `onAfterOpen` setzen, fällt auf, dass die Eigenschaft `CustomerID` im Model nicht gefüllt ist, obwohl der Kunde in der UI angezeigt wird (siehe Abbildung 9.37).

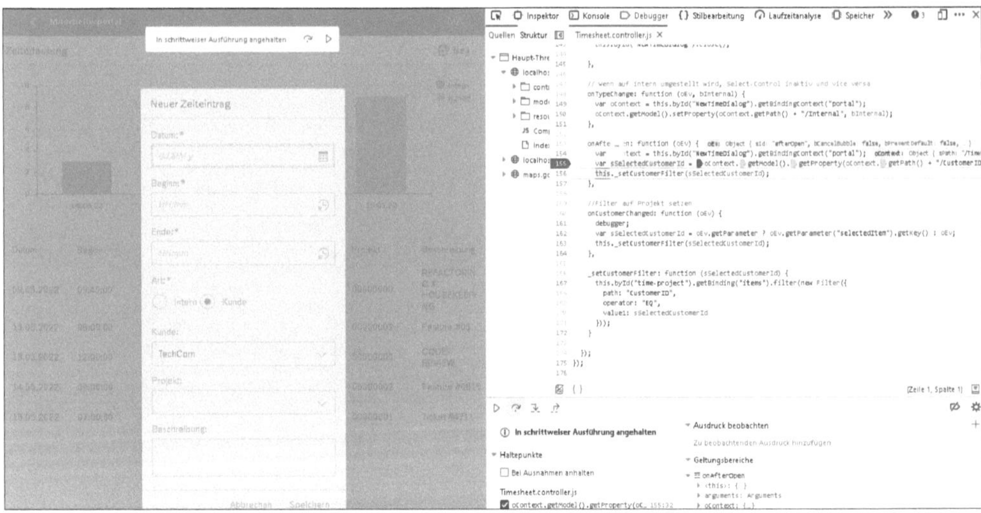

Abbildung 9.37 Leere Eigenschaft im Model

Das heißt, das `Select`-Control zeigt automatisch den ersten Eintrag an, setzt diesen aber nicht im Binding. Als logische Konsequenz wird der Filter auf dem Projektfeld nicht korrekt gesetzt, und daraus ergibt sich eine fehlerhafte Anzeige der Projekte, wie in Abbildung 9.38 dargestellt.

Wenn Sie im Model die Customer-ID über die Anweisung `"CustomerID": this.getModel("portal").getProperty("Customer/0/")` korrekt setzen, wird diese im Binding Context korrekt gesetzt, womit auch der Filterwert korrekt gesetzt wird. Als Folge werden die Projekte richtig nach dem Kunden gefiltert (siehe Abbildung 9.39).

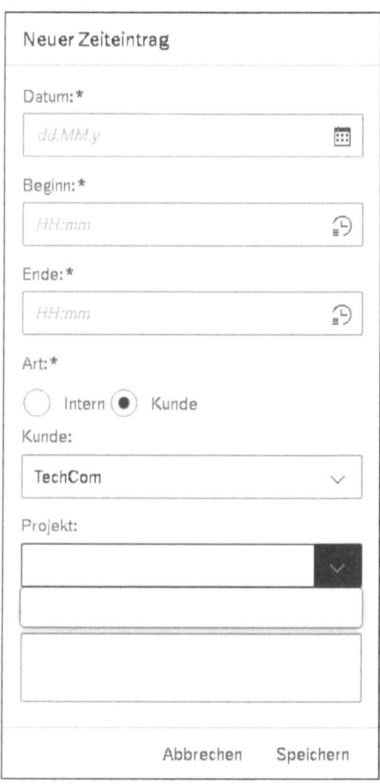

Abbildung 9.38 Projekte werden nicht korrekt angezeigt.

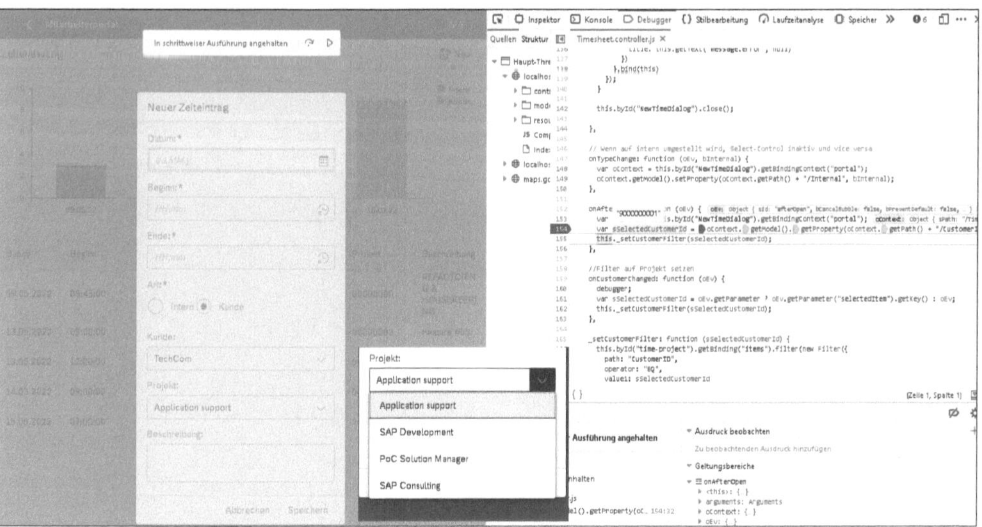

Abbildung 9.39 Korrekter Binding-Kontext und richtiger Filter

Als Nächstes implementieren Sie die onTypeChange-Funktion. Mit dieser Funktion wollen wir bewerkstelligen, dass die Eigenschaft **internal** beim Wechsel des Radiobuttons korrekt gesetzt wird. Dafür übergeben Sie die Werte true oder false (siehe Listing 9.39) und können den Wert, je nachdem, welcher Radiobutton ausgewählt wurde, direkt in die Eigenschaft internal des Models schreiben, wie in Listing 9.41 gezeigt.

```
onTypeChange: function (oEv, bInternal) {
  var oContext = this.byId("NewTimeDialog")
                     .getBindingContext("portal");
  oContext.getModel()
          .setProperty(
             oContext.getPath() + "/Internal", bInternal);
},
```

Listing 9.41 Property im Model neu setzen

Bevor Sie sich um das Chart kümmern, müssen Sie noch die Filterlogik beim Kundenwechsel bzw. im afterOpen-Ereignis des Dialog-Controls implementieren. Auch das ist denkbar einfach, Sie müssen lediglich den Wert ermitteln und an die Filterfunktion der Aggregation übergeben. Das notwendige Handwerkszeug haben Sie in Abschnitt 8.4.2, »Query-Optionen«, kennengelernt. Ergänzen Sie den Controller um die Funktionen aus Listing 9.42. Vergessen Sie bitte nicht, den Filter im sap.ui.define-Array mitzugeben.

```
sap.ui.define([
  "portal/base/BaseController",
  "sap/ui/model/Filter"
  [...]
], function (BaseController, Filter, [...]) {
  "use strict";

  return BaseController.extend(
          "zui5.portal.view.timesheet.Timesheet", {
   [...]
   onAfterOpen: function (oEv) {
      var oContext = this.byId("NewTimeDialog")
                        .getBindingContext("portal");
      var sSelectedCustomerId = oContext.getModel()
                  .getProperty(oContext.getPath() + "/CustomerID");
      this._setCustomerFilter(sSelectedCustomerId);
    },
```

```
    //Filter auf Projekt setzen
    onCustomerChanged: function (oEv) {
      debugger;
      var sSelectedCustomerId =
  oEv.getParameter ? oEv.getParameter("selectedItem").getKey() : oEv;
      this._setCustomerFilter(sSelectedCustomerId);
    },

    _setCustomerFilter: function (sSelectedCustomerId) {
      this.byId("time-project").getBinding("items")
                            .filter(new Filter({
                              path: "CustomerID",
                              operator: "EQ",
                              value1: sSelectedCustomerId
      }));
    }
```

Listing 9.42 Projekt anhand des Kunden filtern

Für das Chart müssen Sie die Daten im Controller aggregieren. Vielleicht erinnern Sie sich noch an unser JSON-Beispiel aus Abschnitt 6.2.1, »JSON Model«? Hier haben Sie den Aufruf behelfsweise auf synchron umgestellt, um die Daten im Debugger sehen zu können. In Listing 9.43 möchten wir es nun richtig machen und registrieren eine Callback-Funktion auf das Ereignis RequestCompleted. Wenn dieses Ereignis ausgelöst wird, wurde der Datensatz eingelesen, und Sie können die Daten für das Chart-Control aggregieren. Ergänzen Sie den Controller um die Funktionen aus Listing 9.43.

```
sap.ui.define([
  "portal/base/BaseController",
  "sap/viz/ui5/data/FlattenedDataset",
  "sap/ui/model/Filter",
  "sap/ui/model/json/JSONModel",
  "sap/ui/model/type/Date",
  "sap/ui/core/format/DateFormat",
  "sap/m/MessageToast",
  "sap/m/MessageBox"
], function (BaseController, FlattenedDataset, Filter,
            JSONModel, TypeDate, DateFormat,
            MessageToast, MessageBox) {
  "use strict";

  return BaseController.extend(
          "portal.view.timesheet.Timesheet", {
```

```
onInit: function() {
  BaseController.prototype.onInit.apply(this, arguments);

  //JSON Model für Chart erzeugen
  this._oChartModel = new JSONModel();
  this.getView().setModel(this._oChartModel, "chart");
  this.getModel("portal").attachRequestCompleted(
               this.onRequestCompleted, this);

  // Chart-Konfiguration
  var oChart = this.getView().byId("Chart"),
      oDataset = new FlattenedDataset({
        dimensions: [{
          axis: 1,
          name: this.getText("timesheet.date"),
          value: "{ path: 'chart>Date',
                   type: 'sap.ui.model.type.Date',
                   formatOptions: { style: 'short' } }"
        },{
          axis: 2,
          name: this.getText("timesheet.type"),
          value: "{chart>Internal}"
        }],
        measures: [{
          name: this.getText("timesheet.duration"),
          value: "{chart>Duration}"
        }],
        data: {
          path: "chart>/"
        }
      });
  oChart.setDataset(oDataset);
},

onExit: function() {
  this.getModel("portal").detachRequestCompleted(
               this.onRequestCompleted, this);
},

// Konnektivität

onRequestCompleted: function(oEv) {
```

```
    // nur auf den GET-Request für die Entitätsmenge
    // TimesheetSet reagieren
       if (oEv.getParameter(
                   "url").indexOf("TimesheetSet") === -1 ||
        oEv.getParameter("url").indexOf("$count") !== -1 ||
        oEv.getParameter("method") !== "GET") {
      return;
    }

    // Daten für das Chart aggregieren
    var aTimesheetData = JSON.parse(
        oEv.getParameter(
              "response").responseText).d.results,
        oTimeParser = DateFormat.getTimeInstance({
          pattern: "'PT'HH'H'mm'M'ss'S'"
        }),
        rDateRegExp = new RegExp(/\/Date\(([0-9]*)\)\//),
        aAggregatedData = [];

    jQuery.each(aTimesheetData,
          jQuery.proxy(function(i, oTime) {
      // Dauer in Minuten berechnen
      var iDuration = (oTimeParser.parse(oTime.TimeTo) -
                     oTimeParser.parse(oTime.TimeFrom)) /
                     (1000 * 60 * 60),
          iDateInMs = parseInt(
             oTime.ActivityDate.match(rDateRegExp)[1], 10);

      // Daten in Array schreiben
      aAggregatedData.push({
        "Date": new Date(iDateInMs),
        "Duration": iDuration,
        "Internal": oTime.Internal ?
                 this.getText("timesheet.internal")
                 this.getText("timesheet.customer")
      });
    }, this));

    this._oChartModel.setData(aAggregatedData);
  },
```

Listing 9.43 Implementierung des Timesheet-Controllers

Damit wäre auch dieser Teil der Anwendung implementiert. Sie können auf der Seite nun Zeiten erfassen und die Zuordnung der Arbeitszeiten zu internen Projekten und Kundenprojekten in einem Diagramm betrachten (siehe Abbildung 9.40).

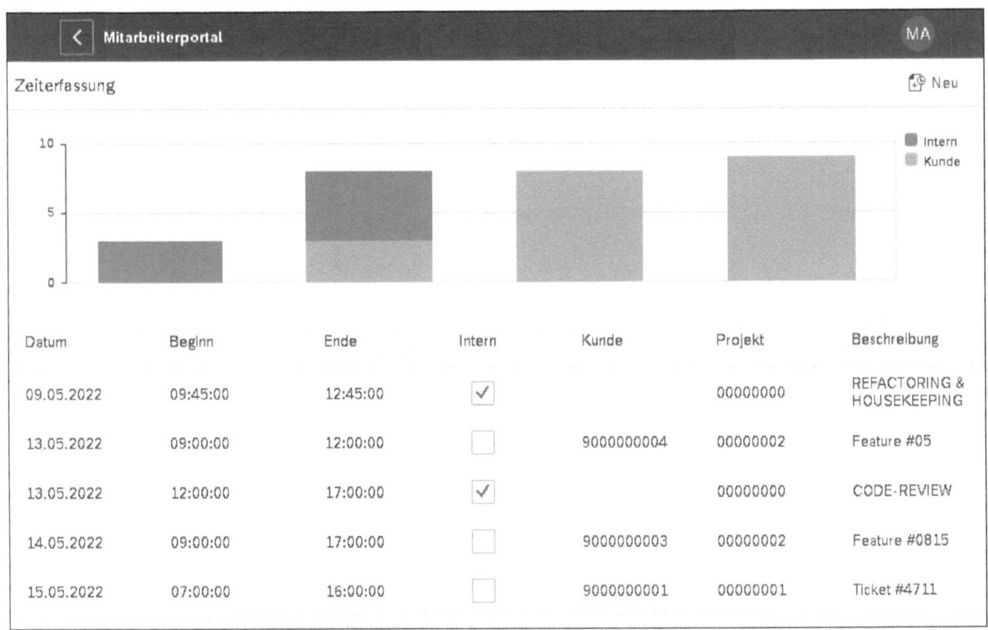

Datum	Beginn	Ende	Intern	Kunde	Projekt	Beschreibung
09.05.2022	09:45:00	12:45:00	✓		00000000	REFACTORING & HOUSEKEEPING
13.05.2022	09:00:00	12:00:00		9000000004	00000002	Feature #05
13.05.2022	12:00:00	17:00:00	✓		00000000	CODE-REVIEW
14.05.2022	09:00:00	17:00:00		9000000003	00000002	Feature #0815
15.05.2022	07:00:00	16:00:00		9000000001	00000001	Ticket #4711

Abbildung 9.40 Ausgabe der Zeiterfassungsseite im Browser

Nachdem wir nun so viel gearbeitet haben, ist es endlich an der Zeit, Urlaub zu beantragen.

9.3.6 Urlaubsantrag

Die Anwendung zur Beantragung des Urlaubs ist letztlich ein Abbild der Zeiterfassungsseite, daher zeige ich Ihnen die Implementierung hier nur in Auszügen. Den vollständigen Code finden Sie wieder im Download-Material zu diesem Buch. Auch für die Urlaubsantragsanwendung benötigen Sie wieder eine Tabelle, die Sie diesmal an die Entitätsmenge `AbsenceSet` binden. Außerdem benötigen Sie wieder ein Dialog-Fragment zum Erfassen der Daten etc. Damit wir auf die Besonderheiten eingehen können, implementieren Sie zunächst die Tabelle zur Anzeige der Urlaubsanträge und ein Pop-up-Fenster zum Erfassen von Anträgen. Implementieren Sie die Funktionen analog zu den beiden vorangegangenen Beispielen. Schaffen Sie es, ohne in die Lösung zu schauen? Bevor Sie weitermachen, sollte die Anwendung den Stand wie in Abbildung 9.41 haben.

Die angelegten Anträge werden in der Tabelle angezeigt, und Sie können über ein Pop-up-Fenster neue Anträge anlegen. Damit die Art vorbelegt wird, referenzieren Sie beim Anlegen des Contextes auf die Entität AbsenceTypes (siehe Listing 9.44).

```
var oContext = this.getModel("portal").createEntry("/AbsenceSet", {
  properties: {
    "Type": this.getModel("portal").getProperty("AbsenceTypes/0/"),
  }
});
```

Listing 9.44 Art des Antrags vorbelegen

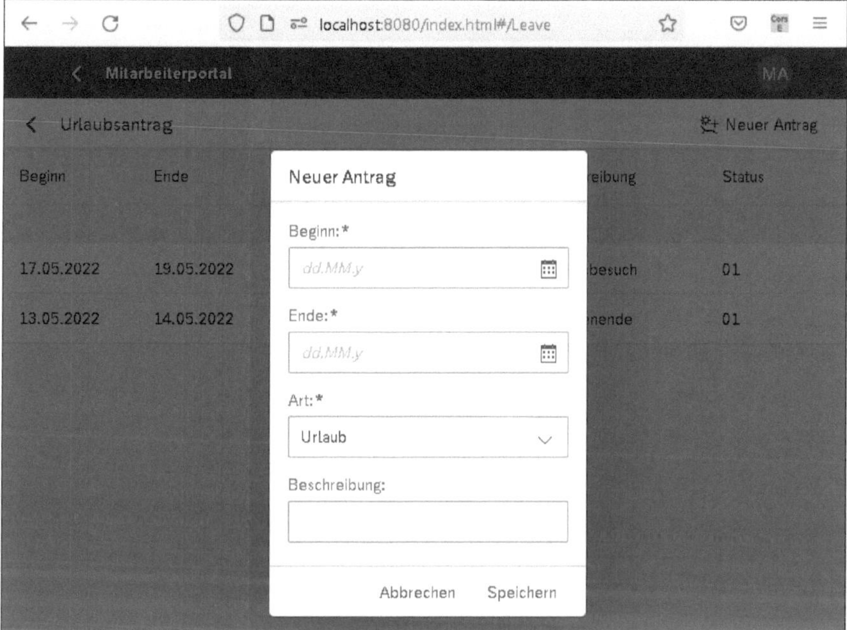

Abbildung 9.41 Urlaubsantrag erfassen

Widmen wir uns nun den Besonderheiten. Eine Besonderheit ist das Calendar-Control, daher schauen wir es uns genauer an. Im View sollen drei Monate angezeigt werden, und die gestellten Urlaubsanträge sollen im Kalender farblich hervorgehoben werden. Listing 9.45 zeigt die Implementierung des Calendar-Controls im Leave-View.

```
<mvc:View
  xmlns:core="sap.ui.core"
  xmlns:mvc="sap.ui.core.mvc"
  xmlns="sap.m"
  xmlns:unified="sap.ui.unified"
  controllerName="zui5.portal.controller.leave.Leave">
```

```
[...]
   </headerContent>

   <unified:Calendar id="Calendar"
                     months="3"
                     class="leaveCalendar"
                     intervalSelection="true" />
   <unified:CalendarLegend id="CalendarLegend" />

   <Table id="Table" items="{
       path: 'portal>/AbsenceSet',
[...]
```

Listing 9.45 View für Urlaubsanträge mit Calender-Control

Damit die drei Monate in einer Zeile angezeigt werden und nicht umbrochen werden, müssen Sie das CSS geringfügig anpassen. Ergänzen Sie die Datei **style.css** um die Einträge der Klasse `leaveCalendar` (siehe Listing 9.46).

```
.leaveCalendar.sapUiCal {
  width: 100%;
  max-width: 100%;
  box-sizing: border-box;
}

.leaveCalendar.sapUiCal .sapUiCalMonthView {
  width: 30%;
}
```

Listing 9.46 CSS-Erweiterung für den Kalender

Das Einfärben der einzelnen Tage geschieht wieder im Controller. Auch hier erfolgt eine Registrierung auf das Ereignis `RequestCompleted`, d. h., Sie registrieren wieder eine Funktion auf das Event, wie bereits im Timesheet-Controller (siehe Listing 9.47).

```
onInit: function() {
  BaseController.prototype.onInit.apply(this, arguments);
  this.getModel("portal")
        .attachRequestCompleted(this._onRequestCompleted, this);
},
```

Listing 9.47 Callback-Funktion beim Ereignis »RequestCompleted«

Abhängig vom gesetzten Antragstyp (01 – Urlaub, 02 – Sonderurlaub, 03 – Krankheit, 04 – Überstunden) setzen Sie einen anderen `CalendarDayType` im Control, weil jeder

Typ im Calendar-Control in einer anderen Farbe dargestellt wird (siehe Listing 9.48) Die gesetzten Farbcodes habe ich der API-Referenz entnommen (`sap.ui.unified.CalendarDayType`).

```
_onRequestCompleted: function(oEv) {
  if (oEv.getParameter("url").
                   indexOf("AbsenceSet") === -1 ||
    oEv.getParameter("url").indexOf("$count") !== -1 ||
    oEv.getParameter("method") !== "GET") {
    return;
  }

  // Daten für Kalender aggregieren
  var aLeaveData =
       JSON.parse(oEv.getParameter("response").
           responseText).d.results,
      rDateRegExp = new RegExp(/\/Date\(([0-9]*)\)\//),
      oCalendar = this.getView().byId("Calendar");

  oCalendar.removeAllSpecialDates();
  jQuery.each(aLeaveData, function(i, oLeave) {
    var sCalDayType = "None";
    switch (oLeave.Type) {
      case "01": sCalDayType = "Type01"; break;
      case "02": sCalDayType = "Type02"; break;
      case "03": sCalDayType = "Type03"; break;
      case "04": sCalDayType = "Type04"; break;
      case "05": sCalDayType = "Type05"; break;
      case "06": sCalDayType = "Type06"; break;
    }

 oCalendar.addSpecialDate(
     new DateTypeRange({
       type: sCalDayType,
       startDate:
     new Date(
     parseInt(oLeave.StartDate.match(rDateRegExp)[1], 10)),
   endDate:
    new Date(
    parseInt(oLeave.EndDate.match(rDateRegExp)[1], 10))
 }));
});
}
```

Listing 9.48 Das Einfärben der Tage im Kalender im Controller implementieren

Durch diese Einstellung werden die Kalendertage, an denen ein Antrag gestellt wurde, farblich markiert, wie in Abbildung 9.42 zu sehen ist. Was mir persönlich noch nicht besonders gut gefällt, ist die technische Anzeige bei **Art** und **Status**. Anwender können mit der Information Status **02** wohl wenig anfangen, daher würde ich hier gerne stattdessen den Text »Genehmigt« anzeigen lassen.

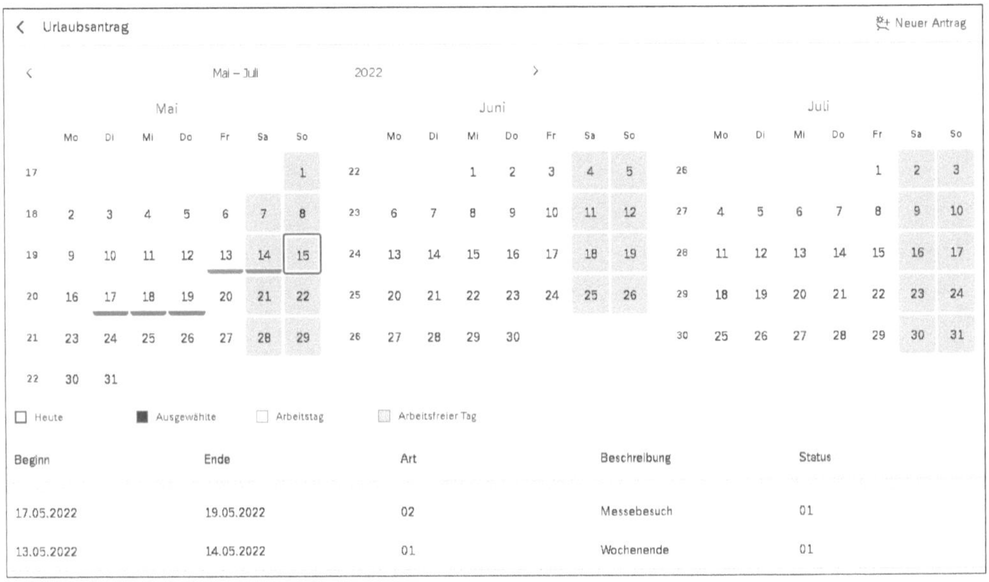
Urlaubsantrag
Neuer Antrag
Mai – Juli
2022
Mai
Juni
Juli
Heute
Ausgewählte
Arbeitstag
Arbeitsfreier Tag
Beginn
Ende
Art
Beschreibung
Status
17.05.2022
19.05.2022
02
Messebesuch
01
13.05.2022
14.05.2022
01
Wochenende
01

Abbildung 9.42 Farbliche Markierung im Kalender

In Kapitel 7, »Weitere Techniken in SAPUI5«, haben Sie bereits die *Formatter*-Funktion kennengelernt. Diese Technik ist prädestiniert dafür, die technische Anzeige bei Art und Status in eine (lese)-freundliche zu ändern. Legen Sie nach dem in Kapitel 7 kennengelernten Muster im **model**-Verzeichnis eine neue Datei **formatter.js** an (siehe Abbildung 9.43).

Registrieren Sie im nächsten Schritt die Formatter-Datei im `Leave`-Controller als `formatter`, damit wir von dem View aus auf Funktionen des Formatters zugreifen können (siehe Listing 9.49).

```
sap.ui.define([
  "zui5/portal/controller/base/BaseController",
  "sap/ui/unified/DateTypeRange",
  "sap/ui/model/json/JSONModel",
  "sap/m/MessageToast",
  "sap/m/MessageBox",
  "zui5/portal/model/formatter"
], function (BaseController, DateTypeRange, JSONModel,
             MessageToast, MessageBox, formatter) {
  "use strict";
```

```
return BaseController.extend("zui5.portal.controller.leave.Leave",{

    formatter: formatter,
    onInit: ...
```

Listing 9.49 Formatter im Controller registrieren

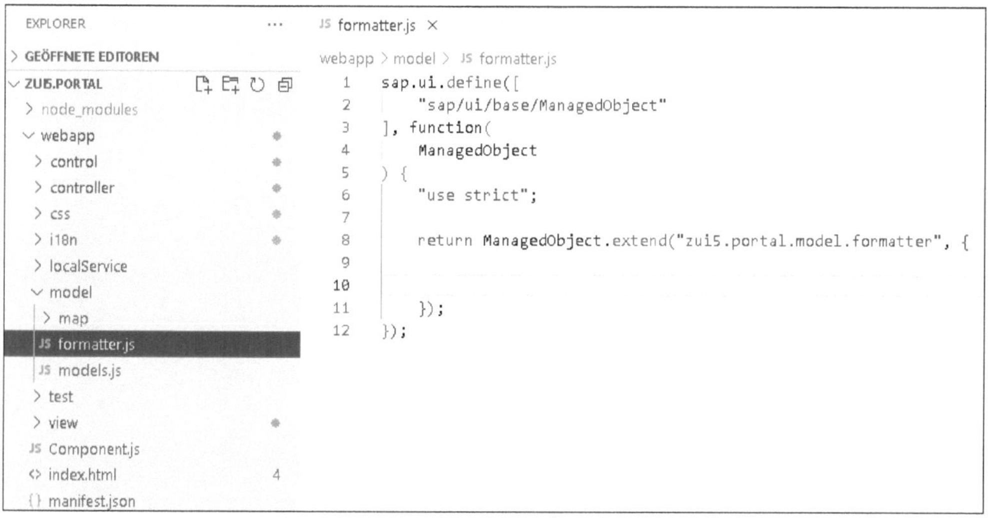

```
sap.ui.define([
    "sap/ui/base/ManagedObject"
], function(
    ManagedObject
) {
    "use strict";

    return ManagedObject.extend("zui5.portal.model.formatter", {


    });
});
```

Abbildung 9.43 Formatter-Datei

Jetzt müssen Sie noch herausfinden, woher die den Zahlen entsprechenden Texte kommen. Sie stecken in unserem OData-Service, nämlich in den beiden Entitäten `StatusTypesSet` und `AbsenceTypesSet`. Da die beiden Entitäten noch nicht geladen werden, fügen Sie sie einfach als `expand`-Query unserem Aggregation Binding hinzu (siehe Listing 9.50).

```
<Table id="Table" items="{
    path: 'portal>/AbsenceSet',
    sorter: [{
      path: 'Status',
      descending: true
    }, {
      path: 'StartDate',
      descending: true
    }],
    parameters: { operationMode: 'Client',
                  expand: 'StatusTypesSet,AbsenceTypesSet' }
  }">
```

Listing 9.50 Aggregation Binding erweitern

Achten Sie hier bitte auf zwei Dinge: Der expand-Parameter muss so wie die Navigationseigenschaft benannt werden, und Sie dürfen hier keine Leerzeichen hinzufügen. Wenn Sie sich den Batch-Request anschließend auf der Netzwerkregisterkarte des Browsers anschauen (siehe Abbildung 9.44), sehen Sie, dass neben den Anträgen auch die beiden Entitäten eingelesen werden (siehe Listing 9.51).

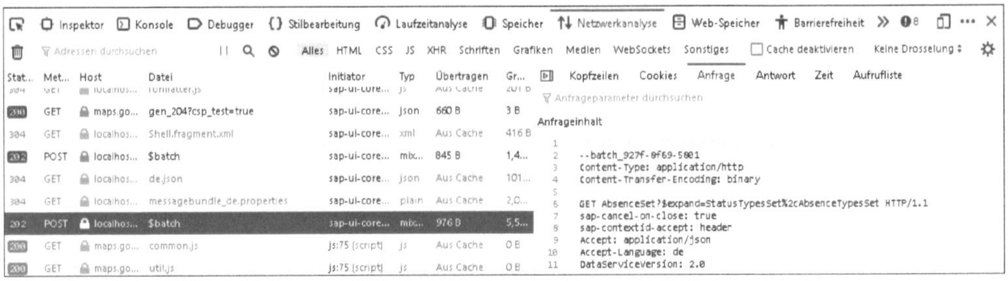

Abbildung 9.44 Batch-Request mit Expand auf »StatusTypesSet« und »AbsenceTypesSet«

```
{
 "d": {
  "results": [{
   "Username": "B1111301",
   "ReqID": "000C29C4-B584-62AA49CDD786",
   "StartDate": "\/Date(1652400000000)\/",
   "EndDate": "\/Date(1652486400000)\/",
   "Type": "01",
   "Description": "Wochenende",
   "Status": "01",
   "AbsenceTypesSet": {
    "results": [{
     "AbsKey": "01",
     "AbsText": "Urlaub"
    }, {
     "AbsKey": "02",
     "AbsText": "Sonderurlaub"
[...]    }]
   },
   "StatusTypesSet": {
    "results": [{
     "StatusKey": "01",
     "StatusText": "Angelegt"
    }, {
     "StatusKey": "02",
     "StatusText": "Genehmigt"
    }, {
```

```
      "StatusKey": "03",
      "StatusText": "Abgelehnt"
     }]
    }
   }]
  }
}
```

Listing 9.51 Batch-Request mit Expand

Wie Sie Listing 9.51 entnehmen können, finden Sie den Text zu der Abwesenheitsart über den Pfad `/AbsenceTypesSet('"+<TYP>+"')/AbsText` bzw. `/ StatusTypesSet ('"+sType+"')/ StatusText`. Damit ergibt sich für unsere Formatter-Funktionen das Coding aus Listing 9.52.


```
sap.ui.define([], function () {
  "use strict";
  return {

    formatAbsenceType: function(sType){
      return this.getModel("portal")
              .getProperty("/AbsenceTypesSet('"+sType+"')/AbsText");
    },

    formatStatusType: function(sKey){
      return this.getModel("portal")
             .getProperty("/StatusTypesSet('"+sKey+"')/StatusText");
    }

  };
});
```

Listing 9.52 Formatter-Funktionen zum Formatieren von Art und Status

Jetzt müssen Sie nur noch die Formatter-Funktionen in dem View aufrufen, wie in Listing 9.53 zu sehen.

```
          <cells>
            <Text text="{ path: 'portal>StartDate',
                          type: 'sap.ui.model.type.Date' }" />
            <Text text="{ path: 'portal>EndDate',
                          type: 'sap.ui.model.type.Date' }" />
            <Text text="{
                path: 'portal>Type',
```

```
        formatter: '.formatter.formatAbsenceType'
      }" />
    <Text text="{portal>Description}" />
    <Text text="{
        path:'portal>Status',
        formatter: '.formatter.formatStatusType'
      }" />
  </cells>
```

Listing 9.53 Formatter in dem View

Damit haben Sie es geschafft, die technischen Bezeichner werden durch lesbaren Text ersetzt (siehe Abbildung 9.45).

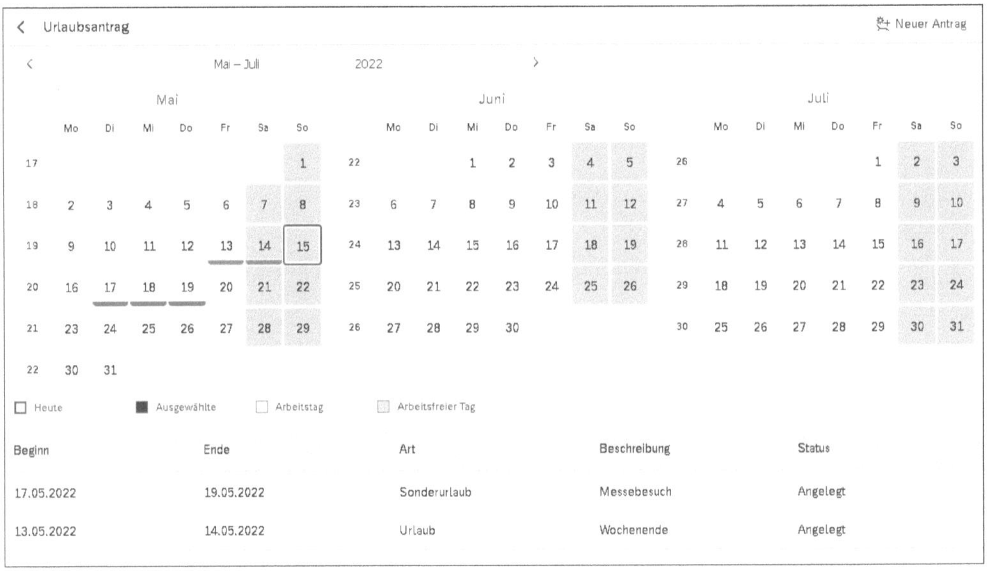

Abbildung 9.45 Formatter-Funktion im Urlaubsantrag

Natürlich ist die Implementierung nicht optimal. Im Backend ist die Navigation nicht korrekt implementiert, sodass Sie nun alle Werte für jeden Eintrag bekommen. Das ist in diesem Fall nicht so dramatisch, da wir nur wenige Einträge in der Tabelle haben. Jetzt könnten Sie entweder im Backend die Navigation korrekt implementieren, also den Schlüssel auslesen und nur den relevanten Eintrag zurückliefern, oder aber diese beiden Entitätsmengen einmalig einlesen, so wie Sie es bereits mit dem UserSet gemacht haben (siehe Listing 9.20). Wenn Sie mich nach meiner persönlichen Meinung fragen, würde ich mich für Letzteres entscheiden, da der Expand für jeden Eintrag in der Tabelle zusätzliche select-Statements verursacht und das wird sich auf Dauer auf die Performance auswirken.

Damit haben Sie es geschafft. Sie haben eine einzigartige Portalanwendung geschaffen und können damit eine wichtige Aufgabe erledigen, nämlich Urlaub zu beantragen. Doch bevor wir in den Urlaub können, muss dieser noch genehmigt werden. Da passt es doch, dass wir im nächsten Kapitel eine Genehmigungsanwendung implementieren werden. Bevor Sie also zum nächsten Kapitel umblättern, können Sie in Ihrer eigenen Portalanwendung schon einmal probeweise einen Urlaub anlegen und sich auf der von Ihnen implementierten Karte die Reiseroute anschauen.

Kapitel 10
Beispielentwicklung einer SAP-Fiori-App

In diesem Kapitel entwickeln Sie eine App im Stil von SAP Fiori und stellen diese den Anwendern im SAP Fiori Launchpad zur Verfügung.

Die Entwicklung von mobilen Anwendungen stellt Sie vor eine ganze Reihe neuer Herausforderungen. Zum einen müssen Sie sich als Unternehmen Gedanken zum Thema Sicherheit machen. Ein Smartphone oder ein Tablet-PC gehen sehr viel schneller verloren als ein fest installierter PC im Büro – und ein unehrlicher Finder hätte bei mangelnden Sicherheitsvorkehrungen sehr einfach Zugriff auf sensible Unternehmensdaten.

Zum anderen gibt es viele verschiedene Hersteller von mobilen Endgeräten und damit auch verschiedene Betriebssysteme, wie z. B. iOS, Android, oder BlackBerry OS. Üblicherweise verwenden die Mitarbeiter in Ihrem Unternehmen viele verschiedene Endgeräte und damit auch viele verschiedene Plattformen. Der Ansatz *bring your own device*, mit dem dem Wunsch der Mitarbeiter Rechnung getragen wird, ihre privaten Endgeräte auch geschäftlich nutzen zu können, stellt für ein Unternehmen eine große Herausforderung dar. Wie können Sie bei diesen Geräten sicherstellen, dass jede Sicherheitslücke eigenverantwortlich durch Software-Updates geschlossen wird oder dass immer der neueste Virenscanner installiert ist?

Auch für uns Entwickler stellt die Vielzahl der Betriebssysteme auf der technischen Ebene eine Herausforderung dar. Wenn Sie z. B. eine native Anwendung für Android entwickeln, müssen Sie diese noch einmal für iOS und vielleicht auch noch für BlackBerry OS entwickeln. Dieser Umstand bedeutet natürlich einen immensen Implementierungs- und Wartungsaufwand. Glücklicherweise »versteht« jedes mobile Endgerät HTML5, CSS3 und JavaScript – und damit auch SAPUI5! Mit SAPUI5 können Sie plattformübergreifende Hybrid-Web-Container-Anwendungen entwickeln und diese für die meisten Endgeräte zur Verfügung stellen.

Nicht zuletzt hat SAP mit SAP Fiori ein Produkt auf den Markt gebracht, das speziell für mobile Endgeräte konzipiert und in SAPUI5 implementiert wurde. In Abbildung 10.1 sehen Sie eine der ersten SAP-Fiori-Anwendungen auf einem mobilen Gerät. Auch wenn sich vieles über die Jahre verändert hat, ist das grundsätzliche Design bestehen geblieben. Wir werden in diesem Kapitel eine ähnliche App entwickeln. Vergleichen Sie doch am Schluss einfach mal die beiden Screenshots, Sie werden die Ähnlichkeit nicht abstreiten können.

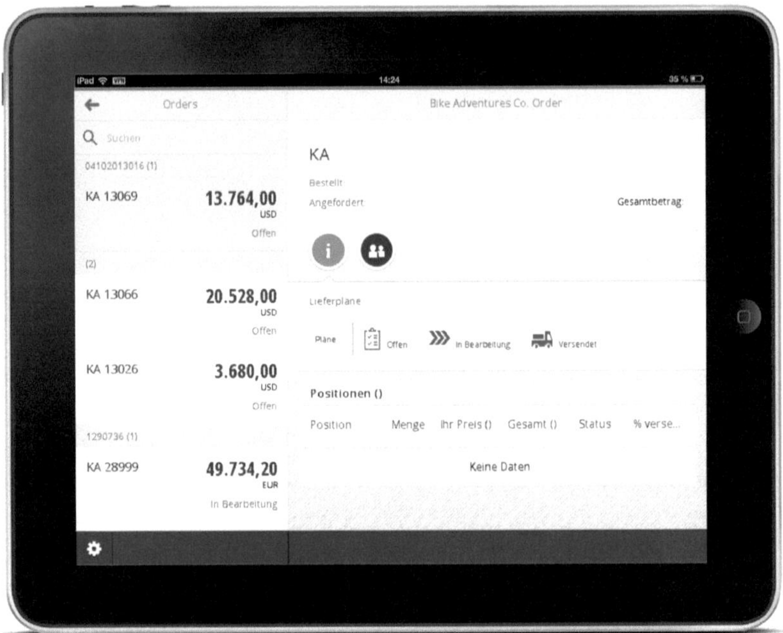

Abbildung 10.1 SAP Fiori

Mit SAP Fiori können die Anwender zurzeit mit über 14.000 Apps auch über mobile Endgeräte auf die Funktionen der SAP Business Suite zugreifen. Mit SAP Fiori können Sie z. B. Reise- oder Einkaufsanträge genehmigen, Kundendaten aktualisieren oder Urlaubsanträge stellen. Früher hat SAP unter der URL *https://sap.com/fiori-demo* eine Demolandschaft zur Verfügung gestellt, diese wurde mittlerweile jedoch eingestellt und durch ein Video ersetzt. In der SAP Fiori Apps Reference Library unter *https://fioriappslibrary.hana.ondemand.com/sap/fix/externalViewer* finden Sie den vollständigen App-Katalog der momentan verfügbaren SAP-Fiori-Apps.

In diesem Kapitel entwickeln wir die Genehmigungs-App für die Urlaubsanträge, die in der Anwendung aus Abschnitt 9.3.6, »Urlaubsantrag«, gestellt wurden. Dazu verwenden wir wieder Visual Studio Code bzw. das SAP Business Application Studio. Allerdings werden wir diesmal ein anderes Template nutzen.

Checkliste

Was Sie für dieses Kapitel brauchen:

- einen Zugang zu SAP Business Application Studio (der kostenlose Testzugang genügt) oder Visual Studio Code mit SAP Fiori Extensions

- ABAP-Backend
- Google Chrome oder einen anderen modernen Browser
- OData-Service für die Genehmigung der Urlaubsanträge (siehe Download-Material zum Buch)

10.1 Mobile Lösungen mit SAPUI5 entwickeln

Die Entwicklung einer Anwendung für mobile Endgeräte ist in SAPUI5 der Entwicklung von Desktop-Anwendungen sehr ähnlich. Ich gehe daher im weiteren Verlauf dieses Kapitels nur noch auf die Unterschiede ein.

Bei der Entwicklung für mobile Geräte ist es mitunter eine interessante Frage, auf welchem Gerät die Anwendung gerade läuft und ob es sich dabei um ein Smartphone oder ein Tablet handelt. Abhängig davon möchten Sie z. B. das Verhalten oder das Layout der Seiten ändern. Leider ist diese Frage heutzutage gar nicht mehr so einfach zu beantworten. Denn mittlerweile gibt es Desktop-Monitore bzw. Notebooks mit Touchscreen-Funktion; hinzu kommen die Netbooks, die größenmäßig zwischen einem Notebook und einem Tablet liegen, und manche Smartphones sind größer als Tablets – all diese Geräte können im Einsatz sein, sodass Sie sich im Endeffekt nie wirklich sicher sein können, auf welcher Geräteart Ihre Anwendung genau läuft.

Unabhängig davon, können Sie über die `sap.ui.Device`-Bibliothek herausfinden, ob das Endgerät z. B. einen Touchscreen hat und ob es sich um ein Tablet oder Smartphone handelt (auch hier im Zweifel über die Bildschirmauflösung). Die wichtigsten Funktionen sind folgende:

- `sap.ui.Device.support.touch`
  Hat das Gerät einen Touchscreen?
- `sap.ui.Device.system.desktop`
  Ist das Gerät ein Desktop-PC?
- `sap.ui.Device.system.tablet`
  Ist das Gerät ein Tablet?
- `sap.ui.Device.system.phone`
  Ist das Gerät ein Smartphone?

Die vollständige Liste der Funktionen finden Sie in der API-Referenz unter *https://sapui5.hana.ondemand.com/#/api/sap.ui.Device*.

Wie Sie bereits im Template gesehen haben, wird dort in der Datei **models.js** ein Device Model erzeugt, sodass Sie die wichtigsten Informationen über das Model abrufen können (siehe Listing 10.1).

```
createDeviceModel: function () {
 var oModel = new JSONModel(Device);
 oModel.setDefaultBindingMode("OneWay");
 return oModel;
},
```

Listing 10.1 Device Model aus dem Template

Mithilfe der Funktion `sap.ui.Device.orientation` können Sie z. B. einen Event Handler registrieren und das Ereignis verarbeiten, wenn die Ausrichtung des Geräts (hochkant oder horizontal) geändert wird (siehe Listing 10.2).

```
sap.ui.Device.orientation.attachHandler(
     fnFunction,
     oListener
);
```

Listing 10.2 Event bei Änderung der Bildschirmorientierung

Wenn Sie Abbildung 10.1 betrachten, stellen Sie fest, dass das Layout der Seite dem typischen Layout von Tablets entspricht. Auf der linken Seite haben Sie eine Listenansicht, und bei der Auswahl eines Eintrags werden Ihnen auf der rechten Seite Details zu diesem Eintrag angezeigt. Dieses Aussehen erreichen Sie durch das `SplitApp`-Control. Das `SplitApp`-Control teilt den Bildbereich in einen Master-Bereich ❶ und einen Detailbereich ❷ auf (siehe Abbildung 10.2).

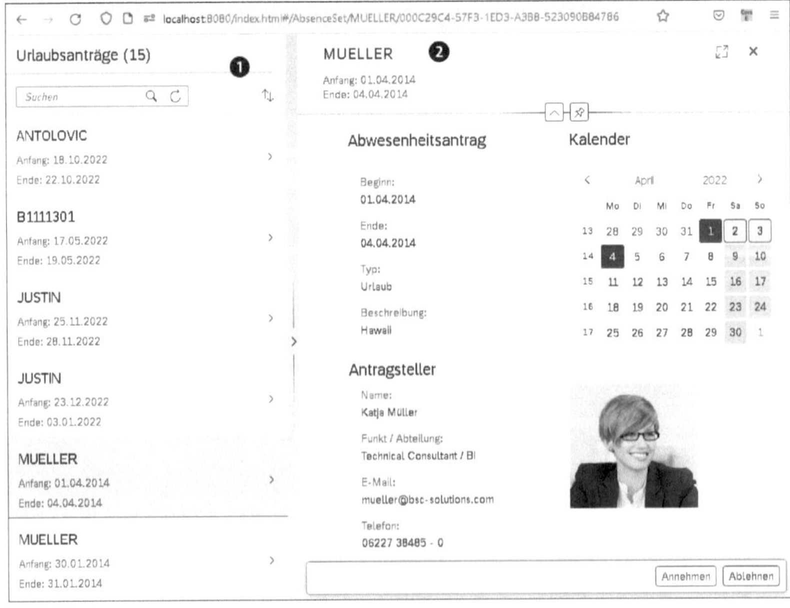

Abbildung 10.2 Anzeige des SplitApp-Controls auf Tablets

Auf Smartphones wird beim `SplitApp`-Control initial nur der Master-Bereich angezeigt. Wenn ein Eintrag ausgewählt wird, wird die entsprechende Detailseite angezeigt (siehe Abbildung 10.3).

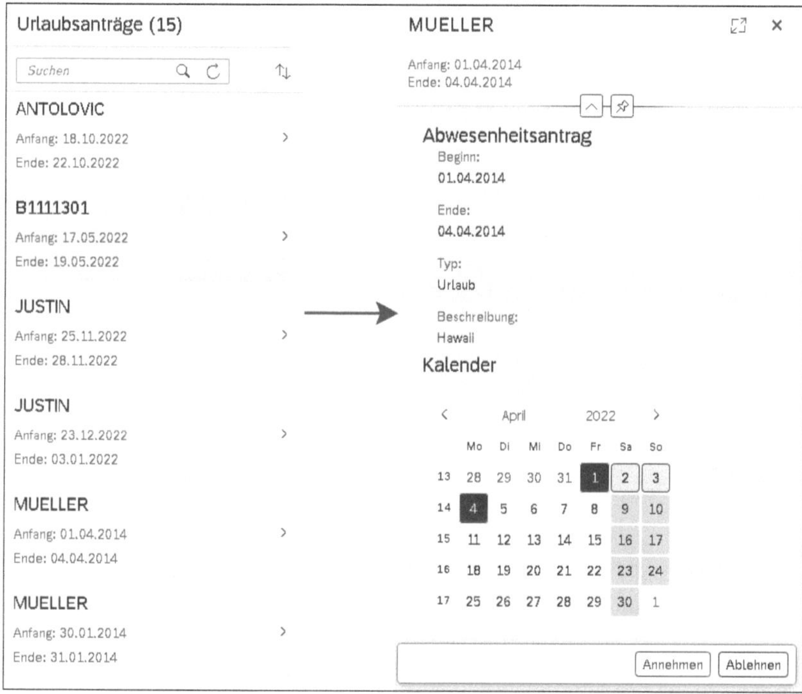

Abbildung 10.3 Anzeige des SplitApp-Controls auf Smartphones

Auf den mobilen Endgeräten haben Sie durch die Bedienung mit den Fingern auch etwas andere Ereignisse als auf einem Desktop-PC:

- Touch-Ereignisse (berühren)
- Swipe-Ereignisse (wischen)
- Scroll-Ereignisse (scrollen)

Durch diese Ereignisse können Sie z. B. das typische Wischen mit dem Finger auf dem Gerät verarbeiten und damit eine Funktion aufrufen. In Listing 10.3 sehen Sie ein `List`-Control, bei dem ein Button als Swipe Content implementiert wurde. Der Swipe Content wird im Control automatisch nach einem Swipe-Ereignis angezeigt.

```
<List id="list" items="{/}">
  <StandardListItem title="{todo}" />
  <swipeContent>
    <Button
      text="Done"
      type="Reject"
```

```
        press="onDelete" />
    </swipeContent>
  </List>
```

Listing 10.3 List-Control mit Swipe Content

Wenn Sie nun auf einem Listeintrag von rechts nach links wischen, wird der Button sichtbar (siehe Abbildung 10.4).

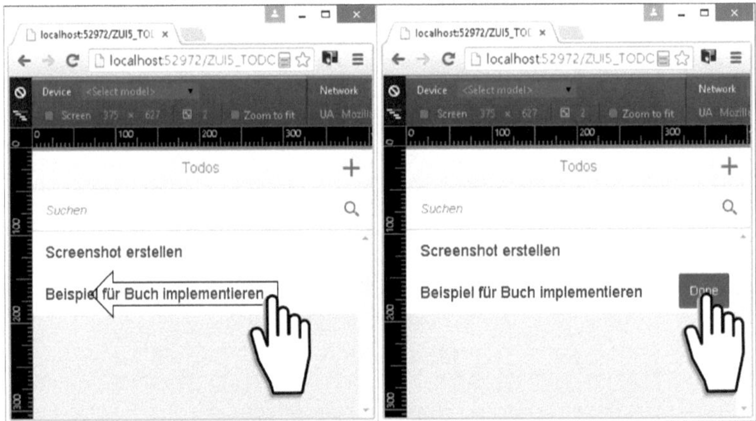

Abbildung 10.4 Swipe-Ereignisse in SAPUI5

Wie Sie an diesen Beispielen sehen, können Sie in SAPUI5 auch neuere Techniken und Benutzerinteraktionen verarbeiten. Diese Funktionen sind bisher in der SAP-Welt nicht besonders weit verbreitet, da die meisten Anwender nach wie vor an Desktop-PCs oder Notebooks arbeiten. Wenn Sie aber z. B. eine App nur für mobile Endgeräte entwickeln und sicherstellen können, dass diese App nicht auch von Desktops aufgerufen wird, können Sie mit diesen Techniken schöne Anwendungen entwickeln.

10.2 Anwendungsbeispiel

Jetzt entwickeln Sie eine mobile Anwendung, die die Urlaubsanträge aus dem Portal anzeigt und die Möglichkeit gibt, diese zu genehmigen oder abzulehnen. Wird ein Eintrag ausgewählt, wird der entsprechende Antrag angezeigt, und die beiden Bearbeitungsoptionen **Genehmigen** und **Ablehnen** werden angeboten.

10.2.1 Grundgerüst der Anwendung

Wie bereits in den vorangegangenen Beispielen beginnen Sie nicht auf der grünen Wiese, sondern lassen sich durch das Template bereits jede Menge Coding generieren. Mit dem Template **SAP Fiori Master Detail Application** lässt sich in wenigen

Schritten ein Grundgerüst erzeugen, das dem gewünschten Zieldesign einer Master-Detail-App schon sehr nahekommt. Starten Sie den SAP Fiori App Generator, wählen Sie die Option **SAPUI5 Freestyle** und dann **SAP Fiori Master Detail Application** aus (siehe Abbildung 10.5).

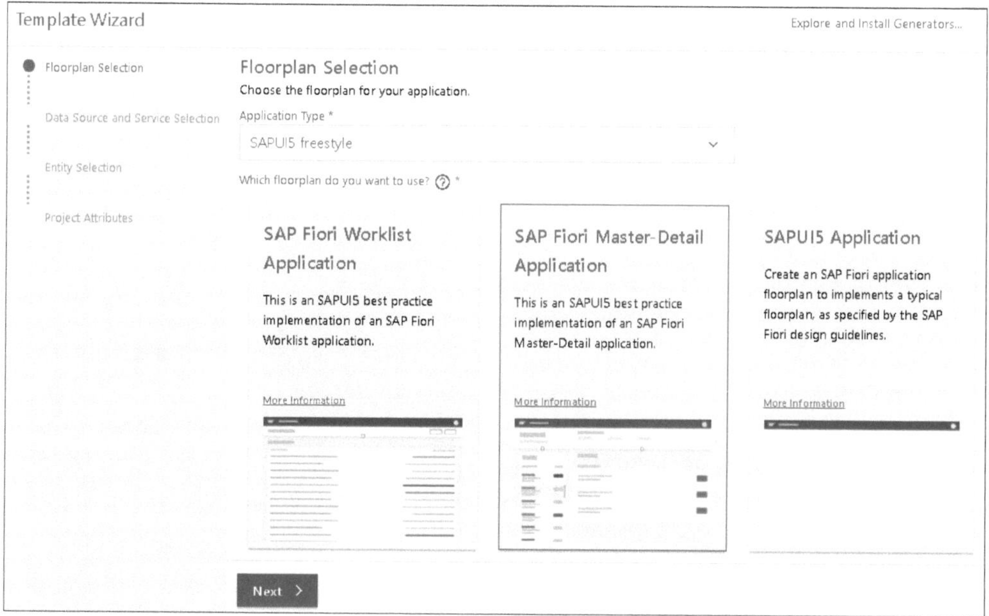

Abbildung 10.5 SAP Fiori Master Detail Application als Floorplan auswählen

Im Folgebild wählen Sie im Feld **Data source** die **Option Connect to an OData Service** und wählen dann den OData-Service aus, den Sie für die Anwendung in Kapitel 9, »Beispielentwicklung einer Portalanwendung«, implementiert haben (siehe Abbildung 10.6).

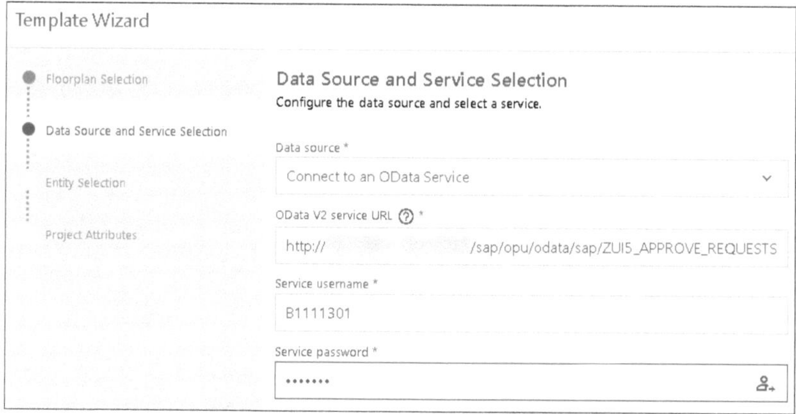

Abbildung 10.6 OData-Service auswählen

Sollten Sie über kein ABAP-System verfügen, können Sie im Feld **Data source** alternativ die Option **Upload a Metadata Document** auswählen (siehe Abbildung 10.7) und die Metadata-Datei aus dem Download zu diesem Buch verwenden. Dann können Sie das Beispiel mit einem Mockserver implementieren.

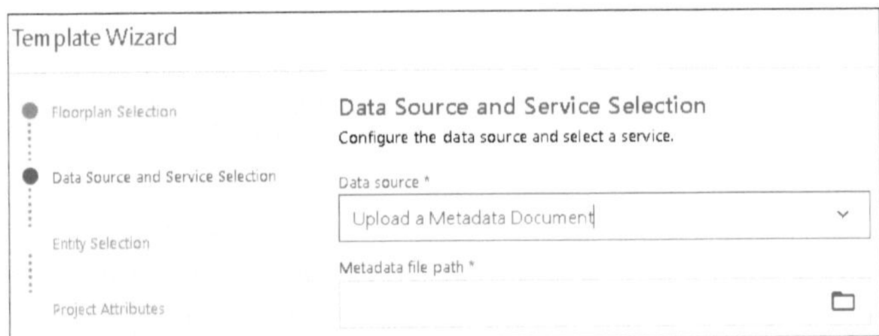

Abbildung 10.7 Metadata-Datei als Datenquelle angeben

Im Folgebild wählen Sie im Feld **Object collection** die Option **AbsenceSet** aus (siehe Abbildung 10.8). Da in diesem Template auch auf der Detailseite eine Tabelle angezeigt wird, müssen Sie auch im Feld **Line item collection** eine Entität auswählen. Hier ist es egal, was Sie auswählen, da wir die Detailseite sowieso umgestalten werden. Wählen Sie im Zweifel die Option **Unknown** aus, damit der Button **Next** aktiv wird und Sie fortfahren können.

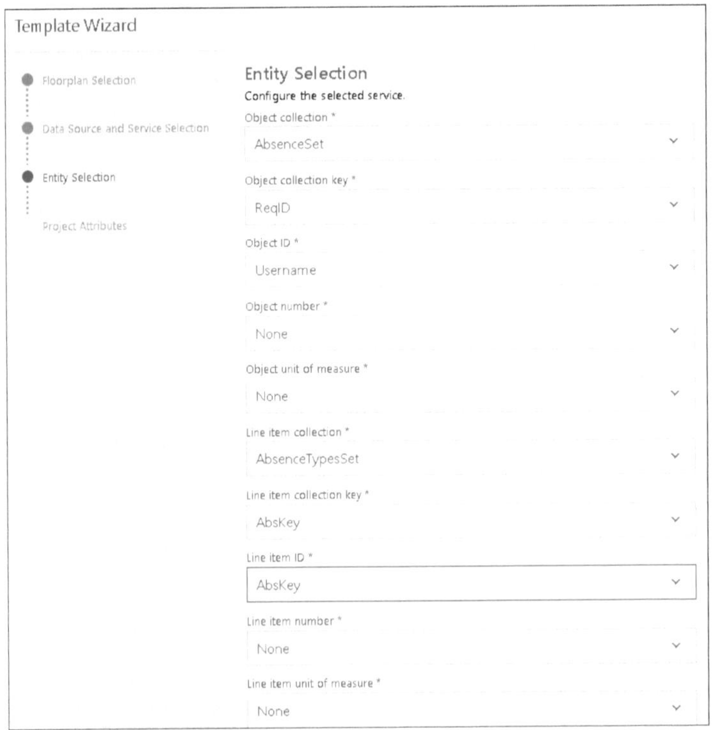

Abbildung 10.8 AbsenceSet als Entität für die Liste im Master-View

Auf der nächsten Seite im Wizard pflegen Sie bei den Projektattributen die Felder **Module name**, **Application title**, **Description** und **Project folder path**. Bei den Optionsfeldern **Add deployment configuration** und **Add FLP configuration** wählen Sie die Option **Yes** aus (siehe Abbildung 10.9). Bestätigen Sie Ihre Auswahl mit **Next**.

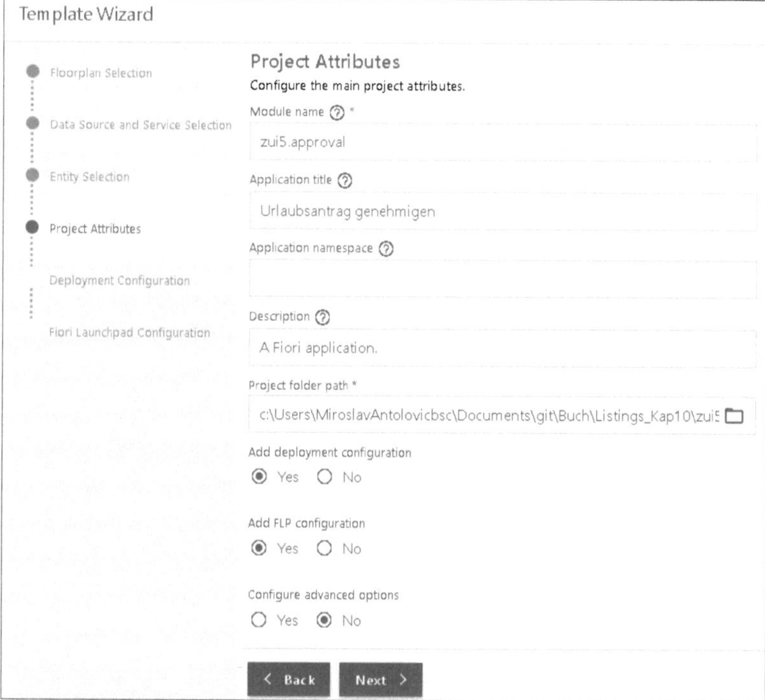

Abbildung 10.9 Projektattribute einpflegen

Auf der Seite **Deployment Configuration** geben Sie Ihr SAP-Gateway-System an, wie Sie es in Kapitel 5, »Erste Schritte in SAPUI5«, gelernt haben (siehe Abbildung 10.10).

Auf der Seite **Fiori Launchpad Configuration** geben Sie als semantisches Objekt »zui5_approval« und als Aktion »display« ein (siehe Abbildung 10.11). Was das genau bedeutet, lernen Sie in Abschnitt 10.3, »Bereitstellung über das SAP Fiori Launchpad«.

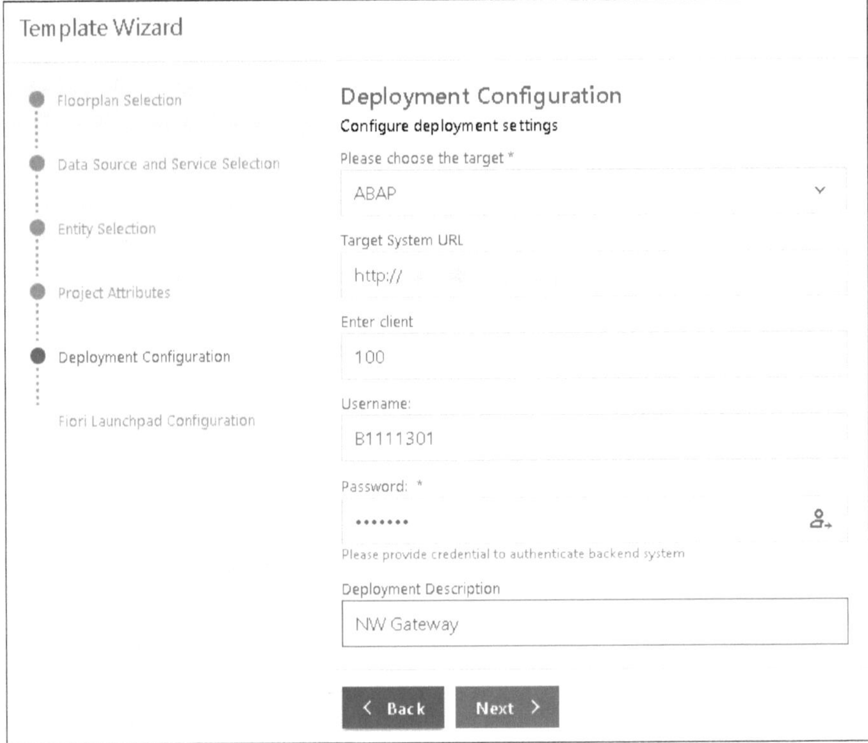

Abbildung 10.10 Deployment-Konfiguration einrichten

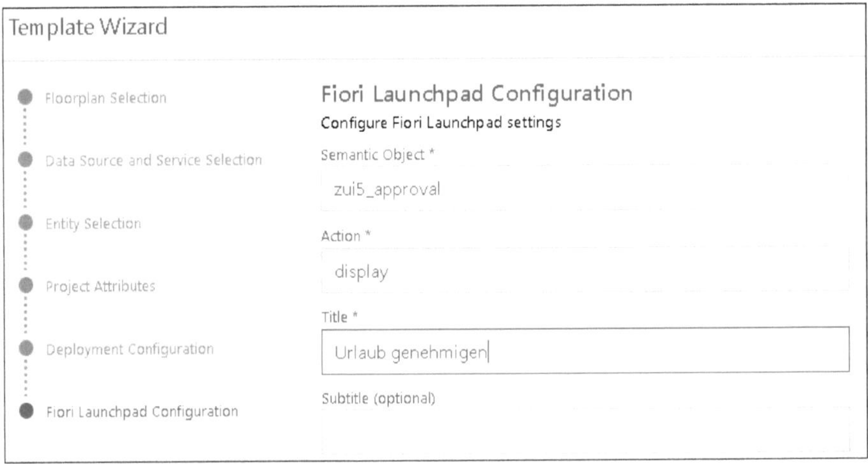

Abbildung 10.11 SAP-Fiori-Launchpad-Konfiguration einrichten

Starten Sie nun die Anwendung. Durch das Template ist schon einiges erledigt, und die Grundstruktur der App sieht bereits gar nicht schlecht aus, wie Sie in Abbildung 10.12 sehen.

Abbildung 10.12 Generierte Grundstruktur der App

Für den produktiven Einsatz fehlen uns noch mindestens die beiden Buttons **Genehmigen** und **Ablehnen**, also wollen wir als Nächstes die App noch ein wenig erweitern.

Die Struktur der App ist, wie zu erwarten, ein Master-View, der die Liste auf der linken Seite anzeigt, und ein Detail-View, der die rechte Seite repräsentiert (siehe Abbildung 10.12). Der Detail-View ist mit einem `SemanticPage`-Control implementiert, das schon von Haus aus relativ viele Funktionen bietet. Sie werden diese noch kennenlernen, wenn Sie die Buttons zum Genehmigen bzw. Ablehnen implementieren. In Abbildung 10.13 sehen Sie die Projektstruktur der Genehmigungs-App.

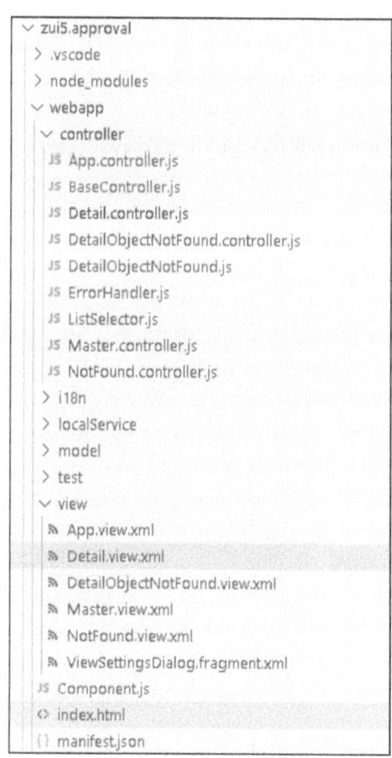

Abbildung 10.13 Projektstruktur der Genehmigungs-App

Bevor Sie fortfahren, machen Sie sich mit der Struktur vertraut, schauen Sie sich das SemanticPage-Control in der API-Referenz an und die Funktionen in den Controllern an. All das sollte Ihnen aus den bisherigen Kapiteln schon bekannt vorkommen.

10.2.2 Grundgerüst erweitern

Als Erstes widmen wir uns dem Master-View. Hier möchten wir, dass nur die Anträge im Status »Angelegt (01)« zu sehen sind und dass statt der generierten ID der Name des Antragstellers und das Datum erscheint.

Zunächst passen Sie die Auswahl der angezeigten Anträge sowie die Anzeige des Datums an. Öffnen Sie die Master-View-Datei, und implementieren Sie einen Filter auf den Status 01 (Angelegt), damit nur die offenen Anträge angezeigt werden. Formatieren Sie außerdem das Datumsfeld, wie wir es auch in Abschnitt 9.3.4 für die Aufgabenliste gemacht haben. Ich habe in Listing 10.4 auch noch das Ende-Datum mit aufgenommen. Die notwendigen Änderungen sind im Listing fett gedruckt.

```
<mvc:View
  controllerName="zui5.approval.controller.Master"
  xmlns="sap.m"
  xmlns:semantic="sap.f.semantic"
  xmlns:mvc="sap.ui.core.mvc">
[...]
      <List
        id="list"
        width="auto"
        class="sapFDynamicPageAlignContent"
        items="{
          path: '/AbsenceSet',
          filters : {
            path : 'Status',
            operator : 'EQ',
            value1: '01'
          },
          groupHeaderFactory: '.createGroupHeader'
        }"
[...]
        <items>
          <ObjectListItem
            type="Navigation"
            press=".onSelectionChange"
            title="{Username}"
            numberUnit="{Status}">
```

```
            <attributes>
              <ObjectAttribute text="Beginn {
                    path: 'StartDate',
                    type: 'sap.ui.model.type.Date'
                           }" />
              <ObjectAttribute text="Ende {
                    path: 'EndDate',
                    type: 'sap.ui.model.type.Date'
                           }" />
            </attributes>
          </ObjectListItem>
        </items>
      </List>
    </semantic:content>
  </semantic:SemanticPage>
</mvc:View>
```

Listing 10.4 Anpassungen des Master-Views

Durch diese Änderungen sieht die Master-Ansicht schon deutlich besser aus, wie Sie in Abbildung 10.14 sehen.

Abbildung 10.14 Angepasster Master-View

Noch schöner wäre es zwar, wenn hier Vor- und Nachnamen angezeigt werden könnten oder die Art des Antrags. Diese Funktionen gibt der OData-Service aber nicht her. Sie können gerne an den Beispielen weiterarbeiten und den Service entsprechend erweitern.

Bevor Sie sich an die Gestaltung der Detailsicht machen, müssen Sie die Navigation reparieren. Das Template geht von einem Schlüsselfeld aus, unser Service hat aber zwei Schlüsselfelder, nämlich **Username** und **ReqID** (siehe Abbildung 10.15).

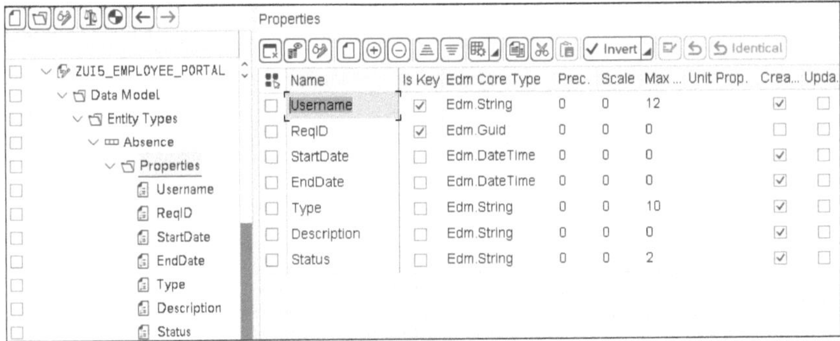

Name	Is Key	Edm Core Type	Prec.	Scale	Max ...	Unit Prop.	Crea...	Upda.
Username	✓	Edm.String	0	0	12		✓	
ReqID	✓	Edm.Guid	0	0	0			
StartDate		Edm.DateTime	0	0	0		✓	
EndDate		Edm.DateTime	0	0	0		✓	
Type		Edm.String	0	0	10		✓	
Description		Edm.String	0	0	0		✓	
Status		Edm.String	0	0	2		✓	

Abbildung 10.15 Schlüsselfelder der Absence-Entität

Also müssen Sie das Pattern in der Datei **manifest.json** entsprechend um einen weiteren Parameter `user` erweitern, wie in Listing 10.5 zu sehen.

```
"routes": [
    {
        "pattern": "",
        "name": "master",
        "target": "master"
    },
    {
        "pattern":"AbsenceSet/{user}/{objectId}",
        "name": "object",
        "target": [
            "master",
            "object"
        ]
    }
],
```

Listing 10.5 Pattern in der Datei »manifest.json« erweitern

Suchen Sie anschließend in dem Master-Controller nach der Funktion `_showDetail`, und erweitern Sie die Übergabe im Routing um den User (siehe Listing 10.6).

```
    _showDetail : function (oItem) {
[...]
      this.getRouter().navTo("object", {
        objectId : oItem.getBindingContext().getProperty("ReqID"),
        user: oItem.getBindingContext().getProperty("Username")
      }, bReplace);
    },
```

Listing 10.6 Erweitern der Parameterübergabe

Nun haben Sie es fast geschafft, es fehlt nur noch das Auslesen der Argumente im Detail-Controller. Das Navigationskonzept haben wir uns ja bereits in Abschnitt 7.3.2 angeschaut. Suchen Sie nach der Funktion `_onObjectMatched`, und erweitern Sie die Funktion um den Benutzernamen (siehe Listing 10.7).

```
_onObjectMatched : function (oEvent) {
  var sObjectId =  oEvent.getParameter("arguments").objectId;
  var sUserID =  oEvent.getParameter("arguments").user
  [...]
  this.getModel().metadataLoaded().then( function() {
    var sObjectPath = this.getModel().createKey("AbsenceSet", {
      ReqID :  sObjectId,
      Username :  sUserID
    });
    this._bindView("/" + sObjectPath);
  }.bind(this));
},
```

Listing 10.7 Element Binding erweitern

Damit funktioniert das Element Binding, und auf der rechten Seite unserer Anwendung wird etwas angezeigt (siehe Abbildung 10.16). Ich habe bei der Auswahl des Master-Views während der Template-Generierung **AbsenceTypeSet** ausgewählt, deswegen wird im Master die Liste angezeigt.

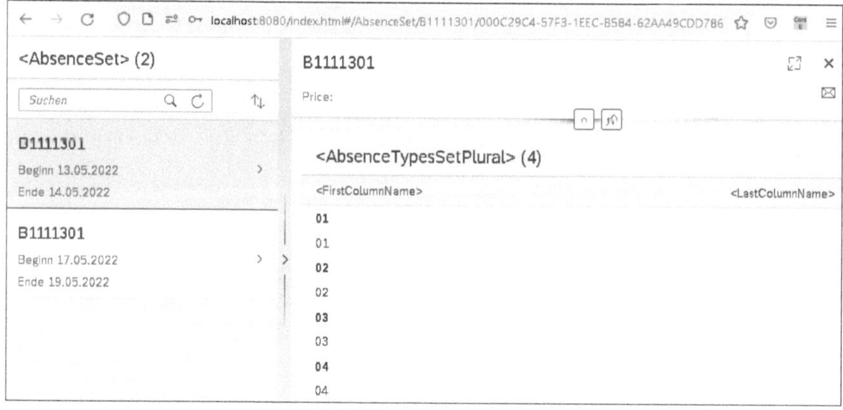

Abbildung 10.16 App mit funktionierendem Element Binding

Das Wichtige an dieser Stelle ist zunächst, dass das Element Binding funktioniert. Die Seite sinnvoll zu Ende zu programmieren ist nun nur noch ein bisschen Fleißarbeit. Das heißt, im `Detail`-View müssen wir ebenfalls die eine oder andere Zusatzinformation bereitstellen. Da diese Aufgabe dem gleichen Schema wie beim `Master`-View folgt, konzentriere ich mich in dieser Anleitung auf das Hauptproblem, die beiden

Buttons zum Genehmigen und Ablehnen eines Antrags zu implementieren. Um das Aussehen des Views kümmern wir uns im Anschluss.

Für die Statusänderung benötigen Sie den Schlüssel (`Username` und `RequestId`) und den neuen Status (Abgelehnt oder Genehmigt), den Sie wieder direkt im Event-Callback übergeben. Für solche Buttons stellt das `SemanticPage`-Control die Aktionen `positiveAction` und `negativeAction` bereit (siehe Listing 10.8).

```
<semantic:positiveAction>
  <semantic:PositiveAction press=
"onApproveRequest($event,${Username},${ReqID},'02')" />
</semantic:positiveAction>

<semantic:negativeAction>
  <semantic:NegativeAction press=
"onApproveRequest($event,${Username},${ReqID},'03')" />
</semantic:negativeAction>
```

Listing 10.8 Aktionen zum Genehmigen bzw. Ablehnen im Detail-View

Wenn Sie nun einen Blick in die Anwendung werfen, Sehen Sie, dass dadurch zwei neue Buttons in der Toolbar auftauchen, wie in Abbildung 10.17 zu sehen.

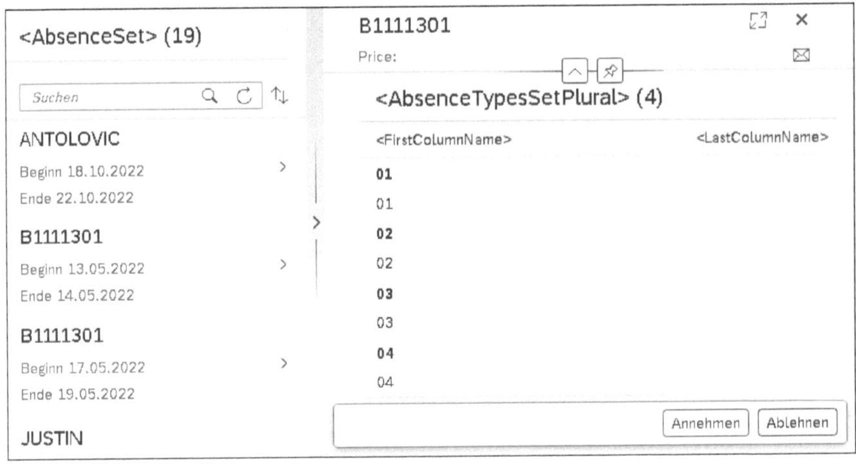

Abbildung 10.17 Buttons zum Bearbeiten eines Antrags

Jetzt müssen Sie nur noch die Funktion `onApproveRequest` im Controller des `Detail`-Views implementieren. Wird ein Antrag genehmigt, muss der Status auf 02, und wenn er abgelehnt wird, auf 03 gesetzt werden (siehe Listing 10.9). Außerdem möchten wir, dass die Detailansicht nach dem Genehmigen geschlossen wird und die Anwender wieder zur Hauptansicht zurückkehren. Diese Funktion müssen Sie nicht mehr implementieren, da sie bereits im Template vorhanden ist (`onCloseDetailPress`).

```
onApproveRequest: function (oEvent, sUser, sID, sStatus ){

  this.getView().getModel().update(
    "/AbsenceSetUsername=('"+ sUser +"',ReqID=guid'"+ sID +"')",
      { Status: sStatus },
      {
        success: function() {
        MessageToast.show(
                    this.getResourceBundle().getText("successText"));
        this.onCloseDetailPress();
        }.bind(this),
        error: function() {
        MessageToast.show(
                    this.getResourceBundle().getText("errorText"));
        }.bind(this)
      });
},
```

Listing 10.9 Detail-Controller um die Funktionen zum Genehmigen bzw. Ablehnen eines Antrags erweitern

Jetzt verfügt die App zwar über die notwendige Funktionalität, aber wirklich fertig ist sie noch nicht. Ich denke, ich kann Sie an dieser Stelle ruhigen Gewissens allein lassen, Ihr Wissen reicht nun völlig aus, um die Anwendung selbstständig weiterzuentwickeln. Abbildung 10.18 kann Ihnen als kleine Inspiration dienen, wie die fertige Anwendung aussehen könnte.

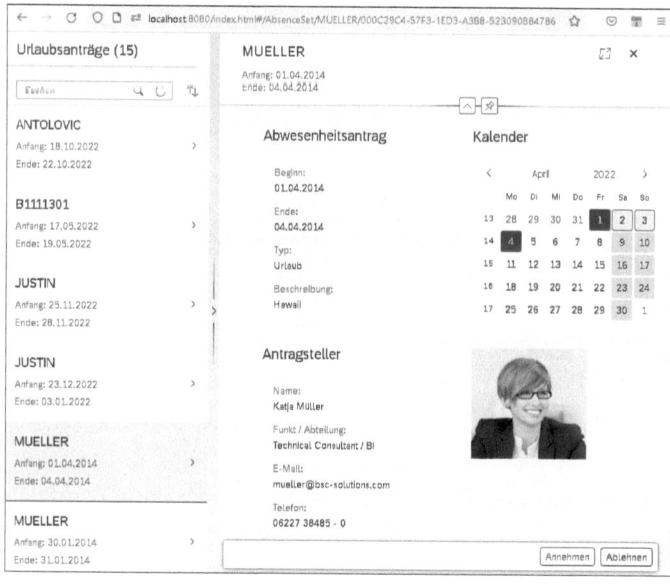

Abbildung 10.18 Beispiel für mögliche Erweiterungen der Genehmigungs-App

Als Nächstes stellen wir unsere Anwendung den Anwendern im SAP Fiori Launchpad zur Verfügung.

10.3 Bereitstellung über das SAP Fiori Launchpad

Damit Sie die Anwendung im SAP Fiori Launchpad zur Verfügung stellen können, müssen Sie diese im ABAP-Backend deployen, wie Sie es bereits in Abschnitt 5.5.2, »Anwendung in das Backend laden«, kennengelernt haben. Da Sie beim Anlegen der App bereits die Deploy-Konfiguration angelegt haben, können Sie nun einfach das Skript `npm run deploy` ausführen (siehe Abbildung 10.19).

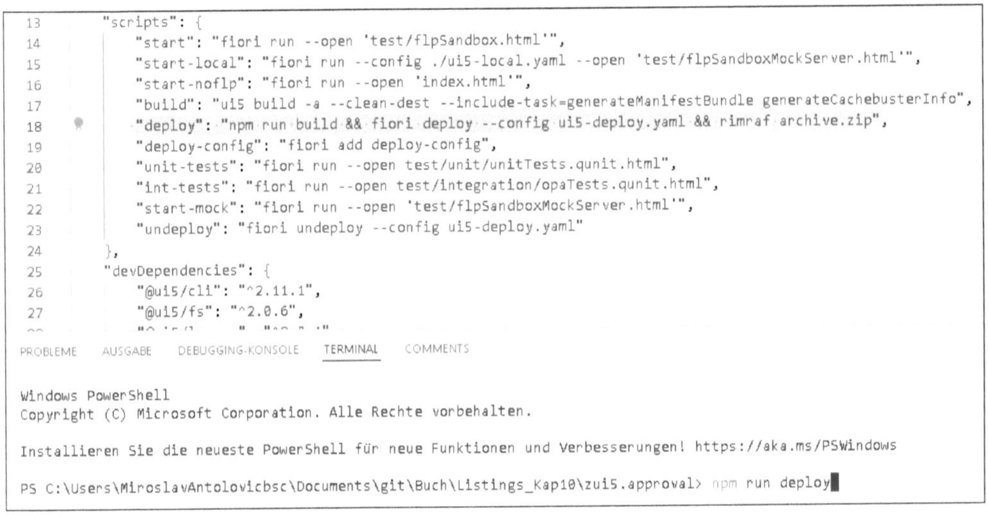

```
"scripts": {
    "start": "fiori run --open 'test/flpSandbox.html'",
    "start-local": "fiori run --config ./ui5-local.yaml --open 'test/flpSandboxMockServer.html'",
    "start-noflp": "fiori run --open 'index.html'",
    "build": "ui5 build -a --clean-dest --include-task=generateManifestBundle generateCachebusterInfo",
    "deploy": "npm run build && fiori deploy --config ui5-deploy.yaml && rimraf archive.zip",
    "deploy-config": "fiori add deploy-config",
    "unit-tests": "fiori run --open test/unit/unitTests.qunit.html",
    "int-tests": "fiori run --open test/integration/opaTests.qunit.html",
    "start-mock": "fiori run --open 'test/flpSandboxMockServer.html'",
    "undeploy": "fiori undeploy --config ui5-deploy.yaml"
},
"devDependencies": {
    "@ui5/cli": "^2.11.1",
    "@ui5/fs": "^2.0.6",
```

PROBLEME AUSGABE DEBUGGING-KONSOLE TERMINAL COMMENTS

```
Windows PowerShell
Copyright (C) Microsoft Corporation. Alle Rechte vorbehalten.

Installieren Sie die neueste PowerShell für neue Funktionen und Verbesserungen! https://aka.ms/PSWindows

PS C:\Users\MiroslavAntolovicbsc\Documents\git\Buch\Listings_Kap10\zui5.approval> npm run deploy
```

Abbildung 10.19 Deployment starten

Wie bereits in Abschnitt 5.5.2 gezeigt, wird nun ein **dist**-Ordner mit den minifizierten Dateien erstellt, und Sie werden gefragt, ob Sie die App hochladen möchten. Bestätigen Sie mit dem Button **Y**, und die App wird ins ABAP Repository hochgeladen. Nach dem Hochladen sehen Sie die App in der Transaktion SE80, und Sie können mit der Konfiguration des SAP Fiori Launchpads beginnen.

10.3.1 Semantisches Objekt pflegen

In SAP Fiori funktioniert die Navigation über das sogenannte *semantische Objekt*. Ein semantisches Objekt klassifiziert das Objekt innerhalb des SAP Fiori Launchpads. Meistens repräsentiert das semantische Objekt einen Geschäftsprozess oder ein SAP-Objekt, wie z. B. einen Buchhaltungsbeleg. Die *Aktion* drückt dagegen aus, was ein Benutzer mit dem Objekt machen kann, z. B. anzeigen (`display`), ändern (`change`) oder genehmigen (approve). SAP Fiori nutzt das semantische Objekt in Kombination mit der *Aktion* für die Navigation zwischen den einzelnen Apps. Mit dem semantischen Objekt wird die aufgerufene URL eindeutig. Das semantische Objekt werden Sie später im *SAP Fiori Launchpad Administrator* benötigen, und es wird Ihnen auch beim Aufrufen der App begegnen. Sie pflegen es in der Transaktion /UI2/SEMOBJ; die verfügbaren SAP-Objekte finden Sie in der Transaktion /UI2/SEMOBJ_SAP.

Starten Sie die Transaktion /n/UI2/SEMOBJ, und legen Sie in der Tabelle ein neues semantisches Objekt mit dem Namen »zui5_approval« an bzw. mit dem Namen, den Sie bei der Anlage der App im Template angegeben haben (Sie finden diese Information in der Datei **manifest.json**), wie in Abbildung 10.20 gezeigt. Speichern Sie den Eintrag in einem Transportauftrag ab.

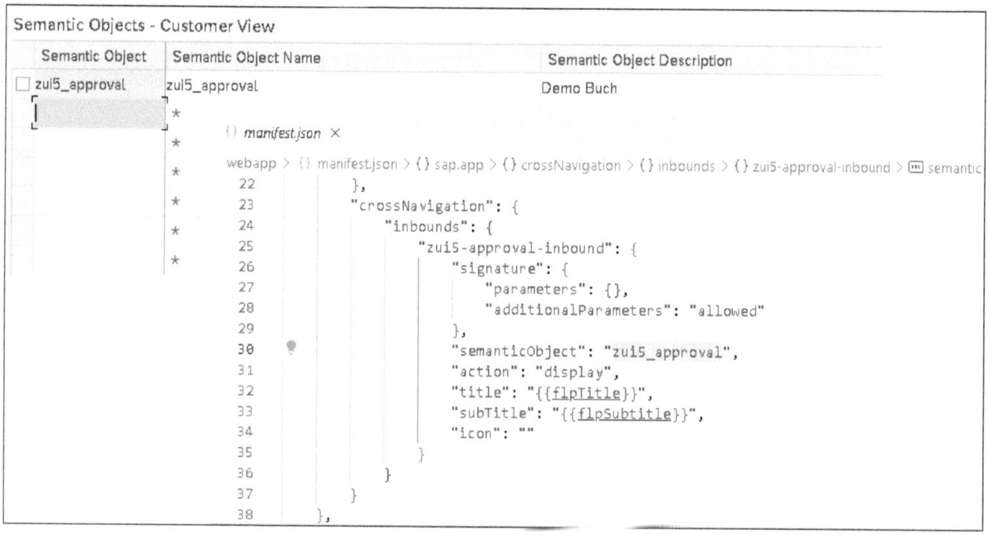

Semantic Objects - Customer View

Semantic Object	Semantic Object Name	Semantic Object Description
zui5_approval	zui5_approval	Demo Buch

manifest.json

webapp > manifest.json > sap.app > crossNavigation > inbounds > zui5-approval-inbound > semantic

```
        },
        "crossNavigation": {
            "inbounds": {
                "zui5-approval-inbound": {
                    "signature": {
                        "parameters": {},
                        "additionalParameters": "allowed"
                    },
                    "semanticObject": "zui5_approval",
                    "action": "display",
                    "title": "{{flpTitle}}",
                    "subTitle": "{{flpSubtitle}}",
                    "icon": ""
                }
            }
        }
    },
```

Abbildung 10.20 Semantisches Objekt pflegen

10.3.2 SAP Fiori Launchpad Administrator

Im nächsten Schritt nehmen wir die eigentliche Konfiguration des SAP Fiori Launchpads vor. Hierbei werden Sie die zuvor angelegten Objekte, die Launchpad-Rolle und das semantische Objekt benötigen. Im SAP Fiori Launchpad Administrator pflegen Sie die Gruppen, Kataloge und Kacheln. Starten Sie den SAP Fiori Launchpad Administrator über die URL *http(s): //<server>:<port>/sap/bc/ui5_ui5/sap/arsrvc_upb_admn/main.html*, oder rufen Sie die Transaktion /n/UI2/FLPD_CUST auf.

Ein Katalog ist ein Set von Apps, auf die der Inhaber einer Rolle zugreifen kann. Je nach der ihm zugeordneten Rolle und dem der Rolle zugeordneten Katalog kann ein Benutzer den Katalog durchsuchen, Apps aus diesem Katalog auswählen und sie der Einstiegsseite des SAP Fiori Launchpads hinzufügen.

Im ersten Schritt legen Sie daher einen neuen Katalog an. Wählen Sie dazu links oben die Ansicht **Catalogs** aus, und klicken Sie auf den Anlegen-Button (⊕, siehe Abbildung 10.21).

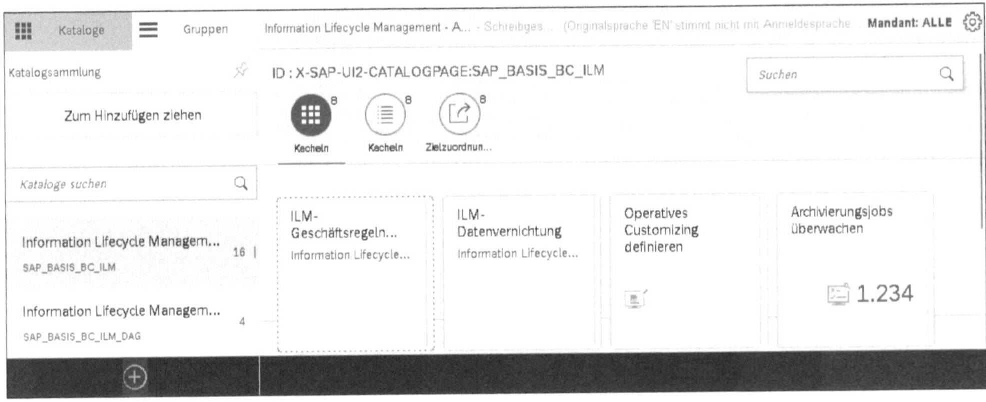

Abbildung 10.21 Neuen Katalog anlegen

Tragen Sie als **Titel** »SAPUI5 Buch« und als **ID** »ZUI5_BUCH« ein (siehe Abbildung 10.22). Ist der neue Katalog angelegt, wird Ihnen dieser nun im SAP Fiori Launchpad Administrator angezeigt.

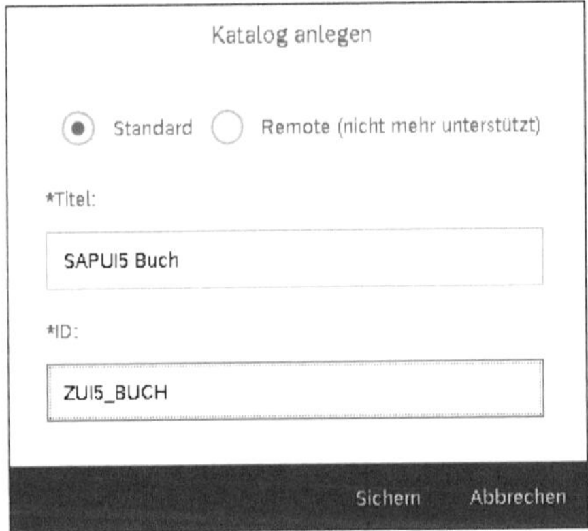

Abbildung 10.22 Katalog anlegen

Klicken Sie als Nächstes auf die leere Kachel mit dem Pluszeichen, damit legen Sie eine neue Kachel an (siehe Abbildung 10.23).

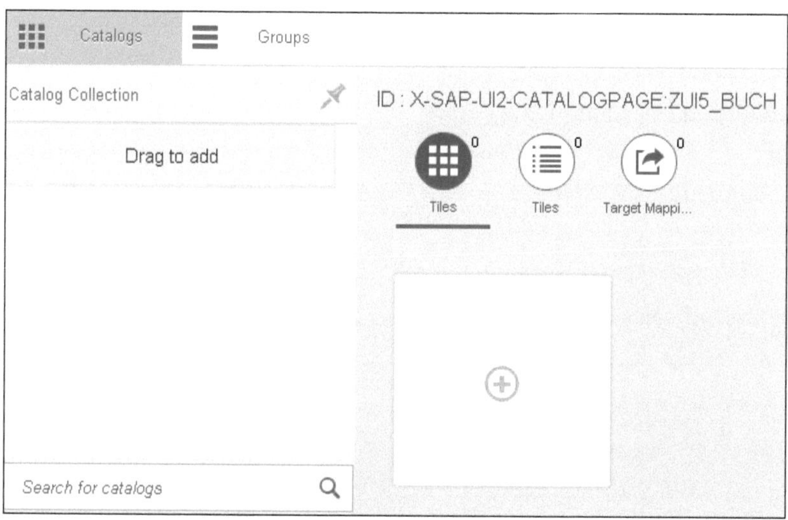

Abbildung 10.23 Neue Kachel anlegen

Im nächsten Bild können Sie die Kachelart auswählen. Hier stehen Ihnen drei Optionen zur Verfügung (siehe Abbildung 10.24):

- **App Launcher # Dynamic**
  Diese Kachel hat einen dynamischen Bereich, typischerweise wird hier eine Zahl (z. B. die Anzahl offener Urlaubsanträge) angezeigt.
- **News Tile**
  Mit dieser Kachel können Sie RSS-Feeds anzeigen.
- **App Launcher # Static**
  Diese Kachel hat keinen dynamischen Bereich und zeigt nur statischen Text an.

Da wir im SAP Fiori Launchpad die Anzahl der offenen Urlaubsanträge unserer Genehmigungs-App anzeigen möchten, wählen Sie den dynamischen Typ. Klicken Sie auf das Pluszeichen, um den Kacheltyp auszuwählen.

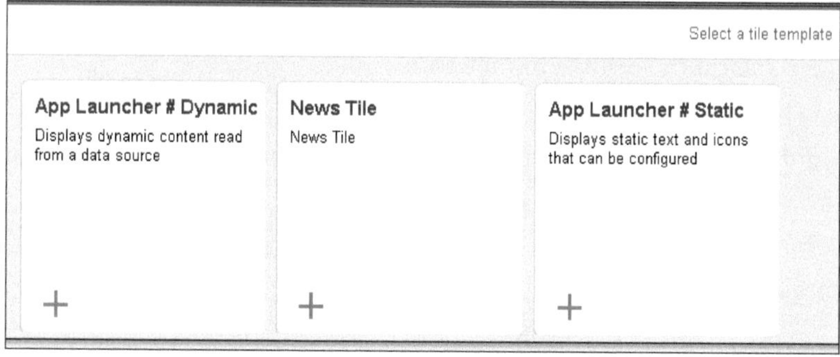

Abbildung 10.24 Dynamische Kachel anlegen

Konfigurieren Sie nun die Parameter für die Kachel (siehe Abbildung 10.25):

- Titel (**Title**): »Urlaub«
- Untertitel (**Subtitle**): »Genehmigungs-App«
- **Service URL:**
  /sap/opu/odata/sap/ZUI5_EMPLOYEE_PORTAL_SRV/AbsenceSet/$count?$filter= Status eq '01'
- Semantisches Objekt (**Semantic Object**): »zui5_approval«
- Aktion (**Action**): »display«

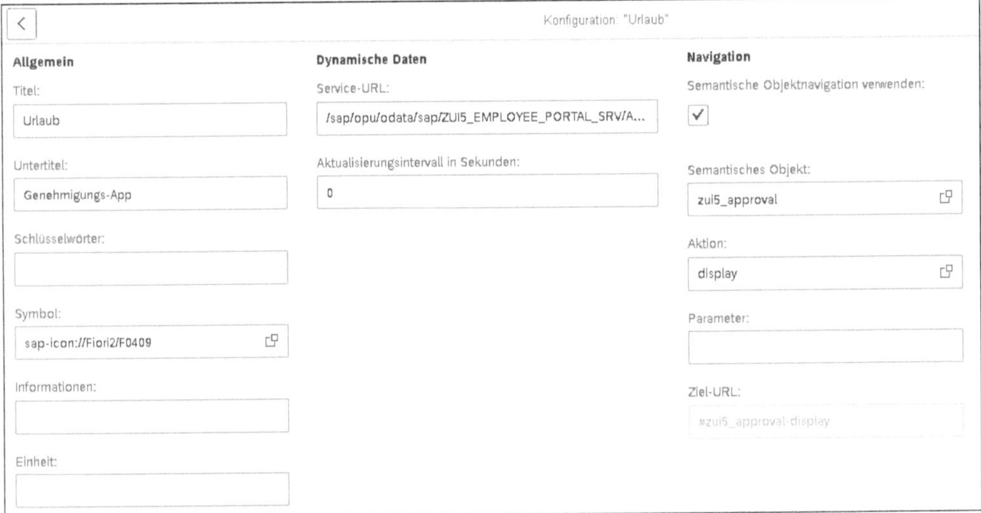

Abbildung 10.25 Kachel konfigurieren

Der Titel und der Untertitel werden später auf der Kachel im SAP Fiori Launchpad angezeigt. Die Service-URL bestimmt die Zahl, die auf der dynamischen Kachel angezeigt wird, in unserem Fall die Anzahl der offenen Genehmigungen. Ich habe mir noch ein Icon ausgesucht und wenn Sie möchten, können Sie Schlüsselwörter (Feld **Keywords**) angeben. Diese nutzt das SAP Fiori Framework, wenn die Anwender nach einer App suchen. Speichern Sie Ihre Einträge ab.

Im nächsten Schritt definieren Sie das *Target Mapping*. Klicken Sie dazu auf die Registerkarte **Zielzuordnungen** und dort auf den Button **Zielzuordnung anlegen** (siehe Abbildung 10.26).

Legen Sie das Target Mapping für Ihr Projekt mit den folgenden Parametern an (siehe Abbildung 10.27):

- **Semantisches Objekt**: »zui5_approval«
- **Aktion**: »display«

- **Anwendungstyp**: »SAPUI5-Fiori-App«
- **Titel**: »Urlaubsgenehmigung«
- **ID**: »zui5.approval« oder die ID, die Sie bei der App-Erstellung im Template-Wizard angegeben haben (siehe Abschnitt 10.2.1, »Grundgerüst der Anwendung«)

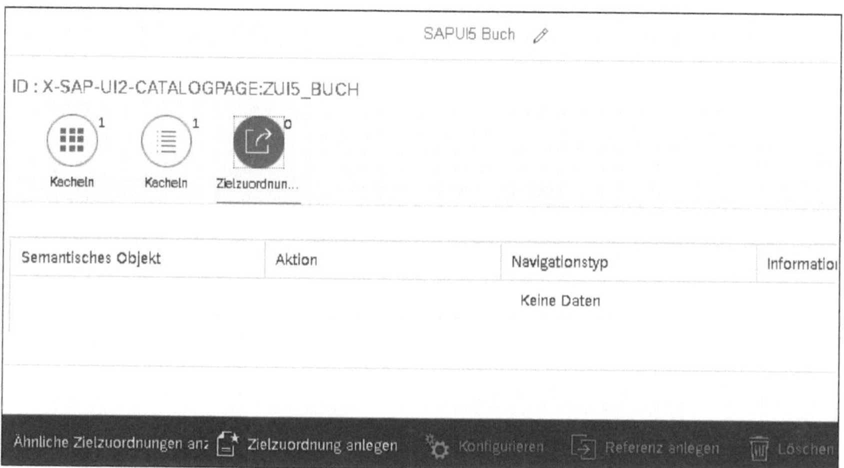

Abbildung 10.26 Target Mapping anlegen

Speichern Sie den Eintrag ab. Damit haben Sie die Verknüpfung zwischen der Launchpad-Rolle und der Kachel hergestellt.

Abbildung 10.27 Parameter des Target Mappings eintragen

Im nächsten Schritt müssen Sie den Katalog einer Gruppe hinzufügen. Eine Gruppe ist eine Teilmenge des Katalogs, der die auf der Einstiegsseite des SAP Fiori Launchpads sichtbaren Apps enthält. Welche Kacheln auf der Einstiegsseite eines Benutzers angezeigt werden, hängt von der Gruppe ab, die der Benutzerrolle zugeordnet ist. Darüber hinaus können Benutzer die Einstiegsseite personalisieren, indem sie Apps vordefinierten oder selbst definierten Gruppen hinzufügen oder die Apps aus diesen Gruppen entfernen.

Für unser Beispiel legen Sie eine neue Gruppe an und verwenden diese für unseren Katalog. Wechseln Sie dazu oben links in die Sicht **Gruppen**, und klicken Sie auf das Anlegen-Symbol (⊕). Legen Sie eine Gruppe mit dem Titel »UI5 Gruppe« und der ID »ZUI5_GROUP« an (siehe Abbildung 10.28).

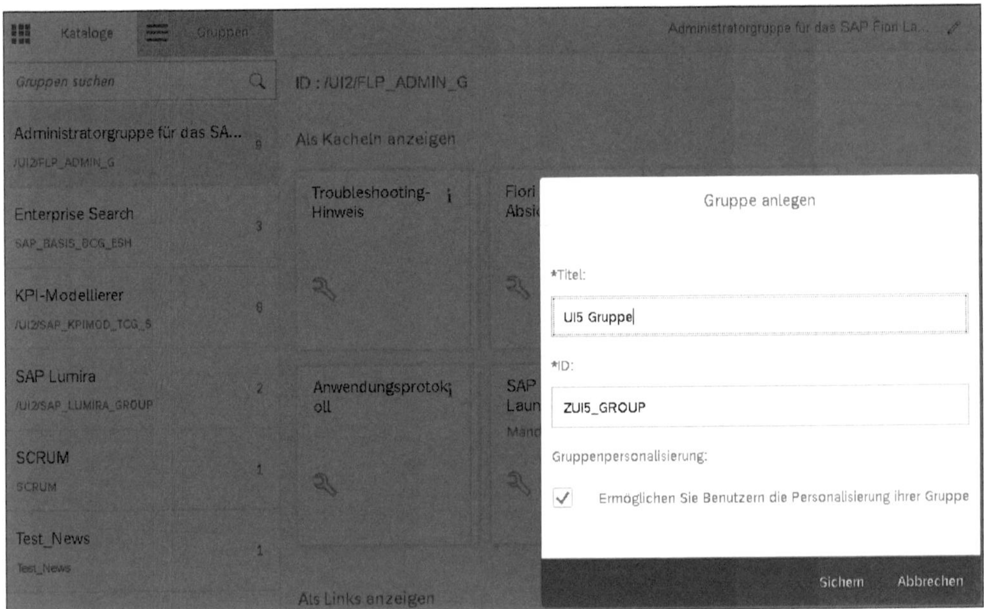

Abbildung 10.28 Gruppe anlegen

Nach dem Speichern wird Ihnen die leere Gruppe angezeigt, und Sie können über die leere Kachel mit dem Pluszeichen neue Kacheln hinzufügen. Klicken Sie auf die leere Kachel, wählen Sie im Folgebild die eben angelegte Gruppe **ZUI5** aus und anschließend die angelegte Kachel **SAPUI5 Buch**. Unterhalb der Kachel befindet sich ein Plussymbol. Klicken Sie auf dieses Symbol, wird die Kachel in die Gruppe übernommen. Dies wird durch einen grünen Haken dargestellt, den Sie in Abbildung 10.29 sehen.

Abbildung 10.29 Kachel in Gruppe aufnehmen

Wenn Sie das Bild mit dem Zurück-Button verlassen, sehen Sie, dass die App der Gruppe hinzugefügt wurde (siehe Abbildung 10.30).

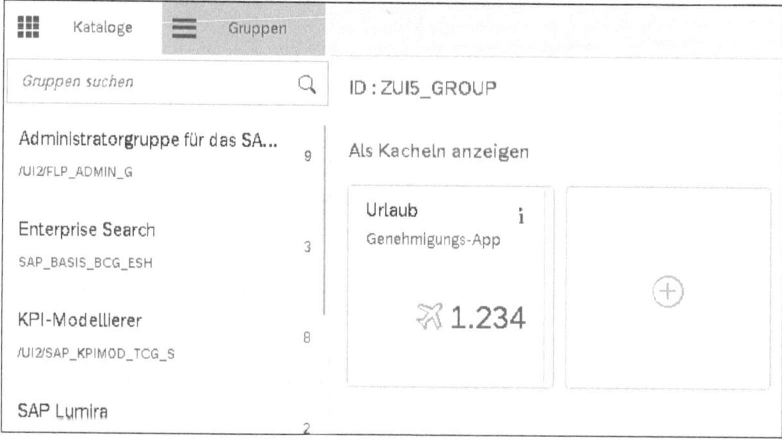

Abbildung 10.30 Hinzugefügte Kachel

Damit ist die Konfiguration des SAP Fiori Launchpads für unsere Anwendung abgeschlossen, im letzten Schritt müssen Sie Ihren Benutzern noch die notwendigen Berechtigungen zuteilen.

10.3.3 Berechtigungen anlegen

Damit die Kachel sichtbar wird, müssen Sie Ihren Benutzern die Berechtigungen für die Anzeige der Gruppe, des Katalogs und letztlich für den dahinterliegenden OData-Service vergeben:

1. Starten Sie dazu die Transaktion PFCG, und legen Sie zunächst eine neue Berechtigungsrolle »ZUI5_BUCH« an.

2. Wechseln Sie in der Rollenpflege auf die Registerkarte **Menü**. Wählen Sie dort das Menüobjekt **SAP Fiori Kachelkatalog** aus (siehe Abbildung 10.31).

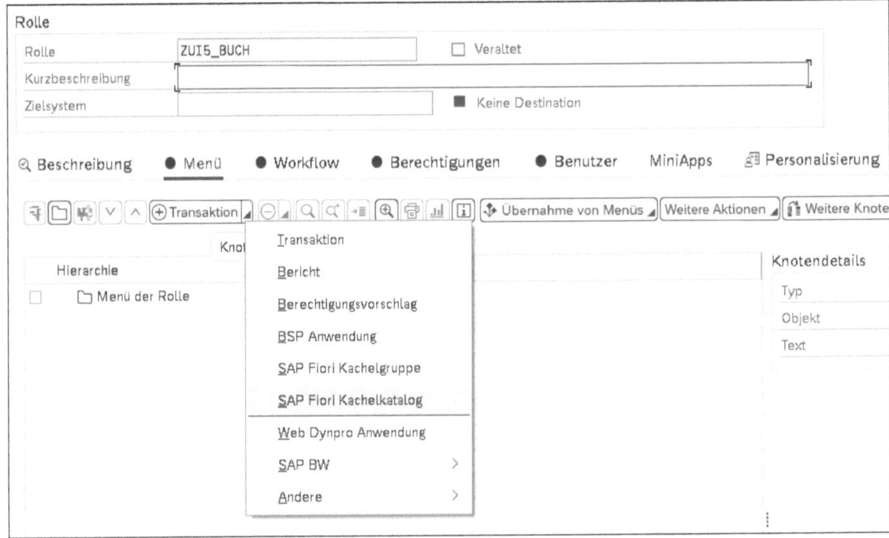

Abbildung 10.31 Berechtigungen für SAP-Fiori-Kachelkatalog

3. Wählen Sie den Katalog **ZUI5_BUCH** aus (siehe Abbildung 10.32).

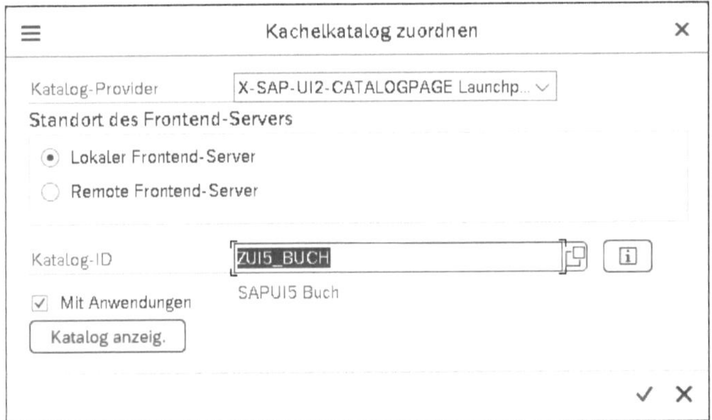

Abbildung 10.32 Berechtigung zum Zugriff auf den Katalog der Rolle hinzufügen

4. Wiederholen Sie den Vorgang für die Gruppe, indem Sie das Menüobjekt **SAP Fiori Kachelgruppe** auswählen und die angelegte Gruppe `ZUI5_GROUP` zuordnen.
5. Fahren Sie nun mit der Berechtigung für den OData-Service fort. Wählen Sie dazu das Menüobjekt **Berechtigungsvorschlag** aus. Im Pop-up-Fenster wählen Sie **HT TADIR Service** im Feld **Berechtigungsvorschlag** und als **Objekttyp IWSG SAP Gateway:Service Groups Metadata** aus. In der Tabelle der TADIR-Services wählen Sie als Service den OData-Service `ZUI5_EMPLOYEE_PORTAL_SRV` für das Portal aus (siehe

Abbildung 10.33). Nutzen Sie an dieser Stelle unbedingt die Wertehilfe, da hier der technische Name eingetragen werden muss (in diesem Beispiel `ZUI5_EMPLOYEE_PORTAL_SRV_0001`).

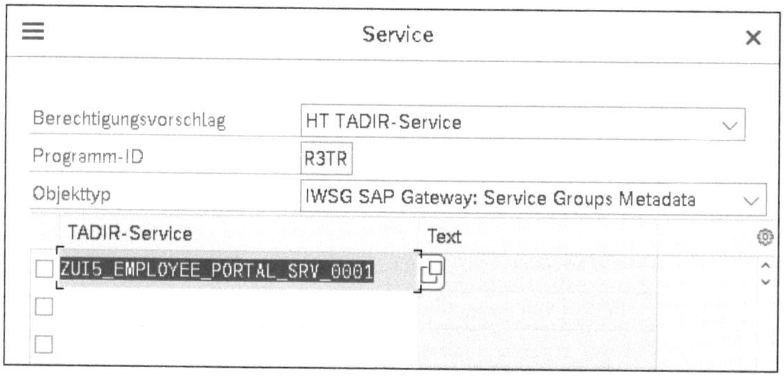

Abbildung 10.33 OData-Service zur Berechtigungsvergabe auswählen

Damit haben Sie der Rolle alle notwendigen Objekte zugewiesen. In Abbildung 10.34 sehen Sie die fertige Berechtigungsrolle für Ihre App.

Abbildung 10.34 Fertige Berechtigungsrolle

Generieren Sie nun das Berechtigungsprofil, indem Sie auf die Registerkarte **Berechtigungen** wechseln und dort auf **Berechtigungsdaten ändern** klicken. Im Folgefenster können Sie das Berechtigungsprofil generieren (siehe Abbildung 10.35).

Jetzt können Sie die Berechtigungsrolle jedem Benutzer zuordnen, der diese App verwenden darf, mindestens jedoch Ihrem eigenen Benutzer, damit Sie die App testen können. Damit haben Sie die notwendigen Berechtigungen und können Ihre App im SAP Fiori Launchpad sehen.

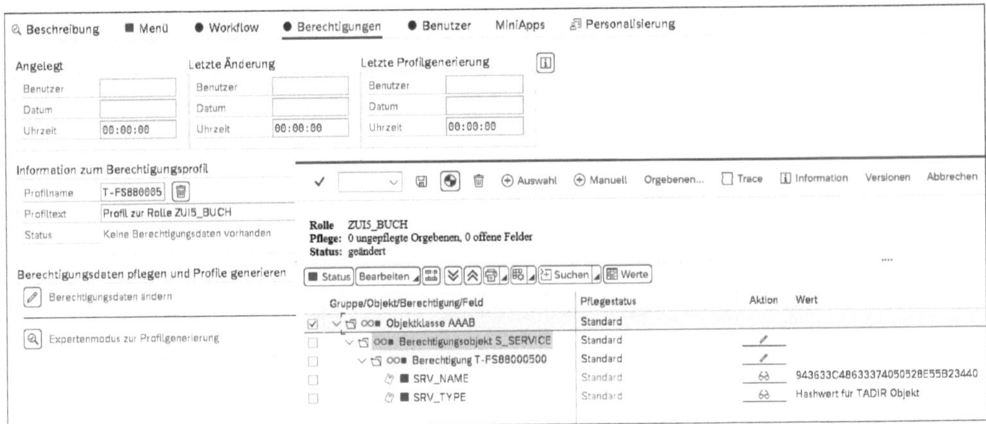

Abbildung 10.35 Berechtigungsprofil generieren

Öffnen Sie nun das SAP Fiori Launchpad, das Sie über die URL *http(s)://<server>:<port>/sap/bc/ui5_ui5/ui2/ushell/shells/abap/Fiorilaunchpad.html* oder über die Transaktion /n/UI2/FLP erreichen.

Abbildung 10.36 Anzeige der Kacheln im SAP Fiori Launchpad

Unsere Genehmigungs-App wird in der angelegten Gruppe **UI5 Gruppe** angezeigt (siehe Abbildung 10.36). Auf der Kachel sehen Sie die konfigurierten Texte und die Anzahl der offenen Genehmigungen, so wie Sie es im Dialog aus Abbildung 10.25 gepflegt haben.

Ein wichtiger Schritt fehlt nun noch. Starten Sie die App, und genehmigen Sie Ihren Urlaub, den Sie in Kapitel 9, »Beispielentwicklung einer Portalanwendung«, angelegt haben. Den haben Sie sich auf jeden Fall verdient.

Damit sind wir am Ende unserer gemeinsamen Reise angekommen. Ich hoffe, dass Ihnen dieses Buch dabei geholfen hat, die Möglichkeiten von SAPUI5 für sich zu entdecken. Sie haben mit dem Mitarbeiterportal und der Genehmigungs-App zwei Anwendungen entwickelt, die aber durchaus noch ausbaufähig sind. Betrachten Sie unsere gemeinsame Implementierung als Version 1.0. Nach dem Urlaub sind Sie an der Reihe, die Version 2.0 zu entwickeln, und ich wünsche Ihnen dabei viel Freude!

Über den Autor

Miroslav Antolovic ist bei der bsc solutions GmbH & Co. KG als SAP-Entwickler und -Trainer tätig. Er studierte an der Universität Heidelberg Pharmazie und arbeitete als Java- und Webentwickler. 1999 begann er als Anwendungsentwickler bei der SAP AG im Product Lifecycle Management, und 2004 wechselte er zu REALTECH AG, bei der er SAP-Add-on-Produkte entwickelte. Ab 2007 war er als Leiter der SAP-Entwicklung bei der SEEBURGER AG tätig, bis er schließlich 2010 zu bsc solutions wechselte. Sie können Miroslav Antolovic unter der folgenden E-Mail-Adresse kontaktieren: *m.antolovic@bsc-solutions.com*.

Index

K

L

M

N

O

P

Q

R

S